VOYAGES
AGRICOLES
EN PÉRIGORD
ET
DANS LES PAYS VOISINS,

PAR

M. L. DE LAMOTHE,

Secrétaire général honoraire de la Société d'Agriculture,
sciences et arts de la Dordogne.

Première partie. — Première section.

PÉRIGUEUX
DUPONT ET Cⁱᵉ, RUES AUBERGERIE ET DES FARGES

1880

VOYAGES AGRICOLES EN PÉRIGORD
ET DANS LES PAYS VOISINS,

PAR

M. L. DE LAMOTHE,

Secrétaire général honoraire de la Société d'Agriculture,
sciences et arts de la Dordogne.

Première partie. — Première section.

PÉRIGUEUX

DUPONT ET C°, RUES AUBERGERIE ET DES FARGES.

1880

VOYAGES
AGRICOLES
EN PÉRIGORD
ET
DANS LES PAYS VOISINS.

I

De Périgueux à Bordeaux. — De Bordeaux, par Angoulême, à Mareuil et environs.

En sortant de Périgueux, on longe d'abord la plaine du Toulon, encore humide et malsaine, mais qu'on songe sérieusement à rendre plus habitable. C'est d'autant plus nécessaire que les maisons s'y pressent, que les jardins s'y multiplient. Assainie, cette vallée féconde disparaîtra bientôt sous une population nombreuse et robuste, à l'abri des maladies qui s'exhalent aujourd'hui trop fréquemment de ses bas-fonds marécageux, couronnés par de riches coteaux où d'habiles agriculteurs ont su faire naître l'abondance. Bientôt la voie gagne le sud en suivant la rivière près de laquelle nous voyons s'élever, outre les diverses usines du Toulon et l'établissement qui va fournir à Périgueux un approvisionnement d'eau triple de celui que la ville reçoit en ce moment, les vastes ateliers céramiques où M. des Moutis travaille artistement et avec succès des terres argileuses que de nombreux ouvriers, sous son intelligente direction, transforment en tuiles, briques, drains, tuyaux qui vont au loin, avec les fontes du même établissement, ajouter à la réputation industrielle de la vieille capitale du Périgord.

Les jardins se prolongent jusqu'aux bords de l'Isle, enclavés dans les prairies, moins belles cette année que d'habitude par suite des intempéries, et entremêlés de remarquables plantations de tabac. Au-delà du pont, le chemin de fer, laissant sur la gauche la pittoresque campagne des Isards où la culture est florissante, traverse, en partie au moyen d'une tranchée, la terre de Chamiers, théâtre des expériences de M. Jules de Beauroyre, homme d'études et de savoir, qui fit beaucoup parce qu'il ne crut pas tout devoir faire à la fois, tout bouleverser pour se montrer capable, et qui sut, preuve d'un mérite trop rare, dépouiller, lorsqu'il le fallut, le praticien du Nord pour revêtir celui du Midi, en introduisant dans nos usages des modifications rationnelles et fructueuses. Maintenant privé de l'impulsion heureuse que lui donnait une main à la fois ferme et sage, Chamiers n'est plus que l'ombre de ce que nous l'avons vu. Sa réputation, peut-être une partie de ses revenus, est tombée sous le coup qui a trop vite enlevé celui qui l'avait pour ainsi dire mis au monde agricole, et l'absence de ses propriétaires, retenus au loin par d'importantes exploitations, lui a beaucoup nui. Pourtant il garde au front la marque lumineuse du passé; son soleil est couché, mais l'éclaire encore. Le beau jour qu'il a perdu se termine par un crépuscule triste, mais doux et charmant. Puisse la nuit ne pas venir pour lui! Bientôt, du reste, un nouvel avenir va s'ouvrir pour ces champs naguère objet de tant d'amour, si soignés, si dignes d'être visités par l'ami de la culture intelligente qui les voyait briller à chaque instant davantage par de prudentes innovations, par des réformes bien entendues. Une partie d'entre eux va être transformée en champ de manœuvre pour les troupes de la garnison. Ah! qu'ils nous vaillent des soldats aussi capables et disciplinés qu'intrépides;

qu'ils voient grandir chaque jour en talent, en force, en résolution, ceux qui contribueront à sauver la France, les héros de la revanche ! Salut donc à vous, campagnes chères à nos cœurs, du sein desquelles s'élanceront nos vengeurs ! Salut à vous, qui tour à tour aurez, à nos populations, fourni le pain nourricier, et la gloire, cette vie morale des nations ! Vous serez dignes, dignes plus que jamais, de notre amour et de nos respects, de faire partie de ce sol sacré du Périgord qui ne sut jamais supporter l'étranger ! Dans la même enceinte sera tracé l'hippodrome. Hâtez-vous, coursiers rapides de mon pays de prendre un élan irrésistible ; et que vos jarrets d'acier, fortement trempés dans des exercices salutaires, renversent dans la fange l'Allemand si présomptueux pour avoir, un jour, triomphé par hasard.

Voici Salegourde, dont le nom nous rappelle des luttes longues et patriotiques terminées par la victoire. Le rocher qui surplombait la rivière a disparu pour le passage de la route et celui de la ligne ferrée, mais la colline garde encore un saisissant et fier aspect, en dominant au loin la vallée où la Beauronne d'Agonac, avant de se mêler à l'Isle, se joue dans ces terres longuement améliorées, où fut placée la ferme-école du département et que leurs possesseurs actuels savent exploiter avec art. Là fut longtemps une magnanerie expérimentale qui n'existe plus maintenant, mais de nombreux et magnifiques mûriers, dans des années plus favorables que celle-ci, livrent leurs feuilles à des éducateurs empressés entre les mains desquels la soie devient or ; là paissent de gras troupeaux, là voit le jour le cheval de combat, là se développent de riches moissons.

Marsac nous montre sa fontaine curieuse, dont les eaux sont intermittentes comme la fortune humaine, mais plus régulières ; au milieu de jolies cultures et de prés que le froid n'a pas épargnés, au bas de tertres pittoresques longés par la grande route ombragée de majestueux noyers et qui se déroule calme, mais non abandonnée, à notre gauche. Un peu plus loin, dans la même commune, apparaît le Chambon, devant lequel tout agriculteur doit se découvrir avec respect. C'est en effet dans ce village que sont situées les étables célèbres de M. Marc Montagut, d'où sont sortis tant d'animaux illustrés par leurs victoires dans les concours départementaux, régionaux et même nationaux. Des centaines de médailles de tout métal et de toute dimension, la plupart en or, attestent ces glorieux triomphes remportés surtout lors des expositions de bêtes grasses. M. Montagut peut boire dans les coupes d'honneur à la santé des vaincus, qui ont eux-mêmes applaudi sympathiquement à son triomphe. Nous ne savons si son char, traîné par des bœufs obèses, a été accompagné d'insulteurs, comme ceux des généraux antiques. Dans tous les cas, ce n'était pas le char des rois fainéants, et ceux qui ont pu trouver à blâmer dans sa pratique ne sont probablement que des admirateurs désireux de la voir grandir encore davantage et qui lui crient : En avant ! sachant qu'il est capable d'atteindre la renommée des engraisseurs les plus célèbres et sûrs qu'il y parviendra sous peu. M. Montagut est le Louis XIV des éleveurs du Périgord. Il porte loin leur renom, et quand, par hasard, il semble faiblir, c'est pour se relever plus fort que jamais.

Il fait du reste école, et ceux qu'il a stimulés par ses succès sont nombreux déjà. De l'autre côté de la rivière, voyez ce château quelque peu fantaisiste, fruit des rêves d'un Moscovite opulent qui vint un instant sur les bords de l'Isle semer l'or, fit des dettes, mena grand train et disparut un jour, comme aussi sa femme célébrée par Alexandre Dumas, laissant le vieux Laroche rajeuni devenir le partage d'un négociant enrichi par ses veilles et qui ne tarda pas à descendre dans la tombe. Mme Pradier, sa veuve, secondée d'abord par l'habile M. Reynaud, a fait de cette somptueuse résidence le chef lieu d'une terre bien administrée, sur laquelle croissent déjà les lauriers agricoles qui paraissent devoir y grandir sérieusement.

Au-dessus, en descendant vers le sud, dans un terrain triste et sauvage, formant plateau, M. Rapnouil, trop vite disparu, fit en peu d'années naître et se développer largement une charmante oasis ombreuse, parsemée de pièces d'eau, couverte de fleurs et de fruits, que sa veuve a pieusement conservée et embellie. La Lande est le nom de cette fraîche retraite, qui garde sa première appellation, souvenir du passé, comme un souvenir d'honneur pour celui qui lui valut un présent fortuné. Tout près, voilà le vieux castel du vénérable marquis de St-Aulaire, Siorac, séjour féodal où sont réunis les grâces, la bienveillance, l'esprit et le savoir ; où l'on est bon et utile, où le sol devient riant et fécond et où, répondant aux souhaits patriotiques et intelligents du propriétaire, M. Reynaud fait éclore des merveilles et moissonne de brillantes couronnes à chaque exposition.

Tout en contemplant ces divers endroits, nous avons atteint le site séduisant d'Antoniac. Nous passons prompts comme la foudre aux pieds de cet antique et modeste castel des vieux Chancels, lieu de naissance de l'auteur bien connu des *Philippiques*, cette satyre outrée d'un homme peu digne d'estime, dont les leçons et les exemples furent si funestes à la France. Notre mordant compatriote attaqua dans le vif une plaie cruelle, il l'agrandit et se souilla par son contact, au point de la faire excuser. Sa critique plus modérée eût été plus utile. Antoniac est un endroit plein d'attraits. La maison est simple, mais les alentours sont ravissants, et le frais amphithéâtre qui descend jusqu'au bord de l'eau semble ne devoir inspirer que des idées douces et riantes. A quatre pas de là nous côtoyons le Moulineau, l'une de ces sources énormes si communes en Périgord, qui versent tout à coup une véritable rivière dans la rivière voisine et dont l'origine est ignorée. Ce petit étang profond, et aux eaux bleues, est couvert d'oiseaux aquatiques, appartenant à l'usinier, dont les moulés sont établies sur son déversoir. De beaux arbres l'ombragent, et à quelques pas de là le ruisseau qu'il forme se précipite dans l'Isle. On croit que cet entonnoir est alimenté par le cours souterrain du Cern qui vient des environs de Notre-Dame-de-Sanilhac, traverse la commune de Coursac, une partie de celle de Razac, et n'apparaît dans son lit extérieur, ravin desséché pendant le reste de l'année, que lors des grandes pluies. Il est fâcheux qu'il ne prenne pas d'habitudes contraires et se cache trop modestement. En coulant au grand jour, du 1er janvier à la Saint-Sylvestre, il rendrait d'immenses services au pays, où les moyens d'arrosement manquent souvent et qu'il pourrait enrichir. Ainsi font beaucoup d'hommes capables et ennemis du bruit. Ils se blotissent, ils vivent dans l'obscurité, tandis que trop d'ignorants, de charlatans passent pour répandre la lumière et tuent le progrès au lieu de le favoriser.

Nous nous arrêtons deux minutes à Razac. Heureux qui peut le faire davantage ! Il peut recevoir de M. Deschamps d'utiles conseils, admirer ses excellents procédés de culture et rendre hommage au beau troupeau de brebis et béliers qu'il a formés avec des animaux anglais de la race dishley, qu'il a su maintenir à un haut rang de forme, de poids et de précocité. Tous n'ont pas autant de bonheur. C'est que pour réussir il ne suffit pas d'acheter de bons reproducteurs, il faut encore s'en occuper avec connaissance et soin, ne rien laisser au hasard, avoir le feu sacré qui guide et fait persévérer dans la voie sans se lasser jamais, en montrant les écueils à éviter, le sentier par lequel on peut franchir, sans pertes, de difficiles passages. M. Deschamps est aussi l'un de nos principaux producteurs de tabac. A ce titre, il a droit à la reconnaissance de ceux qui savent apprécier l'arôme exquis et la finesse vraie du cigare. Je signale donc Papassou, que nous touchons pour ainsi dire, à la gratitude de deux de mes compagnons de voyage, fumeurs émérites. Ils écoutent avec intérêt, et, au moment où nous repartons, font entendre, pour le propriétaire, deux hurrahs successifs et retentissants venus du cœur.

Ce bruyant témoignage de leur sincère sympathie dure encore lorsque je les prie de se calmer et de considérer le paysage. A quelques pas de nous, sur le sommet d'un coteau rapide, deux châteaux se touchent presque. L'un, antique témoin, acteur intrépide, au milieu des luttes qui longtemps ensanglantèrent le Périgord, se dresse fièrement, quoique en partie démantelé, derrière l'habitation moderne qui lui a succédé plus près du bord du précipice. Il est maintenant réduit au rôle secondaire et sert de décharge au nouveau venu, mais l'écrase par son aspect solennel et monumental. Je regrette qu'on l'ait mutilé et, je l'avoue, qu'on ait bâti à côté une demeure nouvelle. Il aurait fallu simplement le réparer. Le contraste du manoir récent avec ce formidable voisin est frappant; on dirait une tourterelle posée tout à côté d'un aigle. Fâcheux voisinage pour la première! Une route artistement dessinée sur le flanc de la montagne conduit à cette résidence, d'où la vue s'étend au loin sur une splendide campagne et d'où la lumière est descendue sur les environs. Montanceix possède en effet de vastes et beaux vignobles, de riants jardins, des terres bien tenues, et ces améliorations ont fait tache d'huile dans le voisinage. Au bas du rocher qui soutient les deux édifices coulent des ruisseaux qui vont se joindre à l'Isle, qui bat capricieusement le bord de la falaise, laissant à peine place au chemin de fer et alimentant la grande minoterie dans les vastes dépendances de laquelle M. Sicaud, auquel la spéculation a dévoilé tous ses secrets, engraisse si bien d'admirables bandes de porcs appréciés par le charcutier et le consommateur. Naguère un établissement de pisciculture avait été fondé par l'honorable M. de Bousquet, désireux de profiter de tous les avantages offerts par la position de sa terre; mais la perte de l'Alsace, en nous privant d'Huningue, a porté un coup fatal à cette industrie, qui devait nous être si grandement utile et, pour le moment, il a fallu, je le crois, renoncer à donner suite à ce projet. Je dis pour le moment, car l'idée sera certainement reprise ! — et l'Alsace aussi ! Espérons-le ! Rappelons en passant que c'est le père du châtelain actuel qui eut la première idée de la construction d'un chemin de fer de Périgueux à Coutras, dont il fit faire les études à ses frais. Plus tard, on en déclara l'exécution impossible; on voit aujourd'hui de quel côté la raison se trouvait en cette circonstance. A Montanceix se joint à l'opulence la plus ardente charité, et l'admirable institution des Petites-Sœurs des Pauvres, à Périgueux, doit son existence, son développement, la plus grande partie de ses ressources à Mme de Gosselin, qui n'en a pas, pour cela, moins que son frère, du goût et des succès agricoles. Son régisseur, M. Champarnaud, qu'anime son inspiration, est l'un de nos principaux, de nos plus glorieux champions, et ses bestiaux gras, après avoir brillé sur les champs d'épreuve à Périgueux, vont à Limoges, à Bordeaux, conquérir les premiers rangs. A peine avons-nous quitté ces parages et jeté un regard vers La Coutissie, que dirige, aussi pour M. de Bousquet, M. Loubignac, que Joyva nous est apparu, puis a fui derrière nous, villa chère au praticien qui vient y jouir des merveilles dues à l'esprit entreprenant et lucide de M. Choury.

Nous voilà tout à côté de Saint-Astier, dont l'église collégiale, au clocher haut et puissant, semble protéger la petite ville assise et recueillie sous son ombre. De tous côtés la vue s'égare avec plaisir sur des objets dignes de la fixer; sur des usines florissantes que trahit leur panache de fumée et où se préparent pour toute la Dordogne et même des départements lointains des chaux hydrauliques excellentes ; sur la chaîne de coteaux qui encadre la cité; sur le robuste château du Puy, tout entouré de vignobles ; sur les riches pampres des hauteurs voisines, d'où découle un vin généreux des plus renommés du département, et à juste titre ; sur le manoir de Puyferrat, qui ferme au sud, avec son crû célèbre, le fer à cheval dessiné par les collines ; sur la rivière qui coule paisible et large sous un pont récent assez long, mais trop étroit; sur le canal de dérivation creusé pour éviter aux embarcations de commerce un long détour, genre de construction qu'on aurait dû multiplier bien davantage sur le parcours d'un cours d'eau dont les sinuosités sont grandes et nombreuses ; sur les tourelles de La Batut, aux vins réputés, tourelles qui furent le berceau, ou du moins les gardiennes vigilantes, d'un comice dont l'action heureuse n'a cessé de se faire sentir depuis plus de trente ans. Tout près se trouve l'exploitation de M. Parade, vieux guerrier, qui sait aux palmes des défenseurs de la patrie joindre celles de l'agriculteur, comme le démontrent de nombreuses médailles d'argent et d'or et le prix d'honneur départemental; non loin est Lagrange, où M. Deauriac, encore un ancien soldat, manie lui-même les instruments perfectionnés dont il apprend à ses employés à se servir et a mérité, par la beauté de ses produits, ses améliorations de tout genre, de remporter au concours régional le prix cultural le plus élevé pour les domaines de petite étendue. La température, folle cette fois, a sur ce beau pays, comme ailleurs, imprimé sa griffe néfaste ; mais bien que frappée sensiblement par le mal, la contrée séduit et l'on comprend combien vaillants sont ses travailleurs, combien le sol s'y montre reconnaissant des soins qu'on lui prodigue. C'est un vrai verger, un jardin enchanteur, on voudrait s'y arrêter, y séjourner longtemps, mais la vapeur n'est pas de cet avis, elle nous emporte toujours, et au lieu de laisser descendre à Saint-Astier même, ne permet de le faire qu'à près d'un kilomètre de là. Pourquoi ? Les desseins de l'ingénieur sont impénétrables ! Au sortir de cette station, excentrique par sa position, le terrain change d'aspect; il est sec et maigre, ses produits paraissent chétifs. Il eût peut-être mieux valu le laisser tout en bois. Un instant après, au-delà de l'Isle que nous avons franchie, nous entrevoyons Saint-Léon, aux champs renommés pour ses légumes. Si les Israélites les avaient connus, ils n'auraient pas tant regretté ceux de l'Egypte.

Nous passons à deux pas de Beauséjour, fief ancien, et encore propriété, des Talleyrand, et nous voici dans l'arrondissement de Ribérac. A notre gauche, l'Isle s'éloigne, revient, fuit encore dans sa plaine opulente toute chargée de vertes prairies et de riches récoltes, tandis que nous cotoyons une chaîne crayeuse qui nous domine à une grande hauteur, couverte de taillis, et dont les flancs coupés dans le vif calcaire vont plonger au-dessous de nous dans la rivière qui nous apparaît de nouveau, portant de lourds bateaux de commerce encombrés de chargements de bois du Limousin qu'elle conduit à Bordeaux sous nos yeux, comme pour nous dire en face des mécaniciens et de la vapeur impatiente que, dans cette longue vallée, son œuvre, au sein de laquelle s'est glissé le chemin de fer, la navigation n'entend pas abdiquer ses droits. Nous nous en réjouissons, car c'est là pour l'agriculture une bonne fortune, et nous espérons que l'on comprendra bientôt, dans les régions du pouvoir, qu'il est nécessaire d'ouvrir, dans nos contrées, de nouvelles lignes aux transports par eau. Notre pays a tout avantage à voir enfin mettre à exécution des projets qui, pour être anciens, n'en sont pas moins demeurés marqués du sceau d'une utilité véritable, tels que la jonction de l'Isle à la Vienne rendue navigable et au Cher; de la Drône au Clain canalisé; de la Vézère à la Creuse; de la Dordogne au Rhône.

Une coupure de terrain, dans laquelle coule le Salembre, où nous constatons cette fois, chose qui y est rare en été, de l'eau courante, nous donne au loin quelques aperçus mystérieux dans une gorge verdoyante où passe la route de Ribérac qui vient aboutir à la station portant l'enseigne de *Neuvic*, mais se trouvant à deux kilomètres de ce chef-lieu de canton, séparé, de plus, de nous par la rivière. Neuvic, où logiquement on aurait dû pouvoir se rendre directement et s'arrêter, est une riche commune dont le territoire est cher au tabac, qui, peut-être plus que partout ailleurs en Périgord, s'y plait, s'y épanouit et y donne d'excellents produits. Tout autour, la culture est en honneur; un comice zélé, p'ein d'intelligence et d'initiative, y fonctionne avec plein succès sous la présidence de notre savant collègue M. de Lentilhac, directeur de la ferme-école de Lavalade. Cette association exerce la plus heureuse influence, a déjà produit de très utiles résultats, et se signale par de sages innovations en poussant chaque jour à de nouveaux progrès. Depuis deux ans, elle a institué pour le moissonnage un concours d'engins qui finira par amener une heureuse révolution dans le procédé trop lent et trop pénible du sciage des céréales au moyen de la faucille. Au-dessus de Neuvic, le long de la berge de l'Isle, apparaissent les tours et les créneaux du vaste château de ce nom, résidence autrefois guerrière où le bon roi Henri séjourna plusieurs fois et où, dit-on, 600 hommes pourraient loger à l'aise. Cette féodale et magnifique demeure est aujourd'hui le séjour de la bienfaisance dans la personne de la descendante des anciens barons, Mlle de Melet. Presque vis-à-vis de nous un estuaire important, débouchant dans le chenal de la rivière, fixe notre attention. C'est celui du Vern, ce cours d'eau capricieux qui, pendant les deux tiers de son parcours, s'engloutit, revient à fleur de sol, coule à pleins bords, puis disparait de nouveau, faisant le désespoir des géologues et des agriculteurs, qui ne peuvent ni le capter, ni même deviner son cours souterrain, lorsqu'il lui plait de fuir soudain sous terre au milieu de son agreste vallée. C'est ainsi qu'il procède irrégulier et fantasque jusqu'à la commune de Manzac. En s'approchant de nous il se range, se conduit décemment, s'agrandit et vient finir paisiblement en honnête ruisseau. Sa vue nous rappelle la bataille gagnée par Montluc sur les protestants, pendant les guerres de religion, près de la petite ville à laquelle il donne son nom, et, à l'époque actuelle, les lauriers plus paisiblement conquis par le comice agricole de Vergt qui, sous l'impulsion de M. le docteur Veyssière d'abord, de M. O. Pradier ensuite, a, depuis quelques années, heureusement transformé les cultures dans son ressort et les fait progresser chaque jour. Mais voici, sur notre droite, Douzillac qui domine un charmant bassin où la terre se prête avec amour aux soins du propriétaire. De la hauteur, aux flancs de laquelle il s'étage gracieusement, il veille sur les longues lignes d'oignons qui font la fortune du planteur et donnent des produits dont la valeur dépasse parfois 4,000 fr. par hectare ! Bulbes heureuses ! vous faites venir des larmes de joie aux yeux de vos fortunés possesseurs. Saluons Valaye, que M. E. de Montardy dirige avec tant d'intelligence ; les croupes crayeuses qui s'élèvent ardues au-dessus de nos têtes; le fier Mauriac, auquel M. de Foydeau vient d'attacher la réputation d'un vignoble important, triomphateur au concours régional de Saintes ; la Beauronne doubleaude, qui, serpentant, finit à nos pieds sous les murs du château de Beaufort, que M. Raoul Bernard embellit et aux environs duquel il sait obtenir d'importants produits, qu'il emmagasine dans les nombreuses dépendances parfaitement comprises, construites par lui dans ce but. A quelques pas de là les vastes carrières de St-Front-de-Pradoux livrent des matériaux précieux ; St-Louis se montre humblement dans une riante situation au milieu de riches récoltes ; et au loin, à l'horizon, se déploie Mussidan, que l'Isle se hâte d'aller rejoindre en formant un coude gracieux, pour y passer sous un pont remarquable, y recevoir les eaux de la Crempse, chère aux forgerons, et y porter de nombreuses embarcations, dont nous apercevons bientôt les mâts poindre le long de la ville, dont le haut et noble clocher, que nous regrettons de ne point voir se dresser sur le rocher couronné par une des basiliques de la petite cité, dans une position où son effet aurait été bien plus pittoresque encore, nous indique l'importance.

Posté comme une sentinelle au débouché, sur la ligne de Limoges à Bordeaux, d'une vallée qui donne accès au centre du département et à la seconde ville de la Dordogne, vis-à-vis la Double, agreste territoire dont plusieurs communes dépendent de sa justice de paix, la Double, cette antique forêt où périt Waïffre, le fier et dernier duc d'Aquitaine, défenseur de l'indépendance de cette province, contre les Francs; situé non loin de Ribérac, où conduisent des voies faciles, Mussidan a souvent joué dans l'histoire du Périgord un rôle considérable. Chacun sait qu'un maréchal de France, le duc de Brissac, ne dédaigna pas de l'assiéger, avec d'autres chefs, et périt en l'attaquant. C'est aujourd'hui un point commercial florissant, où la navigation de la rivière, la grande route, celle de Ribérac à Bergerac et le chemin de fer favorisent les arrivages et les expéditions, par suite les transactions. Il y a diverses fabriques, et l'on doit particulièrement citer celle d'instruments agricoles que M. Dudreuil construit avec un succès chaque jour croissant et en quantités attestant le développement du progrès dans les méthodes de culture, progrès favorisé, développé sans cesse, par le comice à la tête duquel est placé l'honorable docteur Piotay et qui, s'il ne fait pas beaucoup de bruit, fait beaucoup de bien. Le sol, tout autour de Mussidan, ainsi que celui de plusieurs des paroisses qui l'avoisinent, est de bonne nature, et, bien travaillé, fournit des revenus réels. L'on y trouve plusieurs agriculteurs et engraisseurs de mérite. Parmi ces praticiens, MM. Bessino et Boutereau doivent être spécialement signalés. Dans la ville existent un hospice, de jolies promenades et divers établissements d'instruction. Naturellement on croirait que nous allons nous rapprocher de ce centre attrayant et que la station se trouve auprès du pont qui en rend l'accès facile, mais, ô déception ! la voie décrit un coude, gravit une rampe, franchit l'Isle qui a l'air tout étonnée de ce coup de tête, et l'on va se remiser en rase campagne, loin du faubourg même, et dans un endroit d'où l'on ne peut rien apercevoir en fait d'agglomération urbaine. Cette idée bizarre et inexplicable exerce la sagacité de tous ceux qui se trouvent dans le même compartiment que moi. Chacun la critique, on ne peut en donner une raison satisfaisante. On dirait qu'elle a eu pour but unique de favoriser une entreprise d'omnibus.

La gare du reste est grande et bien installée ; si le chemin de fer qu'il est question d'ouvrir d'Angoulême à Marmande par Ribérac, Mussidan et Bergerac, dont les voyageurs montent et descendent ici, vient à se réaliser, elle prendra nécessairement de plus grandes proportions. Tout auprès, en prévision d'événements favorables aux spéculations, on a vu sortir de terre de nombreux bâtiments, dont un sert de dépôt d'étalons lorsque l'Etat veut bien en accorder un à Mussidan, où toujours il devrait y en avoir. Désormais, par suite du singulier emplacement que le constructeur de la voie ferrée a choisi pour point d'arrêt, nous allons quitter la région des grasses prairies, des clôtures arborescentes, des verts maïs, des moissons luxuriantes. Nous ne verrons plus pendant longtemps rien de pareil, excepté pourtant aux environs de St-Médard, où des praticiens instruits, riches et zélés, arrachent à la terre d'importants tributs, notamment M. de La Rivière, lauréat du prix d'honneur cultural pour l'arrondissement de Ribérac, au dernier concours de la Société départementale d'agriculture de la Dordogne dans cette circonscription sous-préfectorale. M. de La Rivière propage avec succès la production du prunier d'Agen et la préparation de son fruit. Il a de superbes vignobles (Dieu les garde du phylloxera !), des froments magnifiques, de splendides plantations de tabac, de très bons animaux et ses bâtiments ruraux sont fort bien agencés. Ses voisins, stimulés par l'émulation, le suivent, les uns de près, d'autres d'un peu plus loin. Toute la contrée s'en ressent d'une manière avantageuse. Mais, peu à peu, le sol prend un aspect sablonneux et pauvre; les montagnes se sont éloignées, nous roulons sur un vaste et monotone plateau d'où la vue s'étend, au-dessus de la vallée de l'Isle, cachée dans un enfoncement, vers les cimes boisées qui forment la limite orientale de la Doublé. Les maisons sont rares et bâties en bois, la pierre de taille, orgueil du haut pays, et même le moëllon, faisant défaut; les toits de chaume se montrent çà et là. Aux bords de coupures formées par des ruisseaux qui se traînent languissamment, quelques prairies s'étalent peu fournies et parfois marécageuses. La culture en billons domine. Au sommet de ces remblais s'agitent des froments clairsemés, des sariazins et des rangées de citrouilles qui remplacent, sans doute, le maïs. Les terres labourées semblent battues et devenues dures comme du mortier sous l'action des pluies qui, depuis six semaines, n'ont presque pas cessé. La vigne se cultive en joalles, dont beaucoup malheureusement sont à double et triple rang; elle végète assez bien. C'est dans ce triste pays que se trouve la station de Beaupouyet. Naguère on l'appelait Bénévent, du nom du village auprès duquel elle est située. On avait compté sans le savoir géographique de beaucoup d'expéditeurs. Le premier auquel on apporta un colis avec l'adresse : *A Bénévent (Dordogne)*, se mit à rire de pitié. Il ouvrit son dictionnaire, haussa les épaules, corrigea l'écriteau et fit partir la malle pour la Creuse. Le paquet revint à son point de départ avec avis que le destinataire était inconnu dans le pays. L'employé se frappa le front;

il y vint un éclair de génie. Sur une belle page blanche il traça de suite *propria manu* ces mots : « *Bénévent, royaume de Naples.* » (Le royaume d'Italie n'existait pas alors), et il y expédia les bagages. Il y aurait envoyé les personnes. Au bout de six mois, réapparition triomphale des sacs et caisses. Naturellement on n'en avait pas trouvé le propriétaire dans la possession pontificale enclavée parmi les Etats de S. M. des Deux-Siciles. La chose s'étant renouvelée plusieurs fois, l'administration a pris le parti d'imposer à la station, que nous quittons en cet instant, le nom de Beaupouyet, c'est-à-dire celui du chef-lieu de la commune qui, naturellement, en est passablement loin. L'instant d'après nous apparaît un joli château moderne, avec des servitudes bien comprises et qui nous annoncent une oasis agricole digne d'intérêt. C'est celui de Fournil, appartenant à la famille Piston d'Eaubonnes, dont le chef est mort il y a quelques années. Mais ses successeurs ont suivi son exemple, continué son œuvre de progrès, et ont voulu, comme lui, faire partie de la Société départementale d'agriculture de la Dordogne, portion d'héritage que malheureusement beaucoup de fils et de neveux ne négligent que trop d'accepter, au grand détriment de l'avancement de la science. A l'horizon, de l'autre côté de la rivière, est St-Laurent-des-Hommes, où M. Barthome-Brize, auquel l'art de bien nourrir le bétail est familier, produit pour la boucherie d'énormes quantités de viande grasse à laquelle il ordonne de recouvrir abondamment les flancs des bêtes à cornes qu'on lui amène, même de celles qui sont mal conformées, et, à les voir, réfractaires à l'engraissement, mais qu'il rend néanmoins aptes à faire l'ornement de l'étal et les délices du gourmet, talent que peu possèdent. Aussi doit-on se contenter d'imiter ce cultivateur habile lorsqu'il opère sur des animaux bien faits et ne pas entreprendre d'entrer en lutte avec lui en essayant de remédier aux défauts naturels des sujets qui

semblent devoir présenter des difficultés sérieuses dont il se
joue, mais qui, pour la plupart d'entre nous, amèneraient des
déceptions. Tout le monde, en effet, n'a pas son coup
d'œil, son calcul exact et le *tour de main* qui le distingue.

Où *l'abeille a puisé*, le moucheron *se noie*.

Vers St-Martial-d'Artensec, dont nous apercevons le clocher peu loin de nous, l'impression ressentie par le voyageur est moins pénible que plus haut. La culture paraît meilleure, la vigne est plus fournie, les blés sont un peu plus épais. Il y a là certainement un bon agriculteur. Il y en a deux au moins : le vénérable M. de Lage de Lombrières et M. Rives, que seconde si bien son régisseur M. Barichon, lauréat de la prime d'honneur départementale pour les employés de cet ordre en 1870. Nous retrouvons la grande route que nous avions quittée; elle nous semble déserte et poudreuse. Le chemin de fer en a fait disparaître presque toute l'animation. C'est un spectacle affligeant, comme celui de toutes les décadences. Cependant elle a encore son utilité et sans elle bien des transports ne pourraient s'effectuer. Souhaitons qu'ils croissent au centuple.

Qui le croirait ! la gare de Monpont est à Monpont même ! Sans descendre de wagon nous pouvons contempler la gracieuse petite ville, à laquelle les proportions exiguës de la flèche qui surmonte son église ne donnent pas une apparence en rapport avec le nombre de ses habitants et son étendue. Elle possède un hospice récemment fondé que nous apercevons à deux pas de nous et un excellent établissement d'instruction pour les filles, dirigé par les sœurs de Sainte-Marthe. Il y a plusieurs autres institutions utiles. Malheureusement le comice qui s'y était établi n'a pas eu de durée suffisante. Cependant il a laissé quelques traces profondes et n'a pas été sans utilité. Les habitations sont bien bâties et le séjour doit être agréable en cet endroit. Le négoce y est favorisé par la ligne du chemin de fer, la grande route, plusieurs voies de communication importantes et la rivière que l'on y traverse sur un beau pont. Mais, comme Mussidan, où il serait facile d'en établir un vaste et commode à l'embouchure de la Crempse, Monpont n'a pas de port sur l'Isle. Les bateaux sont obligés de stationner dans le courant et d'en subir toutes les fluctuations, exposés aux dangers des crues subites et des inondations. Au-delà s'épanouit la plaine basse, fraîche et verdoyante, bornée par des coteaux riants au pied de l'un desquels, dans un paysage ravissant, se développe la chartreuse de Vauclaire, dont les religieux ont repris possession sous le pontificat de Mgr Georges, qu'ils ont restaurée, rendue presque à son ancienne splendeur et autour de laquelle ils ont fait faire des progrès importants à l'agriculture, à la conduite de la vigne surtout ; ils ont élevé de grandes et fort belles constructions, porté de 30, 40, au plus, à 200 barriques la production de leurs vins, dont ils ont accru la qualité, au point que maintenant ils les vendent à de hauts prix pour Paris, l'Allemagne et autres pays. C'est dans la même direction, en descendant vers le sud, que se trouvent les domaines de MM. de Casteras-Seignan, ancien sous-préfet de Ribérac, et de Chantérac ; ces derniers régis par M. Delingeas, observateur habile. Aux portes de Monpont, la plaine haute est productive. On y recueille beaucoup de vin, et le sol paraît bien soigné. Le canton s'étend à l'est sur le Landais au terrain sableux, manquant d'eau et n'ayant presque sous ce rapport que des marais d'où proviennent des fièvres continuelles, possédant du reste de beaux chênes, source d'une fructueuse exploitation, se couvrant chaque jour davantage d'épais taillis, et qui aurait besoin d'être revivifié par des hommes à la fois capables et énergiques ; à l'ouest, il comprend plusieurs portions de la Double et notamment Echourgnac, qui peut être regardé comme le centre de ce pays déshérité. Meilleur au centre, il donne, en somme, sur toute sa superficie, par année moyenne, environ de 23 à 24,000 hectolitres de vin, blanc surtout, d'après les statistiques fournies dans le temps à notre Société ; 30,000 hectolitres de froment vendus de 20 à 22 fr. l'un et une grande quantité de pommes de terre, valant 4 fr. le sac. Il y a beaucoup de moutons assez beaux. On y engraisse et emploie la race bovine du Limousin ; la paire de bœufs s'y paie de 800 à 1,600 fr. Il est sérieusement question d'établir, de Monpont à Morcenx, dans les Landes, un chemin de fer qui serait fort utile à plusieurs égards. Cette voie rendrait à cette portion du département d'importants services.

La grande route se déroule toujours devant nous, et à peu de distance, un peu plus animée que précédemment, pas assez néanmoins. De nouveau maigres bois, maigres sillons, maigres produits; des vignes assez satisfaisantes, mais qui auraient bien besoin de quelques façons. Elles sont toujours en joalles ; nous n'en rencontrerons plus *en plein* que par exception. Cependant, il semble que nous descendons. Voici Soubie, notre dernière étape dans la Dordogne. Les émanations du charbon de terre nous y saisissent à la gorge ; elles nous viennent des usines de Coly, situées à quelques centaines de mètres de nous, sur la rivière, où se pressent les communes populeuses du Pizou et de Menesplet. Cette activité nous réjouit. En même temps, les maïs, qu'on avait prudemment presque abandonnés dans la plaine haute, reparaissent, et les noyers reviennent comme pour nous dire adieu au nom du Périgord au moment où nous allons en sortir et pour l'annoncer à ceux qui vont y pénétrer. La Gironde nous reçoit sous leur ombrage. Honorons la patrie des grands vins et de ceux qui, toujours réputés, bien que moins célèbres que ceux des quatre grands crûs, vont dans toutes les parties du monde, faire bénir par les connaisseurs le nom bordelais, unis souvent aux nôtres qui viennent à la dérobée en augmenter la quantité, leur prêter du corps et de la force en leur abandonnant la gloire, contents d'avoir fait œuvre charitable *incognito*. C'est par milliers d'hectolitres que les sucs généreux de nos vignobles, vont se mêler, en perdant leur nom, à ceux de nos voisins, qui savent en tirer amplement profit. On constate chaque jour l'arrivage de chargements de vins du Périgord sur le territoire où nous entrons, et, sauf quelques vins blancs, on n'y en retrouve plus la trace !

On voit fort bien comment ils entrent, mais on ne les voit pas sortir. Braves habitants de l'Angleterre, de la Russie, du Brésil, des Provinces argentines, du Chili, du Pérou, de l'Océanie, de l'Asie, du monde entier en un mot, que de tonneaux de vins de Domme, de Bergerac, de Gouts-Rossignol, de Brantôme, de La Bachellerie même, vous absorbez, ainsi que de vins du Quercy, du Languedoc et d'ailleurs, en croyant boire du pur vin de Bordeaux ! Cette ville et ses succursales traitent nos produits vinicoles comme les champignons, dont nous traînons avec nous un convoi tout entier et qui feront tout-à-l'heure leur chemin en s'appelant cèpes bordelais ! C'est, du reste, l'usage général qu'une contrée donne son nom à tout ce qu'elle exporte dans le genre qui fait sa réputation. Mais il me semble que c'est un abus et que le lieu de provenance, comme la nature du mélange, devrait toujours être franchement indiqué, dans l'intérêt commun du producteur et de l'expéditeur. Je n'aime pas qu'un Parisien se fasse une idée des truffes périgourdines en dégustant une poignée de truffes de Bourgogne qu'on lui aura vendues sous un nom trompeur, en les parfumant avec un peu de pelures des nôtres, ou que l'affreux *trois six* de betteraves ou de grains allemands, arrive déguisé dans l'autre hémisphère sous la pompeuse étiquette d'eau-de-vie de Cognac, parce qu'on l'aura savamment amalgamé avec un peu d'essence de celle-ci sur les bords de la Charente. Les pays de haute production ne gagnent rien en renommée à voiler ainsi la vérité ; et, d'autre part, leurs utiles auxiliaires, exploités sous un faux titre, y perdent, ne pouvant vendre leurs produits, inconnus du consommateur, qu'à un taux dérisoire dont profite uniquement celui qui manipule la marchandise après l'avoir seul achetée comme il lui convient, en laissant l'origine de la denrée, caché pour le public qui la lui prend. Mais on tend à se dégager de liens fâcheux, et je suis persuadé que les négociants des bords de la Garonne, de la basse Dordogne et de la Gironde, ne perdront rien à faire connaître franchement sur leurs barils ou colis, le point d'où vient ce qu'ils débitent, ou bien la nature du coupage auquel on s'est livré pour obtenir un certain degré de sève, d'esprit, d'arôme ou de durée.

Une des premières choses que nous apercevons en pénétrant dans la Gironde est une épave ! La belle usine Jackson à St-Seurin-sur-l'Isle est devant nous ; il fut un moment où ses vastes bâtiments suffisaient à peine à renfermer une foule de machines, de fourneaux et un peuple d'ouvriers. Les produits métallurgiques qui en sortaient étaient justement appréciés ; et la France qui les récompensait avec enthousiasme dans les expositions, allait en tirer, disait-on, un profit magnifique. Le Libre-échange cher aux Bordelais, qui prennent par trop souvent pour or fin et massif ce qui n'est qu'un faux clinquant, est arrivé : son souffle froid a éteint tous les feux. Les constructions désertes restent fermées comme un avertissement inutile. Nous en verrons bien d'autres en avançant ! St-Seurin a, du coup, perdu 400 âmes, soit plus du tiers de ce qu'il renfermait d'habitants. On veut, dit-on, utiliser les vastes édifices aujourd'hui sans emploi pour une filature. Que ses jours soient d'or et de soie ! Le pays est plat et fertile, comme presque tous les terrains qui bordent notre petite et gracieuse rivière que nous ne tardons pas à traverser pour gagner St-Médard-de-Guizières, paroisse dont le patron a beaucoup trop tenu cette année à son humide réputation, nous arrosant avec une désolante ampleur. St-Médard est un joli bourg, presque une petite ville, que l'on aimait à contempler en le traversant aux temps homériques des diligences. Mais il est convenu qu'en chemin de fer on ne doit pas être curieux ; d'après cet axiome, on a placé la gare de manière à ne pas troubler les méditations des voyageurs, qui n'ont devant eux que deux ou trois mauvais murs et autant d'échoppes. Allons-nous en bien vite ! C'est ce que nous faisons, et nous entrons triomphalement à Coutras, ni plus ni moins que le Béarnais, en faisant presque autant de bruit, mais sans courir autant de danger que lui. Coutras, célèbre par la bataille gagnée par Henri IV, alors roi de Navarre, sur Joyeuse, est situé sur la Drône près du confluent de cette rivière avec l'Isle, au centre d'une plaine étendue. Il est formé d'une longue rue qui borde l'eau et à laquelle aboutissent plusieurs petites ruelles. Point de bifurcation des deux grandes lignes de Bordeaux à Paris et de Bordeaux à Lyon, à la tête d'un troisième chemin de fer qui la réunit à La Rochelle, cette place, qui voit converger, en outre, vers elle, beaucoup de lignes importantes de voies de terre, devrait être florissante ; et cependant elle paraît n'avoir que peu de mouvement. Le voisinage de Libourne enraye l'essor de son commerce et empêche le développement de sa population. Son seul monument est une église paroissiale, récemment restaurée et agrandie, je crois, c'est du moins l'effet qu'elle m'a produit lorsque je l'ai visitée ; il m'a paru que le haut et le bas du vaisseau diffèrent non-seulement d'époque, mais encore de style. Le clocher est une aiguille qui s'élance avec hardiesse et élégance, donnant un avant-goût de celles que, depuis quelques années, on aperçoit de tous côtés dans cette partie de la Guienne. La Drône est ici navigable, mais n'est pas utilisée par la batellerie ou du moins l'est très-peu. D'assez nombreux petits batiments de commerce sortent des chantiers de la ville, qui possède plusieurs bons hôtels. La station est belle et grande, mais on y retient les voyageurs un peu trop longtemps à l'arrivée de la plupart des trains. Cette fois nous ne faisons que toucher barre et nous franchissons un instant après l'Isle, que nous ne retrouverons plus sur notre chemin et qui vient de baigner le territoire d'Abzac, dont la flèche jaillit au milieu des côteaux. Abzac est une grosse et riche commune qui possède une grande usine hydraulique et à vapeur de MM. Emmanuel Calvé et Cᵉ, négociants à Bordeaux. Cet établissement, d'après M. O. Ferret, dont j'aurai souvent occasion d'utiliser le beau travail en ce qui concerne la Gironde, renferme huit paires de meules consommant 200 hectolitres de froment par vingt-quatre heures, avec une force moyenne de chute d'eau de 150 chevaux effectifs. On y trouve de plus une huilerie considérable et réputée l'une des plus belles de France. L'Isle, le grand moteur de ce centre industriel, nourrit tout autour, dans ses prairies, dont les eaux sont parfaites, du bétail très-recherché. Malgré tant de mérites, les nombreux tributaires qu'elle a déjà reçus et la longueur de son cours, elle ne me semble pas être, au point où nous la passons, sensiblement plus large qu'à Périgueux. C'est sans doute pour ne pas humilier la Drône au-devant de laquelle elle court, et qu'elle va rejoindre sous les roues de la célèbre minoterie de Laubardemont, qui emploie presque tout son volume. Après avoir embrassé sa sœur et s'être unie à elle, elle passe aussitôt à l'état de chenal de navigation maritime, portant des bâtiments de mer jusqu'à son embouchure dans la Dordogne. Les environs de Coutras n'offrent pas l'aspect de terrains de première qualité ; la vigne, qui y est largement cultivée en joalles, n'y paraît pas fort vigoureuse; selon l'auteur que je citais tout-à-l'heure les vins rouges y constituent de petits ordinaires, payés, lors de la récolte, de 200 à 300 fr. le tonneau de 900 litres, tandis que les vins blancs provenant de l'*enrageat* valent, pour les premiers crûs, de 150 à 200 fr. logés, soit 100 à 150 fr. sans futaille. Il y a dans le canton quelques vins exceptionnels sur lesquels je reviendrai. Les alentours produisent plus de céréales, de pommes de terre et de foin qu'il n'est nécessaire pour la consommation locale. Sur les prairies qui longent les cours d'eau, nous apercevons depuis longtemps déjà beaucoup plus de vaches que de bœufs. Nous voudrions examiner St-Denis-de-Piles, dont les vins rouges estimés, proviennent de vignes travaillées en plein, de même que ceux de Bonzac leurs voisins, fort recherchés. Nous aimerions à voir près de la première de ces deux bourgades pêcher dans l'Isle des poissons estimés, et à y contempler les chantiers, où l'on construit des navires de commerce. Désirs inutiles ! Suivant l'usage, la gare est, en effet, à deux kilomètres du lieu dont elle porte le nom, et notre curiosité ne saurait être satisfaite. Sur les coteaux, à l'ouest, nous tâchons de découvrir Guîtres, chef-lieu du canton ; notre investigation demeure sans résultat. Mais en suivant de l'œil le cours des hauteurs de ce côté, nous ne tardons pas à être frappés par l'aspect d'une éminence terminée par un cône tronqué dépassant les autres en hauteur et en largeur et mettant fièrement fin à cette rangée de monticules, semblable à un tambour-maître placé à l'extrémité de la ligne de ses jeunes élèves, et prêt à passer l'inspection. C'est au pied de cette élévation, que surmonta jadis un fort aux légendes fantastiques, et à la cime duquel apparaissent quelques maisons de plaisance, que la Dordogne, fière d'avoir passé tout-à-l'heure non loin des hauts vignobles de St-Emilion, vient recevoir l'Isle, qui de son côté, s'enorgueillit de compter ces joyaux dans son bassin avec le crû non moins célèbre de Pomerol, dont les vins se vendent également jusqu'à 1,200 fr. le tonneau bordelais, ayant à leur tête ceux du Vieux-Château-Certan, appartenant à M. Ch. de Bousquet, l'heureux propriétaire de Montanceix. Les deux principales rivières du Périgord, qu'elles ont traversé dans toute son étendue, la première de l'est à l'ouest, la seconde du nord-est au sud-ouest, célèbrent leur rencontre en arrosant les tertres où s'élabore le nectar rouge illustre du Fronsacais, connu sous le nom de *Canon*, canon que l'on tire avec plaisir, mais dont la charge coûte assez cher à ceux qui veulent se procurer cette satisfaction, puisque on la leur fait payer jusqu'à 1,200 fr. les 900 litres. De là, partent aussi des masses considérables de fruits pour Bordeaux et Paris.

Libourne s'étend entre la Dordogne et l'Isle à leur jonction, qui forme un vaste port, l'un des plus fréquentés de France, par la navigation côtière. Outre nos navires nationaux, on y voit entrer des bâtiments étrangers, anglais, norwégiens, suédois et hollandais qui viennent y apporter des charbons et des bois. L'entrepôt de sel y fait accoster bon nombre de caboteurs venus des salines de la Saintonge. Le développement des deux cours d'eau, le long des quais, pourrait abriter des centaines d'embarcations de mer d'une forte dimension. Aux bords de l'Isle, existaient des chantiers de construction naguère très-animés, mais le *Libre-échange* y a mis ordre, et ces ateliers, importants il y a peu d'années, n'ont plus que peu d'activité. La ville est bien bâtie, régulièrement, avec de belles rues, des places remarquables, des promenades ombreuses et de nombreux magasins; tous ces avantages, néanmoins, ne suffisent pas à lui donner beaucoup d'élan. Elle est trop près de la capitale de l'Aquitaine, et si Libourne arrête le développement de Coutras, Bordeaux étouffe celui de Libourne, qui, placé plus au nord, à trente lieues, avec les productions qui l'entourent, ses grandes voies de communications fluviales et marines, ses routes et ses chemins de fer, serait une place de négoce de premier ordre. Les lignes de Paris à Bordeaux et de Bordeaux à Bergerac s'y croisent. On y voit un théâtre, une belle caserne où séjourne un régiment de cavalerie; on y trouve un dépôt d'étalons qui fournit les stations de la Dordogne et de la Gironde, un champ de manœuvres et de courses, une bibliothèque publique, un tribunal civil, un autre de commerce, un collége communal, de nombreux pensionnats ou externats, des cercles, tout ce qui peut rendre la vie facile et agréable. La population, qui s'est beaucoup accrue depuis quelques années, est de 15,000 âmes, et probablement plus, aujourd'hui. Libourne est le point d'arrivée des vins du Périgord descendant en grande quantité vers la Gironde, des bois, des fers, des froments et farines, de toutes les denrées en un mot, que nous envoyons à ce département ; aussi ses deux rivières sont-elles sans cesse couvertes de bâteaux montant et descendant, et les voies de terre sont-elles fort fréquentées. A l'entrée de sa gare, aux vastes proportions, s'alignent des deux côtés des cordons de vignes. On ne pouvait pas décorer avec plus d'à-propos l'abord de la seconde ville d'un pays qui doit à l'arbuste de Noé sa réputation universelle. Au sortir de cette halte où les voyageurs et les marchandises sont toujours en nombre, nous voyons se développer la jolie cité devant nous, avec ses divers monuments, au milieu desquels sa principale église se fait remarquer par le clocher élégant dont elle a été dotée dernièrement. Nous admirons le paysage et tâchons de nous rendre compte de la fertilité du territoire, de même que de ses principaux produits. Nous apprenons sans étonnement que l'abattoir de Libourne fournit incomparablement plus de vaches que de bœufs à la consommation publique ; il ne peut pas en être autrement avec l'énorme population de vaches laitières que nous apercevons depuis Monpont dans les prairies, et que nous allons rencontrer encore dans les pâturages jusqu'à Bordeaux, qui absorbe en fait de bœufs surtout ceux envoyés par notre département, les deux Charentes et l'Agenais. Les vaches laitières, en nombre très prépondérant, puisque dans le Libournais elles sont dans la proportion de six contre un bœuf, sont utilisées pour la production et la nourriture de veaux vendus à l'âge de moins de trois mois et dont les meilleurs proviennent des domaines joignant l'Isle, cette artère agricole, dont les bords engraissent plus haut ces magnifiques bœufs gras qui descendent son cours depuis Jumilhac allant vers le grand centre de la Guienne, comme, d'autre part, ils remontent vers Paris, lui apportant également des aliments de choix. C'est encore le long de ses rives que viennent du Périgord à celles de la Garonne ces bandes de porcs si recherchés pour l'approvisionnement de la marine et la consommation locale, tandis que de tous côtés dans sa riche vallée retentit le bruit des roues de moulins fabriquant des farines et des minots recherchés, des marteaux de forges donnant des fers incomparables en France, et se meuvent, grâce à elle, des scieries mécaniques, plusieurs fabriques de produits céramiques, de draps et quelques papeteries. La plaine de la Dordogne, ne restant pas en arrière, il s'en faut, expédie dans les mêmes directions des matériaux de construction, des bois, du bétail, des céréales, de grandes quantités de minerai de fer et surtout des vins généreux, dont les chais girondins gardent le secret, une chose que pourtant on déclare être (mais à tort en ce point) bien rare chez les Gascons.

Le canton de Libourne ne produit pas de grains en quantité suffisante pour le nombre de ses habitants. Il n'a pas non plus assez de bétail, de volailles, de foins, de pommes de terre et de légumes. Il envoie beaucoup de fruits vers Paris, de même que des melons, dont, en outre, il exporte une grande quantité sur Bordeaux, où vont les saumons, aloses et lamproies pêchés dans la Dordogne et l'Isle. Les vins forment son principal produit, la grande source de sa richesse. On les divise en quatre classes; en première ligne, ceux de St-Emilion et de Pomerol, qui marchent leurs égaux; en seconde ligne, ceux dits des Sables de St-Emilion, qui viennent de St-Sulpice et des environs de Libourne; en troisième, ceux de *palus* récoltés sur les bords des deux rivières; enfin, ceux qu'on obtient sur les pentes et les plateaux d'Arveyres.

La vigne en *palus* est une curiosité pour l'étranger au département de la Gironde, habitué à la voir croître sur des hauteurs, des pentes rocailleuses où tout au moins dans des plaines élevées. On reste stupéfait en l'apercevant vigoureuse et chargée de raisins dans des terres humides de marais ou d'alluvions, souvent parcourues par de nombreux canaux pleins d'eau. Nous traversons un sol bas où les prairies et les vignes s'entremêlent. Dans les premières, bien que nous soyons au 18 du mois de juillet, les foins sont encore en meule, en partie par suite du mauvais temps. Les vignes sont formées de plants de malbec ou grosse côte rouge, mancin, verdot et cabernets. Elles donnent un produit corsé, coloré, coulant et payé de 250 à 400 fr. le tonneau, lors de la récolte. Dans les conditions qui leur sont faites, il semblerait que la qualité de leur vin doit être faible et que sa quantité, par suite de la gelée, de l'oïdium et autres maladies, venues sur l'aile du froid et du brouillard, doit être bien peu considérable. Il n'en est rien : le vin, les prix l'indiquent, est bon (les nôtres y sont peut-être pour quelque chose chez le négociant), et quant à ce que produisent les ceps dans ces bas-fonds, on peut s'en faire une idée par ce fait que M. Piola, sur trente hectares, obtient de 150 à 300 tonneaux, soit en moyenne 225 tonneaux ou 900 barriques, qu'il vend environ 140 francs la pièce, autrement dit 126,000 fr.; l'hectare lui donnant ainsi 4,200 fr. de revenu brut ! Il est vrai que M. Piola, riche propriétaire, a complanté son vignoble des meilleurs cépages, qu'il l'a placé dans la partie la plus élevée du palus et a entouré de digues ses parties basses. Il cultive à la charrue et au scarificateur et installe sa taille sur un seul échalas avec trois rangs de fil de fer. Il possède également deux des meilleurs crûs de St-Emilion. C'est chez lui que le regretté docteur Guyot a pris son type de taille de vignes des palus pour son remarquable ouvrage. Non loin de là, dans le canton et la commune de Fronsac que nous apercevons de la station d'Arveyres, où nous voici, M. Piganeau, sur les bords de la Dordogne, près des fameuses hauteurs de Canon, s'est créé sur un sol d'alluvions ou de sables à fond de graves, un magnifique vignoble de 100 hectares en palus. Les terres ont été soigneusement nivelées, drainées, amendées, puis complantées des meilleurs cépages bien dressés sur fil de fer et bien cultivés ; la production du vin dont la fabrication est très-soignée dépasse déjà 600 tonneaux vendus 600 fr. l'un, c'est-à-dire qu'elle atteint 2,400 barriques payées 360,000 fr., ce qui fait par hectare 3,600 fr. de rendement. Pour n'être pas aussi fort, en proportion, que chez M. Piola, ce chiffre est encore merveilleux. Mais gare le phylloxera ! Ce dernier, du reste, serait moins à redouter dans les *palus* qu'ailleurs, s'il est vrai que les inondations hivernales le détruisent. Rien de plus facile alors que de s'en délivrer dans des positions semblables.

Au milieu d'un terrain mouvant qui a nécessité d'énormes travaux d'art pour soutenir un immense viaduc qui traverse la plaine de la Dordogne, nous arrivons à Vayres, situé sur les rives du fleuve et arrosé par son modeste affluent le Gestas. Ce bourg possède un château remarquable et son territoire fournit des vins rouges de graves vendus en primeur de 300 à 450 francs le tonneau, des vins de palus de 250 à 400 fr., et des vins blancs d'enrageat, cotés parmi les meilleurs de l'*Entre-Deux-Mers*, de 120 à 200 fr. le tonneau, logés ; allant, en vieux, jusqu'à 300 fr. A partir de Vayres, nous gagnons le haut plateau qui s'étend entre la Dordogne et la Garonne. Ce pays est uni, à pente cependant assez prononcée ; il nous paraît léger et pas très-favorable aux froments, dont la moisson se poursuit au milieu du mauvais temps, pendant les éclaircies. Les autres produits, en grains et tubercules, semblent aussi ne pas y être fort à leur place, mais il y a de bonnes prairies dont plusieurs habilement irriguées, et la vigne s'y plaît et s'y développe bien ; aussi multiplie-t-on ses plantations, malgré les craintes qu'inspirent les maladies qui la frappent. Elle pourrait être l'objet de plus de soins, car elle est pleine d'herbes et assez mal entretenue. Il est vrai que le temps pluvieux n'est guère favorable aux travaux qu'on y voudrait faire et que les bras ne sont peut-être pas assez nombreux pour profiter des rares moments où il serait possible de les utiliser.

St-Sulpice d'Izon, où nous entrons dans l'arrondissement de Bordeaux, canton de Carbon-Blanc, ne nous arrête guère, non plus que St-Loubès, malgré sa gracieuse église. Ces deux stations ombragées et élégantes sont placées dans un terrain analogue à celui que je viens de décrire; la qualité du vin y est ordinaire, malgré quelques perfectionnements. Toutes deux sont dans l'Entre-Deux-Mers. C'est aux deux rivières de la Dordogne et de la Garonne que, dans le pays, on décerne ce titre pompeux de *mers*. Nous suivons de l'œil le cours de la première marqué par des côteaux qui se prolongent à notre droite. Bientôt deux viaducs, entre lesquels est un vaste espace béant, frappent nos regards. Ce sont les abords monumentaux de l'*ex*-pont de Cubzac, brisé subitement en un jour d'orage. Ce passage aérien qui semblait, vu de cette distance, la corde tendue pour les exercices d'un hardi prestidigitateur, et au-dessous duquel passaient voiles déployées les navires de mer, n'existe plus. On veut, dit-on, le remplacer par un pont tubulaire en métal. Dieu! que ce sera probablement laid! Rien, pour moi, de plus disgracieux que ces longs tuyaux de tôle que l'on place sur les rivières et qui interceptent la vue du voyageur là où elle aurait le plus à gagner en se reposant sur une vallée riante ou pittoresque. Au sortir de ces conduits les convois ressemblent à une teigne émergeant de son fourreau. C'est solide, je le veux bien, et je n'en doute pas, mais il me semble que l'on aurait pu, sans la déparer par un noir cylindre, poser sur la Dordogne un tablier élégant et en même temps résistant, ajouter en un mot aux charmes du paysage au lieu d'y faire tache.

A La Grave d'Ambarès nous coupons la route nationale de

Paris en Espagne, aux barrières de laquelle, pendant que nous stationnons, se pressent de nombreux véhicules en destination de Bordeaux ou bien en venant, presque tous, les uns et les autres, chargés de marchandises, les premiers toutefois plus que les seconds. A notre droite, au-delà des débris du pont de Cubzac, nous apercevons le canton de St-André, fertile en fruits divers, qui engraisse des bœufs, et qui exporte beaucoup de pierres de taille tendre et de moëllons. Ses vins rouges de côtes se vendent en primeurs de 3 à 600 fr. et ont obtenu vieux, jusqu'à 7 et 800 fr. le tonneau, pour les premiers crûs. Le canton possède un comice dont l'influence se fait heureusement sentir. Son chef-lieu, que nous cachent plusieurs plis de terrain, est à six kilomètres de nous environ. Bien que sur les hauteurs, il n'en possède pas moins une très-belle fontaine avec un vaste et fort commode lavoir ; il y a une magnifique promenade, une halle considérable et sa population est importante. A quelque distance plus au nord on trouve une grande quantité de moulins à vent, destinés à suppléer ceux à eau, car la Dordogne portant de gros navires, ne saurait alimenter d'usines hydrauliques sans inconvénient. Le port de Saint-André se trouve sur la rivière, au bourg de Plagne. Son mouvement commercial n'a pas été moindre de 46,675 tonneaux en 1872, ce qui lui donne la troisième place parmi ceux du département. Entre nous et Saint-André se trouve Cubzac, où l'on passe la Dordogne et qui, parmi ses principaux vignobles, compte celui de Terrefort, appartenant à notre compatriote M. le baron de Malet, de Sorges, qui, sur 46 hectares, y récolte en moyenne 75 tonneaux de vin rouge et 50 de vin blanc, soit en tout 500 barriques bordelaises. Avant peu, le vignoble rouge y donnera 400 barriques à lui seul.

. Presque au sortir de la station de La Grave d'Ambarès, la voie décrit un coude, et voilà dans la physionomie du pays une révolution nouvelle. Les vignes y sont cultivées à rangs moins espacés et s'étendent sans interruption de la cime des hauteurs jusque sur les bords de la seconde *mer*, la Garonne, qui se dirige à l'horizon vers Ambès, où elle va former la Gironde de concert avec la Dordogne. La culture de ces grands espaces, semés de maisons de plaisance, paraît en général bien faite, sauf l'herbe que l'on y voit à profusion et qu'il n'a pas été possible d'enlever cette année; mais le phylloxera se plaît et se multiplie dans ces belles lignes : plus d'une succombe déjà. Bassens, aux crûs renommés, dont plusieurs donnent jusqu'à 480 barriques, n'est pas épargné ; l'œil et la pensée sont également attristés par ce spectacle. Un tunnel, deux tunnels, trois tunnels, quatre tunnels ! se succèdent à quelques mètres de distance les uns des autres et laissent apercevoir, entre les étroits espaces qui les séparent, les lourds panaches de fumée noire et les voiles blanches des bâtiments de commerce qui montent et descendent le fleuve gascon. Nous faisons halte en l'air sur un viaduc, au-dessus d'une jolie petite bourgade qui s'incline vers la plage, grimpe sur les hauteurs, est gracieuse, bien bâtie, fort animée. C'est Lormont. Sa belle place s'étend à quelques dizaines de mètres au-dessous de nous. Là, sont de vastes chantiers de construction dont le *Libre-échange* a fort amoindri l'importance, des bassins de carénage et un port fréquenté. Les vins rouges de *palus* du pays, connus sous le nom de Queyries et provenant de cépages fins, se vendent en primeur de 350 à 500 fr. le tonneau. Quelques propriétaires en côtes obtiennent jusqu'à 200 et 100 tonneaux (800 et 400 barriques) de vin, quoique, si près de Bordeaux, les propriétés doivent être bien divisées. A Mireport, chez M. Labadie, on récolte 120 barriques fournies par le cabernet, le sauvignon, le merlot, le malbec et le mancin, choix de cépages qui a fait classer leur produit au rang des premières côtes des environs du chef-lieu du département. A Lavergne, chez M. Dubois aîné, même production en quantité ; l'adoption des meilleures espèces de la contrée, de la Bourgogne et de l'Hermitage y a donné au vin une grande analogie avec celui des grands crûs des côtes de St-Émilion. Les alentours de Lormont sont couverts de villas; des sommets des escarpements les points de vue sont admirables. Nous parcourons ainsi rapidement les territoires de Cenon, aux eaux abondantes, et de La Bastide, à travers des vignobles dits aussi de Quoyries, qui donnent en palus des vins qui se paient parfois jusqu'à 1,100 fr. le tonneau pour les années bien réussies lorsqu'ils sont vieux; sous nos regards se déroulent des plantations et des cultures où, comme dans les communes voisines, on recueille les chasselas, les pêches, les prunes Reine-Claude, de même que les petits pois de primeur, objets d'un grand commerce, et où se trouve de la marne excellente. Cependant la rive opposée se couvre peu à peu d'édifices; les usines, les monuments publics, les maisons s'y succèdent, s'y agglomèrent, s'alignent; c'est Bordeaux qui se montre en détail, mais sans qu'on puisse bien se rendre compte de l'ensemble; ce que l'on vient d'apercevoir fuyant aussitôt derrière vous, et la forêt de mâts, qui ne tarde pas à envahir l'espace, dérobant à l'œil ce qui se prolonge en avant. On dirait une revue par fragments, une étude anatomique par pièces détachées, ce qui ne permet pas de juger de l'aspect général du corps auquel elles appartiennent. Aussi m'est-il arrivé de rencontrer des personnes qui, après avoir bien regardé cette apparition morcelée, n'y comprenant rien, m'ont sérieusement affirmé n'avoir pas aperçu la ville. Le spectacle est beau néanmoins, mais combien il était plus complet, plus imposant, plus grandiose, quand, en arrivant par la route nationale, parvenu au plus haut point de celle-ci, tout-à-coup, au moment où le chemin venait de s'ouvrir un passage entre deux remblais, à un détour, la plaine inattendue apparaissait brusquement au-dessous de vous avec sa brillante ceinture verte diaprée d'habitations élégantes, bordée par le fleuve large et profond, s'infléchissant en un vaste arc de cercle sur les bords et au-delà duquel s'étendait en un splendide croissant, l'opulente cité, couvrant sept kilomètres de longueur, avec ses mille vaisseaux, ses monuments, ses places, ses palais, se développant tout entière dans ce qu'elle a de plus majestueux ! On était saisi réellement d'enthousiasme, les plus indifférents étaient émus, et l'admiration ne cessait pas un instant, lorsqu'on suivait cette magnifique avenue de Paris si malencontreusement scindée maintenant par le raccordement de deux chemins de fer, acte de véritable barbarie qu'on aurait pu sans peine éviter !

Le canton du Carbon-Blanc où notre convoi nous promenait depuis la Grave-d'Ambarès, dans le pays d'Entre-deux-Mers, fertile en fruits et légumes, où les vins rouges ne sont pas sans mérites et voient leur quantité s'accroître aux dépens des vins blancs, où les fins cépages reprennent incessamment la place que leur avaient un instant enlevé ceux dits d'abondance, d'où les bois disparaissent, peut-être un peu trop, pour faire place aux vignes, est maintenant derrière nous et à notre gauche. Nous entrons sur le territoire municipal de la grande métropole du Sud-Ouest. MM. les employés du contrôle nous donnent tout le temps de constater les dimensions de la gare. Enfin, ils se décident à vérifier les billets, et l'on nous conduit au débarcadère. Toutes les portières s'ouvrent à la fois, tout le monde se précipite. Quelle foule et quelle confusion ! Les uns se rencontrent étonnés d'avoir voyagé sans s'en douter, conduits par la même machine, se serrent la main, se perdent, se retrouvent, se perdent encore ; d'autres sont séparés tout-à-coup, s'appellent à grands cris et mettent longtemps à se réunir. Les salles de sortie sont prises d'assaut, on reconnaît ses bagages, ou bien l'on s'éloigne tenant à la main sa modeste valise ; les agents de l'octroi vous interpellent, fouillent quelques colis, perçoivent quelques droits, mais ne sont pas sévères outre-mesure. Nous voilà dehors ; voitures et piétons montent une rampe longue et assez élevée, au-dessus de laquelle apparaît une aiguille de pierre qui fait d'abord songer que l'œuvre ardue de la reconstruction du temple catholique de La Bastide est terminée. Mais c'est une illusion d'optique. Cette flèche qui nous semblait à deux pas, grandit à mesure que nous avançons. Bientôt nous arrivons sur le terre-plein et reconnaissons alors qu'elle se trouve de l'autre côté de la rivière. C'est le clocher de St-Michel, l'une des plus vastes et des plus importantes basiliques de Bordeaux. La Bastide, où nous sommes, était il y a quelques années à peine, une commune indépendante du chef-lieu de la Gironde et faisait partie du canton de Carbon-Blanc. Maintenant c'est un faubourg de la grande ville. Sa population est assez importante; on y rencontre une très belle place, des maisons et des hôtels de fort bonne apparence, surtout aux abords de la gare et à l'entrée de l'avenue de Paris; mais ce quartier n'est pas encore complet, on y constate beaucoup de lacunes et d'habitations laissant à désirer. Il possède un café-concert très-bien achalandé et fort bien installé, par contre, son église paroissiale est fort insuffisante, l'inverse vaudrait mieux. On en a commencé une autre, plus considérable et mieux située, destinée à remplacer celle qui existe, mais elle est bien loin d'être achevée.

De La Bastide, un pont de 487 mètres de longueur, en pierres de taille et en briques artistement ordonnancées, conduit à Bordeaux-ville en franchissant la Garonne au moyen de 17 arches. Il est creux comme le cerveau de beaucoup de gens, seulement chez lui, c'est une qualité. L'intérieur des tympans et des courbes étant évidé par une série de petites voûtes, permet de visiter tout le dessous du tablier. Les conduits de gaz et d'eau sont établis dans cette curieuse galerie, dont l'entrée est sur la rive droite. La largeur de la chaussée sise au-dessus et servant au passage est de 15 mètres, trop peu pour le courant commercial, malgré les transports continuels qu'opèrent d'un rivage à l'autre de nombreuses lignes de petits bateaux à vapeur et la passerelle pour les piétons établie sur le pont du chemin de fer, allant à la gare St-Jean. Afin de gagner un léger surcroit de place, on a rétréci les trottoirs maintenant très-insuffisants et dont le peu d'ampleur n'est pas en harmonie avec la majesté du monument. L'ensemble, malgré ce défaut, dont l'architecte est innocent, constitue un véritable chef-d'œuvre, justement admiré, cité, loué par tous. Malheureusement, bien qu'on n'ait pas établi ce trait-d'union au sommet de la courbe décrite par le fleuve, afin de ne pas trop restreindre l'espace disponible pour la navigation maritime, il interdit aux navires l'accès d'une grande partie de la rivière, vis-à-vis de quartiers populeux. Quelques personnes regrettent qu'on n'ait pas à sa place construit un pont suspendu dont les piles moins massives et moins nombreuses, en même temps que plus élevées, n'auraient pas eu, dans la même proportion, l'inconvénient qu'on lui prête de favoriser l'envasement de la rade en mettant obstacle à la rapidité du flot et auraient permis aux goëlettes, bricks et même trois-mâts d'assez fort modèle de remonter plus haut; mais, l'expérience ne l'a que trop prouvé, les ponts suspendus sont peu solides et il est à présumer qu'une construction de ce genre n'aurait pas, dans un endroit semblable, pu résister longtemps à l'énorme circulation qui se fait d'un bord à l'autre. Il eût été bon, et l'on ne comprend pas qu'on l'ait négligé, de pratiquer aux deux extrémités de l'ouvrage fixe un canal recouvert d'un tablier tournant qu'on aurait ouvert deux ou trois fois par jour au commencement de la haute et de la basse marée; cette installation répétée sur les autres jetées du même genre jusqu'à quelques lieues au-dessus, nous aurait valu deux ou trois ports de plus, et il n'y en a pas trop en France.

Au débouché, l'on se trouve en face de la porte de Bourgogne, et tout le vrai Bordeaux se déploie, formant comme un fer à cheval allongé dont le sommet est un peu plus haut et dont les courbes de droite et de gauche se replient, aux yeux du spectateur, de manière à l'enserrer en apparence, leurs extrémités se faisant vis-à-vis, presque en arrière de lui. Cette belle et grande ville, dont les habitants aimables, enjoués, hospitaliers, ont l'esprit vif, léger et quelque peu versatile, a 7 kilomètres environ d'un bout du croissant à l'autre, quatre de profondeur, mais y compris La Bastide ; déduisant ce faubourg et ne tenant pas compte des rues tracées, mais à peu près désertes, qui se trouvent sur les bords de la circonférence, la largeur peut être réduite à deux mille mètres. On voit qu'elle est plus de trois fois au-dessous la longueur. Pénétrons au dedans. Après avoir un instant longé le port et passé devant la Douane et la Bourse, dont il sera reparlé, on arrive par la place Richelieu à une large avenue, dont l'entrée sud est un peu masquée par la Bourse et qui constitue la véritable artère maîtresse de la cité. C'est le cours du Chapeau-Rouge qui se prolonge vaste et superbe jusqu'à la place de la Comédie, bordé de très-belles constructions, parmi lesquelles se trouve la préfecture, édifice qui, bâti pour un simple particulier, formait une demeure somptueuse pour un propriétaire, mais où rien de remarquable à l'extérieur n'attire l'attention et ne donne à présumer la destination présente. Au dehors, c'est une splendide maison bourgeoise régulièrement alignée et voilà tout. On loue la beauté de son vestibule, les salons du premier étage, et l'ancienne salle du Conseil général. Je souhaiterais au premier magistrat de la Gironde d'avoir son hôtel sur les dehors. Il me semble qu'il doit être bien prisonnier dans ce magnifique quartier et qu'il y a soif d'arbres, de verdure, d'un jardin espacé, en un mot, de vue autre que celle des magasins et des véhicules de toutes sortes qui roulent continuellement sous ses fenêtres. Le cours vient finir à l'angle sud-ouest du Grand-Théâtre, dont le côté méridional le borde sur 87 mètres de longueur. Tout le monde connait de réputation cet admirable monument qui a son entrée principale sur une vaste place et compte au nombre des plus distingués du monde en son genre. Il a coûté trois millions de francs et en coûterait bien davantage aujourd'hui. Sa superficie totale n'est pas moindre de 4,089 mètres sur 19 mètres de hauteur, et cependant il ne renferme que 1,400 siéges pour les spectateurs, chiffre trop faible pour son étendue, mais qui s'explique par les dimensions de ses dépendances et de l'espace qu'on a pris sur lui pour y placer un riche café, des cercles, etc. Le beau quadrilatère à l'est duquel il présente son imposante façade de 47 mètres forme la grande place de la Comédie, aboutissant à un carré long, bordé de rues avec larges trottoirs et portant le nom d'allées de Tourny qui lui fut donné sans doute quand il y avait des plantations, mais aujourd'hui l'on n'y voit plus aucun arbre et ce mot d'allées fait sourire. Le centre de cette avenue, qui va rejoindre le rond-point de Tourny, constitue dans toute son étendue un terre-plein dont chaque extrémité porte une fontaine monumentale. Avant 1870, on avait, au milieu, érigé un piédestal de granit surmonté d'une statue équestre de Napoléon III. Cette œuvre pouvait avoir du mérite, au point de vue de l'art, mais était de dimensions beaucoup trop exiguës pour la grandeur du terrain qu'elle devait aider à décorer et y produisait un effet mesquin. Après la révolution du 4 septembre, socle et effigie ont été détruits, et leurs débris jetés à la rivière. Il peut se faire que quelques-uns de ceux qui avaient acclamé l'érection de cette figure de bronze, se soient trouvés parmi les plus ardents de ceux qui l'ont renversée, puis mutilée et précipitée dans la Garonne. Il est assez d'usage qu'il en soit ainsi. Il n'y a plus rien maintenant, que le vide, d'une fontaine à l'autre. On devrait y mettre quelque chose, mais point de statue d'homme politique. Elle disparaîtrait à la première révolution qui, peut-être, n'est pas éloignée. De l'autre côté de la place de la Comédie, et comme formant l'épanouissement du cours du Chapeau-Rouge, à gauche, s'ouvre la rue Ste-Catherine, peut-être la plus marchande de la ville et qui se termine aux deux places d'Aquitaine, intérieure et extérieure, d'où partent les routes de Toulouse et de Bayonne. Le prolongement du Chapeau-Rouge, dans sa première direction vers l'ouest, s'effectue ensuite par le cours de l'Intendance, un peu moins large que lui, mais toujours animé, commerçant, avec de riches magasins et des maisons élégantes. Il aboutit à la place Dauphine enclose entre des habitations toutes bâties dans le même style, et dont le centre est un gracieux square avec de frais ombrages et des eaux bien appréciables l'été pendant les chaleurs, au milieu d'une vaste métropole. De l'autre côté, peu après avoir dépassé le Théâtre-Français, situé entre les rues Condillac et Montesquieu, d'architecture assez élégante et qui, malgré son peu d'étendue relative extérieurement, n'en peut pas moins contenir 1,500 personnes, l'Intendance touche le cours Tourny, planté d'ormeaux et qui va rejoindre les allées du même nom vers le sud-est, pour former un des côtés de la place Tourny. La place Dauphine, une fois derrière nous, l'Intendance devient la rue Judaïque, qui débouche sur le boulevard de Caudéran après avoir quitté la dénomination de cours de l'Impératrice, donné pendant quelque temps à son extrémité vers ce chemin de ronde.

La grande ligne que nous venons de suivre, partage Bordeaux en deux parties que nous allons examiner en redescendant, à gauche et à droite. A gauche, on rencontre le quartier le plus opulent de la ville à partir des allées Damour au nord desquelles est l'église St-Seurin, d'un aspect assez médiocre à l'extérieur, mais dont l'intérieur, surtout par son mélange de divers styles, mérite de fixer l'attention des archéologues. Il y a de beaux vitraux représentant plusieurs épisodes de l'histoire bordelaise, de très-intéressantes sculptures, une chaire et un banc-d'œuvre dignes d'éloges et une crypte extrêmement remarquable qui renferme des tombeaux d'une grande antiquité, notamment celui de St-Fort, sur lequel on fait passer neuf fois, le 16 mai, les enfants chétifs, pour leur donner de la force et de la santé.

Quelques pas plus loin, on est en face du grand établissement des Sourdes et Muettes qui reçoit toutes celles de France, tandis qu'à Paris vont tous les sourds et muets. Fondée en 1785, par Mgr de Cicé, archevêque de Bordeaux, dirigée jusqu'en 1789 par l'abbé Sicard, cette maison fut administrée pendant la révolution par M. de St-Sernin qui la soutint de ses subsides personnels, et auquel on n'a fait que rendre un légitime hommage en donnant son nom à la rue qui longe l'institution qui lui doit tant, et qui a été reconstruite de la manière la plus heureuse.

Le *Palais Galien* est non loin de là. C'est un vieux débris romain, sorte de Colysée qui, d'après le *Guide de l'étranger à Bordeaux*, par M. L. D., ouvrage qu'on trouve chez Chaumet, libraire, et dont je profite pour les descriptions que je fais du chef-lieu de la Gironde, pouvait, dit-on, contenir 15,000 spectateurs, ce que j'ai peine à croire. On avait judicieusement commencé sa démolition en 1792 ; on n'a suspendu cette opération digne des Vandales qu'en 1801, ce qui fait qu'il n'en reste pas grand'chose. Vient plus bas la cité des illustrations, si l'on peut ainsi parler. C'est une sorte de pâté triangulaire, situé entre le cours et les allées de Tourny, le cours de l'Intendance, la place de la Comédie, et dont chaque rue porte le nom d'une personne célèbre, ou supposée telle, en son temps. Au milieu se trouve une place ronde dont la majeure partie est occupée par un marché couvert en rotonde et appelé comme elle : des Grands-Hommes. Cette halle élégante que traversent plusieurs voies correspondant aux rues voisines, possède un serrage en sous-sol avec une glacière ; elle est, dit-on, la mieux approvisionnée de Bordeaux, mais non pas celle où les denrées sont au plus bas prix. La petite place du Chapelet est comprise dans le périmètre de cette portion de Bordeaux consacrée avec plus ou moins de bonheur aux personnes de génie. Ce n'est, à proprement parler, qu'un carrefour sur lequel regardent l'ancien couvent des Dominicains dont les bâtiments sont utilisés par l'intendance militaire, et l'entrée de l'église paroissiale de Notre-Dame, autrefois St-Dominique, bâtie par un religieux de l'ordre de ce saint, en 1701. Son portique est orné de statues, l'intérieur présente une nef avec bas-côtés. Le chevet, derrière le maître-autel, vient d'être peint à fresque. Je ne dis pas que ce travail soit mal fait, mais, selon moi, des boiseries sculptées eussent infiniment mieux valu. Je n'aime pas non plus le plancher par lequel on a dernièrement remplacé les dalles. C'est certainement moins froid en hiver que la pierre, mais un parquet donne à une église trop l'air d'un simple appartement et il serait facile d'avoir des calorifères qui, par des conduits souterrains, réchaufferaient assez, lorsque la température le demanderait, pour qu'on n'eût pas à se plaindre de celle-ci pendant les offices. S'appuyant à l'est sur la place Tourny, que décore une statue en marbre blanc de cet ancien intendant de la Guyenne, dont le Périgord garde aussi pieusement la mémoire, la grande rue Fondaudège, après un long parcours, va se bifurquer à son sommet occidental et prend alors d'une part, la dénomination de rue de la Croix-de-Seguey, d'autre part, celle de rue du Temps-Passé. Dans la première de ces deux branches, on voit la moderne église de St-Ferdinand bâtie en style de transition, par M. Abadie. Deux tours carrées flanquent l'entrée du vaisseau, dont les proportions sont bien entendues et l'aspect intérieur flatte l'œil. Le maître-autel sculpté que l'on y a dernièrement mis en place, a été l'objet de longues dissertations louangeuses de la part des journaux ou revues de la ville. Dans la même direction, un peu plus haut, rue Paulin, entre celles de la Croix-Séguey et Cousse, est situé le grand établissement hydraulique municipal. C'est là que sont réunies les eaux venant sur un aqueduc des fontaines de Tailliant, et c'est de là qu'elles sont réparties sur tous les points de la commune. En remontant la rue du Temps-Passé, qui devient plus tard la rue de l'Arsenal, l'on ne tarde pas à parvenir, en prenant celle de La Bottière, en face du magnifique et très-renommé collége que les Jésuites ont ouvert, avec plein succès, à Tivoli. Les bâtiments, élevés sur les dessins d'un père de la Compagnie, sont splendides, mais il leur manque une physionomie d'ensemble, parce que tous ceux qui figurent sur le plan de l'architecte ne sont pas encore construits.

C'est entre la rue de l'Arsenal et la rue du Temps-Passé que la rue David-Johnston, venant du boulevard extérieur, d'où elle part avec celle de la Croix-de-Séguey, vient déboucher pour aller aboutir au Jardin-Public ou Jardin des Plantes. Cet établissement est tout-à-fait digne d'une capitale par son étendue et par sa tenue, qui fait honneur à son directeur, M. Durieu de Maisonneuve, un Périgourdin. Il a été fort habilement tracé, couvert de charmantes pelouses encadrées par des allées ombreuses que bordent des arbres d'essences diverses, notamment des magnolias qui paraissent s'y plaire extrêmement, chose naturelle d'ailleurs, vu la nature humide du sol de la ville. L'un d'eux, transporté de l'ancienne pépinière avec des soins infinis, a fait en France sensation par son voyage solennel et chèrement payé. Maintenant, au milieu de ses congénères, il ne produit pas l'effet d'un géant, tant les jeunes ont mis bon vouloir à marcher sur ses traces. Un cours d'eau sur lequel sont jetés des ponts rustiques, décrit plusieurs courbes au milieu de cette ravissante oasis. Il est seulement fâcheux que son entrée soit masquée de même que sa sortie, et que ses ondes soient trop stagnantes, ce qui cause une sensation désagréable. Plusieurs beaux cygnes voguent sur sa surface tranquille, ainsi que des oies d'espèces rares, mais il serait à désirer d'y voir plus de variétés d'oiseaux aquatiques. De très-belles serres, véritables palais artistiques, s'élèvent sur un petit monticule et dominent le jardin que, malheureusement, elles coupent en deux, ce qui réduit singulièrement ses dimensions à l'œil et force à en chercher la suite derrière elles. Elles sont remplies de plantes rares admirablement soignées par M. Durieu de Maisonneuve, qui est parvenu à y faire fructifier la vanille. Sur la terrasse occupant une partie de la face sud du jardin, sont des musées de tableaux fort riches et un musée *préhistorique* qui fait le bonheur des géologues amis des temps obscurs. J'admire ces trésors, mais je m'en méfie quelque peu, car, je l'avoue, rien ne me prouve encore la vérité des assertions de leurs apologistes, les faisant remonter à des temps peut-être fabuleux. Il m'est impossible, en outre, d'oublier que ces savants scrutateurs ont pris pour une production des vieilles époques auxquelles ils font honneur de leurs trouvailles, une fleur dont le dessin était incrusté sur un caillou des Eyzies et que venait de graver à l'instant, en l'imaginant, un facétieux compagnon des *préhistoriens* bordelais qui ont déposé dans ces salles tant d'objets. Ils y auraient sans doute placé la fantastique représentation d'une plante inventée, si l'auteur de la plaisanterie ne s'était révélé ! Tout dernièrement un amas de pierres provenant de l'arrondissement de Lesparre, découvert rangé en ordre dans une campagne, a été disposé sur l'une des pelouses, avec cette inscription : « *Cromlech*, lieu de réunion des peuplades anciennes, trouvé, etc. » Je n'ai pu m'empêcher de penser et de dire que les peuplades anciennes des environs de cette enceinte, devaient être bien peu considérables pour tenir sur un si faible espace. Mais on m'a répondu que l'on n'avait exhibé là qu'une partie seulement des pierres druidiques du cercle. A la bonne heure ! On m'a dit aussi qu'une commission est chargée d'examiner l'envoi et d'en donner son avis. Attendons en conséquence ; il est probable qu'on le fera sans trop d'impatience. Le Jardin-Public, rendez-vous général des promeneurs bordelais, s'appuie, vers le le nord, sur une série de rues dont l'une porte son nom et dont une autre, la rue Mandon, borde l'établissement des Carmes et leur église ouverte à tous. Ce temple est très contesté et, à mon sens, très contestable au point de vue de l'architecture. Il est ogival ; les uns le louent grandement, les autres le critiquent avec vivacité ; profane que je suis, j'y trouve du bon et du mauvais et je m'impatiente de le voir avec un plancher. Du reste, bien des maisons religieuses seraient heureuses d'avoir une chapelle pareille.

Le cours Tourny devenu cours du Jardin-Public, en passant devant cette promenade et ce lieu d'études, puis cours Portal, se divise plus loin en cours St-Louis et cours Balguerie-Stuttemberg en embrassant la place Picard, qui conserve le culte des arbres de la Liberté. C'est au-dessous de cette ligne, simple d'abord, double ensuite, que s'étend le florissant quartier des Chartrons, dont la gloire éclate principalement au-dessus des Quinconces, au pourtour du cours du Trente-Juillet, entre les allées de Chartres et le fameux *Pavé*. Son église paroissiale, St-Louis, était, chose surprenante, une des moins remarquables de Bordeaux, malgré la richesse d'ornementation de quelques-unes de ses parties. On vient de la démolir ; c'était ce qu'il y avait de mieux à faire, et maintenant on travaille à en construire une autre plus digne du groupe opulent dont elle doit être le centre religieux. J'espère bien qu'on n'oubliera pas de la doter d'une flèche hardie, genre de construction plus rare à Bordeaux qu'ailleurs et qui, cependant, y est nécessaire pour relever l'uniformité d'une longue ligne de maisons se succédant pendant près de deux lieues, sur un sol plat. Le marché qui se tient tous les jours pour les comestibles, sur la place des Chartrons, a lieu dans une halle élégante en bois, pierre et fer, un peu petite. A mon grand étonnement, on m'assure qu'il n'est pas toujours très-bien approvisionné. La gare provisoire du chemin de fer du Médoc établie un peu au nord du cours de ce nom termine de ce côté le Bordeaux extérieur. Le reste appartient à la rade, que nous retrouverons tout-à-l'heure.

Reprenons maintenant, en revenant sur nos pas, le haut de la rue Judaïque, et descendons-la, de même que les cours de l'Intendance et du Chapeau-Rouge, pour observer et fouiller ce que nous allons trouver sur notre droite. D'abord nous rencontrons l'usine à gaz, située vis-à-vis le cimetière protestant. La rue Brizard nous conduit ensuite presque directement à la Chartreuse, le grand champ de repos des catholiques, l'une des choses les plus intéressantes de Bordeaux. C'est un enclos grandiose, parfaitement entretenu, naguère augmenté et qui devra l'être bientôt encore, tant la mort est pressée d'élargir son domaine. Les tombes y sont disposées le long d'allées régulières presque toutes différentes de largeur et dont beaucoup sont ombragées de platanes et d'arbres verts. Plusieurs de ces monuments funéraires renferment des caveaux de famille avec chapelle et autel, quelques-uns sont d'un goût parfait, d'une gracieuse simplicité, d'un style exquis, plein d'à-propos, qui va droit à l'âme. D'autres sont lourds, prétentieux, surchargés d'ornements, de richesses, de fastueuses ornementations qui déplaisent. Il en est qui renferment les cendres d'hommes qui dans un certain cercle et dans un certain temps ont fait du bruit. Hélas ! Quel silence à présent autour d'eux ! L'oubli les a marqués de son sceau, et le passant qui voit se dresser ces sépulcres auprès desquels personne ne vient plus prier, dont le possesseur est maintenant ignoré de tous, s'éloigne tristement pensif. Sur la fosse où repose Boyer-Fonfrède, un publiciste fougueux qui eut autrefois ses jours de gloire, se dresse une pyramide tronquée, surmontée du buste du journaliste à la tête expressive. Une inscription fait savoir que ce cénotaphe a été érigé par ses amis. Je ne puis, en comparant avec d'autres ce simple fût de pierre, me défendre de songer que les souscripteurs ne se sont pas ruinés. Il y a, relativement, peu d'épitaphes à la Chartreuse ; la plupart du temps, dans cette nécropole, on se contente de faire connaître le nom et la profession du décédé ; quelquefois la profession ne semble pas justifier la dépense faite. Mais il y a pourtant çà et là des lignes vraiment touchantes sur plus d'une tombe, surtout sur celles des enfants, ces fleurs du ciel que Dieu nous envoie et qui nous quittent en laissant dans nos cœurs déchirés le souvenir de leur gracieuse apparition et le suave parfum de leur douce innocence. J'ai longtemps parcouru cet asile, nu-tête, sous les feux du soleil. J'aime et je respecte les morts ; nos parents, nos amis, nos fils souvent hélas ! sont avec eux ; ils nous attendent et leur souvenir parle tristement, mais avec des délices secrètes, en nous. En sortant, je me suis arrêté vivement ému ; j'avais sous les yeux le coin de terre où dort un vénérable, un saint prêtre, entouré de sa famille qui était aussi la mienne. Partout la tombe enclôt quelque chose de nous-même ; la tombe nous appelle, elle est le seuil de l'avenir !

L'ancien couvent des Chartreux, dont dépendait l'enceinte funéraire qui en a pris le nom, est à la porte du cimetière. Il renferme une école communale dirigée par les Frères de la Doctrine Chrétienne. Il est extrêmement regrettable que ce bâtiment soit, vu du dehors du moins, si peu satisfaisant sous le rapport de la tenue des constructions. Des murs noirs, des fenêtres en mauvais état ; l'administration municipale ne devrait pas souffrir un pareil état de choses. L'église paroissiale de Saint-Bruno joint l'édifice conventuel. La population de ces côtés n'est pas riche, cela se voit au peu d'apparence de l'entretien. Comme monument, il n'est rien de plus ordinaire que ce temple, mais la décoration du chœur est digne d'attention ; en effet, les statues de la Vierge et de l'Ange sont attribuées au Bernin, le tableau du maître-autel, est, dit-on, de Ph. de Champagne. Enfin, dans une chapelle, on voit le beau mausolée du marquis de Sourdis, et le Saint Bruno de la nef passe pour être une œuvre du Dominiquin. Pour une pauvre église, presque de campagne, voilà bien des richesses et qui en valent beaucoup d'autres, qui valent même beaucoup mieux. Les religieux faisaient bien les choses. La longue rue d'Arès, toute pleine de boutiques de fabricants de tombeaux, de statuettes, de couronnes d'immortelles, d'objets de piété, nous ramène en serpentant jusqu'à la place Dauphine, d'où part la rue du même nom qui conduit au cours Cicé, par lequel on aborde la manufacture de tabac et un peu plus loin les magasins de cette plante en feuilles. Elle joint aussi le haut du cours d'Albret, bordé de mauvais arbres rabougris, comme sont la plupart de ceux des boulevards et des promenades de Bordeaux. Ce cours va s'unir à celui d'Aquitaine, en passant sur les derrières de l'Hôtel-de-Ville et en longeant le Palais-de-Justice et l'hôpital Saint-André. Pour mieux voir ces édifices, tournons par la rue de Henri IV et la rue du Palais. Nous laissons sur notre droite un réservoir établi pour alimenter les fontaines du quartier sud et les concessions particulières de ce groupe, puis nous arrivons devant l'église paroissiale Ste-Eulalie, dont la flèche a été restaurée il y a peu de temps. C'est un beau bâtiment récemment isolé, se composant d'une nef avec bas-côtés, d'un bon style et passablement orné. Son lutrin est d'un très joli travail. Cette église possède les restes des corps de sept saints : Clair, Justin, Géronze, Polycarpe, Sover, Jean et Babyle, reliques portées processionnellement dans les rues de la paroisse le 1er juin, jour de St-Clair. Je me demande pourquoi c'est Ste-Eulalie, et non l'un des personnages révérés dont il vient d'être question, qui donne son nom à la circonscription curiale. A gauche, quelques pas plus loin, se développe le Grand Hôpital, qui renferme 700 lits distribués sur deux étages autour d'une cour centrale. Sa façade, de 143 mètres de long et que rehausse une coupole au centre, occupe un des côtés de la place d'Armes. Cet imposant asile, bâti par M. Jean Burguet, a été inauguré en 1829. Il a coûté près de deux millions. Vis-à-vis, au nord de la place, est la maison de santé morale, où l'on traite le vice par le châtiment, le Palais-de-Justice, construit sur les plans de M. Thiac, et terminé en 1848 après avoir absorbé 1,800,000 fr. de dépenses. Il a plus de 145 mètres de long. Le péristyle, placé au milieu, est d'ordre dorique, élevé de 17 marches et en retraite sur deux petits pavillons suivis de deux ailes. Ces pavillons sont surmontés, l'un des statues de Malesherbes et de d'Aguesseau, l'autre de celles de L'Hospital et de Montesquieu. La salle des Pas-Perdus est d'un grand mérite. Huit groupes de deux colonnes chacun y marquent les entrées des salles. On y voit une statue de Montesquieu, qui n'est pas oublié par ses compatriotes. La plupart des services judiciaires sont réunis dans le Palais. En arrière se trouvent les prisons départementales sur l'emplacement d'un couvent de Minimes et du vieux fort du Hâ, dont deux tours ont été conservées et font partie des bâtiments. Enfin, à côté, vient la caserne de gendarmerie ; toute cette disposition est naturelle et logique.

Ce qui ne l'est pas, c'est d'avoir mis la mairie à l'endroit où l'on s'est imaginé de la placer. Ce palais, destiné dans le principe à être la résidence de l'archevêque de Bordeaux, et devenu siège du tribunal criminel en 1791, aurait dû être rendu, lors du rétablissement du culte, à sa destination primitive, et non pas finir par devenir un hôtel-de-ville, après avoir changé trois ou quatre fois d'appellation. MM. les édiles seraient beaucoup mieux vers la place Dauphine ou même vers les Quinconces, et aucun étranger ne pourrait croire, sans la plaque indicatrice, que la municipalité siége dans ce local, au lieu du primat d'Aquitaine. Il y a un grand jardin, dans un petit coin duquel on a déposé la statue en bronze de Louis XVI, qu'on a fait venir de Paris où, depuis longtemps, elle était reléguée au fond d'un atelier. Si c'est pour l'abandon où elle est qu'on a payé les frais de son transport, on aurait mieux fait de la laisser où elle se trouvait. Il paraît que l'on veut établir un musée sur l'une des ailes de la mairie. Les habitants des rues voisines de cette partie de l'hôtel ne paraissent pas enchantés d'avoir à l'avenir pour perspective un grand mur blanc. Je le conçois. A deux pas se trouve la cathédrale, la célèbre église de St-André. Son entrée du côté de la place Rohan a été tout récemment débarrassée des maisons qui l'obstruaient, mais elle n'a pas été réparée, et c'est dommage, car elle blesse le regard. L'on m'assure qu'une souscription est ouverte pour la restaurer. Si l'on attend que cette souscription produise des fonds suffisants pour vaquer à ce travail, je crains beaucoup qu'on n'attende jusqu'à la fin des temps. A l'intérieur, le vaisseau dessine une croix latine sans bas-côtés et avec des bras de faible dimension. Sa longueur totale est de 140 mètres. La nef a 27 mètres sous clef et 18 mètres de largeur. A Bordeaux, on la regarde comme la plus large de France ; il est possible que l'on se trompe à cet égard. Cette nef est hardie, de très-beau style ; il n'en est que plus fâcheux d'avoir à constater que ses fenêtres, ses murailles et ses voûtes auraient grand besoin d'être mieux soignées. Je respecte autant que qui que ce soit *la poussière des siècles*, mais cette poussière ne doit, dans les édifices utilisés, surtout, à mon sens, dans une basilique, exister qu'au figuré. Au naturel, elle n'est réellement à sa place que dans les ruines que l'on ne peut éponger. Sans doute, il est impossible de se livrer à un balayage journalier du haut en bas d'une semblable construction, mais il serait bien de le faire une fois ou deux par an. Il n'est pas nécessaire, pour qu'une voûte soit respectable, que l'on puisse semer des choux sur les pilastres ou les colonnes qui la soutiennent. Le grand autel, richement décoré, se trouve isolé dans le chœur, autour duquel rayonnent de nombreuses chapelles ; de magnifiques verrières ornent cette partie de l'église et la rendent peut-être trop obscure, dans quelques endroits surtout où l'œil a peine à saisir les détails. C'est ainsi que beaucoup de choses remarquables échappent au visiteur. Saint-André possède des tableaux de maîtres, parmi lesquels il faut citer *Jésus portant sa croix*, par Carrache et le *Crucifiement*, par Jordaëns. La chapelle Ste-Marguerite renferme le tombeau d'un Noailles, décédé gouverneur de Bordeaux ; dans celle de St-Charles, est celui de Mgr d'Aviau, mort en 1826. Dans la nef on voit celui du cardinal de Cheverus, prédécesseur de l'archevêque actuel. Si l'entrée ouest de ce temple remarquable laisse à désirer, il n'en est pas de même de celle du sud, à côté de laquelle on vient de bâtir de vastes sacristies s'harmonisant avec l'architecture de la cathédrale dégagée, ni de celle du nord. Ces deux portes sont artistement sculptées ; ce sont de vraies dentelles de pierre. La seconde est flanquée de deux clochers, terminés en aiguilles, charmants bijoux qui passaient pour très-élevés, par comparaison sans doute, aux yeux des Bordelais, il n'y a pas longtemps, mais qui sont, en réalité, bien moins hauts qu'ils ne le paraissent, grâce à l'élégance de leurs formes. Vis-a-vis ce portail, la rue Vital-Carles, récemment ouverte, permet d'apercevoir, du cours de l'Intendance, St-André, qu'on ne voyait réellement naguère qu'en y entrant, pour ainsi dire. Dans cette rue nouvelle, on a construit un logement pour l'archevêque. Sauf ses dimensions, rien ne le distingue, à l'extérieur, d'une maison particulière. La place qui se trouve de ce côté, devant l'église, devrait être poussée, d'un côté, jusqu'à celle de l'Hôtel-de-Ville, de l'autre, jusqu'à la rue des Trois-Conils. Au sud-est de St-André, à quelques mètres de ses murailles, s'élève la tour Pey-Berland, dont la flèche a été démolie en 1793. Par les soins de S. Em. le cardinal Donnet, actuellement archevêque, cette tour a été rendue à sa destination d'origine; elle possède un bourdon de 11,250 kilogrammes. Sa partie haute a été refaite et supporte une statue en bronze doré de Notre-Dame d'Aquitaine. La pensée est excellente, mais les couleurs ne s'harmonisent pas et le sommet de l'édifice paraît empâté. Il eut été mieux de faire, de la plate-forme, partir une pyramide qui aurait reçu sur son faîte une statue de bronze ou de pierre, dont elle aurait eu la couleur; il n'y aurait pas eu de contraste fâcheux de ton et le piédestal aurait été beaucoup moins lourd. Pey-Berland est entouré d'un joli square fort agréable pour les habitants du quartier. Un beau cours neuf, patriotiquement dénommé Alsace-Lorraine, partant du bas de la ville vers le port et sous lequel passent les deux ruisseaux réunis du Peugue et de la Devise, vient finir à la place Pey-Berland. On devrait le pousser jusqu'au cours d'Albret. Entre lui, l'Intendance et le Chapeau-Rouge, il ne se trouve rien de remarquable, sauf la chapelle de Notre-Dame-de-Bons-Secours, située rue Margaux, appartenant à une maison professe des RR. PP. de la Compagnie de Jésus, fort richement décorée et très-fréquentée. On peut aussi citer la porte Dijeaux, qui termine la rue de ce nom vers la place Dauphine.

La rue Dufour conduit de la place Pey-Berland au cours des Fossés qui, montant de la porte de Bourgogne, se joint par cette voie aux abords de la cathédrale, en dessinant un demi-cercle. Entre le cours d'Alsace-Lorraine et lui se trouvent l'église paroissiale St-Paul, ancienne chapelle de la maison professe des Jésuites et dont le maître-autel représente l'apothéose de St-François-Xavier, par l'illustre Coustou; St-Eloi où se célébrait, avant 1789, la messe pendant laquelle on recevait le serment des jurats nouvellement élus; les tours de la Grosse-Cloche, restes d'un ancien Hôtel-de-Ville, bien mieux placé que celui d'aujourd'hui, renfermant une magnifique horloge et un bourdon que l'on

sonne à grandes volées dans les occasions solennelles. Tout
voisin est le Grand-Marché composé de trois pavillons réunis
par des passages couverts. Sa superficie totale est de 6,885
mètres, avec environ 450 places pour les vendeurs. Sous chaque pavillon sont des serrages; il y a de plus une glacière.
Le Lycée donne sur le cours. C'est un bâtiment insignifiant. Sa
chapelle a été brûlée il y a quelques années. On a pu, fort
heureusement, sauver le tombeau de Michel-Montaigne qui s'y
trouvait et qui porte deux inscriptions, l'une en grec, l'autre
en latin. La seconde établit nettement que Montaigne, que la
Gironde cherche à revendiquer pour elle, depuis quelques
années surtout, avec acharnement, était Périgourdin. Cette
qualité se trouve énoncée en toutes lettres dès le début; et la
femme du célèbre auteur qui lui fit ériger ce mausolée, dit
encore l'épitaphe, devait savoir, mieux que tous les épilo-
gueurs de nos jours, à quoi s'en tenir sous ce rapport. Parmi
les rues qui s'enchevêtrent dans ces parages, il en était une
dont la spécialité me plaisait : la rue Bouquière, était un
véritable rendez-vous d'oiseaux. Elle était habitée par un
congrès d'oiseleurs. D'un bout de cette ligne à l'autre ce
n'étaient que sifflements, piaulements, roucoulements. Toute
la gent emplumée du globe avait là ses représentants. On y
oubliait les humains ; c'était un plaisir ! je n'ai pas manqué
d'y retourner suivant mon usage, mais mes amis avaient
disparu, se dispersant par la ville. Grande perte pour la rue
Bouquière ! elle ressemble à cette heure à toute autre rue
étroite et tortueuse ; je n'irai pas m'y pourvoir de denrées
qu'on trouve n'importe où ailleurs. Je m'y rendais pour
voir mes bêtes ; il me déplaît de penser qu'au lieu d'une
pie j'y trouverais peut-être une vieille femme jasant dans
un magasin quelconque. Quel rapport cela peut-il avoir avec
ce qui m'attirait et bien d'autres avec moi ! Rue Bouquière !
Rue Bouquière ! Vous avez perdu toute originalité ! Tant
pis pour vous !

Fuyons de ces lieux et allons voir un peu ce qu'il y a de bien de l'autre côté de ces beaux Fossés qui sont larges, gais, une véritable et charmante promenade pour un flaneur. En délaissant pour le moment la partie riveraine, où je reviendrai plus tard, on ne rencontre guère que l'Hospice des Incurables, auquel est joint celui de la Maternité, dans lequel les élèves sages-femmes boursières du département de la Dordogne, suivent les cours nécessaires pour y apprendre leur profession, et le Grand-Séminaire, dont on refait la chapelle, qui méritent, soit par leur architecture, soit par leur importance et leur développement, une mention, jusqu'au cours St-Jean, qui, après avoir traversé la place d'Aquitaine, en prend le nom jusqu'à sa rencontre avec le cours d'Albret, point à partir duquel il devient le cours Champion, désignation sous laquelle il aboutit à la place Rodesse, vis-à-vis la manufacture des tabacs; il rejoint là le cours de Cicé par lequel il conduit à la place Dauphine, en empruntant la rue de ce nom à la fin de son parcours. La belle place des Capucins s'ouvre sur cette grande artère. Elle est partagée en deux par la porte de son nom, et l'on y tient chaque jour le marché de *première main*, ainsi que la vente du poisson à la criée. Les approvisionnements de tout genre n'y manquent pas, soit à ciel ouvert, soit sous des hangars latéraux, et il s'y fait un beau tapage. De cette place part la route d'Espagne qui va toucher celle de Toulouse à la place Nansouty. Sur l'emplacement de celle-ci s'élevait la colonne qui *devait rendre immortel* le souvenir de la rentrée des Bourbons en 1814, et particulièrement l'arrivée, au mois de mars de cette année, du duc d'Angoulême, à Bordeaux. Cette pyramide a été détruite en 1830; on lui a substitué une fontaine. Que n'aurait-on pas pu voir se succéder sur les mêmes fondations, si chaque révolution survenue depuis lors y avait été tour à tour rappelée *à perpétuité*, par un souvenir commémoratif jusqu'à ce jour, et que n'y verrait-on pas ériger, puis démolir, peut-être avant peu ! Sur le cours sont établis l'asile des femmes aliénées, aux vastes proportions, et tout près le Petit-Séminaire, ancien établissement des Jésuites et qui compte environ 400 étudiants. On y trouve aussi l'hôpital St-Jean. Au-delà, vers la banlieue, sont l'hôpital militaire, l'église St-Nicolas, construite en 1821, le cimetière israélite, non loin duquel s'élèvent la chapelle et le couvent des RR. PP. Passionnistes, singulier et instructif rapprochement !

Tous les quartiers dont il vient d'être question sont entourés d'une ligne continue de boulevards qui, partant de la rivière au sud, enveloppent la ville à l'ouest et vont de nouveau toucher la Garonne au nord. Ces boulevards ouverts sur des terrains encore peu bâtis et assez solitaires, offrent de charmantes maisons de campagne, de beaux et frais jardins très-bien dessinés. En les suivant, on fait une fort attrayante excursion depuis la gare du chemin de fer du Midi, jusqu'à Bacalan, où l'on met le pied sur les quartiers fluviaux par la rue de Lormont. L'entrée de cette partie la plus intéressante de la ville, n'est pas brillante de ce côté. Malgré la construction récente de l'église Saint-Rémy, l'entrepôt des tabacs qui donne lieu à un mouvement assez actif entre cet établissement et les magasins et la manufacture où cette plante est présentée en feuilles par les cultivateurs de la Gironde, puis est manipulée venant de tous les points du globe, malgré l'entrepôt des vivres de la marine, le haut de Bacalan semble mort et est à peu près désert. C'est que ses chantiers réputés, d'où sortaient chaque année quantité de vaisseaux marchands sont inactifs par suite des récents traités de commerce, qui ont porté un coup mortel à l'une des plus utiles industries du chef-lieu de la Guienne. Où retentissaient bruyamment naguère la scie et le marteau, maniés par des centaines d'ouvriers, on peut sans crainte de déranger personne, s'asseoir et regarder mélancoliquement couler l'eau. Quelques blanchisseuses étendent paisiblement leur linge où s'étageaient des coques fières et neuves de beaux et bons navires. Sur un long parcours je n'ai vu qu'un enclos occupé par des charpentiers marins qui y *ravaudaient* pieusement une vieille chaloupe! On parvient ainsi jusqu'à l'endroit où l'on creuse depuis des années, sans trop se hâter, le bassin à flot qui doit recevoir de nombreux bâtiments et alléger d'autant la rade. Il semble que l'on pourrait faire mieux encore et qu'il y aurait un moyen bien simple de tripler la surface *maritime* de Bordeaux, en attirant la vie sur sa circonférence, en restituant à Paludate son ancienne activité navale et en dotant même La Bastide d'accès nouveaux pour ses expéditions destinées aux pays d'Outre-Mer, ou pour les envois en provenant. Il suffirait pour cela de se servir des bassins en question comme de point de départ pour un canal de ceinture ayant 50 mètres de largeur environ sur 7 à 8 de profondeur, canal qui suivrait les boulevards extérieurs, avec ponts tournants aux principaux débouchés et irait rejoindre le fleuve près la gare du Midi, pour en ressortir vis-à-vis et se prolonger jusqu'à Lormont où, définitivement, il rentrerait dans la rivière. Celle-ci, les nombreux ruisseaux qui viennent des Landes, les sources qui descendent des côteaux de Cenon, Floirac, La Tresne, etc., fourniraient amplement à son alimentation et l'on n'aurait plus à s'occuper autant de combattre l'envasement du port, du moins dans certaines de ses parties, puisque les bâtiments ne seraient plus obligés de s'y rendre tous. Une chose étonnante, c'est que près des docks et du grand réservoir qui doit les alimenter, ne règne pas la moindre activité de constructions. Aucune maison nouvelle ne sort de terre; et cependant les propriétés voisines semblent appelées à décupler de prix, et il serait certainement avantageux d'avoir des immeubles prêts à être mis en location ou bien à être utilisés dès l'achèvement de l'entreprise. Mais beaucoup de temps s'écoulera peut-être d'ici au résultat final.

Après l'étranglement formé par l'entrée des bassins, autour desquels il faut tourner, ce qui forme une barrière vous séparant, pour ainsi dire, du monde, on pénètre enfin dans une atmosphère de mouvement et de vie. Tout d'abord vient la grande manufacture de MM. Vieillard et C*e*, où l'on fabrique des porcelaines et des poteries façon anglaise. Huit cents ouvriers y sont employés à manipuler l'excellente terre qui forme la base des produits de cette usine et provient de Beauronne, canton de Neuvic, dans la Dordogne, où plusieurs gisements considérables de cette matière sont devenus la propriété des chefs de la maison. Les petites rues perpendiculaires au grand croissant se multiplient, presque toutes remplies de chais et de caves. Au fond de l'une d'elles est un édifice exigu surmonté d'un clocheton. J'ai demandé quel était cette construction que j'avais toujours prise pour un temple protestant, sortes d'oratoires assez communs à Bordeaux, mais qui n'y ont rien de particulièrement remarquable. On m'a dit que c'était l'église paroissiale de St-Martial. J'y suis entré. C'est un bâtiment carré, *planchéié*, avec un plafond orné de médaillons sans signification, fort doré, sans style aucun. Cela pourrait être une salle de concert, une bibliothèque, tout ce que l'on voudra. J'ai lu quelque part que son digne curé a pour habitude, en fait d'œuvres utiles, d'opérer des miracles. Alors qu'il obtienne vite de Dieu l'apparition d'une basilique toute différente de celle-ci. Nous voici devant l'entrepôt réel, à deux pas duquel les Quinconces se déploient, accostés par les allées de Chartres et d'Orléans, terminés à l'ouest par le cours du Trente-Juillet et un hémycicle à l'entrée duquel est une vaste pièce d'eau, produisant de l'effet quand le jet d'eau marche, mais qui, lorsqu'il reste coi, ressemble un peu trop à une mare. Je voudrais la voir entourée d'une barrière capable d'empêcher de tomber dedans ceux qui passent à côté la nuit, l'éclairage laissant fort à désirer à Bordeaux ; non qu'il y manque de becs de gaz, mais parce qu'on n'en allume pas assez. Les plaques indiquant les rues et les passages devraient, en outre, être lumineuses de manière à pouvoir être consultées pendant l'obscurité. La place des Quinconces, dit le *Guide*, est une des plus belles de l'Europe. Quant à son site et à son étendue, c'est incontestable. Il est certain aussi que les deux colonnes rostrales faisant face à la rivière, et qui servent de phares la nuit, la rehaussent grandement, mais elle est trop nue ; l'espace qu'elle occupe devrait être coupé par quelque chose qui la rendît moins triste à l'œil en lui donnant du mouvement, si l'on peut ainsi parler. Les plantations qui l'accompagnent sont chétives et souffreteuses. Ces pauvres arbres font mal à considérer. On devrait les remplacer par d'autres d'essences différentes, plus appropriées à un sous-sol marécageux. Deux statues colossales de Montaigne et de Montesquieu, en marbre blanc, sont établies dans les allées, vis-à-vis les rues de Vauban et de Condé. C'est dans l'axe des Quinconces que le pont de Bordeaux devrait déboucher, pour couper régulièrement par son sommet celui du fer à cheval. Mais dans cette position il diminuerait encore bien plus sensiblement l'étendue du port. Il ne l'a déjà que trop fait. Quel aspect pourtant, s'il était là ! L'œil y contemple en son lieu le Quai Vertical de plusieurs centaines de mètres de longueur. Ce beau travail, d'une utilité majeure, n'est pas encore terminé ; d'après ce qu'on affirme, il est difficile à solidifier et quelques personnes assurent qu'il n'est pas sans influence pernicieuse sur le mauvais régime du fleuve, au point de vue de l'engorgement. Toujours est-il qu'il est fort profitable au commerce ; il est donc à désirer que l'on puisse promptement remédier à ses inconvénients, s'il en a. Salut à la place Richelieu, d'où part le riche Chapeau-Rouge. Celle de la Bourse s'étend entre cet édifice et celui de la Douane, deux monuments assez semblables à l'extérieur, ce qui plaît par la symétrie et l'élégance des constructions. Sur la place régulière et bien bâtie est une fontaine en bronze qui représente, dit-on, les trois Grâces. Ces demoiselles ne pensant pas, sans doute, qu'on les regarde, se sont débarrassées de tout voile et leur attitude ne porte pas à croire qu'elles songent à convier la pudeur à venir prendre part à leur réunion de famille. Quand l'eau s'échappe du vasque et les couvre d'un brouillard humide, passe encore, mais quand la fontaine est à sec, ce qui est l'habitude, le vert de gris qui cherche à les gazer, en se propageant sur elles, n'est pas suffisant. Comment se fait-il qu'on expose pareilles nudités sous les yeux de toute une population, aux regards de jeunes gens et de jeunes personnes ? Ce n'est pas en public que l'on doit faire des cours d'anatomie ; que l'on aille aux écoles de médecine pour cela. Derrière la Douane et sur une petite place se montre l'église St-Pierre, chère aux matelots, et l'une des plus anciennes de la ville ; on la répare en ce moment. La porte qui vient ensuite sur le quai de Bourgogne fut édifiée, dit-on, en l'honneur de Charles VIII, après la victoire de Fornoue. Sa hauteur totale est de trente-quatre mètres. Celle de Bourgogne, construite par M. de Tourny lui succède : elle nous ramène à l'entrée du pont.

Depuis Bacalan jusqu'à ce point, on a cotoyé le port qui vient finir vis-à-vis l'arc triomphal où nous voici, regardant les arches, ligne appréciée par les personnes affairées, utile pour la circulation des voitures, obstacle à la navigation. Les navires, à l'entrée de la rade, au nord, d'où nous venons, sont d'abord peu nombreux et stationnent au large ; puis ils se multiplient, en se rapprochant de la rive à laquelle plusieurs communiquent par des pontons, notamment les paquebots transatlantiques à vapeur, magnifiquement installés, pourvus d'excellentes machines, mais qui n'ont pas une mâture suffisante, quelques-uns du moins, pour qu'en cas d'accident, leurs voiles puissent leur assurer une marche rapide. Les plus forts d'entre eux, du reste, ne se présentent pas à Bordeaux. Ils restent dans le haut de la Gironde où de plus petits bâtiments leur amènent passagers et marchandises, leur tirant d'eau ne leur permettant pas de venir mouiller à toute charge devant l'embarcadère, et de s'en éloigner pleins. Toutefois, ceux qui remontent jusqu'ici sont déjà d'un échantillon très-respectable. Après eux vient la foule des transports marchands, grands ou petits, qui communiquent avec le rivage au moyen d'allèges ; plus loin, les rangs se serrent devant le Quai Vertical, qui permet l'embarquement et le débarquement directs, enfin, après la Douane, il y a moins de presse ; les bords de la Garonne y sont envahis par les chalands des rivières et des canaux, ou par de petites embarcations côtières ; les lougres, chasses-marées, goëlettes, bricks, trois-mâts occupant le milieu du courant. La vue de cette forêt de mâts, de ces nuages de fumée courant dans tous les sens, de ces hauts bords à travers lesquels circulent incessamment les bateaux à vapeur du bas de la rivière, et les petites chaloupes qui glissent comme des cirons vers tous les points du rivage de l'est à l'ouest, en faisant entendre le sifflot strident de leurs machines, est fort belle. Tout le long du port vont et viennent sans cesse, des charriots pesamment chargés, soit isolés, soit réunis en convois sur des rails qui s'étendent du pont de Brienne aux docks, en s'embranchant de toutes parts. Un peuple de matelots, d'ouvriers de tout genre s'agite autour ; c'est un admirable panorama. Mais lorsque les pavillons flottent aux poupes et indiquent la nationalité des navires de mer, l'esprit est moins flatté ; le patriotisme souffre souvent. Sans doute, les drapeaux français dominent, grâce aux caboteurs, grâce aussi aux groupes qui se tiennent à l'écart délaissés, mais que de bannières étrangères ! La seule Norwége, un pays qui ne compte pas en tout 1,100,000 âmes, couvre des siennes de nombreux vaisseaux avec lesquels elle nous apporte les bois de son pays, les charbons de l'Angleterre et souvent aussi les denrées de nos propres colonies ! La Hollande a de lourds et solides marcheurs, reconnaissables à leur étincelante propreté, à leur air calme et décidé ; sa population de marins accapare presque en entier le commerce entre Bordeaux et Saint-Pétersbourg, celui qui se fait de la France méridionale avec les ports de ses rivages et enlève à la nôtre un grand trafic avec les contrées lointaines. L'Angleterre a presque une flotte de vapeurs, d'excellents voiliers qui font aux nôtres une rude concurrence. L'Allemagne se pavane fièrement sur plusieurs points de la rade ; elle vient prendre les denrées des vaincus chez eux, et arrache ce moyen de bénéfice à nos pauvres marins. L'Autriche et l'Italie ont, surtout la première, à peu près le monopole exclusif des arrivages de la Méditerrannée et de l'Adriatique ; l'Espagne se charge des envois à la Havane. Otez les pêcheurs de morue qui viennent en nombre décharger leur butin et le remplacent par divers objets qu'ils conduisent dans leurs ports d'armement, et la marine française, pour les voyages à l'étranger, est bien faiblement représentée devant Bordeaux. Cette ville même voit ses expéditions directes au-delà d'un certain cercle diminuer chaque année. Elle a perdu sa ligne sur la Chine ; elle ne communique plus guère avec l'île Bourbon ou de la Réunion, comme l'on voudra l'appeler, que par les expéditeurs de la Loire ; elle constate une décroissance marquée dans les départs de son fleuve pour les Indes. Les Hollandais, les Espagnols, les Norwégiens, les Allemands, vont charger pour elle à la Martinique, à la Guadeloupe, c'est-à-dire chez nous-mêmes ! Et les beaux longs-courriers qui sortent de la Garonne en portant fièrement nos couleurs, lui sont, en majorité, depuis quelque temps, envoyés par les armateurs du Hâvre et de Nantes. Son rayon commercial se restreint, ses célèbres raffineries de sucre se ferment l'une après l'autre. Oui la rivière porte devant Bordeaux beaucoup d'embarcations, mais cela tient à ce qu'il faut souvent un temps fort long pour trouver à charger ; c'est l'encombrement du marasme, relativement à ce qui se passe sur les bords de la Seine, à St-Nazaire et à Marseille. Le mouvement est considérable néanmoins ; seulement, il est à remarquer qu'il est, à la sortie, presque exclusivement alimenté par les vins et les eaux-de-vie. Ces deux articles forment, à eux seuls, plus des dix-neuf vingtièmes des exportations de notre grande cité maritime du Sud-Ouest. On en a la preuve en parcourant les rives et en lisant les déclarations de sorties publiées par les journaux de la ville. C'est avec raison, malheureusement, que ce port est traité par ses rivaux de port de spécialité. Si donc la demande de nos vins venait à cesser, ou bien si leur quantité baissait sensiblement, le coup serait rude pour lui ; ce serait, presque à coup sûr, une immense catastrophe. Il ne faut pas, en conséquence, s'étonner si l'on entend à chaque pas l'énoncé de craintes sérieuses. Tous les esprits sont dans l'attente et l'anxiété la plus vive. On ne s'aborde qu'en se communiquant ses appréhensions et les exprimant avec la chaleur de l'épouvante.

> Et cette alarme universelle,
> Est l'ouvrage d'un *puceron !*

Le phylloxera ! tel est, et non sans motif, le sujet de la terreur des Bordelais. Ajoutons à cela que l'Australie, la Californie, les provinces Argentines, l'Afrique, plantent des vignes, que la Russie méridionale en fait autant, que l'Italie augmente les siennes et qu'avant peu, tous ces pays produiront assez pour leur consommation courante et exporter. Ce ne seront point, si l'on veut, des vins fins, mais cela pourra se boire, et quel est le propriétaire qui n'est pas fier de son cru ? qui n'aime à en savourer la liqueur ? La masse, d'ailleurs, préfèrera toujours deux litres à 50 centimes, à un litre à 2 francs. Le Libre-Echange est impuissant à l'empêcher ; on peut voir, d'ailleurs, ce que vaut cette panacée universelle en songeant que les Etats avec lesquels nous n'avons pas de traités inspirés par cette utopie, sont ceux qui nous prennent le plus de fûts pleins du suc naturel de nos raisins, ou des esprits en provenant. L'accroissement des envois ne doit nullement être attribué à la réforme douanière ; il est une simple résultante de la force des choses ; il s'était manifesté dès avant les traités ; rien ne prouve que sans eux il n'eût atteint, dépassé même, peut-être, les proportions actuelles. Quoi qu'il en soit, il est certain qu'il importe plus que jamais d'arriver à obtenir, à bon marché, condition de toute rigueur, des vins de qualité. C'est le but qu'il faut poursuivre sans relâche ; le salut est à ce prix seulement. Il faut faire meilleur que l'étranger, et à plus bas prix. L'oïdium et le phylloxera nous le permettront-ils ? le fisc ne nous en empêchera-t-il pas ? Il est évident aussi que nous devons nous attacher à diverses branches de l'industrie agricole, afin d'être sauvé par l'une, si l'autre vient à rompre ou à nous échapper. Point de fraude non plus, pas de tromperie sur la nature de la chose vendue. Outre que ces déloyautés sont immorales et déshonorantes, elles discréditent. Combien ont perdu de recherche les eaux-de-vie des Charentes et d'ailleurs, depuis que des tripoteurs malhonnêtes les ont mélangées avec des eaux-de-vie de betteraves, de pommes de terre ou de grains ! Faisons croître, fournissons beaucoup de denrées différentes et de choix pour que Bordeaux puisse en faire un objet de transactions importantes et n'ait pas pour toute ressource, une seule corde à son arc. Il est de nécessité pour nous que son négoce soit florissant ; c'est à nous surtout, agriculteurs, à y pourvoir. Il lui faudrait aussi des voies de navigation intérieure plus complètes. En vain, il sera tête de chemins de fer dans plusieurs directions, cela ne suffit pas. L'ouverture du canal des Grandes-Landes le rattachant à l'Adour, la création d'une ligne maritime de Cette à ses portes, la jonction de l'Isle à la Vienne et au Cher, de la Drône au Clain et à la

Loire, la coupure de l'isthme qui sépare la Dordogne de la Garonne, à partir de Libourne jusqu'à Lormont, lui vaudraient des ressources précieuses en lui assurant des arrivages à bas prix. Supprimer pour ses navires l'immense détour par le détroit de Gibraltar est une condition essentielle de prospérité pour lui.

Le port dépassé nous sommes en Paludate, le malheureux quartier auquel il ne reste plus que la navigation d'eau douce ; c'est là qu'abordent les bateaux à vapeur du haut du fleuve, les lourdes barques arrivant du Bazadais, du Lot-et-Garonne, du Languedoc et des affluents de la rivière depuis Toulouse, mouvement bien ralenti sur une bonne partie de son parcours, par suite de la concession qu'on a faite à la Compagnie des Chemins de fer du Midi, de l'exploitation du canal de jonction des Deux-Mers et de celui qui lui fait suite latéralement à la Garonne, mesure impolitique et funeste au commerce et à l'agriculture. La Paludate avait, il y a peu de temps, de très-importants chantiers de construction d'où sortaient de fins voiliers et des bâtiments à vapeur également estimés. L'on y comptait naguère jusqu'à sept ou huit gros navires en voie d'achèvement ensemble. Cette fois je n'en ai aperçu qu'un seul, et l'on ne paraissait point empressé de l'achever. Les choses en sont venues à ce point que les habitants du voisinage réclament la démolition de ces ateliers délaissés qui ne sont plus qu'une ruine et un refuge de vagabonds. On va leur rendre le coup-d'œil sur La Bastide, maigre compensation à la fortune évanouie, grâce à la législation douanière actuelle ! Bordeaux est fervent libre-échangiste. On a droit d'en être surpris, en songeant à la perte de sa grande industrie navale, aux ruines de ses hauts-fourneaux, aux duperies des stipulations favorables à l'étranger, désastreuses pour nos viticulteurs eux-mêmes. La belle théorie commerciale mise en pratique, au grand bénéfice de nos rivaux, semble ne pas lui avoir non plus porté bonheur en ce qui touche l'accroissement de sa population. Si l'on en croit, en effet, le petit ouvrage que j'ai sous les yeux, le nombre de ses habitants aurait diminué de 1866 à 1872, contrairement à ce qui s'est passé dans la plupart des autres grands centres. Mais, j'aime à croire qu'il y a eu dans la brochure une faute d'impression sur ce point. Les monuments ne sont pas rares dans cette partie de la ville maltraitée par le sort. Le premier de tous, en importance, est l'église paroissiale St-Michel qui date de 1160. C'est à coup sûr le plus beau temple de la ville et même du département. On y doit visiter surtout les autels du Saint-Sépulcre, de Saint-Joseph, de la Vierge et la chapelle de Notre-Dame des Montuzets. Plusieurs de ses verrières, dont quelques-unes sont anciennes, ont droit à être étudiées. De grandes réparations se font dans cette basilique depuis une vingtaine d'années. J'y ai vu, avec plaisir, inscrits sur des tablettes de marbre, les noms de ses bienfaiteurs, des curés de la paroisse depuis sa fondation et sa propre histoire. C'est un exemple qu'il serait à désirer de voir imiter pour tous nos édifices principaux. St-Michel était entouré, pressé, dégradé par une foule de bâtiments d'une laideur révoltante, et qui le masquaient; on les enlève; il n'en reste presque plus. La tour qui lui sert de clocher est isolée et à quelque distance de ses murailles. Elle servait, avant 1865, de support au télégraphe aérien. La flèche qui la surmontait à l'origine avait été renversée par la foudre en 1768. Elle vient d'être réédifiée sur les plans et par les soins de M. Abadie, le restaurateur de St-Front et l'auteur du projet en cours d'exécution de la nouvelle et splendide basilique qui va dominer Paris, des hauteurs de Montmartre. Elle se perd dans les nuages. C'est la plus élevée, la seule digne de Bordeaux, qu'elle annonce magnifiquement au loin. Sous la tour est un caveau dont le sol jouit de la propriété de conserver les corps en les momifiant. Plusieurs cadavres sont là disposés contre les parois, sur de la poussière humaine; ils sont noirs, raccornis, affreux. On va les visiter par curiosité ; j'aime mieux que d'autres aillent les contempler que moi. Un square entoure le clocher et égaye ces parages un peu tristes. L'église paroissiale de Sainte-Croix est à peu de distance. Bâtie au vᵉ siècle, détruite par les Sarrazins, refaite par Charlemagne, saccagée par les Normands, restaurée par Guillaume Le Bon, duc d'Aquitaine, dans le xiᵉ siècle, elle offre un portail des plus curieux avec appendices de divers styles. Le byzantin, le gothique, le roman s'y entremêlent et le rendent un objet d'études des plus intéressants pour les archéologues. Il est fâcheux que les deux tours originales qui l'accompagnent ne soient pas terminées. Cette œuvre devrait tenter une imagination poétique. La ville a eu l'heureuse pensée de donner le nom de rue du Portail à l'une de celles qui viennent aboutir devant ce bizarre, mais charmant dans son incohérence, morceau d'architecture. Un hospice de vieillards, dirigé par les sœurs de Nevers, joint l'église Ste-Croix. L'asile des enfants trouvés se développe sur le quai. On le doit aux libéralités de Mᵐᵉˢ de Brezets et de Gourgues, de 1624 à 1652. C'est dans la cour de cet établissement que se fit en 1784, la première ascension d'un ballon à Bordeaux. Plus haut, sur le cours St-Jean, s'ouvre un vaste espace couvert de hangars et destiné au marché aux bestiaux. Il serait à souhaiter qu'il en fût ainsi partout dans les villes un peu considérables. A deux pas est l'abattoir, spacieux, aéré, bien pourvu d'eau, d'étables, de tout ce qui est nécessaire, choses qui manquent souvent ailleurs. La gare St-Jean d'où partent les lignes de Cette et de Bayonne, dépendant de la Compagnie du Midi, se présente ensuite. On y entre par un singulier pont suspendu qui produit un effet étrange et disgracieux. Cette gare est grande, mais peu digne d'intérêt. A la sortie, destiné à relier les voies d'Orléans et du Midi, un viaduc, établi sur le quai, conduit au pont métallique jeté sur la Garonne, et de 500 mètres de longueur. Ce pont qui repose sur 7 travées, ressemble à une immense cage, ce qui me paraît fort laid. Il a huit mètres de largeur et est tout en tôle et en fer, sauf le tablier qui est en bois. Il a coûté 3,600,000 fr. En 1865, on y a ajouté, pour les piétons, une passerelle qui permet de se rendre à La Bastide et d'y prendre le chemin de fer de la Sauve. Elle est beaucoup trop étroite. Si deux canaux à pont tournant étaient creusés à l'entrée et à la sortie de cet étui, de même qu'à celles du pont de pierre, les navires de mer pourraient aller jusqu'à Langon, en admettant qu'on leur ménageât pareil passage plus haut quand il y aurait lieu. Ce serait un grand avantage. Le petit établissement dit gare maritime, placé au port de Brienne, est à quelques portées de fusil du pont métallique et tout à côté du commencement du boulevard de ceinture qui, sous divers noms, remonte de ce point, comme je l'ai déjà dit, à Bacalan.

Bordeaux est, au centre, sur le port et dans quelques grandes rues surtout, une ruche bruyante et animée. Ce ne sont que flots de piétons qui montent et descendent, véhicules se croisant sans cesse avec rapidité. Bien que sa population soit, en réalité, quelque peu faible relativement à son étendue, on se croirait dans une véritable fourmilière humaine. Ses habitants, suivant l'observation du prince Puckler-Muscau, semblent avoir pris sérieusement à cœur, en se multipliant par l'activité, de faire croire qu'ils sont en nombre immense. Ce mouvement porterait à supposer aussi un courant énorme d'affaires. Mais en examinant avec soin, on s'aperçoit bientôt que les deux tiers des passants ne sont guère que des promeneurs et que plus de la moitié des voitures circule à vide, soit qu'elles n'aient pas trouvé de clients au retour, soit que simplement chevaux et cocher, éprouvent le besoin de la locomotion dans cette ville, où l'on semble piqué de la tarentule ; et vraiment il y a plaisir à la parcourir ; elle est si jolie et il y a tant de choses à voir! Les étrangers y sont légion ; ils marchent plus vite que les autres, afin de ne pas perdre de temps. Quand j'y suis, je me plais à les imiter. J'aime à me croiser avec eux, à remarquer leurs allures, leurs costumes originaux souvent, et à écouter les modulations de leurs langages divers. Mais quand je rencontre un Teuton blond, fier et sournois en même temps, et que je le vois se donner des grâces, écoutant sans faire semblant de rien, notant tout à la dérobée, le sang me bout. Ah ! j'espère bien que les négociants bordelais ont purgé leurs comptoirs et leurs cabinets d'affaires de tous ces *naïfs* espions ! Dans le tourbillon passent des essaims de jeunes et folâtres ouvrières. Tout le monde connaît leur réputation de beauté. Cette réputation est toujours méritée ; cependant, il me semble qu'elle ne l'est plus autant qu'il y a quelques années. Faut-il attribuer ce fâcheux commencement de déclin à l'ouverture des chemins de fer qui, en faisant affluer beaucoup de familles des diverses parties de la France et d'ailleurs à Bordeaux, ont amené des alliances, qui ont modifié la nature du sang ? faut-il admettre qu'il n'existe qu'en apparence et est dû tout entier à des genres de coiffure et d'habillements importés de Paris et qui ne cadrent pas avec le genre de figure de ces grisettes si gentiment accortes autrefois avec le simple foulard auquel elles ont presque toutes eu le tort de substituer un bonnet beaucoup moins avantageux pour elles tout en étant plus orné ; si lestes avec la robe simple qui faisait ressortir leur taille charmante, emprisonnée maintenant dans des étoffes superposées et trop lourdes ? dois-je croire que mes yeux émoussés par l'âge ne savent plus saisir ce je ne sais quoi qui charme à vingt ans ? je ne me prononce pas, mais je constate seulement que bien des gens clairvoyants et connaisseurs partagent mon avis. Pourvu que les *futurs* ne le fassent pas, le mal ne sera pas grand. Si le négoce et les plaisirs sont en honneur dans la capitale de la Guienne, où l'on est fort amateur de ballet, où l'on ne compte pas moins de cinq théâtres, trois grands cafés-concerts et cinq établissements de bals publics, on aime également à s'y réunir pour causer et s'instruire, sans doute. C'est pour cela qu'il s'y trouve vingt-deux cercles différents et que les cafés où l'on vient lire les journaux et traiter d'affaires à l'abri, s'y rencontrent à chaque pas. Inutile de dire que plusieurs sont fort beaux et qu'il y a de nombreux et très-confortables hôtels. Avec l'agrément on jouit donc ici de l'utile sous toutes les formes. Les établissements d'Instruction y sont nombreux, les bâtiments religieux de même ; la Banque facilite les transactions ; divers musées existent, outre ceux que j'ai cités ; la bibliothèque renferme plus de 120,000 volumes ; l'Observatoire, l'école professionnelle, l'école de droit, celle de médecine et de pharmacie, comblée des bienfaits de M. le docteur Gintrac père (encore un Périgourdin !) qui en est presque le créateur, s'ouvrent à de nombreux élèves.

Les Sociétés scientifiques, artistiques et philanthropiques pullulent dans cette ville. La charité, chaque jour, y réalise des merveilles. L'industrie s'y montre avec honneur. On y file le coton, on y fabrique des tapis, des verres peints, des meubles ; on y construit de la carrosserie ; le tout fort renommé dans l'un et l'autre monde. Et les conserves ! et les fines sucreries ! et les anisettes, surtout celles que décore l'étiquette des Forestiers, venus de la Dordogne ! Et les autres liqueurs ! et les chocolats et les fruits confits ! L'eau, vraiment, en vient à la bouche et l'estomac alléché se dilate en y pensant ! En un mot, il y fait bon vivre. Qu'on me pardonne donc de m'être longuement étendu sur cette aimable cité, dont je serais heureux d'être l'enfant fidèle, si je n'étais de Périgueux et n'y possédais un jardin aux Barris ! Mais, on le conçoit, devant cet avantage s'éclipsent les séductions du chef-lieu d'un commandement militaire, de la résidence d'un archevêque, d'un rectorat, que sais-je encore ! et même le plaisir d'aller y assister à la fabrication de la monnaie, dont pourtant j'aurais grand besoin ! Il est vrai que cela ne m'en donnerait pas.

L'agriculture à Bordeaux a ses interprètes autorisés ; la Société Linéenne, qui s'occupe de botanique et d'histoire naturelle, la Société d'Horticulture si bien à sa place dans cette riche contrée pourvue de tant de brillants jardins rendus par l'enseignement et l'émulation plus attrayants encore et d'un produit plus rémunérateur. Les marchés témoignent, chaque matin, de l'heureuse influence de cette dernière association, laissant à regretter seulement que les lots de fleurs exposés en vente ne soient pas plus artistement disposés. Plus utile encore est la Société d'Agriculture, parmi les membres de laquelle figurent de nombreux et éminents agronomes et praticiens. Elle vise, naturellement, surtout aux progrès de la viticulture, mais ne laisse pas que d'attacher une grande importance aux autres branches de l'art du cultivateur, et leur fait réaliser de très-notables progrès. Je regrette cependant qu'elle se montre trop favorable au croisement des bêtes à laine. Former des sous-races est un rêve qui dure plus ou moins longtemps, finit par coûter cher et s'évanouit après avoir causé grosses dépenses et perte d'un temps qu'il eut mieux valu, certainement, employer à perfectionner les tribus indigènes, ce que l'on a judicieusement fait dans la Haute-Vienne pour le bœuf limousin, maintenant, de l'aveu de M. Lembezat, inspecteur général, le meilleur de France et qui, lors du dernier concours de la région, à Saintes, a vaincu le durham lui-même ; le durham si vanté ! Je ne parle pas de la tendresse de la Compagnie pour le *Libre-Echange*. C'est une maladie locale, une mode qui passera, selon toute probabilité, plus sûrement que Racine et le café. Les Sociétés horticole et agricole de la Gironde ont chacune annuellement une ou plusieurs expositions qui donnent un grand élan au pays. Elles sont soutenues par de nombreuses fabriques d'instruments qui, sans être placées au pinacle parmi celles de France, se maintiennent à un fort honorable niveau. Tout le monde connaît celles de Mme veuve Mothes, et de M. Bouilly, vrai bazar dans la rue d'Arès. Dans les faubourgs, le jardinage se déploie véritablement avec un succès éblouissant ; aussi n'est-ce pas sans fierté que je me rappelle qu'en 1869, notre Société d'Horticulture départementale de la Dordogne, avec des envois arrivés presque tous des environs de Périgueux, parvint à vaincre de redoutables athlètes, en remportant sur les rives de la Garonne le grand prix d'honneur à une exposition internationale ! L'agriculture proprement dite, sur les points extrêmes de la commune de Bordeaux, obtient des foins, des céréales, des légumes verts et des vins qui, à l'ouest, récoltés sur un terrain sablo-graveleux ou bien argilo-graveleux, complanté généralement en cépages fins, sont corsés, séveux, délicats et se vendent, en primeur, de 450 à 800 francs. Au nord, aux environs de Bacalan, les alluvions garnies de cépages de malbec, merlot et verdot, en fournissent de classés au rang des premiers crûs des palus et vendus de 325 à 450 fr., tandis que ceux de La Bastide, connus, comme il a déjà été dit, sous le nom de Queyries valent de 350 à 500 fr., et atteignent parfois, en vieux, 1,100 francs. A Bacalan, certains propriétaires font au-delà de 400 barriques de vin ; au Tondu, divers en ont, année moyenne, une centaine ; à La Bastide, trois en recueillent plus de 180 chacun.

Plusieurs communes, moitié villes, moitié rurales s'étendent dans la banlieue. On y trouve Bègles, qui compte plus de 5,000 habitants ; ses ports sont fréquentés, son territoire fournit beaucoup de légumes verts, de fruits, de lait, des vins de *palus* valant de 300 à 400 fr. et des vins de *graves*, de 400 à 600 fr., produits par le cabernet-sauvignon, le malbec et le merlot ; Le Bouscat, avec 3,500 âmes, donne peu de vins, beaucoup de légumes, de fleurs et d'arbustes ; il renferme un nombre considérable de villas. C'est sur son territoire qu'ont lieu les courses de chevaux, occasion de se divertir que saisit avec empressement la population bordelaise. Les élégants y vont écorcher des mots anglais qu'ils ne comprennent guère, que, grâce à leur prononciation, les Anglais ne comprennent plus du tout. Il y aurait tout avantage à se servir de locutions françaises. Ayant le cœur français, soyons français, en paroles comme en actes, et n'empruntons pas inutilement à l'étranger des expressions dont nous n'avons que faire. Le castel d'Andorte, asile des aliénés, dirigé par le docteur Desmaisons, qui l'a fondé, agrandi et le complète tous les jours, dépend aussi de cette commune ; il contient un très beau parc de 50 hectares et une ferme de 20 hectares exclusivement affectée aux besoins et aux usages de la maison. Bruges a 1,450 habitants ; on y compte cinq puits artésiens ; il produit du lait, des légumes, des fruits et de très-bons vins rouges, valant de 350 à 600 fr. On y élevait autrefois des vers-à-soie dont les cocons y étaient filés, mais cette industrie s'y est éteinte malheureusement. Caudéran, peuplé de plus de 5,000 habitants, a beaucoup de jardins, de légumes, de fruits, un peu de vin rouge, de très nombreuses résidences d'agrément. On y remarque le beau domaine du Sacré-Cœur, où se trouve un riche pensionnat de demoiselles, et une église nouvellement bâtie, fort élégante. Talence, avec 3,500 âmes et au-delà, possède une charmante église sous le vocable de Notre-Dame, but d'un pélerinage fréquenté. Ses vins rouges formés par 3/8 cabernet-sauvignon, 2/8 merlot et verdot, 2/8 malbec et autres cépages, sont chauds, corsés et parfumés. Il leur faut du temps pour se dépouiller, avant d'être mis en bouteilles, où ils prennent beaucoup de finesse et sont de durée. On les paie de 600 à 1,200 fr. Ils ont valu, vieux, jusqu'à 1,800 francs le tonneau. On voit sur ce territoire la grande fabrique de cirage et d'encre de M. Chevènement, ainsi que le Petit-Collége, annexe du lycée de Bordeaux, renfermant plus de 300 élèves. Toute cette zone a beaucoup de prairies sur marais assainis et rendus très-fertiles au sud et au nord de la ville. A l'ouest de celle-ci le sol est maigre et sablonneux, mais il devient productif étant bien cultivé.

L'arrondissement de Bordeaux, borné au Nord par celui de Blaye, à l'Est par celui de Libourne, au Sud-Est par celui de la Réole, va jusqu'à la mer, au-dessous de celui de Lesparre, au-dessus de celui de Bazas et du département des Landes. Il embrasse dans son rayon le bassin d'Arcachon, des sables stériles et d'excellents terrains. Le canton d'Audenge est sablonneux et plat, avec de petites oasis le long de la Leyre et des pêcheries sur les côtes; on en exporte beaucoup de poissons retenus dans des bassins à écluses, qui remplacent les marais salants que l'on détruit ; des bois de pin, de la résine, du bois de chêne. On y cultive un peu de froment, vingt fois plus de seigle, des pommes de terre. Il y a quelques bœufs, beaucoup plus de vaches laitières et passablement de moutons. Des foins salés qui s'y récoltent sont vendus pour rétablir les bestiaux épuisés. La race chevaline landaise y est presque à l'état sauvage, et l'on y entretient de nombreuses volailles ainsi que quelques milliers de ruches. On y élève des sangsues. La vigne y est rarement cultivée. L'industrie y est représentée surtout par la distillation des produits résineux. On y trouve une grande usine à papier blanc fait avec du bois de pin. On y fabrique des bouteilles, et l'on y voit des forges et fonderies à Biganos. Le canton de Belin est aussi sablonneux et plat, avec quelques terres fertiles sur les bords de la Leyre. C'est un pays landais, comme le précédent. Celui de La Teste est de même nature ; sur les bords de l'Océan, il présente d'immenses dunes de sables fixées dès le siècle dernier par les plantations de pins maritimes sous la direction de Brémontier. Autour des bords du bassin d'Arcachon et de la Leyre, sont, sur une largeur de trois kilomètres, des terres propres à toutes les cultures. On pourrait irriguer la plus grande partie du pays au moyen des eaux de l'étang de Cazeaux situé à 14 mètres au-dessus du niveau moyen des landes. Il y a d'importantes huîtrières s'accroissant continuellement ; elles occupent déjà 1,400 hectares. Beaucoup de poissons sont recueillis ou élevés dans les réservoirs. Le territoire produit environ 25,000 barriques de résine par an ; les céréales récoltées ne suffisent pas à la consommation. Il y a peu de vins ; les blancs sont bons quand ils sont bien faits. On y trouve les communes importantes de La Teste et d'Arcachon, villes de 4,000 habitants chacune et très prospères, surtout la seconde, devenue depuis quelque temps une *station* de bains de mer de plus en plus fréquentée et s'accroissant sans cesse. On y remarque la belle église de Notre-Dame communiquant à l'ancienne chapelle miraculeuse, un casino magnifique, l'Aquarium, le musée d'histoire naturelle et une foule de châlets élégants. Les plages délicieuses, la salubrité du climat feront plus pour ce recoin de terre que les entreprises bruyamment annoncées, commencées, poursuivies avec enthousiasme, de la production du riz, de l'élevage des sangsues, de la colonisation agricole, maintenant à peu près tombées dans l'oubli à la suite de mésaventures, fruit d'un zèle trop hâté, de débuts ardents et inconsidérés alors que rien n'était prêt pour en assurer la suite fructueuse. Si les étangs du littoral étaient assainis, rendus navigables, joints par un canal à la Garonne et au bassin d'Arcachon, si celui-ci venait à être régulièrement creusé, et, enfin facilement praticable par la mise en bon état de ses passes, communiquait avec l'Adour et à Bordeaux par deux lignes où pussent en tout temps circuler les embarcations de commerce les Landes, n'en doutons pas, changeraient bientôt de face et en même temps que la France serait dotée d'un port admirable et gigantesque par l'appropriation d'une baie précieuse, qu'elle néglige sur une côte où les navires n'ont pas de point d'abordage et de refuge, les vastes forêts de ce pays doubleraient de valeur, les prairies et les cultures s'y multiplieraient sous l'influence d'une irrigation facile à exécuter sur de vastes étendues. Cet avenir est dans les mains du département, des communes et de l'Etat.

Le canton de Blanquefort, à l'ouest touche les Landes et participe de leur nature avec un peu plus de vignes. Au centre il est couvert de beaux vignobles ; à l'est on y rencontre de nombreux palus et marais, la plupart soumis avec succès au colmatage. Ces marais occupent une superficie de près de 2,300 hectares; en grande partie maintenant assainis, ils sont cultivés ou convertis en riches prairies. Le canton renferme plusieurs puits artésiens qui ont donné de très-satisfaisants résultats. Les vins sont de *grave* ou de *palus*. On plante maintenant beaucoup de cépages fins partout. Les prix de vente vont de 300 à 3,000 fr. le tonneau, suivant les années et les cours. Les bois de chêne et de pins sont l'objet d'exploitations considérables ; il y a beaucoup de fruits, de légumes, de pommes de terre ; pas assez de céréales pour la consommation des habitants et encore beaucoup trop de joncs. Les vaches s'y comptent par milliers. Leur lait est vendu à Bordeaux. Les bœufs garonnais ou bazadais, en bien plus petit nombre, servent aux travaux et aux charrois. C'est dans ce canton qu'a été introduite en 1872, par M. Pauly, la première charrue à vapeur utilisée dans la Gironde. Dans la commune de Ludon est un troisième crû classé, celui du château La Lagune, appartenant à M. Piston d'Eaubonne, nom que nous avons rencontré près de Beaupouyet, en Périgord. Son produit est de 60 tonneaux (240 barriques) qui doivent valoir au moins 2,000 fr. l'un, les crûs dits bourgeois vendant jusqu'à 1,500 fr. prix obtenu par le Château-Nexon-Lemoyne, appartenant à M. le baron de Nexon, l'amateur de chevaux bien connu, qui y récolte déjà 35 tonneaux et doublera bientôt ce produit. Sur le même territoire, autour de son beau manoir d'Agassac, dont les cultures lui ont valu la prime d'honneur en 1860; M. Marcel Richier, ancien président de la Société d'agriculture de la Gironde, obtient, sur cent hectares, de 200 à 250 tonneaux de vin qu'on enlève pour l'étranger, pour la Hollande notamment, à 1,000 fr. l'un. C'est également à Ludon que se trouve Morange, propriété de M. le comte de Lavergne, le viticulteur émérite qui, sur 20 hectares, recueille, en palus sec, 90 tonneaux, lesquels provenant du quartier renommé du Haut-Gilet et fournis par des cépages fins, sont souvent, au bout de quelques mois, payés jusqu'à 900 fr. la pièce. La commune de Macau, renferme un crû classé, celui du Château-Cantemerle, appartenant à madame la baronne d'Abadie de Villeneuve. Le vignoble exclusivement formé des cépages les plus fins embrasse 110 hectares. Il est administré de la manière la plus intelligente par M. le comte de Lavergne et produit 200 tonneaux (800 barriques) dont 150 tonneaux de premier vin, lequel est acquis souvent à des prix supérieurs à 2,000 et même 2,480 fr. le tonneau. Les crûs *bourgeois* de cette commune vendent jusqu'à 1,300 fr. le tonneau leurs vins de *graves*. Le canton de Cadillac, dont le sol est très varié, fournit des produits fort divers. Ses vins rouges de côtes sont de bons ordinaires, valant de 250 à 400 fr. rendus à Bordeaux et quelquefois 600 à 700 fr. en vieux; Ceux de palus s'achètent de 250 à 300 fr. à Bordeaux. Ses vins blancs sont fins, liquoreux et parfumés dans les premières et deuxièmes côtes; ils obtiennent, en primeur, de 300 à 600 fr. et en vieux, pour les bonnes années, 800, 1,000 et 1,200 fr.; ce dernier prix pour les premiers crûs de Ste-Croix-du-Mont; ils proviennent de 3/4 sémillon, 1/4 sauvignon, blanquette, muscadelle, blanc-verdot, etc. Les oseraies, le bois, les céréales, les fruits et les *cèpes*, forment ensuite les principaux revenus agricoles du canton. A Cadillac même se trouve le beau château du duc d'Epernon, transformé en maison de détention, et l'asile central des aliénés. Le ressort de la justice de paix de Castelnau, s'étend sur dix-neuf communes et va de la Gironde aux Landes et à l'Océan. A l'est on trouve des alluvions sur le bord du fleuve, des croupes graveleuses et quelques parties argilo-calcaires ; au centre et à l'ouest des landes sableuses avec des dunes au couchant entre les étangs et les rives de la mer. Ses marais ont été tous assainis ; de nombreux puits artésiens y fonctionnent régulièrement et très utilement. Ses vins rouges de grave sont des meilleurs du Médoc. On compte dans cette juridiction un des quatre premiers grands crûs, le célèbre Château-Margaux, plus seize ou dix-sept vignobles d'où sortent de grands vins, payés de 3 à 4,000 et même souvent 7,000 fr. le tonneau, et en outre beaucoup d'autres dont les produits sont excellents. Ses vins de palus sont aussi recherchés, surtout ceux de Port-Aubin et de Brouzac à Cantenac. Les céréales sont loin de suffire à la consommation ; il y a, par contre, passablement de foin. Les chênes et pins fournissent des ressources. L'espèce ovine est nombreuse. L'espèce bovine compte deux fois plus de vaches que de bœufs. Elle est, presque exclusivement, employée aux travaux des champs. On expédie assez de volaille sur Bordeaux. L'espèce chevaline est représenté par de nombreuses têtes. Dans les landes de ce canton, comme dans celles des autres, il y a beaucoup de ruches. Au dire de M. Ferret, dans sa *Statistique de la Gironde* qui me fournit la plupart des faits énoncés ici, le vin de Château-Margaux serait, lors des années bien réussies, le *premier du monde*. La commune dont il sort a pour sa part un premier crû, quatre seconds, cinq troisièmes, un quatrième, et plusieurs *bourgeois supérieurs* très-estimés vendant en primeur, de 500 à 1,500 francs le tonneau, suivant le mérite des récoltes. Celui de son célèbre enclos, l'illustration de la contrée, fournit 155 tonneaux, dont 125 en premier choix, tous provenant exclusivement de fins cépages.

155 tonneaux font en tout 620 barriques bordelaises, et quel est pourtant l'hôtel un peu *respectable* d'Europe où l'on ne trouve à volonté du *vrai* Château-Margaux ? Beaucoup en boivent, mais bien peu, par le fait, en goûtent ! Dans le canton dont il est la gloire, plusieurs propriétaires de crûs classés récoltent au-delà de 100 tonneaux. Parmi ceux des clos dits *bourgeois* il en est qui font jusqu'à 1,200 barriques par an. Aux prix indiqués, on comprend la valeur de leurs vignobles. Le canton de Créon fait partie de l'*Entre-Deux-Mers*. Son sol est très-accidenté ; les landes et terres en friche en ont, aujourd'hui, presque entièrement disparu. On y recueille des osiers, des céréales, des légumes, des fruits, des foins, des *cèpes*. On y exploite des bois chêne et châtaigniers. L'espèce bovine y est peu nombreuse. M. Régis possède à Carignan un troupeau de bêtes à laine de race southdown souvent primé. M. Prom, à Saint-Caprais, entretient des anglo-mérinos remarquables, mais peu fixés, du moins jusqu'à ces derniers temps. Les vins du pays sont de trois sortes : ceux de côtes, obtenus au moyen de 3/4 malbec, 1/4 merlot, verdot, cabernets, sont vendus en primeur, les meilleurs de 350 à 500 fr., les autres de 300 à 350 fr. Ceux de palus valent de 300 à 450 fr., et enfin, les blancs, dont ceux de tête proviennent de 2/3 sémillon, 1/3 sauvignon, blanquette, etc., d'une grande finesse, de belle couleur paille-clair, ayant du moëlleux, se paient de 350 à 750 suivant les crûs. Ceux qui sont le résultat de 9/10 d'enrageat (folle blanche), 1/10 Jurançon, etc., se montent de 200 à 300 fr. le tonneau logé. Parmi les grands viticulteurs du canton, dont plusieurs font au-delà de 600 barriques, il faut citer M. F. Régis, propriétaire à Carignan, commune dont les meilleurs vins sont payés de 350 à 500 fr. le tonneau, et qui a obtenu pour sa terre de Sabatey une grande médaille d'or au concours régional récompensant l'ensemble de son domaine, et, notamment, la plantation et la tenue, au moyen d'instruments économiques (*Rapport du jury*), d'un

vignoble remarquable entre ceux qui font la richesse et la renommée de ces contrées. L'éminent président de la Société d'agriculture de la Gironde retire de cette exploitation 125 tonneaux (500 barriques bordelaises). Au château de La Tresne, sur le territoire de la paroisse du même nom, M. le comte de Bonneval a exécuté d'immenses travaux, dont voici, tiré de l'ouvrage de M. Ferret, un rapide aperçu. Il a été drainé 140 hectares d'une telle façon que quoique la pente soit très-faible, tous les drains se vident à marée basse et ne peuvent se remplir à marée haute. Les résultats obtenus sont merveilleux et le produit en blé depuis que ces travaux ont eu lieu s'est élevé à cinquante ou soixante pour un. Les vignes y ont, elles aussi, beaucoup gagné. De plus, la magnifique côte du Grand Parc a été défrichée et complantée en cépages les plus fins. Des chais pouvant contenir 4,000 tonneaux ont été creusés dans le roc, où huit puits pour le rinçage des barriques, et huit récipients pour recevoir les eaux sales ont été pratiqués également. Dès aujourd'hui, l'on récolte 750 tonneaux (3,000 barriques), de vin rouge. En admettant qu'il vaille 100 fr. la barrique, prix du pays, il rapporterait donc trois cent mille francs de revenu brut. De très-vastes carrières donnent des recettes considérables ; elles ont été parfaitement aménagées au point de vue de l'exploitation et des moyens de transport. La Brède rappelle nécessairement le nom de Montesquieu, dont la terre est encore dans sa famille. Elle est d'une contenance de 1,152 hect. s'étendant sur six communes. 1,030 h. sont en bois, 75 en prés, 47 en vignes, dont 16 en vignes blanches donnant 30 tonneaux, 31 en vignes rouges. Ces dernières en cépages fins sont cultivées d'après le système du Médoc ; elles produisent actuellement 40 tonneaux. En estimant les vins rouges à 500 fr. et les blancs à 250 fr. le tonneau, taux que les uns et les autres dépassent très-probablement, le revenu de cette propriété serait, de ce chef, de 27,500 fr. Le canton renferme 13 communes. Sa partie sud-ouest, qui touche aux Landes est plate et sablonneuse. Sur les bords de la Garonne sont de vastes et fertiles alluvions et en s'éloignant de la rivière on trouve des croupes très-propres à la viticulture ; les vins rouges de graves ont généralement une belle couleur brillante, de la finesse, de l'agrément. Ceux de certains crûs ont du bouquet qui se développe en bouteille où ils gagnent et se conservent longtemps. Leur prix en primeur et de 300 à 1,000 fr. suivant les terrains et les lieux. Les vins de palus vont de 200 à 300 francs. Les pins, les chênes et les acacias forment les essences de bois utilisées en grand. Il y a peu de céréales, beaucoup de vaches, peu de bœufs, grand nombre de bêtes à laine. On remarque à Saint-Morillon le troupeau de brebis landaises croisées anglo-mérinos, appartenant à M. Desbarrats. Les fruits abondent, de même que les légumes et s'expédient avec eux à Bordeaux et à Paris. Il y a de bonnes pierres à bâtir. Le chef-lieu de La Brède possède une belle église romane avec le château de Montesquieu ; l'on doit citer, aux environs, les domaines de M. de Richemont à La Sauque, dont la récolte en vin a été vendue 1,200 fr. le tonneau en 1870, le château Carbonnieux, appartenant à MM. Bouchereau et Mirambeau produisant 115 tonneaux de vin rouge dans la commune de Léognan où les crûs de son ordre donnent des produits de 5 à 900 fr. qui sont montés à 1,150 fr. en 1870 et qui, parfois, au bout de deux ou trois ans, pour des récoltes hors ligne, ont été acquis à 1,800 fr. le tonneau. A Martillac, les vins de Smidt-Haut-Lafitte (140 tonneaux dont 100 de premier vin), exceptionnels pour le pays, se vendent comme les quatrièmes crûs du Médoc; soit de 1,000 à 1,800 francs l'un. Le canton de Pessac a des sources ferrugineuses très-abondantes à Monsalut, commune de Cestas, à Mérignac et ailleurs. Son sol est plat et sablonneux au centre et à l'ouest ; à l'est, sablo-graveleux avec quelques terres argileuses. On y voit de magnifiques côtes de graves qui produisent d'excellents vins, entre autres ceux de Haut-Brion classés parmi les premiers grands crûs de la Gironde. Ces vins résultent du cabernet-sauvignon, du cabernet gris ou franc, du malbec, du verdot et du merlot. Dans les vignobles de haut rang de ces parages, les cabernets forment les 2/3 ou tout au moins moitié de l'encépagement. Le Haut-Brion vend à peu près comme les premiers grands crûs du Médoc dont il partage la renommée; les autres crûs supérieurs de Pessac obtiennent les prix des troisièmes du Médoc; les seconds de Pessac et les premiers des autres communes, en primeur, de 500 à 1,000 fr., parfois 1,500 à 1,800 fr., en vieux. Les vignes rouges prennent tous les jours plus d'importance. Les bois de pins, de chênes, d'acacia sont une précieuse ressource. Les mûriers viennent très bien dans les sables graveleux ou les argiles graveleuses. Il y a beaucoup de foins, peu de céréales, pas mal de moutons, quantité de fruits et de légumes verts; les paysans cultivent les asperges et les fraises entre les rangs de vignes. Le propriétaire du vignoble de Haut-Brion le renouvelle peu à peu. Lorsque cette opération, conduite avec prudence, sera terminée, la production sera de 120 tonneaux (480 barriques), au moins, si le phylloxera ne se met pas à la consommer en tout ou en partie sans attendre les vendanges. Parmi les autres crûs, celui de la Mission est des plus renommés et l'on a payé une portion de sa récolte 1865, 3,000 fr. le tonneau. Pessac renferme beaucoup de châteaux et de villas entourées de charmantes oasis. A Gradignan, où les fleurs sont cultivées sur un large échelle, le blanchissage est une des principales industries de la commune. A Mérignac se trouve la ferme expérimentale d'Arlac et le dépôt de remonte de cavalerie dont la circonscription embrasse les départements des Landes, de la Gironde et de la Dordogne. Le domaine de Carbonnieux dont il a été parlé plus haut s'étend aussi sur la commune de Villeneuve-d'Ornan, il produit, outre ses vins rouges, environ 60 barriques bordelaises de vin blanc très-estimés. On remarque dans la même commune, transformée en magnifique parc avec jardin anglais, une délicieuse résidence dont les divers salons renferment de nombreuses collections artistiques sans cesse visitées par les connaisseurs. Sur ce territoire aussi sont deux *orphelinats agricoles*. L'un, dirigé par M. l'abbé Buchon, compte de 25 à 30 enfants ; l'autre, chez M. le marquis d'Alon, est confié aux sœurs de St-Joseph. Podensac, avec ses treize communes, est également l'un des plus précieux joyaux de l'arrondissement. Si ses vins rouges n'ont rien de remarquable, ses vins blancs, à Barsac et à Preignac, rivalisent avec ceux de Sauternes et sont vendus comme eux. Dans six autres communes, ils sont classés parmi les meilleurs de la Gironde. Fins, parfumés, liquoreux, ayant du moelleux souvent, ils sont payés, en primeur, de 400 à 1,000 fr. le tonneau, suivant les lieux et les années. Les bois occupent presque la moitié de la superficie du canton et les céréales sont loin de suffire à l'alimentation de ses habitants. La contrée produit beaucoup de pêches et de petits pois. A Podensac, on construit des navires ; à Preignac, M. le marquis de Rolland, a fondé une magnifique usine d'objets céramiques. Malheureusement, cette importante construction a été détruite par la dernière et si funeste inondation de la Garonne. Les principaux viticulteurs sont : à Barsac, M. le marquis de Lur-Saluces, le même qui, dans l'arrondissement voisin de Bazas, possède l'incomparable crû d'Yquem, et qui, dans ce canton, à Château-Coutet, récolte 40 tonneaux ; M. Alfred Ribet qui en recueille 30 à Château-Climens ; à Preignac, M. de Suduirant, qui en obtient jusqu'à 100 de sa propriété. Tous ces vins sont le fruit de 2/3 blanc sémillon, 1/6 sauvignon avec 1/6 raisinotte. Ils valent de 800 à 5,000 fr., en primeur, le tonneau. Dans la commune de Virelade se trouve la terre du même nom, appartenant à M. le baron de Carayon-Latour, qui l'a achetée 533,000 fr. à Bordeaux, en 1850. Depuis, il y a fait les plus utiles améliorations qui l'ont complétement transformée et en ont triplé les revenus. Son étendue est de 425 hectares. Autour de son riche château se déroulent un vaste parc, des bois touffus, considérables, de belles prairies, des terres labourables bien cultivées. Le vignoble a 75 hectares. Il produit actuellement une moyenne de 35 tonneaux de bons vins rouges de graves valant, l'un, quelquefois jusqu'à 800 fr., comme par exemple, en 1865 ; environ 300 tonneaux de vins de palus du prix de 250 à 400 fr. et 50 tonneaux de vin blanc payé 1,000 fr ; c'est-à-dire que, dans les bonnes annnées, Virelade, acquis 533,000 fr. donne, en vin seulement, 168,000 fr. ! Cette propriété a reçu le prix d'honneur régional, au dernier grand concours de la Gironde.

J'ai, plus haut, parlé de diverses communes des cantons de Carbon-Blanc et de St-André de Cubzac. Je n'y reviendrai pas, si ce n'est pour signaler, dans ce dernier, la belle exploitation de Naudonnet, appartenant à une famille du Périgord, celle de d'Alesme de Meycourby, sur les dépendances de la commune de Virsac. Cette propriété qui produit déjà 150 tonneaux de vin blanc, en fournira bientôt, en outre, une cinquantaine de vin rouge.

Je suis entré dans de longs détails sur l'arrondissement de Bordeaux, parce que c'est le plus grand, le plus central, et, si l'on peut s'exprimer ainsi, le plus complet du département de la Gironde, qu'il nous importe tant de connaître. En effet, il réunit dans son ensemble, et à un dégré supérieur, le sol, les produits et les cultures des diverses circonscriptions sous-préfectorales de ce territoire. A l'ouest et au sud, ce sont de vastes landes où la pisciculture, la multiplication des huîtres surtout, la propagation des bois de pin, l'extraction de la résine, sont les principales occupations de l'agriculteur progressif. Le long de la rive gauche de la Garonne, la vigne règne presque en souveraine et produit des vins d'un grand mérite. On y trouve, en vins rouges, d'heureux rivaux de ceux de Château-Laffite et de Château-Latour, marchant au même rang qu'eux et d'autres d'excellente qualité. Vers Barsac et Preignac les vins blancs luttent brillamment avec ceux de Sauternes, ceux du château d'Yquem seuls exceptés. Les prairies s'accroissent, grâce au colmatage et au dessèchement successif des marais ; les fruits, les légumes de primeur, y sont en honneur. Sur la rive droite, la vigne, quoique donnant des produits moins prisés, est aussi la culture dominante, mais le sol est propice à la plupart des productions du Sud-Ouest de la France. En général, dans la partie landaise de l'arrondissement, on commence à mieux pratiquer l'agriculture qui peut y fournir des résultats très-fructueux. On remarque, dans la partie vinicole, que la valeur des récoltes s'augmente d'une manière sensible par le bon choix des cépages fins, par les soins donnés aux vignes et à la vinification, progrès qui tendent à se généraliser. Les plans et la taille du Médoc se répandent de plus en plus au nord-ouest ; au sud-est, on emprunte les cépages et la culture de Sauternes. On établit les vignes sur un seul rang et sur fil de fer ; entre les rangs on recueille des céréales, des légumes, des fruits qui vont au loin. Il en est ainsi, peu à peu de même sur la rive droite. L'enrageat seul persiste à deux rangs. Presque nulle part le froment ne se montre en quantité suffisante ; le tabac qui devrait prospérer dans le pays, n'y est guère connu. Les exigences d'une administration tracassière, nuisent à cette culture, au grand préjudice du fisc. Les vaches laitières dépassent beaucoup les bœufs en nombre ; c'est l'approvisionnement en lait de la ville de Bordeaux qui amène cet état de choses. Peut-être aussi faut-il en partie l'attribuer à la qualité inférieure de beaucoup de foins, les joncs n'ayant pas assez disparu des prés. Les mauvaises herbes de marais, connues sous le nom de bauges et vendues comme litières, sont encore trop communes. L'espèce ovine n'est pas aussi répandue qu'on le pourrait croire, et la volaille elle-même n'abonde pas. On fait quelque peu de sériciculture, mais point assez. Certains propriétaires emploient les instruments perfectionnés ; malheureusement, la masse des cultivateurs ne les suit guère dans cette voie. Plusieurs communes ont vendu leurs biens qui restaient improductifs et en ont retiré d'importantes ressources. Parmi elles, on doit citer, dans le canton de Pessac, celle de Saint-Jean-d'Illac qui s'est créé, de cette manière, assez de revenus, pour assurer sur son territoire la gratuité complète de l'instruction, du service religieux et du service médical ! L'exploitation du sol se fait en partie par métayers, en partie par gens gagés, domestiques ou *prix-faiteurs*, surtout pour les vignes qui sont cultivées à des taux de rémunération divers, suivant les localités et l'étendue du *journal* qui varie d'un canton et souvent d'un village à l'autre. Pour les troupeaux, on a fréquemment des bergers ou des vachers qui reçoivent une rétribution fixe suivant le nombre de têtes de bétail qui leur est confié. Différentes écoles, des orphelinats, sont autant de pépinières d'ouvriers ruraux ; les associations, trop peu nombreuses, stimulent l'émulation et, à leur tête, la Société départementale agit sans cesse avec un zèle que rien n'arrête, utilement et ardemment secondée par le vénérable cardinal-archevêque S. Em. Mgr Donnet qui se fait un devoir d'assister à tous les concours et de contribuer de tout son pouvoir à moraliser et éclairer le travailleur.

Dix jours après les avoir parcourus en me rendant à Bordeaux, j'ai revu les champs qui s'étendent à droite et à gauche du chemin de fer depuis le chef-lieu de la Gironde jusqu'à Coutras. Il pleuvait toujours, les mêmes foins étaient en meules, les mêmes froments étaient entassés en gerbes entre les rangs de vigne, dont l'aspect était désolé. Quelques cultivateurs, armés de l'antique et indestructible faucille, abattaient d'autres blés, comptant que la température changerait enfin. Nous allions très-lentement, car un train était en détresse, déraillé sur la voie, vers Libourne, et l'on voulait donner le temps de le remettre d'aplomb sur la ligne avant notre arrivée. Libourne une fois dépassé, nous devions laisser circuler d'autres convois en retard, par suite du même événement, et attendus avec impatience à Bordeaux. La gare de Coutras nous a servi de refuge pendant une heure qu'a duré leur défilé. Enfin nous nous sommes élancés. Aux Eglisottes, on est encore dans le Bordelais. Près de la station nous retrouvons les noyers périgourdins ; les terrains nous apparaissent médiocres comme qualité. Ils me semblent offrir une certaine analogie avec ceux de la Double. Je consulte Ferret et je vois avec plaisir que la ressemblance avec ce dernier pays n'est pas, pour lui, l'occasion d'une mauvaise note. En effet, il nous parle de coteaux pittoresques et très-fertiles, *le plus souvent argilo-calcaires*, terminant dans la Gironde la jolie contrée de la Double commencée dans la Dordogne. J'accepte avec empressement, je suppose avec raison, l'épithète fertile, car je crois que la Double l'est naturellement et qu'il ne s'agit que de savoir la mettre en rapport, mais il doit y avoir une faute d'impression dans le membre de phrase que je viens de souligner, la Double ayant précisément pour caractère de manquer de l'élément calcaire. Ce qui porte à croire qu'il y a réellement en cet endroit une *inadvertance* des imprimeurs, c'est qu'aux lignes suivantes on traite du sous-sol du canton et on le représente comme généralement graveleux, parfois argileux ou composé d'un agrégat *argilo-sableux* et rougeâtre sur les côteaux de Double. En décrivant une commune du voisinage, l'auteur assure que les vins blancs de la Double obtiennent 25 à 40 fr. de plus par tonneau que ceux de la plaine. Dans les bonnes années, ajoute-t-il, ils sont alcoolisés, liquoreux, très agréables et se vendent trois cents francs le tonneau, logés. *Ils obtiendraient un prix supérieur s'ils étaient plus connus du commerce.* Ceci n'est pas douteux, et presque à coup sûr on peut en dire autant de tous ceux du Périgord, surtout de ceux des crûs principaux. Ceux des Eglisottes sont ordinaires en rouges, et en blancs qui, produits par 9/10 d'enrageat (folle blanche) et jurançon, valent, en primeur, de 120 à 180 fr. le tonneau, logés. Mais il est une propriété qui tranche vivement sous ce rapport, comme sous d'autres, et montre combien l'encépagement et le soin sont utiles pour les viticulteurs ; c'est celle de Brande-Bergère, appartenant à M. Mialaret. Le vignoble est complanté d'espèces de choix ; ses vins rouges sont tout-à-fait exceptionnels pour la contrée, se rapprochant beaucoup de ceux des côtes du Fronsadais et très-recherchés en Allemagne et en Irlande. Ses vins blancs provenant d'un terrain sablo-argileux sont fins et liquoreux. La production totale dépasse déjà 40 tonneaux (160 barriques), dont 15 tonneaux de vin blanc. M. le baron d'Arlot de Saint-Saud a décrit, en 1871, dans notre recueil (*Annales*, p. de 590 à 594), cette belle exploitation, aujourd'hui bien plus remarquable encore, et qui, dès 1869, rapportait, *net*, en vins seulement, près de 5,500 fr., le domaine ayant coûté, tout compris, même les améliorations, l'habitation seule exceptée, 67,517 francs. Le revenu du vignoble doit être en ce moment bien supérieur. M. d'Arlot m'assure qu'il y a énormément de ressemblance comme sol, cépages, soins aux vignes et vins, entre Brande-Bergère et le crû primé par la Société d'agriculture de la Dordogne, au Bournat, commune de Ste-Aulaye. C'est une nouvelle preuve de l'efficacité des plants fins placés à bonne exposition et dans des sols convenables. M. Ferret nous l'a souvent démontré. Ce qui se passe dans les crûs blancs du canton de Fronsac, où l'on a introduit exclusivement le sauvignon, le sémillon et la muscadelle, en lieux propices, l'établit de rechef. Les vins de ces propriétés y sont devenus presque semblables à ceux de Bergerac, se rapprochant même de ceux de Barsac. Les Eglisottes élèvent beaucoup de porcs. C'est dans cette commune qu'est la grande manufacture de papiers de Montfourat. L'église paroissiale, près du chemin de fer, est récemment bâtie. Son aspect est original ; son renflement vers le milieu paraît annoncer une coupole couverte.

Nous quittons, avec le canton de Coutras, la Double périgourdine qui, d'après M. d'Arlot, d'accord avec les géographes, s'étend dans cette partie de la Gironde, avec la plus complète similitude de sol, sous-sol, cultures et besoins, mais moins d'étangs, heureusement, sur toute la commune de Saint-Chrystophe, ainsi que sur les parties hautes et inférieures de celles des Eglisottes et du Fieu. Mais nous la retrouvons à peu de distance dans notre trajet, entre les Eglisottes et Saint-Aiguilin. Là sont des bois, des landes, qui la reproduisent intégralement et qu'on peut, suivant M. d'Arlot, qualifier à bon droit de Double saintongeaise, laquelle se développe sur les communes de St-Aiguilin, La Borde, Cercoux, Le Fouilloux, La Génetouse, Saint-Martin-de-Coux et autres du canton de Montguyon. Il est vrai qu'il y a moins d'étangs que dans la nôtre, plus de pins maritimes, encore plus de bonnes et vigoureuses vignes en folle-blanche. Cette *fausse Double*, dit mon savant correspondant, se prolonge même en plateaux sableux et gris, stériles et monotones au milieu des cantons de Montlieu, Montendre et Mirambeau, sur une notable partie du département de la Charente-Inférieure auquel appartient la station de St-Aiguilin. Elle y est entrecoupée de veines calcaires plus productives, que les habitants appellent terres *champaignes* et dont les eaux-de-vie ne sentent pas autant le terroir. Après avoir passé la Drône, nous apercevons devant nous, sur l'autre rive, les jolis châteaux de La Valouze, de Parcoul et la gracieuse ville de La Roche-Chalais. C'est un coin du Périgord charmant et que mes co-voyageurs admirent ; j'en suis tout fier. De là partent bien des rayons qui, malgré les nuages qui s'interposent, éclairent incessamment, et non sans succès, des populations qui leur doivent chaque jour plus de bien-être. Puissent-elles en être reconnaissantes.

A peine avons nous touché la Saintonge, que nous nous en éloignons, gagnant à toute vitesse la Charente, car nous sommes en retard, et n'avons pas de temps à perdre. Nous pouvons cependant admirer la riche plaine de la Drône couverte de cultures diverses que la vigne ne relègue plus avec tant d'orgueil au second plan. Nous traversons plusieurs affluents de la gentille rivière et notamment la Tude. De belles prairies se développent devant nous; le sol s'accidente, offrant une pittoresque variété, le nombre des noyers s'accroît, nous arrivons à Chalais. C'est une petite ville agréable à voir, du moins d'où nous sommes, bien située, avec un beau château des Talleyrand, sur une hauteur, château qui leur donne le titre de prince de Chalais. Au-dessous, l'église à l'air très modeste. Un long vallon que nous remontons nous offre de vastes prairies dont quelques-unes paraissent fort maigres et d'autres, trop souvent, humides. Il y a de bons taillis et il est à regretter qu'on ait négligé d'en recouvrir plusieurs pentes dénudées. Les fèves semblent être fort cultivées dans la contrée. Bien des froments sont encore debout, à cause des pluies continuelles de l'année, quoique nous soyons au 25 juillet. Y a-t-il un comice agricole par là ? Son action n'y serait point inutile. Un château fièrement campé sur une cime élevée nous annonce Montmoreau, qui nous reçoit dans sa gare encombrée de voyageurs nous attendant depuis longtemps. D'heureuses destinées sont réservées à ce bourg en fait de voies de communication. Il doit être en effet le point de départ d'une nouvelle ligne entre la Charente et Périgueux.

L'aspect de la contrée est toujours à peu près le même qu'auparavant jusqu'à une certaine distance au-delà de Montmoreau, puis le chemin court entre des déblais crayeux qui nous conduisent à un tunnel fort long, mais que nous parcourons irrévérencieusement en moins de trois minutes. Nous sommes si pressés ! Voilà Charmant d'où l'on correspond par voiture avec La Valette. Le pays est triste, c'est un vaste plateau légèrement ondulé, peu fertile ; cependant, il y a de belles vignes *en plein*, et, çà et là, le sol se montre productif. A Mouthiers, dont les eaux-de-vie sont renommées, s'ouvre une fraîche vallée, peut-être un peu tourbeuse, riante et bien ombragée. Les usines s'y montrent nombreuses ; ce sont des papeteries, probablement, appartenant à de riches industriels. D'un bond nous sommes à La Couronne toute pleine des souvenirs du passé, fort animée du travail du présent. On y moissonne sous les ruines d'une vieille et pittoresque abbaye, avec l'antique faucille de Cérès. Sur notre route, il y a de très-remarquables maisons de plaisance, mais je constate que les églises n'ont pas, dans la Charente, il s'en faut bien, les dehors dignes d'elles, qu'elles offrent, en général, dans la Gironde et dans une grande partie du Périgord. Nous allons bon train au milieu de la plaine, puis nous nous laissons emporter rêveurs dans une coupure ; subitement une apparition fantastique vient frapper nos regards. A peu de distance devant nous, sur le flanc d'une colline abrupte, s'étagent des maisons qui semblent jetées et maintenues en équilibre le long de la descente ; nous découvrons au milieu d'elles une église comme suspendue au-dessous d'un étroit plateau que bordent d'autres habitations, dominées elles-mêmes par une basilique originale avec une coupole centrale qui rappelle St-Front ; plus loin, au faîte d'une seconde éminence, se développent de grands bâtiments en construction, tandis que, tout autour de nous, de coquets jardins nous regardent passer. Enfin, droit devant le train, s'aperçoit une ouverture noire et béante ; nous nous y engouffrons à grand bruit, mais pas pour longtemps, car la montagne qui porte Angoulême n'est pas large et nous entrons rapidement dans la gare de cette ville. Il est difficile d'imaginer une position plus pittoresque que celle occupée par la vieille capitale de l'Angoumois. Concentrée d'abord sur le haut d'un tertre escarpé, elle a, par des versants rigides, dirigé ses bras vers la Charente, aux bords et dans la vallée de laquelle se sont élevés les faubourgs, siége du commerce. Là se trouvait l'ancienne école de marine militaire, contre laquelle on a fulminé des anathèmes et dirigé mille épigrammes, parce qu'elle était loin de la mer et de la plus petite baie, mais qui n'en a pas moins fourni des officiers habiles, et dont quelques-uns sont devenus des amiraux distingués. Cet établissement est aujourd'hui remplacé par les bâtiments et les cours de la station du chemin de fer. C'est aussi là qu'est le port, là que se trouve la halle, là que les usines marchent et fabriquent, entre autres choses, ces papiers célèbres, honneur de la cité ; c'est en un mot là que vit le négoce actif et remuant. La reine-mère, entourée de ses antiques remparts, contemple paisiblement le mouvement de la ruche qui bourdonne à ses pieds et, ceinte de son beau chemin de ronde que l'on a le tort de ne pas entretenir assez bien partout, que l'on a eu la malencontreuse idée de rétrécir en y plaçant le Lycée qu'il fallait mettre ailleurs, voit se dérouler au loin la Charente capricieuse, les collines verdoyantes et la vaste plaine au manteau couleur d'émeraude dans un des plis duquel on devine l'embouchure de la Touvre, cette belle rivière que la Tardoire et le Bandiat, réunis modestement sous terre, viennent tout-à-coup mettre au jour, merveilleux enfant de leur hymen paisible et longtemps ignoré. C'est ce magnifique cours d'eau, jaillissant au pied des rochers en deux larges bassins du fond des abimes, peuplé de truites, d'écrevisses, d'anguilles à la chair savoureuse, qui sert de moteur à la célèbre manufacture de Ruelle, dont l'existence et celle de la poudrerie voisine ont valu l'avantage à Angoulême d'être choisi pour garnison d'artillerie. Les troupes sont établies dans la partie haute de cette ville, section qui garde ainsi sa physionomie primitive de place de guerre. On leur construit en ce moment d'immenses casernes sur l'isthme qui, vers l'est, unit le cap, soutien de l'antique forteresse, noyau de l'agglomération urbaine, aux collines voisines dont il est le poste avancé. C'est sur le promontoire, au milieu de la Cité, que se dresse la cathédrale, monument historique à la restauration duquel on travaille et qui présente des détails curieux. Peu loin d'elle est le Palais de Justice qui, lorsqu'il fut terminé, passait pour le plus bel édifice de ce genre à plus de 40 lieues à la ronde, mais est éclipsé maintenant par plusieurs autres de la région, sans cesser, néanmoins, d'être remarquable; l'Hôtel-de-Ville, reconstruit récemment et dans l'ensemble duquel on a conservé les tours caractéristiques de l'ancien. Il a été élevé sur les plans de M. Abadie qui, outre cette œuvre magistrale, a doté la commune de la charmante église de St-Martial et dirige les travaux de la basilique St-Pierre, la principale du diocèse. Angoulême a peu de places remarquables par elles-mêmes; son champ de foire est triste et planté de pauvres arbres. Chose singulière, dans cet important chef-lieu qu'entoure un sol fécond, le jardinage de luxe ne produit que peu, n'étale presque rien. Les promenades n'ont de notable que leur position; je n'y ai vu ni square, ni jet d'eau. Les statues ne semblent pas y abonder non plus. En un mot, on se contente à peu près des beautés naturelles du paysage; on ne paraît pas tenir à y en ajouter d'artificielles. Par contre, l'agriculture, grâce à l'activité d'une importante Société départementale, y est en honneur. Les fabriques d'instruments agricoles y sont nombreuses et justement réputées, le progrès dans les cultures est journalier, l'élevage et l'engraissement du bétail y sont de mieux en mieux compris et encouragés, comme le prouvent la visite des exploitations et les expositions périodiques. La vaillante corporation à laquelle on doit tant, a pour chef un des agronomes praticiens les plus habiles et les plus zélés de France, M. de Thiac, que rien n'arrête et ne ralentit même, quand il s'agit de faire le bien, pas même l'ingratitude de ses concitoyens qui ne l'ont pas maintenu dans les fonctions de conseiller général, auxquelles ils l'avaient appelé. Ainsi l'a voulu la politique ; elle a parfois de singulières exigences ! Les hôteliers angoumoisins ont la réputation d'*écorcher* les voyageurs. Est-elle méritée ? Je l'ignore. Pour moi, j'ai toujours eu la chance de me tirer de leurs mains, sans y laisser trop de ma peau. J'avais un bon gîte, un bon souper m'attendait ; mais j'ai été tout-à-fait insensible à leurs charmes, ou plutôt je ne m'y suis soumis qu'un peu tard. C'est qu'un spectacle insolite m'attirait. La ville haute qui ne descend guère vers la nouvelle, qui ne monte pas souvent la voir, était tout entière en bas, chose des plus rares et digne d'être notée. Elle s'était laissé séduire par l'attrait de la fête de L'Houmeau ; elle était, en masse, accourue pour contempler ballons, feux d'artifice, illuminations, et circulait en grande toilette et à grand bruit, au milieu des faubourgs en liesse. A neuf heures, après un imposant défilé, tout était terminé ; j'allai prendre quelques instants de repos. Dès l'aube, une voiture attelée de coursiers paisibles, m'emmenait vers le Périgord, sans se hâter aucunement, ce qui me donnait amplement le loisir de contempler le pays. La route suit la cime des coteaux ; elle est plantée de sycomores d'assez mauvaise venue, noirs et tristes. Jusqu'à une certaine distance de la ville, elle est très-fréquentée et bordée de cultures diverses. Toutes n'ont pas l'apparence luxuriante de certains produits spéciaux des vallées ou des contrées réputées, mais l'ensemble est bon et peut-être le résultat définitif est-il plus avantageux qu'ailleurs pour le possesseur du sol. Un peu plus loin, ces différentes récoltes sont remplacées par des bois sombres, à travers lesquels on aperçoit quelques châteaux et quelques exploitations isolées. Dans une dépression de terrain assez gaie, le bourg de Dignac s'étale au milieu d'une clairière diaprée, après laquelle la forêt reparaît, et dure, et dure ! Enfin, voilà des carrés de maïs, des topinambours, des pommes de terre, de grands champs de vignes en plein et à l'apparence vigoureuse. A droite, sur un mamelon arrondi, se montre la petite ville de La Valette, dont les vins blancs servent à faire de l'eau-de-vie et sont peu payés ; la fabrication n'étant pas très-active, grâce à la concurrence des alcools de betteraves et de grains. Peut-être, en toute autre circonstance, songerait-on à remplacer la *folle* par des cépages plus fins pour produire des vins de table, mais le phylloxera dévaste bien des crûs dans le pays et, en sa présence, on n'ose pas tenter d'innovations qui, grâce à lui, pourraient rester sans résultats heureux. Le paysage redevient un instant sévère, la route descend une pente rapide s'infléchissant en coudes brusques et qui ne sont pas sans danger. Heureusement, notre équipage ne s'emporte point, et nous arrivons sains et saufs dans la vallée, au milieu des arbres de laquelle s'élancent les tours et le donjon du château de La Roche-Beaucourt nouvellement restauré. C'est un manoir seigneurial de haute mine et d'une belle architecture. Autrefois, il avait moins de majesté guerrière, moins d'éclat, moins de séduction. Et pourtant je l'aimais mieux alors ! Il me semblait être plus dans son rôle de palais de la prairie. Mais je n'entends imposer mes goûts à personne. Ce serait bien en pure perte, d'ailleurs. Cette somptueuse résidence appartient à M. le comte-prince de Galard de Béarn, gendre de M. de Talleyrand, et est entourée d'une terre de près de 1,200 hectares, habilement régie par M. Roques, membre, comme le propriétaire de ce magnifique ensemble, de notre Société de la Dordogne, pays auquel appartient une bonne partie de ce fief important. En effet, à peine avons-nous passé sous une passerelle couverte d'une galerie, qui conduit au potager du château, en emjambant la route, que nous voyons apparaître la Nizonne, au milieu du pont de laquelle nous lisons, à l'ouest : *Département de la Charente;* à l'est : *Département de la Dordogne.* La Roche-Beaucourt appartient à trois communes, deux, celles d'Edon et de Combiers, dans l'Angoumois; la troisième, qui forme l'agglomération principale, dans le Périgord. Certainement, le ciel est plus beau, la terre est meilleure, l'eau plus limpide, plus saine et plus fraîche de ce dernier côté: C'est évident, pour moi Périgourdin; pour mes deux compagnons, Charentais, l'un et l'autre, c'est l'inverse; et tous trois sommes de bonne foi ! C'est que, quoi que l'on dise et quoi que l'on fasse, le pays natal exerce sur nous un suprême attrait. Notre berceau, notre famille, notre maison, sont pour notre cœur un Eden qui lui paraît incomparable, et jamais il ne savoure délices plus grandes que, lorsque après une absence, même très-courte, il aperçoit poindre au loin le toit paternel. Donc, le bourg, *mon compatriote,* me semble réellement admirable avec ses deux routes, dont une mène à Périgueux, l'autre à Ribérac : ses petites rues tortueuses, son joli champ de foire, sa modeste halle, sa ceinture de gazons et de frais coteaux. Il s'y fait des transactions assez importantes en cercles, fromants et bétail, aux foires qui s'y tiennent le premier jeudi de chaque mois. Les hôtels n'y manquent pas et l'on a le plaisir d'y trouver quelquefois de l'imprévu. C'est ainsi que j'ai lu sur une enseigne que le sieur .... *tonsure* les chevaux ! Cette annonce a quelque peu refroidi mon enthousiasme et j'avoue qu'il ne s'est pas réchauffé par la vue de l'église que j'ai visitée. Le vaisseau, contemplé du dehors, n'a pas mauvaise apparence, mais quel dénûment à l'intérieur ! Une voûte en bois remplace celle en pierre qui a été, probablement, détruite en des jours mauvais, les murs verdissent sous l'humidité, l'aspect total est affligeant, malgré les soins très-visibles que prend pour cacher tant de misère le pasteur de la paroisse et sans doute aussi le conseil de fabrique. La commune est riche pourtant, et probablement, si l'on tentait un appel, on n'y resterait pas sourd. L'aide viendrait certainement de près. Je faisais ces réflexions en tournant autour de l'édifice et constatant combien il y avait de réparations urgentes à faire. Pendant que je me livrais à cet examen, une pluie d'or tombait sur ma tête ; c'étaient les vanneurs qui me l'envoyaient en pelletant leur froment pour le nettoyer, au lieu de le passer au tarare, et après l'avoir battu au fléau. Le perfectionnement agricole marche à pas lents, il n'est pas encore arrivé sur ce point. Espérons que, lorsqu'il y sera enfin parvenu, il s'y installera bel et bien. Du reste, il ne pourrait trouver asile plus riant. Les habitants sont fort préoccupés d'une question, en effet capitale pour eux et pour une large zone autour de leur territoire. Le chemin de fer d'Angoulême à Marmande doit passer à Laroche-Beaucourt. Par suite de cette décision, et surtout si la ligne peut aller à Mareuil, il sera facile de jeter un embranchement sur Brantôme, et la route, entre Angoulême et Périgueux, se trouvera remplacée par un rail-way qui la cotoiera. Ce sera un énorme avantage pour la contrée. Notre courrier dépose ses lettres et paquets au bureau de la poste, puis continue son trajet vers Mareuil en suivant un vallon ravissant qu'arrosent la Belle et la Nizonne qui, avant de se réunir, tracent mille méandres, à travers les prairies auxquelles il ne manque, pour être parfaites, que d'être un peu plus dégagées d'humidité. Sur la droite, les coteaux sont d'abord roides et boisés, d'abondantes sources jaillissent à leurs pieds, puis, après le joli manoir de Lasteyrie, élégante maison dominant la contrée et se faisant apercevoir au loin, les pentes s'adoucissent et se couvrent de cultures dont, malgré les intempéries de cet été, la vue produit un bon effet. Seulement, il est évident que le sol y manque un peu de profondeur, et les différences fréquentes de niveau s'opposent notamment à ce qu'on y introduise les grandes moissonneuses, mais la faux tout au moins pourrait et devrait y remplacer la faucille. Les attelages de bœufs et de vaches sont composés de beaux animaux qui, malheureusement, conduisent presque tous des charrues par trop primitives. Un peu plus loin, l'horizon s'agrandit, les versants s'inclinent mollement, forment presque plaine et la vigne reprend son empire, tandis qu'à la gauche, au bas des hauteurs, les prairies continuent toujours à régner, accompagnées parfois de terres arables. Bientôt des ruines imposantes, entourées de fossés pleins d'eau vive, qu'y conduit un ruisseau descendu d'un pli de terrain secondaire, se dressent à l'horizon ; la belle allée de magnifiques peupliers que l'on suit depuis huit kilomètres, fait place à des habitations, la voiture vient enfin d'atteindre Mareuil, but de son voyage, et d'où ce soir elle repartira pour emporter les dépêches à Angoulême. Suivons-la dans ce retour, et devant, dans un prochain récit, parler du chef-lieu de canton où son conducteur a touché barre, faisons-nous débarquer par elle sous la terrasse de Lasteyrie. Un chemin s'y soude à la route et à son entrée une voiture particulière nous attend. Après avoir serré la main à notre nouvel Automédon qui n'est autre qu'un jeune châtelain des environs, nous nous engageons sous son égide dans les prés fleuris, c'est-à-dire un peu trop ornés de panaches de plantes aquatiques, qui bordent la voie sur laquelle notre char rapide ferait voler la poussière, s'il y avait de la poussière à présent, mais la pluie l'a consolidée et en a fait une pâte liquide qui enduit nos roues et retarde un peu notre marche, sans la rendre trop lente pourtant. Nous sommes rentrés dans la Charente et passons sous les fenêtres du propriétaire d'un élégant castel commandant les alentours à la cime d'une éminence boisée. C'est la résidence de M. J. de Lasfond, un grand-veneur aux yeux de Dieu et des hommes, redouté des loups et des sangliers, et que béniraient les moutons et les pommes de terre, si la Providence leur eût donné de l'intelligence. Ce village que nous traversons, c'est Combier, auquel on a senti la nécessité de donner douze foires par an, ce qui, réuni aux douze de La Roche-Beaucourt, à celles de Charras, d'Hautefaye, de Mareuil et aux marchés hebdomadaires de cette dernière ville, forme un assez joli total de journées à perdre pour les cultivateurs et de bénédictions pour les cabaretiers. Du reste, les foires de Combier sont ce qu'elles peuvent être dans un pareil milieu, c'est-à-dire insignifiantes. On prétend que souvent on y voit, pour tout bétail, une vache étique, environnée de cinq à six paresseux. Le bourg n'a rien de remarquable par lui-même, son église vue du dehors paraît vulgaire, mais une forge importante dont les écluses retiennent parfois l'eau trop abondamment et submergent une grande étendue de prés à la ronde, lui donne de l'animation. Elle appartient à M. le prince de Béarn, et ses produits sont fort estimés. Le chemin qui la dessert et joint l'Angoumois au Périgord est assez mal entretenu. Pendant longtemps, on a laissé subsister, droit au milieu, presque sans rien qui pût empêcher d'y tomber, un puits banal fort dangereux, la nuit surtout. Je me souviens qu'à mon avant dernier voyage, j'en vis tout-à-coup sortir une vieille femme en guenilles. Si la Vérité émergeant du sien, et de plus en grand déshabillé, lui ressemble pour certaines personnes, je comprends qu'elle leur fasse fermer les yeux. On a comblé ce précipice et l'on n'a plus à craindre une chute digne de l'astrologue de la fable. Le sol, autour de nous, est d'une teinte grisâtre annonçant le mélange de l'argile et de la craie; il semble assez fertile dans le bas du coteau, mais un peu léger plus haut pour les végétaux qui doivent y souffrir de la chaleur. Le chemin monte doucement au moyen de nombreux zig-zags et de tous côtés nous voyons se dresser de véritables *menhirs*. Ce sont les bornes de la propriété de M. de Béarn, dont il est bien impossible, par suite de cette mesure, de méconnaître les limites. Tout-à-coup le terrain change de nature et de couleur. Il devient rouge clair, peu profond, mais assez gras sans l'être trop. Il paraît, comme

disent les paysans, *savoureux*, et, en effet, bien que le
rocher soit à peu de centimètres de la superficie de la couche
arable et l'affleure souvent, les plantes ont un air de vigueur
et de prospérité qui plaît. Les topinambours, les betteraves,
les vignes, les maïs s'étalent avec ampleur. Les pommes de
terre ne demanderaient pas mieux que d'en faire autant, mais,
comme partout cette année, les pauvrettes sont malades et
les porcs en sont attristés. La plaine se bifurque et se resserre, la Nizonne coule seule maintenant à notre droite, dans
son vallon frais, mais un peu marécageux, qu'animent de
bruyants moulins et qu'ombragent à gauche de grands bois,
vis-à-vis desquels, de l'autre côté des prés, se montrent les
tours d'Ambelle sur une hauteur. Nous avons en effet,
depuis un moment, traversé les Graulges, petit village
avec une église qui ne manque pas de style, mais
dont le faîte aurait besoin d'être reconstruit. C'est le cheflieu d'une circonscription communale; il s'y tient tous les
ans une foire très importante le jour de la Sainte Madeleine.
En pénétrant sur ses dépendances nous sommes revenus en
Périgord. On s'en aperçoit à la route qui est beaucoup mieux
construite et soignée. Nos compatriotes hospitaliers sont
toujours attentifs à faciliter aux étrangers les moyens de les
aborder. De mauvais plaisants pourraient peut-être prétendre que les visiteurs en sont heureux, trouvant ainsi la possibilité de fuir la Dordogne au plus vite. Par exemple !....
Lascaux, Lacombe défilent successivement devant nous avec
leurs vastes champs de sainfoin et de plantes diverses; Bellevue nous apparaît au loin au milieu des fourrés; ce ruisseau
parcourt une gorge qui conduit à Bretanges. Partout des
demeures où l'on est accueilli avec grâce, des exploitations
sagement dirigées. Au-dessus de ces pentes couvertes de
taillis vigoureux, sont des villages accrochés aux anfractuosités de la pierre, entourés de champs de céréales et de vignobles dont le produit mériterait d'être plus connu. Le fond de

la vallée pourrait fournir au bétail une alimentation des plus abondantes s'il était totalement assaini. Ce progrès, comme d'autres non moins nécessaires, se réalisera sans doute avant longtemps. La nuit tombe ; une longue et haute falaise se déroule à notre gauche, nous la tournons et arrivons en haut par un chemin qui décrit des courbes multipliées. On m'attend ; je suis accueilli comme un véritable père de famille. Je suis tout entier à ceux qui m'entourent, puis au repos. Plus tard je parlerai de ce lieu de halte et de ses intéressants environs. Pour le moment, mon grand voyage est fini.

II

*De Périgueux à Mareuil, par Lisle et La Tour-Blanche.
— Les bords de la Nizonne. — Excursion à Charras,
en Angoumois. — Rentrée en Périgord. — La Nizonne
supérieure. — Terre de Puychenil. — Cerclières et
fabrication d'eau-de-vie. — Retour à Périgueux, par
le Vieux-Mareuil, Brantôme et Château-l'Évêque.*

La plaine du Toulon, dont j'ai déjà dit quelques mots dans le récit de mon premier voyage, et que l'on rencontre de suite après avoir descendu la côte du Grand-Séminaire, ou bien en débouchant de la route qui passe devant l'ancien cimetière, était, il y a peu d'années, dans sa partie orientale, livrée à la charrue. Des colons partiaires y cultivaient un sol sableux, peu fertile et donnant d'assez minces revenus. Dans les derniers temps, une exploitation plus intelligente en avait su tirer un parti meilleur et des produits satisfaisants, plus fructueux pour le maitre, enrichissaient le métayer. Plus à l'ouest, le terrain humide et mouvant ne fournissait guère que des fourrages médiocres. Aujourd'hui, tout le côté sud de cette vallée se trouve occupé par les ateliers du chemin de fer et les dépendances de la gare, sauf de petites bandes situées le long de la route et que bordent de nombreuses maisons. Au nord, des rues ont été tracées, des constructions se sont élevées, et le jardinage s'est établi sur les fondrières et les champs où régnait la fougère ; il ne reste plus en grande exploitation qu'une lisière située aux pieds des tertres verdoyants que couvrent de nombreuses villas et que séparent d'étroits vallons hardiment franchis, d'une manière pittoresque, par les arches superposées conduisant à la ville les eaux qui l'abreuvent et la nettoient. C'est un faubourg déjà ; ce sera bientôt un quartier populeux et riche, quand on aura trouvé moyen de le débarrasser de l'humidité surabondante qui le rend encore quelque peu malsain.

Sur les accotements de la route s'alignent, de chaque côté, des mûriers blancs pour vers à soie. Ces arbres mal taillés et longtemps négligés, en butte aux exercices et aux attaques des enfants, n'en ont pas moins un aspect qui témoigne de leur vigueur. On a sous les yeux une preuve nouvelle que cette essence s'accommode parfaitement de notre sol et de notre climat. Le ruisseau du Toulon sort de plusieurs fontaines et d'un abîme dont la profondeur est ignorée, au pied d'une colline calcaire et bien boisée. Autour du gouffre dont les eaux servaient à mettre en mouvement un moulin, puis les machines hydrauliques qui élevaient l'eau de la plus abondante des sources sur les ponts aqueducs qui l'amènent à Périgueux, le sol tremble sous les pas ; il y a sans doute un étang inférieur. Ces réservoirs sont probablement les exutoires par lesquels reviennent au jour les eaux qui s'infiltrent dans les terres sur le parcours de ruisseaux ou de rivières éloignées. Une tradition, longtemps populaire, prétend que le Toulon a jailli sous un coup de lance de Charlemagne campé dans la plaine et qui manquait d'eau. N'avait-il pas cependant celle de l'Isle qui coule tout auprès? Le Toulon forme une belle nappe qui se déploie au milieu de prés et d'arbres verdoyants, alimente un lavoir considérable, passe sous la route, puis sous le chemin de fer, fait mouvoir les machines d'une importante manufacture de draps, d'une usine à plâtre, et va tomber dans l'Isle à côté du moulin de son nom, qui vient d'être acquis par la ville pour l'installation de nouvelles pompes mises en jeu par des moteurs puissants et destinées à assurer l'arrosage et une fourniture d'eau triple de celle qui existe actuellement, à Périgueux. Le parcours de ce ruisseau, qui reçoit, presque au sortir de terre, un petit affluent venant du vallon voisin par lequel passe le chemin d'Agonac, est à peine d'un peu plus de cent mètres. Dans ce trajet si court on voit qu'il rend d'éminents services. Ce ne sont pas toujours les plus longues existences qui sont le mieux remplies.

La route tourne à gauche, laissant à droite un tronçon qui conduisait par la montagne à Château-l'Évêque et dont la partie située en plaine est maintenant convertie en chemin de grande communication, que l'on voit se diriger au bas des hauteurs sur le sommet desquels se dressent plusieurs maisons de campagne et châteaux parmi lesquels on distingue les tours de celui de Borie-Petit, possession paternelle où vécut longtemps, en faisant le bien, l'avant dernier président de notre Société, qui lui doit sa réorganisation, l'honorable M. de Crémoux ; il est habité par ses enfants. On s'engage sous le chemin de fer, on arrive à la tuilerie monumentale de M. des Moulis, près de laquelle, à mi-côte, on voit une briqueterie plus ancienne, élégante, mais moins considérable et dont les feux sont utilisés par le même industriel. Nous sommes sur une corniche bordée d'un parapet d'où nous dominons le cours de l'Isle qui se ploie et se redéploie devant nous au milieu d'une charmante vallée. Voici à l'arrière plan Périgueux, qui fait dominé par la tour et les coupoles orientales de Saint-Front ; voici l'écluse bruyante du Toulon, précédée de l'autre côté par le monticule soutien des Izards, au-dessus desquels s'étagent des collines qui se prolongent vers le sud, nous offrant à l'est les sommets du Camp de César et d'Écorne-Bœuf, et au midi le rocher pittoresque de Salegourde, coupé et remanié par le pic pour assurer et rendre facile le passage de la route de Bordeaux. Voici Chamiers avec sa source énorme, sœur du Toulon, de l'autre côté de la rivière. Plus loin, c'est Marsac, avec sa fontaine intermittente, et le Chambon. Voici la ligne du chemin de fer de Périgueux à Coutras qui court déchirant les terres, traversant les prés: Voici de lourds bateaux de commerce qui montent avec lenteur traînés par des chevaux robustes, ou descendent avec facilité poussés par le courant. Des carrières, des champs cultivés, des bois touffus forment des gradins qui terminent à gauche de la rivière la perspective, tandis qu'à sa droite se déroule la plaine de Salegourde où fut longtemps la ferme-école. Les mûriers ont reparu ; nous les voyons se multiplier dans les terres ; M. Laforest, le propriétaire actuel du domaine, doit en tirer un bon revenu. Nous le félicitons de ne pas s'être laissé entraîner par le découragement, qui n'a porté que trop de personnes à détruire leurs plantations de ce genre après l'invasion de la maladie sur les vers à soie.

Déjà depuis un moment nous avons quitté la route d'Angoulême qui gagne Château-l'Evêque, dont il sera parlé plus loin, en suivant le vallon de la Beauronne-d'Agonac, qui baigne des prairies dont les possesseurs gagneraient beaucoup à les améliorer. Nous empruntons un instant le chemin de Ribérac, puis nous l'abandonnons pour gravir une pente qui nous conduit au haut du village de Chancelade, dont nous apercevons au-dessous de nous le couvent jadis renommé, maintenant demeure particulière, au parc mutilé par le passage du chemin de fer de Paris, son église et la gracieuse chapelle convertie en maison de paysan et si bien calcinée que l'on ne peut, assure-t-on, songer à la restaurer. Chancelade, bourg important, possède sur son territoire d'immenses carrières de pierre tendre exploitées partie à ciel ouvert, partie en chambres, et des produits desquelles il se fait une exportation très considérable, même pour des contrées éloignées. Le pays est bien cultivé, luzernes et froments sont de taille magnifique. Ah ! quelle montée ! le décor change ; aux prairies, aux jardins, succèdent des bois, aux plaines des gorges resserrées sur les flancs desquelles se dessinent des vignobles dont le vin n'est pas sans mérite. Plus haut, plus haut encore ! Le chemin de grande communication n° 2, se détache du nôtre et s'incline à travers les taillis pour gagner la Drône, près de laquelle nous le retrouverons. Montons toujours ! Enfin nous touchons au terme de cette ascension ; des bruyères, des semis de pins, quelques vignes peu vigoureuses sont à notre droite un peu plus haut que nous ; à gauche nous apercevons un étroit et gracieux vallon dans lequel coule un petit ruisseau que la vue suit vers le sud, où se montrent des villages et une trouée lumineuse qui n'est autre que la vallée de l'Isle. Pourquoi n'a-t-on pas suivi cette dernière jusqu'à l'entrée du sillon si frais que voici, qu'on aurait remonté en prenant les hauteurs en écharpe, en desservant Andrivaux, ancien chef-lieu de commune, dont l'église est malheureusement ruinée, et en allant passer à la porte de la jolie maison de campagne du général Pinoteau, située tout près vis-à-vis de nous ? Il y aurait eu plus d'utilité, moins de travail, et l'on n'aurait pas autant fatigué voyageurs, voitures et chevaux ; mais la voirie, je le répète et tout le monde le sait, est pleine de mystères pour les profanes.

Il nous faut, en conséquence, gagner le fond de la coupure traverser le cours d'eau et, péniblement, escalader le roide versant opposé, en contemplant les déclivités des tertres que travaille cependant le laboureur, et non sans succès. Ah ! nos campagnards ne sont pas des paresseux, comme on les en accuse souvent. Ils ne sont pas malhabiles non plus, car sur ces terrains abruptes et d'apparence assez ingrate, les récoltes ne paraissent pas trop chétives. Les châtaigniers se pressent autour de nous ; ils ont l'air de nous demander pourquoi l'on fait circuler une diligence au milieu d'eux, tandis qu'on aurait pu le faire ailleurs. Je ne sais trop que leur répondre. Pendant que je médite sur ce grave sujet, ils se précipitent le long d'un ravin qui s'ouvre auprès de nos roues, et des oasis cultivées commencent à se montrer sur la montagne que nous gravissons lentement. Elles se multiplient ; peu à peu le plateau se découvre, nous voyons une plaine haute ondulée, soigneusement mise en rapport et, à mesure que nous avançons, les produits deviennent plus abondants et souvent remarquables. Le village que nous traversons et qu'un pli de terrain partage en deux, est le chef-lieu de la commune de La Chapelle-Gonaguet, où l'agriculture est en honneur. Il y a de bons prés de côteaux, de bons sainfoins, des vignes qui n'ont pas mauvaise tournure, des arbres fruitiers, et j'entends dire que le froment y vient très-bien, de même que le tabac. Des puits, probablement des citernes, apparaissent : y a-t-il de l'eau de source à pareille élévation ? Ce serait fort heureux. Ce qui l'est encore davantage, c'est que La Chapelle se trouve dans le ressort du comice du St-Astier, l'un des plus anciens et des plus utiles du département, et qu'il possède deux hommes énergiques dont l'exemple a fait propager le progrès autour d'eux : M. le docteur Séguy, agriculteur très-habile, et M. Moras, qui, pour l'engraissement du bétail, craint peu de rivaux. Si l'on s'arrêtait encore, comme autrefois, à La Chapelle-Gonaguet, j'en profiterais pour faire une petite visite à ses environs immédiats, aller y voir les excellents effets d'un marnage bien compris, et apprendre à coup sûr beaucoup de choses sur les habitants du pays ; mais, au lieu d'une ration d'avoine, nos coursiers ne reçoivent que des encouragements verbaux énergiques accompagnés de coups de fouet, et nous emmènent au grand trot vers l'horizon où les attendent le repos, l'herbe fraîche, et, je pense, quelque profonde litière. Peu à peu le paysage s'assombrit, nous entrons de rechef dans les bois, et à peine y voyons-nous de temps à autre quelques lacunes où le grain vient remplacer les vieux arbres. Cependant on arrive à la fin de toutes choses, et peu après avoir dépassé la gracieuse campagne de M. Voyssière-Saint-Ange, dont les pins parasols ravivent en moi de chers souvenirs, nous nous trouvons surplomber une déchirure aux flancs arides qui, malgré les soins du possesseur du sol, ne semblent pas devoir répondre à ses désirs. Il est vrai que peut-être le fumier y manque un peu et qu'il y serait bien nécessaire. En avançant néanmoins, l'impression devient meilleure ; il arrive même un moment où vignes, sainfoins, arbres fruitiers et blés sont florissants, surtout au-dessus de nous. En avant, à peut-être cent mètres plus bas, s'étend une magnifique plaine, bordée de côteaux opulents ou pittoresques auxquels se suspendent de nombreux villages, tandis que le fond du tableau est d'un vert éblouissant sur lequel se détachent le ruban d'argent de la Drône, de gais ruisseaux, des maisons soit isolées, soit groupées, et, au premier plan, un gros bourg où deux ou trois routes viennent croiser la nôtre.

Lisle envoie, pour ainsi dire, plusieurs de ses maisons à notre avance. Ce petit faubourg escalade la colline avec un air riant que ne dément pas le gros de la place. Celle-ci est blanche, gentille, coquette, sans monuments bien remarquables. Sa situation est charmante ; la vie doit y être douce. On assure pourtant que sa population est quelque peu remuante et inquiète. L'homme n'est jamais content de sa position ; mais, au fond, je suis sûr qu'on est très-fier et très-heureux à Lisle de son pays, et ce n'est pas sans motif. J'ai l'idée qu'une brigade de gendarmerie, un bureau de poste, un autre de l'enregistrement n'y seraient pas mal placés. Cela viendra. Déjà l'on y trouve un percepteur ; il s'y tient de bons marchés chaque semaine, et, maintes fois l'année, de grasses foires y attirent foule de commerçants qui viennent y chercher d'excellent bétail. C'est, en un mot, une perle du canton de Brantôme, pays dont l'écrin ne manque pas de richesses. Nous changeons ici d'équipage, et pendant que nos chevaux vont se reposer, notre Automédon boit amplement un petit vin qui lui râcle agréablement le gosier et lui fait claquer la langue. Il en sera plus alerte encore à la riposte, et il faut bien qu'il se désaltère après avoir avalé grande quantité de poussière et adressé je ne sais combien de discours graves ou facétieux aux personnes qui stationnent autour de la voiture. Cela fait, nous repartons sans nous presser. Notre dignité ne nous permet pas l'emportement, et nos bêtes encore moins.

Pourtant elles s'animent, elles secouent leurs oreilles et leurs grelots, leurs jambes aussi ; nous marchons avec une vitesse très honnête, eu égard aux circonstances. Nous passons ainsi, fièrement, devant Lapeysie, attrayante résidence de l'un de nos collègues les plus justement appréciés, M. Léonce de Labrousse, maire de Lisle, que nous regrettons de ne pas avoir avec nous pour nous faire les honneurs de cette riche contrée qui lui doit tant. Nous distinguons ses vignes, ses luzernes, ses blés. Nous ne connaissons pas cependant les limites de sa propriété, mais, *à l'œuvre on connaît l'artisan.* L'intarissable ruisseau La Donzelle, qui vient de Bussac, se réunir à la Drône, est franchi, nous venons d'abandonner la route départementale de Ribérac à Thiviers que nous parcourions depuis Lisle ; nous rencontrons de nouveau le chemin de grande communication n° 2 et ne l'abandonnerons pas de longtemps. Avec lui nous traversons la Drône sur un pont de cinq arches. Elle n'est pourtant pas bien large, la mignonne rivière, mais je suppose que c'est pour faire honneur à l'art moderne et trancher du monument, qu'on a multiplié de cette manière les ouvertures, afin d'obtenir un certain effet grandiose à côté des restes d'un vieux pont romain, dont une pile, encore debout, nous considère avec insouciance circuler, portant fièrement sur son dos un arbre venu là de semis par hasard et qu'elle a pris en pitié. Que de générations se sont écoulées devant elle, combien en verra-t-elle peut-être encore disparaître après nous, avant de s'effondrer à son tour !

Nous allons toucher le sol du Ribéracois, car le pont d'Ambon, borne et joint, non deux états, comme celui de la Bidassoa, chanté par le poëte, mais deux arrondissements.

A ses deux extrémités, comme deux phares heureux pour nos populations, brillent des lumières agricoles. Nous sommes, en effet, à quelques kilomètres à peine, d'un côté de la ferme-école où M. de Lentilhac prépare pour nous tant d'habiles chefs de culture, et de l'autre, de la demeure de M. E. de Bellusière, l'ancien président du comice de Montagrier, le praticien expert, le guide sûr. Combien l'on aimerait à stationner sur ce coin de terre privilégié, à y recueillir d'utiles exemples et d'excellentes leçons ! Mais il faut marcher. En avant ! En avant ! Qu'on le veuille ou non, c'est la loi de la vie. Cet étroit vallon, c'est celui du Maine-d'Euche, coquet ruisseau qui fait mille détours. Les prés l'entourent et tapissent tout l'espace entre les deux rangs opposés de collines ; c'est joli ; par malheur, ils sont un peu trop fournis de joncs ; les hauteurs sont de faible élévation et très boisées sur notre gauche. Au sommet de l'une d'elles se déploie sous nos regards une vaste enceinte fortifiée, dont quelques parties paraissent encore assez complètes et qui renferme des bâtiments antiques, à l'apparence guerrière dans leur délabrement. C'est Marouatte, l'altier château si longtemps redouté, maintenant ruiné, des Rohan-Chabot, sur la porte d'entrée duquel son premier possesseur avait fait sculpter la représentation du combat fameux où son aïeul, Chabot, baron de Jarnac, vainquit La Châtaigneraie. L'orgueilleuse forteresse est tombée sous les coups de la révolution en 1793 ; elle appartenait naguère, m'a-t-on dit, à un modeste huissier de Ribérac qui vient de la revendre, assure-t-on, avec ce qui reste de ses anciennes dépendances. Bientôt, peut-être, ses derniers débris eux-mêmes ne seront plus. Marouatte à son tour, a reçu *le coup de Jarnac !* Dérision cruelle du sort ! Et notre pauvre France, n'a-t-elle pas elle-même été frappée soudain d'un coup inattendu qui l'a renversée dans la poussière ? Oh douleur ! nous avons vu ce spectacle ! Notre glorieuse patrie gît mutilée, piétinée par les barbares du Nord, qui l'ont meurtrie, s'emparant comme trophées, de deux de ses membres sanglants. A cette pensée, notre cœur se brise, s'indigne, se révolte. Arrière le fléau de Dieu ! L'expiation est complète, le calice est vidé jusqu'à la lie ! Relevons-nous et vengeance bientôt ! Vengeance ! Elle est assurée, car celui qui a frappé par le glaive périra par le glaive, et l'instrument de la Providence est rejeté loin d'elle, quand sa mission est accomplie. Debout ! Debout, ô mon pays ! tu ne périras pas ; le feu de la fournaise t'aura seulement purifié. Tu te relèveras plus éclatant que jamais. Puissé-je être témoin de cette rénovation et ne fermer mes yeux appesantis maintenant par l'âge, qu'après avoir salué l'éclat de tes rayons nouveaux, comme l'éphémère qui a vu coucher le soleil, qui a traversé la nuit obscure, et meurt heureux en contemplant une fois encore l'astre brillant qui les dissipe ! Sèche tes larmes, guéris tes plaies, chasse l'étranger ! hâte-toi, car je suis vieux et je veux te revoir grand, fort, respecté, sage et victorieux, avant de disparaître, enlevé par la loi commune.

Presque vis-à-vis Marouatte, adossé à des exhaussements plus faibles que le sien, et en culture, est le village de St-Vivien, dépendant maintenant de la commune de Peaussac et qui serait heureux de vivre de sa vie propre. Tout près la montagne s'entr'ouvre, pour laisser place à un ruisseau tributaire du Maine-d'Euche et qui y parvient à travers un bas-fond paradis de bécassines, marais fangeux dont l'aspect attriste. Ce lugubre affluent provient des environs de Léguilhac-de-Cercles. Je souhaite, pour les populations de cette commune, que la partie supérieure du cours de ce Styx soit moins sale et plus productive que la dernière à travers laquelle il se traîne avec lenteur. On a la fièvre d'ennui rien qu'en le contemplant. A gauche de la route, la perspective s'élargit un peu vers le village de Saint-Just, enclave du Chapdeuil ; mais à droite elle se rétrécit encore et le regard ne rencontre, de ce côté, que de sombres amalgames de blocs de pierre perçant un sol sec et nu. C'est sur cette plate-forme grise et tout-à-fait déplaisante que l'on aperçoit le squelette de l'ancien château de Saint-Just. Il n'en reste guère que des murailles ébréchées. L'endroit ne paraît pas avoir eu jamais une bien grande importance, et je suis sûr qu'on ne s'y amusait pas beaucoup au temps de sa plus grande fortune; une solitude pareille n'étant pas de nature à séduire et fixer la gaîté.

Le Maine d'Euche, que nous remontons toujours, est maintenant sur notre droite, aussi le paysage de ce côté va-t-il changer; la montagne s'éloigne, la prairie nous en sépare, et les pentes paraissent couvertes d'une assez vigoureuse végétation, au milieu de laquelle on découvre, à quelque distance de nous, le chef-lieu de la commune de Cercles. A gauche, au contraire, la colline s'est rapprochée et notre voiture l'effleure presque. Mais peu à peu l'horizon s'étend, l'hémicycle qui nous enserre prend plus de grâce en même temps que de développement, et, à l'improviste, nous voyons s'élancer au sommet d'un monticule en avant de nous, sur le ciel bleu une masse brune qui donne le nom de La Tour-Blanche au centre de population qui l'avoisine. Oui, ces grandes murailles noires ont été blanches dans leur temps, et nous, nos cheveux de noirs deviennent blancs en vieillissant. Voilà la différence; mais notre visage aussi s'assombrit sous l'accumulation des années; et que de *Roses*, que de *Blanches*, jadis jeunes filles si gracieuses, si dignes de ces appellations charmantes, ont, sous l'attouchement de l'impitoyable vieillard, vu disparaître leurs brillantes couleurs, tout en revêtant un caractère de dignité calme, comme cet antique manoir !

On pénètre à La Tour-Blanche entre un vieux donjon féodal et une caserne de gendarmerie. Ne dirait-on pas l'avenue d'un cachot ? En tous cas, ce serait une prison fort agréable, car la petite ville est dans une très jolie position, passablement bâtie, bien munie des choses essentielles à la vie, et compte dans son enceinte de ces honorables familles qu'on fréquente toujours avec charme, trouvant à la fois chez elles, probité, savoir, nobles traditions et accueil empressé. J'en sais qui s'y sont fait, au milieu de riants jardins, une délicieuse retraite où l'on rencontre tout ce qui peut attirer et retenir. Cependant, si l'on voulait contraindre à demeurer à La Tour-Blanche, ceux qui d'eux-mêmes y resteraient volontiers, ils ne pourraient plus y tenir, malgré toutes ses douceurs ; car Gresset l'a dit :

.....Dans les fers, loin d'un libre destin,
Tous les bonbons ne sont que chicotin.

Il s'agissait il est vrai d'un perroquet, mais ni plus ni moins qu'un *jacquot*, l'homme veut avoir ses coudées franches ; obligez-le à rester où il se fixerait avec empressement de lui-même et d'où il ne songerait pas à s'éloigner, il n'aura ni trêve ni repos jusqu'à ce qu'il ait trouvé le moyen de s'en échapper. Ce n'est pas là le seul point de ressemblance qu'il y ait entre l'oiseau jaseur et nous. Le perroquet est entêté, l'homme aussi ; bavard, l'homme aussi ; il parle à tort et à travers, répétant sans savoir ce qu'il dit ; les trois quarts des hommes en font autant ; à commencer par ceux qui accusent les autres d'ignorance et dont les 19 vingtièmes ne savent rien. Ne voilà-t-il pas une belle digression ! J'ai eu tout le loisir de la faire pendant l'absence de notre conducteur qui s'est perdu depuis un temps incommensurable, dans les profondeurs d'une auberge, où je l'entends qui disserte à bâtons rompus. Est-ce donc aujourd'hui marché ou foire à La Tour-Blanche, ce qui peut exciter la verve de notre conteur heureux d'être remarqué de la foule qui s'y presse ces jours-là ? Ou bien a-t-il affaire par devant le notaire du lieu ? Nullement. Va-t-il recevoir du bureau de poste de l'endroit un paquet attendu ? Pas davantage ; il se rafraîchit pour laisser le temps d'atteler une pataChe dans laquelle on nous entasse, et que va traîner un seul cheval. Enfin, le voilà qui lève notre écrou en levant une dernière fois le coude. Nous sommes repartis.

La route départementale de Verteillac à Nontron nous conduit dans de petits enfoncements de terrain très frais et pittoresques à l'origine du chemin de grande communication n° 24 par lequel nous obliquons à gauche. Nous nous élevons ensuite paisiblement jusqu'à La Chapelle-Montabourlet, dépendance de la commune de Cercles, qui presse dans d'étroites limites celle de La Tour-Blanche, tant au nord qu'à l'est. La Chapelle possède une église desservie par un succursaliste, et a ses réunions de frairies. Lorsque j'y passai, lors de mon avant-dernier voyage dans ces contrées, c'était le soir ; on célébrait la fête patronale ; des lumières, des tentes, étaient répandues le long de la route, la foule s'agitait sous l'œil vigilant de deux gendarmes ; on allait et venait, mais peu de bruit, peu d'entrain, on eût dit une réunion nombreuse d'ombres errantes. La gaieté n'était pas de la partie ; nous étions au milieu d'août 1870, nos revers avaient commencé déjà ; chacun était tristement préoccupé. Les nouvelles étaient attendues impatiemment. On les attendait bonnes, hélas ! mais sans oser trop s'en flatter, car la confiance absolue des premiers jours n'existait plus. Lorsque notre équipage parut, on l'entoura, mille questions ardentes se croisèrent ; notre guide, qui s'était muni d'une foule d'exemplaires de journaux qu'il distribuait depuis Périgueux avec largeur et bénéfice, épuisa ses emplettes en ce genre et suppléa, par ses discours, à l'insuffisance de son approvisionnement. On ne savait que peu de chose, à peu près rien, mais enfin on n'annonçait pas de nouveaux malheurs. Cette trêve dans l'infortune fut accueillie presque comme un heureux présage ; on parut moins triste et ne plus redouter de cruels désastres. Ils ne devaient arriver que trop vite ! Ah ! quels temps ! et depuis quels malheurs ! Quand donc la trace en sera-t-elle effacée ? La mémoire ne s'en perdra jamais ; puisse-t-elle nous profiter !

La plaine haute à laquelle on arrive après Montabourlet s'étend au loin, ridée, verdoyante et uniforme quant aux cultures. On y voit quelques bons blés, des sainfoins de belle venue, mais la vigne remplit presque tout le tableau. L'on y sent le voisinage de Goûts-Rossignols, un des grands crus du département, dont les vins généreux s'entreposent à La Tour-Blanche, à Verteillac et dans d'autres localités peu distantes, pour de là se répandre dans le sud-est du Périgord et dans le Limousin. Les vignobles paraissent travaillés avec soin, avec amour même, pour la plupart. Peut-être pourtant une taille mieux conduite, des cépages mieux choisis ne seraient-ils pas de trop dans ces parages. La terre convient bien d'ailleurs à cette branche de l'agriculture. Elle est calcaire, peu profonde et néanmoins assez riche pour l'arbrisseau de Noé, qui s'y trouve de la sorte parfaitement à sa place.

Cependant le sol se creuse : nous glissons dans une de ses anfractuosités ; une belle source d'où s'échappe un courant limpide est sous nos yeux, de nombreuses lavandières y plongent leur linge en chantant ; nous levons la tête et apercevons sur l'éminence un clocher autour duquel se montrent plusieurs maisons ; nous reconnaissons Saint-Pardoux réuni à Mareuil sous le rapport religieux et administratif. Dans ce pays, on le voit, les annexions sont de mode en petit, comme elles le sont ailleurs en grand, mais celles-ci ne font couler ni sang ni larmes, si peut-être elles donnent lieu parfois à des protocoles. En face de Saint-Pardoux, sur des rochers percés de grottes, qui sont le résultat d'excavations pratiquées pour l'extraction des pierres, s'étale un vieux château dont plusieurs grosses tours et quelques autres restes donnent une opinion avantageuse. Au milieu de ces reliques vénérables du temps passé et, en partie sur elles, reposent des bâtiments modernes qui ressemblent à des joujoux au milieu d'une construction de géants. Notre médiocrité ne gagne rien à se mettre en contact avec la majestueuse grandeur des siècles écoulés. Toujours poursuivis par l'onde sonore, de beaux herbages et de longues lignes d'arbres, nous nous trouvons engagés inopinément entre des habitations qui se rapprochent des deux côtés de la voie publique, finissent par se toucher en grimpant une pente assez forte, et, nous laissant voir d'autres lignes semblables, nous apprennent que nous allons sortir de la boîte roulante où nous sommes enfermés, puisque nous sommes enfin à Mareuil.

On s'arrête, en effet, on dételle le vieux cheval qu'accablait le poids de nos majestueuses corpulences, on décharge les bagages, nous disons adieu à notre obligeant conducteur, et allons jeter un coup-d'œil sur le chef-lieu de canton, honoré par notre arrivée. Il est très-agréablement placé sur un petit renflement qui sert de barrière aux deux bassins du cours d'eau de Saint-Pardoux et de la Belle qui se réunissent près de son extrémité, où le second de ces ruisseaux absorbe l'autre. Traversé par la grand'route de Périgueux à La Rochelle, par une route départementale, point de départ ou d'arrivée de deux chemins de grande communication, Mareuil, bien que comptant tout au plus 1,700 âmes et cinq ou six rues, est un lieu de transit et de commerce actif. Chaque semaine, il y a, le mardi, des marchés fréquentés qui, de temps à autre, suivant les saisons, redoublent d'importance, et en outre des foires considérables et fort bien achalandées. C'est un gîte d'étapes de premier rang, une cure de deuxième classe. On y trouve deux notaires, plusieurs médecins, une pharmacie, un juge de paix, une brigade de gendarmerie, un receveur de l'enregistrement, un bureau de poste, un percepteur, un hôpital, toutes les bénédictions du ciel ! Il y a également un bureau de télégraphie et plusieurs industries particulières, parmi lesquelles il faut citer les chantiers de M. Bazinet, le constructeur émérite de pressoirs et de machines hydrauliques. On y voyait naguère une halle assez spacieuse mais vieille, lourde et sale qu'il eût été fort à propos de remplacer par une construction nouvelle; en attendant on l'a jetée par terre et le commerce ambulant est sans abri. La place du marché peut servir de promenade; elle est gracieuse, mais elle aurait besoin d'être agrandie. L'église paroissiale est un vaste vaisseau qui, très-évidemment, souvent commencé sur de nouveaux plans, abandonné, puis repris, n'a jamais été terminé. Vers le sud il envoie au-delà de la porte d'entrée et de la tour carrée qui sert de clocher, en attendant que celui-ci soit refait, une pointe triangulaire qui renferme une chapelle. D'autres oratoires sont espacés sur le pourtour et bien décorés, sauf celui qui se trouve en entrant sous les cloches et où l'on voit une statue de Notre-Dame-des-Douleurs, d'un style naïf, avec accompagnement de glaives effrayants de formes et de dimensions, composant une singulière auréole, cachant leur sainte victime sous leur ombrage bizarre. Cette chapelle est voûtée en coupole byzantine, ce qui semblerait indiquer un projet d'édifice de même style, dont l'orientation aurait été différente de celle de celui d'aujourd'hui. Le maître-autel est placé contre le mur du fond, qui tient toute la largeur de la nef sans abside, ni semblant d'abside. Le chœur devait être fait plus tard, cela se voit; on en est resté là. Comme le grand autel ne peut, avec le sanctuaire, s'étendre sur un espace aussi considérable, on l'a flanqué à droite et à gauche de deux autres plus petits, de sorte que trois prêtres peuvent officier à la fois sur une même ligne. Des vitraux coloriés embellissent toutes les fenêtres, mais je voudrais qu'on remplaçât celui qui est censé représenter l'*Annonciation*. La figure et la pose de l'ange sont d'une vulgarité désespérante, et la Sainte-Vierge ressemble par trop à une grosse bergère bien commune. Au lieu d'imprimer le respect, ce tableau prétendu religieux impatiente. L'église est tenue très-proprement et d'une manière fort convenable. A l'ouest de la ville se trouve le vieux château des Talleyrand, assemblage de tours, de bâtiments et de remparts encore imposant dans son ensemble et qu'entourent de grands fossés remplis d'eau vive. Tout cela, ou à peu près tout cela, croule de la manière la plus triste. Cependant, au milieu de cet effondrement, quelques parties méritent d'être vues, notamment la chapelle ; et l'archéologue, l'ami du relief et des vieux souvenirs, ne peut s'empêcher de déplorer la dégradation profonde de ce fort qui reste majestueux dans sa misère, quand tant d'autres constructions, modernes surtout, sont ridicules dans leur prétentieuse jactance.

Les environs de Marcuil paraissent bien cultivés, quoique les prés qu'arrose la Belle soient un peu trop marécageux. Des curages faits avec soin dans le ruisseau diminuent cet inconvénient, mais d'une manière imparfaite encore ; il faudrait démolir quelques barrages, sans la disparition desquels l'amélioration ne sera jamais complète. Le sol arable n'est pas épais, mais la nature n'en semble pas mauvaise et l'on en obtient d'assez bonnes récoltes. Le comice, qui pendant plusieurs années a donné l'impulsion, a laissé d'heureuses impressions, il faut espérer qu'il renaîtra de ses cendres. On ramasse beaucoup de truffes aux environs et elles sont d'une qualité réelle.

Au fond d'une petite gorge herbeuse et que cotoie un chemin en bon état, passant devant le domaine remarquable de M. Jauvinaud, se cache Sainte-Croix, entre l'ancienne et la nouvelle route d'Angoulême. Une modeste église, précédée d'une petite place ombragée par de beaux arbres, un presbytère calme et retiré, une maison de campagne avec de vastes offices et où l'on trouve toujours bon visage d'hôte, voilà toute la bourgade qu'enserrent à l'est et au nord deux vallons étroits où des fontaines forment des ruisselets courant à travers les prés bordés par des collines bien travaillées, tandisqu'à l'ouest et au sud le terrain s'élève et, sillonné par quanlité de voies rurales, montre de nombreux bâtiments d'habitation et d'exploitation, quelquefois dispersés, souvent réunis en hameaux ou petits villages. Les blés, les sainfoins et les vignes s'y succèdent avec bonne réussite d'abord, puis le sol devenant de moins en moins profond, la vigne gagne et finit par régner en maîtresse, ce dont il ne faut pas se plaindre, car elle donne de bons produits. A son tour elle disparaît et toute végétation semble s'arrêter.

On est alors sur une éminence au sommet aplati, avec quelques mouvements de dépression et de relief, où l'œil attristé ne voit devant lui qu'une terre rougeâtre à travers laquelle percent à chaque instant des dents de rocher et qui a si peu d'épaisseur, en général, au-dessus du banc de pierre qu'elle recouvre, que la bruyère elle-même n'y peut croître et que seul le genévrier rampant y pousse quelques tiges rabougries. Ce vaste espace désert et silencieux se nomme Les Plaines d'Argentine, du nom d'un petit bourg qui se penche au-dessous de lui vers l'ouest, dominant une vallée riante. Au milieu de cette affreuse banlieue qui serait pourtant, grâce à ses bancs immenses de pierre tendre à bâtir, une source de richesses si elle se trouvait à portée d'une grande ville, un maître d'hôtel de Mareuil avait entrepris de créer un domaine de rapport et d'agrément. Il avait donc acheté, sur une pente, dans l'endroit le plus sauvage, quelques hectares de terre dont l'acquisition n'avait pas dû lui coûter beaucoup, mais dont l'exploitation n'a pas été probablement sans exiger de fortes dépenses. Il l'avait enclos de murs, avait défoncé le sol en arrachant de ses entrailles de gros blocs dont il s'était servi pour former l'enceinte, y avait établi des plantations et serait certainement parvenu à retirer quelques revenus, peut-être appréciables, de sa laborieuse entreprise, à laquelle il consacrait tous ses loisirs, si la mort n'était venue brusquement l'enlever. Avec lui son œuvre est tombée et la plupart des dépenses faites sont, par suite de l'inachèvement des travaux, restées improductives. Car il en est toujours ainsi ; ce qu'on a commencé il faut le finir, sous peine d'avoir inutilement et coûteusement opéré. Voilà pourquoi la prudence est si nécessaire en améliorations agricoles plus qu'en toute autre chose. Elles sont, en général, dispendieuses, délicates, et ne paient les efforts que l'on a déployés dans leur accomplissement qu'après un laps de temps considérable, et à condition encore qu'on ne se soit pas découragé, qu'on y ait appliqué de sages procédés et des fonds suffisants. Il est indispensable, lorsqu'on les tente, d'être persévérant, observateur et muni d'assez de capitaux pour pouvoir attendre sans dommage le moment où la rémunération arrive enfin, pour ceux qui ont su, patiemment et avec une vigilance éclairée, avancer sans se lasser, sans se laisser entraîner à des dépenses exagérées ou bien à un désespoir trop prompt qui ne manquerait pas d'amener une débâcle. Heureux donc en agriculture les hommes jeunes, fermes, possesseurs de ressources disponibles proportionnées à leur tâche, doués d'un coup-d'œil sûr et sur lesquels l'utopie fallacieuse ne saurait prévaloir. La Fortune les attend au bout de l'épreuve, la corne d'abondance à la main.

On vient, par bonheur, après de longs pourparlers et des hésitations nombreuses, de décider la création d'un chemin de fer qui, se dirigeant d'Angoulême à Marmande, passera près de La Roche-Beaucourt et y aura une gare avant de gagner Gouts, Verteillac, Ribérac, Mussidan, Bergerac et le Midi. Grâce à cette ligne, les tristes plaines d'Argentine pourront devenir un vrai trésor pour leurs possesseurs, alors, en effet, les magnifiques pierres de taille qui constituent leur charpente en masses considérables, trouveront un débouché certain et seront à coup sûr exploitées avec empressement. Cette voie sera de plus fort avantageuse pour Mareuil, qui verra par elle ses produits, actuellement un peu délaissés parce qu'ils sont loin, relativement, des places fréquentées par le commerce, sensiblement rapprochés des centres d'achat et de consommation. Je voudrais même mieux. Il me semble qu'il y aurait, à tous les points de vue, bénéfice à faire arriver le chemin de la Nizonne au chef-lieu de canton, pour le conduire ensuite à Goûts, etc. Le détour serait minime, inappréciable à peu près pour les voyageurs, et l'on y gagnerait de desservir plus directement des communes, où vins, bois et bestiaux ne manqueraient pas pour le transport, de faciliter de cette manière la construction d'un embranchement sur Brantôme, reliant ainsi le rail-way de Montour à celui de Nontron à Périgueux, et ouvrant une communication directe entre l'Océan et la Méditerranée, entre l'ouest et l'est de la France. Que si l'on poussait la ligne du Bandiat à l'Isle plus loin que cette dernière rivière, en construisant une station sur le plateau de Saint-Georges à Périgueux et en descendant tout droit de cette ville sur Bergerac, par Notre-Dame et Vergt, on arriverait à donner au sud une nouvelle issue sur Paris, et à se placer, dans le chef-lieu de la Dordogne, de manière à commander le tronçon futur de cette cité sur Saint-Yrieix par les vallées de l'Isle et de la Loue. Ce sont-là des vues dignes de fixer l'attention publique et celle des entrepreneurs en particulier. Seule, une compagnie puissante pourrait peut-être leur être hostile, dans le but de sauvegarder son intérêt spécial, mais celui-ci, quelque respectable qu'il soit, n'a pas le droit de prévaloir sur l'intérêt commun.

De retour à Mareuil, j'ai pris, pour regagner le gîte où ma vieillesse s'abrite de temps à autre, s'y réchauffant au soleil sous l'influence bienfaisante de l'exposition méridionale, la route qui conduit à Charras. Elle monte d'abord au milieu de côteaux couverts de culture, mais où la terre paraît médiocre, et, il faut le dire, peu soignée ; de vignes assez mal tenues, sans doute parce que, l'état de l'atmosphère, cette année, n'a pas permis de leur prodiguer les façons indispensables, jusqu'au tournant où commence l'avenue du château d'Ambelle. A partir de cet endroit, le terrain s'améliore et semble mieux travaillé. Le versant conduit du côté de la Nizonne, et bientôt nous sommes au milieu des vignobles de Lascaud, appartenant à M. Descourades. Ils sont assez bien fournis de raisins, quoique sans excès, mais au milieu d'eux se distingue un enclos, cultivé, nous dit-on, d'après le système préconisé par M. Dumas, de Bergerac. Là, chaque cep ploie sous la masse des grappes, et je remarque que celles-ci paraissent assez uniformément mûres. Ce carré doit avoir contribué largement au rendement de 700 barriques accusé pour 1875, par le propriétaire (y compris ce qui revient aux colons), pour l'ensemble de ses vignes, dont la plus grande quantité, d'ailleurs, est située vers Goûts-Rossignol, à quelques lieues d'ici. Nous allons frapper à la porte de Lacombe, dont j'ai parlé dans une relation précédente ; nous descendons sur les bords du courant et, un instant après, me voilà de retour au milieu de mes pénates provisoires. De cet observatoire, mon regard embrasse le cours de la petite rivière qui passe à mes pieds en baignant une étroite vallée couverte de prairies, dont les plus près de moi sont encore trop marécageuses. Il y a peu d'années, toutes ne formaient, pour ainsi dire, qu'une vaste superficie bourbeuse accompagnant les méandres de l'eau pendant plusieurs lieues de chaque côté. Par bonheur, un syndicat s'est formé ; grâce à ses soins intelligents, le niveau de la Nizonne a été baissé sur une assez grande longueur, et du foin très-présentable remplace sur plusieurs kilomètres de développement les mauvaises herbes aquatiques du sein desquelles montaient des miasmes délétères. Le moulin d'Ancors arrêtait encore l'assainissement complet d'une partie de cette fondrière, mais il vient d'être réglé, son barrage a été sensiblement diminué d'élévation, et, par suite de ce simple changement de régime de l'usine, dont la force motrice n'a pas perdu, un nouveau système de mise en mouvement de ses rouages ayant paré à cet inconvénient redouté, déjà plusieurs portions du cirque fournissent du fourrage aux métayers. Le reste encore noyé est exploité par des cultivateurs qui viennent y chercher de la litière pour leur bétail ; mais dès que les fossés où s'épanchent les eaux de deux ou trois fontaines allant rejoindre le ruisseau, seront nettoyés convenablement, nous verrons s'y produire le même phénomène d'assèchement. Cela ne tardera pas. Ajoutons que les prairies supérieures gagneront grandement encore si l'on démolit et reconstruit rationnellement le pont du Rateau, simple aqueduc à conduits beaucoup trop bas et trop étroits, qui ne peut suffire au débit des eaux et forme, pendant les inondations et les moindres débordements, un barrage contre lequel viennent s'amonceler une foule de détritus de tout genre et des masses de joncs qui obstruent le passage et forcent le courant à refluer en arrière. Le syndicat insiste pour le remplacement de cet ouvrage d'art par un autre moins défectueux. On paraît disposé à faire droit à cette légitime demande. Espérons qu'on dotera le nouveau moyen de communication d'un parapet, pouvant donner sécurité aux voyageurs pendant la nuit et empêcher les accidents de dégénérer en noyades. Cela fait, tout ne sera pas terminé. Le fond du vallon étant très-plat et la rivière y faisant des détours en foule, il en résulte que l'écoulement y est à peu près insensible et que, par suite, les curages doivent, pour garantir les prairies de l'envahissement des eaux stagnantes, y être répétés à des intervalles très-rapprochés, ce qui devient onéreux pour les propriétaires. Il faudrait donc rectifier le lit de la Nizonne, en le creusant en ligne droite, ce qui donnerait plus de rapidité à son cours en augmentant la pente ; on devrait ensuite répandre sur les prés des terres prises au bas des coteaux, de manière à élever un peu le sol, et, pour assurer l'arrosement de celui-ci lorsque cette mesure serait utile, placer de distance en distance, dans le canal, des vannes que l'on ouvrirait ou fermerait au besoin.

Riche en brochets qui se cachent dans ses trop nombreux roseaux, et, en autres poissons, de ceux qui sont propres aux rivières à fond vaseux et à marche paisible, la Nizonne en aurait plus encore, si les arrêtés protecteurs de la population fluviale étaient respectés davantage ; mais elle est pêchée en tous temps et à outrance, par des bandes de maraudeurs. Elle se déroule, décrivant du nord-est au sud-ouest un vaste fer à cheval qui permet d'apercevoir par les issues qu'elle se fraye à l'horizon, d'un côté le château de La Faye à son entrée, de l'autre, les environs de Combiers, dans la Charente, à sa sortie. Du premier de ces points à l'autre, on ne compte pas moins de huit moulins à blé, plus d'un par kilomètre, sans compter la forge devant laquelle elle reçoit la Belle. C'est trop, réellement, et l'on ne saurait s'étonner de la nonchalance de ses mouvements et de la difficulté de soustraire sa plaine à l'influence fâcheuse d'une humidité surabondante. Des collines rapprochées enserrent du reste son domaine dans d'étroites limites. Les hauteurs situées vis-à-vis moi, dans l'intérieur du segment de cercle circonscrit par le lit du peu turbulent affluent de la Drône, montent, étage par étage, jusqu'à la route de Mareuil à Nontron, bordée de grands peupliers dentelant le ciel à une élévation assez considérable. L'ensemble de ces mamelons, contreforts de la ligne limite du bassin, présente un vaste plan fortement incliné, mouvementé, parsemé d'habitations isolées, de hameaux, et vers le tiers de la hauteur duquel, à l'occident, est bâti le château de Bellevue, propriété de Mme de Livron, dont le père, M. Ferdinand de Galard, fut maire de sa commune, conseiller général, président du comice de Mareuil et de la Société hippique départementale de la Dordogne. Auprès de Bellevue est un village, chef-lieu de commune, Puyrenier, sans importance et dépourvu de maison d'école. Sa modeste église a le titre de chapelle vicariale et est desservie par le succursaliste de Saint-Sulpice, dont l'instituteur instruit aussi les enfants de cette section. Des bois, des cultures diverses, couvrent les éminences et les plis de terrain. L'aspect des parcelles destinées à chaque espèce de produit, démontre, par leur morcellement, leurs surfaces remplies d'inégalités, leur enchevêtrement, leur sol mince, que l'emploi du labourage à vapeur, de divers instruments recommandables, mais qui demandent, pour agir efficacement, une plaine unie ayant de grandes proportions, une terre facilement perméable à plus de quarante ou même cinquante centimètres, ne saurait être, sur cette écorce raboteuse et bigarrée, fructueusement mis en usage. Mais il est des outils abréviateurs, des modes d'assolement et des sortes de travaux qui doivent y conduire à de bons résultats. Des améliorations véritables s'y manifestent, du reste, et le mouvement en avant, favorisé par l'intérêt, ne peut que s'accroître dans ce pâté montagneux comme ailleurs. Le chemin de grande communication n° 25, de Mareuil à Javerlhac, parti du pont du Rateau, près duquel il se confond un instant avec celui de La Roche-Beaucourt à Nontron, monte de paliers en paliers, de lacets en lacets, au milieu de ces hauteurs, jusqu'aux dernières crêtes où il s'unit à la route de Mareuil à Nontron, vers Croix-d'Agneau. L'on donne ce dernier nom à un point près duquel la tradition suppose qu'un agneau d'or a été profondément enfoui dans les entrailles de la terre à une époque reculée. Il n'est pas besoin de dire que toutes les recherches faites pour retrouver ce précieux dépôt, ont été parfaitement inutiles. Pourtant, il est vrai d'assurer qu'en cet endroit, comme en beaucoup d'autres, un trésor est caché. Le travail intelligent peut l'en extraire sous forme d'abondantes récoltes : il suffirait, pour cela, de mettre en pratique la parole du sage et d'agir comme le conseille le bon Lafontaine, lorsqu'il s'écrie en forme de morale, à la fin d'un de ses plus charmants apologues :

> Travaillez, prenez de la peine,
> C'est le fonds qui manque le moins.

Malheureusement, au lieu de cela, l'on préfère, sur le plateau, se croiser les bras, et l'on n'y voit que landes, vouées à la bruyère, à la fougère, aux joncs et autres plantes de cette nature. Il est vrai que leurs propriétaires en tirent un parti relativement assez bon, en vendant ces produits spontanés comme litière à Mareuil, où ils sont payés jusqu'à 12 fr. la charretée, rendue chez l'acheteur. A première vue, les ressources ainsi réalisées paraissent importantes, mais si l'on calcule les frais de fauchage, de dessiccation, de chargement, de conduite, de déchargement, la perte de temps nécessitée par les charrois, on arrive à découvrir que ces 12 fr. n'en rapportent, en dernière analyse, pas plus de 4, et si l'on songe que l'on ne peut obtenir guère plus de 15 voiturées, par hectare fauchable, une seule fois tous les trois ans, on s'aperçoit bien vite que l'hectare ne met pas, pour chaque exercice, plus de 20 fr. dans la bourse de son possesseur. C'est mieux que rien, sans doute, mais c'est fort peu. Sans grande peine l'on doit obtenir mieux. Des essais ont été faits dans ce sens, mais soit par une raison, soit par une autre, les tentatives de culture, même en vignes, ne paraissent pas, jusqu'à présent, avoir, en ce lieu, très-bien réussi. Je crois que ce qui serait le plus rationnel, serait de boiser ce désert. La production des plantes propres à la litière n'en souffrirait pas beaucoup dans les conditions ordinaires et celle des arbres donnerait un surplus de contingent pécuniaire fort digne de considération. Que, si, par hasard, les taillis devenaient trop épais pour qu'aucune végétation pût s'établir ou se maintenir à leur ombre, les bénéfices qu'on retirerait de leur exploitation dédommageraient amplement de cette perte.

Sur ce sommet, en arrivant de la rivière, on a devant soi, droit vis-à-vis, un chemin qui mène au Vieux-Mareuil, et qui, une fois terminé, sera fort avantageux pour les voyageurs désireux de se porter de l'est vers le canton de Monbron, en

Angoumois. A droite, la route descend d'abord le long d'un penchant qui se dessine entre des propriétés où l'on voit d'assez jolies promesses de récoltes, puis bientôt par une corniche fortement déclive qu'il a fallu, sur la gauche, protéger par des murs de soutènement au bord d'une dépression dans laquelle des sources donnent naissance à un filet d'eau qui se trace un sillon de moins en moins étroit. On me fait remarquer un groupe de maisons formant un hameau, dont l'un des habitants, désespéré de voir il y a deux ou trois ans la fontaine à laquelle il allait puiser quotidiennement, entièrement tarie par la chaleur, se pendit de désespoir à moins d'un quart d'heure de la Belle, qui reçoit au bas de la colline ce petit affluent et baigne de bons prés à la porte de Mareuil, où l'on arrive après avoir passé le ruisseau sur un pont d'où l'on découvre la plus grande partie de la ville et son vieux château. A gauche de Croix-d'Agneau la route monte au contraire encore un peu, puis s'infléchit vers Saint-Sulpice et va raser le pied du tertre que domine le château de La Faye, qui commande une exploitation territoriale des plus étendues du pays. Après avoir ainsi inspecté les alentours dans trois directions, si l'on se retourne, pour redescendre du haut de la chaîne dans la vallée, on jouit de la vue d'un panorama des plus dignes de fixer l'attention. Au loin, au-delà de l'eau, sont semés des villages, des demeures féodales, de nombreuses maisons de campagne, des murs sombres de vétusté, de récentes constructions d'une blancheur éclatante, de toutes parts et jusque sur les plus hautes élévations des crêtes bizarres qui forment le cadre du tableau. Sur un point plus rapproché l'on distingue, à la tête d'une vallée secondaire constituée par la réunion de rides qui recèlent des eaux courantes, le château de Connezac, posé sur une éminence s'avançant entre un ravin ondulé et une gorge aux flancs de laquelle on ouvre le chemin qui doit conduire à la station de Javerlhac. La terre dont il est le centre appartient à M. L. de Galard, dont les services agricoles sont connus au loin. Des défrichements, des nivellements, de grandes opérations de drainage ont assuré la fertilité de sols qui paraissaient improductifs. Des plantations de vignes, le meilleur entretien des bois, la création de prairies ont accru sensiblement la somme des revenus; l'augmentation du bétail, le bon agencement des constructions, un plus complet assortiment d'outils ont été le couronnement de l'œuvre, qui a mérité à l'honorable propriétaire des médailles d'argent au concours régional et au concours départemental, pour la sage direction des domaines. Les animaux et les produits présentés à diverses expositions ont en outre valu de hautes récompenses à ce zélé praticien. L'une des principales sources des bénéfices acquis a été le topinambour, introduit, propagé, maintenu sur une grande échelle et qui a permis l'alimentation d'une masse considérable de bêtes à cornes et autres, valant, par suite, une grande abondance de fumier et un fort surcroît de rendements en foins, céréales et racines. Son travail complété, M. de Galard, le dépouillant de la gangue de luxe qu'il avait d'abord adoptée, a concentré principalement et avec sagacité son action sur les denrées et les races animales les plus utiles dans la contrée et qui, y étant indigènes, une fois perfectionnées par des soins judicieux, y donnent le plus de revenus nets et vrais sans que la perfection de l'entreprise en souffre, au contraire. Depuis il a, voyant l'âge s'avancer et sa santé décliner, pris le parti d'affermer ses métairies, ne gardant sous son impulsion directe qu'un jardin et le terrain nécessaire à l'alimentation de quelques vaches bretonnes dont le beurre est justement réputé sur la place de Nontron, où il approvisionne un hôtel cher aux gourmets, qui s'inclinent en prononçant avec respect le nom fameux de Morelon. A quelques cents mètres au-dessus de Connezac, est un domaine appartenant à l'un des gendres de M. de Moneys, M. le comte de Rolland; ferme où l'on voit une grange digne, assure-t-on, d'être citée comme modèle. Non loin de là s'étendent d'épais halliers chers aux bêtes fauves qui ne peuvent guère y être troublées dans leur retraite, et auxquelles les cultivateurs du voisinage paient très-involontairement chaque année un fort tribut en volailles et moutons. De l'autre côté, presque vis-à-vis Connezac, une élévation rocheuse est couronnée par Montchoisy, maison de campagne appartenant à M. de Maillard. Ses dépendances ont été morcelées à la suite d'un arrangement de famille, et c'est fâcheux, car elles avaient été l'objet d'améliorations importantes. Dans la partie basse notamment, des champs auparavant réputés stériles sont devenus fertiles, grâce à un drainage bien compris. La vigne se plaît grandement sur les hauteurs avoisinantes et y donne des vins abondants.

Beaussac, dont dépend administrativement Montchoisy, se développe au bas du coteau voisin, sur le flanc duquel un groupe de ses maisons s'élance, couvrant une partie du contrefort qui le presse. Son clocher en pierres grises, ses habitations de même teinte s'harmonisent avec le ton rocailleux de l'élévation contre laquelle il s'appuie et lui donnent dans le paysage un ton singulièrement mélancolique, au milieu des grands arbres du bas fond et qui n'est pas sans attrait. Naguère sa circonscription municipale n'avait point d'école, son cimetière était étroit et insuffisant, son presbytère délabré. Maintenant, par les soins d'une administration attentive et prudente, tout a changé. L'asile du pasteur se consolide et s'améliore, le champ du repos est placé plus loin du bourg, sans en être trop distant, et occupe une superficie convenable; une école de filles est établie dans le bas du village, tandis que celle des garçons, située sur la plate-forme de sa partie haute, domine tous les environs et s'aperçoit au loin, grande et salubrement aérée. L'église, de proportions bien entendues à l'extérieur, offre à l'intérieur une nef voûtée en plein cintre, supportée par d'énormes piliers qui la séparent de bas-côtés formés par des arcs à nervures partis de pilastres engagés dans la maçonnerie de l'enceinte ; les fenêtres latérales sont étroites, mais celle de l'abside, ornée d'un beau vitrail, et la rosace en verres peints qui surmonte le portail ouvert à l'ouest donnent assez de jour pour que tout le dedans soit parfaitement éclairé. Cet édifice, dans l'ensemble, bien qu'un peu lourd, est d'un bon effet et ne manque pas de cachet. Malheureusement il est, au nord, rendu fort humide par le coteau, ce qui détériore ses murailles de ce côté. Sa porte méridionale, fort humble, débouche sur une vaste et belle place. Beaussac, en un mot, est digne du rôle réellement considérable qu'il joue dans la contrée, où il est le chef-lieu spirituel et scolaire d'un rayon étendu, Connezac, tout en appartenant au canton de Nontron, lui étant uni, de même qu'une portion de Ladosse, sous le rapport religieux, et ces deux communes envoyant à son maître de jeunes garçons et à ses sœurs institutrices la plupart de leurs enfants, leurs écoles étant situées en dehors, et fort loin, des localités, dont ces circonscriptions portent le nom. Le vénérable prêtre qui dirige la paroisse, M. l'abbé Joulier, exerce ses importantes et laborieuses fonctions depuis plus de trente ans. Il est seul pour desservir de nombreux centres et une foule d'habitations particulières répandues sur une surface de plus de deux lieues carrées, partagées entre trois mairies. C'est dire que son travail est écrasant, sa tâche immense. A pareil labeur, on ne peut suffire que par l'effet d'un zèle constant, d'un dévouement profond à sa noble mission ; aussi ne peut-on trop honorer le vieillard intrépide qui ne recule devant aucun obstacle à son âge, en présence d'un fardeau pareil et qui récemment avait, pour surcroit, la charge de la paroisse des Graulges.

C'est à Beaussac que les routes de La Roche-Beaucourt à Nontron, et de Mareuil à Javerlhac, unies depuis le pont du Rateau, cette erreur de l'administration de la petite voirie, se détachent l'une de l'autre. La première va passer sous Connezac, la seconde traversant le vallon, y reçoit un embranchement conduisant à Ladosse, puis montant avec une pente assez forte, gagne, après avoir coupé des terrains maigres où l'on trouve, mais pas en assez grande quantité, des sainfoins et des topinambours, et dont les propriétaires ont tort de faire succéder le froment au maïs, le village de la Coutaudie, d'où s'échappe un ruisselet tombant d'une source abondante, passe devant le manoir de Bellussière, autour duquel de belles récoltes sont dues aux soins vigilants de son possesseur, chef de la maison ancienne et respectée auquel cette demeure seigneuriale a donné son nom, laisse sur la droite et quelque peu plus bas le château pittoresque et ruiné des Combes, appartenant à M. E. de Bellussière, et bâti, dit-on, par le fameux Barberousse, né, suivant la tradition périgourdine, non loin de là, à Bernadière ; s'engageant ensuite dans des sols peu fertiles et négligés, elle atteint le plateau que couvrent des bois et quelques vignes, puis rejoint sur la crête du faîte séparatif des bassins du Bandiat et de la Dronne, la route de Mareuil à Nontron. De retour à Beaussac, et tout-à-fait à la sortie de ce bourg, vers le sud-ouest, on trouve une belle source provenant d'un réservoir, dont, dans les grottes situées au-dessus, on peut suivre les ramifications ; cette fontaine alimente un lavoir où, presque sans cesse, les battoirs et les langues des blanchisseuses font retentir l'air à qui mieux mieux. Son débit est considérable, et bientôt son contingent, grossi de tout ce qui vient des terroirs voisins, forme un ruisseau qui donne son nom à la vallée qu'il arrose et qui s'est élargie sensiblement depuis Connezac. Naguère, sur ses bords s'étendait un noir et infect marais, où croassaient des milliards de grenouilles, dont les cris discordants formaient soir et matin un concert indescriptible. Les travaux exécutés sur la rivière voisine par le syndicat, dégageant la plus grande partie des prairies situées près du village et au nord-ouest, de la submersion continuelle qui les rendait infécondes et malsaines, permettent d'en retirer aujourd'hui des foins passables qui deviendront excellents le jour où, par des curages plus complets et des amendements appropriés, on aura fait disparaître la presle et autres herbes de mauvaise qualité que l'on y trouve encore. Au sud-est, le long d'une croupe calcaire à terrain peu profond, sur laquelle s'élève le bourg de Ladosse, chef-lieu d'une commune sans temple, sans cimetière, dont l'école est fort éloignée, dont le territoire, bande longue et étroite, se trouve resserré entre deux autres qui devraient, ce me semble, se le partager, et qui pourtant possède deux foires à son extrémité orientale, les fondrières persistent au bas de la berge, et bien des hectares sont à peu près perdus pour la production, par la faute de leurs possesseurs. Vis-à-vis, et ce devrait être une leçon, on retire, comme il vient d'être dit, des revenus déjà satisfaisants, de longes non moins malheureuses auparavant, mais, il est vrai, plus hautes et plus inclinées au pied de rochers étranges qui bordent la voie publique, tous crevassés, déchirés, couronnés d'arbres, de vignes et de cultures variées. Il faudrait donc, vers Ladosse, baisser encore le niveau de l'eau.

Au bout de quelques centaines de mètres on retrouve la Nizonne, qui reçoit sur sa droite le ruisseau de Beaussac, peu après que l'on a vu se dresser au-dessus de soi le singulier amalgame de blocs superposés, auquel le public a décerné le nom de Polyphème, croyant y reconnaître le profil d'une tête de cyclope. Ici la rivière est, depuis le château de la Vergne, bordée au nord-est de pelouses presque dépourvues de végétation, descendant jusqu'au bas de la vallée près du ruisseau de Beaussac. Elles traversent alors cet affluent, et vont au-delà de sa petite plaine former plateau, au-dessus d'un banc calcaire dans une fissure duquel existe un bassin que la superstition populaire prétend être plein, les jours de grande fête seulement, d'une eau limpide, entourée de fleurs, et possédant la vertu de guérir de mille maux. Aussi dès l'aurore, ces jours-là, y voit-on accourir des centaines de personnes dont plusieurs conduisent des mulets et jusqu'à des chariots chargés de barriques pour recueillir le liquide sauveur. Ces pelouses, où croissent, surtout au nord, quelques buis et quelques arbres, sont sans cesse parcourus par des moutons qui rasent continuellement leur gazon et y trouvent des principes aromatiques auxquels ils doivent une chair exquise. Certainement, c'est un avantage : mais je suppose que des pins, des chênes qui viendraient à merveille, tout le prouve, dans les interstices du roc, vaudraient mieux pour la bourse des maîtres du terrain, et pour tout le monde, que la dépouille de quelques troupeaux de bêtes à laine, en vue desquels on laisse de si vastes espaces improductifs. Bientôt se développe un véritable demi-cercle ; la falaise se dresse et nous voyons à son sommet apparaître le vieil Aucors avec son étroite terrasse surplombant le précipice, ses deux *poivrières* surveillant les alentours, sa tour octogone crénelée, sa sévère enceinte aux portes surmontées de l'écusson des Conan, dont la trace et le nom remplissent le canton de Mareuil. Au-dessous du château, dans les innombrables cavités trouant le roc qu'il domine à pic, croissent, grandissent et se multiplient des bandes à demi sauvages de pigeons, à côté de familles de crécerelles voraces qui pullulent et vivent aux dépens des petits oiseaux nichant autour d'elles et des jeunes colombes encore privées de plumes ; on y voit aussi des légions de lapins près de tribus de fouines leur faisant une guerre acharnée, des renards attentifs aux moindres mouvements du gibier et des volatiles du voisinage, pendant que le long de l'écluse du bruyant moulin, la loutre se joue et saisit le poisson confiant qui a vu le jour auprès de sa tanière. Ainsi le fort côtoie le faible à chaque instant, le bourreau se loge à portée de sa victime ; c'est une copie fidèle en raccourci du tableau de notre humanité ! Dans les longues spirales des labyrinthes dont l'orifice se cache à moi tié sous les festons de lierre, le vent mugit avec fureur, les éclats de la foudre se répercutent avec fracas, ébranlant les voûtes des cavernes, et le massif édifice frémit tout entier au moindre orage sur ses bases formidables, comme s'il était secoué par les convulsions d'un tremblement de terre ; mais il reste intact depuis des siècles, et si la main des hommes n'y porte la ruine, ses fondations le soutiendront longtemps encore. Sa cour, dit-on, repose sur la croûte pierreuse d'une ampoule formée dans le bloc crétacé lors des grandes commotions du globe ; de sorte que si l'on perçait le sol, on trouverait à peu de profondeur un vide immense, comme une sorte de cave de plus de vingt mètres de hauteur, magnifique cellier, à travers lequel suinte, ajoute-t-on, un filet d'eau claire et salubre qui va sourdre au pied de la muraille géante posée par la nature entre le vallon et la montagne pour soutenir celle-ci. Le fait est qu'une fissure du sol, ou, plutôt, qu'une gerçure du roc, se produisant du haut en bas, forme un puits naturel au fond duquel existe une belle source dont le bassin correspond au milieu des bâtiments, de sorte que sans s'éloigner de ses fourneaux, la cuisinière, au moyen d'une manivelle qui fait descendre et monter un vaste récipient, se procure toute l'eau nécessaire à ses travaux et à l'usage de la maison. Autour d'Aucors, sur la hauteur et dans un rayon étendu, les terres peu profondes et parsemées de dents de rocher, sont néanmoins de bonne nature, et donnent des résultats satisfaisants en grains et fourrages. La vigne y croit énergiquement ; ses produits, passablement abondants, y sont d'une qualité véritable. Avant peu, si les fléaux qui la menacent de destruction s'arrêtent, elle y couvrira un espace beaucoup plus considérable et verra s'accroître la perfection de son rendement. En arrière, s'étendent de grands bois, les uns assez épais, les autres un peu clairs. Ces derniers se regarnissent peu à peu par suite de la suppression du parcours des moutons, mais dans certains bas-fonds la gelée leur nuit souvent. De plus, le chêne y gagne de lui-même continuellement aux dépens du châtaignier qu'il expulse. Il faudrait, dans les endroits un peu froids, placer, si ce n'est des produits annuels, du moins des essences qui ne redoutent pas un abaissement subit de température au printemps, séparer les taillis chênes des taillis châtaigniers par des chemins bordés de fossés qu'on tiendrait nets de toute végétation arborescente et, partout, aider à la reconstitution de la population forestière par des semis bien exécutés et renouvelés ou complétés jusqu'à réussite entière.

Je me suis, à travers les arbres, rendu chez M. de Moneys, qui réside au château de Bretanges, non loin de là. Agriculteur habile, il a longtemps dirigé ses vastes propriétés avec beaucoup d'intelligence. On reconnaît les bois qui lui appartiennent aux nombreux semis de pins qu'il y a exécutés avec succès pour les épaissir et qui maintenant forment d'épais fourrés au milieu et à l'ombre desquels ont germé des multitudes de glands et de châtaignes tombant de rameaux voisins. La forêt s'avançait, il y a quelques années, jusque près de sa cour ; afin de donner plus d'air et d'agrément à son habitation, il a fait défricher environ 80,000 mètres de taillis où les souches ont été enlevées et sur lesquels est établi maintenant un vignoble florissant qui, cette année, n'a pas donné moins de cent barriques de vin, soit 25 hectolitres à l'hectare. C'est un produit bien moins considérable, sans doute, que celui qu'on obtient dans certaines contrées du Midi ; mais outre qu'il est d'une nature beaucoup meilleure, il est, pour la contrée, fort remarquable en quantité. Comme coup d'œil et revenus, cela vaut bien mieux que des loups et quelques stères de lattes destinés à la confection des cercles. En avant du château bien situé, commode et bien restauré, l'on voit un singulier massif. C'est un bosquet d'ordonnance peu commune, composé de charmes, plantés de manière à former un théâtre complet en plein vent. Les troncs y sont alignés et taillés régulièrement, de sorte que rien ne manque à cette salle originale. On y trouve un salon, un foyer, une scène avec coulisses et un parterre pour les spectateurs ; le tout parfaitement disposé. C'est une retraite charmante pendant la belle saison, et, lors des grandes chaleurs, on est entièrement abrité contre elles sous ces voûtes impénétrables,

Où malgré ses rayons, le soleil irrité
Ne saurait rien brûler au milieu de l'été.

L'aimable et spirituel marquis de Moneys, ancien maire de Périgueux, a souvent fait jouer en cet endroit des pièces par sa famille et ses invités, au bruit des applaudissements d'un auditoire bienveillant et porté aux distractions de l'esprit. Le souvenir de cet excellent vieillard est vivant chez tous ceux qui l'ont connu, et nous avons appris avec plaisir qu'un volume de chansons piquantes dues à sa verve facile et gaie ne tardera pas probablement à paraître. Ce sera pour les amis de la littérature légère des salons une bonne fortune réelle.

A Bretanges pourtant, où l'agréable vient se mêler à l'utile, où il y a beaucoup à voir, beaucoup à étudier, un seul sentiment vient s'emparer de vous et attrister l'âme, rendant insensible aux autres pensées. Un nuage de sang et de feu flotte devant les yeux, un cruel cauchemar oppresse le cœur. Hautefaye est là, sur la montagne en face, la montagne du sacrifice ! Hautefaye et Moneys ! deux noms à jamais unis par le souvenir d'un crime détestable, inexcusable, inouï ! Quelles amères réflexions soulève en nous cet acte odieux de la plus monstrueuse iniquité, combien il fait naître de désolantes idées sur la perversité de la nature humaine livrée sans frein à elle-même ! Comment expliquer, comment croire qu'un acte aussi féroce, ait pu, par une multitude égarée, saisie spontanément d'une folie furieuse, dont les germes avaient été déposés en elle à son insu, lentement et avec une infernale astuce, être commis sur un jeune homme qui n'avait fait que du bien au pays, sans prétexte aucun, en présence d'une foule terrorisée, d'une administration épouvantée et pusillanime ? tache honteuse, infamante, indélébile sur cette portion de notre Périgord et de la lisière voisine de l'Angoumois, tache dont ne s'effacera jamais l'horrible souillure ! Courbons la tête devant les lieux témoins de l'exécrable forfait, en présence de ce malheureux père consterné qui vit dans l'affliction la plus cruelle, du tombeau de cette mère que la douleur a brisée, en pensant à ces sœurs dont les larmes ne peuvent tarir, à ce frère qui se venge en multipliant les bonnes œuvres autour de lui, qui vit pour souffrir, et qui, revêtu d'un caractère sacré, pardonne aux assassins et n'a pour eux que des sentiments de douce et sainte commisération, quand il s'affaisse lui-même sous le poids de l'affreuse réalité qui est venue jeter sur sa jeunesse de si lugubres éclairs ! Retirons-nous en silence, épouvantés des atrocités auxquelles se livre, lorsqu'elle est déchaînée, la bête féroce qui sommeille en notre âme sans pouvoir en être entièrement extirpée; et détestons ces meneurs cachés qui semant les divisions parmi nous, pour recueillir le fruit de la tempête, n'importe quels en aient été les funestes effets, savent se mettre à l'abri du tonnerre, se réservant de butiner sur les dépouilles de ceux qu'ils ont égarés et perdus. La justice des hommes ne peut les atteindre ; elle ne les connaît pas, mais la justice éternelle les attend et les traitera suivant leurs mérites.

En m'éloignant poursuivi par des pensées amères, j'ai rencontré, sur le bord de la route, à moitié chemin, et à l'entrée de sentiers conduisant dans la forêt, une croix de mission. J'ai salué, le cœur ému, cet emblème de sacrifice et d'amour.

Auprès de lui, je me suis heurté à des ruines ; c'étaient

celles d'un vieux monastère. Bâti près d'un réservoir, maintenant mare agreste, à moitié remplie de détritus, ses soubassements épais bravent les insultes des siècles. Les moindres constructions de nos pères avaient force et durée, tandis que nous élevons des murs de parpaing avec lesquels nous prétendons édifier des monuments pour éclipser les puissantes assises du moyen-âge. Celles-ci demeurent, et nos œuvres passent aussi rapidement que se succèdent nos institutions politiques. Après quelques jours il n'en reste plus trace. Il y a cependant des exceptions ; nous avons nos édifices privilégiés pour lesquels nous n'épargnons rien. Après nos malheurs n'avons-nous pas su rogner à l'agriculture, que nous aurions dû protéger avant tout, de minces subsides déjà fort insuffisants, afin de pouvoir consacrer des sommes plus considérables à l'érection d'un nouvel Opéra pour le plus grand plaisir de quelques Parisiens et étrangers désœuvrés ? La postérité, constatant ce fait, ne pourra manquer d'avoir une haute idée de notre intelligence et de notre esprit d'à propos !

Répondant à une invitation amicale, je me suis mis en route quelques jours après pour Charras. Après avoir traversé les Graulges, où de nombreux troupeaux d'oies, orgueil et espoir de leurs éleveurs, encombraient les chemins, nous sommes entrés dans les bois pour ne plus les quitter qu'en arrivant au lieu de notre destination, après lequel ils recommencent se prolongeant jusqu'à la route d'Angoulême. Dans toute cette partie de notre trajet, à part le petit hameau des Brandes, qui marque la limite des départements de la Dordogne et de la Charente, nous n'avons rencontré ni maisons, ni voyageurs. Rien que des taillis succédant à des taillis, les uns bien aménagés, les autres, et ce sont les plus nombreux, ayant besoin d'être regarnis, les clairières, c'est-à-dire les trop grands espacements d'une souche à l'autre, se montrant fréquemment. Cet appauvrissement dans la production tient parfois à une mauvaise exploitation. Ainsi, nous avons vu toute une coupe considérable qui, de plusieurs années, ne se relèvera pas du coup que l'imprudence avide de son propriétaire lui a porté dernièrement en permettant de l'abattre au mois de juin ! Dans les environs, de semblables fautes se commettent souvent dans le courant du mois d'août ; elles sont alors moins graves mais toujours fort préjudiciables néanmoins, les essences arbustives ne devant jamais être mises à bas que lorsque le mouvement de la sève est complétement arrêté. Dans quelques endroits, on a jeté, pour parer à la maigreur de l'apeuplement, des graines d'arbres verts ; mais, répandues au hasard, elles n'ont pas rempli tous les intervalles ; des places nombreuses sont même restées entièrement nues. Les semis de ce genre doivent être faits méthodiquement et serrés. De plus, le pin n'étant destiné qu'à une existence bornée, il faut, avec lui, semer des chênes ou des châtaigniers qui le remplaceront lorsque le moment de l'enlever sera venu. La route est longue et la succession de baliveaux où de jeunes tiges se déroulant sans cesse autour de vous est monotone, aussi cherche-t-on au-dessus de la ligne de bruyère et de troncs qui vous environne à découvrir autre chose rompant l'uniformité du paysage. On me montre deux villages situés vis-à-vis l'un de l'autre à peu de distance sur les collines qui ferment l'horizon. Ce sont Bretanges et Hautefaye ! Réunis désormais par le plus triste lien, ces deux noms retentiront ensemble jusque dans l'avenir le plus reculé, suivis d'une légende de martyre pour le premier, de honte pour le second, sur lequel planera toujours l'ombre défigurée d'Alain de Monoys, attaqué, mutilé, brûlé vif sur la place publique par des énergumènes dont beaucoup étaient étrangers au bourg, théâtre de cette scène de cannibales. On se demande comment il peut se faire qu'Hautefaye n'aie pas été rayé du rôle des chef-lieux de commune après avoir été ainsi déshonoré. Le préfet de la Dordogne, alors M. Guilbert, l'avait proposé ; on aurait en conséquence dû procéder à cette dégradation méritée ; cela n'a pas eu lieu, sans doute parce que les événements qui se sont précipités ont porté l'attention ailleurs, et c'est fâcheux. Il est vrai que, peut-être, les centres voisins n'auraient pas été désireux de voir partager entre eux son territoire.

Charras, où nous sommes arrivés tard, est un village populeux et commerçant de la Charente, important, bien qu'il soit simplement chef-lieu d'une commune rurale. Il s'y tient des foires fréquentées et l'on assure qu'il s'y traite annuellement pour plus de 500,000 fr. d'affaires en cercles, merrains et charbons ; il s'y distille aussi passablement d'eau-de-vie. Au-dessous de la hauteur sur laquelle il est situé, se développe une plaine ondulée, bordée de petites éminences et où court la route de Marouil à Montbron. Le sol en est, dit-on, fertile ; mais l'eau, la terre y étant très-poreuse, y manque presque entièrement, ce qui n'empêche pas les habitations de s'y montrer nombreuses et d'y voir des agglomérations assez considérables, parmi lesquelles on m'indique Rémondias, cher à la vigne et dont le nom me rappelle celui d'un parent dont l'alliance me flatte à juste titre. Le coup-d'œil ne manque pas de charmes, surtout pour celui qui sort des fourrés ; mais l'idée que parmi les campagnards voisins il s'est trouvé plusieurs des meurtriers d'Alain de Moneys et que quelques-uns des habitants de cette contrée ont été compris dans la terrible répression du crime commis sur ce jeune homme, fait naître, contre les premiers fauteurs des haines qui ont amené cet ignoble drame, une énergique répulsion. Qu'ils sont donc coupables ceux qui, n'importe quel ait été leur but, en excitant la colère de paysans ignorants, ont causé de pareils malheurs ! En présence de l'impuissance des hommes à les punir, on sent, on comprend, je le répète, la nécessité, la vérité de l'existence d'un Dieu qui connaît tout, et qui, l'équité même, saura venger la victime et frapper le mal dans la personne de ceux qui l'ont fait naître et attisé.

L'église de Charras est curieuse ; c'est un édifice crénelé d'un bout à l'autre et pourvu de mâchicoulis redoutables à l'époque où il a été construit. On le répare en ce moment ; le bas, affecté au culte, n'a de remarquable que la grande épaisseur de ses murailles et le peu de jour qu'y laissent parvenir d'étroites et profondes fenêtres. La partie jadis destinée à la défense s'étend au-dessus de la voûte. La forme générale du monument est celle d'une croix latine ; le clocher, non moins crénelé, non moins orné de meurtrières que le reste, couvre la porte d'entrée. A l'extrémité de la bourgade, vers l'ouest, est un château dont on m'a vanté l'architecture. Je n'ai pu le visiter, la nuit étant arrivée avant que la conférence à laquelle j'avais été convié à prendre part fut achevée. On m'a dit qu'on y jouit d'une très-belle vue, mais que son intérieur est un peu délabré. Mme de Laurencie, à laquelle il appartient, habite Paris et n'y fait que de courtes apparitions, marquées du reste toujours par de nombreuses libéralités et des bienfaits. Les murs des demeures seigneuriales renferment plus qu'on ne croit de ces bonnes fées qui aiment, autour de leur manoir, à sécher des larmes et à répandre le bonheur en cachant souvent la main à laquelle on le doit, tandis que, fréquemment, des envieux, des calomniateurs, ou simplement des bavards inconscients, ameutent la foule contre elles en les représentant comme personnes de malheur, en les rendant odieuses au cultivateur trompé qui leur attribue le mal et les clouerait volontiers à sa porte avec autant de hâte et de justice qu'il en met à y crucifier de malheureux oiseaux qu'il croit être les ennemis de sa fortune, dont il a peur, qu'il hait en conséquence et qui sont en réalité la sauvegarde de ses grains et de ses meilleures denrées.

Nous sommes revenus au milieu d'une obscurité profonde. Nous nous attendions à voir briller devant nous le regard étincelant de quelque hôte des bois à la recherche de sa pâture, mais nous sommes rentrés à notre domicile n'ayant vu que *la nuit, entendu que le silence,* sans avoir trouvé sur notre passage ni loup, ni sanglier, ni voleur de grand chemin. A pareille heure et en pareille solitude, la rencontre de l'animal sauvage est moins à redouter que celle de notre semblable, chose peu flatteuse pour notre espèce.

Quelques jours après, M. de Maillard de Lafaye, mon neveu, m'a proposé de me conduire chez l'un de nos premiers agriculteurs, dont je désirais, depuis longtemps, visiter l'exploitation. Je n'avais garde de refuser pareille aubaine. Un lundi donc, après avoir joui du charme d'une hospitalité de famille des plus attrayantes, je suis monté en voiture avec mon jeune guide, maire de sa commune, président du syndicat local, et qui est au fait de tout ce qui peut intéresser la contrée. Au-dessous de Lafaye, nous avons d'abord trouvé des prairies bordant la route de Nontron et couvertes de troupeaux de moutons, de même qu'une colline voisine toute tigrée de clairières que les bêtes à laine augmentent sans cesse en dévorant le moindre petit arbre venant au monde. Les colons s'entêtent à laisser vaguer leurs animaux, perdant ainsi le temps des gardiens, le fumier qui se répand inutilement sur le parcours et force laine qui reste suspendue aux buissons. Ils ont été sévèrement admonestés par nous ; mais il y a cent à parier contre un que l'ordre que le propriétaire leur a intimé de retirer leurs brebis des prés, où l'humidité leur donne la cachexie aqueuse, a été parfaitement considéré comme non avenu dès que nous avons été hors de vue. Nous retrouvons la Nizonne qui vient passer au bas d'une éminence sur laquelle M. E. de Bellussière possède deux châteaux contigus, dont l'ancien, destiné à être démoli, masque en grande partie le nouveau, plus grand, plus beau, mais qui est encore inachevé. A quelques centaines de mètres plus loin, aux bords de la rivière, M. Dusolier père, de Nontron, longtemps député de la Dordogne, a mis en état florissant de culture la propriété de Beaurecueil, ancienne forge, maintenant éteinte, dont il a sagement amélioré ou réparé les bâtiments. Une vaste prairie coupée de tranchées d'assainissement et fournissant de bons fourrages précède le corps de ferme. Une barrière en bois la divise en deux parties, dont l'une paraît spécialement affectée à la réserve. J'aurais voulu ne pas y voir tant de moutons. Cette grande étendue gazonnée serait propre à la dépaissance et aux exercices de jeunes chevaux, et l'on s'étonne de n'y pas apercevoir de poulains bondissant sur l'herbe. L'étang qui fournissait à l'usine l'eau nécessaire est comblé : de nombreuses rigoles, un drainage régulier l'ont assaini. Le propriétaire en a fait un terrain de promission qui produit d'amples récoltes. On y a longtemps cultivé le tabac, et il est à regretter qu'on y ait renoncé. Beaurecueil fait grand honneur à l'administrateur qui en a changé l'aspect, et le récompense par des revenus importants, digne fruit de labeurs dictés par une saine entente de la position. Deux ou trois hameaux apparaissent tristement contemplatifs au haut d'un escarpement morne et rude. Leurs habitants, me dit mon *Cicerone*, étaient régulièrement visités et accablés par la fièvre avant le curage du ruisseau qui coule à leurs pieds ; après cette opération, le mal a presque disparu ; mais maintenant le voilà qui revient, parce que des intéressés sont assez négligents pour laisser le lit du cours d'eau s'envaser de nouveau. Ne devrait-il pas y avoir une loi forçant les propriétaires indifférents à s'enrichir malgré eux, en assurant la santé publique par le nettoiement périodique des rigoles, tranchées et autres conduits d'eaux qui sillonnent leurs terres ?

Nous franchissons la Nizonne sur un pont digne d'elle, et frôlons en passant les dernières maisons de Rudeau, qui, de la colline, descend jusqu'à la route. C'est un gros village formant le groupe de feux le plus considérable, et à tous les points de vue le plus important, de la commune de Ladosse, qui y a son école et ses foires. On y trouve un bon mécanicien, M. Bazinet, frère de celui de Mareuil ; un négociant en vins, et l'important domaine appartenant naguère à M. du Chassaing, dont l'habitation est remarquable par son heureuse distribution. M.M. Hiriard, d'Angoulême, sont aujourd'hui propriétaires de ce bien considérable. Nous quittons ici la route de Nontron et prenons, sur la droite, un chemin bien entretenu qui suit la Nizonne en continuant à la remonter. Le paysage change de nature ; à un détour, presque inopinément, nous nous trouvons en face d'une vieille forteresse située sur un mamelon aride, au-dessous d'un hameau composé d'habitations bâties sur le roc qui forme autour d'elles une pente grise et nue. Une double enceinte en terrasses domine la rivière ; elle vient affleurer le chemin en englobant un enclos dans lequel croissent épars quelques arbres rabougris ; une grosse tour carrée menaçante et ébréchée, une petite tour ronde couronnée, de même que la précédente, de créneaux et de machicoulis, qui lui forment comme un diadème faisant saillie autour de son front, sont isolées au milieu d'antiques bâtiments où plus d'une plaie béante atteste le passage des siècles et les vicissitudes de la guerre. Ce sombre manoir à l'aspect encore altier tout démantelé qu'il est, est, dit-on, le berceau du grand forban du moyen-âge, de ce célèbre Barberousse, roi d'Alger, qui fit tant de mal aux chrétiens après avoir été chrétien fervent lui-même, pèlerin d'abord, et avoir fait cadeau d'une prétendue coiffe de la Sainte-Vierge, rapportée par lui de la Terre-Sainte, à l'église Saint-Front de Périgueux. Rien de surprenant à ce qu'il ait, dès son enfance, contracté des sentiments farouches, un caractère triste et dur, au sein de cette terre désolée qui l'entourait, et de l'autre côté, de l'eau ne devait pas être alors plus gaie, car elle ne l'est pas encore beaucoup aujourd'hui. Le vallon, sans doute, était dans ce temps-là marécageux, noir et malsain. Maintenant, de nombreux curages l'ont assaini, les prés sont verts, les fossés de décharge bien entretenus. La commission du syndicat a fait une œuvre digne des plus grands éloges, en donnant des conseils suivis par MM. Hiriard qui possèdent cet immense héritage. C'est à ces messieurs, sans doute, que l'on doit aussi les améliorations que l'on observe sur la rive gauche, où plusieurs parcelles de terres paraissent bien travaillées et où l'œil aime à contempler une métairie tout entourée de lierre comme d'un cadre et gracieusement posée sur un rocher blanc qui lui sert de piédestal au bord de la vallée. Le long de celle-ci, sur la rive droite et tout près de la route, une grosse source coule et entretient cependant des mouillères qu'il serait bon de faire disparaître pour rendre les travaux entrepris parfaits. Avec son air étrange, ses fortifications, ses hauteurs en repoussoir, Bernardière offre un tableau singulièrement pittoresque, et il serait à désirer que la peinture et la photographie reproduisissent ces vieux remparts qui eurent l'honneur de voir venir camper devant eux le grand Du Guesclin. Ils en sont bien plus dignes que mille bicoques sans caractère et sans illustration dont on voit figurer les prosaïques représentations à tous les étalages des artistes et des marchands de tableaux. Leurs environs gris et rocailleux n'ont rien de séduisant, je viens de le dire : il ne faudrait pas croire pourtant que le sol y soit naturellement et partout infécond. Pour se convaincre du contraire, on n'a qu'à jeter les yeux sur les énormes noyers qui se sont développés dans tous les interstices du calcaire où leurs racines ont pu pénétrer et trouver une veine remplie de terre végétale. Il paraît que plus loin se rencontrent des terrains fertiles. C'est du moins ce que donne à supposer le prix de ferme qu'on m'a indiqué.

Nous contournons un promontoire escarpé ; la nature s'adoucit, revêtant une livrée moins âpre, déposant sa formidable cuirasse de blocs juxta-posés ou coulés ensemble en une seule masse, et laissant çà et là deviner une bénigne condescendance pour les vœux de l'homme laborieux. Nous traversons la Nizonne sur un aqueduc semblable au pont du Rateau, retenant comme lui les roseaux et arrêtant le cours de l'onde, dont l'écoulement, du reste, est favorisé par le curage du lit principal et des diverses branches qui s'en échappent et le rejoignent plus loin. La rive droite continue à montrer des mamelons assez raides, mais la gauche est bornée par des pentes plus douces, moins rebelles à la charrue, et où la moisson ne doit pas être trop faible. Entre les deux lignes de hauteurs, le vallon est vert et gai ; le bétail y trouve, sans doute, des aliments sains et abondants.

Le bourg de Champeau, que nous coupons dans son plus large diamètre après avoir repris la droite de la rivière, est peu considérable, mais bien bâti, paraît riche et prospère. Son église paroissiale est grande, et, nous le constatons en passant, ornée de verrières. Nous regrettons de ne pouvoir nous arrêter pour la visiter, car elle nous semble mériter d'être vue. Cependant, sur un escarpement voisin, nous apercevons un édifice blanc, mais de tournure ancienne et militaire. C'est le but de notre voyage. Le chemin monte en côtoyant une conque labourée, fortement inclinée, et qui pourrait bien quelque jour souffrir de la ravine à la suite de longues pluies ou d'un orage. A son sommet existe une châtaigneraie à fruits, dans laquelle M. de Fontenay se borne, à coup sûr, à faire couper les sujets décrépits, tombant en lambeaux et ne produisant plus rien. J'en suis ravi, car je ne puis, de sang-froid, voir sacrifier des bouquets d'arbres qui nous offrent spontanément des revenus nets dont l'importance ne peut que s'accroître avec l'arrivée des chemins de fer, qui s'approchent de toutes parts, et vont donner aux marrons une plus-value certaine et largement rémunératrice, tandis qu'en défrichant les pentes rapides dans des terrains d'ailleurs presque toujours peu favorables aux cultures annuelles, on s'expose à voir la couche arable entraînée par les eaux pluviales, et l'on perd du temps et de l'argent pour se procurer, année commune, par la vente d'un peu de seigle chèrement acheté, des recoltes inférieures à celles que la Providence nous a libéralement réparties par l'entremise d'un véritable arbre à pain, et qu'il serait, de plus, bien facile d'augmenter en soignant un peu les garennes qui nous les offrent gratuitement. Puychenil est une position de combat, un lieu de retraite digne de toute la prédilection d'un soldat laboureur. Le château n'est, pour ainsi dire, au nord du moins, qu'un donjon; un gros pavillon carré, formidable de défenses aériennes, coupe en deux, de ce côté, la façade qui jaillit du sol, élancée et couverte de points de résistance, vrai boulevard contre un coup hardi des routiers. Parmi ces défenses se trouve, près de la tour ronde de l'ouest, une tourelle à cul-de-lampe engagée dans la muraille, et dont l'effet est charmant. La façade du sud offre un beau spécimen de l'état de l'art à l'époque où elle fut construite. Le tout était fort délabré lors de l'arrivée des nouveaux possesseurs, qui ont entrepris, au lieu de la démolir, Dieu merci ! la restauration intelligente de cette citadelle, sauvée grâce à eux. La voilà, sous leur égide dorée, qui se pare de nouvelles beautés s'harmonisant avec les anciennes, aussi bien à l'extérieur qu'à l'intérieur où la salle à manger et la salle de réception, avec haute et monumentale cheminée, montrent déjà ce qu'elles seront quand le travail réparateur, dont elles sont l'objet, sera terminé. Les abords du bâtiment principal sont encore encombrés de masures, d'étables basses et disgracieuses; mais ces lépreuses excroissances, accolées là, sans ordre, dans la suite des temps, vont disparaître et seront remplacées par une vaste et commode construction que M. de Fontenay fait élever plus loin. La ceinture sera digne, avant peu, du monument qu'elle environne. Un large chemin, partant de la cour, se dirige vers la route de Nontron, qu'il va rejoindre à trois quarts de lieue plus loin. Ce chemin, bien entretenu, créé par le propriétaire, assure les faciles rapports de Puychenil avec le chef-lieu de l'arrondissement, qui n'en est qu'à une heure de distance. Lorsqu'il a été ouvert, il traversait des bois médiocres. M. de Fontenay n'a pas voulu qu'il continuât à en être ainsi. Par ses soins, plusieurs hectares ont été labourés en travers des sentiers, et l'on y a semé des pins sylvestres et maritimes. Maintenant, c'est un véritable parc, et ses produits ne tarderont pas à être d'une grande valeur. La route se déroule unie et riante, sous son ombrage, et pour défendre les jeunes plants forestiers, elle est, sur toute sa longueur, bordée des deux côtés de piquets plantés de distance en distance, et joints l'un à l'autre par des lattes qu'unissent des liens de souples branches. Cette clôture rustique, d'une durée de dix ans au moins, suffit pour empêcher le bétail d'entrer dans les fourrés ; elle est solide et d'un prix minime. Tout près de là, d'autres landes ont été converties en exploitation régulière ; une partie d'entre elles forme à présent un domaine cultivé par une famille de l'Allier amenée par M. de Fontenay, qui, dans les premiers temps, l'a dirigée et subventionnée. Aujourd'hui, sur sa demande, elle a définitivement été admise comme colonie partiaire, au même titre et avec les mêmes charges et droits que ses voisines. Cette métairie, véritable conquête amoureusement traitée, sera bientôt au rang des meilleures des environs. A l'extrémité nord du boisement dont je viens de parler, une houblonnière a été installée et a parfaitement réussi, bien que le sol, à la simple vue, ne donnât pas beaucoup d'espérance. Son heureux début encourageant à continuer à marcher dans cette voie, après avoir agrandi le premier enclos on vient d'en former un autre du côté de la Nizonne. La superficie totale occupée par ces deux plantations est actuellement de soixante-quinze ares, qui vont être portées à deux, puis à trois hectares. Soixante-dix ares en pleine production, ont fourni cette année 630 kilogrammes de cônes, vendus à M. Meyer, brasseur de Périgueux, qui en achète régulièrement les produits. Le prix payé a été de 2 fr. 40 le kilogramme. C'est une baisse sensible sur celui de 1874. Mais, malgré cette dépréciation, simplement suite de celle que le houblon a éprouvée partout cette campagne, et qui n'est que momentanée, le résultat obtenu n'en est pas moins considérable, puisqu'il répond à un rendement brut de 1,512 fr. pour soixante-dix ares, équivalant à plus de 2,000 fr. par hectare. On voit que, même en supposant de forts déboursés, le bénéfice est brillant; le revenu dépasse en effet de beaucoup le prix d'achat de la terre à laquelle on le doit. Il faut, il est vrai, tenir compte des améliorations et des frais de premier établissement. Quoi qu'il en soit, l'opération est excellente, et l'avenir de la houblonnière de Puychenil, qui ne peut qu'acquérir encore en réputation et voir la valeur vénale de ses produits, déjà fort estimés par la brasserie, augmenter, est assuré. J'aurais désiré voir près d'elle un champ de tabac. Mais le propriétaire, effrayé sans doute par la distance du magasin de réception et par les taquineries, beaucoup trop multipliées, convenons-en, de l'administration, a renoncé, peut-être un peu trop vite, à la culture de cette plante. Malgré tout, le tabac a de grands avantages, et, comme le fait judicieusement remarquer le maire de Saint-Sulpice, qui en a sauvé la production dans sa commune, d'où j'espère bien qu'elle se répandra de nouveau dans tout le canton de Mareuil, il améliore sérieusement le sol pour les céréales et rend ainsi les blés qui lui succèdent plus beaux et plus fournis en grains; il habitue le campagnard, trop négligent par nature, à soigner ses récoltes, et il donne à échéance fixe, sans qu'on ait besoin de courir les chalands pour le vendre, des sommes dont on peut connaître d'avance l'importance en étudiant les tarifs et se rendant compte de l'état plus ou moins bon des feuilles recueillies. Ce sont là des points importants, tous dignes de fixer l'attention, et qui n'échapperont pas longtemps au possesseur de

Puycheuil, qui ne saurait être découragé par l'insuccès d'un premier essai, revers sans signification pour les années suivantes. La vaste terre qu'il administre ne renferme guère moins de quatre cents hectares, présentant une variété de sols dont on peut dire qu'il y en a de bons, beaucoup de médiocres et plusieurs de mauvais. Les élever tous à un plus haut degré de classement et de profit net est une tâche pour l'accomplissement de laquelle il ne faut négliger aucun moyen, mais qu'on ne peut atteindre que progressivement.

C'est donc sur la réserve que l'habile praticien a concentré principalement ses efforts. Jusqu'à ce jour, cette réserve, dans laquelle se trouvent la houblonnière et les bois améliorés, dont il vient d'être question, a été augmentée, en ce qui concerne la culture, par le défrichement et la mise en produits de dix hectares de mauvais taillis. On y fait croître peu de froment, mais passablement de seigle et surtout de l'avoine d'hiver, pas de maïs pour grains, mais le plus possible de maïs fourrage, même de la variété dite dent de cheval, et l'on projette d'en ensiler grande quantité. On cultive des betteraves, navets, rutabagas, carottes fourragères, et l'on prodigue des soins aux prairies artificielles, qui commencent à s'en montrer reconnaissantes. Deux hectares vont être consacrés aux choux cavaliers et du Poitou. Le topinambour joue, dans les terres légères, un rôle de plus en plus considérable ; une superficie égale à celle qu'il couvre est consacrée aux pommes de terre. M. A. de Fontenay, qui paraît avoir acquis la part de son frère, dont nos *Annales* ont fait connaître la si remarquable excursion agricole en Russie, n'est point, comme je le disais tout à l'heure, l'ennemi des châtaigniers; il ne les fait disparaître que dans les bons terrains qu'ils occupent, et où ils ne donnent plus de revenus, par suite de leur trop grand âge. Pour remplacer ceux qu'il se voit obligé de sacrifier ainsi, il en plante en bordures et les greffe soit en marronniers du Vivarais, soit en sujets de la belle variété dite Combale : c'est une mesure excellente. Aidé par deux hommes actifs, son régisseur et son sous-agent, MM. Biard et Pothier, il a fait planter environ quatre hectares de vignes sur des plateaux élevés, où elles seront cultivées à la charrue. Elles sont peuplées avec les meilleurs cépages du pays. On y a introduit aussi la côte-rouge du Lot et la folle-blanche de la Charente, qui a déjà donné des résultats très-satisfaisants. Il a été fait sur un hectare une plantation en cépages bordelais ; mais, outre que les espèces paraissent en avoir été mélangées dans les mêmes paquets, malgré des étiquettes indiquant pour chaque botte une variété seule, et bien que le choix de cépages fait par l'envoyeur n'ait pas été ce qu'exigeait la nature du terrain, on a fait choix, pour les mettre en lignes, d'un endroit où les gelées printanières sévissent cruellement, et par suite, les vins obtenus dans ce petit clos, bien que de bonne qualité, parfaits ou seulement agréables, suivant les années, ne peuvent solder le coût du travail. Je crois qu'en procédant à une sélection sévère, en donnant une taille appropriée aux plants fins, on pourrait arriver, dans cette propriété, comme dans beaucoup d'autres, à se procurer à la fois valeur et abondance relatives, surtout en essayant les espèces d'élite sur des plateaux, tout au moins sur les croupes élevées, où les froids d'avril et mai ne sont pas à craindre, et cela d'autant plus sûrement que certaines tribus girondines, donnant des produits de haute qualité, redoutent moins la gelée que plusieurs à rendement commun. Dans ces conditions, j'en suis certain, on entendrait avant peu parler avantageusement des vins de Puychenil, et il y en aurait beaucoup, à la grande joie des gourmets, dont puisse le phylloxera ne pas venir troubler le bonheur ! Peut-être, par exemple, pourrait-on avoir de vigoureuses et productives joelles médocaines sur un côteau tout couvert de beaux arbres verts, qui seront bientôt exploités pour la plupart, et qui sont eux-mêmes le fruit d'une heureuse inspiration. L'espace qu'ils occupent formait une métairie appartenant à M. L. de Galard, qui n'en retirait que de faibles rendements en seigle, bien impuissants à le rémunérer des dépenses qu'il y prodiguait. Un beau jour, il en fit démolir les bâtiments, convertir les terres arables en *pignadas,* et, sous les arbres qui y vinrent en foule et magnifiques, il trouva la fortune, une fortune, naturellement, proportionnée à l'étendue et à la position du domaine, fortune qui, pour lui, n'était pas grande, mais fort agéable cependant. Aujourd'hui que les pins touchent au terme de leur carrière, il serait tout-à-fait désirable que M. de Fontenay, maintenant possesseur de ce fonds, recueillit des raisins nombreux et suaves, qui, remplissant caves et pressoirs, permettraient de boire dignement à la santé de M. de Galard, donnant le bon exemple.

Le bétail se compose de bœufs garonnais-limousins ou limousins purs, de vaches et génisses, gâtinaises pour la production du lait, limousines destinées à fournir des élèves afin de maintenir le cheptel en état, et dont le nombre va s'augmenter. Le propriétaire s'en tient à ces tribus ; il fait sagement. Il a compris que chaque chose doit être dans le milieu qui lui convient le plus et qu'ici, ce qui de prime-abord avait pu sembler devoir être le mieux, serait, par le fait, l'ennemi du bien. En effet, le Périgord ne ressemble pas aux plaines de la Nièvre ; nous avons besoin de bœufs travailleurs, et, comme ceux de la race indigène sont très-aptes à cet usage, que, de plus, ils engraissent avec facilité, que leur chair, en outre, est reconnue comme étant de beaucoup supérieure à celle de leurs congénères des bords de la Loire-haute, les multiplier ou les perfectionner par une intelligente sélection est ce qu'il y a certainement de plus raisonnable à faire.

L'espèce ovine n'est pas nombreuse ; elle est représentée par quelques têtes qu'on engraisse çà et là, suivant les ressources que l'on possède, et le plus ou moins d'avantages qu'on y trouve, d'après les fluctuations de l'offre et de la demande du moment ; mais on médite de revenir à l'entretien d'un troupeau croisé southdown et l'on continue à faire naître des porcs métis anglo-français. Comme animaux de vente à la boucherie, l'on pourra certainement obtenir ainsi de beaux résultats. Quant à former une souche de bétail, très probablement on n'en a pas le dessein, car l'expérience démontre catégoriquement que l'on n'arrive, de cette manière, à rien de bon.

Dès aujourd'hui, les produits de la réserve, qui n'étaient, au moment de l'achat du bien, que de 1,200 à 1,500 francs, se montent à 6,000 environ, et l'on espère les voir s'élever à 8,000 francs. La plus-value existante provient des défrichements opérés.

Les produits s'accroissant, il est devenu nécessaire de construire de nouveaux bâtiments, d'autant plus que, comme je l'ai dit plus haut, les anciens existant encore, sont à la fois incommodes et défectueux à tous les points de vue. Une grange et de vastes étables viennent d'être achevées. La première, d'un abord facile, peut être traversée par les voitures chargées ; les secondes peuvent contenir 24 bêtes à cornes placées sur quatre rangs et sont coupées par deux larges corridors. La hauteur des planchers et la ventilation ont été étudiées avec soin. Le grenier dont la charpente, moitié en chêne, moitié en châtaignier, est couverte en tuiles plates du pays, peut contenir 40 charretées de fourrage. On doit, à cette construction, ajouter une annexe pour les veaux ; on projette également une bergerie et diverses autres installations ; mais le corps de ferme de la réserve ne pourra guère être terminé avant trois ans.

L'amélioration des métairies, bien que venant en seconde ligne seulement, parce qu'on ne peut tout faire à la fois, n'a pas été non plus négligée. On a particulièrement apporté des soins aux logements des colons, tenant à ce que leurs habitations soient aussi saines et aussi agréables que possible.

Dans le domaine de Puyséché, on a terminé un bâtiment assez considérable renfermant cellier, grange et étables pour dix à douze bœufs ou vaches. On a planté, dans ses dépendances, un demi hectare de vignes sur une hauteur, et l'on se propose d'en établir encore autant cette année. Pareil travail se poursuit dans les autres colonages en remplacement des vieux vignobles, placés de manière à ce que la gelée enlève fréquemment tous leurs fruits. Dans chaque métairie on a bâti de nouvelles porcheries, car les porcs donnent un des revenus les plus nets de la terre, où l'on ne peut guère augmenter la surface cultivée qu'en défrichant des sols légers propres seulement à la production de la pomme de terre et du topinambour. Il y a six domaines, et chacun d'eux possède de six à 8 têtes de bêtes à cornes et deux ou trois truies portières. On projette d'augmenter cette population animale.

Dès le principe, plusieurs instruments perfectionnés ont été introduits à Puychenil. L'on va sous peu y voir fonctionner un semoir, le sol mis en culture étant maintenant assez régulier pour permettre de s'en servir avec avantage. La machine à manége système Pinet, fort convenable et économique pour l'exploitation, y est employée depuis longtemps d'une manière très-profitable.

Tels sont les détails que j'ai recueillis sur les lieux, ou que le propriétaire a bien voulu, depuis, me fournir par écrit. Ils prouvent que l'on comprend et met en pratique, à Puychenil, la mission et le véritable rôle de l'agriculteur, qui doit avoir pour but constant, tout en enrichissant le sol et ses voisins, d'assurer le bien-être de sa famille, et d'agir, en conséquence, suivant l'exigence des temps et des lieux. *Non gloria nobis causa, sed utilitas*, est la devise fondamentale des vrais cultivateurs, de ceux qui veulent pratiquer leur industrie comme il convient. La gloire, sans doute, est une belle chose, mais l'utilité vaut beaucoup plus encore, et celui qui vise simplement à l'éclat, à faire parler de lui, sacrifiant à cette égoïste et peu profitable vanité l'avenir de ses enfants, se nuisant en définitive à lui-même et entraînant dans sa chute ses trop confiants imitateurs, ne poursuit en dernière analyse qu'une fausse gloire dont l'éphémère possession ne lui laisse que des déboires, à ceux qu'un travail prudent aurait dû enrichir que la misère, et élève à la routine, autour de ses champs d'expérience abandonnés, un retranchement d'où l'on ne pourra que bien difficilement l'expulser. On comprend que dans des endroits où les millions abondent, des *nababs* se disputent la terre avec frénésie, qu'ils l'achètent au poids de l'or et multiplient les sacrifices, les entreprises, pour arriver, en fin de compte, à retirer de cette manière, deux et demi, trois au plus, pour cent de la portion de capital qui leur produisait le double en rentes sur l'État où ailleurs et qu'ils ont entamée pour se créer une ferme et en faire parler longuement, en perdant la moitié de leurs revenus pour cette fantaisie. En ces pays, d'ailleurs, ils sont certains de rentrer dans leurs premiers déboursés tout au moins, lorsqu'ils voudront se défaire du sol où ils auront brillé, en payant cette fantaisie pendant quelques années, compensation que nous n'avons guère en Périgord, où la terre est à bon marché. Ils se récréent ainsi, voilà tout ; autant vaut mettre là son superflu qu'en bals et fêtes, c'est même bien préférable, mais ils ne font pas de l'agriculture pratique et par suite lucrative comme elle doit l'être, n'étant, en réalité, autre chose qu'un commerce, c'est-à-dire un roulement de fonds ayant pour but d'augmenter la fortune de celui qui l'entreprend et non de l'entamer. Qu'un homme zélé, capable, riche, ayant par devers lui surabondance de capitaux et comprenant parfaitement la situation et ce que l'on peut attendre de profitable avant peu d'une réforme totale, sagement combinée, jette dans les premières années une forte partie de son épargne dehors, pour imprimer l'élan et arriver à une solution qui apparait aussi certaine et fructueuse que chose humaine puisse l'être, c'est très-bien et l'on ne peut qu'approuver cette marche, pourvu qu'elle ne soit pas trop précipitée et n'entraîne pas à des dépenses exagérées. Mais, dans la plupart des cas, il faut agir avec prudence, avancer sans se rebuter, tout en sondant le terrain devant soi, n'expérimenter que peu à peu, pour ne pas être entraîné trop loin en cas d'insuccès, et ne continuer à améliorer, en profitant des leçons de l'expérience, qu'au fur et à mesure de ses ressources et des bénéfices acquis. C'est ainsi que l'on évite les désastres ; c'est ainsi qu'on rend service aux siens et au travailleur qui vous regarde, prend confiance en vous et se met d'une manière sûre en mouvement à votre suite vers le progrès, l'aisance et la richesse. C'est ainsi que M. de Fontenay procède. Il faut d'autant plus l'en féliciter, qu'ingénieur distingué, chargé d'une importante administration, il est le plus souvent absent et que c'est surtout hors de la portée de l'œil du maître, que trop de hardiesse, trop d'essais à la fois, peuvent devenir funestes. Mais la direction ne fait pas défaut, ici ; les aides sont bons, et avec une surveillance réglée, on y arrive à des perfectionnements qui ne s'arrêtent point. Depuis que l'habile agronome et son frère ont entrepris de faire de Puychenil une source de revenus nets, de grandes choses ont été successivement accomplies. Des domaines entiers et de beaux bois créés, une houblonnière établie avec un rare bonheur donnant de fortes recettes, le rendement général accru, sont des titres sérieux à la reconnaissance des agriculteurs qui tirent un profit certain de ces précieuses leçons. Aussi ne peut-on qu'applaudir à la décision de la Société départementale de la Dordogne, décernant, lors du concours de 1873, la prime d'honneur culturale de l'arrondissement à l'exploitant sage dont les utiles travaux, en plein rapport déjà, et les entreprises commencées, dénotent le tact et assurent au pays une véritable ferme modèle où tous peuvent puiser de profitables exemples. Je ne parle pas des restaurations du château ; si je voulais disserter sur ce chapitre, je m'attirerais, à coup sûr, et fort légitimement, les foudres de notre honorable et savant collègue, M. le baron J. de Verneilh, qui, choqué de mes erreurs archéologiques, me renverrait à l'étude des beaux topinambours qui foisonnent près de là pour le plus grand bien des hôtes des bouveries et de l'escarcelle du possesseur du sol.

De l'avant-cour nous avons jeté des regards d'envie vers la haute vallée, en songeant aux grands perfectionnements de tout genre que M. le marquis de Lagarde y apporte à ses terres de Lapouyade et de Lage, et, nous promettant d'aller les étudier de près le plus tôt possible, nous avons repris le chemin par lequel nous étions arrivés, enchantés de ce que nous avions vu, mais malheureux d'être venus trois jours trop tard pour rencontrer M. de Fontenay, dont l'instructive conversation nous eût été si profitable.

Un froid très-vif et une bise glaciale, en nous poursuivant à notre retour, nous ont fait singulièrement apprécier le bon feu qui nous attendait à l'issue de cette excursion. En se voyant à l'abri des morsures de l'hiver et des rafales, combien on aime à se blottir frileusement au coin de l'âtre ! On sent quel plaisir c'est, ne les craignant plus :

D'écouter la tempête et d'insulter au vent.

Mais cette jouissance et cette volupté de sybarite ne peuvent nous empêcher de songer au pauvre malheureux qui grelotte en marchant sous des haillons, tourmenté par la faim et sans asile dont il soit sûr; à ces pauvres familles, à ces indigents sans feu, qui passent leurs nuits tristes, transis et perclus, en songeant que le jour qui va poindre, ne leur portera pas plus de soulagement que celui de la veille. Cette idée saisit au cœur et le serre dans une cruelle étreinte. Nul plus que le campagnard qui voit la pauvreté sans cesse en lutte contre les éléments, la misère, souvent saisir celui qui, la veille, était un colon, un fermier, un travailleur aisé, ne compatit à l'infortune de ceux qui sont dans le dénûment autour de lui. Presque tous lui sont connus, et, comme loin des villes, il ne se rencontre guère de mendiants par paresse, que presque tous ceux qui y implorent la charité publique sont réellement dignes de la commisération, sa porte leur est toujours ouverte, et lui que l'on accuse, d'avarice sordide qui, le plus souvent, n'est chez le cultivateur que simple instinct de prévoyance, n'hésite pas à se montrer généreux en partageant son repas, en offrant l'abri de son toit à l'infortuné qui vient frapper à sa porte et lui demander au nom de Dieu l'assistance que tout homme doit à son semblable se trouvant dans la détresse. Être ainsi secourable, faire preuve à chaque instant d'une réelle fraternité, n'est-ce pas prouver que sous la veste de bure se cachent d'éminentes qualités et que ces hommes, prétendus barbares, sont parfois plus civilisés, meilleurs, lorsque l'on ne les égare pas, que beaucoup de citadins qui se croient, on ne sait vraiment pourquoi, le droit de les mépriser et de les tourner en ridicule ?

Tout le lendemain l'ouragan s'est déchaîné, brisant, bouleversant sur son passage arbres et toitures, renversant les poteaux télégraphiques dont les fils en se rompant exhalaient au loin de mystérieux gémissements comme des harpes éoliennes. Enfin, vers midi, le calme s'est rétabli. Tout-à-coup, au milieu du silence général de la nature, de sourdes détonations sont venues nous surprendre. Étonnés, nous avons prêté l'oreille, et n'avons pas tardé beaucoup à reconnaître la voix des bouches à feu de Ruelle que l'on essayait à une respectable distance de nous et dont l'écho venait mourir, affaibli, sur les roches du voisinage. Je me suis arrêté rêveur, songeant que, peut-être, parmi ces canons sortant de la fournaise et à peine refroidis, se trouve la pièce qui, après avoir contribué brillamment au triomphe de la France, viendra, couronnée de fleurs et de lauriers, l'annoncer par ses salves à nos enfants plus heureux que nous. Ah ! s'il en est ainsi, que je voudrais la connaître et avec quel transport mes lèvres baiseraient ce bronze prédestiné, cette arme vaillante, ce glorieux héraut de la revanche que, peut-être, je ne verrai pas, mais dont je serais si heureux d'emporter la certitude dans la tombe ! Peut-être, ces réflexions sont-elles aussi celles de ce simple manœuvre qui, pour écouter, a suspendu son travail et vient de le reprendre d'un air pensif. Il est seul, pour le moment, dans sa hutte qu'il a construite au milieu des bois, et où il fend des lattes du matin au soir pour en faire des cercles de futailles. A quelque distance, plusieurs de ses collègues sont répandus au milieu des *codres*, tous fort occupés, car l'ouvrage presse, et, vu l'abondance des vins dans la Charente, cette année les commandes abondent.

Les jeunes coupes de taillis châtaigniers sont très-recherchées en ce moment et les cent *meules*, chacune de 24 cercles de dix pieds, se vendent facilement 150 à 160 fr. sur la place d'Angoulême, où l'on paie la même quantité, mais en cercles de 8 pieds seulement, de 100 à 110 francs. Le propriétaire reçoit de 30 à 35 fr. de l'acquéreur, qui coupe le bois, le fait façonner et va le mener au marché ou le livre à ses clients, après avoir lui-même payé de 65 à 70 fr. à ses ouvriers qui gagnent facilement ainsi jusqu'à 3 fr. par jour; il a de plus 15 fr. de frais de conduite, et l'on peut porter ses autres dépenses à 5 fr., de sorte que les cent meules lui reviennent, au maximum, à 125 et au minimum à 115 francs. Supposez un lot ayant produit cinq cents meules, dont trois cents de cercles de 10 pieds et deux cents de cercles de 8 pieds, et que la moyenne du revient ait été de 120 fr. le cent pour le fabricant, celui-ci aura déboursé 600 fr. et en retirera bien au moins 685 c'est-à-dire plus de 14 pour cent de bénéfices, profit que le possesseur du sol est loin de réaliser. Il est vrai que le commerçant a ses mauvaises chances, mais le propriétaire en a peut-être davantage. L'industrie n'a donc pas à se plaindre de l'agriculture sous ce rapport. Je crois qu'elle n'en a guère sujet sous aucun autre. Voyons un peu, notamment, ce qui se passe pour les eaux-de-vie. La production du vin blanc a été considérable cette campagne, et celui du pays est excellent pour la chaudière. Il le serait même pour la table, si le voisinage de la Charente ne portait à le consacrer à l'alambic, ce qui nuit à sa réputation comme vin d'ordinaire. En ce moment, les prix de ce dernier sont très-bas, les débouchés manquant un peu. Seuls, quelques particuliers achètent çà et là de rares chargements, de 20 à 24 francs l'hectolitre, ce qui ne fait pas cours et n'est payé que pour les premiers crûs, les vins blancs de la contrée n'étant pas connus et par conséquent demandés pour être bus en nature, hors de leur centre de production. Il en résulte que l'on est obligé de subir la loi des négociants, qui achètent pour aller, peut-être en les déguisant sous un nom d'emprunt, les revendre ailleurs, et ne veulent pas en donner plus de 9 ou même 8 fr. l'hectolitre. Plutôt que de céder, on brûlerait, si les acquéreurs d'eau-de-vie voulaient proposer des prix raisonnables pour celles qu'on leur livrerait et qui sont classées parmi les *bons bois* et même les *bonnes Borderies* de l'Angoumois, c'est-à-dire immédiatement après celles des grands crûs de la *Champagne* Charentaise. Mais ces messieurs prétendent ne les solder que 65 fr., 70 fr. au plus, droits non compris, par hectolitre, et exigent qu'elles marquent, en sortant de la distillerie, 70 degrés centigrades. Or, pour fabriquer cent litres avec cette condition, il faut en employer sept cents de vin. A 8 fr. l'hectolitre, cela fait 56 fr.; le brûleur prend, en outre, 3 fr. de salaire par double hectolitre soumis à la distillation, soit 10 fr. 50 ; l'opération dure trois jours pendant lesquels il faut fournir le bois ou le charbon nécessaire pour entretenir le fourneau, loger et nourrir l'ouvrier et son cheval, avec d'autres menus frais ; c'est un surcroît de dépenses de près de 9 fr. à coup sûr. Comptons : il est employé pour 56 fr. de vin, soldé 10 fr. 50, plus employé à d'autres dépenses environ 9 fr., total, 75 fr. 50, mettons 75 fr. seulement. Le propriétaire perd à l'opération au moins 5 fr. par hectolitre d'eau-de-vie livrée. Ce n'est pas engageant ! Si son vin vaut 18 francs les 200 litres, la perte s'élève à 12 fr. 50 ! On comprend que plutôt que d'accepter de pareilles propositions, on aime mieux vendre sa récolte telle qu'elle à l'exportateur, qui sans doute impose des sacrifices pénibles mais moins durs que ceux-ci. Il ne faut donc pas être surpris que dans les cantons de Mareuil et de Nontron, comme aussi dans celui de Verteillac, on songe à réduire la production du vin blanc pour s'adonner à celle du vin rouge, beaucoup plus rémunératrice, et que l'on renonce à la fabrication de l'eau-de-vie, qui ne peut entraîner que des mécomptes. C'est ce que m'expose très-bien mon hôte en me ramenant à son manoir et en me faisant asseoir auprès de son foyer, autour duquel enfants et serviteurs sont rassemblés et d'où s'exhale un parfum délicieux, promettant les plus douces jouissances à nos estomacs mis en allégresse par cette agréable senteur. C'est que l'on fête aujourd'hui Notre-Dame *crépière*, c'est-à-dire Notre-Dame de décembre. L'usage est ici de marquer la fin de l'année agricole et des semailles par une joyeuse veillée, où des crêpes brûlantes, dorées, minces, savoureuses, appétissantes font adresser au ciel les plus ferventes prières pour que la prochaine moisson soit complète. Aucun ménage ne manque à remplir ce devoir et, fût-on privé de farine, à trois lieues d'un moulin, on ferait le voyage jusqu'à la ville la plus proche, au milieu de l'orage et de la pluie, plutôt que de s'exposer à se passer de crêpes à huit heures du soir. Ce serait en effet dommage. Comme elles sont bonnes, ô mon Dieu !

Nous les arrosons avec un *petit blanc* qui aurait fait de bien bon *cognac*, mais la betterave, qui se glisse dans celui-ci, ne l'a pas voulu. Introduite subrepticement et à bon marché, bien plus cher encore qu'elle ne vaut, dans la chaudière des fraudeurs, elle n'a pas permis qu'on fît envoler en fumée, retombant en esprit dans un baril aimé, pour l'Amérique et l'Angleterre, le fin arôme qui nous charme. O voleurs, cette fois, merci ! je vous bénis de m'avoir contraint à garder l'or liquide qui brille en mon verre, réchauffe mes sens, me permet de faire honneur à la veillée de Notre-Dame et de me procurer un si doux sommeil et de si beaux rêves avant mon départ, car l'heure est venue, il me faut retourner dans la vieille capitale de notre Périgord.

Notre voiture, par Croix-d'Agneau, nous mène à Mareuil (1), où nous prenons la route d'Angoulême à Périgueux en re-

---

(1) Une assez longue absence et ensuite de nombreuses occupations et un état de souffrance qui m'a forcé pendant plusieurs jours à m'abstenir de tout travail, ne m'ont pas permis de revoir les épreuves de ma relation depuis la page 140, jusqu'à celle-ci. Si j'avais pu les retoucher, j'aurais fait disparaître bien des fautes de style et des répétitions de mots trop fréquentes dans cette partie de mon récit, mais sur lesquelles je me borne aujourd'hui, ne voulant pas fatiguer l'attention de mes lecteurs, à appeler l'indulgence. J'aurais eu soin surtout de corriger deux fautes que je tiens à rectifier, parce qu'elles nuisent au sens des passages dans lesquels elles se trouvent. Ainsi, page 150, lignes 11, 12 et 13, on lit : « Et *bien* que le choix des cépages fait par l'envoyeur n'ait pas été ce qu'exigeait la nature du terrain, etc. » Il fallait : « Et que le choix des cépages fait par l'envoyeur n'ait pas été celui qu'exigeait la nature du terrain, etc. » A la page 159, lignes 14 et 15, à propos des vins blancs d'ordinaire, on a imprimé : « Seuls, quelques particuliers achètent çà et là de rares chargements de 20 à 24 fr. *l'hectolitre*. Ce membre de phrases ne cadre pas avec ce qui suit. On devait mettre : « Seuls, quelques particuliers achètent çà et là de rares chargements de 20 à 24 fr. *le double hectolitre.* » (*Note de l'auteur.*)

montant la Belle. Sur notre droite, les côteaux qui viennent jusqu'à nous paraissent d'abord assez bien cultivés, quoique la terre y ait peu d'épaisseur ; les prairies de la vallée semblent en bon état, et le ruisseau lui-même offre les indices d'un curage fait récemment avec intelligence. A gauche, les hauteurs sont rocailleuses, mais l'ensemble du pays n'a rien de déplaisant au point de vue de l'agriculture non plus que sous celui de la variété. Plusieurs exploitations se présentent dans ce petit bassin comme bien tenues et même habilement conduites. L'exemple a produit ses fruits parmi les travailleurs : nous venons, en effet, de laisser derrière nous, au fond d'un faubourg de la ville, sur le cours d'eau de St-Pardoux, une métairie de M. J. Dereix, dirigée par le colon Larivière, qui a mérité le prix d'honneur des cultivateurs de sa classe pour l'arrondissement, au concours départemental, à Nontron, en 1873. Cet intelligent praticien entretient l'équivalent d'une tête de gros bétail par hectare, et a presque la moitié de ses terres en fourrages artificiels ; par suite de sa gestion rationnelle, ses revenus sont fort considérables, et sa bourse, naguère entièrement plate, est à présent toute ronde. Peu à peu les collines du sud laissent, à leur tour, apercevoir des parties pierreuses ; celles du nord semblent se dépouiller de terre végétale à une certaine élévation, surtout après que l'on a passé l'imposant château de Chaveroche qui, sur son éminence calcaire, commande la contrée. Il appartient à M. Desroches, qui lutte avec succès contre les difficultés, profite des circonstances favorables et est parvenu à prendre déjà rang parmi les bons engraisseurs de bêtes à cornes. Quelques villages perchés sur des tertres nous font comprendre que l'aridité du sol qui les environne ne s'étend guère au-delà de leur enceinte, et que l'on doit trouver sur le plateau qu'ils couronnent de distance en distance, des ressources que de la route on ne saurait distinguer. Nous voyons, en ramenant nos regards vers la chaîne qui serpente à droite, près de nous, défiler un manoir féodal appartenant à la famille de Galard, d'importantes carrières de pierre tendre et une vaste papeterie qui, transformée en ferme, est plus heureuse qu'une autre de dimension plus petite, que nous avons trouvée presque en sortant de Mareuil, et qui, complétement inhabitée, tombe en ruines. Nous sommes ici sur les dépendances du Vieux-Mareuil, joli bourg dépossédé par son jeune rival, qui lui a pris son nom et lui a même enlevé dernièrement une partie de son territoire ; il n'en est pas moins demeuré en possession d'une importance relative dans le canton, où, sous le rapport de la population, il occupe le troisième rang. Il y a des boucheries bien achalandées et des foires suivies. Le clocher de son église vient d'être reconstruit et est diversement apprécié : les uns l'approuvent, d'autres le critiquent. Quant à moi, je confesse qu'il ne me séduit pas et que je ne fais pas le moindre vœu pour que celui de Mareuil, qui va prochainement être réédifié, lui ressemble en rien. C'est une tour carrée, lourde, surmontée d'une charpente peu légère, percée d'ouvertures sans grâce. Cependant, je me trompe, peut-être, car hier encore j'ai entendu faire son éloge. Regardons-le de nouveau....... Non ! c'est impossible, je ne puis changer d'opinion à son égard. Du reste, tous mes compagnons de voyage se rangent avec empressement à mon avis. Parlons d'autre chose. Au Vieux-Mareuil se détache un chemin qui va déboucher près de Saint-Sulpice, abrégeant beaucoup la distance à parcourir entre la route nationale et celle de Nontron, en venant de Périgueux. C'est un grand avantage pour ceux que leurs affaires appellent dans cette direction. Depuis un moment, on s'aperçoit que la vallée est moins bien assainie que plus haut ; elle se resserre, nous offrant toujours des champs travaillés sous de nombreux noyers, des prairies et, de chaque côté, des tertres laissant à désirer sous le rapport de la fertilité, surtout sur notre gauche, où cependant les groupes de maisons semblent témoigner de l'existence de parcelles fécondes derrière les crêtes. Nous franchissons la Belle que voilà maintenant à droite de nous et bien réduite en volume. Il y existe encore, néanmoins, des moulins, mais leur revenu ne doit pas être considérable : on m'assure même que l'un d'eux a dû complètement être démonté. Enfin nous pénétrons dans une véritable gorge, au nord de laquelle des monticules de calcaire offrent des carrières de pierre tendre séparées par quelques intervalles cultivés où la vigne, que nous n'avions guère aperçue depuis notre départ, reparaît. Vis-à-vis, sur un petit coteau dans une position agréable, nous découvrons Monsec, qui semble nous sourire avec son original beffroi, sa petite église et son groupe d'habitations qui produit un bon effet. Quelques maisons semées le long de la route représentent une sorte de faubourg, la place commerçante de l'endroit. Nous y lisons sur des enseignes plusieurs fois le mot : Café. L'une d'elles affecte un air imposant. C'est un *hôtel !* et l'inscription peinte sur ses murailles nous apprend que son écurie peut renfermer quarante chevaux. Je crains bien pour son propriétaire que ses boxes ne soient pas garnies souvent. Ce coin de la commune, malgré les verrues pierreuses d'où l'on extrait moëllons et gros quartiers, est en somme frais et riant, mais ce n'est qu'un coin, et l'on m'assure que le reste de son territoire est digne par son apparence du nom que porte Monsec. Néanmoins l'agriculture n'est pas là sans fervents adeptes, et l'on sait que l'un d'eux, l'honorable M. Dupin-Laplante, est dans les concours la terreur de ceux qui veulent rivaliser avec lui en exhibant des porcs gras. Nous passons de nouveau la Belle, qui coule humblement dans un petit fossé large comme la main, et, avec la route, lasse de suivre depuis huit kilomètres à partir de Mareuil, même depuis dix-sept à partir de La Roche-Beaucourt, la plaine verdoyante et féconde, au lieu de remonter le ruisseau jusqu'à sa source, nous affrontons résolument une colline abrupte sur laquelle le chemin serpente en formant des coudes répétés. Les bois nous accompagnent des deux côtés, et nous ne voyons pas sans quelque plaisir chênes et châtaigniers, au travers desquels nous apercevons, grâce à l'hiver, des villages contre lesquels, dans la saison du feuillage, au printemps et en été, un étranger irait certainement se heurter sans les soupçonner là. De nombreuses éclaircies se font d'ailleurs dans les fourrés, et nous constatons l'existence de champs labourés et de vignes sur des pentes où dernièrement encore on ne récoltait que du gland, des marrons et de la bruyère. Soit ! mais à la condition que l'on sera prudent, car, quelquefois, en détruisant la forêt, on annihile ses revenus pour le présent et l'avenir. Du reste la charrue n'est encore venue que sur des points bien rares affleurer les talus de la chaussée nationale, et le voyageur peut, dans sa longue ascension, trouver toujours jusqu'à présent de l'ombre et de la fraîcheur. Presque au faîte de la hauteur est une importante tuilerie. Cet établissement fut, il y a quelques années, la proie des flammes. On dut voir de loin la colonne de feu dont il n'était guère possible, faute d'eau, d'avoir raison. Aussi tout fut-il brûlé presque entièrement. Mais sans doute l'exploitant avait bénéfice à travailler en cet endroit ; il ne perdit donc pas courage, et aujourd'hui ses ateliers occupent un vaste espace ; ils nous paraissent être remplis de marchandises et le centre d'une grande activité. Deux pas plus loin nous croisons la route départementale de Verteillac à Nontron, qui vers le nord se dirige sur Bagatelle au milieu, nous dit-on, d'immenses landes dont on nous désigne le commencement à l'horizon. Quand donc à la place de ces tristes bruyères verra-t-on croître de belles futaies ou tout au moins d'utiles cerclières ?

La descente devient rapide et nous met bientôt en présence d'un édifice flanqué de deux grosses tours décapitées, placé sur un monticule couvert de belles cultures.

Nous reconnaissons Mondevy, résidence de M. de Vandière, qui depuis bien des années améliore constamment sa propriété. Il a drainé plus de 15 hectares, avec des pierres prises sur place, créé des chemins de servitude, bâti des logements sains pour ses ouvriers ; il chaule et pratique le système d'assolement alterne. En 1866, il a reçu de la commission de visite de la Société, chargée d'examiner les domaines concurrents pour le prix d'honneur en Nontronnais, une médaille d'argent récompensant l'ensemble de son exploitation. En 1873, une seconde visite du jury lui a valu pour ses prairies une autre distinction semblable. M. de Vandière, n'en doutons pas, redoublera d'efforts afin d'achever son œuvre et de l'amener à un point de perfection digne des plus hauts suffrages, au lieu de s'endormir sur ses premiers lauriers. Il est déjà l'un de nos meilleurs éleveurs de chevaux et obtient à tous les concours, pour ses juments et poulains, de nombreuses primes. Lui et M. le marquis de La Garde sont les soutiens de la production du cheval dans un arrondissement où ils devraient, sous ce rapport, trouver de nombreux émules. Un instant après, le chef-lieu de la commune de Saint-Félix se déploie devant nous. Auprès de ce petit centre qui n'offre rien de remarquable, existent d'assez nombreux vignobles en joëlles, malencontreusement presque toutes à deux rangs, mais on en plante en rangs simples à côté, ce qui vaut mieux. Nous suivons une longue mais assez douce montée qui conduit à une élévation d'où nous descendons en décrivant plusieurs crochets pour arriver dans un vallon au milieu duquel, sur notre gauche, se dessine le village de Saint-Crépin, qui donne son nom au territoire municipal qui l'environne. Il y a là des réunions commerciales fréquentées par les agriculteurs pour l'achat et la vente des bestiaux. Le pays est arrosé par le Boulou, qui passe sous la route, divisé en deux bras : le premier, qui semble soigneusement nettoyé, faisait marcher la forge de Plessac que l'on aperçoit à notre droite et qui maintenant est éteinte comme celles de Bernardière, de Beaurecueil, d'Aucors et d'autres lieux voisins. L'autre branche baigne les prairies auprès desquelles, et sur le bord du chemin, est une hôtellerie qui eut ses jours de gloire au temps où le courrier de Périgueux à Angoulême marchait convenablement et où le roulage organisé avait plus d'activité régulière qu'aujourd'hui. Un instant la fortune a paru vouloir de nouveau sourire à cet endroit, il y a peu de temps. Lorsqu'il fut question de tracer le chemin de fer de Nontron à Périgueux, la forge de Plessac fut indiquée comme lieu de station pour cette ligne, que l'on projetait alors de diriger le long du Boulou, mais on ne pouvait songer à faire entrer les rives de celui-ci sérieusement en compétition avec celles de la Drône qui lui furent préférées avec juste raison après un examen attentif de la question. Pourtant il se peut, il est même à croire, qu'un embranchement, tout au moins, reliera peut-être avant peu La Roche-Beaucourt à Brantôme, et alors une halte de cette voie sera nécessairement établie, rappelant le mouvement, au point que nous quittons. Le terrain, en s'abaissant paisiblement de l'est à l'ouest et du sud au nord, nous ouvre une vallée légèrement inclinée et que nous remontons en admirant le nombre de ses villages et en constatant avec plaisir la variété de ses cultures, où la vigne se montre à chaque pas en carrés qu'elle garnit de plants vigoureux. Mais quel dévergondage, quelle orgie de noyers ! Ils sont partout : le long des sentiers, au milieu des ceps, des topinambours, des champs de blés ; épars dans un désordre qui n'est pas plus un effet de l'art qu'il n'est beau. Ce fouillis doit nuire à la fois aux arbres et aux autres plantes. Dix bons noyers régulièrement espacés autour des héritages ou des parcelles porteraient plus de fruit que vingt réunis par groupe qui, de plus, étouffent tout sous leur ombre. A notre gauche, une ligne de côteaux calcaires forme rideau fermant la perspective ; elle est en général escarpée, et ce n'est pas sans regret que je vois défricher ces versants maigres et presque perpendiculaires pour y établir des vignobles dont la ravine pourrait bien faire disparaître la trace même, avant longtemps. C'est du chêne, ce sont des arbres verts qu'il y faudrait. A l'extrémité de cette rangée de hauteurs, une grosse tour couverte en ardoises est adossée à un long et bas corps de logis qui semble être le centre autour duquel les habitations du voisinage se sont groupées à une distance plus ou moins grande, ou dont elles sont issues naturellement. Cela se comprend, cela devait être, car nous sommes en face du château de Richemond. C'est dans ce manoir, qu'il a fait construire et où il dort enseveli, que le fameux Pierre de Bourdeilles, le célèbre abbé commendataire de Brantôme, composa les écrits qui ont immortalisé son nom. Quelle agitation et que d'aventures en sa vie ! Que de voyages entrepris, que de pays parcourus, que de combats, que de siéges et quelle existence dans les cours !

> Quiconque a beaucoup vu
> Doit avoir beaucoup retenu.

Brantôme n'y a pas manqué, et il est probable qu'il a dit en avoir vu et en savoir plus qu'il n'était vrai. Il a grandement battu l'estrade et n'en est devenu que plus loquace, plus indiscret, plus hâbleur peut-être ; justifiant ainsi le proverbe :

> Rarement à courir le monde,
> On devient plus homme de bien.

Du moins ne réussit-il pas auprès des souverains et ne profita-t-il guère de tous les mouvements qu'il se donna ; sa langue était acérée comme sa plume, et on l'écartait par crainte de ses épigrammes, de l'intempérance de ses discours et de ses malicieuses inventions, sans doute. C'est donc là que s'est achevée sa turbulente existence, c'est dans cet asile qu'il est venu passer ses dernières années et écrire, dans un temps où les lettres étaient en honneur à la vérité, mais loin d'être aussi répandues et aussi facilement mises en lumière qu'aujourd'hui, des ouvrages qui vivront sans cesse en France. Alors les communications étaient difficiles et les moyens de transport longs et défectueux. Nos ancêtres, pourtant, allaient au bout du monde, seuls ou par groupes ; ils pénétraient jusqu'au fond de l'Asie, au milieu de nations barbares, que bien peu de voyageurs osent visiter maintenant. Les multitudes couvraient les chemins de Rome et de Jérusalem ; les chevaliers couraient combattre sous tous les climats du monde connu, puis ils revenaient fiers, inébranlés, plus fermes que jamais. Ils hantaient les palais, et de là se rendaient à travers monts et vaux, chevauchant au milieu des fondrières et des précipices, dans leurs châteaux, d'où le luxe était banni, où la vie n'avait aucun de ces agréments qui nous sont à présent indispensables. Ils profitaient de leur isolement pour consigner sur de gros papier, à leurs moments perdus, leurs mémoires ou le fruit de leurs pensées, et ces écrits se trouvaient être souvent des chefs-d'œuvre, inimitables en leur genre. Combien restera-t-il dans cinquante ans de ces tas de volumes que nos contemporains jettent, de toutes parts, à chaque instant, au vent de la publicité ? Nos pères étaient de fer et d'âme énergique, solides comme leurs édifices ; nous sommes délicats, faibles de corps, à part de trop rares exceptions ; nous élevons des murs de papier mâché, nous ne voulons plus faire un pas qu'en voiture capitonnée, nous allons vite sans même regarder ; nos enfants ne sauront bientôt plus changer de place que dans des boîtes moelleuses, au coin du feu, dans de bons lits, et bannissant, si l'on n'y prend garde, toute idée de leur cerveau Penser pourrait les fatiguer ; il vaut bien mieux répéter les idées d'autrui, sans se soucier de rien. Vivre et mourir inutile, mais sans se donner de peine, voilà ce qui leur paraîtra le but suprême. Je tâcherai qu'il n'en soit pas ainsi des miens.

Avec le territoire de la commune de Saint-Crépin finit, dans cette direction, le canton de Mareuil. Cette circonscription du Nontronnais, où je viens de passer près de six mois, renferme quatorze communes, que j'ai toutes soit visitées, soit traversées, à l'exception d'une seule. C'est un pays coupé par de nombreux bas-fonds arrosés par des cours d'eau, dont plusieurs ont une certaine importance. Le plus considérable est la Nizonne, ou Lisonne, qui vient de Saint-Front-de-Champniers, dans le canton de Nontron, entre dans le Mareuillais, aux environs du village de Puybaroneaux, baigne Champeaux, les dépendances de Ladosse, Saint-Sulpice, Beaussac, où elle reçoit le ruisseau de ce nom, grossi des envois de Connezac; Puyrenier, les Graulges, où lui arrive le tribut des sources de Brettanges; va toucher, dans la Charente, Combier, où un affluent lui parvient des bois voisins, et où elle est rejointe par la Belle; puis rentre dans le canton pour former la limite entre le Périgord et l'Angoumois, à partir de La Roche-Beaucourt, jusqu'à son embouchure dans la Drône, au nord-ouest de Ribérac. La Belle, qui sort d'un petit vallon auprès de Monsec, traverse cette commune, le Vieux-Mareuil, Mareuil, tombe, à Combier, dans la Nizonne, ayant pour tributaires, outre plusieurs sources et ruisselets, le petit torrent de St-Pardoux, qui se réunit à elle près du château des Talleyrand. Le ruisseau de Léguillac-de-Cercles, qui naît près du bourg de ce nom, se jette dans le Maine-d'Euche, canton de Montagrier, entre Saint-Just et Saint-Vivien. Le Boulou, provenant de Saint-Angel, canton de Champagnac-de-Belair, passe à Saint-Crépin, coule au sud, rentre dans le canton de Champagnac, absorbe un affluent venant des alentours de Cantillac, et qui arrose Boulouneix, coupe la partie nord-est du canton de Montagrier dans le Ribéracois, et rencontre la Drône au Puy-de-Fontas, sur les limites de l'arrondissement de Périgueux.

Entre les vallées, presque toutes occupées en grande partie par des prairies dont le sol aurait encore besoin d'être amélioré, bien que sur une assez grande étendue elles aient été déjà arrachées aux marécages, s'élèvent des collines peu hautes en général, et des massifs formant plateaux ondulés, où la bruyère se trouve seule trop souvent, et où les bois devraient être multipliés aux dépens de la lande rase. Il y a de beaux taillis et même de belles futaies de chênes et de châtaigniers çà et là, mais on a le tort de les détruire trop souvent, pour introduire à leur place des cultures extensives d'autant plus malheureuses que les bras manquent et que déjà les fumiers disponibles s'éparpillent sur une trop grande surface. De plus, beaucoup de ces défrichements malencontreux se font sur des pentes dont ils amènent l'inévitable et prompte dénudation. La superficie du canton est de 23,071 hectares et sa population, d'après le dernier recensement, de 9,560 âmes. Elle était de 10,500 en 1864. Il y a donc eu, en cinq ans, perte de près de 1,000 personnes, soit 200 par an. Telle commune a vu le nombre de ses habitants tomber de 500 à moins de 400. La division des familles et l'attrait des grandes villes, l'ouverture de chantiers nombreux à portée du pays, ont amené ce résultat désastreux. On remarque pourtant un temps d'arrêt dans cet exode, et l'on espère que bientôt, au lieu d'un recul, le dénombrement établira une augmentation dans le peuplement du pays.

Un chemin de fer va toucher le canton à La Roche Beaucourt, un autre ne peut manquer de le traverser avant peu ; les routes nombreuses, une culture intelligente feront le reste. Le sol, en effet, est loin d'être infertile. Les vallons peuvent produire, au lieu de joncs, une énorme quantité de fourrages, comme l'ont prouvé les travaux du syndicat de la Nizonne et de quelques hommes dévoués. La couche arable est de faible épaisseur il est vrai, reposant presque partout sur un roc qui souvent effleure son épiderme et le perce parfois ; mais elle est de bonne nature, et les maïs qu'elle nourrit, en dépit des ardeurs du soleil, le prouvent surabondamment. Un meilleur assolement augmenterait beaucoup ses produits. La vigne vient très-bien et donne des vins qui ne sont pas sans mérite, sur les hauteurs où elle n'a pas à redouter les gelées. En la traitant comme il convient, et choisissant rationnellement les cépages, on obtiendrait d'elle des résultats très-satisfaisants sous tous les rapports. Il semble, par exemple, qu'il y aurait lieu, presque toujours, à substituer à la folle-blanche la folle-jaune, vantée par M. Menudier, habile viticulteur de Saintes, introduite avec succès à La Roche-Beaucourt, dont le régisseur, homme éminent dans la partie, se loue beaucoup de son emploi. Ce praticien dont les envois ont été plusieurs fois couronnés, m'écrit, en effet, qu'on obtient d'elle régulièrement quantité et qualité, qu'elle donne plus d'alcool que la blanche et fait un très-bon vin. Ajoutez à cela qu'elle craint moins la gelée que sa rivale, poussant plus tard qu'elle. On peut en croire M. Roques, dont l'avis fait, en cette matière, autorité. Enfin, l'extension des prairies artificielles enrichirait le cultivateur, en lui permettant d'entretenir un bétail plus nombreux et mieux nourri. Les arbres à fruit peuvent être aussi d'une grande ressource, particulièrement les noyers et les châtaigniers, qu'il faudrait enter, bien disposer et entretenir convenablement. Un comice qui a fonctionné très-utilement pendant quelques années a fait le plus grand bien et donné la plus vive impulsion au progrès, comme on peut s'en convaincre par les faits suivants. En 1862, M. Descourades, alors juge de paix, comparait la situation agricole où se trouvait le pays avec celle constatée en 1852, et déclarait que, sur 3,930 hectares consacrés au froment, on avait recueilli 28,649 hectolitres, soit un peu plus de 7 hectolitres à l'hectare, tandis que, dix ans auparavant, on n'avait, sur 4,048 hectares, obtenu que 24,228 hectolitres de cette céréale, soit moins de 6 hectolitres pour une même superficie. Or, la statistique de 1874 porte la production en froment du canton de Mareuil, sur 3,561 hectares, à 54,127 hectolitres, ou 15 hect. 20 par hectare, c'est-à-dire à plus du double, à surface égale, de ce qu'elle était douze ans auparavant. Il est vrai que l'année 1874 a été remarquable par sa fertilité sous ce rapport, tandis que 1852 et 1862 ont été, par contre, très-médiocres ; mais, même en tenant grand compte de ce fait, il est évident que l'avance prise est considérable. Cette même année 1874, la vigne, quoique occupant quelques hectares de moins que précédemment, a fourni 59,682 hectolitres, contre 39,033 en 1862. La viticulture prendrait de grands développements dans la contrée, où presque tous les plateaux lui conviennent parfaitement, si trois causes principales n'arrêtaient un peu son essor : la première est le manque de bras ; la seconde, la crainte du phylloxera, qui vient de faire son apparition sur les lieux ; la troisième, le faible cours des vins blancs, qui, malgré leur qualité souvent supérieure, ne peuvent atteindre un prix en rapport avec leur mérite, le débouché leur manquant vers les lieux où l'on pourrait les vendre en nature, et leur conversion en eaux-de-vie, très-bonnes pourtant, fort appréciées, même dans la Charente, constituant le propriétaire en perte. La vigne blanche occupe une partie très-importante des vignobles à l'ouest, où ses produits entrent souvent, pour moitié, parfois pour les trois cinquièmes, dans le total des vendanges de certains crus. Les voies rapides pourront peut-être les relever de l'avilissement dans lequel les tiennent les commissionnaires spéculateurs, mais, par suite de l'état de choses actuel, on tend à cultiver de préférence des vignes rouges dont le rendement est d'un placement plus facile. On sait, du reste, qu'une certaine quantité de raisins blancs mêlée aux rouges ne nuit pas à la bonté du liquide obtenu de ceux-ci. Très-probablement donc, on agira en conséquence en jetant les grappes des deux couleurs dans les mêmes cuves et en les manipulant ensemble, ou bien en mélangeant en proportion calculée leurs jus exprimés à part. On commence même. L'avoine n'occupe plus que 432 hectares au lieu de 758 en 1862. Elle a donné l'année dernière 16 hectolitres 50 à l'hectare. Le maïs n'a été semé que sur 1,561 hectares contre 1,783 en 1862 ; mais son rendement a été supérieur à celui de cette dernière année, 25,756 hectolitres contre 23,019. En 1874, les pommes de terre ont couvert 1,154 hectares au lieu de 907 et 713 précédemment, et l'on en a retiré 115,400 hectolitres, 100 par hectare contre un peu plus de 65 précédemment. On voit que le profit ne se règle pas sur l'étendue de l'ensemencement, mais bien sur les soins qu'on consacre aux céréales, aux autres graines et aux racines avant la mise en terre et pendant leur croissance ; le succès de la culture de la pomme de terre et son extension démontrent également que par un assolement mieux entendu on arrive à des résultats meilleurs. Si l'on combine l'élan donné à la dernière plante que je viens de citer avec celui que l'on a imprimé à la multiplication du topinambour que l'on rencontre maintenant partout sur de vastes étendues, avec aussi la proportion plus grande des prairies artificielles, presque toutes composées de sainfoin, le peu de profondeur de la terre arable ne permettant pas l'expansion de la luzerne qui ne se rencontre que dans des conditions exceptionnelles ; si l'on tient compte de l'espace chaque jour plus grand pris par les betteraves, du perfectionnement introduit dans la tenue des prés naturels, perfectionnement sensible quoique partiel, il faut évidemment admettre que, si leur nombre n'est pas augmenté, les animaux de ferme sont mieux nourris qu'auparavant, partant rendent de plus éminents services et fournissent un fumier de qualité supérieure à ce qu'il était autrefois. Les bêtes à cornes, employées presque exclusivement pour le travail des champs, s'engraissent avec facilité étant bien choisies ; les bœufs proviennent à peu près tous du Limousin, les vaches de labour également, ou bien de la Gâtine ; ces dernières appartiennent à la race parthenaise améliorée ; quelques bretonnes sont acquises pour la production du lait et du beurre. On n'élève pas ; les veaux sont vendus à l'âge de trois mois pour la boucherie. Le bétail gras adulte de l'espèce bovine s'écoule pour l'extérieur dans les foires nombreuses du canton et des communes voisines ; on en consomme peu sur place. Il en est autrement des porcs dont on ne fait naître qu'un faible contingent, mais qu'on abat en grande quantité pour les besoins du ménage ou l'approvisionnement des habitants des principales agglomérations. Le surplus est dirigé sur l'Angoumois et Bordeaux. Ces porcs ne relèvent d'aucun type fixe ; ils sont presque tous issus de croisements de différentes races avec diverses tribus porcines anglaises ; ils sont délicats, sujets à des maladies nombreuses et souvent mortelles ; on attribue cette faiblesse de tempérament à des mélanges de sang irrationnels qui débilitent les sujets en provenant. La quantité des moutons diminue beaucoup à cause du tort qu'ils portent aux bois et du peu de personnel dont il est possible de disposer pour leur garde. On en compte à peine cinq cents de races améliorées, les autres sont tous, sans exception, de la variété périgourdine, basse sur jambes et de chair excellente. La surface couverte par les arbres en masses est, comme je l'ai déjà dit, souvent entamée par des défrichements et ne s'étend pas autant que cela serait à désirer, aux dépens de la lande nue ou de terrains impropres aux produits qu'on veut leur imposer. Mais il est à croire que l'heureuse initiative prise à cet égard par des hommes de mérite ne restera pas sans exciter une émulation salutaire. On ne compte plus que 400 hectares de châtaigniers environ, tandis qu'il devrait y en avoir au moins le quadruple sur les pentes raides et dans les bruyères siliceuses où rien autre chose ne peut être placé d'une manière avantageuse. Bien soigné, chaque hectare complanté en châtaigniers de bonne espèce rapporterait au moins par an 80 à 100 fr. de recettes, c'est-à-dire le triple de ce qu'on peut en retirer maintenant. Les noyers pullulent et deviennent énormes pour peu qu'ils rencontrent une veine de terre profonde. Ils végètent au hasard et cependant fournissent souvent un appoint très-appréciable aux ressources du cultivateur. En les rangeant en ordre, en les plaçant dans des endroits où la gelée ne pourrait les endommager, en choisissant les espèces, on quintuplerait facilement le revenu qu'on en retire, et ce revenu ne serait pas précaire comme il l'est actuellement par suite des ravages qu'exercent les froids printaniers. Les légumes secs, un peu de seigle, de méteil et d'orge complètent, avec quelques hectares de chanvre et trop peu de tabac qui devrait, pour le plus grand bien du pays, remplacer la plante textile, ce que l'on cultive dans le Mareuillais. On sait, par les expériences de M. de Fontenay, que le houblon peut y réussir parfaitement. Enfin, on y trouve d'excellentes truffes dont il serait possible de quintupler la quantité en plantant des chênes à des distances régulières dans les sols impropres à la charrue et dont la composition se rapproche de celle où l'on rencontre les gîtes de ce cryptogame incomparable. Les ruches aussi mériteraient d'être multipliées. Avec les sainfoins que l'on voit maintenant de tous côtés, la qualité du suc élaboré par les abeilles serait des premières. En un mot, malgré les nombreux faux pas qu'il fait encore, et bien que les instruments perfectionnés, qu'il devrait posséder en foule, y soient trop peu répandus, on peut dire que le canton est en bonne voie. Espérons donc beaucoup de lui ; ne doutons pas un instant du prospère avenir agricole de ce petit territoire qui a vu les deux prix d'honneur, d'arrondissement, pour ensemble de culture et pour le métayage, échoir à juste titre à deux de ses praticiens lors du brillant concours départemental de 1873.

Le terrain se fronce de nouveau ; nous rencontrons sans cesse de petites élévations entre lesquelles, au milieu des prairies qu'ils noient parfois, coulent des ruisseaux dont l'un va se mêler au Boulou, et, pour se rendre digne de cet honneur, se gonfle de son mieux en absorbant les autres. Au sommet du dernier de ces renflements, nous apercevons sur notre gauche, tout en haut d'une colline, dépassant ses voisines, la tour de l'église de Cantillac éclatante de blancheur sur l'azur du ciel. A ses pieds, se trouve St-Michel, où pendant de longues années le vénérable M. de Salleton, l'un de nos doyens respectés de la Société d'agriculture, donna l'exemple de toutes les vertus et prit en main la cause de tous les progrès. En avant, se déroule la riche vallée de la Drône parcourant le fertile canton de Champagnac, où M. le vicomte de Cosnac d'abord et M. de Meynard ensuite, à la tête du comice établi par le premier, ont imprimé vers le bien un élan salutaire qui, nous l'espérons, sera constant, malgré tous les obstacles. Ce canton, qui vient s'interposer entre celui de Mareuil et l'arrondissement de Périgueux, jetant sur notre passage comme un charme pour nous retenir, est peut-être le plus beau du Nontronnais. Il nous apparaît tout ensoleillé, tout souriant, couvert de bourgades et de maisons isolées, florissant et plein d'attraits. C'est le miel aux bords d'une coupe dans laquelle fermente une liqueur déjà bonne et qui, lorsqu'elle aura terminé son dernier travail, sera digne des éloges des plus fins appréciateurs.

Les noyers nous suivent toujours ; ils nous accompagnent le long d'une gouttière au bas de laquelle nous en prenons, en tournant vers le sud, une seconde dont le fond, d'un vert brillant, nous indique l'excellence des prés qui l'occupent. La route de Nontron, se détachant de la route nationale, ouvre une perspective étroite et lointaine vers le nord, tandis que devant nous la gorge se resserre, bientôt bordée d'habitations dont une fort élégante et les autres de différents styles. Brantôme s'annonce par ce faubourg, longue avenue encombrée de charrettes chargées de vin, au milieu desquelles nous passons à grand'peine. La Drône, sortie d'un vallon voisin qui la serrait de près curieusement, et retrouvant la plaine, en profite pour s'emparer de l'espace. Elle détache donc vers l'ouest un limpide, frais et riant canal que nous rencontrons sur notre passage. Cette branche laisse au nord le quartier que nous venons de parcourir, puis tourne vers le sud en arrosant le pied des hauteurs, oblique ensuite un peu plus bas et baigne, entre les coteaux et elle, une langue de terre étroite et bien utilisée ; enfin, du sommet d'une écluse qui fait mouvoir les roues d'une belle usine, elle va tomber avec bruit dans le grand bras dont elle s'était séparée et qui vient la rejoindre dans un large lit plein l'hiver mais à peine sillonné l'été par quelques filets d'eau courante, au milieu desquels les vignerons, avant les vendanges, aiment à placer en rangs pressés, pour en faire gonfler le bois et les rendre propres à contenir un vin généreux, les barriques destinées à renfermer les trésors que les enclos voisins promettent de fournir. Le cœur de la ville bat donc dans une île. Là, sont la mairie, l'hôpital, des hôtels, des ruelles étroites et aussi deux belles rues, l'une servant de passage à la grande route qui décrit un demi-cercle, l'autre à celle de Bourdeilles qui croise la première au sortir d'un pont élégant à trois arches près duquel on voit le marché couvert, commode, original, et dont la construction n'a pas dû coûter beaucoup d'argent. Il est, en effet, établi dans l'ancienne église paroissiale, abandonnée il y a quelques années. On a tout simplement renversé les murailles séparant les piliers au-dessous des cintres ou ogives qui les relient, et il en est résulté une halle spacieuse, bordée d'arcades sur tout son pourtour. Les vendeurs et les acheteurs s'y trouvent à l'aise ; mais comme le petit beffroi de la chapelle le surmonte encore et donne au tout un aspect religieux, l'effet produit par les étalages est étrange, et au premier abord on ne peut s'empêcher de songer aux marchands du Temple dont il est parlé dans l'Evangile. De ce point, un chemin de ronde conduit à la route de Paris en passant devant une tour à moitié ruinée, reste des vieilles fortifications. A l'ouest du marché couvert, au bout du pont dont il vient d'être parlé, de l'autre côté du petit bras de la rivière, on est en face de la grande et célèbre abbaye, qui couvre presque tout le terre-plein. Sa remarquable église, aujourd'hui restaurée, sert au culte paroissial. C'est un vaste et beau monument sans bas-côtés, décoré de riches verrières au-dessus du maître-autel et de son entrée principale. Il ne possède qu'une seule chapelle en rotonde, située sur la gauche près de la tribune, dédiée à la Vierge et embellie naguère de peintures très-dignes d'intérêt, exécutées par M. Lafon, artiste distingué, résidant à Paris, mais originaire de la commune, et qui avait mis tout son talent dans l'exécution de cette œuvre. Malheureusement il ne reste plus rien de ces belles compositions; l'humidité du rocher qui touche l'enceinte les a couvertes de moisissures, et on a fait tomber la plus grande partie, ne laissant subsister que quelques lambeaux incohérents qu'on s'est vu contraint d'effacer. Il a fallu, par les mêmes raisons, regratter les murs; mais ils verdissent de nouveau plus vite qu'un pré. Cependant, on assure qu'avec un enduit d'huile on peut vaincre cette mousse obstinée. Dieu veuille que ce remède soit efficace ! Il est d'ailleurs sous la main dans un pays où les noyers ont tant de fruits que, d'après ce que l'on assure, les paysans firent, il n'y a pas longtemps, sceller les côtés de leurs bahuts et convertirent ces meubles en récipients d'huile, en attendant la vente de celle-ci.

Le clocher joint la nef en dehors et sur le côté. Bâti sur deux blocs qu'il enjambe et sous lesquels on passe dans une sorte de tunnel pratiqué le long de la colline pour que le meunier du couvent pût aller en ville et en revenir sans traverser les terrains réservés aux religieux, il a, dit-on, été élevé, d'après les uns, sous le règne de Charlemagne, d'après les autres seulement vers l'an 1000, et a véritablement l'aspect d'un monument très-ancien. C'est une pyramide au premier étage de laquelle de grandes arcatures renferment, sur chaque face, des fenêtres géminées, séparées l'une de l'autre par un pilier sculpté. Plus haut d'autres fenêtres en plein cintre sont surmontées de pignons aigus très-élevés, entre les pointes desquels et les contreforts, soutiens de l'édifice, sont ménagées des ouvertures semblables aux premières, mais beaucoup plus petites. Enfin, un cordon d'autres croisées toutes pareilles à ces dernières sert, pour ainsi dire, de corniche supportant un toit bas et à angles saillants. En contemplant ce bizarre et néanmoins majestueux monument sans analogue dans notre province, on se sent ému. L'esprit évoque les âges écoulés et l'histoire se déroule devant vous avec ses péripéties et ses graves enseignements. Quelques parties de ce clocher viennent d'être réparées avec autant de succès que de goût. Un profane, tout au moins, qui ne le saurait pas, ne pourrait distinguer les pierres nouvellement placées de celles qui sont là depuis tant de siècles. Quatre belles cloches ont été naguère suspendues au premier étage, et forment une puissante sonnerie. La crypte curieuse se ferme en coupole, actuellement soutenue par des piliers, remplaçant des colonnes, dont une subsiste encore, témoignant par sa facture de l'époque à laquelle elle appartient. On pénètre dans l'église par une petite porte latérale, le grand portail donnant sur le parterre de la maison curiale. Celle-ci se trouve ainsi placée dans une position fort commode pour le clergé. De plus, elle est élégante et flatte l'œil. Mais, trop près de la colline qui la domine au couchant, elle est saturée d'eau qui doit bien fatiguer l'excellent et vénérable abbé Labrande, qui certainement aimerait mieux être logé quelques pas plus loin, où il n'aurait pas à lutter contre une atmosphère favorable aux rhumatismes. En outre, on a sacrifié au petit jardin du presbytère une partie des cloîtres si curieux qui remplissaient cet espace. On ne saurait trop regretter un pareil acte.

Au midi se développe le monastère proprement dit, composé d'un vaste corps de logis, flanqué au nord et au sud de deux pavillons à clochetons. La partie septentrionale habitée et employée, je crois, comme école, est dans un état passable ; mais tout le reste, beaucoup plus considérable, tombe littéralement en ruines. Ne pourrait-on pas encore sauver cet édifice en y plaçant les bureaux de l'administration communale, la gendarmerie et la maison d'arrêt ? Peut-être ; mais probablement la ville se trouverait impuissante à suffire aux dépenses de restauration et d'appropriation indispensables. Le mieux serait de vendre le tout à une corporation religieuse, qui l'aurait bientôt réédifié, et donnerait dans le pays des leçons d'agriculture pratique, d'autant plus utiles que le canton ne possède pas de comice, institution qui y serait si bien à sa place(1). Derrière le couvent est une immense cour à l'entrée de laquelle une source s'épanchait jadis, d'un petit château-d'eau construit pour elle, dans un spacieux bassin consciencieusement aménagé. Un beau jour, ennuyée sans doute de sa captivité, l'envie lui prit de déguerpir, et elle s'en passa la fantaisie en allant sortir à quelques vingt mètres plus haut, où maintenant est un lavoir continuellement entouré de blanchisseuses à la langue agile, qui font du soir au matin retentir de bruyants propos, pas tous très-charitables, les promenoirs où les religieux passaient méditant en silence. La muraille opposée aux bâtiments est formée par le côteau dont le bas est percé de longues galeries, où l'on exploitait jadis des

(1) Ceci était écrit à la fin de l'année 1875. Un comice a été fondé depuis, sous la présidence de notre collègue à la Société départementale M. A. Gaillard, professeur d'agriculture.

carrières de pierre de taille. Plusieurs de ces labyrinthes s'étendent profondément sous la montagne et sont utilisés comme remises ou même comme habitations. A l'extrémité de l'un d'eux, qui leur servait de chapelle, les moines, sur un autel taillé grossièrement, ont sculpté, ébauché plutôt, un groupe assez informe maintenant, par suite de sa vétusté, mais dans lequel on prétend reconnaître une représentation du Jugement Dernier. De ce pieux et vaste réduit, un négociant en vins a fait son chai. C'est une garantie pour l'acheteur, car, comment un instant supposer, quoique la fontaine soit bien près, que ce commerçant, ou ses employés, puisse se livrer à des manipulations ayant pour but de modifier la nature de ses denrées au préjudice des acheteurs, en ayant sans cesse sous les yeux la représentation du châtiment qui attend les fraudeurs après leur mort !

Les maisons *caverneuses*, c'est-à-dire celles dont le roc forme les parois du fond et des côtés, et qui n'ont de murs et de fenêtres que sur la voie publique, se prolongent sur le chemin de Bourdeilles : c'est un véritable faubourg de *Troglodytes*. Peut-être dans deux cents ans d'ici quelques savants, explorant ces parages et découvrant sous ces voûtes des traces de foyer, des débris calcinés, des ustensiles brisés, feront-ils grand bruit de cette trouvaille et rédigeront-ils des mémoires sur les hommes *préhistoriques* qui auront vécu dans ces lieux et qui seront tout simplement un menuisier, un bûcheron ou un tailleur de l'an de grâce 1875 ! Pareille méprise ne s'est-elle pas produite ailleurs ?... Il se pourrait.

En regagnant le monastère au-delà duquel on se laisse entraîner par cette curieuse succession de domiciles peu communs, on rentre dans son enceinte par l'emplacement où s'élevait la porte principale, maintenant démolie pour le passage du chemin de grande communication, et que protégeaient deux bâtiments crénelés encore existants. Au pied de l'un d'eux, en dehors de l'ancien enclos conventuel, est une grande minoterie, autrefois moulin des moines, alimentée par le petit bras de la Drône et à laquelle est annexé un moulin à foulons. Son écluse est située en dedans des dépendances de l'abbaye ; de là part un pont singulier qui, après avoir, au moyen de trois ouvertures, enjambé le canal, s'engage résolûment sur le déversoir et parvient ainsi sur la branche principale de la rivière. Il y tourne brusquement et à angle droit au sud, pour aboutir à un sentier côtoyant le rivage. Ce passage original, qui ne peut guère servir, tant il est étroit, qu'à des piétons ou tout au plus à des cavaliers, conduit, au moyen de ses dix petites arches, en produisant un effet pittoresque, au faubourg situé au-delà de l'eau, partie de la ville dans laquelle on trouve la place destinée à la vente du bétail, très-étendue, bien située, et à l'entrée de laquelle on vient de placer une bascule avec son bureau que décorent les armoiries de la commune. Brantôme a donc quatre ponts, reliant entr'eux ses divers quartiers, savoir : celui de la route d'Angoulême, celui de l'ancienne église, celui des Pères ou du couvent, celui de la route de Périgueux, et de plus un perré qui, au-dessous de l'hospice, permet de traverser la grande Drône en sautant de pierre en pierre dans un endroit où, sauf lors des fortes crues, il y a très-peu d'eau, de sorte que les maladroits et les ivrognes ne risquent guère de se noyer en se livrant à la gymnastique nécessaire pour user de ce passage supplémentaire. Autour du champ de foire sont d'assez nombreuses maisons, dont plusieurs élégantes, d'où l'on jouit d'une très-belle vue. Un peu au-delà se trouve le cimetière, grand et avec des tombes assez remarquables, mais la tenue de son ensemble paraît un peu négligée. Brantôme est une gracieuse et charmante petite cité que l'on a bientôt vue, mais à laquelle on s'attache vite et pour longtemps. Elle a de grands éléments de prospérité que le chemin de fer développera certainement, et qu'accroîtrait beaucoup aussi la canalisation de la Drône, que l'on devrait rendre navigable jusque-là.

Après un arrêt d'une heure, notre voiture a repris sa marche en gravissant un long côteau, bordé pendant une centaine de mètres encore d'habitations presque toutes environnées ou accompagnées de jardins ; quelques-unes sont assez bien bâties. Une d'elles offrait une rare particularité : son propriétaire avait eu l'idée, pour en écarter l'humidité sans doute, d'en faire enduire en dehors les murs, aussi bien ceux des dépendances que du corps de logis, d'une épaisse couche de coaltar, de sorte que le tout paraissait couvert d'immenses draps mortuaires, spectacle peu réjouissant. A présent, le temps a fait son office, et, la poussière aidant, le noir est devenu gris, ce qui n'a plus rien de trop rébarbatif.

Salut aux noyers, aux champs de céréales, aux vignes ! En bas, bien au-dessous de nous, l'attrayant chef-lieu de canton se montre encore avec ses constructions si curieuses, ses bruyantes chutes d'eau, ses places, ses antiquités si dignes d'être étudiées, sa riante vallée dans laquelle court la route de Bourdeilles, bordée par des grottes-maisons, sa limpide rivière qui s'est faite grande pour l'embrasser et, se repliant, s'en va modeste, heureuse d'avoir eu ce bonheur. Salut aux collines qui le dominent, et où M. Lafforest s'occupa longtemps, avec ardeur et intelligence, de la sériciculture. Plus loin, sur la même ligne, à peu de distance du crû des Ballans, le principal de la contrée, nous apercevons le Châtenet, où MM. Gaillard dirigent savamment l'exploitation d'un domaine destiné à devenir l'un des plus beaux fleurons de notre agriculture périgourdine, et dont déjà les excellents vins rouges et blancs et les racines fourragères ont obtenu de brillantes récompenses dans nos concours départementaux. Plus loin encore, au nord-ouest, le clocher de Cantillac surpasse tout, vu la hauteur qui le porte, et ferme l'horizon. Derrière nous apparaît le svelte manoir de Puymarteau ; à nos côtés sont des champs bien tenus et des vignobles remarquables, dont les produits font l'objet d'un grand trafic à Brantôme, ainsi que la saboterie et le bétail. Aux environs de la jolie ville, d'où nous sortons, bien des colons rivalisent de zèle pour les perfectionnements, et l'un d'eux, le sieur Rebière, a obtenu le grand prix d'honneur en 1869, pour la tenue et l'exploitation parfaitement comprise du domaine confié à ses soins. Il le méritait amplement par son excellente culture, la création d'une jeune châtaigneraie, composée d'arbres greffés des meilleures espèces, la plantation de 6 hectares de vignes en cépages intelligemment choisis et soignés, ses endiguements, ses nivellements et autres améliorations, toutes, comme les précédentes, dues à son initiative et faites à ses frais. Rebière est un homme intelligent, dirigeant à son gré le domaine dont le propriétaire éloigné lui abandonne avec confiance la conduite. Il y a plus qu'on ne le pense de métayers actifs et faisant bien d'eux-mêmes sans y être poussés ni seulement encouragés. Heureux ceux qui trouvent de pareils auxiliaires ! La route d'Agonac est maintenant derrière nous allant vers Lombraud, grand centre de production de vins, cette gloire de la contrée, dont le docteur Guyot a si haut reconnu les mérites sur place, en paroles, et dans ses écrits.

Tout le pays qui nous entoure est couvert de débris des temps anciens. On y voit des dolmens, des édifices de divers âges. Nous descendons dans une gorge au sol aride, puis montons à l'assaut d'une hauteur que la route couvre de cent replis. Nous arrivons ainsi devant deux gros villages situés sur une sorte de palier et d'où la vue s'étend d'une part vers des enchevêtrements de tertres au sol rougeâtre, émaillés de semis, d'arbres et de vignes, de l'autre vers des collines plus éloignées. Après le second centre de population, nommé le Bos de Sarrasignac, en souvenir d'un vieux château dont il reste peu de chose, nous rencontrons la route de Bourdeilles qui vient s'embrancher sur la nôtre pour gagner Périgueux, de concert avec elle.

De ce point, le regard se porte encore, empressé, dans la vallée de la Drône, qui nous montre, la tentatrice ! ses nombreuses habitations éparses ou réunies, ses fraîches prairies, ses longues lignes de plantations, ses coquets détours, au bout desquels elle nous laisse deviner Bourdeilles, avec ses nouveaux atours et les imposants souvenirs planant au-dessus de ses donjons et de l'ancienne salle des États. Nous songeons avec plaisir qu'avant peu la vapeur frémissante nous emportera mollement bercés dans ce charmant territoire, où nous n'aurons à regretter que de le parcourir trop vite. Nous n'avons pas ce souci à l'endroit où nous sommes, car nous marchons bien lentement ; c'est que l'escarpement a repris ses droits et que maintenant notre équipage tire, suant, soufflant, presque rendu, sur un sol gris, détrempé par les averses. Le plateau blanchâtre s'abaisse à notre gauche, vers le nord-est, découvrant à nos yeux une immense étendue de pays. De là, prétend-on, ceux que le ciel agrée et gratifie d'une vue perçante, peuvent découvrir, perdu sur le bord du ciel, s'esquissant entre la terre et lui, Piégut, près des confins du Limousin et du Périgord. Mais il pleut et je suis myope. Il m'est donc impossible de constater le fait. Mes compagnons de voyage ne sont pas plus heureux que moi. La vigne, dans les champs qui nous entourent, gagne chaque jour du terrain. Il est même à désirer qu'elle s'y propage encore plus, car, malgré quelques exceptions naturellement, le sol n'y paraît guère propice au froment et autres grains que l'on s'obstine à y cultiver. Nous voyons les vignobles envahir les crêtes des monticules crayeux qui s'élèvent de distance en distance sur notre droite, mais sans néanmoins en atteindre tout-à-fait la cime, je ne sais pourquoi. Les noyers ne nous abandonnent point. Enfin, nous ne nous hisserons pas davantage, car l'ingénieur qui a tracé la voie, au lieu de lui faire dominer le piton que voici, l'a dirigée en biais, de manière à ce qu'elle passe en écharpe, humblement, au pied de Puy-de-Fourches qu'enorgueillit cette marque de respect de sa part. Il serait bien plus fier encore, le village haut placé, s'il était chef-lieu de commune. Mais ce titre dont il jouissait avec une satisfaction superbe, il l'a perdu ! Pourtant, monté sur le faîte, il n'aspirait pas à descendre ainsi, surtout en faveur de son rival Sencenac, auquel il est uni, dont il dépend au temporel, car, sous le rapport spirituel, il a repris sa suprématie. Entre Sencenac et Puy-de-Fourches, la rivalité ne cesse pas un instant. Ces frères siamois se détestent et ne peuvent briser cependant le lien qui les rassemble, ayant, d'après les docteurs du conseil général, besoin l'un de l'autre pour vivre, les ressources que chacun d'eux puiserait dans son organisme spécial ne pouvant lui suffire isolément. Cruelle position ! Qui dénouera ce nœud gordien, de manière à satisfaire chaque partie adverse, sans blesser l'autre ? C'est le secret de l'avenir.

Une profonde déchirure s'étend au-dessous de Puy-de-Fourches, en se prolongeant à l'ouest, et permet d'apercevoir à plusieurs kilomètres de là, sur la pente d'un mamelon, le château de la Côte, dépendant de la commune de Biras et restauré depuis peu d'années. C'est là que M. Dethan, membre de notre Société départementale, a déployé, pour l'amélioration de l'importante terre qu'il venait d'acquérir, une indomptable énergie qui l'a, malheureusement, conduit au tombeau jeune encore. Sa veuve, active et intelligente, qui poursuivait ses travaux, a été, elle aussi, promptement enlevée par la mort, au moment où la tâche entreprise touchait à son terme. Maintenant, cette propriété, que dirigent d'anciens élèves de la ferme-école de Lavallade, située non loin de là, se trouve dans un état satisfaisant, et les enfants des laborieux restaurateurs recueilleront, probablement, des fruits abondants des veilles ardues de leurs parents. Les flancs de la montagne, un instant séparés par la gerçure, se rejoi-

gnent, couverts de bois de chênes et de pins, à travers lesquels
un chemin allant vers Agonac s'ouvre sur notre gauche (1). Ces
fourrés ont été, quelque temps après notre passage, et très
près d'ici, le théâtre d'un drame affreux. C'était le 2 février 1876. Depuis plusieurs semaines on signalait dans le pays
la présence de loups nombreux. Le matin de ce jour là, vers
9 heures, un de ces animaux se jeta subitement sur un cultivateur qui travaillait à côté d'un groupe de maisons et le blessa
grièvement. Effrayé par l'arrivée de quelques personnes, il s'éloigna, mais pour attaquer, à peu de distance, un paysan qui
cheminait dans la forêt et auquel il arracha une joue et une
cuisse presque entières. Pénétrant ensuite dans le taillis, il y
terrassa un passant qui, dans sa chute, s'ouvrit le crâne,
le déchira à belles dents, puis, se précipitant dans un hameau
voisin, il y lacéra deux nouvelles victimes. Enfin, il en assaillit une dernière, qu'il dévorait avec fureur, lorsqu'aux cris
de ce malheureux accourut le nommé Bourdeillette, qui coupait
du bois à une centaine de mètres, ayant son fusil près de lui.
Cet homme intrépide, empressé de se rendre à l'appel suprême
du sieur Cuminal, tira deux coups de feu sur la bête féroce.
Celle-ci laissant alors l'infortuné qu'elle déchiquetait,
s'élança sur son agresseur ; mais frappée d'un violent coup de
hache, elle vint expirer à ses pieds sans l'avoir atteint, pendant que M. le docteur de Meyjounissas, M. le curé de Puy-de-Fourches, à la tête de ses paroissiens, et la gendarmerie
de Brantôme, avertis de ce qui se passait, se portaient en
hâte sur les lieux. Les blessés, soignés avec zèle et intelligence par le docteur, ont été transportés à domicile ou bien à
l'hospice de Périgueux pour y être traités ; mais, atteints trop
profondément, cinq d'entre eux ont déjà succombé. Quant à

(1) Le récit de ce cruel événement a été intercalé après coup dans ce
compte-rendu pendant l'impression duquel la terrible catastrophe est arrivée.

Bourdeillette, auquel on doit d'avoir mis un terme à cette sanglante tragédie et d'avoir délivré le pays d'un monstre qui pouvait y causer encore tant de maux, je n'ai pas entendu dire qu'il ait été récompensé selon ses mérites, non plus que le sieur Delfau, qui s'est également distingué dans cette circonstance.

Le sol se découvre un peu ; quelques champs de froment nous entourent, puis, de nouveau, le cône se partage, divisé peu profondément de haut en bas par une rainure que frange la route, placée comme entre deux pains de sucre soudés ; pains de sucre, du reste, sans douceur aucune, car si, sur un espace agrandi naguère, le versant qui nous domine offre encore un instant des plantations de ceps ; il ne tarde pas à devenir sinistre, couvert d'une croûte grise, de laquelle émergent de rares et sombres genévriers. Les bois reviennent nous escorter des deux côtés, enserrant l'étroit sillon qui les sépare et dont la sole, âpre et sèche, paraît rebelle aux efforts du laboureur (1). Repassant naguère au même endroit, j'y vis trois ou quatre troupeaux malingres vaguer tristement, et m'étonnai qu'ils fussent en pareil lieu sans défense ; mais on m'assura que dans les fossés, derrière les enfants qui semblaient être leurs seuls gardiens, veillaient des hommes armés. La précaution n'était pas inutile ; car, en ce lieu même, tout récemment, lors d'une chasse organisée à la suite du triste événement que je viens de rapporter, quatre loups de forte taille, vigoureusement membrés et aux dents longues et acérées, se montrèrent ensemble, épouvantant les traqueurs qui leur firent place respectueusement, pendant qu'une cinquième bête fauve tombait plus loin sous la balle d'un tireur qui s'éloignait croyant la battue terminée. Depuis, aux environs, trois

---

(1) Pour ce qui suit jusqu'à la fin de l'alinéa, voir la note précédente, qui se rapporte également à ce passage.

autres loups ont été tués et deux blessés par de simples colons ou par des rabatteurs, et il en reste encore en quantité. Notre département est infesté, voilà bientôt deux ans, par ces hôtes dangereux, dont, pour peu que cela continue, il y aura bientôt autant que de bêtes à laine. C'est une calamité, contre laquelle on ne saurait trop se prémunir et lutter, car il s'agit de la fortune des populations, il s'agit même de la vie de bien des personnes. Tout se réunit pour faire mettre le loup au ban des cultivateurs. Il est faux, voleur, sujet à la rage et ne se corrige jamais. Il faut donc nous en délivrer. En vérité, il est bien suffisant pour nous d'avoir, journellement, forcément, affaire à nombre de nos semblables qui ne valent pas mieux que lui.

Nous avançons, quoiqu'il nous paraisse le contraire, tant est longue cette morne et fastidieuse solitude par laquelle se termine dans cette direction le canton de Brantôme si riche, du reste, dans ses plaines aux moissons planturouses; aux étables si renommées, d'où sortent tant de superbes bêtes à cornes, porcs, moutons et volatiles chargés, dans une lucrative obésité, d'embonpoint de bon aloi ; si fier, non sans motif, des pampres de ses côteaux. Ce pays, dont les excellents froments pèsent, en moyenne, plus de 80 kilogrammes l'hectolitre mesuré, est un de nos principaux centres de produits en vins, dont il ne fournit, annuellement, pas moins de 70,000 hectolitres de qualité reconnue supérieure. Et, cependant, contrairement à ce qui est admis pour les contrées viticoles, sa population, loin de s'accroître, a sensiblement diminué depuis quelque temps.

Mais voici qu'une joyeuse fontaine sort de terre au milieu de l'étroit caniveau que nous côtoyons. Elle jaillit en gazouillant, et son flot pur s'épanche limpide dans une petite rigole. Autour d'elle, le sol sourit et se couvre de verdure pour annoncer Vessac, la maison de campagne de M. le conseiller Gaillard et notre entrée dans le canton de Périgueux, où nous arrivons, toujours escortés des noyers fidèles, ces oliviers de la Dordogne. Ils ont, cette année, fléchi sous le poids des fruits amoncelés en grappes énormes jusqu'à l'extrémité de leurs rameaux penchés à se rompre. Malheureusement, cette accumulation a eu de fâcheuses conséquences ; le manque d'air et de lumière a taré beaucoup de cerneaux, dont le contact a gâté la plupart des autres. Il en est toujours ainsi dans les grandes agglomérations. Sur notre droite, le côteau s'arrondit, se civilise et s'abaisse avant d'aller heurter la chaîne de collines qui vient de l'ouest clore l'horizon au sud. C'est par ce passage, probablement, que le chemin de fer arrivant de Nontron, par Brantôme, débouchera quittant les bords de la Drône pour franchir le point de partage qui sépare le bassin de cette rivière de celui de l'Isle. Nous sommes près de chez M. Fourichon-Mesplier, l'un de nos collègues à la Société d'agriculture. Le soin avec lequel tout est travaillé nous indique l'approche de sa résidence que nous ne tardons pas à atteindre et à dépasser en courant vers l'est et descendant toujours. Le défilé se pare allègrement et s'élargit ; son ruisseau prend des proportions moins resserrées, ses bords s'égaient. On dirait qu'il fait sa toilette pour se rendre à un flatteur appel. Et de fait, c'est exact ; car il pénètre bientôt sous des bocages gracieux où son murmure réjouit le promeneur, au-dessus duquel se montrent les tourelles d'un château cinq fois séculaire, ancienne résidence des pontifes placés sur le siége de Périgueux. Ce fut souvent un lieu de refuge à des époques troublées, en temps de paix un lieu de repos et de retraite pour la plupart de ces prélats, mais le crime y pénétra pourtant et l'un d'eux y tomba frappé par un serviteur infidèle. Aujourd'hui, cette noble demeure, après des vicissitudes diverses depuis la révolution de 1790, est devenue la propriété de M. Brachet de Lamenuze, auquel elle devra sans doute la réparation de bien des maux accumulés sur elle par les orages des quatre-vingts dernières années et les coups du temps. Elle se dresse imposante encore sur un plateau qui domine le cours du torrent de Vessac que nous venons de voir naître et qui va tomber sous nos yeux dans la Beauronne d'Agonac, après avoir eu les honneurs d'un pont en règle qui nous aide à le franchir à l'entrée de Château-l'Evêque, jolie bourgade, fort heureusement située sous les créneaux du manoir épiscopal dont elle tire son nom, au débouché de la route de Brantôme dans la plaine que nous touchons enfin. L'on y trouve une station du chemin de fer de Paris à Agen, une élégante église, encore inachevée, englobant l'humble chapelle dans laquelle un représentant de la maison de Bourdeilles, pasteur alors du diocèse, ordonna prêtre un pauvre lévite venu des Landes et qui n'était autre que cet illustre bienfaiteur de l'humanité, que la religion compte parmi ses plus nobles gloires, Saint-Vincent-de-Paul. Au-dessous du bel édifice qui doit être précédé d'un clocher majestueux et d'une vaste esplanade à l'admirable panorama, les filles de l'immortel protecteur des malheureux, humble de cœur, grand par la parole et les actes, sont venues fonder un magnifique établissement à l'ombre du sanctuaire où leur père devint ministre des autels, basilique à l'édification de laquelle leur association pieuse et le supérieur général des ordres dont elles font partie, ont largement contribué. Leur monastère sert de lieu de retraite annuelle aux religieuses de leur congrégation; elles y ont établi, de plus, une école de filles et une salle d'asile. Leur chapelle qui s'élève au milieu des bâtiments est surmontée d'un campanile dans le genre italien, couvert en terrasse et auquel on a eu le bon goût de ne pas imposer une sorte de toiture en forme de chapeau chinois, déplorable appendice dont on a gâté d'autres constructions du même genre. Le commerce de transit est actif à Château-l'Evêque, localité florissante où la ligne ferrée de Périgueux à Nontron amènera plus de mouvement encore et où je voudrais voir, pour le moins, avec une halle où se tiendrait chaque semaine un marché, un bureau de poste et une brigade de gendarmerie.

Il y a eu, durant quelques années, pour cette commune, un comice spécial dont l'influence a été très heureuse pendant sa trop courte durée. Par malheur, les derniers événements ont amené sa fin prématurée, juste au moment où l'essor pris allait, il le paraissait du moins, être rapide vers le progrès. Le moteur disparu, la marche en avant s'est arrêtée, et c'est dommage, dans une contrée semblable, où les chances de succès agricole sont nombreuses et importantes. L'assolement y est resté biennal, avec très-peu de fourrages artificiels, défaut auquel ne parent pas les prairies naturelles, le territoire étant en grande partie montueux. Cependant on y engraisse avec bénéfice un certain nombre de volailles, de moutons et de porcs. Quelques personnes, en tête desquelles il faut placer M. Siméon Lapeyrière, y préparent aussi très-habilement de bons bœufs pour la boucherie. Le tabac y réussit à souhait, mais est peu cultivé, par suite du manque de bras, la ville étant tout proche et enlevant à la campagne sa population. Le sol est principalement calcaire, argilo-calcaire ou argileux-compacte. Dans cette dernière formation, le marnage serait utile, et il paraît qu'on commence à le pratiquer, du moins chez M. Fourichon Mesplier. Les coteaux donnent d'excellents vins rouges corsés, spiritueux, parfumés, mais peu colorés, vieillissant vite comme ceux de Bordeaux ; les vins blancs de quelques propriétaires sont très-méritants aussi, se rapprochant de ceux de *Graves*, de la Gironde. En général, la vigne aurait besoin d'être mieux travaillée qu'elle ne l'est. Pourtant, il se trouve des viticulteurs intelligents, comme MM. Eyssalot, Guilbert, Mesplier et autres, qui lui donnent des soins judicieux, et la plantent de manière à pouvoir la labourer, ce qui conduit à une double économie de temps et d'argent. Je n'entre pas dans de plus amples détails aujourd'hui sur Château-l'Evêque, voulant y revenir plus tard.

Nous suivons donc la grande route, allée de magnifiques peupliers, qui se déroule au pied des hauteurs à l'est, en décrivant une courbe gracieuse. Nous passons devant l'attrayant domaine de Rivière, où M. Vial-d'Aram a créé de remarquables cultures jardinières et fait de nombreuses améliorations agricoles de tout genre, et nous sommes sous le charme à la vue des tableaux séduisants qui s'offrent ici de toutes parts. Pour cadre, des collines tantôt escarpées, tantôt mollement découpées ou arrondies, tour à tour couvertes de récoltes, de bois touffus, opulente chevelure de ces sommets, ou chauves comme le crâne d'une personne de ma connaissance ; des villages semés partout ; pour fond, de vertes prairies qu'il serait si facile de rendre incomparables comme production, et sur leur tapis, le sillonnant, y formant mille festons, la Beauronne, fière d'avoir été traitée de rivière dans les rapports des ingénieurs du chemin de fer, sous lequel elle va et vient, se gonflant, s'épanouissant pour mériter ce titre, glorieuse de ses ponts à plusieurs arches, courant au nord, au sud, à l'ouest, à l'est, au-devant des sources venues de la montagne et les accueillant avec un air protecteur ; au milieu de ces détours des moulins aux roues agiles ; sur la chaussée, qui tremble, les convois entraînés par de rapides locomotives ; c'est un ensemble admirable. Quand on le voudra bien, on retirera de ces beaux lieux de véritables trésors. Que l'agriculteur y fouille donc la terre avec sagesse et persévérance, il est sûr d'y recueillir de larges bénéfices.

Bientôt, sur notre droite, se montre, dans un pays non moins gracieux, suite de la même vallée, Chancelade, précédé par ses carrières, creusées en longues galeries souterraines, ou bien exploitées à ciel ouvert. Presque partout, au flanc des tertres parallèles, des deux côtés du chemin, le terrain est criblé d'excavations pratiquées pour en retirer blocs énormes ou moellons, que les wagons emportent au loin prompts comme l'éclair, ou que, liés à de massives charrettes, de grands bœufs au pas tranquille conduisent vers le chef-lieu du département De ces trous béants sont sorties la richesse pour les exploitants et l'aisance pour les ouvriers, tandis qu'au-dessus, le chêne étend ses rameaux nombreux, et que, suivant les saisons, le laboureur chante en traçant un sillon fertile, le jardinage étale ses merveilles, la vigne se charge de grappes ambrées, ou vermeilles, d'où couleront des flots de nectar. Adieu, sites ravissants, que je ne tarderai pas à visiter de nouveau ; nous venons de vous voir fuir derrière le chemin de fer, qui nous domine à présent ; je retrouve les mûriers, les arabesques argentés du flot ceinture charmante de la campagne de Périgueux, ma Terre Promise, où j'ai hâte de pénétrer, ne voulant pas me borner à la contempler de loin. Il me faut la fouler, la parcourir avec délices ! Bientôt, peut-être, je rendrai compte en détail de ce que j'y aurai vu. Ce nouveau pays de Chanaan, qui, je le confesse, ne vaut pourtant pas tout-à-fait l'ancien, m'accueille sans difficulté. Je ne suis pas Moïse, en effet ! pas même juif le moins du monde. J'entre donc, le front haut, sur le territoire urbain, ne craignant en aucune façon le regard clairvoyant du gardien redoutable qui veille aux barrières de l'octroi, pour la défense des intérêts de la ville. Mon modeste bagage est irréprochable à ses yeux, ne cachant aucun objet de contrebande. Je salue l'Argus en passant, le cœur entièrement tranquille ; et par mon sourire je lui dis clairement, sans lui laisser le moindre doute sur la sincérité de cette affirmation :

Le jour n'est pas plus pur que le fond de mon sac !

L. DE LAMOTHE.

Décembre 1875.

III

Périgueux, sa banlieue, — communes du canton et suburbaines. — Une pointe à Saint Pierre-de-Chignac et au-delà. — Le concours départemental à Saint-Astier. — Neuvic-sur-l'Isle. — La vallée du Vern. — L'exploitation de Chavantou. — Vergt. — Veyrines. — Retour à Périgueux par Église-Neuve et Notre-Dame.

Si du haut de la colline de l'Écorne-Bœuf, chère aux explorateurs qui cherchent à reconstituer l'histoire par les vestiges des temps reculés, le voyageur dirige ses regards à l'est, à l'ouest et au nord, un magique spectacle s'offre à lui. Du côté de l'orient, ce sont des pentes rapides couvertes de bois et de vignobles auxquels, un peu plus bas, succède le jardinage; la belle exploitation de Pronceau, la coquette villa de Puyrateau; des carrières, une sombre gorge, la route de Bergerac, se précipitant dans la vallée des sommets de la Rampinsolle; à l'occident, au-delà du mélancolique vallon de Campniac et de son clair ruisseau, le fier coteau qui supporte la station romaine retranchée qui lui a fait donner le nom de Camp de César, avec le riche et joli domaine du Roc, puis des crêtes vaporeuses qui font deviner le cours de la rivière descendant vers Libourne pour s'y joindre à la Dordogne. En avant, est la riche plaine que bordent des hauteurs superposées jusqu'à l'horizon où la perspective se ferme au milieu de cultures et d'habitations éparses, sur le château de Sept-Fonds, le clocher lointain de Champcevinel se perdant dans la brume, l'entrée de la coupure qui conduit à Agonac, les tertres, piédestaux pittoresques de Borie-Petit, Barbadeau, Vignéras et Beaupuy, tandis qu'au pied de cette longue chaîne de cimes aux tons divers et aux formes variées, se pressent des villages, des prairies qui, pendant plus de 10 kilomètres, accompagnent l'Isle aux eaux tranquilles, décrivant un vaste demi-cercle. Au centre de cette courbe gracieuse et fraîche, Périgueux tout entier, émergeant d'un tapis de verdure et de riants jardins, se hissant sur les escarpements voisins, comme pour mieux contempler son domaine, se déploie sous les yeux du spectateur ravi qui, d'un seul coup d'œil, en embrasse l'ensemble et les détails, les moindres ruelles, les cours, les promenades, les édifices divers, les monuments anciens et nouveaux sans exception, depuis la pointe de Saint-Georges vers le Petit-Change, jusqu'au-delà du Toulon, avec ses canaux, ses ports, ses routes, ses chemins de fer, ses aqueducs. On dirait une mosaïque immense, pleine d'éclat et de vie, dans laquelle seraient incrustés profondément et d'une manière saisissante l'historique et le tableau fidèle du passé, du présent, des présomptions de l'avenir, des grandeurs, des espérances, des revers, des gloires et des misères du chef-lieu du département.

La ligne de faîtes qui, du nord-est se dirigeait vers le sud, tourne brusquement et s'aligne sur sa droite, presque en face de l'observateur. Dans ce mouvement subit de conversion, les deux élévations qui lui servaient de pivot paraissent s'être brisées. L'avant de leurs sommets en s'inclinant a franchi leurs troncs restés debout formant gradins, et s'appuyant sur eux, est allé se répandre au-delà sur la vallée, en plans inclinés. C'est sur ces croupes ouvertes, ces terrasses, ces ondulations, dans le ravin qui les sépare et dans la plaine qui les borde, que la ville repose et se développe, jetant toutefois, de l'autre côté de la rivière, vers la route de Lyon, comme une avant-garde, précédant et couvrant le corps de bataille. Elle se compose de cinq quartiers distincts, offrant des différences vivement tranchées.

Cette agglomération sombre et compacte que l'on aperçoit d'abord occupant la plus grande partie du principal palier et ses pentes abruptes à l'est, vers l'Isle, moins brusques, mais fortement déclives pourtant encore, au midi, c'est le noyau de la commune, le Périgueux féodal, la vieille place, jadis forte, du Puy-Saint-Front. Les maisons s'y pressent, pour la plupart hautes, obscures et humides, quelques-unes plus favorisées, bordant des voies étroites et tortueuses qui se dirigent en tous sens. On y compte dix places presque toutes de dimensions restreintes et se succédant dans l'ordre que voici :

La place Saint-Roch, à côté de l'ancienne préfecture et du cours Fénelon : elle a été dernièrement agrandie par la démolition de quelques bicoques et n'offre aucun détail digne d'être signalé ; la Clautre, vaste quadrilatère régulier, vis-à-vis l'ancien évêché. Pendant quelques années, on y vit une fontaine monumentale, remplacée depuis par un fût à trois becs des plus mesquins et qui vient heureusement de disparaître. Il s'y tient des marchés de jardinage et, de plus, les revendeuses de légumes y ont leurs étalages. La place de la Mairie, qui couvre l'emplacement où s'élevait avant la Révolution de 89 l'église paroissiale de Saint-Silain, dont la crypte existe encore, dit-on, sous le pavé. C'est un carré long, manquant de symétrie, à cause de l'existence d'un bâtiment qui le rétrécit à l'ouest et s'ouvrant en face de la maison commune ; il voit alternativement planter et détruire les arbres de la Liberté, suivant le flux et le reflux des insurrections et des coups d'État. Les maraîchers de la banlieue y mettent chaque jour en vente de nombreux et excellents produits. La petite place Saint-Silain, ancien cimetière de la paroisse de ce nom, est consacrée aux ventes de faïences, poteries, paille de maïs et autres menus articles. Il faudrait l'allonger au sud. La place du bureau central de l'octroi, s'étend derrière cet édicule construit sur un point aussi excentrique que possible. Formée par la démolition de véritables cahutes, elle devrait être couverte par le marché aux grains dont les plans ont été faits et approuvés depuis longtemps, mais ne seront peut-être jamais exécutés. Elle est bordée de tristes bâtisses et n'offre qu'un espace désert et nu. La place Saint-Front, à l'ouest et vers le milieu de la rue de ce nom, est aujourd'hui le théâtre de la vente des chargements de bois. On doit y construire plus tard un marché couvert. Le Coderc, trop petit, dépourvu de régularité, qu'il serait facile de lui donner en abattant la ligne de maisons qui le longe au sud, est affecté aux marchands d'œufs, de volaille et de poissons. C'est comme une succursale de la halle qui le limite à l'occident. On y a longtemps vu, à quelques pas du magasin occupé par M. Vachaumard, pâtissier, un puits profond, dans lequel ont été précipitées des victimes des dissensions civiles aux temps des guerres religieuses ou de la domination anglaise, et qui plus tard a servi de triste piédestal aux criminels exposés à la suite de condamnations infamantes. Il est comblé depuis nombre d'années. Ce puits, celui du haut de Tourny, la fontaine de la rue Limogeanne, dont il va tout à l'heure être question, et dont l'eau se perd dans des passages inconnus, sont à peu près sur le même axe et situés à peu de distance l'un de l'autre. Cette série de sources donnerait une certaine consistance à l'opinion de ceux qui ont dit et publié que la partie haute du Périgueux du moyen-âge est bâtie sur une sorte de lac communiquant à la rivière, lac qui serait alimenté par les suintements, à travers les fissures du calcaire, des nappes d'eau fournies par les hauteurs voisines. Le Greffe, formé par la réunion de la place de ce nom et de celle dite du Gras, est officiellement désigné sous le nom de place Daumesnil, comme la Clautre l'est sous celui de place Marcillac; mais ces appellations, votées par les représentants de l'agglomération urbaine, n'ont pas été sanctionnées par la pratique, et, comme plusieurs autres qui les avaient précédées, sont tombées en désuétude. Il est au nord de la cathédrale, en forte pente et conduit au bas de la ville en décrivant un croissant. La place de la Petite-Mission, de peu d'étendue et assez ignorée, s'ouvre au-dessous et au midi de la basilique de St-Front et du bâtiment communal ayant servi de maison d'école aux Frères de la Doctrine Chrétienne, de musée de peinture et actuellement occupé par la justice de paix. On l'appelle aussi rue de l'Harmonie. En venant du nord on y accède par des escaliers à droite et à gauche, surnommés rues du Petit-Séminaire et du Thouin. La place Mauvard, qui se relie à celle ci-dessus par une rue de même nom, est un angle sans importance, noyé au milieu des ruelles des bas quartiers.

Les principales rues en allant de droite à gauche (1) sont : Dans le sens perpendiculaire : 1° Le Plantier, qui part de la route d'Excideuil et va déboucher sur le Greffe ; d'un parcours assez difficile pour les voitures à son extrémité méridionale, il est ailleurs très-praticable à tous les véhicules, bien qu'étroit et resserré sur deux ou trois points par des constructions faisant saillie. C'était, il n'y a pas longtemps, le faubourg Saint-Germain de Périgueux. Plusieurs des maisons qui le longent vers l'est ont de jolis et commodes jardins. 2° La rue Saint-Front, nouvelle voie qui permet d'apercevoir la cathédrale des allées de Tourny. Bien percée, large et commode, elle est un peu trop courte et a le défaut de ne pas se trouver dans l'axe du grand édifice auquel elle conduit. On y voit plusieurs belles constructions, mais il reste encore beaucoup à faire pour lui donner sous ce rapport la perfection désirable. 3° La Limogeanne, qui serpente entre les promenades du nord et le Coderc, en se continuant jusqu'à la Clautre par la rue Salinière, comme elle très-commerçante. Dans la maison portant le n° 7 se trouve, à l'entrée de la cour, sous la cage de l'escalier, une fontaine sans déver-

(1) L'observateur est placé sur l'Ecorne-Bœuf, au sud de la ville.

soir apparent, formant bassin, de neuf pieds environ de longueur, ayant à peu près soixante centimètres de profondeur d'eau claire et limpide, légèrement sulfureuse et qui paraît avoir été, naguère encore, fréquemment employée pour des bains hygiéniques. Cette eau s'écoule probablement dans une faille du rocher qui tapisse le fond du souterrain et dont une fente sert de puisard où l'on jette les eaux-mères provenant des cuisines de l'habitation. Une autre maison, un peu plus loin, offre des excavations curieuses, creusées de main d'homme. Au-dessous de ces artères, en remontant de l'ouest à l'est, on remarque : 4° La rue Puynazeau, unissant la grande rue centrale à celle de Taillefer. 5° La rue de la Mairie, ouverte récemment comme la précédente, et qui va de la place de ce nom à Taillefer ; plus bas encore, comme un troisième échelon de voies dans le même sens. 6° La rue Chancelier-de-L'Hôpital, relativement moderne, assez large, bien aérée, bien bâtie, venant des boulevards et se dirigeant sans trop de détours sur Taillefer. 7° La rue de Condé, claire mais sans régularité, commode et très-favorable à la circulation par la dimension de sa chaussée descendant de Taillefer à la tour Mataguerre. 8° La rue Aubergerie, raide de pente, riche en détours imprévus, s'élançant en faisant un coude des plus brusques de la rue Taillefer à la place St-Roch (1). 9° La rue du Calvaire, qui part de la Clautre et dont le nom annonce la déclivité.

Transversalement, l'on trouve du nord au sud : 1° La rue Eguillerie, qui change quatre fois de nom depuis les boulevards jusqu'à l'autre extrémité de la ville où elle va se souder à la nouvelle route de Paris, s'appelant successivement rue de Lammary, de Notre-Dame et Barbecane. Elle coupe la Limogeanne, la rue Saint-Front et celle du Plan-

(1) Une fontaine naturelle, formant un petit bassin, existe aussi au fond d'une cave de cette rue, dans l'ancienne maison Lacout, dont l'escalier tournant en pierre mérite d'être cité parmi les plus curieux.

tier. C'est la véritable artère maîtresse de la ville haute ; élargie seulement sur une petite partie de son parcours, elle devrait l'être partout et le serait à peu de frais. Cette amélioration serait très-profitable aux quartiers voisins et établirait une ligne directe des plus avantageuses entre la gare du chemin de fer et l'extrémité orientale du Puy-Saint-Front, en traversant la partie la plus peuplée de Périgueux. 2° La rue des Chaînes, large, mal alignée et rétrécie vers son milieu par une maison de peu de valeur, vient du Coderc, traverse la petite place Saint-Silain et sort sur le cours Michel-Montaigne. 3° La grande rue Centrale, partie de la place de la Mairie, accostée sur sa gauche par la rue Puynazeau, bordée de très-beaux magasins et allant déboucher vis-à-vis le théâtre, a succédé à quelques pâtés de maisons et absorbé l'emplacement de la rue Hiéras, qui portait un nom qu'on aurait dû conserver à celle qui la remplaçait, comme rappelant de vieux souvenirs historiques. On a préféré, malencontreusement, lui imposer celui de M. Magne, que l'on a cru quelques années plus tard devoir remplacer, l'on ne sait pourquoi, par celui de la République, forme de gouvernement à laquelle elle n'est redevable de rien. On doit la prolonger jusqu'à la rivière en abattant une partie de la maison commune, en longeant le Coderc, traversant la rue Salinière, élargissant celle de la Clarté, puis empruntant la place du Greffe. 4° La rue Taillefer, véritable bazar où il se fait en divers genres d'industrie commerciale un immense mouvement d'affaires. Chaque maison y recèle un magasin, souvent deux. Il est question d'élargir et de niveler cette ligne importante qui va du Triangle à la Clautre ; cette mesure est, avec raison, fortement réclamée par l'opinion publique. 5° La rue des Farges, parallèle à la précédente qu'elle borde au sud en donnant à ses maisons une seconde façade. La pente du terrain est tellement prononcée de ce côté que les rez-de-chaussée de ses habitations, au nord, sont au niveau des caves de Taillefer et que leurs premiers étages forment rez-de-chaussée dans celle-ci. 6° La rue du Lys, dans la basse-ville ; au nord et le long de l'ancienne préfecture. Elle est large et droite et aboutissait, avant la construction du quai de l'Isle, à un abreuvoir formé dans le lit de la rivière ; on aurait dû lui conserver son accès vers celle-ci au moyen d'une petite passerelle semblable à celle qui existe dans la rue du Gravier, au lieu de la masquer au fond, comme on l'a fait, par le grand mur de la route nationale, sous lequel passe un égout infect. 7° La rue de la Clarté, sorte de prolongement du Greffe qui, par son moyen, s'unit à la rue Salinière, seconde partie de la Limogeanne. C'était, il y a peu d'années, son nom l'indique, la mieux éclairée, la plus belle et la mieux percée de Périgueux, quoique d'une largeur inégale. Elle doit, comme il a été déjà dit, faire plus tard partie de la grande rue Centrale.

Dans ce fouillis de passages on trouve plusieurs demeures particulières remarquables. Sur le quai, deux belles maisons dont les bases baignaient naguère dans l'Isle ont vu, malheureusement, leurs appartements inférieurs obscurcis et presque cachés par le levée de la chaussée. On sollicite pour elles le titre de monument historique, afin de les soustraire aux *embellissements* qu'on leur fait subir avec inintelligence. Elles se touchent et sont situées près du nouveau pont des Barris. Notons encore, parmi les habitations anciennes, au coin de la rue de l'Eguillerie, celle portant le n° 4 de la rue St-Louis, bâtiment dont l'ensemble est légitimement admiré, surtout la porte, construite dans un angle, surmontée d'une terrasse, et au dessus du linteau de laquelle se lisent diverses inscriptions ; dans la rue Limogeanne, la maison Estignard, véritable bijou contemporain de François 1er ; sur la place de la Mairie, la maison Lagrange, en partie restaurée depuis peu de temps avec beaucoup de goût ; dans la rue des Farges, un édifice des plus curieux qu'une main barbare a maladroitement mutilé et où logea Du Guesclin lors de son passage à Périgueux. Devenue plus tard couvent des Dames de la Foi, c'est en 1792 que cette habitation fut sécularisée. Dans la rue Aubergerie se trouve la maison Lacout, jadis église accompagnée d'un hôpital ; un peu plus haut, l'hôtel de Ladouze, joint la rue du Calvaire par un beau jardin. Ce fut à plusieurs reprises la résidence des généraux de division ou de brigade commandant à Périgueux et il conviendrait toujours parfaitement à loger le chef de nos troupes, surtout si, par une voie directe, facile à percer du reste, on le faisait communiquer avec les dehors. Au tournant de la rue du Calvaire à la rue St-Roch se trouvent également plusieurs constructions particulières qui méritent l'étude des archéologues. Dans la rue de la Sagesse, l'escalier de la maison de M. le marquis de Lestrade de la Cousse, est un vrai chef-d'œuvre du xvie siècle. Du dehors, on ne soupçonnerait jamais l'existence de ce magnifique travail perdu derrière des murailles vulgaires. La tour de la propriété Duvert, sur la Clautre, et celle que l'on voit à la rencontre des rues Taillefer et St-Silain, ont droit aussi à fixer l'attention. A cette nomenclature, il convient d'ajouter la maison à tourelle, sise au coin nord-est de la place de la Petite-Mission et affermée par M. le chanoine Junières.

Parmi les habitations modernes, il en est bon nombre qui ne manquent ni d'élégance, ni de distinction. Plusieurs de celles qui longent les boulevards et la rue Centrale (Magne ou de la République), notamment, sont, à l'extérieur du moins, dignes d'éloges. Mais de toutes, la plus belle est, sans contredit, l'hôtel de Lostanges, situé à l'entrée de l'Eguillerie, sur les promenades, vis-à-vis la rue Saint-Martin. Son extérieur est réellement grandiose, ses appartements sont vastes et bien distribués, mais son jardin est trop petit. On a songé, paraît-il, à y placer la mairie ; cette idée ne me paraît pas acceptable ; l'espace disponible ne serait pas suffisant et le style architectural de cette demeure n'est pas celui qui convient à une pareille destination.

Le Puy-St-Front possède peu d'édifices administratifs et de monuments publics de valeur. Il en avait une certaine quantité dont on doit regretter la perte; on n'en a guère bâti dans ce quartier depuis leur destruction. L'hôtel-de-ville n'est qu'une maison achetée pour y placer provisoirement les bureaux de la municipalité, le poste de la police, les salles nécessaires au conseil et aux commissions ; il disparaîtra le plus tôt possible et personne ne pleurera sa perte. Tout à côté, sur l'emplacement de l'antique consulat, dont il aurait fallu respecter tout au moins la tour curieuse et qui produisait le meilleur effet, on a construit la halle du Coderc où les marchands de comestibles abonnés trouvent un asile commode. Cette halle, d'ordre dorique a, pendant quelques années, excité un enthousiasme qu'on a peine à comprendre aujourd'hui. L'Agora d'Athènes, qu'elle rappelle, a-t-on dit, lui était probablement supérieur de beaucoup, ne fût-ce que par ses proportions plus en rapport avec les habitations environnantes. Trop petit, ce marché couvert a, de plus, l'inconvénient d'être orienté de façon à rétrécir considérablement l'entrée de la rue des Chaînes, là précisément où cette voie devrait avoir le plus de largeur. Il est coquet, du reste, et ferait bien dans un chef-lieu de canton peuplé de 3 à 4,000 habitants, pourvu qu'il fût isolé et pas trop dominé par les toitures voisines. Auprès de la place Saint-Front et sur la nouvelle route de Paris, les musées d'antiquités et de peinture sont établis dans un vieux couvent d'Augustins, converti plus tard en prison et auquel on a joint, en 1818, un bâtiment neuf n'ayant avec lui aucun rapport d'aspect. Les bâtiments n'ont rien de saillant, les collections artistiques occupent, avec la salle de réunion de la Société d'archéologie, le vieux moutier approprié pour cette destination et dont la jolie chapelle sert de dépôt à un marchand de vins. La partie neuve contient une imprimerie et des logements divers.

Autrefois, c'est-à-dire à la fin du seizième siècle, date qui, sans doute, paraîtra récente à quelques érudits qui n'admettent au rang des vieux monuments que les constructions ayant plus de huit cents années d'existence, un collége de Jésuites fut bâti dans le bas de la ville. Utilisé plus tard comme école centrale, à la suite de la grande tourmente révolutionnaire, il devint enfin hôtel de la préfecture, après la démolition de son église, dont les pilastres vinrent embellir la façade du monument administratif. Le corps de logis est vaste, précédé d'une imposante cour d'honneur, d'un portail majestueux et accompagné d'un agréable jardin qui descendait jusqu'à la rivière avant que le quai ne vînt l'en séparer. Compris entre la rue du Lys, la place Saint-Roch, le cours Fénelon et la nouvelle route longeant les eaux de l'Isle, il aurait dû continuer à être la résidence des chefs civils du département. Avec de faibles dépenses on pouvait parfaitement réparer ses appartements et bâtir au nord et au sud des bureaux suffisants et un dépôt d'archives important, mais on a préféré transférer ailleurs la demeure des préfets. Après avoir pendant quelque temps semblé destiné à recevoir les brigades de gendarmerie et les officiers de ce corps d'élite, il sert actuellement de caserne provisoire à une partie de la garnison.

Un peu plus haut, vers le nord-ouest, à l'endroit où les anciens remparts maintenant disparus, terminant l'enceinte occidentale de la forteresse municipale, se repliaient à angle droit pour se diriger à l'est par le midi, la tour Mataguerre se montre, dernier vestige des anciennes fortifications du corps de la place. Ce vieux témoin des faits de notre histoire périgourdine, réédifié par les soins des édiles d'alors, en 1477, époque où il menaçait ruine, est de belles proportions, rompt agréablement la monotonie de la ligne des toitures et est officiellement inscrit au nombre des monuments historiques, titre qu'il mérite à tous égards, surtout lorsque l'on songe que pendant longtemps ses murs ont servi de support à des écussons commémoratifs d'un des faits les plus importants de nos annales urbaines, armoiries mutilées inconsidérément à la fin du siècle dernier dans un moment d'effervescence aveugle qui renversait et brisait sans discernement. On s'était imaginé plus tard de faire de sa terrasse un jardin suspendu. Cette heureuse réminiscence d'une œuvre célèbre de Sémiramis a eu pour résultat d'orner le couronnement de cet antique édifice, d'arbres qui n'ont pas manqué d'envoyer leurs racines disjoindre les mâchicoulis et d'amener une dégradation rapide des murailles hautes, pendant que le bas était chaque jour tout à la fois souillé et rongé par des immondices. Quelques réparations entreprises pour arrêter le mal et rendre à la tour son ancien caractère dans toute sa beauté n'ont pas été terminées. Le conseil municipal, les ayant trouvées trop coûteuses, s'était même laissé aller à voter la démolition de ce curieux spécimen de nos anciennes défenses, mais cette décision n'a pu être maintenue, l'Etat ayant revendiqué son droit de possession sur cet édifice, plus ancien et beaucoup moins ruiné et difficile à restaurer que la majorité des votants ne l'avait pensé d'abord. Il est à supposer qu'avant peu nous verrons reprendre et heureusement achever les travaux commencés dans un but louable de conservation et de raffermissement de la formidable redoute des anciens jours, travaux qui, tout l'annonce, ne s'élèveront pas à un chiffre effrayant.

Bien plus considérables, mais bien nécessaires et désirables aussi, seraient ceux indispensables au dégagement et à la remise en bon état des bâtiments de l'ancien évêché, vieux monastère, construction doyenne de toutes celles de cette partie de la ville. Détruit, relevé, saccagé de nouveau, ébranlé de rechef par les uns, consolidé par les autres, puis encore dévasté par la main des hommes, il n'offre à l'œil rien de beau. Sa principale façade, sur la Clautre, est masquée par des habitations parasites et sans caractère ; une partie de celle qui lui correspond à l'intérieur n'existe plus. On a comblé la cour entourée par ses cloîtres remarquables, perdus ainsi pour le public, sauf un qui renferme aujourd'hui la bibliothèque communale, et dont les voûtes sont peu à peu dégradées par l'humidité. Mais sa haute antiquité, les souvenirs qu'il rappelle, son étendue, son heureuse situation à l'ombre de la cathédrale, à laquelle il permet de communiquer sans sortir de ses dépendances, semblent faire un devoir de respecter ce monument et de lui maintenir sa destination de centre du gouvernement religieux du diocèse. En le délivrant des baraques qui l'entourent, déblayant son préau, ramenant au jour et dégageant ses galeries, en leur faisant entourer un petit square avec jet d'eau ; en ouvrant vers le sud un accès pour les visiteurs, on obtiendrait comme une réminiscence des constructions orientales, fort à sa place auprès de la basilique byzantine ; et si l'on abattait toutes les bicoques qui de ce point descendent vers le midi jusqu'aux quais, pour établir sur leur emplacement un jardin en terrasses, on arriverait au plus charmant effet ; on doterait le quartier d'une promenade à la fois attrayante et hygiénique. Il y aurait sans doute des frais assez importants à solder, mais la dépense n'atteindrait certainement pas celle qu'on aurait à faire pour élever ailleurs un nouvel évêché dont la position ne serait jamais aussi heureuse et aussi convenable pour le chef du clergé de la Dordogne. Néanmoins, un autre logis vient d'être acheté pour l'évêque et le marteau destructeur semble menacer l'asile séculaire où vécurent tant de saints prélats. Mais nous avons la confiance qu'un semblable caprice architectural, à supposer qu'il ait existé réellement, ne s'accomplira pas, et peut-être avant peu verrons-nous, Dieu le veuille ! le pontife vénéré qui guide avec tant de sagesse son troupeau, rentrer, pour ne plus s'en éloigner, dans le palais digne, désormais, de ce nom, qu'ont illustré pendant près de deux cents ans ses vertueux prédécesseurs.

Ainsi donc, à deux ou trois exceptions près, nous n'avons trouvé jusqu'à présent que de médiocres constructions publiques dans cette section de Périgueux. Mais il en est une glorieuse devant laquelle pâlissent une foule de chefs-d'œuvre vantés. Elle apparaît comme un brillant de premier ordre au milieu d'un écrin où l'environnent peu d'autres pierres fines, mais qu'elle suffit à décorer et illumine en éclipsant par son éclat les trésors rivaux semés à profusion, par des joailliers jaloux, sur l'or et l'argent, pour triompher de son possesseur. Par le temps de changement qui court, si l'on avait pu déplacer St-Front, il est probable qu'on l'aurait transporté sur un autre point de la ville. Par bonheur, on ne pouvait songer à l'extraire du sol où plongent ses fortes racines, et, grâce à lui, l'agglomération centrale domine les autres comme une montagne domine la vallée. Ce majestueux et immense monument, se développant au milieu du quartier, semble, par sa masse énorme, aux yeux du voyageur arrivant par la route de Lyon, remplir presque la moitié de la ville ; tandis que sa hauteur fait paraître bien humbles les maisons qui le pressent de toutes parts : on dirait, à les voir lui faire ainsi cortége, une couvée de poussins accourus et groupés autour de la mère attentive et vigilante à laquelle ils doivent le jour, comparaison parfaitement juste d'ailleurs. Conçu dans le style oriental, probablement d'après le plan d'un moine du couvent voisin, ce temple grandiose, pendant peut-être des centaines d'années, a projeté dans les airs ses dômes et ses terrasses couvertes de larges dalles de pierres ; mais peu à peu les incendies, les guerres, les intempéries ont entamé ses matériaux en offrant les endroits faibles et les altérant profondément. Il a fallu le protéger par une toiture et, pour empêcher sa chute en courant au plus pressé, permettre d'établir contre ses flancs des habitations dont le prix a servi à le soutenir, mais qui n'ont pas tardé à devenir de véritables cancers rongeurs sous l'action desquels il allait tomber. D'effrayantes lézardes se manifestaient le long de ses murailles, et ses voûtes fléchissaient sous le poids des débris qui les surchargeaient. Deux de ses absides en outre avaient disparu, l'une pour faire place à une chapelle capitulaire, fondée par le cardinal de Talleyrand, et rattachée plus tard à la nef principale par la suppression du mur qui l'en séparait ; l'autre, pour permettre la construction d'une église paroissiale dédiée à Sainte-Anne, patronne de la ville, et qui, après avoir servi lors de la tempête de 1793, de salle décadaire, n'existe plus. Ce grave état de choses allait empirant lorsque Mgr Georges, le vaillant pontife, dont le Périgord garde la mémoire, résolut d'empêcher la ruine d'un des plus beaux fleurons de la couronne de l'art catholique et de le rendre à sa splendeur première.

Après de nombreuses démarches, des réclamations réitérées, il obtint gain de cause dans les conseils du gouvernement, et la restauration, disons mieux, la reconstruction, assurée par les subsides du trésor qui ne lui ont pas manqué jusqu'à ce jour, fut entreprise et se poursuit depuis plus de vingt ans sous la direction de M. Abadie, qui a eu successivement pour directeur des travaux M. Vauthier d'abord, puis M. Lambert, notre compatriote, actuellement en fonctions ; tous parfaitement secondés par l'intelligent et actif M. Laurent, entrepreneur, et ses aides zélés. On avait au début espéré pouvoir garder beaucoup des anciennes constructions, mais en fait on en laisse très-peu ; l'on renverse presque tout et, sur les antiques fondations, sort des décombres un nouveau St-Front blanc comme un cygne. Quatre coupoles sur cinq sont déjà terminées et apparaissent rayonnantes au loin, surmontées et flanquées d'élégants campaniles. Cette manière de procéder n'est pas du goût de tout le monde. Des frondeurs (il y en a partout) se sont trouvés qui ont pensé, dit et écrit que la majesté brute et sévère du monument primitif valait mieux que l'éclat et la grâce du second ; que notre illustre cathédrale,

D'ornements étrangers, *n'était* pas susceptible.

Certains mauvais plaisants allant plus loin encore, et imitant la prononciation d'un voyageur étranger qui visitait les chantiers, ont changé le nom de M. Abadie en celui de M. Abattis ; ils ont, en outre, en son honneur, modifiant une épigramme bien connue, affirmé que dame Postérité parlant de lui dira certainement :

Il abattait, abattait, abattait !
Faisait du neuf et rien ne restaurait

D'autres, au contraire, ont rompu des lances en faveur de son procédé. Toujours est-il que le grand St-Front n'a point, du haut des cieux, semblé désapprouver la marche suivie jusqu'ici, puisqu'il a inspiré à l'architecte l'idée de s'emparer de plusieurs des détails les plus importants du grand sanctuaire périgourdin, pour les faire entrer dans le plan de la basilique monumentale de Montmartre, ce qui a valu à l'artiste, d'abord l'honneur d'être choisi pour exécuter, d'après ses cartons, cette œuvre magistrale, et ensuite un fauteuil légitimement acquis à l'Institut.

L'ensemble du vaisseau principal, de style byzantin, figure une croix à branches égales formée par cinq dômes ; quatre placés chacun vers un des points cardinaux de l'horizon, et le dernier, à peine un peu plus développé que les autres, au centre. Ces dômes, inscrits dans des carrés, reposent sur d'énormes piliers quadrangulaires, évidés, ceux de l'intérieur pour servir de passage, ceux des angles de manière à pouvoir être utilisés comme chapelles prenant jour au dehors. Les grands arcs des coupoles, d'une extrême largeur, forment réellement voûte ; ceux qui donnent à l'extérieur sont fermés par un mur relativement mince le long duquel règne un entablement qui, se relevant avec les voussoirs, couronne les façades d'autant de frontons triangulaires, tous percés de trois immenses fenêtres en l'honneur de la Ste-Trinité, à l'exception toutefois de celui de l'extrémité vers l'est, lequel est aveuglé par la voûte de la grande abside qui vient s'y souder en berceau.

D'autres fenêtres règnent plus bas le long des murs ; chaque coupole en a de plus quatre sur son pourtour, au-dessus des pendentifs ; et on comprend qu'avec celles des oratoires et des chapelles St-Front doit être inondé de lumière, ce qu'il est en effet. Au sommet de chaque pilier est une petite salle carrée communiquant avec les autres par un chemin de ronde, avec garde-fou protecteur en fer à hauteur d'appui, du côté de l'intérieur, pour garantir des chutes, et qui permet de visiter tout le haut de la basilique. A l'extérieur, les tambours des dômes sont en retraite, décorés de cordons saillants et de petits contreforts. Ils se terminent par une calotte semi-sphérique d'où part une pyramide surmontée d'une colonnade supportant une pomme de pin à écailles saillantes et dominée par un fleuron sculpté. L'extrémité des piliers au-dehors est ornée de la même manière. Le tout forme comme une forêt aérienne de cônes élancés qui fixent agréablement le regard. Mais cet ensemble constituerait une véritable hérésie historique, d'après M. J. de Verneilh, le savant archéologue, et son docte frère M. Félix de Verneilh qui, dans son bel ouvrage intitulé : *De l'Architecture byzantine en France*, indique au lieu de ces clochetons pour les coupoles, sauf pour celle du milieu qui en avait un, de simples pommes de pin posées sur les calottes, et pour les piliers une pyramide unie sans autre ornementation. Dans le bas, et au milieu des façades nord, sud et ouest, s'ouvrent trois grandes portes donnant : les deux premières sur les places du tireffe et de la Petite-Mission, et la dernière vers celle de la Clautre.

Des cinq coupoles, quatre seulement sont achevées et livrées au culte avec leurs dépendances. Les absides sont terminées toutes les trois. Celles du nord et du sud sont demisphériques; celle du milieu, plus allongée, s'étend en ellipse et sa voûte beaucoup plus élevée que celles des deux autres est extérieurement surmontée d'une galerie à jour à l'extrémité de laquelle se dresse une statue d'ange de grandeur plus que naturelle, un peu grêle peut-être et roide, indiquant l'est d'une main et tenant de l'autre une banderolle sur laquelle on lit ces mots : *Ecce Vir et Oriens nomen ejus*. Cette abside remplace l'ancienne chapelle des Talleyrand qu'il aurait peut-être été bon de conserver, vu sa valeur intrinsèque et ses titres historiques, en l'harmonisant au dehors avec l'ensemble de la basilique; outre l'étage très-bien sculpté, dont le pavé se trouve au niveau de celui de l'église, étage percé de sept fenêtres, cette saillie en renferme un inférieur, éclairé par de simples meurtrières et qui sert de caveau sépulcral pour les évêques de Périgueux morts sur le siège épiscopal de cette ville. Au-dessous de la crypte, un escalier conduit à une grotte où se trouvent plusieurs compartiments taillés de main d'homme dans le rocher et que l'on croit être le lieu de refuge qu'avaient choisi saint Front et ses collègues pour se soustraire aux recherches des persécuteurs, entre les mains desquels ils finirent néanmoins par tomber.

Dans l'état actuel des choses, l'intérieur du monument présente un aspect et un désordre bien propres à dérouter les étrangers. La porte du Greffe qui sert provisoirement d'entrée principale met le visiteur en face d'un autel qui lui cache celle du Thouin et ne lui permet pas d'en soupçonner l'existence, bien que cette issue ne soit pas condamnée. A gauche, se trouvent une coupole et trois absides; à droite, un mur percé de fenêtres vis-à-vis le sanctuaire de la Vierge, fenêtres à moitié cachées par un orgue mal placé, puis un mur nu, enfin un autre mur avec fenêtres en regard d'une chapelle presque dissimulée par les stalles des chanoines et le trône pontifical. En arrivant, on voit des verrières; plus haut il n'y en a pas. Le véritable chœur a l'air d'un hors-d'œuvre ; on a placé des armoires dans le transept comme dans un Garde-Meubles, et une cloison en briques crépies, dans laquelle donne une petite porte en bois qui s'ouvre et se ferme à volonté, a transformé l'intérieur de l'un des piliers en salon de conférence. Etranges anomalies qui disparaîtront dès que les travaux seront finis.

Du reste, une grande partie de l'ameublement employé pour le moment, bien que blâmable par son peu d'accord architectonique avec le vaisseau, ou par sa disposition, est, par elle-même, remarquable et très-digne d'attention. Les verrières, qui, elles, sont bien à leur place, sortent, en leur faisant honneur, des célèbres ateliers de M. Didron, de Paris. Celles de l'abside et de la coupole du nord représentent les divers épisodes de la vie de la Vierge, le baptême et la transfiguration de N.-S. Il est fâcheux que l'orgue, monté mal à propos où il ne devrait pas être, fasse écran à celles de l'ouest. Celles de la coupole orientale nous racontent l'histoire de l'apôtre du Périgord et mettent sous nos yeux quelques fragments de celle du temple majestueux qui lui est dédié, tandis que dans la grande abside d'autres symbolisent les principales vertus du christianisme. Seulement, ces dernières sont un peu pâles de couleur relativement aux autres dont les bordures trop chargées vont être adoucies de ton. Quant aux grandes fenêtres disposées au bas de la muraille du chœur, la couleur uniformément verte adoptée pour elles me semble déplorable. La cuve du baptistère, établie dans le creux du premier pilier à gauche en entrant, est un vrai chef-d'œuvre de sculpture et a été ciselée par M. Pascal. L'autel de la Ste-Vierge est enrichi d'émaux et de médaillons ; c'est un excellent morceau. Aussi mal placé que possible à tous égards, et bien qu'incomplet encore, l'espace où l'on a jugé, fort peu judicieusement, à propos de le confiner, ne permettant pas d'y déployer plus de vingt-cinq jeux, le grand orgue, provenant de la manufacture de MM. Mercklin et Schutze, n'en est pas moins un très-bel instrument qui, lorsqu'il sera définitivement installé dans la tribune qu'il doit occuper, sera, par ses qualités et son importance, un véritable ornement pour notre cathédrale et un précieux auxiliaire pour les cérémonies en leur prêtant le secours de ses accents sonores et mélodieux. Rien de plus beau dans son genre que l'imposant rétable en bois sculpté qui domine l'autel de l'Assomption, vis-à-vis la seule grande entrée praticable pour tous aujourd'hui. Sa description nous entraînerait trop loin ; disons seulement que dans cette œuvre inouie de persévérance, fruit d'un travail de dix ans poursuivi par un seul homme, le R. P. Laville, de la Compagnie de Jésus, se trouve, sur une surface de dix mètres de hauteur sur onze de large, sculptée la représentation en relief des principaux événements de l'existence de la mère du Sauveur, et cela avec une patience, un fini, un soin de détails inimaginables. Cette composition, qui sans doute n'est pas exempte de défauts, est sans prix. Il serait presque impossible d'en faire exécuter une semblable maintenant. Transportée de l'ancien collège des Jésuites à St-Front, elle y a été souvent promenée d'un endroit à un autre, et dans ces différentes translations a naturellement souffert. Aussi a-t-il fallu y faire quelques réparations urgentes. Une assez grande partie d'entre elles a été confiée à l'habile ciseau de notre compatriote M. Bonnet, actuellement à Alger, et a été menée à bonne fin d'une manière très-satisfaisante. La chaire, située vers le milieu du transept, est également due au P. Laville. Comme le rétable, elle est en chêne noir et constitue une œuvre capitale. Ces deux boiseries splendides ne sont ici qu'en dépôt pour ainsi dire. Il leur faudra plus tard donner un asile spécial. Cet asile où sera-t-il ? C'est ce que chacun se demande. Peut-être y aurait-il lieu de bâtir une nouvelle église où l'on rassemblerait toutes les sculptures du même genre, éparses dans celles de Périgueux, et qui serait construite dans un style en rapport avec le leur. La ville s'accroissant beaucoup journellement, ce projet pourrait se réaliser naturellement et avant peu.

Le tombeau de Mgr Georges est à côté du rétable, sur la droite. Elevé au moyen de souscriptions abondantes et rapidement recueillies, il devait remplir un plus vaste espace ; mais des objections timorées sur l'emplacement qui serait ainsi distrait de celui réservé pour les fidèles, l'ont fait un peu trop accoler à la muraille. Il consiste en un baldaquin en pierre soutenu par des colonnes de même matière, et recouvrant un cénotaphe sur lequel le vigilant pasteur, l'ardent restaurateur de Saint-Front est représenté couché sur un lit de parade, revêtu de ses ornements pontificaux, mitre en tête et tenant sa crosse à la main ; quatre anges procèdent à son ensevelissement ; deux à la tête et deux aux pieds soulèvent chacun un coin du drap ; l'un d'eux tient un encensoir à la main. On loue la beauté de l'exécution des détails et la parfaite ressemblance du visage avec celui du vénéré pontife. Une simple barrière en bois, qui doit être remplacée par une grille en bronze, entoure cet édicule, autour duquel, aux jours anniversaires de la fête du prélat et de sa mort, des mains pieuses viennent chaque année déposer des couronnes d'immortelles et des bouquets de fleurs, touchant témoignage d'un souvenir profond et bien dû.

En ce moment on reconstruit la dernière coupole, celle de l'occident ; les murs qui la supportent au nord et au sud se trouvent flanqués par d'antiques constructions dites *Confessions*, les pressant au-dehors, et qui paraissent avoir eu deux étages, l'un presque souterrain, le supérieur destiné à la célébration du culte. C'étaient probablement des tombeaux de saints personnages, surmontés d'un réduit avec autel où l'on disait la messe en leur honneur. La crypte de celle du midi passe pour être le caveau où fut enseveli saint Front. L'ancienne chapelle de l'évêché la surmontait. Celle du nord vient d'être mise à découvert en démolissant la maison Châtaignon acquise pour dégager l'église. Elle est beaucoup plus considérable et offre au sud une colonnade qui n'est pas sans grâce. La salle où cette décoration s'élève fermait entièrement les fenêtres du fronton septentrional du pied de la croix, fenêtres qui paraissent n'avoir jamais donné de jour, car le mur est double de ce côté, la Confession ayant le sien accolé à celui de la basilique. Cette disposition a paru fort embarrasser l'architecte, qui, dit-on, aurait pensé, pour éviter l'empâtement de la cathédrale sur ce point, à ne pas rééditier la salle supérieure et à réduire l'étendue des voûtes inférieures afin qu'elles ne paraissent pas disproportionnées. Mais comme on l'a fort bien fait observer ailleurs, réparer n'est pas détruire ; les grandes fenêtres, en outre, n'ont, je le répète, jamais probablement éclairé Saint-Front dans cette direction ; elles existaient sans doute ; elles étaient même garnies de vitraux coloriés, mais ceux-ci restaient sombres, n'apparaissant que grâce aux ouvertures de la chapelle voisine en donnant une lueur analogue à celle que fournit un ciel voilé par des nuages, ce qui n'a rien de fâcheux en pareil endroit, surtout lorsque l'on songe que, même sans elles, le monument est parfaitement clair dans son entier. Il n'y a donc pas lieu de s'arrêter à cette difficulté qui réclame et n'en est pas une. Il faut rendre aux *Confessions* leur ampleur et leur physionomie originelles. Ce serait en outre fort utile, car St-Front manque de salles isolées pouvant servir à des réunions spéciales ; on en acquerrait deux par ce moyen, en même temps qu'on éviterait un véritable acte de vandalisme.

Pourquoi d'ailleurs mutiler ces humbles mais curieux sanctuaires ? Ce serait d'autant plus barbare qu'ils sont les bras jetés par la vieille église romane autour de sa fille byzantine qu'elle enfanta dans la douleur. Elle gît sous nos yeux cette vénérable mère ; de son cœur s'est élevé vers le ciel, comme une pyramide d'or, l'étonnant clocher devant lequel les érudits s'arrêtent respectueusement, reconnaissant en lui le plus ancien de France, peut-être l'unique, et dans tous les cas le plus complet de son genre, au monde ; clocher que tout homme doué du sentiment de l'art contemple avec une religieuse émotion. Couronné par un dôme porté par cinquante colonettes et dont la croix s'élève à plus de 74 mètres au-dessus du sol, cet ouvrage, surprenant par sa masse, son ensemble et ses détails, repose en porte-à-faux sur la nef de l'édifice latin. Le chevet de celui-ci a été remplacé par la coupole de l'ouest, mais le reste de son corps s'étend derrière l'église byzantine jusqu'à la place de la Clautre, en grande partie brisé, conservant néanmoins, dans les maisons voisines, d'importantes fractions de son enceinte et de sa façade. Ce sanctuaire précieux doit être compris dans le travail de restauration entrepris par M. Abadie. Ainsi, la grande basilique périgourdine, formée de deux temples juxtaposés et unis par les liens les plus intimes, couvre tout l'espace compris entre la Clautre, la rue d'Enfer, le Greffe, où se développe son porche surmonté d'une terrasse aux angles de laquelle seront placées deux statues équestres ; la rue Tourville, la salle d'asile, la maison des sœurs de Ste-Marthe, la place de la Petite-Mission, à laquelle on parvient par un escalier en belle pierre dure de la Charente, mais trop étroit et qui devrait absorber le terrain occupé par le couvent ; et enfin l'évêché qui ne peut logiquement aller se fixer ailleurs. Dans ce périmètre étendu, quatorze à quinze mille personnes pourront se ranger à l'aise. Situé sur la pente rapide de la colline, St-Front offre à l'ouest intérieurement trois courses d'escalier qui le relient au niveau de la Clautre. Au centre et à l'est, au contraire, il se déploie sur des cryptes qui peuvent être appropriées à divers usages, servir notamment de magasins de dépôts et, peut-être même, avantageusement se convertir en sacristies respectables. Faisons des vœux pour que le travail commencé soit terminé le plus promptement possible, et qu'avant peu la belle fleur orientale s'épanouisse sur sa tige romane; honneur, quelques fautes qui puissent avoir été commises dans sa restauration, de notre antique métropole, de notre Midi, de la France entière; revenant à la vie, éclatante et fière, après de longs jours de mutilation, de souffrance et de deuil, comme ne peut manquer de le faire aussi notre triste et bien-aimée patrie ! Déjà secouant son linceul et relevant la tête, St-Front, aujourd'hui comme jadis, plus que jamais même, reçoit de toutes parts des hommages et sert de modèle au loin. Paris bientôt, sur sa plus haute colline, verra se dresser un prodigieux édifice, moins grand néanmoins que le nôtre, et inspiré par lui. L'œuvre d'un ancien et obscur cénobite de notre premier monastère recevra ainsi une consécration solennelle aux bords de la Seine; c'est-à-dire dans le monde entier. Mais qui sait ? Il ne faut pas désespérer de voir dans quelques années des Parisiens érudits, de passage à Périgueux, déclarer que notre cathédrale est sans mérite, n'étant, d'après eux, qu'une copie altérée de la leur, qu'elle aura précédée dans la vie de dix siècles ! Ces messieurs croient toujours que le beau vient uniquement de chez eux. Ils n'imitent jamais, comme chacun sait ! St-Front est une œuvre hors ligne devant laquelle il faut s'incliner. Qu'on le décore dignement à l'intérieur quand il sera terminé. Cependant il n'est pas sans détracteurs. Dans un wagon dernièrement, un voyageur auquel on le montrait s'écriait en secouant la tête : C'est grand ; cela ne manque pas d'apparence, il est vrai, mais que voulez-vous que cela vaille ? Cela ne vaut rien... C'est le fruit de l'idée d'un religieux ! Et deux ou trois voisins d'approuver du geste un argument si décisif ! Cette opinion, certainement, a son mérite ; cependant je crois qu'elle m'a laissé froid et n'ébranlera guère non plus la conviction du public, qui est celle de tous les connaisseurs. Je n'ai pas entendu dire en effet que ces honorables détracteurs systématiques des conceptions artistiques et des découvertes des moines aient inventé la poudre.

Si l'intérieur du vieux Périgueux, bruyant, et aux habitations pressées, ne plait point au premier coup-d'œil, ses dehors sont charmants. Ils l'enveloppent comme un cadre gracieux enserrant une carte du moyen-âge toute enfumée et à peine égayée par quelques coups de pinceaux modernes y répandant la vie et la lumière. Au nord-est, le quai s'embranche sur la route de Paris au pied de la colline et la continue le long de l'Isle par une belle chaussée. Cet ouvrage, très-estimé des connaisseurs, n'est pas sans susciter de justes critiques. Il a été pris sur l'ancien lit de la rivière à laquelle il a fallu en créer un nouveau et a eu pour résultat d'ensevelir dans l'obscurité nombre d'habitations qu'il fallait au contraire, ou rendre plus saines en les aérant, ou bien démolir dans l'intérêt de la salubrité publique et de la décoration des basses rues. On a voulu, par cette mesure, éviter, dit-on, de payer de trop fortes indemnités aux propriétaires dépossédés, et c'est dans ce but qu'on a, de gaîté de cœur, enterré leurs immeubles. A-t-on bien, par ce moyen, obtenu le résultat désiré? J'en doute fort, car le déplacement de l'Isle et la levée ont dû coûter gros, et je suis persuadé que le jury d'expropriation aurait mis ordre à des prétentions désordonnées. Je ne puis, pour ma part, approuver une espièglerie qui a eu pour conséquence la destruction de la tour Barbecane qu'on aurait dû conserver à tout prix, l'enfouissement malencontreux des deux belles maisons Lambert et Sauveroche dont les étages inférieurs sont entièrement cachés, et la presque impossibilité d'arriver au remplacement, par des habitations confortables,

des vieilles masures placées en contre-bas à six ou sept mètres
de distance de la voie publique et que l'on n'est guère tenté
d'acquérir et de reconstruire d'une manière plus commode et
plus élégante là où elles sont. Il eût mieux valu rompre l'é-
cluse de Sainte-Claire, établir la voie nouvelle le long de la
grève existant entre les ponts et en avant des habitations de la
rue Port-de-Graule, en la faisant passer sous les arches. Les
sommes dépensées eussent été, j'en suis convaincu, beaucoup
moindres, on aurait sauvé de la ruine de précieux monuments
et des bâtisses n'auraient pas tardé à s'élever gracieuses et
coquettes à la place des hideuses baraques qui affligent et af-
fligeront encore longtemps le regard entre l'ancienne préfecture
et la montée du Greffe. Quoi qu'il en soit, le demi-cercle formé par le quai, ses talus verdoyants, le terre-plein du nouveau port, qui le borde dans sa seconde partie, produisent un
agréable effet. C'est un très-beau travail auquel n'ont pas
manqué les éloges, et il les mérite. Espérons que des constructions hygiéniques et de bon goût viendront étouffer sous
leurs fondations la misère qui grouille encore sur ces bords,
en indemnisant les possesseurs de ces bicoques, enrichis par
une vente fructueuse de leurs taudis, vrais nids à rats ; que
des améliorations nécessaires donneront, en outre, au débarcadère une animation qu'il n'a pas encore par suite du manque,
jusqu'à ce jour, d'installations indispensables, telles que maison
de garde et entrepôt de marchandises. Venu du nord, le quai
se soude auprès du Pont-Neuf, aujourd'hui le plus ancien de
la commune, à la route de Lyon et forme avec elle le cours
Fénelon, en remontant vers l'ouest, au milieu d'une ligne de
maisons neuves et en passant devant l'ancien hôtel préfectoral,
qui ne me semble pas se trouver très-bien de son aménagement en caserne temporaire. Arrivée près de la tour Mala-
guerre, la voie tourne brusquement au nord et se déploie devant la grande place Francheville, irrégulière et en pente,
mais majestueuse et entourée d'une double ligne d'ormeaux.

C'est sur cette place que se tiennent les marchés aux bestiaux, importants et réputés dans toute la France. C'est là, lorsque la générosité du conseil départemental et du conseil municipal le permet, qu'ont lieu les magnifiques concours d'animaux gras, fondés par la Société d'agriculture de la Dordogne. C'est encore là que souvent les jeunes soldats viennent s'exercer à la manœuvre, sous les yeux et les ordres de vieux vétérans. Cet emplacement semblait donc naturellement désigné pour recevoir l'effigie en bronze du soldat-agriculteur qui inscrivit sur son écusson la célèbre devise : *Ense et aratro*. Au-dessus de la place Francheville, due à la libéralité d'un évêque de ce nom, la ligne atteint une rangée de maisons qu'on a eu le tort de laisser élever sur un terrain vendu pour payer des dettes, alors qu'il eût été tout-à-fait à propos de l'acquérir, pour y faire un square, s'il n'avait pas été déjà la propriété de la ville. Après ce malheureux ruban, jeté pour ainsi dire en l'air entre la vieille et la nouvelle ville, et dont les bouts ne sont pas même parallèles aux constructions qui leur font face à droite et à gauche, le cours reçoit à l'entrée de Taillefer la route de Bordeaux, puis se perd dans celui de Michel-Montaigne qui, formant deux bras à son origine, enserre un espace triangulaire, qui a longtemps porté le nom de la figure géométrique qu'il décrit et au sommet duquel l'avenue, de nouveau, se rassemble en un seul tronc. C'est sur ce terrain, entouré comme la place Francheville, de beaux ormeaux, que l'on voit la statue du maréchal Bugeaud, élevée sur un piédestal en granit entouré d'une grille de bronze de style mauresque et d'une bordure de gazon émaillée de fleurs. Elle est d'un bon modèle et bien réussie. C'est l'œuvre de M. Dumont, de Paris. Autour d'elle, les jours de marchés, se pressent les instruments agricoles, ce qui doit plaire au vieux soldat, et ont lieu les ventes à l'encan, ce qui doit moins lui sourire. Au-dessus, sensiblement élargi, comme concentré pour se préparer à une expansion nouvelle, le boulevard livre d'abord passage à la route et cotoie sur la droite, près des maisons du Puy-St-Front, qu'une rue commerçante en sépare, deux terres-pleins d'inégales grandeurs, l'un et l'autre bordés de trottoirs et d'arbres. Ces deux petites esplanades étaient, il y a deux ou trois ans, le rendez-vous des vendeurs et des acheteurs de pommes de terre, noix et marrons. Le voisinage ne s'en plaignait pas, bien au contraire ; mais un jour vint où l'un de nos administrateurs, au zèle et à la bonne volonté duquel je me plais d'ailleurs à rendre un hommage sincère, les en expulsa pour transférer le centre de leurs opérations assez loin, dans un endroit où les intéressés ne le souhaitaient probablement guère. A la place de la foule de paniers, de sacs, de cultivateurs et d'agents qui la remplissaient, ainsi que sa voisine, deux fois par semaine, on ne tarda pas à voir sur la plus vaste de ces plate-formes, hisser un socle en pierre d'un blanc jaunâtre accompagné de deux bassins oblongs, bordés de mousse, chacun avec rocaille centrale d'où jaillit un jet d'eau formant éventail, alimentant un réservoir où nagent des poissons rouges. Sur le socle, à droite et à gauche ainsi flanqué, vint s'abattre le produit d'une fonderie sous forme assez mal réussie d'un homme portant épaulettes et broderies, frisé comme un nègre, gesticulant comme un acteur de troisième ordre sur un petit théâtre de province et ayant une jambe de bois assez mal emmanchée. Cela représente, nous disent les plaques de marbre placées au-dessous, notre brave compatriote le général Daumesnil. La chose ayant été bien établie par les inscriptions, cette *œuvre d'art* fut inaugurée avec grand bruit, beaucoup de pompe et d'interminables discours. Puis des grilles microscopiques furent posées tout autour, agrémentées d'un cadre intérieur de lierre rampant. L'hiver, cela se voit à peu près ; l'été, l'on ne se doute guère de la présence de l'effigie, grâce au feuillage qui la cache généreusement, ce dont l'ombre de l'incorruptible défenseur de la patrie ne peut que lui être reconnaissante, car à coup sûr elle est vexée qu'on lui ait fait un corps si laid, une jambe si singulière, et qu'on lui ait prêté, pour refuser les présents d'Artaxercès, c'est-à-dire de ces misérables Prussiens, que le ciel confonde! une pose grotesque et forcée, tandis qu'elle devrait être simple et naturelle comme était naturel tout sentiment d'honneur à ce bon, loyal et valeureux Français. Le petit terre-plein est resté nu tout à côté de son ancien collègue chamarré d'ornements. La pauvreté côtoiera-t-elle donc toujours la richesse ? Ici du moins on pourrait l'éviter. Jetez quelques fleurs et quelques arbustes à ce triste indigent, édiles qui nous gouvernez! Arrivé devant les rues St-Martin venant de l'ouest et de l'Eguillérie partant pour l'est, le cours, après les avoir saluées, se bifurque de rechef. Tandis que sa branche principale conserve sa direction première, son rameau secondaire court d'abord à l'orient, puis remonte vers le septentrion et inclinant ensuite au couchant, comme toute chose en ce monde, vient rejoindre le corps du boulevard et finir avec lui sous la colline d'où descend la rue de Paris qui reçoit son dernier soupir avec sa succession. Avant de mourir, il embrasse ainsi sa fille la place Michel-Montaigne, quelque peu pied-bot et à tête pointue, mais dont les défauts sont dissimulés, le premier par un bouquet de magnifiques platanes, sous lesquels nos jardiniers-fleuristes font souvent d'admirables étalages des produits de leurs plates-bandes et de leurs serres ; le second par d'autres platanes également très-beaux et par des lignes de tilleuls où chaque jour, lorsque le temps est propice, la vieillesse et l'enfance viennent l'une se reposer, l'autre folâtrer en attendant les épreuves de la vie. Le centre de la place est ramené au carré long régulier par des allées de tilleuls taillés en berceau qui l'entourent, laissant à découvert un parallélogramme étendu, cher aux marchands forains, aux jeux du cirque et aux vendeurs de jouets, de photographies et de bijoux, dont les magasins temporaires sont continuellement assiégés par de nombreux curieux et chalands, surtout les jours où la musique militaire se fait entendre, attirant sur ce point de la ville une foule immense. Au milieu, l'air pensif et recueilli, Montaigne est debout, grave et méditant sur son bloc de rocher, séparé de la multitude par un rempart de lances de fer, formant enceinte sévère. Le front penché du côté du Palais de Justice, on dirait qu'il prononce mentalement son fameux *Que sais-je ?* comme un juré à l'âme anxieuse, après avoir entendu la plaidoirie d'un habile avocat. *Que sais-je ?*... Cette interjection d'un grand penseur, d'un savant, d'un homme haut placé, qui avait voyagé beaucoup et grandement étudié, devrait bien donner à réfléchir à ces esprits étroits qui souvent ont appris fort peu, sans le comprendre, en ont oublié les trois quarts, et se croyant infaillibles, jugent, affirment et décident avec une fatuité superbe. Montaigne avait trop de pénétration, trop scruté pour ignorer que l'esprit le plus érudit connaît à peine quelque chose ; et de là vint son incertitude ; mais en face de la vérité brillant pour tout œil non aveuglé, il n'hésita pas, et ce philosophe, en présence de la Foi, ne douta plus. A la lueur du flambeau qui, bien au-dessus de nos foules, de nos systèmes, de nos entraînements, éclaire simultanément les sentiers de la vie présente et notre destinée future, ses fluctuations cessèrent ; il n'avait jamais suivi les voies de l'incrédulité ; sa mort fut celle d'un sage, c'est-à-dire d'un chrétien sincère et convaincu. A droite et au sommet de la place Montaigne, s'étend le cours Tourny, splendide promenade à l'entrée de laquelle le grand archevêque de Cambrai veille, jetant du haut de son piédestal, un regard d'amour vers le grand séminaire situé sur la route d'Angoulême qui débouche vis-à-vis lui. Un long square plein de gazons, de magnolias et de fleurs, mais que ne défend pas assez contre les excursions des enfants, et des animaux qu'ils excitent, sa trop rustique et trop basse clôture, borde la route au sud-ouest. Tourny, que cet heureux appendice rend régulier, se développe au-dessus de lui, entre deux larges voies publiques où les constructions se suivent, au nord et au midi. Quatre allées admirables et des contre-allées de gigantesques ormeaux, le sillonnaient de l'ouest à l'est, où il se termine en terrasse majestueuse, dominant au loin la vallée de l'Isle et les coteaux aussi gracieux que pittoresques enclavant cette riante plaine au milieu de laquelle courent des routes nombreuses, le double chemin de fer de Paris à Agen et de Bordeaux à Lyon, et s'étalent au soleil, avec leurs blanches maisons et leur charmante église, les deux faubourgs réunis de St-Georges et des Barris chaque jour s'accroissant. La vue de ces longues files d'arbres puissants avait le don d'exciter toujours l'enthousiasme des étrangers. Hélas ! la plupart d'entre ces géants ont vécu ! Ceux de l'esplanade du fond subsistent seuls encore. Les autres, que la faiblesse d'un magistrat avait permis de décapiter au profit d'un pépiniériste auquel ils portaient ombrage, mouraient l'un après l'autre ; on les a fait arracher ; les lignes qu'ils occupaient ont été creusées profondément, puis remplies de terre neuve apportée tout exprès. Dans ces conditions, on aurait dû, ce semble, les remplacer par d'autres arbres de même espèce ; mais on a jugé convenable d'en agir autrement, et l'on a choisi pour leur succéder des platanes qui, du reste, ont fort bien poussé, mais qui, moins solides que des ormeaux, ont été renversés deux fois par le vent ; en sorte qu'il a fallu, tout autour de chacun d'eux, ériger un système de fortification en mâts inclinés, fortement enfoncés et dont les sommets soutiennent des colliers de force sur lesquels s'appuient les têtes de leurs protégés. Rien n'est moins joli que ces avenues de contreforts nus qui resteront encore plusieurs années peut-être à leur poste de combat contre la tempête. Et lorsqu'ils auront disparu, l'œil sera toujours choqué du contraste offert par des rangées de platanes continuant des rangées d'ormeaux si différents d'eux de port, d'écorce, de feuillage, et dont l'austère ampleur, la forte contexture feront ressortir, au point de vue décoratif, l'infériorité des nouveaux venus comparés aux frères des arbres tristement décédés. Mais malgré tout, Tourny, par ses dimensions, sa position si remarquable, son air de grandeur, sera toujours l'un des plus beaux ornements dont puisse s'enorgueillir une de nos villes méridionales. Les promeneurs n'y manquent pas et cependant y paraissent rares les jours où il n'y a pas de revues de la garnison et de concerts, tant son étendue est considérable. De distance en distance, de doubles bancs sont disposés le long des allées, mais il en faudrait également auprès de la belle galerie en pierre, aux colonnades tournées, qui donne sur la rivière et au-dessous de laquelle un chemin fréquenté conduit au bord de l'eau où il va rejoindre le quai.

Ainsi se noue ce feston ravissant que l'on appelle nos promenades, véritable ceinture de Vénus autour d'un corps antique et noir. Corps robuste et encore plein de vie pourtant, car il résiste fièrement et ne succombe pas en dépit des coups multipliés qu'on lui a portés pour l'abattre. En vain l'a-t-on attaqué par les pieds et par la tête, par la faim et par l'intelligence, lui retirant successivement, sous prétexte qu'il avait tout, des marchés, les juridictions matérielle et spirituelle, de manière à le dépouiller autant que possible. Il n'en est pas moins demeuré ferme et puissant par la force des choses, qui veut que les rayons d'un cercle puisent leur mouvement à son centre et non sur un point de sa circonférence; heureusement pour la ville entière, car lorsque le noyau se liquéfie, le fruit entier souffre et se gâte. C'est ainsi qu'il est resté le théâtre des ventes du jardinage, de la viande à la criée, du poisson, des bois; qu'il a conservé la plupart de nos meilleures boucheries et des entrepôts de nos célèbres comestibles. Le commerce dans toutes ses manifestations y est actif, particulièrement au pourtour des boulevards, et dans les rues Limogeanne, des Chaînes, Salinière, de la

Clarté, Saint-Silain et Taillefer, sur les places de la Clautre, du Codère, de la Mairie. Il possède plusieurs écoles de filles réputées, la principale salle d'asile, l'orphelinat, l'ouvroir, le bureau de bienfaisance. On y voit deux établissements de bains fréquentés; il garde en dépôt la caisse d'épargne et la mairie, qu'on ne pourra probablement pas lui enlever. Tôt ou tard, j'en suis persuadé, l'évêché lui reviendra; l'hôtel du commandant militaire et ses fontaines monumentales en seront, à coup sûr, autant. Sur trois grandes bibliothèques publiques, il en renferme deux, celle de la commune, importante par le nombre et la valeur des ouvrages qui la composent, et celle de Saint-Front, qui devient chaque jour plus considérable. Il ne compte pas moins de trois imprimeries sur les quatre établies à Périgueux, entre autres la plus grande, celle de la maison Dupont, qui tient un rang élevé parmi celles de Province. On y publie deux journaux quotidiens sur trois qui paraissent dans la ville et plusieurs recueils périodiques. La direction de la poste aux lettres y a son centre, dans un local, il est vrai, trop restreint et trop obscur. Enfin, c'est là que sont les musées départementaux d'antiquités et de peinture. Ces deux vastes dépôts, ouverts les jeudis et dimanches aux curieux et connaisseurs, placés l'un et l'autre sous la direction éclairée de M. le docteur Galy, sont l'objet de fréquentes visites, même de la part des étrangers. Le second, fondé depuis peu années, renferme quelques toiles de choix parmi d'autres médiocres. On peut y faire notamment des études anatomiques, peut-être un peu trop répétées et parfois trop complètes, mais il va s'améliorant sans cesse. Le premier se compose de deux salles où les fragments précieux abondent. On y voit, outre une collection considérable de ce qu'on est maintenant, Dieu sait pourquoi, convenu d'appeler des pièces préhistoriques, une foule d'objets appartenant à toutes époques et trouvés dans le département; haches et instruments plus ou moins gaulois, meubles et armures du moyen-âge, statues, statuettes, anciennes et modernes, bustes remarquables, parmi lesquels il faut citer celui de M. Félix de Verneilh, l'archéologue érudit qui nous a été si vite enlevé; produits minéraux et végétaux de la Dordogne et surtout un ensemble des plus intéressants de fragments romains découverts la plupart sur l'emplacement de la vieille Vésone. Là sont des matériaux, des fûts, des chapiteaux de colonne en nombre infini, des sculptures, une mosaïque qui avait servi de pavé à une maison de plaisance, un plan, peut-être un peu hasardé, de ce qu'a dû être la célèbre tour de Vésone aux jours de sa splendeur, la seule borne milliaire connue, datant du règne de l'empereur Florien, plusieurs autels, dont un dédié par les bouchers de la ville au génie de Tibère. Les bouchers élevant un autel au génie de Tibère ! C'est parfait ! On était logique en ce temps-là ! Cet autel, je m'en souviens, m'a donné, lors de sa découverte sous les fondations d'une maison qu'on démolissait pour le percement d'une rue, l'occasion d'admirer la science de certains hommes qui ont le talent de se faire écouter et croire par trop de gens naïfs auprès desquels ils passent pour des oracles. J'étais entré dans un café voisin, avec un mien parent qui partait pour un petit voyage et qui déjeunait à la hâte, en attendant sa voiture. Non loin de nous était assis un personnage, beau parleur, ne doutant de rien, donnant son avis sur tout, tranchant d'un ton doctoral les questions les plus ardues, étourdissant par son aplomb et soupçonné même d'écrire souvent des articles scientifiques dans un ou deux journaux ou revues assez en évidence. Du plus loin qu'il m'aperçut, il m'apostropha. « Hé bien ! qu'en pensez-vous ? J'espère que l'on vient de mettre la main sur une antiquité précieuse ! D'après son inscription, cette pierre a été taillée il y a pour le moins deux cents ans ! — Un peu plus, repartis-je en souriant et croyant à une plaisanterie dont je ne comprenais pas le but. — Peut-être bien ! — Cet autel est même tout autrement vieux, ajoutai-je. — Vous croyez ? — Cela fut dit avec un sourire fin et sardonique qui devait me couvrir de confusion. — Mais, répliquais-je, j'en suis sûr, car s'il n'avait que trois siècles, il ne remonterait qu'au temps de Henri II, roi de France, et je ne sache pas que ce monarque et Tibère, empereur romain, aient vécu à la même époque. — Alors quel est son âge ? — Environ de 1,848 à 1,850 ans, à deux ou trois près. — Vous badinez ! — Nullement, car, vous le savez bien, Tibère était contemporain de Notre-Seigneur Jésus-Christ. — Ah bah ! — L'intonation fut telle et marquait une si profonde surprise, quelque chose de si moqueur en même temps, que sous prétexte de regarder je ne sais quoi sur la promenade, je pris mes lunettes, car je suis myope outrageusement (cela soit dit en passant pour m'excuser auprès de ceux que je rencontre sans les saluer, apparente incivilité qui provient uniquement de ce que je ne les reconnais pas à cause de la faiblesse de ma vue), puis tournant la tête comme par hasard, j'envisageai mon interlocuteur. Il était calme et pénétré visiblement d'une immense pitié pour moi ; deux ou trois personnes semblaient prêtes à partager son sentiment charitable à mon égard. — Ainsi donc, vous êtes persuadé que si, comme cela doit être, cette dédicace a été gravée du temps de Tibère, elle a plus de dix-huit siècles d'existence? C'est votre idée, jeune homme ? — C'est ma conviction profonde et je suis certain du fait. — Or, il y avait derrière nous un lycéen imberbe qui ne disait rien. Notre docteur l'interpella. — Tu viens d'entendre? Qui de nous deux a raison ? — Eh mais ! c'est Monsieur, répondit le jouvenceau. — Tu soutiens que Monsieur a raison ? — C'est la vérité pure. — On n'entendit plus souffler mot, notre homme avait disparu. — Voilà donc, dis-je en sortant à mon compagnon, où nous en sommes en France. Nous prétendons tout connaître, nous dédaignons d'apprendre quoi que ce soit, estimant avoir la science infuse ; nous nous posons en juges éclairés, en experts, et nous ne savons pas le premier mot des choses dont nous parlons. Nous nous perdrons par la jalousie, l'orgueil et l'ignorance ! — Je ne croyais pas si bien deviner.

Entre Tourny, la rivière, le sommet des collines qui s'élèvent au nord, la Combe-des Dames, la rue qui suit le bord de ce vallon et le côté septentrional de la route d'Angoulême, on ne voyait récemment encore que peu de maisons, sauf le long de l'Isle et de la pente alors appelée le Pouradier, route par laquelle arrivait à cette époque le courrier de Paris, avant l'établissement des chemins de fer À Périgueux. Depuis quelques années, la Fortune se plaît à fréquenter ces parages et à y répandre une pluie d'or qui y fait croître les édifices et des établissements que nul n'aurait supposé devoir s'y développer. Au nord-est, le faubourg de l'Arceau, dont une partie dépend de la commune de Trélissac, s'allonge comme dans un défilé, resserré par la berge de l'eau d'un côté, de l'autre par des rochers pittoresques, au flanc desquels s'étagent des terrasses cultivées, ou qui le surplombent de leurs masses menaçantes toujours prêtes à s'abattre sur lui. De ce joli village, où l'on trouve d'abondantes fontaines, une belle tannerie et une importante fabrique de conserves alimentaires placée en dehors des limites municipales, l'on monte aux allées de Tourny par un embranchement de la route nationale, qui, réparé et refait, pour ainsi dire, depuis 1870, n'a pas de nom et pourrait par conséquent porter, plus naturellement que la rue Magne, celui de la République, à laquelle il doit d'avoir été mis en état. Cette petite ligne, partant du quai, parvenue sous la promenade, la contourne sur la gauche, en passant devant la villa centrale, après avoir envoyé sur la droite une rampe qui devrait avoir sa correspondante vis-à-vis, et d'où sort une large voie qui borde les allées jusqu'à leur rencontre avec le cours Michel-Montaigne. Cette rue forme un boulevard récemment ouvert, accompagné d'une belle grille en fer qui le suit au nord dans tout son parcours et derrière laquelle se construisent des habitations précédées de parterres, mais qui, toutes, il faut l'avouer, ne brillent pas par le bon goût de leur architecture. Celle que l'on aperçoit à l'encoignure de l'ouest, appartient à M. Durand, maître de forges, et, par sa situation et son style, est une des principales de Périgueux. A l'autre extrémité, dominant le vallon, apparaît la nouvelle préfecture. Elle a deux façades principales ; l'une dans le genre grec, regarde la plaine et se découvre de plusieurs kilomètres ; l'autre, de dessin plus moderne, a trois grands avant-corps, dont deux constituent les ailes, et le troisième forme un pavillon central majestueux, inconsidérément gâté depuis par une marquise étonnée de se trouver en pareil lieu. Ses matériaux de choix en pierre de taille dure à grand appareil, ses colonnades, ses sculptures, la beauté des appartements, sa magnifique position, le riche jardin anglais qui l'embrasse de deux côtés, font de ce palais un monument véritable qui ne mériterait que des éloges, si sa partie occidentale n'était complètement manquée. Ce côté, le seul qui puisse donner accès à l'édifice, puisque la grande porte ouvrant sur la terrasse de Tourny ne peut être abordée directement de la ville par les voitures, devrait, par suite, avoir un cachet de grandeur en rapport avec sa destination, tandis qu'il est écrasé par un long et vulgaire bâtiment en moellons, que des combles en mansardes alourdissent encore et qui le cache entièrement. Il faut, depuis qu'un préfet misanthrope a fait condamner le passage pratiqué près du corps-de-garde, traverser le coin de cette déplorable construction, asile des archives et de la télégraphie, qu'on eût pu placer ailleurs ; et cette mesquine avenue, dont le dallage laisse fort à désirer, une fois franchie, l'on se trouve en présence d'une cour étranglée et d'une aile sans apparence où sont les bureaux. C'est par là qu'on arrive au cabinet du premier magistrat du département. Il faut avouer que cette entrée ne prédispose pas favorablement le visiteur et que celui-ci, s'il ne va pas plus loin, s'il n'en fait pas le tour, emporte une assez mince idée d'un édifice dont la construction fut peu nécessaire, fort coûteuse et auquel on consacre chaque année des sommes nouvelles sans utilité bien démontrée, souvent même pour le gâter par des remaniements fâcheux. L'argent qu'on y gaspille serait pourtant indispensable ailleurs, ne serait-ce que pour soutenir l'agriculture, à laquelle on marchande avec une lésinerie déplorable pour le pays les plus faibles ressources. A ces défauts choquants, que tout le monde saisit du premier coup d'œil, il faut ajouter que les servitudes, en fait d'écuries et de décharges, sont beaucoup trop petites et que le corps de logis est infiniment trop rapproché de la montagne, ce qui en rend le bas, vers le nord, extrêmement humide. Rien n'est parfait en ce monde, pas même les plus splendides hôtels de préfecture ! Toutefois, nous pouvons être fiers du nôtre, à juste titre. Si Limoges et Bordeaux en avaient un semblable, ces deux villes ne manqueraient pas d'en tirer légitimement vanité. La rue qui passe devant le corps-de-garde va, quelques pas plus loin, se heurter contre une muraille qui la force à modifier sa direction, ce dont elle a tant de honte qu'elle change immédiatement de nom et prend celui de rue des Jardins. Elle monte de ce point, en longeant : à droite, les riants enclos où s'élèvent les villas de M. le comte de Fayolle et de Mme de Laborie, résidences à l'exposition délicieuse ; à gauche, le beau parc orné de grands arbres, de vastes pelouses, de fleurs charmantes, appartenant naguère à la famille de Gamanson et d'où, comme de chez Mme Hanin, ont découlé tant de bienfaits pour les pauvres et les établissements utiles de la ville ; puis elle côtoie les charmilles, les riches terrains et le gracieux castel qui naguère appartenaient à M. Peyssard. Ces deux héritages, qui se font suite, viennent d'être acquis pour recevoir et entourer l'évêché. Mgr Dabert habite aujourd'hui le beau logis du premier. Il sera certainement facile d'élever dans cette enceinte des constructions dignes d'être la demeure d'un prince de l'Eglise, mais y faire un palais épiscopal convenable ne me semble pas chose réalisable. Sa distance trop grande de la cathédrale, l'impossibilité de la joindre à celle-ci autrement que par une ligne brisée et en coupant Tourny, ce qui est inadmissible, tendront toujours à en éloigner, d'habitude, les chefs du diocèse. Qu'on y dispose une maison de plaisance pour eux, une succursale pour le séminaire, très bien ! mais nos évêques ont leur demeure marquée à l'ombre du clocher de Saint-Front. La voie, après avoir desservi ces propriétés et détaché un sentier vers l'Arceau, tourne vers le nord-ouest, gravit le coteau, d'abord entre des habitations environnées de vergers, et ensuite en coloyant des terres cultivées et une prairie d'où les regards embrassent un paysage enchanteur. Elle devient à cette hauteur une véritable allée égayée par une double rangée de jolis acacias et aboutit bientôt à l'ancienne route de Paris, changée maintenant en chemin d'intérêt commun, et qui, se déroulant au milieu des domaines de M. le docteur Parrot, remarquables par l'élégance de leurs bâtiments ruraux et le soin avec lequel ils sont entretenus, conduit au grand cimetière du Nord, lointain, immense, ceint de murailles, à l'abord sévère et imposant, et qui descend jusqu'au fond d'une gorge triste et sauvage. Des avenues tracées en courbes et superposées en terrasses parcourent sa pente rapide en ouvrant des communications faciles ; déjà de tous côtés, dans ce sol compacte et retenant l'eau longtemps, malgré sa déclivité, circonstance fâcheuse à laquelle on cherche à remédier, des tombes se dressent presque sur tous les points, isolées çà et là, groupées ailleurs, presque toutes ombragées d'arbres verts ; les unes simples, modestes, portant des épitaphes touchantes, d'autres, mais en petit nombre, prétentieuses et de mauvais goût. Au milieu d'elles quelques mausolées remarquables s'élèvent et plusieurs abritent des morts regrettés de notre population entière. De ce champ d'asile, trop éloigné des vivants et qui devrait être desservi par des chapelains particuliers, on peut regagner la ville soit par l'entrée du bas, soit par celle du haut, qui est celle que je viens d'indiquer tout à l'heure et que l'on préfère d'habitude pour revenir comme pour aller. En la suivant, on traverse de nouveau la propriété digne d'intérêt de M. le docteur Parrot, dont la maison d'habitation vient d'être reconstruite avec goût au milieu de jolies promenades. Tout à côté se voit une chapelle récemment bâtie, en style byzantin, avec quatre contreforts terminés par des pyramides s'élevant au-dessus de la plate-forme et encadrant une coupole centrale, derrière laquelle est un campanile élégant et austère dominant l'entrée d'un caveau. Cet édicule, simple d'aspect, de forme grave, sobre d'ornementation, que l'on aperçoit de loin et sur lequel le regard se fixe avec un vague sentiment de tristesse qu'éveille en l'âme son caractère, est l'œuvre de M. Bouillon, fils de l'architecte auquel on doit la préfecture, et qui, lui-même artiste de talent, devait succomber jeune au seuil d'un brillant avenir. Sous ces dalles dort l'unique enfant, l'orgueil et la joie d'un père et d'une mère qui ont voulu que cette chère dépouille reposât le plus près d'eux possible et que le voyageur ou le concitoyen, en passant sur la route, se découvrît en récitant une prière devant la croix qui surmonte le tombeau d'Armand Parrot. Et qui ne s'associerait à la douleur si profonde et si légitime de ces pauvres parents frappés subitement d'un de ces coups terribles sous lesquels l'âme la mieux trempée s'affaisse et dont on ne se relève pas ! Ah ! quand la mort est venue cruelle et impitoyable briser celui pour lequel on vivait, notre existence se décolore et l'on ne marche plus qu'en chancelant, solitaire et désolé jusqu'à l'heure de la réunion, l'heure du revoir suprême qui a toutes nos aspirations ! Elle fut courte la carrière de celui qui repose à l'ombre de cette voûte, de cet autel solitaire devant lequel coulent en secret, chaque jour, des larmes amères. Mais au moins elle fut bien remplie. Il est tombé martyr du dévouement, en prodiguant ses secours aux blessés, en remplissant son devoir de Français, celui que l'on pleure ici. En ces temps douloureux, trop peu surent, hélas ! affronter le péril, trop peu répondirent avec abnégation à l'appel de la patrie succombant sous l'étreinte des hordes teutoniques ! Heureuses sont dans leur infortune les familles qui peuvent se rendre le témoignage d'avoir alors tout bravé pour le salut du pays ! Elles furent, et c'est notre honneur, nombreuses en Périgord. Soyons-en fiers à bon droit.

Bientôt on dépasse l'endroit où l'on a d'abord joint la route en venant des promenades et l'on arrive auprès du couvent de la Garde, habité par des religieuses de l'ordre de Ste-Claire et qui tire son nom d'une chapelle, maintenant détruite, qui se trouvait dans le voisinage. Ce lieu de retraite occupe une position qui domine la plaine et la ville entière. Les pieuses cénobites qui le peuplent peuvent dire avec vérité qu'elles ont le monde sous les pieds. Des ormeaux de belle venue, placés le long de trottoirs mal entretenus, bordent le chemin qui plonge en droite ligne pour aller se relier au cours dont il forme un pittoresque appendice. Des habitants des maisons voisines demandent de temps à autres leur enlèvement, mais les doléances de ces ennemis des arbres près des demeures ne paraissent pas très-opportunes. En effet, au fort de l'été, sur cette pente exposée aux rayons brûlants du soleil du midi, l'on n'est point fâché de trouver un abri contre la chaleur sous un berceau d'ombrage ; en hiver, les branches dépouillées de feuillage n'arrêtent pas la lumière et n'amènent pas d'humidité Au printemps, quoi de plus attrayant que le renouveau ? Quand vient l'automne, quoi de plus touchant que les teintes sombres et mélancoliques de cette longue avenue qui conduit au rendez-vous que nous donnent les parents et les amis que nous pleurons ? Elaguons les rameaux nuisibles ou même simplement inutiles, mais laissons debout les troncs robustes dont les têtes touffues sont à la fois un ornement et des agents efficaces d'assainissement. Sur le parcours de cette voie de plus en plus fréquentée, l'on trouve à droite, au milieu des jardins, d'abord l'hôtel de Bellussière, dont les alentours sont charmants et d'où l'on jouit d'une vue magnifique ; puis la maison des missionnaires Lazaristes, bien située, grande, de belles proportions, mais dont l'église, élevée plus tard, n'est pas assez éloignée des murs de l'édifice principal contre lequel il semble qu'elle conspire. Elle a l'air d'avoir été jetée violemment sur lui, puis d'avoir rebondi en arrière la tête endommagée par le choc. A voir son chevet court et rentré, pour ainsi dire, entre ses bras, c'est l'effet qu'elle produit. Elle est, de plus, mal orientée, défaut qu'on eût pu facilement éviter en la plaçant un peu plus haut, de manière à rendre son entrée facilement abordable ; enfin une flèche lui serait bien nécessaire. Mais un trait de cette sorte ne se trouve qu'en un carquois d'or, et je soupçonne fort les bons Pères non-seulement de n'en avoir pas un semblable à leur disposition, mais encore de ne posséder en leur bourse que le Diable qu'ils expulsent, par leurs exemples et leurs prédications, de partout ailleurs. Un bâtiment destiné aux réunions du cercle catholique vient d'être construit tout à côté, dans la même enceinte. Presque vis-à-vis, l'on rencontre le couvent des RR. PP. capucins, dont la modeste chapelle, où les chaises sont gratuitement à la disposition du public, est très-souvent remplie de visiteurs. Des rues latérales se font, aux environs, peu à peu jour à travers les terrains cultivés ; à gauche, on en compte trois dont deux ont la prétention d'aller rejoindre à bref délai celle des Jardins, à travers l'enclos où l'on veut établir, provisoirement du moins, l'évêché ; à droite, il n'y en a qu'une, mais c'est une des plus belles de Périgueux, celle de La Boëtie, qui se dirige à l'ouest vers les nouvelles prisons en prenant naissance au-dessus du Château d'Eau, insuffisant maintenant, dans lequel débouche le canal d'amenée du Toulon pour l'approvisionnement de la ville. La rue de Paris, artère très importante, se termine enfin à l'est auprès de la place Michel-Montaigne, à côté d'un ancien puits comblé dont le haut, formant pavillon, est depuis longues années occupé par un bureau d'octroi, source de richesse qui, succédant à une source d'eau claire, va, dit-on, céder la place à une fontaine jaillissante fort souhaitée par le voisinage, mais qui serait peut-être plus avantageusement située plus loin, sur le petit triangle nu qui précède la Limogeanne. Du côté de l'ouest, la rue descend quelques mètres encore, puis va se confondre avec le boulevard. On suit alors un moment le nord de la route d'Angoulême que longent en cet endroit de très-belles maisons, et l'on arrive à la rue Combe-des-Dames, qu'on remonte laissant à droite, avec la grande manufacture de bougies de M. Mazeau, l'ancienne pépinière Templier et l'extrémité de la rue de La Boétie. L'on rencontre le dernier et le plus remarquable des ponts-aqueducs qui amènent les eaux en ville, on le franchit, et, s'engageant sur un chemin qui pénètre dans la campagne par un petit vallon, on atteint la porte située dans le bas du cimetière du Nord.

Le quartier qu'on vient de parcourir ainsi est plutôt un quartier de plaisance, de repos et de paix qu'un quartier d'affaires. Cependant, le négoce en détail y a pris pied et l'on y trouve des établissements industriels d'une réelle importance. J'en ai déjà signalé plusieurs ; il en reste d'autres que je ne dois pas oublier. D'abord, la brasserie de M. G. Meyer, près du Château d'Eau, puis la grande usine de M. Blanc, fabricant de comestibles truffés et de conserves alimentaires. De plus, on y compte un pensionnat de jeunes gens, deux couvents d'hommes, un de femmes, la préfecture, et, pour le moment, la résidence épiscopale ; le tout au milieu d'admirables paysages, de fleurs, de fruits, de productions maraîchères des mieux réussies, de plantations nombreuses. Je n'avais pas tort de dire que cette section est privilégiée.

Le groupe qui se présente au-dessous, borné par la rue Traversière-St-Martin, la route de Bordeaux et les promenades, peut être considéré comme étant une annexe et le complément naturel de la ville du Puy-Saint-Front, à laquelle il fait face de l'autre côté des boulevards. Sur la route d'Angoulême, il offre moins de constructions remarquables que celui que nous venons de quitter; il entre bourgeoisement et sans façon par des habitations vieilles, et de peu d'apparence, sur le cours Michel-Montaigne; mais à peu près à la hauteur du milieu de la place de ce nom, il fait sa toilette, se met en tenue, et de là, jusqu'à l'entrée de la rue de Bordeaux, il développe une riche succession d'hôtels, de magasins étincelants et bien approvisionnés en tout genre, de splendides cafés, de somptueuses demeures. On y voit, en outre, en face de la statue de l'auteur des *Essais*, le Palais de Justice, précédé d'une petite place semi-circulaire et œuvre capitale de l'architecte Catoire. C'est un vaste édifice bâti tout entier en magnifiques pierres de taille dures des carrières des environs. Il montre sur la route un péristyle majestueux orné de quatre colonnes cannelées, au-dessus d'un large perron qui le rehausse avec avantage. Ses deux longues façades latérales, l'une au nord, l'autre au sud, ont un beau caractère. On loue son vestibule, son grand escalier, sa vaste salle des Pas-Perdus et la hardiesse de celle des assises, à laquelle la lumière arrive par le haut, mais où le bureau du président est trop près des marches qui y conduisent. Cette pièce communique à droite et à gauche par des corridors aux cabinets des juges, des parquets, et aux locaux destinés aux témoins et aux délibérations des jurés. Les tribunaux civil, correctionnel et de commerce tiennent leurs audiences vis-à-vis dans de spacieuses enceintes, commodes et bien distribuées, derrière lesquelles s'ouvrent les sanctuaires, où vont opiner les magistrats, et auxquelles avocats et membres du barreau parviennent d'en bas par des escaliers de service. Au-dessous de cet ensemble, sont les greffes, les logements du concierge et du gardien. Ce rez-de-chaussée est voûté, mais trop bas et d'une obscurité trop grande. Le monument, dans son ensemble, est, du reste, très-satisfaisant, grave et imposant. On a mis dix ans à l'édifier, à partir de 1829, et il a coûté 400,000 fr. Au prix actuel de la main-d'œuvre et des matériaux, il en vaudrait le triple aujourd'hui. A quelques cents mètres est le Théâtre, également en retraite dans un hémicycle, mais plus profondément que le Palais de Justice. Lui aussi est l'œuvre de M. Catoire; mais, hélas! il est loin de faire honneur à la ville. Ses murs sont minces, ses dimensions restreintes, beaucoup plus qu'il ne conviendrait; la salle est jolie, bien comprise et même assez grande, mais le foyer est beaucoup trop étroit et court, tout gracieux qu'il soit; les appartements réservés aux artistes sont froids et sans ampleur. On a dépensé de fortes sommes dernièrement pour meubler convenablement l'intérieur de cette bonbonnière et donner aux loges plus de solidité. Tout cela n'a pas fait de cette construction manquée, malgré l'élégance et les jolis décors de quelques-unes de ses parties, un ornement digne du chef-lieu de notre département. Il est déjà question de la démolir et d'en élever ailleurs une autre plus convenable. On ne fera pas mal d'agir ainsi quand on aura de l'argent.

C'est particulièrement en descendant depuis la place Montaigne et en côtoyant cette longue rangée d'habitations, dont peu détonent au milieu de l'harmonie générale, que l'on est frappé du tort que fait à ce beau tout, le manque d'alignement des édifices qui bordent le haut de la place Francheville et notamment le rideau de maisons tiré si maladroitement, pour grossir de quelques sous les épargnes municipales, entre Taillefer et la rue de Bordeaux. Sans doute, de ce côté, cette traînée de bâtisses se présente mieux qu'en venant du bas de la ville: elle a même un air de prospérité qui plait par lui-même. On y trouve l'utile et l'agréable ; un hôtel important, des cafés luxueux et commodes, de séduisants entrepôts de comestibles, avec une pharmacie, les avoisinant, où l'on peut se procurer les remèdes nécessités par une trop grande jouissance de leurs savoureux produits ; des magasins bien fournis et de belle apparence ; mais tous ces avantages ne compensent pas ceux dont elle nous a privés. Ce repoussoir de murailles, au milieu d'une fraîche oasis, déplaît d'instinct, et en l'apercevant chacun répète sans hésiter :

Rendez-nous la vue,
Consuls !
Rendez-nous la vue !

Non pas le sens de la vue, le plus ou moins de perspicacité de l'œil, mais la grande vue, celle du paysage, de la perspective, qu'une désolante barrière enlève ici. Qui ne se rappelle, alors pourtant que Périgueux était presque encore à l'état rudimentaire, sortant à peine de ses ruines et de son assoupissement pour renaître, combien le Triangle était autrefois fréquenté du matin au soir ? Cette humble promenade, peu parée, près de laquelle on voyait tout au plus deux ou trois logis d'assez belle apparence, était remplie d'une foule d'officiers brillants, de promeneurs appartenant à toutes les classes de la société ; tant que le jour durait elle était comble. Chacun venait y respirer le suave parfum de la campagne, y jouir de l'aspect de l'Ecorne-Bœuf et du camp de César, ces monts sacrés pour les Périgourdins, et de la fertile vallée qui s'étend à leurs pieds. Le vent du nord y était réchauffé par celui du midi, celui du midi, tempéré par celui du nord. Il y régnait ainsi sans cesse une sorte de courant d'air agréable et salubre, une brise pour ainsi dire printanière dans toutes les saisons. Aujourd'hui, l'on est enfermé dans cet espace aux abords plus éclatants, plus ornés, plus marchands ; aussi presque toujours est-il désert ; ce n'est qu'un endroit où l'on va pour affaires, mais où l'on ne s'arrête pas pour son plaisir.

> Rendez-nous la brise,
> Enfin,
> Rendez-nous la brise !

O vous, nos administrateurs, qui nous devez tous vos soins !

Nous aimons mieux sa douce haleine que les *petits-fours*, le moka, les glaces, la quinine, les fers et autres provisions que nous trouvons partout ailleurs, aussi bien qu'en cet endroit. En exauçant notre vœu, vous éprouverez une double satisfaction : d'abord celle d'être agréable à la population, et ensuite celle de détruire ce qu'ont fait vos prédécesseurs ; ce qui souvent n'est pas un mince plaisir.

Après avoir tourné le coin de la route de Bordeaux, on rencontre l'hospice civil et militaire qui renferme 258 lits. Il y a de très-beaux corps de logis, des salles parfaitement disposées et tenues, un jardin, de grandes cours, une église, peut-être un peu exiguë, dont M. Bouillon père a été l'architecte, dont on peut blâmer quelques détails, mais dont le dôme, aux proportions élégantes et élevées, est l'objet de justes éloges. L'intérieur de cet édifice religieux ne manque pas de distinction ; le maître-autel est d'autant plus agréable à l'œil qu'on ne l'a pas, mal à propos, surchargé d'un lourd rétable, superfluité qui dépare trop souvent ceux qu'on construit dans le même genre. Des tribunes bien disposées, dont quelques-unes sont habilement dissimulées derrière le chœur, suppléent autant que possible à la petitesse de l'espace disponible. On remarque dans la nef un beau tableau de notre compatriote M. E. Lafon, représentant St-Jean de Dieu pansant le Christ caché sous les traits d'un pauvre mendiant. De façade proprement dite, l'hôpital n'en a point. On attend sans doute pour l'élever que les revenus de l'établissement augmentent, chose à laquelle la commune ne paraît pas contribuer assez. Aussi ne voit-on du côté de la route que des vieilleries et des bicoques où sont établis des dépôts de denrées et qui sont louées à des particuliers. Des libéralités charitables sont venues dans ces derniers temps augmenter un peu les ressources disponibles, et un legs considérable, dû à la générosité de Mme D. de Gamanson, permettra, dès que son acceptation aura été autorisée, de créer un asile d'incurables et, peut-être, de continuer à bâtir, au moins en partie, ce qui manque encore, conformément à des plans dont l'exécution complète rendra cet hospice un des plus beaux de France, comme il en est déjà l'un des mieux dirigés.

La rue Traversière-Saint-Martin, souillée à son origine, d'une manière qui devrait décider l'administration à établir en cet endroit un appareil préservateur, commence à l'ouest de l'hôpital en formant un angle aigu qui se prolonge jusqu'à la rencontre d'une petite rue, maintenant inutile, ne contenant plus qu'une maison sans grande valeur et un lambeau de terrain. On ferait sagement de réunir cette bribe au jardin de l'hospice, qui gagnerait ainsi quelques ares et un alignement régulier sur la place qui vient ensuite, qu'il longe en partie et à l'extrémité ouest de laquelle la rue Traversière se redresse, pour rester rectiligne jusqu'à la fin de son parcours. La place dont il s'agit se développe derrière le théâtre dont son terre-plein a la largeur. On l'a récemment dénommée place du Quatre-Septembre, sans raison plausible aucune, et pour mieux faire connaître cette bizarre qualification, on l'a gravée sur deux plaques clouées au mur de la salle de spectacle. Au centre de l'espace vide l'on vient de remonter une fontaine monumentale enlevée naguère à l'une des places du Puy-St-Front et qui n'est pas de dimensions en rapport avec l'étendue du terrain qu'elle doit décorer. En outre, comme celui-ci ne peut manquer avant peu d'être considérablement agrandi par la destruction du théâtre actuel, il faudra de toute nécessité enlever la fontaine, qu'il eût été raisonnable de laisser disponible pour un autre endroit. A peu de distance est la rue St-Martin que l'on traverse et qui, dans sa partie orientale confinant aux boulevards, a été considérablement embellie depuis quelque temps. On y rencontre, avec l'importante imprimerie de MM. Cassard frères, qui y ont joint une librairie bien achalandée, le bureau général des Omnibus. De vieux murs, battus en brèche et croulants, ni plus ni moins que des institutions politiques, longent ensuite à droite pendant quelques instants la rue Traversière, puis les habitations reparaissent, jusqu'à ce qu'elle aboutisse enfin à la route d'Angoulême, après avoir, dans la deuxième partie de son parcours, enserré entre elle, le Palais de Justice et les abords de ce bâtiment, un carré long renfermant, avec quelques ares vagues encore, il est vrai, une belle rue, une jolie place avec un petit square gracieux, des habitations remarquables, une école communale de garçons et un établissement de bains.

Tournons maintenant le dos à la vieille ville, à ses dehors, aux quartiers qui les enveloppent immédiatement au nord et à l'ouest jusqu'à la place Francheville, et jetons les yeux vers celui qui vient de naître et se développe rapidement entre les côteaux, la rivière et la route de Bordeaux. Nous allons y voir une nouvelle métropole en voie de formation incessante, rapide et énergique; ambitieuse, déjà riche, voulant le devenir davantage et travaillant avec ardeur dans ce but. Elle est parcourue de l'est à l'ouest par la rue d'Angoulême, de l'est au sud-ouest par la rue de Bordeaux, qui la sépare du territoire de la Cité; traversée presque au milieu par la rue St-Martin, qui lui donne son nom et va, d'un côté, finir à la gare, de l'autre, se réunir à la route nationale conduisant vers la Charente. C'est le long de ces lignes mères que se manifeste surtout le mouvement, que s'accumulent les constructions qui se répandent peu à peu de l'une vers l'autre, tandis que d'autres, véritables éclaireurs, s'épanouissent au-delà de ces artères, le long de voies secondaires qui viennent, sur les veines principales, puiser la population et la propager autour d'elles.

Cette division se fractionne naturellement en trois parts, l'une allant de la rue Traversière au vallon de St-Nicolas, la seconde établie sur le promontoire qui borde ce ravin, la dernière embrassant la plaine. Au nord de la première, au bas des collines, on rencontre d'abord après le troisième pont-aqueduc qui finit, comme on l'a déjà dit, à la rue de la Boëtie, les prisons départementales, toutes neuves, bâties selon les règles de l'art moderne et les plans admis maintenant, avec chapelle centrale et chemin de ronde. Toutes les précautions y ont été prises pour y bien surveiller les détenus, mais la garde qui veille aux barrières de ce Louvre du Méfait n'a pas empêché parfois des condamnés ou des prévenus de s'évader hardiment, du moins dans les premiers temps. A présent qu'on est plus fixé sur les défauts de la cuirasse, il est probable que les endroits faibles auront été renforcés et les fuites rendues beaucoup plus difficiles. En avant est une petite place, avec de jolies maisons, par laquelle on communique à des rues conduisant à la Traversière et à la route d'Angoulême, longée au nord par des habitations de divers genres, quelques-unes de belle apparence, d'autres vulgaires et petites. C'est de là que part la rue du Clos Chassaing, qui va plus loin enjamber le vallon, tandis que, vis à vis, la route montre d'abord une succession de véritables cottages précédés de jardinets, fraîche apparition qui ne dure guère et à laquelle ne tardent pas à succéder des emplacements à bâtir, près desquels quelques beaux érables, restes d'une allée qui s'évanouit devant les constructions qui arrivent, lèvent vers le ciel leurs branches, semblables à des bras tendus pour demander grâce. Hélas ! on ne leur pardonnera pas. Bientôt ils auront leur tour et feront le vide devant des demeures peut-être bien humbles qui auraient tout intérêt à se cacher derrière un rideau de verdure. Chose singulière ! à Périgueux, où les arbres sont d'une si belle venue, on les expulse à plaisir des avenues bâties, tandis qu'ailleurs, où ils offrent la gracieuse apparence de manches à balais, on s'obstine à en planter le long des maisons. L'homme n'est jamais satisfait de ce qu'il a et veut toujours arriver à posséder ce qu'il n'a pas, ou ce qui réussit mal chez lui. Entre la rue Traversière, celle d'Angoulême et celle de Saint-Martin, qui se peuple tous les jours et où déjà l'on voit quelques beaux édifices, notamment l'ancien hôtel de Malet, loué maintenant pour un pensionnat de demoiselles, se trouvent les grands ateliers de carrosserie de MM. Dufour frères, l'un des principaux établissements de France en ce genre, puis des habitations clairsemées dans des champs froids, jalonnant des rues qui, comme c'est général dans ce quartier, portent, la plupart, des noms d'hommes connus appartenant à l'histoire littéraire, administrative, judiciaire, politique ou militaire du Périgord, et qui ne sont encore pour la plupart que de larges chemins. Plusieurs d'entre elles viennent de Saint-Martin et tâchent d'arriver au nord, jusqu'à la route, entre autres celle de Félotz, dont l'extrémité méridionale est entièrement bordée de constructions, et au milieu de laquelle est situé le temple protestant de Périgueux, de faible étendue, mais assez grand, avec ses dimensions restreintes, pour contenir à l'aise la population chrétienne non-catholique de la ville et des environs. Au sud de la rue St-Martin, il y a d'abord peu de bâtiments, sauf le long de la Traversière, où sont ouverts quelques ateliers de carrosserie appartenant à MM. Chazotte et Doirier après la rue qui vient de la place du Quatre-Septembre et qui est encore presque déserte. La plus grande partie de cet espace est occupé par l'enclos du couvent de Ste-Ursule, dont les dépendances le couvraient presque tout entier, avant qu'on en eût aliéné plus de la moitié par des ventes soit à la ville, soit à des spéculateurs isolés. Ce qui en reste est considérable et joint le monastère, qui s'élève dans une position saine et agréable. Il est grand, commode, mais n'offre rien de notable comme architecture. C'est un ancien établissement de Dominicains, augmenté depuis par un corps de logis relié aux autres et se trouvant, comme eux, entre terrasse et jardin ; une école de filles y est annexée et a son entrée sur la rue Traversière. Un groupe de bâtiments donnant sur ce même passage, puis une sorte d'aile courte et couverte en mansarde, l'on ne sait pourquoi, tandis que le reste du couvent l'est en charpente ordinaire, et communiquant à la route de Bordeaux par un parterre, flanquent l'église dont la porte principale ouvre sur un petit square séparé de la voie publique par une grille. Il faut le dire, ce lieu de prières pèche beaucoup à l'extérieur, aux yeux du moins de l'immense majorité du public. Il a été dernièrement construit pour remplacer l'ancien qui menaçait ruine, bâtiment médiocre d'ailleurs, mais vaste, ayant un portail de bonne mine et une voûte en mosaïque faite en caissons de bois peint, dont chacun représentait un religieux illustre appartenant à l'ordre de saint Dominique ; c'était un travail curieux, d'un genre rare, exécuté fort heureusement et qu'il aurait été bien de conserver si la chose eût été possible. Sa perte est regrettable ; on aurait dû tout au moins en garder le *fac-simile*. Le monument neuf est, vu du dehors, trop étroit et trahit trop le moellon ; son chevet paraît trop bas et trop court ; son campanile, qui s'élève en arrière et qui rappelle ceux de l'Italie, est trop grêle et la toiture qui le surmonte est loin de l'embellir avec sa charpente, que traverse, en la dépassant, une sorte de paratonnerre au milieu duquel se trouve fixée une couronne dorée, et qui est trop plate et trop évasée pour la terrasse à jour qu'elle surmonte. Il y a, paraît-il, en Orient des toitures de ce genre, sur des campaniles à peu près pareils, mais elles sont moins larges, plus légères et plus hautes, supportées qu'elles sont par de sveltes colonnettes. On a voulu probablement mettre le haut du petit clocher à l'abri des longues pluies de nos climats. Ne le pouvait-on pas en abritant son belvédère par un plan à larges dalles, suffisamment inclinées et fortement enduites d'asphalte? On a dit que si les dehors de cet édifice sont si peu brillants cela tient surtout à ce que, n'étant que chapelle d'un ordre monastique, il ne devait pas rivaliser en magnificence d'aspect avec les églises paroissiales. Mais la règle évoquée par ceux qui donnent ce motif ne me paraît pas très positive, attendu que sans sortir de Périgueux on peut trouver au moins un exemple du contraire dans Saint-Front qui, simple collégiale, écrasait passablement par ses colossales proportions et ses dehors imposants la cathédrale en titre, construite presque en même temps que lui, et des priviléges de laquelle il ne devait hériter que plusieurs siècles après. Je trouve, en outre, que si la modestie sied bien, elle peut cependant sans inconvénient ne pas dépasser certaines limites. Tout est relatif; et il est permis dans une ville d'avoir un peu plus d'apparat qu'à la campagne. Pour moi, j'estime qu'une église doit toujours être belle, même à l'extérieur ; sa destination le veut ainsi : n'est-elle pas le palais du Souverain des Souverains ? Du reste, je me hâte de le dire, si, pour l'étranger qui ne fait que la cotoyer en passant, celle de Sainte-Ursule n'a rien d'attrayant, on est amplement dédommagé si l'on pénètre à l'intérieur. La voûte est hardie; les sculptures dues à l'habile ciseau de M. Barillier, d'Angers, qui a fouillé non-seulement les chapiteaux des colonnes, mais encore le grand autel, œuvre très remarquable, sont parfaitement exécutées. Le vaisseau plaît par l'ensemble et les détails; de beaux vitraux, venus de loin, placés dans l'abside, produisent un bon effet. Ceux de la nef sont d'un excellent travail. Seulement leur couleur d'un vert uniforme donne une teinte désagréable aux objets qu'ils éclairent. Ils sont d'une grande dimension et sur chacun d'eux est dessiné un lys de proportions gigantesques.

Quel lys ! Où jamais en vit-on de taille semblable ou même
en approchant ? Allons ! il faut se souvenir que sainte Ursule
ne compta pas moins de onze mille compagnes. Sur la tombe
qui renfermait tant de trésors d'innocence rien d'étonnant
à ce que les lys aient pu prendre une ampleur inusitée. Voilà
sans doute l'idée de celui qui les a commandés ainsi. La facture
de ces verrières est remarquable d'ailleurs, ce qui ne saurait
surprendre ceux qui en connaissent la provenance. Elles sortent, en effet, des ateliers de M. Besseyrias, fabricant à Périgueux, chez lequel on peut trouver aussi bien et à meilleur
marché que dans des établissements où l'on va acheter très cher
ce qui coûterait beaucoup moins ici et vaudrait tout autant.
Des caveaux étendus et très intéressants par leur structure
règnent au-dessous du pavé.

La rue de Bordeaux, commerçante et affairée, longe
l'enclos au sud et se développe en demi-cercle irrégulier
jusqu'à celle du Pont-Saint-Nicolas. Entre celle-ci, la rue
Saint-Martin et la propriété des dames Ursulines est un
carré dans lequel on bâtit beaucoup, et où les terrains
restés libres, dont il existe pourtant encore passablement,
surtout au nord, vont se rétrécissant à chaque instant. On
y a construit une fort jolie halle tout en fer et en pierres,
grande, élégante, bien distribuée. Cette fille du talent de
M. Lagrange, architecte et agent-voyer municipal, est ornée
sur chacune de ses gracieuses portes d'un écusson aux armes
de la ville. Elle a, ce semble, tout ce qu'il faudrait pour y attirer le commerce, tout... sauf les convenances des marchands.
Ceux-ci, malgré des appels réitérés, ont refusé d'aller y
prendre possession des loges préparées pour eux; depuis des
années, une seule revendeuse s'y est établie et y reste solitaire; les autres ont mieux aimé demeurer sous les abris du
marché-couvert du Puy-Saint-Front ou dans leurs magasins.
Pour donner une apparence de vie à ce rendez-vous, désert
jusqu'à présent, on y a placé le marché aux grains, mais comme

le bâtiment n'a pas été élevé et aménagé pour cela, les transactions en céréales y sont presque nulles. Dans le même but, on a transféré des boulevards, sur la petite place plantée d'arbres, qui s'étend à l'est de l'édifice, le marché aux noix, châtaignes et pommes de terre, qui vaut à ses abords une grande animation deux fois par semaine, à la fin de l'automne et au commencement de l'hiver. Un peu plus au nord, vers St-Martin et à l'ouest de la halle, se trouve l'hôtel de la succursale de la banque de France, haut et somptueux logis, bâti entre cour et jardin, par M. l'architecte départemental Dubet, et qu'environnent la place qui porte son nom, la rue Saint-Martin et la place Plumancy, inachevée, comme la précédente. Il est fâcheux que cet important et bel établissement ne soit aligné sur aucune des voies qui l'entourent. Lorsque les places de la Banque et Plumancy seront terminées régulièrement et que la rue du Pont-Saint-Nicolas aura été prolongée jusqu'à la route d'Angoulême, la physionomie de cette section gagnera beaucoup.

Le petit plateau qui fait saillie le long du vallon St-Nicolas et le sépare de la plaine, qu'il domine à l'ouest, renferme, au pied de la hauteur de laquelle il procède, comme un village de carriers s'allongeant au bas des flancs de la colline nommée le Terme-St-Sicaire, où l'on rencontre des gisements de pierre de taille dure estimée, exploités à ciel ouvert. Ce petit centre industriel se rattache à la ville par la rue du Clos-Chassaing qui le réunit à celle d'Angoulême et se dirige ensuite le long des tertres en passant devant plusieurs villas, notamment devant celle qu'habite M. le docteur Galy, ancien maire de Périgueux. Elle joint enfin la rue des Noyers, après avoir laissé sur la gauche le Grand Séminaire. Celui-ci, précédé d'une vaste cour d'honneur gazonnée, a été, après plusieurs atermoiements, entrepris définitivement en 1840 et a été terminé plus promptement qu'on ne l'espérait, grâce au zèle et à l'activité de Mgr Georges, dont on peut dire que l'esprit d'initiative, la persévérance et le talent de réussir dans les œuvres utiles égalaient l'immense générosité. Le monument se compose d'une grande façade, terminée par deux avant-corps formant ailes en retour, avec chapelle au milieu. Les plans et devis ont été dressés par M. Catoire, dont le projet a été fidèlement exécuté. Mais à peine les travaux étaient-ils achevés qu'on s'est aperçu que le nombre des cellules affectées aux étudiants était trop faible, ce qui a conduit à exhausser chaque aile d'un étage, en arrière du bâtiment principal, aux dépens des proportions de ce dernier, dont le long corps de logis se trouve maintenant trop peu élevé comparativement aux constructions latérales. Ce résultat fâcheux est d'autant plus sensible que la façade ainsi déprimée est, au milieu, chargée d'un lourd fronton nommé, paraît-il, Romaine, qui semble l'affaisser encore. Pour remédier à cet inconvénient, on pourrait, de l'entablement central, faire partir un dôme qui rehausserait le tout et lui imprimerait une physionomie religieuse. La chose serait facile et d'autant plus convenable que la chapelle se trouve placée juste dans l'axe du portail et fait suite immédiatement au vestibule. Elle aurait ainsi son couronnement naturel. Une horloge, au timbre vibrant, annonce les heures au quartier. L'escalier, la bibliothèque et les grandes salles du Séminaire font honneur au talent de celui qui en a eu l'idée et en a fourni le projet. L'édifice est entouré de beaux jardins, où il serait désirable de voir professer des cours d'horticulture. L'étude de cette science charmante et des principales notions de l'agriculture serait fort utile aux élèves, destinés à occuper presque tous des postes de desservants à la campagne, et la mise en pratique de cette idée serait un nouveau service que Mgr Dabert, si porté vers tout ce qui peut améliorer moralement et physiquement le sort de nos populations, en y répandant des lumières saines et fructueuses, rendrait au pays. On arrive au Séminaire par la route d'Angoulême, qui gravit la rampe du plateau en venant de l'est, au milieu de beaux arbres qui la suivent sans trouver beaucoup de constructions sur leur chemin, si ce n'est à droite où M. Besseyrias a son intéressante fabrique de vitraux peints, et une maison en style moresque. Vis-à-vis l'école ecclésiastique sont quelques habitations et un simulacre de place qui devrait former un rond point, mais qui, par suite de la tolérance de plusieurs des administrateurs qui se sont succédés à l'hôtel-de-ville, n'est qu'une ouverture irrégulière et mesquine à la tête de la rue des Jacobins qui conduit à celle de Saint-Martin. A peu de distance, et sur le même alignement que cette ridicule et absurde trouée, l'œil se repose avec plaisir sur l'établissement des Sœurs si méritantes de l'Espérance, ces angéliques et secourables gardiennes et consolatrices des malades, que toute personne souffrante voudrait voir à son chevet et dont il y aura toujours trop peu pour répondre aux vœux qui les appellent pour conjurer, ou du moins adoucir, le mal à chaque foyer où la douleur vient s'abattre. Ce n'est pas que le couvent ait rien de saillant ; non ! il est en tout semblable à la demeure d'une famille ordinaire, mais quelle délicieuse chapelle le joint ! Il est svelte, il est léger, il est comme détaché des choses de la terre ce gracieux oratoire, si frêle en apparence, si solide en réalité. Plus je le contemple et plus je l'admire. Je crierais volontiers : Vive M. Mandin ! Quel dommage qu'il soit accompagné par une petite annexe basse, qui alourdit ses proportions au-dehors, de sa base à une certaine hauteur, et qu'il ait des vitraux verts ! Oh ! les vilains vitraux ! Je les déteste ; ils donnent un ton blafard à tout ce que touche le jour qui les traverse, une coloration cadavérique aux personnes qui passent au milieu d'eux. On me dira qu'ils sont à la mode, et que dans un lieu de recueillement il n'est pas mal que ceux qui s'y trouvent prennent un air grave et sévère qui leur rappelle le néant de la vie. Très bien ; j'admets ce raisonnement, mais il n'en est pas moins vrai que j'abhorre considérablement des verrières de ce genre. Et dire qu'aucun architecte ne prendra garde, à mon opinion, d'une si grande importance! La route, à partir de là, redescend, toujours escortée de ses érables, à l'ombre desquels les promeneurs aiment à venir se reposer sur les bancs qui bordent cette belle avenue, et gagne la plaine, où elle va s'étaler à l'aise. En face du Séminaire, et au sud de la route, le plateau montre de nombreuses aglomérations ou lignes de maisons qui tendent à se souder bientôt. Voici d'abord la rue des Jacobins dont il vient d'être question, puis la rue Neuve-des-Augustins, un peu au-dessus de laquelle s'ouvrent celles de la Californie et de l'Icarie, dont les noms disent assez qu'elles ont pris naissance au temps des rêves dorés et phalanstériens; l'on retrouve au-dessous celle de Saint-Martin, qui n'est nulle part plus belle et qui sera bientôt une avenue magistrale d'édifices remarquables, si les projets conçus par quelques personnes viennent à se réaliser. Elle est coupée vers le milieu de son parcours, sur ce palier, par une place encore inachevée, sur laquelle apparaît l'église paroissiale dont le patron a donné son nom à tout le quartier. On la construit d'après les vues de M. Lambert, qui en a fait les plans et a obtenu le premier prix au concours ouvert à Paris pour le projet de cette œuvre. Elle sera composée de deux vastes coupoles à calotte plate se suivant et auxquelles une troisième plus petite sera jointe servant de sacristie. Sur la façade, ornée d'un beau portique, s'élèveront deux clochers terminés en lanternes et d'une hauteur de plus de 40 mètres chacun. Du vestibule un large perron conduira sur la place. Le style du vaisseau, couvert en charpente et tuiles, mais tout en pierres à cette exception près, rappelle les conceptions moresques. Les dimensions du tout seront amples, comme il convient au centre d'une importante circonscription religieuse. La partie terminée, et qui sert au culte, fait déjà, bien qu'elle soit loin de laisser deviner la beauté de l'ensemble, augurer très avantageusement de ce que sera cette nouvelle basilique, alors qu'elle apparaîtra dans toute sa gloire, dominant les voies et les habitations se groupant autour d'elle. La rue des Gravières, qui en reçoit plusieurs autres petites, vient de celle de Bordeaux croiser celle de Saint-Martin pour, de concert avec elle, rejoindre la route d'Angoulême dans la vallée. Cette ligne très suivie, pour entrer en ville, par les piétons et véhicules qui veulent éviter la montée du Séminaire, donne naissance à des passages secondaires vers l'église et renferme, outre plusieurs magasins et entrepôts, une école primaire de garçons. Elle avoisine le grand établissement de fabrication et réparations de machines de M. Reignier fils, qui y façonne toutes sortes d'engins et y a coulé, pendant la guerre, une batterie de canons. M. Reignier est un de nos principaux constructeurs et entrepreneurs d'instruments agricoles, dont il a de grandes et complètes collections. Sur le parcours direct de la voie se trouve l'ancien magasin des tabacs en feuilles, qui servit ensuite d'entrepôt à plusieurs négociants. Une nuit le feu s'y déclara subitement et avec une telle violence que tout l'intérieur fut consumé et que les murs furent calcinés, à ce point que peu de jours après une grande partie d'entre eux, se détachant à l'improviste, s'abattit comme une avalanche sur une maison en face et l'écrasa. L'on ne peut comprendre pourquoi l'on laisse encore debout le reste branlant de cette ruine, dont la chute pourrait causer de nouveaux malheurs. De petites rues latérales et l'avenue de la Gare conduisent à la plaine, au midi de la rue des Gravières, qui de son côté s'y rend en droite ligne, comme je viens de le dire, et va s'y confondre avec la route d'Angoulême, en passant devant le vieux cimetière.

On aborde ainsi facilement la troisième partie de la ville neuve de l'Ouest. On y circule au milieu d'une longue rangée de mûriers pleins d'une bonne volonté dont ils font preuve en vivant, et émettant même des jets vigoureux, malgré les traitements cruels qu'ils éprouvent, sous prétexte de taille, de la part de braves gens qui nous démontrent victorieusement, de cette manière, qu'on peut être, à la fois, un parfait honnête homme, un terrassier intelligent, un cantonnier incomparable et un détestable arboriculteur. Ceci bien établi, prouvé d'une façon irréfragable, il est à croire que l'administration des ponts et chaussées, tout en conservant son estime et leur traitement aux employés chargés de l'entretien de la voie, s'empressera de leur enlever le soin des arbres qui la bordent et qu'ils ne tarderaient pas à faire périr au milieu d'affreuses tortures. Il est vrai que ces malheureux végétaux, qui rapportent cependant à l'Etat de bons revenus quand la sériciculture marche à souhait, et qui ornent si bien la ligne en l'égayant, ont d'autres ennemis non moins redoutables que les sécateurs et les volants aveugles des agents inexperts de MM. les ingénieurs. On les traque, on les mutile, on les arrache de devant les maisons, et celles-ci se multiplient ici de telle sorte que bientôt elles étreindront la route entre deux rangées continues. Ces habitations ne sont pas prétentieuses, ni même généralement grandes et distinguées. La plupart sont le séjour de petits marchands et d'ouvriers. A droite, des terrains vagues cèdent chaque jour la place à de modestes bâtisses que relient des rues tracées un peu au hasard au milieu d'enclos lilliputiens ou de cultures maraîchères et fruitières plus importantes; il en est de même au pied des coteaux où se trouvent quelques exploitations relativement considérables. Cependant certaines de ces constructions neuves ne sont pas dépourvues de quelque grâce et de quelque ampleur. De ce côté, le sol est humide, par suite de l'abondance des sources et des eaux stagnantes. A gauche, où des récoltes se montrent sur des lambeaux de terrain restés libres entre la route et le talus du chemin de fer, même éclosion de maisonnettes, au milieu desquelles apparaissent çà et là d'assez acceptables demeures. C'est un peu plus haut que se trouve la gare des voyageurs, avec sa belle cour d'arrivée, ayant dorrière elle celle des marchandises et les immenses emplacements où se croisent des milliers de rails sur lesquels circulent d'innombrables convois, emplacements qu'il a fallu creuser sur une grande étendue, le terrain choisi pour toute cette installation étant mouvementé. Comme bâtiments, les deux gares ne sont pas des chefs-d'œuvre commandant l'admiration, mais elles sont commodes et suffisamment développées pour le moment. Au sud de la première, la halle couverte où s'arrêtent les trains est imposante. Tous les abords, tous les recoins des endroits de manœuvre et d'accès qui ne sont pas indispensables au service sont remplis de massifs et de plates-bandes, où fleurs et plantes, très-bien disposées, sont cultivées avec beaucoup d'art et de succès par un jardinier spécial, sous la surveillance et la direction de M. Romieu, chef des gares et horticulteur aussi habile qu'enthousiaste. Ces groupes artistement agencés et ces bordures gracieuses offrent un ravissant coup d'œil. J'ai vu bien souvent des connaisseurs, de Paris même, les admirer non moins que nous, profanes.

Le vieux cimetière vient ensuite, enclavé par les dépendances de l'exploitation, excepté vers le Nord, où il a son entrée sur le bord de la rue des Gravières, tout près de l'endroit où cette voie se soude à la route d'Angoulême. Quelle idée a eue celui qui a tracé le parcours du rail-way, d'aller en établir la principale station près d'une nécropole? Il a ménagé là pour les voyageurs un point de vue dénué totalement de charmes. Aurait-il voulu par hasard placer sous leurs yeux un *Memento* qui, leur rappelant les périls possibles du trajet, les invitât à se préparer à la mort? Ce ne serait point une mauvaise pensée et elle serait de circonstance. Ce champ du repos est du reste maintenant abandonné presque entièrement. On n'y ensevelit plus que les membres des familles qui ont acquis des concessions à perpétuité dans cet enclos funèbre. Il est entretenu par un gardien, peuplé de chapelles funéraires nombreuses, et chaque année, le Jour des Morts, visité par une foule innombrable qui vient dans ces longues et belles allées prier et couvrir de bouquets les tombes où sont renfermés tant de souvenirs où sont venues échouer des espérances, évanouies récemment pour la plupart, car le déclassement de cet asile ne date que de peu de temps encore, bien qu'hélas! on y voie déjà trop de mousses et de ronces sur des dalles chargées d'inscriptions promettant d'éternels regrets ! Une grande croix restaurée naguère, non sans besoin, étend au milieu de l'enceinte mélancolique ses bras de pierre comme pour protéger les cendres de ceux qui reposent à ses pieds. Combien de fois j'ai vu, près de ce touchant emblème, la foule émue, littéralement suspendue aux lèvres de cet éloquent et pieux pontife, Mgr Georges, que mon cœur bénira toujours et qui fut si bon pour ceux qui dorment à l'ombre de l'arbre du salut et que j'aimais ! O cimetière de l'Ouest ! ma pensée va sans cesse vers vous, à la fois douce et amère, vers ce tertre gazonné, cette simple pierre sous lesquels un jour disparurent ma joie, mon orgueil et mon espoir ! A présent les soucis, l'anxiété me restent seuls, et quand mes regards se portent vers ce que j'ai conservé, précieuse épave, de la jeune famille qui m'entourait, l'avenir me paraît sombre comme un jour d'hiver ; chaque souffle me semble devoir emporter la dernière consolation laissée à mon âme affaiblie, ou sur le point de la couvrir du triste voile du malheur.

A chaque instant, les graves méditations de ceux qui parcourent les sentiers qui se croisent autour des sépultures qu'entourent les regrets, sont troublées par le cri strident des locomotives et par le bruit sourd des marteaux retentissants. Autour de ces ombrages silencieux, la vie s'agite sous mille formes; hommes, machines, métaux, flammes, vapeur; tout se meut sans cesse, tout travaille, tout produit. Des ateliers juxtaposés, hauts comme des cathédrales, légers, hardis, aériens, inébranlables, occupent une foule d'ouvriers qui coulent ou martèlent le fer, étirent le cuivre bouillonnant, taraudent, percent, au moyen d'engins puissants, les masses les plus robelles, fondent au feu des hauts-fourneaux incandescents les minerais, construisent les wagons, fabriquent les moteurs les plus délicats comme les plus irrésistibles, à l'abri de longues galeries flamboyantes, d'où des torrents de fumée s'échappent de toutes parts. C'est sur la route qu'est l'entrée des bâtiments où ces modernes et intelligents cyclopes sont à la tâche jour et nuit, et voient leur cerveau s'allumer et se charger parfois de rêves au contact des brasiers, qui se suivent pendant plusieurs centaines de mètres.

L'abîme du Toulon et son déversoir succèdent aux paysages champêtres et aux asiles du labeur industriel. De jolies prairies les entourent, mais le trop faible écoulement des eaux courantes et l'encombrement des fossés, par des vases malsaines, y causent souvent des fièvres paludéennes qui fréquemment s'étendent assez loin de ces foyers d'infection. Depuis longues années on demande l'assainissement de ces fondrières, mais jusqu'à présent les réclamations sont restées infructueuses, la ville, chose surprenante, ayant fait la sourde oreille. C'est en cet endroit qu'a été découverte en 1751 la fameuse colonne de Florien dont il est parlé plus haut. L'inscription que porte ce fût de pierre qualifie le prince sous le règne duquel il a été élevé de Souverain maître de l'Univers, Arbitre suprême de la paix du Monde, Auguste invincible, Empereur pieux et fortuné. Ce puissant et célèbre dominateur des peuples, ce divin chef de l'humanité dont le pouvoir était si solidement assis, monté sur le trône par un meurtre, fut assassiné deux mois après! Pendant qu'on le déifiait à Périgueux, il périssait en Cilicie, et avant que son monument fût érigé, son successeur avait saisi son sceptre ensanglanté. Si son nom n'était une borne milliaire sur le chemin de l'histoire, qui le connaîtrait maintenant? Que d'illustrations de nos jours dureront moins encore dans les souvenirs de la postérité ! Nous vivons entourés de pléiades *d'immortels* ;

ils sont aussi nombreux que les grains de sable de la mer. Pour être proclamé savant par ses amis, il suffit d'être un peu plus instruit que les plus ignorants ; que les dits amis fassent ensuite quelque bruit de votre érudition et le titre est admis par le public. Avec de la mémoire, de l'esprit, plus encore d'imagination et un profond amour de soi-même, accompagné de beaucoup de jactance, on rassemble un petit nuage, on s'enveloppe dans cette vapeur flottante qu'illumine la flatterie, et vous voilà devenu pour tous illustre, jusqu'à ce qu'un autre vienne souffler sur cette bulle, la faire évanouir et se substituer à vous. C'est une succession de soleils en miniature, dont aucun ne triomphera de la nuit.

On passe le ruisseau sur un pont au-dessous duquel on aperçoit le tuyau de conduite qui mène les eaux des fontaines à la pompe qui les élève jusqu'au canal souterrain et sur les galeries au nombre de trois qui traversent autant de petites vallées secondaires au nord de la plaine et les font aboutir en ville. Ces aqueducs, dont deux à arcades superposées, un des grands ornements du paysage qu'ils embellissent par leur hardiesse, ont un aspect gracieux. Ils sont dus à M. Catoire. J'ai déjà parlé du dernier qui débouche près de la rue de la Boétie en franchissant le chemin qui sert de prolongement à celle de la Combe-des-Dames vers la campagne. On a dit que sa dernière arche, celle qui domine la voie publique, était trop basse pour permettre aux charrettes portant des meules de foin ou de paille de circuler au-dessous d'elle avec charge entière ; on s'en est plaint, assure-t-on. Il serait rationnel de creuser un peu la rue, mais il paraît qu'on a proposé toute autre chose et que, on le prétend du moins, il se trouve des personnes, amies du beau, qui voudraient remplacer le sommet de l'arc en question par un conduit en tôle, ce qui donnerait à l'extrémité du pont la forme charmante du bout pointu, creux et pénétrant qui termine l'instrument cher à M. Purgon ! Ce serait tout-à-fait bien !

Après le Toulon, le chemin de fer semble barrer la route, mais on profite d'un arceau qui s'offre à un détour à gauche, et l'on se trouve en face d'un véritable hameau d'usines et de fabriques sous lequel disparaît le coin de terre placé entre la colline, l'Isle et le cours d'eau qui sort de l'abîme pour aller se jeter dans la rivière. Des millions de briques et de tuiles à mécanique de modèles gracieux, commodes, légères et fortes, de nombreux vases de fleurs en terre cuite, de solides et excellents instruments en fer, sortent chaque année des immenses ateliers de M. A. des Moutis et C⁰, qui, pour la réception de ses argiles plastiques et de ses combustibles, de même que pour l'expédition au loin de ses produits, possède sur le rivage une cale où les bateaux opèrent leurs chargements et déchargements avec facilité. La grande scierie de M. Barbe est à côté, tout près de la manufacture de draps de M. Barret, qui fait sur tous les points de la France de nombreux envois de ses tissus réputés ; des fours à plâtre complètent ce groupe animé. Voilà, convenons-en, un espace bien occupé. Puissent les pensées des ouvriers qui le peuplent l'être de même !

Revenons sur nos pas. Tout d'abord nous rencontrons au nord, presque à la jonction des routes d'Angoulême et d'Agonac, les restes de l'ancienne église St-Charles qui s'amoindrissent de jour en jour. Il est question d'en ériger, au même endroit, une autre sous le même vocable pour servir de centre paroissial aux populations de cette section, trop éloignée de St-Martin. Son site sera des mieux choisis. Je voudrais qu'on adoptât pour elle le type du dôme de Milan. Elle rappellerait ainsi le temple le plus remarquable de la ville de St-Charles-Borromée, et l'on éviterait, par ce moyen, une monotonie toujours fatigante à l'œil dans les édifices de même nature. Un peu plus haut un passage à niveau permet de traverser la voie ferrée ; en le prenant on joint bientôt la vallée de l'Isle proprement dite avec ses belles prairies, ses sources, ses cultures maraîchères qui se multiplient à la droite du promeneur, qui ne tarde pas à voir à sa gauche s'étendre de nouveau les ateliers et les gares dont aucun mouvement ne lui échappe ici ; il dépasse ce centre actif, où les produits des seuls droits perçus sur les voyageurs et les marchandises confiés aux convois s'est élevé pour 1875 à plus de 1,341,000 francs et augmente sans cesse; puis, après avoir longé l'ancien hippodrome qui se transforme en jardins fertiles, on remonte en ville par la rue de Bordeaux, qu'on atteint à l'entrée de la magnifique chaussée allant à la rivière et plantée de peupliers de la Caroline, admirables par leur port, leur hauteur et les dimensions de leurs troncs. C'est à cette belle promenade que devait aboutir le boulevard intérieur projeté par l'un de nos anciens maires, M. de Trémizot, qui voulait le faire partir de la rue de Paris et arriver par le Toulon à ce point, d'où d'autres allées l'auraient conduit jusqu'au quai du Puy-St-Front. Cette idée devrait être reprise et réalisée. L'on dépasse ensuite le pont dit des *Fainéants* à cause des curieux qui viennent y perdre leur temps à voir évoluer les trains circulant dans les gares, s'élançant au-dessous de cet ouvrage pour continuer leur route vers Tulle ou Agen, ou bien nous arrivant dans la direction de ces deux villes. Enfin on touche les Quatre-Chemins, d'où sortent la rue des Gravières et celle des Mobiles de Coulmiers qui conduit à la gare, et où l'on trouve des maisons de commerce florissantes. On a fait ainsi le tour du troisième quartier de Périgueux, quartier jeune, vivace, qui possède tous les éléments de prospérité et se plaint toujours qu'on l'oublie. Ses représentants se lamentent sans cesse ; à les en croire, il serait totalement déshérité ; leurs réclamations et leurs gémissements attendrissent souvent les défenseurs naturels des autres parties de la commune, et il arrive que celles-ci sont dépouillées en sa faveur. Est-il pauvre comme il l'affirme? Les faits sont là pour répondre. Il possède les trois plus grands ateliers de carrosserie de la ville, ceux, très-considérables aussi, de machines de M. Reignier fils et d'importantes fabriques au Toulon, les usines au sein desquelles MM. Desfarges et Lafforest combinent et exécutent leurs chefs-d'œuvre alimentaires, mariant le parfum de la truffe aux plus savantes combinaisons. On y voit une manufacture de vitraux peints, les gares, les chantiers où de nombreux travailleurs réparent et façonnent tous les engins et le matériel roulant nécessaire au chemin de fer, chantiers qui ont fait naître un faubourg entier ; il renferme les prisons départementales ; les chefs de plusieurs administrations y ont leurs bureaux ; son trafic est florissant. On y a placé la succursale de la Banque de France et une halle. Les marchés aux grains, aux noix, aux châtaignes y sont fixés. On y compte un pensionnat de demoiselles, une école primaire de garçons, deux de filles, deux couvents, le Grand Séminaire ; on y construit une église paroissiale, et il a promesse d'une seconde. Il nous semble donc qu'il n'est pas négligé. Qu'on y crée encore deux places, une au bas de la descente du séminaire dans la plaine, l'autre au Toulon ; qu'on termine régulièrement celles qui sont inachevées ; qu'on y finisse vite St-Martin et que St-Charles ne s'y fasse pas trop attendre ; que l'éclairage y soit moins parcimonieusement distribué ; qu'on achève d'ouvrir quelques rues encore à l'état d'impasse ; qu'on assainisse sa partie marécageuse, et l'on aura fait pour lui non-seulement tout ce qu'il est en droit d'exiger en ce moment, mais encore au-delà.

La division qui va nous occuper offre un caractère bien différent. Nous venons de voir l'enfant qui grandit, qui veut tout obtenir, exige tout ; nous allons rencontrer le vieillard grave et réfléchi, encore ferme et énergique néanmoins, dans les veines duquel la transmission d'un sang généreux réchauffe et ranime la vie. L'antique Cité romaine est un noble faubourg qui se pare aux lueurs de la civilisation moderne, mais sans répudier ses gloires passées. Il garde fièrement les traditions anciennes d'une histoire honorée, tout en revêtant une parure nouvelle ; il montre avec orgueil les restes de son antique armure brisée dans cent batailles, et s'avance vers le progrès sous l'influence d'un souffle régénérateur. C'est un grand chêne frappé plusieurs fois par la foudre, conservant fièrement ses rameaux dépouillés, preuves de son ancienne vigueur, au milieu de la verdoyante couronne qu'il doit aux secours réparateurs qu'apporte à ses racines avides un sol profond, riche en sucs nourriciers qui lui donnent une seconde existence. Examinons d'abord le luxuriant feuillage qui voile ses cicatrices; nous pénétrerons ensuite au cœur de cet arbre chenu, nous y verrons, à côté des vestiges d'une puissante végétation évanouie, circuler la sève abondante, reconstituant et accroissant incessamment son corps si souvent ébranlé.

Les côtés est et sud de la rue de Bordeaux lui appartiennent. En remontant cette voie depuis le *pont des Fainéants*, nous nous dirigeons, en premier lieu, vers le nord, puis, à partir des Quatre-Chemins, vers les boulevards. Dans ce trajet, nous trouvons une longue ligne de maisons, peu remarquables d'abord, plus dignes ensuite d'une ville riche; de nombreux magasins, un des principaux hôtels de Périgueux, tout entouré de fleurs et de jardins; plusieurs rues qui plongent vers le centre du quartier, les unes discrètement, les autres, comme la rue Bourdeilles, avec plus d'apparat, et nous nous étonnons d'en voir une prenant naissance avant Ste-Ursule, assez loin de l'hôpital, porter le nom de ce dernier établissement. Arrivés à l'angle où la voie principale débouche sur le cours Montaigne, retournons-nous vers le Septentrion et considérons cette magnifique avenue se prolongeant au loin jusque sous les ormes de la rue de Paris. Le jour, le coup d'œil est très beau; la nuit, lorsque scintillent dans toute cette longueur de doubles lignes de feux, triples même autour du Triangle et de la place dédiée au grand philosophe périgourdin, le spectacle est splendide; on dirait la plus florissante partie d'une métropole de premier ordre. Continuons notre route, suivons les constructions situées à l'ouest de la place Francheville et qui, si désagréablement, font à son entrée, saillie sur l'alignement des promenades. Les premières, que l'on devrait forcer à reculer, sont des plus médiocres, puis vient un bel hôtel restauré nouvellement et où l'on se *restaure* à merveille, s'il faut en croire le bruit public qui proclame certains foies gras !.... A deux pas est le bureau central de ces voitures surnommées par antiphrase *diligences*, qui font chaque jour longuement, et lentement, traînées par des chevaux maigres, l'épreuve de la solidité des os des voyageurs allant vers les quatre points cardinaux du département ou en arrivant avec le temps. La caserne de la gendarmerie, que le conseil général trouve commode de louer fort cher au lieu d'en acquérir une, édifice, du reste, très-propre à son emploi, n'en est pas loin. On la laisse sur la droite après l'avoir dépassée, et, en la frôlant, l'on va prendre la rue Circulaire, qui longe les Arènes et nous mène à celle de la Croix-Blanche, par laquelle, au milieu des jardins clos de murailles sur la voie publique, nous regagnons la route de Bordeaux et l'excavation dans laquelle passent à grand bruit les vagons à chaque instant de la journée. Avec la route nationale, nous allons vers l'ouest, en laissant au sud le vaste quadrilatère que partage en deux la rue du port, à laquelle en affluent de nouvelles, trouant des terres où les habitations commencent à peine à poindre. Sur le bord de cette importante artère est l'usine à gaz. Ce foyer de lumière, dont les embranchements doivent éclairer la ville, remplit souvent son rôle avec le plus éclatant succès, mais parfois son rayonnement aurait besoin d'être épuré. Ses fanaux n'émettent alors qu'une lueur trouble, comme les livres de certains docteurs, flambeaux dont les écrits, semblables à des lumignons fumeux, obscurcissent la gloire que font à leurs auteurs des amis complaisants et l'étouffent souvent. Nous cotoyons le sud de la gare des marchandises et passons devant les bâtiments où sont reçus et entreposés les tabacs en feuilles cultivés sous la surveillance du contrôle de Périgueux, puis nous nous engageons sous la voûte formée par les beaux peupliers de la Caroline qui ombragent la levée jusqu'au pont qui la termine et d'où l'on domine à l'occident les prairies, l'ancien hippodrome et la rivière que traverse le chemin de fer de Bordeaux. A l'orient, se déroule un autre point de vue non moins attrayant, formé par le Castel-Fadèze, qui commande le cours de l'Isle passant sous des arches en ruines, la grande forge de M. Durand, qu'une écluse met en mouvement et que couvrent d'épais nuages de fumée, tandis que les roues grondent, les laminoirs grincent, les marteaux pesants retombent à grand bruit, et que des hautes cheminées de briques, du sein des fournaises, s'élèvent dans les airs des gerbes d'étincelles pétillantes. Le vieux port complète le charme du paysage en se développant à côté de l'usine, dont il est séparé par un talus et une petite esplanade. Ce bassin n'a guère moins de trois hectares de superficie, dépendances comprises ; ouvert il y aura bientôt quarante ans, le 22 novembre 1837, il est bordé de larges quais où s'entreposent les marchandises qui empruntent la voie navigable, particulièrement les bois. Avant l'exploitation des lignes ferrées, il était le centre d'un mouvement considérable. Je l'ai vu souvent rempli d'embarcations de commerce, et le total annuel de ses transports était arrivé au chiffre respectable de près de 50,000 tonnes de 1,000 kilogrammes chacune. La valeur des denrées entrées ou sorties atteignait au moins 7,000,000 de francs, et il avait fallu, pour favoriser l'élan qui se portait vers lui et exigeait sans cesse de nouveaux moyens d'expédition, créer à ses côtés des chantiers de construction qui devenaient assez animés. Maintenant ces chantiers ont disparu, les envois et les réceptions ont diminué d'une manière sensible. Cependant cet entrepôt conserve une assez grande importance, occupe toujours un nombreux personnel, un matériel relativement considérable et voit encore embarquer ou débarquer sur ses berges plus de 20,000 tonnes, consistant presque toutes en objets encombrants, c'est-à-dire du nombre de ceux qui, généralement, ont le plus d'intérêt indirect ou direct pour l'agriculture. Si l'on donne suite au projet récemment mis en avant de nouveau, de faire diriger par Périgueux une des artères principales de la batellerie en France, notre navigation fluviale aura bientôt dépassé de beaucoup le degré florissant auquel elle était arrivée. Le vieux port communique au Port-Neuf situé sous le Puy-St-Front et dont l'activité commerciale est comprise dans la sienne, par un canal creusé il y a quelques années pour éviter aux bâtiments le trop long trajet qu'ils auraient eu à parcourir s'ils avaient dû suivre le demi-cercle entier que décrit ici la rivière. Avant l'ouverture de cette tranchée, MM. les ingénieurs, depuis longtemps déjà, proclamaient et déclaraient dans de solennels rapports, que les passes ménagées en divers endroits de l'Isle étaient trop étroites, que c'était un inconvénient des plus graves auquel il importait d'apporter un remède aussi prompt que possible. Il était donc à croire qu'ils allaient, dans un ouvrage qui avait pour but de prolonger la voie navigable, éviter la faute qu'ils signalaient en la déplorant. Eh bien, non! Ils ont suivi les anciens errements avec ponctualité! De sorte que lorsque l'on voudra remanier la canalisation de la rivière, il faudra refaire aussi cette petite section! Voilà comment on procède en France et comment l'argent s'y gaspille inutilement. Le bief est en outre trop déployé; sa corde aurait dû naturellement être beaucoup plus courte. Enfin, on y avait établi une réserve pour la production du poisson; elle y était parfaitement placée; on l'a supprimée sans motif appréciable, car ce n'en est pas un suffisant, et je n'en aperçois pas d'autre en vérité, que de procurer la jouissance de quelques emplacements de plus aux pêcheurs à la ligne. Ce canal, venu de l'est, arrive dans le vieux port en se glissant sous la route qui mène à la forge de M. Durand, et pendant tout son parcours, il est accompagné d'un chemin de hallage, qui en fait une délicieuse promenade. Rien n'est joli comme ce sentier coudé qui court dans la plaine sur le talus, longeant un ruban d'eau limpide, coupé par deux ponts pittoresques, au milieu des prés, des jardins; ayant d'un côté les vieux monuments et les nouvelles constructions de la ville qui s'étage en amphithéâtre, de l'autre le cours de la rivière avec ses vertes lignes de peupliers, d'autres prés, d'autres jardins, l'ancien moulin du Rousseau, maintenant tréfilerie, et les sommets escarpés de la Boissière, ou Camp de César, venant mouiller dans l'eau leurs sombres taillis, en face de l'Écorne-Bœuf, dont le bas se compose de rochers criblés de grottes et qui forment voûte au-dessus d'un sentier rustique conduisant au vallon de Campniac souriant entre les deux montagnes-sœurs longtemps ennemies. On est à la porte d'un centre considérable et fiévreux de population active et nombreuse, et en même temps on se trouve au milieu d'une solitude charmante, en pleine campagne, où l'on respire l'air pur avec délices. A gauche retentit le bruit des tambours et des clairons de la garnison répercuté par mille échos; à droite frémit le clapotement du ruisseau de Vésone, fuyant sur les rocs inclinés, mugit le barrage, et murmure l'onde de la fontaine de Sainte-Sabine ou Laurière, où jadis on allait en procession dans les temps de sécheresse pour demander la pluie; là s'élance en notes sonores, du milieu des buissons et des arbres en fleurs, la suave chanson du rossignol caché dans le feuillage. Bruit et calme, repos et vie, activité de l'homme, grâces de la nature à la fois douce et sévère dans un mélange heureux de tons et de mouvement, tout est ainsi réuni pour plaire et séduire. Étrangers et citadins admirent cette solitude animée où les regards ne se lassent jamais et qui compléterait si bien, avec une allée partant de la chaussée de la route de Bordeaux, le boulevard extérieur dont je parlais tout à l'heure. J'ai cependant entendu des visiteurs moroses dénigrer cette ravissante promenade et la déclarer inférieure à celles que leur offre leur pays natal. Braves gens qui s'imaginaient faire valoir ainsi les perspectives monotones de leurs chemins poudreux s'allongeant avec ennui sur un sol plat où le regard se perd dans l'uniformité d'un terrain riche, je le veux bien, mais n'offrant aucune variété d'aspect. Ils croyaient sans doute nous humilier et ne songeaient pas qu'ils jouaient tout simplement au naturel le rôle du renard de la Fable devant la treille chargée de raisins dorés. Ils sont *trop verts* pour vous, nos sentiers poétiques ! Ah ! si vous pouviez les transporter chez vous, comme vous vous empresseriez de le faire ! Nous retrouvons l'Isle à l'endroit où le canal en sort et où le chemin de fer franchit cette dérivation sur un arc en pierre de taille attenant à un pont élégant de cinq arches jeté sur la rivière et qu'il serait bon de faire accompagner d'un viaduc pour les piétons. La maison du garde réjouie par un petit parterre, et la belle minoterie Séguy, l'une des principales de la Dordogne, nous saluent à notre retour en ville et, immédiatement après, en côtoyant un vaste jardin, nous arrivons à l'abattoir. C'est encore une construction de M. Catoire. Il a coûté 200,000 fr. et vaut à la caisse municipale un fort revenu. Très bien placé, monumental à l'époque où il fut bâti, copie réduite de ceux du Paris d'alors, il est maintenant insuffisant et devrait être notablement agrandi pour répondre aux besoins de la population qui s'est accrue, depuis, du double. En attendant, il faudrait, tout au moins, en mieux soigner l'entretien, rendre propres les granges à bœufs, qui sont sordides, donner de l'air et de la lumière aux toits à porcs et à moutons, parcs insalubres pour les animaux qu'on y entasse, et conduire dans ses dépendances une forte prise d'eau, celle dont il est possible de disposer à présent ne pouvant permettre de laver convenablement tout ce qui doit l'être à fond. Nous avons là les étables d'Augias en petit ; les nettoyer ne demanderait pas un travail d'Hercule. L'enclos qui longe le chemin du côté opposé à celui qu'occupe l'abattoir est occupé par les belles cultures maraîchères et fleuristes de M. Nadal, l'habile horticulteur bien connu, même au-delà du Périgord. Ainsi, le canal commence et finit auprès des exploitations de deux de nos maîtres en l'art du jardinage, puisqu'à son embouchure dans le vieux port, il est voisin des grandes pépinières de M. Richard, le jeune rival de M. Dabzac, l'athlète célèbre et encore invaincu parmi nous. De plus, il parcourt, ou borde, vingt autres florissants domaines où croissent en abondance légumes savoureux, fruits exquis et plantes d'ornement d'un haut mérite. Dans ce trajet, il reçoit les eaux d'une fontaine d'eau chaude qui, après avoir servi pendant quelque temps à des bains, puis à des laveuses, a été comblée, rouverte ensuite et utilisée par M. Mazy l'aîné, jardinier intelligent, qui lui a dû de splendides primeurs. Devant l'entrée de l'abattoir, fermée par une claire-voie, est la place du marché aux porcs, encombrée chaque mercredi par des quantités énormes de ces animaux gros ou petits qui, faute d'espace, peuvent à peine s'y remuer. Il est question d'agrandir ce foirail, ombragé et très bien situé, par l'adjonction d'un terrain faisant partie d'un jardin qui le joint. Il y a urgence à prendre cette mesure. On continue à remonter au nord, direction qu'on a prise depuis un instant, et l'on se trouve dans une belle allée d'ailantes, ou faux vernis du Japon, plantés dans le but de favoriser l'alimentation de la chenille du Bombyx-Cinthia, à l'époque où l'on se flattait de l'idée de répandre utilement en France cette espèce de ver à soie. Ce projet n'a jamais reçu de commencement d'exécution à Périgueux et y paraît complétement abandonné, mais les ailantes ont prospéré, n'ont point drageonné, comme ils ont l'habitude de le faire, et sont devenus grands et forts, sans cesser d'être droits. L'avenue que borde leur double rangée va toucher le cours Fénelon, près de l'ancienne préfecture et forme le boulevard Saint-Hilaire, qui d'un côté longe des maisons et des magasins, ainsi que l'établissement balnéaire dit Bains Chinois, un hôtel, des cultures, des rues qui vont jusqu'à la rivière et font à son extrémité face au Puy-Saint-Front, de l'autre donne accès au grand square établi sur une partie des terrains affectés auparavant à l'ancien jardin public, dont le bosquet du fond, heureusement conservé, orne sa partie méridionale. Ce square est, en son genre, un des plus remarquables du Midi de la France. Il est à regretter seulement qu'il ne soit pas régulier. Sa portion centrale, la première établie et longtemps la seule, est décorée d'une magnifique pièce d'eau encadrée de gazons, avec jet vertical d'une grande puissance. Ses allées sablées contournent des tapis de verdure le long et au milieu desquels sont des arbustes élégants régulièrement taillés. Autour des passages règnent des lignes de superbes rosiers et d'autres arbrisseaux charmants, s'enroulant d'éblouissantes lisières de plantes rampantes, d'un vert brillant, ou toutes couvertes de fleurs aux couleurs variées. Ailleurs le sol est plus mouvementé, les massifs arborescents sont plus nombreux, et si l'étendue des deux parties complémentaires qui s'étendent au sud et au nord de la première, séparées d'elle chacune par une allée de platanes bien dirigés, était égale, comme l'est leur composition, rien ne choquerait l'œil ; au contraire ; mais celle du nord est moitié moins grande que l'autre, et au lieu d'un carré ne dessine qu'une pointe, des habitations ayant empêché de lui donner plus de largeur. Il est également fâcheux qu'il faille, pour ainsi dire, deviner cette gracieuse création, si favorable aux ébats des enfants, si pleine d'attraits pour tous. Elle est en effet entièrement masquée du côté de la ville par un groupe de maisons et de rues, très bien percées du reste, qui vont jusqu'au cours Fénelon et le suivent sur toute la largeur de la place. A l'ouest du square, vis-à-vis le boulevard Saint-Hilaire, est le lycée dont la grande façade, de près de 86 mètres de longueur, a de la noblesse et a été élevée sur les plans de M. Cruveilher, architecte de la ville. Cet édifice est vaste, dans une belle position, jouit d'un air très pur, a des salles spacieuses et possède, outre plusieurs autres, une belle cour intérieure avec arcades formant cloître tout autour. C'est au milieu de cette cour qu'est le monument élevé en mémoire des anciens élèves du lycée morts pendant la malheureuse guerre de 1870. Il est composé d'une colonne en marbre brisé, à laquelle est appendu par un câble de bronze doré un bouclier sur lequel sont gravés leurs noms et la date des combats à la suite desquels ces jeunes gens ont succombé. Des jardins sont annexés à ce sanctuaire de la science; il serait bon qu'on y donnât aux étudiants, dont beaucoup sont destinés à habiter la campagne, des leçons d'agriculture et d'horticulture. Tout proche et y attenant est un autre établissement connu sous le nom de Petit-Lycée et servant d'école préparatoire. L'école chrétienne n'en est séparée, vers le nord, que par un court intervalle. Ses bâtiments sont dus, comme tant d'autres, à l'ardente initiative de Mgr Georges; ils ont été construits par M. Cruveilher. L'institution est très fréquentée, très bien tenue, parfaitement dirigée par les bons Frères, disciples du vénérable abbé de la Salle; elle se développe entre cour et jardin. Ce dernier, de dimensions restreintes, a été l'objet de grands soins de la part de maîtres qui, de nombreux exemples l'attestent, excellent dans l'art agricole et horticole, non moins que dans celui d'inculquer à l'enfance les premiers principes du savoir; et l'on ne pourrait que souhaiter qu'il fût de temps à autre le théâtre de démonstrations pratiques dont profiterait, n'en doutons pas, plus d'un écolier. En le quittant par la porte de l'est, on prend une rue qui conduit à deux beaux hôtels particuliers, dont le premier est en ce moment, et depuis longues années, occupé par le receveur-général du département. L'un et l'autre possèdent d'agréables parterres et le dernier touche le cours Fénelon, vis-à-vis la tour Mataguerre. Ainsi, la section orientale de la quatrième division de la ville, comprise entre le jardin Nadal, la rivière et le lycée, fait face au nord à la route de Lyon et la suit jusqu'à la place Francheville, qu'on appela pendant un temps place de Prusse, parce que, sous le premier Empire, des soldats prussiens prisonniers avaient travaillé à son nivellement. Hélas ! combien de *Places de France*, la Prusse ne pourrait-elle pas montrer maintenant ! Le jour de la revanche ne viendra-t-il donc jamais pour nous ?

La rue Ste-Eulalie, qui se développe devant l'entrée principale de l'école des Frères et derrière le lycée, donne accès au nouveau monastère des religieuses de la Visitation, qui y possèdent un vaste enclos. L'église du couvent, dont une partie est consacrée par les pieuses recluses qui l'habitent à un pensionnat de jeunes filles qui reçoivent d'elles une instruction solide, est l'œuvre de M. Isambert, un jeune homme dont l'imagination ardente s'est exercée sur le portail de ce petit sanctuaire et s'y est donnée libre cours. Cette chapelle, cachée par une muraille qui la bloque du côté de la rue, à quelques mètres de distance, est assez bien ornée et relativement spacieuse à l'intérieur. De la rue Sainte-Eulalie à celle qui lui succède à l'ouest, le bas de la place Francheville offre quelques ateliers de carrosserie, des auberges et une jolie maison de plaisance Ne pourrait-on pas y bâtir une halle destinée à mettre le bétail à l'abri, du moins celui qui vient aux concours ? Il me semble que ce serait compléter par une fort utile annexe le foirail situé plus haut. Dans la rue qui fait le pendant de celle de Sainte-Eulalie, on voit, dans le jardin de M. Daussel, où l'on a découvert beaucoup de fragments antiques, la petite église de Saint-Pierre ès-

Liens, qui date du vi⁰ siècle et sert depuis long-temps d'orangerie. On y a trouvé le tombeau de l'évêque Léonce, un de nos premiers pontifes. Séparée d'elle seulement par la largeur de la voie publique est celle de Saint-Cloud, autrefois desservie par un vicaire et qui offre deux styles bien distincts, l'un du xi⁰, l'autre du xiii⁰ siècle. Sa voûte a disparu. Cet édicule gracieux fait partie des dépendances d'une riche villa récemment construite et devant laquelle nous remontons pour gagner la rue de la Cité, qui nous conduit au sanctuaire vénéré qu'aucun savant en l'art des constructions, aucun archéologue, aucun véritable Périgourdin, n'aborde qu'avec respect. Quand on a laissé derrière soi quelques habitations neuves de bonne facture et de tournure engageante, on se trouve en effet en face du groupe le plus complet de monuments, de ruines, d'édifices de divers âges qu'il soit possible d'imaginer. Cité de Périgueux,

> Oh ! que de merveilles
> Vous réunissez !

La Cité, c'est pour l'antiquaire un lieu de délices; l'antiquaire, d'autre part, est le complément naturel de la Cité. Comment pourrait-il y être un seul instant malheureux quand il s'y trouve sans cesse inondé de jouissances nouvelles! Partout sur le trajet que nous avons suivi, depuis le Toulon surtout, il a pu rencontrer, il est vrai, des fragments de constructions romaines, mosaïques, puits, réservoirs, des fondations de murailles de thermes ou de maisons, mais à l'état latent, sous terre, à quelque profondeur. Ici, quelle différence ! quelle abondance de biens pour lui ! Le sol est rempli, couvert, hérissé de débris de colonnes, d'édifices au milieu desquels il s'avance le front épanoui, le cœur plein d'admiration et d'enthousiasme. Il en rencontre à chaque pas sous ses pieds, à hauteur d'appui, s'élevant bien au-dessus de sa tête. Il se promène au milieu d'eux ; il leur parle ; il les comprend. Si par hasard le mauvais temps le retient chez lui que lui importe! pourvu que la pluie ne forme pas un torrent capable d'entraîner les haches gauloises dont il a découvert la veille un gisement sur la pente du chemin ! N'a-t-il pas dans son cabinet un prodigieux et intéressant tas de cailloux bizarres dans lesquels il voit l'œuvre de la main de l'homme à des époques préhistoriques ? des médailles en quantité, vraies ou fausses, importantes si elles sont vraies, sans intérêt si elles ne le sont pas, mais qu'il étudie scrupuleusement pour en connaître la valeur, tirer d'elles des indications au cas où elles seraient frappées au bon coin et divulguer la fraude si elles sont l'œuvre d'un spéculateur de mauvaise foi ? Ne voyez-vous pas sur son bureau des tronçons d'épées ayant appartenu à des guerriers inconnus ? Cet éperon rouillé, qu'il interroge fiévreusement du regard, est à coup sûr celui d'un chevalier romain. Il sait à quelle date fut livrée la bataille où le premier possesseur de cette ferraille périt ; il y assiste en idée ; il en compose la relation ; il en couvre une page, puis une autre, puis un chapitre, enfin bientôt une brochure entière, opuscule qui fera sensation. Il déchiffre avec joie des caractères relatant la consécration d'un temple ou le creusement d'une piscine par un Pompée. Il se dit que les fils de ce rival de César vinrent ici se fixer, après la perte de leur cause, ce qui lui paraît démontré, tandis que d'autres ne veulent voir en ces porteurs d'un grand nom que les affranchis de la famille de l'illustre vaincu de Pharsale. Son imagination s'échauffe et il se demande ce que sont devenus les enfants de ces patriciens, s'ils ne sont pas tombés, d'infortune en infortune, par exemple jusqu'auprès du pétrin d'un boulanger de faubourg, d'où ils sont, peut-être, en ce moment, par leur intelligence, leur travail et leur mérite, en voie de reconquérir une fortune nouvelle, digne du rang de leurs aïeux. Rêves heureux et qui, du moins, ne font de mal à personne ! Que le soleil brille et voilà notre enthousiaste qui sort armé d'un mètre, d'un compas, de crayons, de rames de papier, de marteaux, de sondes. Il visite d'abord cette étonnante muraille qui ceint une partie du bourg actuel, dont les rues tortueuses et les maisons humides ont du charme à ses yeux, vu leur grand âge. Il suit les développements de la forteresse, mesure sa hauteur, son épaisseur qui n'a pas moins de onze à douze pieds. Il prend le croquis des tours restées debout, reconnaît l'emplacement de celles qui sont tombées. Il admire les colonnes en morceaux, les chapitaux renversés, les tronçons de statues qui ont servi à construire ce boulevard singulier, dont, grâce à lui, la réputation se répandra, comme elle mérite, au loin, tandis que nous-même ignorons pour la plupart l'existence de ce travail si remarquable, si digne d'intérêt et dont les auteurs n'ont pu être encore définitivement connus. Il va, vient, s'éloigne, revient d'une ruine à l'autre, tout le long du jour, attentif, empressé, scrutant, étudiant chaque détail, forant, fouillant, comparant, établissant l'histoire d'un édifice par les inductions tirées des édifices voisins, et le soir, il rentre riche d'observations, comme la diligente abeille qui regagne sa ruche après avoir été de fleurs en fleurs, les avoir fécondées l'une par l'autre sans nuire à aucune, et pliant sous le faix d'un miel savoureux, d'une cire puisée à des sources diverses, d'où nous ne saurions la retirer et qui nous vaudra la lumière. Ne rions pas de cet homme laborieux et érudit. Le travail auquel il se consacre, qui le charme et l'entraîne, a un double but utile, l'avancement de la science historique, la gloire du pays. Il est le promoteur, le conservateur héraldique de notre contrée, dont il collige, met en ordre, vérifie, publie hautement les titres de noblesse. Ceux-ci, félicitons-nous-en, il le prouve sans cesse, sont grands et nombreux ; ils donnent au Périgord droit au respect pour le passé, garantie pour un florissant avenir. C'est qu'une longue suite de siècles éclatants, parcourus par elle, est pour une famille, une province, une nation, une chaîne puissante qui la retient sur le chemin de l'honneur ; c'est que l'on ne se décide pas facilement à forfaire, en présence des images d'aïeux vénérés, dont l'œil sévère semble inspecter chacune de vos actions et vous rappeler au devoir ; c'est que nos pères nous parlent par la voix de l'exemple qui se perpétue de génération en génération, en nous enjoignant d'être digne d'eux. C'est que l'héritier d'un nom illustré dans les combats par maints guerriers sans peur et sans reproche, ou bien honorablement connu dans la magistrature, environné d'une auréole de loyauté dans le commerce, ou même dans les rangs inférieurs de la société, tremble à la seule pensée de le polluer. Voilà pourquoi, malgré des exceptions nombreuses, je le veux bien, mais qui ne font que confirmer la règle et la rendre plus éclatante par le scandale qu'elles causent et la honte qui en rejaillit plus vive sur le coupable, il est vrai de dire que tradition et noblesse obligent. Voilà pourquoi, la lice étant ouverte à tous, chacun aspire à devenir à son tour un ancêtre dont ses descendants se glorifieront. Nos populations, fières de leur passé, ne veulent pas déchoir, mais marcher toujours en avant. Elles le font avec ardeur, et il me semble que nos bataillons de mobiles, nos braves volontaires, nos compatriotes de toute classe qui combattaient si vaillamment au milieu des soldats de Cathelineau, de Charette, dans les éclaireurs, dans l'armée régulière, à Coulmiers et sur les vingt champs de bataille où ils se sont si glorieusement signalés en 1870 et 1871, pendant que tant d'autres reculaient, entendaient retentir à leurs oreilles la trompette sacrée de la renommée qui les poussait au milieu des ennemis épouvantés par leur valeur, en faisant bruire pour eux les accents terribles devant lesquels nos pères ont vu fuir l'étranger et tomber, au premier pas qu'il fit sur notre territoire, le célèbre général anglais Talbot, à la fameuse journée de Lamothe-Monravel, si connue dans l'histoire sous le nom de victoire de Castillon, victoire qui affranchit à jamais la Guienne des insulaires envahisseurs. Remercions donc l'archéologue dissipant les vieilles ténèbres et rendant à la Dordogne son lustre passé. Soyons heureux de ses découvertes et veillons à ce que les restes vénérables, objets de son culte, soient toujours respectés, précieusement conservés, avec leur style antique et le caractère qui leur appartient.

Jetons encore un coup d'œil sur quelques gerbes de l'ample moisson étalée devant nous.

Aux remparts véritable musée, devant lesquels nous avons vu d'abord s'arrêter l'antiquaire, succède, bâti sur le même alignement, leur empruntant une partie de sa base, le château de Barrière, au donjon qu'arbres et lierre couvrent d'une éblouissante verdure, manteau dont le revêt le temps pour le protéger et cacher ses plaies béantes. Sur les murs ébréchés, sur le front noirci par l'incendie de ce fort qui, dans son armure souvent entamée par les combats, réparée, puis brisée de nouveau, veilla longtemps pour la défense de ce qui restait de la ville antique, on retrouve le cachet de chacun des âges qui lui ont apporté leur contingent, depuis celui qui suivit la naissance du Christ, jusque vers le commencement du règne de Louis XIV. Dans son site admirable, cet admirable témoin et acteur des luttes acharnées qui, durant des siècles nombreux, ont rougi le sol autour de lui, voit maintenant les convois de chemin de fer raser dans leur vol rapide ses tours, en suivant une courbe audacieuse, et faire frémir la terre en l'ébranlant au loin. Mais il a connu de bien plus redoutables émotions et demeure impassible, possesseur de richesses archéologiques précieuses que la main de ses propriétaires a réunies dans ses salles désertes. La porte Normande le touche. C'est un ouvrage romain d'appareil moyen sous lequel passe une rue sortant de la Cité pour gagner la route de Bordeaux. Depuis des centaines d'années, les lourdes pierres de sa voûte paraissent disjointes et semblent prêtes à s'écrouler; mais ceux qui les considèrent et les franchissent en tremblant d'être écrasés par leur chute soudaine, disparaissent les uns après les autres et elle reste debout. A l'est, elle s'appuie sur l'amphithéâtre, cirque énorme qui, d'après M. l'abbé Audierne, dont l'ouvrage est un guide des plus appréciables en tout ce qui touche nos vieux monuments, aurait été construit vers l'époque du règne de l'empereur Antonin, c'est-à-dire de l'an 139 à l'an 161 de notre ère. Il aurait eu 150 mètres de long, 130 mètres de largeur, soit une superficie de 1 hectare 95, trente mètres d'élévation et aurait pu contenir 40,000 spectateurs. On n'en voit plus que des masses épaisses dépourvues de parement, deux grands vomitoires, quelques voûtes et des cages d'escaliers autour d'un terrain dont le mouvement accidenté accuse encore l'existence de l'arène centrale. Après sa destruction, ses restes furent employés à divers usages; on les convertit tour à tour en forteresse et en propriétés particulières, puis enfin il fut en 1644 cédé par la ville à des religieuses qui, dans les fouilles pratiquées pour établir leur couvent, démoli pendant la révolution de 1793, y découvrirent, en 1668, un groupe de statues représentant Jupiter, une esclave, Diane et Vénus, cette dernière en marbre de Paros. C'était un véritable trésor. Tout fut brisé dans un moment de pieuse exaltation. En apprenant cet acte si regrettable d'un zèle irréfléchi, le vénérable évêque d'alors, Mgr le Boux, joignit les mains et s'écria : « Saintes pécores ! » exclamation marquant à la fois et son indulgence pour l'intention qui avait guidé les bonnes sœurs et sa douleur de la perte irréparable que venaient d'éprouver l'art et la science. Un seul fragment de la main droite de la Vénus a été retrouvé. La commune a, depuis longtemps, repris possession de l'enceinte. Malheureusement on l'avait écornée dans un but d'économie maladroite et l'on n'en avait gardé qu'une partie en faisant circuler une rue au travers. Cette faute est maintenant réparée, la disgracieuse et irrationnelle voie de passage est condamnée, l'on a l'espoir que des parcelles encore au pouvoir d'un ou deux propriétaires seront vendues à la ville à des conditions acceptables et le conseil municipal vient de concéder à la Société départementale d'horticulture le soin de créer au milieu des débris, qui devront être respectés, un jardin d'études et d'acclimatation, dont le tracé, les accidents et les plantations seront dirigés de manière à mettre en relief tout ce qui reste du monument. Des fleurs et des gazons vont couvrir le cirque où jadis le sang coulait à flots, de riants parterres attireront les regards et charmeront les fils de ceux qui surent, ce que l'on ne sait plus guère de nos jours, avoir des convictions sincères, et qui mouraient sous la dent des tigres et des lions en proclamant le règne de la croix, qui a triomphé.

Au-delà de l'agglomération du faubourg, la tour Vésone fait pendant à l'amphithéâtre. Encore un ouvrage des vainqueurs du monde, encore une étonnante construction! Que fut autrefois ce reste surprenant, grandiose manifestation de l'art antique? Cette sourcilleuse rotonde, auprès de laquelle les plus grands édifices de la ville, sauf Saint-Front, produisent l'effet de huttes, et qui n'a pas moins de 66 mètres de circonférence, avec une hauteur proportionnée, a-t-elle été temple ou citadelle? Les opinions varient à ce sujet. De fantastiques légendes pourraient donner à croire qu'elle fut érigée dans un but de défense. — « Monsieur, me répétait chaque fois que nous passions ensemble au pied de cette tour, une vieille gouvernante, que j'avais lorsque j'étais enfant, et qui m'accompagnait dans mes promenades, Monsieur, vous voyez bien ces preuves d'attaque? Cette large brèche a été faite par les Romains qui avaient bâti ce château pour tenir la population en bride. Les habitants s'en étaient emparés par surprise, mais ils furent battus et l'un de leurs chefs s'enferma dedans avec beaucoup d'artillerie. Les Romains alors l'assiégèrent, firent écrouler ce qui est par terre, pénétrèrent ainsi dans la place et mirent le commandant à mort, en criant: Péris, gueux! d'où le nom de la ville aujourd'hui. Comme beaucoup de Périgourdins étaient chrétiens, les vainqueurs idolâtres en firent périr un grand nombre, en les suspendant aux clous que vous apercevez là haut. » — Et la bonne femme me désignait du doigt le faîte autour duquel règne en effet une ligne de crampons respectables. Je n'ai jamais oublié cette bizarre et incohérente narration, qui avait l'avantage de faire remonter à une époque, où l'on n'y pensait guère, l'invention des bouches à feu, et de donner en même temps l'étymologie du nom du chef-lieu de notre département, trouvant son origine dans un accès de fureur des Latins parlant français pour la circonstance! Elle m'a bien souvent diverti, et je ne vois jamais la tour Vésone sans me la rappeler; il me semble encore entendre ma conductrice d'alors me la réciter avec une conviction profonde. C'est absurde et grotesque, mais au milieu des anachronismes et de l'amalgame ridicule d'inepties contenues dans cette fabuleuse histoire, on y découvre clairement le fond d'une tradition corrompue en se transmettant de bouche en bouche à travers des générations ignorantes D'après elle, évidemment, on attribuerait depuis des temps reculés au monument une destination militaire, en même temps que ce conte rappellerait des souvenirs de persécution religieuse. Demandez encore au premier venu de la foule à quoi servaient les crampons, et il y a cent à parier contre un qu'on vous répondra qu'ils ont été placés là pour suspendre les chrétiens. Dans le peuple même, on ne se fera pas prier pour assurer que si le ciment de l'édifice a une couleur rougeâtre, cela provient de ce qu'on l'a pétri dans le sang des martyrs. On me l'a cent fois affirmé. Pourtant tout semblerait prouver aujourd'hui que la tour Vésone fut un temple. Il va sans dire que les clous prétendus ne sont autre chose que des crochets supportant autrefois le revêtement en marbre des murs, revêtement maintenant tombé, dont quelques fragments existent au musée, et qu'il n'a pas été employé une seule goutte de sang dans la composition du mortier qui relie si bien les matériaux de la partie de l'enceinte encore debout. M. Audierne penche pour un temple d'Isis, et je ne le contredirai point. Les ornements ont disparu, il ne reste qu'un ouvrage en petit appareil, décoré de plusieurs rangs de briques et de petites ouvertures gracieuses. C'est aussi simple que beau. L'on croit que l'œuvre date du règne d'Auguste; les connaisseurs, poursuit l'auteur que je viens de citer, y retrouvent tous les traits distinctifs de cette grande époque. Comme ils bâtissaient, ces enfants de Romulus! Cet édifice a dix-huit cents ans et plus! Combien qui, érigés à grands frais, à côté de lui plusieurs siècles après, ne sont aujourd'hui que décombres et poussière! Cependant il est mutilé, ce qui aurait dû bien réduire sa durée. Du haut en bas, une large ouverture béante montre son intérieur dépouillé; dans tout son pourtour extérieur, à moins d'un mètre du sol, il offre de plus un large sillon creusé de main d'homme dans son épaisseur. On a sans doute voulu le détruire autrefois, et l'acte que l'on prête au premier apôtre du Périgord qui, dit-on, abattit, en le touchant avec sa croix, ce qui est tombé, en même temps qu'il en expulsait le dragon, symbole de l'idolâtrie, semble le prouver victorieusement. Mais ce qui reste ne semble pas prêt à s'écrouler. Sa solidité, malgré toutes les attaques et les dégradations qu'on lui a fait subir, a tellement frappé le populaire, qu'il règne un dicton parmi lui, d'après lequel la chute de la tour de Vésone n'arrivera que comme signe précurseur de la fin du monde. A quelque distance sous terre, des fondations qui l'entourent servirent probablement à supporter une colonnade qui l'environnait. Monument historique, et des principaux de France, la tour de Vésone n'a plus à redouter les entreprises des démolisseurs.

Revenons à côté de l'amphithéâtre, également protégé maintenant par l'égide gouvernementale. Nous y verrons l'ancien jardin de M. Chambon, créé par ce propriétaire opulent, alors receveur-général à Périgueux, et qui aimait les arts.

C'était un homme de nature inquiète, sans cesse en mouvement. Autant qu'il le pouvait, il allait et venait, prétendant que la vie n'étant qu'un voyage, on doit se déplacer souvent pour obéir au vœu de la nature. Il était au nord pendant l'été, au midi pendant l'hiver, se réglant sur les migrations des oiseaux de passage; mais Périgueux, où il a voulu être enseveli, était son séjour de prédilection. Il avait doté cette ville d'une charmante et originale promenade, dans laquelle il avait rassemblé des curiosités de toutes sortes, surtout des fragments antiques. On y rencontrait des ponts rustiques, des kiosques élégants, des pyramides, des ermitages sous des voûtes, restes d'anciens palais écroulés; une salle était consacrée à la mémoire du Bon Larron, saint authentique, puisque Notre-Seigneur l'a déclaré lui-même, disait-il avec un léger sentiment de scepticisme envers les autres bienheureux, reste des idées frivoles du XVIIIe siècle. Des appartements entiers étaient, dans cette retraite, remplis d'effigies des divinités païennes à la mode dans le moment. C'était en un mot un véritable tohu-bohu, gracieux et frais du reste, élevé en terrasse et d'où l'on jouissait d'un panorama ravissant. Rien de tout cela n'existe plus. L'ombre de celui qui se comparait à un ramier émigrant de contrée en contrée, suivant les saisons, a vu le sol qu'il avait embelli occupé par une colonie d'hirondelles dispersées par le sombre hiver de la fin du siècle dernier, et revenues aux premiers beaux jours succédant à la tempête. Les bonnes sœurs de Ste-Marthe du Périgord se sont établies dans cet enclos acquis par elles, s'y sont construit un long monastère, que sépare de la voie publique une terrasse beaucoup trop étroite, et ont de nouveau converti en asile de la prière ces lieux où s'élevait, avant l'invasion protestante de 1577, le palais épiscopal, dont il ne reste plus qu'une admirable partie de chapelle placée, elle aussi, sous la sauvegarde de l'Etat. Les religieuses de l'ordre auquel appartiennent les nouvelles propriétaires ont fixé dans la demeure qu'elles ont élevée dans cette enceinte, le noviciat de leur congrégation si charitable et qui rend aux malheureux de si grands services. Y resteront-elles long-temps ? Dieu seul le sait. En attendant, elles ont, à côté de leur maison, fondé, dans l'ancien presbytère de St-Etienne, une école primaire de jeunes filles, où de nombreuses élèves reçoivent d'elles le bienfait de l'instruction.

Vis-à-vis du couvent, et séparée seulement de lui par la largeur de la rue, l'église de la Cité, qui fut autrefois la cathédrale de Périgueux, captive l'attention des connaisseurs. Elle est en style byzantin et en partie contemporaine de la grande basilique de St-Front (1), sa coupole occidentale remontant au onzième siècle. Elle en a deux, dont celle de l'est, postérieure d'un siècle à la première et ensuite ruinée par les protestants, a été rebâtie sur son plan primitif en 1650 par Mgr de la Béraudière. Celle de l'occident en précédait une troisième qu'on a renoncé à relever, de même que le haut clocher dont elle était suivie. A l'intérieur, où l'on pénètre en descendant un large escalier, on remarque le grand autel, deux autres avec rétables en chêne noir très bien sculptés et une chaire de la même espèce de bois artistement travaillée. Y sont, accolés à la muraille, une vieille table pascale fort curieuse et les tombeaux de deux des évêques qui ont vécu peu de temps après la construction de

---

(1) Puisque le nom de Saint-Front se retrouve ici sous ma plume, je profite de cette circonstance pour rappeler que si, d'après plusieurs archéologues, l'apôtre du Périgord put en paix prêcher le christianisme dans nos campagnes, d'autres traditions affirment que ses compagnons furent pris et martyrisés et que lui-même eut à subir l'exil. C'est à cette dernière opinion que se range le vénérable et savant abbé Pergot, curé de Terrasson, dans son intéressante vie du patron de notre grande et admirable cathédrale actuelle.

l'édifice ; Jean d'Asside et Pierre de Mimet. La table et le monument de Pierre de Mimet se trouvent malencontreusement voilés par des rideaux de toile peinte représentant les apôtres, et qu'il faut soulever pour les voir. Le cénotaphe de Jean d'Asside, d'une exécution remarquable comme sculpture, est placé près de l'entrée à droite et renferme les fonds baptismaux. La tenue générale du vaisseau ne laisse guère à désirer. Par malheur il n'y a pas de sacristie, car l'on ne peut donner ce nom au réduit plus que modeste qu'on a ménagé derrière le maître-autel pour en tenir lieu.

En avant de l'église, qui montre encore les arrachements de sa coupole détruite, est une place au milieu de laquelle existait, il n'y a pas longtemps, une fontaine en pierre, formée d'un bassin et d'une vasque supportée par un groupe antique représentant les trois Grâces. On devrait reconstruire le dôme et le clocher tombés et pousser plus loin la place jusqu'à l'enceinte de l'ancienne citadelle, en l'élargissant en outre de tout le petit triangle informe qui s'étend entre la rue qui lui fait face, et qui en deviendrait partie intégrante, et les Arènes : on obtiendrait ainsi un quadruple et bien désirable résultat ; on rétablirait dans ses proportions premières, et avec les compléments qui l'accompagnaient à l'origine, un monument des plus intéressants ; on ornerait cette partie de la ville ; on satisferait la population en agrandissant l'espace réservé aux offices de la paroisse et l'on aurait une spacieuse promenade qui, sous le rapport archéologique, aurait peu de rivales. Quelle place en effet que celle où, sous des ombrages rafraîchis par des eaux jaillissant au milieu de figures dues à un ciseau contemporain des proconsuls, on apercevrait autour de soi la vieille chapelle épiscopale du moyen-âge, la plus ancienne de nos cathédrales à l'aspect oriental, l'amphithéâtre des Césars, la porte normande, le château Barrière ; et, deux pas plus loin, au-dessus des maisons gothiques, le profil majestueux de la tour Vésone, ayant pour repoussoir, avec les verts sommets de l'Ecorne-Bœuf aux retranchements gaulois, ceux de la Boissière couronnée par un camp romain!

On serait aussi, de ce point aux décors variés et saisissants, tout proche des casernes ancienne et nouvelle. La première, augmentée il y a peu de temps et que l'on pourrait augmenter encore, offre un caractère assez monumental qui n'appartient guère, d'habitude, aux établissements de ce genre. C'est qu'elle avait été bâtie pour être affectée à un séminaire, destination qu'elle n'a rempli que pendant environ un tiers de siècle. Sa cour principale est traversée par une tranchée dans laquelle courent les chemins de fer réunis de Périgueux à Agen et à Lyon. Près d'elle s'aperçoit la manutention militaire qui date de 1573, mais repose sur les fondations de la vieille citadelle dont les deux tours, ornement de sa façade, sont d'antiques restes. La seconde caserne n'est pas encore tout-à-fait achevée ; elle n'existe que depuis l'année dernière et se trouve enclavée dans le plus ancien cimetière de la ville, abandonné il y a une quarantaine d'années. Un chemin public, qui ne tardera pas, probablement, à être supprimé, la sépare de la précédente. En creusant ses fondations, on a mis à découvert de nombreux ossements, qui, sans doute, ont été transportés et décemment inhumés dans le nouveau champ de la mort, au nord de Périgueux. Il s'en trouve néanmoins probablement encore beaucoup sous le sol. Il me semble que les restes des vieux soldats, conservés ainsi dans cet asile, ne peuvent manquer de s'animer sous les pas des jeunes bataillons défilant au-dessus d'eux, au bruit des armes et des musiques militaires, et que, lorsque vient la nuit, les sentinelles et ceux qui veillent aux portes ou bien dans les chambrées doivent voir passer auprès d'eux les fantômes des vétérans qui ont fait trembler le monde et qui viennent exhaler des plaintes amères sur nos derniers malheurs, en criant à ceux qui leur succèdent de les venger! Ils murmurent aux oreilles de leurs fils, chair de leur chair, os de leurs os, sang de leur sang : Préparez-vous pour la revanche !

Exoriare aliquis nostris ex ossibus ultor !

« Français, nos descendants, part de nous-même, soyez les vengeurs du pays ! » — Ah ! puisse cet appel être entendu ; ce souhait patriotique être bientôt exaucé !

Un hospice de vieillards, qui a maintenant trente ans d'existence, se trouve tout à côté. Parfaitement dirigé par une commission administrative pleine de zèle et de dévouement, il est confié aux soins des sœurs de Ste-Marthe, qui y entretiennent plusieurs religieuses, grâce auxquelles y règnent un ordre admirable et une propreté constante. L'unique préoccupation des excellentes directrices est celle de la satisfaction des malheureux indigents qui leur sont confiés et y sont parfaitement traités. On voit dans l'établissement un beau jardin où les bras plus ou moins valides des hôtes de ce refuge hospitalier peuvent s'exercer. Les bâtiments ont été récemment agrandis et complétés.

La Cité de Périgueux a donc bien des titres à l'attention publique. C'est le point de départ de la ville, et à côté des monuments, des débris antiques de toutes sortes qu'elle renferme, elle présente les ressources et l'agrément de la vie moderne. Entouré de routes, de voies navigables, de chemins de fer, d'usines, de fabriques diverses, d'hôtels, de magasins centres de transactions importantes, d'écoles, de promenades, de cultures fleuristes et maraîchères, de sites riants ou pittoresques, son centre est un diamant enchâssé dans l'or de la civilisation, dont il reflète les rayons en en émettant lui-même de radieux. Sortons maintenant, recueillis et émus, de ce temple des souvenirs et allons à l'est, au-delà de la rivière, examiner le mouvement qui s'y produit.

On y est resté long-temps, pour ainsi dire, à l'écart, comme

étranger au progrès qui se manifestait à si peu de distance.
L'administration municipale paraissait avoir peu de soucis
d'une banlieue rapprochée sans doute, mais peu peuplée, et
que l'Isle séparait de la principale agglomération urbaine ;
presque tout y était à créer ou pour le moins à réparer alors.
Depuis, les circonstances ont changé et l'on remarque maintenant sur ce point de nombreuses améliorations, une extension importante des constructions. Le quartier est relié d'une
part au Puy-St-Front, de l'autre aux boulevards par deux
ponts. Le premier était vieux, peu large, mais pittoresque
et solide, fermé vers l'orient par des remparts crénelés abritant des viviers, et l'on y arrivait de côté par une
rampe rapide que défendait un épais parapet. Cet ouvrage,
des mieux conservés et dans l'épaisseur des murs duquel on
a découvert un cercueil qui renfermait les restes, croit-on,
d'un chrétien vénéré, placé là comme protecteur du passage,
a été forcément démoli lorsqu'on a fait disparaître le grand
moulin qui l'avoisinait pour abaisser le niveau de l'eau et
que, pour établir les quais, on a, ce qu'il m'est impossible
d'approuver, malgré les dithyrambes flatteurs dont cette
mesure a été l'objet, changé le cours de la rivière sous la
basse ville. On l'a remplacé par un autre à trois arches
surbaissées, assez joli de forme, mais trop court, trop bas
et trop étroit.

Au demeurant, le *plus beau pont* du monde.

Sans compter que la chaussée qui le suit vers le faubourg a
humilié, par sa hauteur, en la dominant à pic, la petite place
sur laquelle le Puits de la Rose, la fontaine chère aux gourmets par la fraîcheur et la délicatesse de ses eaux, montrait
son élégant abri qu'il a fallu détruire et auquel
tenaient les habitants du voisinage. L'autre pont, qu'on
nomme encore par habitude le Pont-Neuf, mais qui de

fait est le plus ancien de tous ceux que nous possédons actuellement, compte aujourd'hui 110 ans d'existence. Il est de dimensions majestueuses et, bien qu'ayant besoin de quelques réparations, supporte sans faiblir le poids d'une très-active circulation. Il s'ouvre dans l'axe du cours Fénelon que sa chaussée, plantée de platanes en triple ligne de chaque côté, continue en traversant des prairies et offrant aux promeneurs de splendides points de vue. Cette levée hardie se termine à l'entrée d'un carrefour, dont on devrait faire une place en portant ailleurs le bureau de l'octroi qui en occupe le centre. De là partent la route de Bergerac, celle de Lyon et la rue Font-St-Georges qui conduit à la source de ce nom. Le faubourg, placé sous le patronage du même saint que la fontaine en question, s'étend à droite, à gauche et en avant, le long des voies nationales et autres, tout flambant neuf et bien bâti, sauf une petite ruelle qui descend du plateau vers la gauche et quelques vieilles maisons çà et là. Le chemin de fer, qui a traversé l'Isle, le contourne au sud et au nordest, puis se dirige à l'orient, en coupant son territoire en deux parties inégales. La première, celle de droite, renferme une ancienne maladrerie, au pied de l'Ecorne-Bœuf, un petit nombre d'habitations le long de la route de Bergerac, puis des jardins et des villas au flanc des coteaux dont une masse épaisse, formée par un roc calcaire, est criblée de carrières au bord desquelles un village d'ouvriers s'est formé. Dans la même direction, on trouve ensuite la jolie petite vallée d'Atur, par où débouche le chemin de grande communication venant de Ste-Alvère rejoindre la route de Lyon au milieu d'un hameau florissant aux abords du chemin de fer qui passe sous un pont en pierre. Une autre ligne de collines et la haute plaine accompagnent la voie ferrée de cet endroit jusqu'au Petit-Change. La plus grande partie de cette section n'appartient pas à la commune de Périgueux, bien qu'elle en soit beaucoup plus voisine que de celles dont elle dépend administrativement. Le gros du faubourg est à gauche du rail-way. On y remarque dans la basse plaine la magnifique et excellente fontaine des Malades, dont les eaux légères, abondantes et limpides s'écoulent dans un vaste bassin et gagnent la rivière par un petit canal creusé dans ce but. Elles ne servent plus qu'aux besoins des ménages voisins et à quelques blanchisseurs, tandis qu'il y a trente ans on venait de tous les points de la ville y puiser avec des chariots pour alimenter la population à laquelle elles suffisaient largement. On trouve aussi dans cette vallée le grand moulin de Cachepure, sur l'Isle, faisant face à celui de Ste-Claire, dont l'écluse lui est commune, de bons jardins, de nombreux cafés et restaurants, divers magasins et l'atelier important de charronnage et de carrosserie appartenant à M. Abrieux, de même que plusieurs établissements de différentes sortes. Au nord est la belle source St-Georges, dont l'excédant forme d'abord une jolie pièce d'eau, puis un ruisseau dans les prairies, avant d'aller se perdre dans l'Isle. Sur le penchant du talus, qui supporte la plaine haute et la sépare de la basse, sont, avec des comptoirs de marchands et des habitations ornées de jardins, des boucheries et l'enclos qui renferme la belle pépinière, avec serres de primeurs pour les raisins, que dirige M. Lusseau. Cet établissement, de même qu'une bonne partie des propriétés qui bordent à l'est la rue de Bergerac et au sud celle de Lyon, appartiennent à la commune de Notre-Dame, qui en est à huit kilomètres, tandis que le centre de la ville de Périgueux, dans les dépendances de laquelle elles sont enclavées, faisant corps avec elles, n'en est qu'à 500 mètres ! Aussi la contrebande s'exerce-t-elle en cet endroit avec entrain et les cabarets et débits de boisson y sont-ils multipliés. Au nord de la route de Lyon, au contraire, tout appartient à la ville. On y voit sur le plateau des cultures variées, avec quelques fermes bien cultivées, puis sur la descente, vers l'ouest, la petite rue qui formait autrefois tout St-Georges, l'école secondaire ecclésiastique dirigée par des Pères Basiliens et qui renferme de nombreux élèves, dans un édifice sans caractère, à façade trop longue et à terrasse sans largeur, donnant sur une petite place qui aurait besoin d'être régularisée. Ce collège possède un jardin, une belle cour entourée de cloîtres et une spacieuse chapelle. Tout à côté s'élève l'église paroissiale, bâtie à mi-côte, pour remplacer l'ancienne, devenue maison particulière, presque détruite en outre et beaucoup trop exiguë. Il est fâcheux que le nouveau temple soit si près de la maison d'éducation dont je parlais tout à l'heure. De loin, il semble en former une dépendance. On y travaille depuis plus de 22 ans, et il n'est pas encore entièrement terminé, le perron qui doit y donner accès n'étant pas construit et le ravalement extérieur n'étant pas fait. Son clocher, jusqu'à présent muet, faute de ressources, est de style roman et mesure 47 m. de hauteur, y compris la croix qui le surmonte. C'est un véritable chef-d'œuvre de grâce et de légèreté que tout le monde admire et qui fait, comme au reste le monument entier, honneur à son habile architecte, M. Abadie. L'intérieur de l'édifice est achevé quant au gros œuvre et aux sculptures. Les murs sont en belle pierre de taille dure des carrières voisines, ainsi que le clocher, dont le haut de la flèche seul est en pierre de taille tendre de Chancelade. Les entre-nervures des voûtes sont en pierre des Piles. Le tout offre un très beau coup d'œil. Les colonnes, faisceaux et pilastres du chœur, des chapelles et de la nef ont été ciselés par un artiste de Bordeaux, auquel on doit les travaux de même genre que l'on remarque dans la grande abside de St-Front, mais c'est M. Paincout, sculpteur à Périgueux, qui a fouillé les chapiteaux des fûts placés au fond de l'église, sous la tribune. Le maître-autel, en marbre, sort des ateliers de M. Lassoutanie, rue St-Martin. Il est d'un beau travail et produirait un excellent effet s'il n'était surchargé d'un rétable inutile qui l'alourdit. Derrière lui apparaît une statue du Sacré-Cœur enluminée, au manteau rouge, avec broderies d'or. Ce luxe de couleurs n'a pas le don de me plaire. Je le trouve en effet déplacé dans un sanctuaire du genre de celui-ci. Je ne crois pas qu'il ait été d'usage au xiiie siècle de *peinturlurer* les statues. On les taillait dans le bloc et on les exposait sans autres nuances que celles de la pierre. C'était plus simple et cela valait mieux. Mais aujourd'hui la mode est au *voyant* et on lui sacrifie. Les autels latéraux en marbre blanc, sont l'œuvre distinguée de MM. Clément et Mazeau. Toutes les verrières ont été fabriquées par M. Besseyrias, et leur facture fait l'éloge de son talent. Celles du chevet représentent : au milieu, le patron de la paroisse, en pied, de grandeur naturelle, armé d'une lance et terrassant l'esprit des ténèbres ; à droite et à gauche, dans des médaillons, ses voisines nous montrent saint Front, saint Martin, sainte Anne et saint Etienne, c'est-à-dire les protecteurs des trois autres paroisses et la sainte, à la garde de laquelle la ville a été confiée ; chacune de ces quatre dernières fenêtres devait recevoir d'autres cartouches où auraient trouvé place les vénérables modèles honorés dans leur circonscription religieuse. Dans la nef, les deux personnages que l'on voit peints sur les fenêtres du milieu, vis-à-vis l'un de l'autre, sont saint Aignan et saint Léonce, deux des plus anciens évêques de Périgueux. Des écussons symboliques sont au-dessous, l'un offrant les emblèmes parlants de la devise périgourdine : *Petra esto duris, cor amicis ; hostibus ensis ; hæc tria si fueris petracorensis eris*, inscrite sur une banderolle qui l'entoure ; le second portant les armoiries des cinq chefs-lieux d'arrondissement de la Dordogne à sa gauche ; et à sa droite, une main d'or ouverte, signification de l'ensemble des circonscriptions sous-préfectorales, que l'on vit briller sur les drapeaux de nos mobiles en 1870 ; plus une croix et une épée. Autour de lui règne une bordure chargée des initiales des corps dans lesquels ont servi nos vaillants sodats durant la dernière guerre et des chefs qui les ont commandés.

Un Volontaire de l'Ouest et un Garde Mobile soutiennent cet écu, qu'environne une flamme sur laquelle on lit : *Viribus unitis; Ex pluribus unum.* Les autres croisées contiendront chacune au centre un médaillon avec la vue d'une des églises paroissiales existant en ce moment dans la commune, ayant pour accompagnement de petits tableaux se rapportant aux ordres religieux qui existent dans son ressort, et plus bas, un écusson figurant le sceau de sa fabrique. On pourra donc d'un seul coup-d'œil, pour ainsi dire, embrasser de cette manière l'histoire de l'état religieux de Périgueux au moment de l'achèvement de St-Georges ; les principaux parmi les bienheureux qui furent pasteurs du diocèse paraîtront présider à cette revue et en même temps, au milieu de l'ensemble, on rencontrera des allusions de circonstance à la bravoure de nos compatriotes pendant les tristes campagnes d'il y a six ans. On a craint un instant que ce projet, dont l'exécution était commencée, n'eût pas de suite et que l'on se contentât de grisailles aux ouvertures qui restent à décorer dans la nef. Cela étant, les deux grandes pages du milieu seraient restées sans signification ; il eût dès lors été logique de les enlever. Dans les chapelles, les verrières du fond représentent, à droite en entrant, saint Joseph, à gauche la Vierge immaculée. Sous le premier sont les armoiries de Mgr Dabert, sous la seconde celles de Mgr Baudry. Deux magnifiques rosaces, l'une ayant au centre l'écusson du souverain-pontife Pie IX, l'autre celui de Mgr Georges, qui fut le grand promoteur de la construction de la petite basilique, racontent dans leurs rayons étincelants les principaux épisodes de la vie et du triomphe céleste du père nourricier et de la mère du Sauveur. Ainsi, le grand pape pendant le règne duquel l'église a été bâtie et les trois prélats qui, pendant la durée de sa construction, ont occupé le siège diocésain de Périgueux, ont leurs insignes sur ces vitraux brillants et d'une grande habileté d'exécution et de dessin. Il est fâcheux qu'on n'ait pas donné suite à l'idée de poser au-dessus de l'orgue un dernier tableau de verre peint où l'on aurait vu sainte Cécile et qui aurait sur son pourtour montré les chiffres de MM. les curés et fabriciens de la paroisse en fonctions pendant le même laps de temps. Les panneaux des fonts baptismaux, au nombre de trois, ont pour sujet saint Jean prêchant dans le désert, le baptême de Notre-Seigneur et la Visitation. Ces peintures sont aussi très-remarquables. L'ameublement laisse encore à désirer, mais on peut être assuré que le vaisseau sera bientôt rempli. Mentionnons en attendant un Chemin de Croix, cadeau d'une personne généreuse et qui cadre bien avec le caractère architectural du bâtiment. N'oublions pas non plus un très-beau tableau sur toile représentant les saintes femmes revenant du tombeau, placé dans la chapelle de la Vierge; il est l'œuvre de notre compatriote M. Legras, peintre de valeur. Au nord de l'église est un terrain, où les rues poussent remplaçant les arbres et les légumes et qui se rattache au faubourg des Barris.

Les dépendances de celui-ci se confondent, à l'extrémité de la commune vers l'orient, avec celles du faubourg St Georges, sur la route de Lyon, d'où l'on jouit du sommet de la côte du Petit-Change, limitant le territoire urbain, d'une perspective des plus remarquables sur la ville. Lorsque l'on arrive de loin ennuyé, las, presque découragé, et que tout à coup l'on aperçoit à moins d'un kilomètre devant soi, se courbant en vaste demi-cercle, le faubourg de l'Arceau, surmonté de ses rochers pittoresques, au-dessus desquels s'étagent des cultures variées, puis des maisons, des édifices de divers genres, la préfecture, Tourny, plus loin la vieille ville du moyen âge, du milieu de laquelle Saint-Front s'élance avec ses coupoles majestueuses, sa forêt de clochetons, sa tour sombre, haute, forte et fière, le clocher de Saint-Georges, et enfin, dans la vallée, Saint-Étienne, la tour Vésone et les casernes, on se sent réconforté. Combien de fois n'ai-je pas éprouvé ce sentiment ! Combien de fois n'ai-je pas entendu les voyageurs, les militaires marchant par étapes, désespérés de la longueur du chemin, pousser à cet aspect inattendu d'eux un : Ah !... de joie et d'admiration ! Redescendons la route au milieu des ormeaux qui l'accompagnent, bientôt nous serons au village de la Croix-Bertrie, où d'elle se détachent, à gauche un chemin qui gravit la hauteur, à droite une autre ligne de communication qui s'incline et va passer sous la voie ferrée. Nous prenons cette dernière branche, et à peine avons-nous laissé derrière nous la chaussée sur laquelle circulent les wagons qu'un large sentier carrossable se déploie au nord. Il conduit au cimetière du quartier, nouvellement ouvert et déjà tellement rempli qu'il a fallu l'agrandir. J'aime à le visiter, car lui aussi renferme les restes de trop des miens ! Hélas ! que sommes-nous ? Partout des tombes, partout d'immenses regrets. Là repose une mère chérie, un frère bien-aimé ; au cimetière du Toulon dorment mon père, le fils que j'aimais tant, et à quinze lieues de là, près de sa bisaïeule, un pauvre petit être qui n'a vécu quelques mois que pour apprendre à nous connaître, nous sourire et disparaître après de longs jours de souffrance, tandis que ma vie se prolonge et que je vois autour de moi tomber tous les miens ! N'importe où nos pas se portent, le chagrin et les cruels regrets l'accompagnent. Où donc est le bonheur ?

Nous atteignons le groupe des Commeymies, où les jardins nous environnent, cachés derrière les maisons ou bien avançant jusque sur le bord de la route. Nous touchons à celui dans lequel s'élève le refuge ouvert par les Petites-Sœurs des Pauvres, aux indigents âgés des deux sexes. Le corps de logis de cet édifice, avec un pavillon à chacune de ses extrémités, offre un développement considérable en hauteur et en largeur. En arrière, vers l'est, se trouve la chapelle. Tout est parfaitement tenu dans cet hospice, où l'on ne vit que d'aumônes quotidiennes. Ceux qui sont venus y passer leurs derniers jours n'y manquent de rien. La charité publique vient en aide avec empressement aux héroïques servantes du malheur, dont l'ingénieuse, et l'on peut dire maternelle, industrie sait tirer parti de tout, transformer en mets savoureux, en vêtements propres et commodes les restes de la desserte et du vestiaire des heureux du monde. Il faut voir l'exquise propreté qui règne partout, la cuisine aux fourneaux étincelants, si bien polis qu'on les dirait neufs, l'ordre et la paix de l'infirmerie, les dortoirs gais, aux blanches couchettes, l'admirable buanderie merveilleusement organisée, les galeries couvertes, le vaste enclos parfaitement cultivé, riche en plates-bandes, riant assemblage de fleurs gracieuses, le petit oratoire mortuaire qu'une attention délicate a placé hors de la vue continuelle des vieillards qui vivent heureux sous l'égide de femmes presque toutes jeunes et qui se sont la plupart dérobées aux joies de la richesse pour adoucir et guider avec un dévouement attentif les derniers pas, sur cette terre, de leurs protégés. Plus de cent infortunés, hommes et femmes, sans ressources, sans famille, sans abri naguère, venus de tous les points du département, trouvent ici la paix du cœur, un foyer, des mains amies, des âmes toujours attentives à prévenir jusqu'à leurs moindres désirs. Honneur à la religion qui fait naître de telles œuvres ! Pour ne pas rendre hommage à tant de bienfaisance à tant de vertus, pour ne pas en reconnaître les fruits salutaires, il faudrait ne pas avoir d'humanité ; être dénué de la plus vulgaire reconnaissance. Aussi ne croirais-je jamais à la vérité d'un bruit répandu, dans un département que je pourrais nommer, il y a quelques années et affirmant qu'il s'y est trouvé quelque part des personnes voulant interdire à des Petites-Sœurs, reconnues comme telles, de quêter pour leurs pauvres, attendu que la mendicité est interdite dans l'arrondissement qu'elles parcouraient ! Louées soient les personnes généreuses qui ont doté la ville d'un établissement semblable. Mme de Gosselin, notamment et surtout, a droit pour cette œuvre, comme pour bien d'autres, à la gratitude des infortunés.

La croix des Barris est devant nous ancrée sur un piédestal dans lequel s'enfonce profondément sa forte tige de métal robuste, dont les bras supportent un Christ bronzé d'un beau modèle. Ce petit monument remplace une vieille croix de bois portant les instruments de la Passion. Il a été élevé au moyen d'une souscription organisée parmi les habitants du faubourg. Sur son socle de pierre dure, à l'aspect austère, on lit cette invocation simple et qui proclame une vérité saisissante, dont nous avons la preuve tous les jours : *O Crux ave, spes unica!*

Je voudrais le voir isolé au milieu d'une place. En face de lui la rue Font-St-Georges vient se réunir à la route que nous suivons et, par elle, à une autre encore inhabitée qui s'enfonce au nord vers la plaine haute et sur le parcours de laquelle avant peu nous verrons, il faut l'espérer, construire une gare, tête de ligne du chemin de fer projeté de Périgueux à St-Yrieix, en même temps que station principale de celui venant de Nontron et poursuivant directement son cours sur Bergerac par Notre-Dame-de-Sanilhac, Vergt et la vallée du Caudou. Les populations attendent la construction de cette halte avec impatience. Ce sera un acte de justice et un grand avantage pour la ville où de cette manière on équilibrera les attractions commerciales, qui ne se porteront plus exclusivement vers un seul point au préjudice de tous les autres. Peut-être cette création en facilitera-t-elle une seconde, celle d'une manufacture de tabacs, qui ne pourrait dans aucune autre section de Périgueux être plus facilement et plus économiquement fondée et qui serait d'un grand intérêt pour le chef-lieu de notre département.

Immédiatement au-dessous de la croix des Barris, la rue Saint-Laurent commence et s'étend en ligne ondoyante dans la plaine basse, où les jardins l'accompagnent, où quelques ruelles s'en détachent vers le nord, et d'où l'un de ses bras se projète vers l'église paroissiale et la fontaine Saint-Georges, reliant ainsi de nouveau les deux faubourgs. Les habitations qui la bordent n'ont rien de séduisant par elles-mêmes. Presque toutes sont vieilles, la voie n'est pas large et ne brille point précisément par la tournure, mais le commerce de détail y est assez actif, et l'on y voit des tanneries, des métiers à tisser, une blanchisserie de cire et surtout beaucoup de débits de boissons. Après un assez long parcours, elle vient s'épancher sur un terrain encore inégal et irrégulier, mais destiné par la force des choses à devenir une place de quelque importance. Les eaux de la basse vallée s'écoulaient naguère en cet endroit à ciel ouvert et allaient aboutir à l'Isle, en passant sous un pont de bois appelé le Pont de Lodi. L'on ne pouvait franchir ce passage à pied qu'au moyen d'une banquette-acqueduc à nombreuses ouvertures. Aujourd'hui l'égouttement se fait par un canal souterrain et les piétons peuvent parcourir cet espace en tout temps. De ce point part une large voie qui va, décrivant plusieurs coudes, aboutir à la route de Lyon, près du Petit-Change, en coupant le chemin de fer sur un pont de pierre. De la rue St-Laurent à son débouché, cette ligne en reçoit plusieurs autres moindres qui viennent s'y joindre comme des affluents à un puissant cours d'eau, toutes circulant, comme elle, au milieu de jardins florissants et de villas qui se multiplient sans cesse. C'est là ce qu'on appelle le quartier du Petit-Change; avant peu ce sera le troisième faubourg de la rive gauche. La rue Aubarède a son origine sur le même angle. Elle est large, mais manque encore d'entretien. Elle court droit vers l'Isle et voudrait bien avoir un viaduc pour la franchir et se réunir à l'Arceau, dont il lui serait fort agréable de faire la connaissance sans obstacle. C'est un vœu légitime auquel il ne peut y avoir qu'avantage à déférer. Un peu plus haut, au bord de la rue Saint-Laurent, qui s'est embellie et reprend son nom pour aborder la ville, est l'école normale d'élèves instituteurs. C'est un ancien couvent des Récollets, approprié par M. Catoire à sa nouvelle destination et qui depuis 1834 a reçu des agrandissements à plusieurs reprises. Sa façade est fort simple ; mais deux ailes en retour lui donnent un développement intérieur beaucoup plus grand qu'on ne le soupçonnerait du dehors. Une très jolie terrasse s'étend entre les bâtiments et un magnifique jardin l'accompagne. Cette école, parfaitement dirigée, est très prospère. Les élèves-maîtres, sous les auspices éclairés de leur chef M. Escalmel, y reçoivent des notions non-seulement sur ce qu'ils doivent professer officiellement plus tard, mais encore sur différentes sciences dont il est bon qu'ils aient plus qu'une simple teinture. On y voit un laboratoire bien fourni, et l'horticulture avec l'agriculture y sont enseignées, la première autant en pratique qu'en théorie, par M. Albert Gaillard, notre collègue, commissionné officiellement à cet effet par le gouvernement. Que n'en est-il de même dans toutes les écoles ! Vis-à-vis la rue du Petit-Change, à la gauche de la rue St-Laurent, on vient d'en ouvrir une autre à travers les prés, se dirigeant vers la chaussée du Pont-Neuf. Déjà de nombreux jardiniers s'y sont établis. L'eau ne leur manquera pas, car elle est partout, dans cet endroit, à fleur de terre ; le ruisseau de Saint-Georges en fournit en outre un bon contingent et les inondations en amènent un beau volume ! Il y en a eu un mètre dans les Barris lors de la dernière crue. Les maraîchers voulaient sans doute un marais. Ils ne pouvaient mieux choisir que l'emplacement qu'ils viennent d'occuper ici.

Un peu au-dessus, et presque en face de l'Ecole normale, à laquelle en est annexée une primaire de garçons que les élèves-maîtres instruisent, ayant à leur tête un de leurs professeurs, d'affreuses baraques en planches disjointes, abritaient des tas de chiffons de tout genre. Ces loques vont être entreposées dans un édifice qui ne les rendra pas plus belles, mais qui sera plus digne de la métamorphose brillante qui les attend, et où les personnes employées à les classer seront à la fois plus à l'aise et moins exposées aux variations de la température. On amoncèlera là, si j'en crois un de mes amis, qui se livre à des calembourgs par à-peu-près, en rapprochant les langues latine et romane, et abusant d'elles hideusement, Pellion sur Ossa, c'est-à-dire, en vile prose, de vieux os et des restes d'antiques habits, achetés çà et là par les *peilliares*, dont les cris, annonçant leur approche, réjouissent le cœur des ménagères du peuple et des servantes des maisons riches. Ce n'est pas tout ; sous le même toit on verra se superposer les plumes et les duvets, dépouilles des habitants de l'air auprès de celles de l'homme qui chemine lourdement sur le sol ; et une machine à vapeur classant, triant, épurant cette légère et chaude parure de l'oiseau, la rendra digne d'aller, même à l'étranger, gémir sous le poids de quelque opulent obèse qui, peut-être à mille lieues d'ici, bénira M. Breton. Le nouvel établissement de cet industriel forme un îlot compris entre la rue St-Laurent, la place que vient former cette voie de communication qui ressort d'elle comme le Rhône de son lac, une autre rue qui lui est parallèle et contourne les magasins, la petite place du pont des Barris, autrefois du Pont-Vieux, et une rampe qui y conduit de la chaussée. En arrière de la grande et belle enveloppe de haillons, semblable à un corps séduisant dans lequel se cache une âme souillée, mais qui va se purifier pour le bien, naissent et croissent rues, jardins et maisons, dont plusieurs se mirent dans le cristal des eaux, comme dit le fabuliste, et peuvent y contempler leur image avec satisfaction. On trouve aussi, dans cette direction, de nombreux hangars de blanchisseuses, dont les lessiveries pullulent également dans la rue des Tanneries, située de l'autre côté de celle de St-Laurent, et qu'elles se partagent avec les corroyeurs-tanneurs. Plusieurs de leurs habitations auxquelles on arrive, comme à la place du Pont, par une rampe assez rapide, y sont anciennes et ornées de balcons transformés souvent en véritables parterres tant ils sont couverts de fleurs et de jolies plantes d'ornement. Au-devant est un quai factice conquis sur la rivière, au moyen d'un apport de déblais, qu'on eût pu faire plus considérable, et d'un colmatage naturel qu'il eût mieux valu ne pas rendre nécessaire aussi longtemps. C'est à l'extrémité sud de la rue des Tanneries que le ruisseau, formé par l'excédant du débit de la fontaine Saint-Georges et les sources du voisinage, se jette dans l'Isle sous un acqueduc à deux ouvertures, trop peu large peut-être. La rue St-Laurent touche enfin le pont des Barris, sur lequel viennent expirer, ou commencer, les faubourgs de la rive gauche, suivant le sens dans lequel on y pénètre. Ils s'y terminent pour nous et nous n'avons plus rien à voir dans ce dernier quartier, où le commerce et l'industrie font leurs premiers pas d'une manière rassurante pour l'avenir ; où l'on trouve un collége, une école normale d'instituteurs, une école primaire de garçons, une de filles, trop nomade jusqu'à ce jour, mais qui finira sans doute par se fixer dans un lieu convenable ; où les pauvres vieillards ont un asile sûr, où les voies publiques se tracent larges et bien aérées, où les maisons de plaisance et les cultures horticoles se multiplient, mais qu'il serait nécessaire de rendre moins humide dans sa partie basse par un canal qui, de l'écluse de Barnabé, conduirait les eaux surabondantes au-delà du moulin de Ste-Claire, en passant sous la chaussée du Pont-Neuf, et se joindrait, par un bras, à une rigole traversant les Barris et allant déboucher à l'endroit où l'acqueduc de la rue des Tanneries tombe dans l'Isle. La création de la gare projetée dans la haute plaine, et l'ouverture de places régulières au bas du faubourg St-Georges, dans la plaine du Petit-Change, auprès de la croix des Barris et devant l'école normale, seraient aussi choses nécessaires ; la première surtout.

Nous avons laissé la rivière derrière nous, traversé les quais et atteint le Greffe. Nous voilà donc revenus au point de départ, après avoir parcouru longuement (trop longuement, n'est-ce pas ?) les différentes parties dont se compose le chef-lieu du département de la Dordogne. Périgueux, pris dans son ensemble, est une gracieuse ville, fort heureusement située, nœud de plusieurs routes importantes, ce qui en fait un point stratégique de haute valeur. Un lycée, un collège libre, un grand séminaire, plusieurs pensionnats de jeunes gens et de jeunes filles, trois bibliothèques, deux Sociétés savantes, quatre imprimeries, où se publient deux et quelquefois trois, même quatre, journaux quotidiens, des revues, des recueils périodiques nombreux, plusieurs associations musicales attestent son penchant littéraire et artistique. Quatre cercles, des institutions charitables et de secours mutuels, des salles d'asiles, une foule de lieux de réunions dénotent la sociabilité de ses habitants à l'aménité proverbiale, qualité qui a toujours été comme un apanage inaliénable chez elle, même dans les temps nébuleux qu'elle a traversés. Avant 1830, alors que la population était bien moins nombreuse qu'aujourd'hui, sa renommée sous ce rapport était immense. On s'y donnait rendez-vous comme en un lieu de plaisir, de bonne société, bien plus que dans d'autres cités cinq ou six fois plus considérables. Depuis, la flamme du tourbillon joyeux s'est affaissée quelque peu sous la bise glaciale de la politique. La discorde s'est glissée comme un dissolvant dans cette oasis où l'on n'avait pas d'autre pensée que celle de jouir de la vie sans amertume les uns contre les autres, et sans préoccupation. L'esprit de gaieté sans mélange, a été, suivant le langage des chimistes, étendu, chez nous, d'eau trouble ; mais, malgré tout, le caractère hospitalier et sans aigreur des Périgourdins reparaît toujours, et ramène vers cet asile, de même que les beaux sites des environs, les curieux monuments, la salubrité du climat, les promenades charmantes, ceux qui furent nos hôtes par occasion et qui viennent en foule y élire domicile fixe jusqu'à leurs derniers jours. La réputation gastronomique de nos hôtels, restaurants et même simples ménages, contribue pour sa part également à ce résultat. De son côté, l'industrie, bien plus florissante dans la ville qu'on ne le suppose communément, ne contribue pas peu à notre renom. Nos conserves alimentaires, nos incomparables comestibles truffés, sont connus dans les deux mondes; nos liqueurs et bonbons ne le sont guère moins. Nous possédons des usines métallurgiques, des ateliers de carrosserie qui jouissent d'une haute réputation; nos impressions, nos ameublements, nos confections de vêtements, de chapeaux, de chaussure, de broderie, notre ébénisterie, nos cierges et bougies, nos cuirs, nos marbres ouvrés, nos sculptures, nos produits céramiques sont recherchés et font l'objet d'une exportation suivie. Il n'est donc pas surprenant que les habitations s'élèvent de toutes parts et il n'y a pas lieu de s'étonner qu'au lieu de 7,000 âmes au commencement de ce siècle, la commune en compte en ce moment plus de 25,000, chiffre qui tend à s'accroître avec rapidité.

Mais à côté de ce qu'il présente d'avantageux et d'attrayant, Périgueux offre encore de nombreuses lacunes qu'il importe de combler au plustôt. La première chose à faire serait de réorganiser la police beaucoup trop faible numériquement en cet instant et dont il faudrait un poste au moins dans chaque quartier, sans compter une escouade de réserve. On devrait ensuite assurer un éclairage suffisant et constant, pourvoir à une abondante alimentation d'eau, ce qui serait facile à réaliser en réservant le produit des abîmes du Toulon pour les hauts quartiers, celui de la Font-Pinquet et des sources voisines pour la Cité, celui des fontaines de l'Arceau, comme autrefois, pour les basses rues, à l'entrée desquelles, vers le nord, existe encore sous terre un bassin construit dans ce but. Celui des fontaines de St-Georges et des Malades, réuni dans un réservoir commun, serait conduit sur le plateau par une pompe à vapeur et réparti dans la plaine haute, qui en manque, ou du moins en a peu. Dans le Puy-St-Front, il y a lieu d'achever sans délai la restauration de la cathédrale, en y joignant l'ancienne église latine et les *Confessions*, rétablies et non mutilées; d'approprier l'évêché par le déblaiement des cloîtres et, en le dégageant des maisons blotties contre ses murailles, et lui donnant un beau jardin descendant jusqu'aux bords de l'Isle, de le rendre à la destination qu'il a eue jusqu'à ces derniers jours. Dans la même circonscription, il est indispensable d'élargir les rues Taillefer, de l'Eguillerie, de la Limogeanne et les plus étroites des ruelles qui y aboutissent; de transférer le marché-couvert dans la rue St-Front; de créer près de Tourny le marché aux grains sur l'emplacement qui a été acquis dans cette intention; d'achever les réparations de la tour Mataguerre; de réserver définitivement un hôtel pour la division militaire; de régulariser le Coderc, la place St-Silain et la rue des Chaînes; de rendre une fontaine monumentale à la Clautre; d'en élever sur le Greffe, le Coderc et la place de la Mairie; de transférer la bibliothèque communale dans l'édifice où se trouvent dès aujourd'hui les musées; de réaliser le boulevard extérieur projeté par M. de Trémisot, magnifique allée s'étendant de la rue de la Boëtie à l'Arceau, par le bas des coteaux, en arrière du séminaire, par les Quatre-Chemins, la route de Bordeaux, le vieux port, les rives du canal de la Cité, le cours Fénelon, la plaine haute St-Georges et la plaine basse, jusqu'à l'extrémité de la rue Aubarède, vers la rivière.

Sur les boulevards intérieurs, il serait bon de placer des bancs le long de l'esplanade de Tourny, du côté qui regarde la campagne; d'ériger au milieu de la place Francheville une grande fontaine jaillissante, et d'autres fontaines plus petites aux quatre coins de cet important lieu de marché; de construire un kiosque pour les musiques militaires.

Dans le quartier de l'ancienne route de Paris, il serait urgent de rendre le cimetière du Nord plus digne de sa destination et moins humide ; de veiller à ce que le long de Tourny l'on n'élevât pas de constructions indignes de cette magnifique promenade.

A Saint-Martin, ce qui presserait le plus serait l'achèvement de l'église paroissiale, la création vis-à-vis le Grand Séminaire d'un rond-point suffisant, la régularisation des places Plumancy et de l'Eglise, l'ouverture de places à la jonction de la rue des Gravières et de la rue d'Angoulême et auprès du Toulon ; enfin et surtout l'assainissement de la plaine de ce nom.

Sur la route de Bordeaux, l'hôpital devrait être terminé, puis doté d'une façade convenable.

La Cité peut et doit réclamer la restauration de l'église St-Etienne y compris son clocher, la prolongation et l'élargissement de la grande place, la rectification du square du collège, l'augmentation d'étendue de la place de l'abattoir, l'appropriation de ce dernier édifice.

Aux Barris-St-Georges on est en droit de demander la gare et le canal dont il a été parlé, la construction de l'escalier d'arrivée de l'église, une place à la jonction des routes de Bergerac et de Lyon, une autre à la Croix des Barris, une troisième dans la plaine du Petit-Change, la rectification de celles de Saint-Georges et de l'école normale, la construction d'une école de filles dans des conditions acceptables, l'ouverture d'un pont biais sur l'Isle, reliant la rue Aubarède à la route d'Excideuil.

Enfin il est nécessaire, pour toute la ville, de veiller au bon entretien et à la propreté des rues et places, à la multiplication des salle d'asiles, à l'établissement d'au moins trois ou quatre crèches pour l'enfance. Il serait désirable aussi de voir les écoles primaires croître en nombre et d'ériger plus de casernes de manière à ce que l'on pût avoir une garnison en rapport avec l'importance stratégique de la ville et le commandement militaire qui s'y trouve fixé. L'on pourrait en élever une à Saint-Georges pour deux escadrons de cavalerie, une à la place de l'hôtel actuel de Toulouse, sur le cours Fénélon pour un bataillon de chasseurs à pied et une au Pouradier pour deux batteries d'artillerie. L'Etat, les Compagnies et les particuliers intéressés devant contribuer à beaucoup de ces dépenses et en prendre même quelques-unes à leur charge exclusive, les ressources de la commune bien dirigées suffiraient au reste en peu d'années.

Plus tard, lorsque la population se serait considérablement augmentée, viendrait le moment de songer à d'autres améliorations, à des embellissements en rapport avec la richesse et l'étendue de l'agglomération urbaine. C'est alors que l'on aurait à songer à une halle et à une manufacture de tabac dans les faubourgs de la rive gauche; à donner aux basses rues du Puy St-Front, l'air et la lumière, largement, par une reconstruction complète de toutes celles que les quais ont enterrées et par la création, à leur place, de voies bordées de logements salubres; à fonder un hospice nouveau pour certaines maladies déterminées; à bâtir, à la hauteur des jardins Gamanson, une église en style Louis XIV, où toutes les belles sculptures sur bois disséminées à St-Etienne et à St-Front trouveraient leur place naturelle; à en ériger une autre au Toulon, sous le vocable St-Charles, rappelant le dôme de Milan par son architecture; à fonder, sur les rochers de l'Arcéau, une chapelle succursaliste dans le genre de celle du Palais de Justice de Paris; à finir la rue Centrale; à édifier enfin un hôtel de la Mairie dans de vastes et belles proportions. Cet hôtel me paraîtrait devoir être établi entre les rues Eguillerie et des Chaînes, faisant face au boulevard, bâti sur le modèle, que l'on rendrait symétrique, de celui de Bruxelles, et ayant derrière lui la place du cimetière St-Sylain poussée d'un côté jusqu'à l'Eguillerie, de l'autre, jusqu'à la rue Centrale, et qui serait bordée au nord et au sud par deux édifices; l'un renfermant le musée et la bibliothèque, rappellerait le palais St-Pierre de Lyon, l'autre serait destiné à une caserne de passage, au logement du commissaire de police, de son secrétaire, de l'officier de paix et de l'adjudant-major des agents de ville. Le théâtre alors serait démoli et transporté latéralement à l'hôtel-de-ville, sur le boulevard, entre la rue Centrale et celle des Chaînes ; il serait édifié dans le style de l'hôtel Lostanges, dont il ferait le pendant. On déplacerait, par suite, forcément la statue de Daumesnil, on en fondrait une plus belle qui serait établie sur le Greffe, avec un petit square autour ; sur la place de la Petite-Mission, on verrait celle de Belzunce, sur la Clautre, celle de saint Thomas, patriarche de Constantinople, aussi notre compatriote. L'on ferait disparaître le pâté qui coupe si disgracieusement nos promenades entre le Triangle et la place Francheville. A sa place, on créerait un squarre, ayant au milieu l'effigie de Bertrand de Born, et, dans l'espace resté libre par la destruction de la salle de spectacle actuelle, on dresserait un trophée au Périgord, entouré des effigies de Maine de Biran, Beaupuy, le premier maréchal de Biron, Renault de Thiviers, Sulpice-Sévère, Rey (du Bugue), Bernard de Palissy, de Maleville, Syreix et Rançonnet. Pour donner à la navigation de l'Isle qui doit, d'après les projets actuels, faire partie d'une artère de premier ordre, toutes les facilités possibles de développement et mettre ses embarcations à l'abri, l'on pourrait, en face du nouveau port, muni de débarcadère, de maison de garde et d'entrepôts, creuser dans les prés, à côté du Pont-Neuf, un bassin à flot qu'alimenterait une branche du canal d'assèchement de la plaine du Petit-Change et des Barris. Enfin, on établirait un pont sur l'Isle vis-à-vis l'entrée de la vallée de Campniac, où serait tracée une belle route conduisant aux villages voisins et au col qui relie l'Ecornebœuf et le camp de César, au sud de ces deux collines. Voilà dira-t-on des plans merveilleux, de vrais châteaux en Espagne. C'est possible, mais nous en avons vu réaliser à Périgueux de bien plus extraordinaires.

Que l'on songe à ce qu'était cette ville il n'y a pas cinquante ans et à ce qu'elle est aujourd'hui.

J'ai été bien prolixe à son sujet, mais j'espère que l'on sera néanmoins assez indulgent pour m'excuser, car il s'agit du chef-lieu préfectoral, du point central de la Dordogne, à laquelle il importe que sa capitale ait une certaine importance, dans l'intérêt général de la province, pourvu que cette importance ne soit pas disproportionnée avec l'étendue et les ressources du pays qui l'entoure et dont elle est naturellement le régulateur administratif et d'affaires. De plus, j'y suis né, je suis vieux et, tout le monde le sait, celui pour lequel le tombeau doit s'ouvrir bientôt, aime, avant de disparaître, à jeter un long regard sur l'endroit où fut son berceau :

Et dulces moriens reminiscitur Argos !

Enfin un campagnard, comme je le suis actuellement, ne peut visiter une cité sans s'arrêter à chaque vitrine, à chaque étalage, à chaque construction remarquable. J'ai agi comme un véritable flâneur : on me le pardonnera certainement, puisqu'on le pardonne même aux gens d'esprit. Mais l'homme des champs qui entre en ville, n'y vient guère que pour s'occuper de questions agricoles, marchés, foires, procédés nouveaux de culture et autres choses de ce genre. Je ne fais point exception à cette règle. Voyons donc, il en est bien temps ! ce qui peut intéresser à Périgueux les amis du sol et de ses productions.

La ville consomme en moyenne chaque année 45,000 hect. de vin, valant 1,000,000 de francs ; pour plus de 100,000 fr. de lait en nature ; 1,800,000 kilogrammes de viande de boucherie à 1 fr. 50 c.; coûtant donc 2,700,000 fr.; environ pour 250,000 fr. de volailles ; 14,000 kilog. de beurre payés approximativement 56,000 fr.; 70,000 kilog. de fromages

105,000 fr.; pour 80,000 f. de fruits secs; 20.000 stères de bois, 341,000 fr.; 23,000 de fagots et sarments 184,000 fr.; 750,000 kilog. de charbon de bois à 7 fr. les 50 kilog., 105,000 fr.; 72,450 hect. de froment à 24 fr. l'un ou 1,738,800 fr.; soit en tout pour au moins 5,338,000 francs. Ajoutons-y les marrons, les noix, les légumes, les fruits frais pour l'alimentation des habitants; les avoines, le foin, la paille, achetés journellement pour celle du bétail et sa litière; les sucres, grains et divers autres articles, nous verrons que le total dès aujourd'hui dépasse de beaucoup six millions par an. La culture profite ainsi d'une manière très-sensible de l'agglomération urbaine qui, elle-même, a besoin du secours de la population rurale pour subvenir aux nécessités de la vie; d'où la conclusion qu'en principe l'octroi n'est point un impôt injuste, car s'il frappe sur le producteur, évidemment celui-ci est plus que dédommagé de cet inconvénient par le placement facile de ses denrées, et si cette même contribution augmente un peu le prix de certaines fournitures pour le citadin, elle lui donne l'avantage de jouir de biens inconnus à la campagne, tels que : la propreté des rues, l'éclairage de la voie publique, la bonne et générale répartition d. s eaux, la surveillance salutaire de la police, l'entretien de nombreux établissements ou institutions de bienfaisance. Ce n'est donc point, à mon avis, contre cet impôt lui-même qu'il y a lieu de protester, mais seulement contre ses tendances à l'exagération et son mode de perception, souvent nuisible et parfois vexatoire, qu'il faudrait trouver le moyen d'améliorer.

Outre ce que je viens d'énumérer, Périgueux reçoit pour ses industries, qui presque toutes emploient comme matières premières uniquement des produits agricoles. beaucoup de bois tant pour la bâtisse que pour la fabrication des meubles, des eaux-de-vie pour la confection des liqueurs, du lait pour ses fromageries et beurreries qui transforment chaque jour plusieurs hectolitres de ce liquide en condiments culinaires ou bien en aliments directs et, suivant les saisons, des truffes, des graisses, des viandes, une énorme abondance de champignons, petits pois, asperges, artichauts, fruits rouges, etc., pour les conserves ou confitures. Il y entre en outre de grandes quantités de laines, chanvres, cires, suifs, peaux, écorces à tan pour ses manufactures. Enfin cette ville est un point considérable de transit pour le bétail exporté, dont il part de ses marchés chaque année pour près de cinq millions de francs. Il en est de même pour les vins et pour les fruits, dont sa gare n'a pas expédié moins de 2,600,000 kilogrammes en 1876, à destination de Bordeaux, Paris et l'étranger.

Son commerce local roule, on le voit, en majeure partie sur les biens de la terre, s'appuie sur eux ou en découle. Aussi, serait-il surprenant que dans cette cité, qui ne manque ni de cœur ni d'intelligence, la culture et ses progrès fussent choses tenues en médiocre estime. Il n'en est rien. Au nombre des associations importantes que nous y comptons, deux y ont été fondées qui, sous ce rapport, ont exercé la plus heureuse influence : celle d'agriculture et celle d'horticulture. L'une et l'autre embrassent dans leur sphère d'action tout le département. A la première, on doit la création de concours multiples et d'une haute importance pour l'amélioration des terres et des moyens de les préparer, le perfectionnement du bétail, des vins, de l'outillage, de l'éducation primaire rurale. Elle compte plus de 600 membres, et a triplé la fortune du Périgord, du centre duquel, grâce à elle, part la doctrine qui se répand fructueusement de tous côtés. Elle existe depuis 1820, et c'est justice de proclamer ici les services qu'elle a rendus sous la direction d'hommes de bien, intelligents et dévoués, comme l'ont été ses fondateurs d'abord, MM. le comte de Cintré, préfet alors de la Dordogne, Lavès, Puyabry, Lanxade, Merlhos, ensuite ses deux derniers présidents, MM. le vicomte de Cremoux et Daussel, secondés par des pionniers et des collaborateurs habiles et zélés, tels que les trois MM. de Lentilhac,

MM. Durand de Corbiac, le marquis de Fayolle, le marquis de Malet, du Pavillon, le marquis de Campagne et beaucoup d'autres que je ne puis nommer, faute d'espace. Elle possède une bibliothèque confiée aux soins attentifs de M. Mourié, conseiller honoraire, et publie, sous le titre d'*Annales*, un recueil mensuel dirigé par M. E. de Lentilhac, revue qui jouit d'une réputation considérable dans le monde agricole.

La Société départementale d'horticulture, fondée bien plus tard (en 1859) sous l'impulsion heureuse de M. A. Pautard et de quelques autres personnes, a donné le plus grand essor à l'industrie du jardinage dans nos contrées. L'élan imprimé par elle a été si vif et si rapide, que neuf ans à peine après sa création elle battait Français et étrangers dans un grand concours international à Bordeaux, où son lot magnifique et composé de tout ce qui peut fixer l'attention du praticien désireux de triompher par le mérite et la beauté, fut acclamé par tous, comme dépassant de bien loin ceux de ses rivaux. Elle a pour secrétaire général M. Auzely, chef de division à la mairie. Ses présidents, depuis sa naissance, ont toujours été les mêmes que ceux de sa sœur agricole. Elle aussi possède une petite bibliothèque; et si sa marche est moins sensible depuis quelque temps, par suite de diverses circonstances, elle peut se rendre le témoignage qu'elle a fait beaucoup de bien. Elle est assurée d'en faire plus encore à l'occasion, lorsqu'elle aura pu de nouveau développer ses forces, qui du reste, pour être en ce moment moins apparentes, ne sont pas cependant inactives.

Par l'initiative et sur les réclamations réitérées de ces deux Sociétés, le gouvernement s'est enfin décidé, depuis quelques années, à doter l'école normale primaire d'instituteurs d'un cours utile pour la diffusion des bons principes de culture. Ce professorat est maintenant confié à M. Albert Gaillard, dont l'enseignement est aussi complet que possible. Ce zélé fonctionnaire, qui a succédé à MM. Rousseau et

Lusseau et qui, comme je l'ai déjà dit, est activement secondé par l'habile directeur de l'établissement, M. Escalmel, digne continuateur de l'œuvre entreprise par le regretté M. Leymarie, se préoccupe surtout des améliorations agricoles les plus précieuses pour notre département, les plus appropriées à la nature de son sol, de son climat et à la position qui lui est faite au point de vue des débouchés. Il s'applique donc à inculquer aux éducateurs futurs de la jeunesse de nos campagnes, la géologie indispensable à l'exploitation, la chimie agricole, la connaissance des engrais, des instruments aratoires, du drainage, des irrigations, des amendements, des constructions rurales; la zootechnie, surtout en ce qui touche les animaux employés dans la Dordogne, l'alimentation du bétail, la botanique, la culture de la vigne, du tabac, du mûrier, du noyer, du châtaignier, des arbres fruitiers, de toutes les plantes adoptées en Périgord ou bonnes à y introduire, les assolements, l'insectologie, les maladies des végétaux font aussi partie des connaissances développées dans ses leçons. Des excursions nombreuses sont faites pendant la belle saison sur les fermes des environs de la ville et donnent lieu à d'intéressantes observations concernant l'économie et la législation rurales, la comptabilité, le reboisement; tout ce qui touche, en un mot, à l'art de la production rémunératrice. Le vaste jardin de l'école offre un champ favorable à la mise en pratique des préceptes en ce qui concerne l'horticulture; tous les travaux y sont exécutés par les élèves, et les arbres y sont dressés, taillés et soignés par eux sous l'œil du maître, qui leur fait suivre un cours complet d'arboriculture. Dix heures par semaine sont consacrées à ces études, qui déjà ont valu à de nombreuses communes des foyers de lumière émanés de l'école primaire pour éclairer et vivifier le pays autour d'elles, en y rendant les travaux plus rationnels, plus efficaces et plus fructueux, la vie moins rude, le labeur plus attrayant.

On parle en outre de l'établissement possible avant peu, dans un domaine aux portes de la ville, d'un orphelinat ou d'une maison d'instruction agricole. Si le fait peut se réaliser, il sera d'un grand avantage pour notre pays.

L'étendue de la commune est relativement peu considérable et les constructions s'y multiplient chaque jour. Aussi chassent-elles progressivement les jardins qui, de leur côté, tendent à complètement expulser la grande culture du territoire municipal, en y usurpant sa place, pour se dédommager des empiètements des bâtisses. On ne compte pas en tout plus de 608 hectares en production, dont 100 environ sont exploités par 81 jardiniers et 508 sont aux mains de 70 propriétaires. On voit que le sol est grandement morcelé. L'horticulture est surtout pratiquée à l'ouest de la ville, dans la plaine de l'Isle; à l'est, dans la vallée et la haute plaine de St-Georges, d'où l'agriculture proprement dite disparaît de plus en plus. On trouve aussi des enclos maraîchers sur les pentes des coteaux au nord. Seuls, trois jardiniers font valoir individuellement une étendue de 3 hect.; la surface confiée aux autres, ou leur appartenant, n'excède pas, en général, 1 hectare ou 1 hectare 70 pour chacun; bon nombre ont au-dessous de ce chiffre; il en est même qui n'ont en tout que 40 ares à leur disposition. La production des fleurs tient une grande place chez plusieurs de ces travailleurs, qui y obtiennent d'éclatants succès. Il en est un, M. Nadal, qui, pour sa part, en vend pour plus de 8,000 fr. par an. Les fruits et les légumes réussissent très-bien. L'approvisionnement de la ville et les demandes des fabricants de conserves alimentaires encouragent beaucoup leur propagation. En résumé, les 100 hectares consacrés à la culture maraîchère, fruitière et fleuriste livrent ensemble pour 20,200 de fleurs, 165,000 fr. d'autres produits, 1,600 fr. de lait, total, 186,800 fr., plus 850 quintaux de fourrages à vendre qui, à 2 fr. 50 le quintal, représentent 2,125 fr. Ainsi le produit général de ce petit espace serait dé près de 189,000 fr., ou 1,890 fr. à l'hectare. Si l'on divise les jardiniers par groupes, on trouvera que ceux du quartier de la Cité sont au nombre de 53 établis sur un peu plus de 63 hectares qui rapportent annuellement 380 quintaux de fourrage, pour 18,400 fr. de fleurs, et 107,300 fr. de fruits ou légumes, soit 126,650 fr. ou plus de 2,000 fr. à l'hectare. Ceux des Barris, de la plaine haute St-Georges et du Petit-Change, au nombre de 26, travaillant vingt-six hectares, fournissent 370 quintaux de fourrage, pour 1,800 fr. de fleurs, 46,900 fr. de fruits et produits maraîchers, 1,600 fr. de lait; ou 1,970 fr. par hectare. Ceux de la vieille route de Paris et du nord de Tourny ne sont que cinq ayant 9 hectares qui produisent en fourrage, fruits et légumes environ 11,000 fr. ou 1,222 fr. chacun. Cette différence en moins, comparativement aux autres, s'explique par un sol un peu moins propice et par le manque d'eau suffisante pour les arrosements l'été.

La production des fleurs et plantes d'ornement se développe chaque jour davantage. Elle donne lieu, non-seulement à des ventes sur place, mais encore à des expéditions nombreuses, hors du département même. Aussi les serres se multiplient-elles avec rapidité. Naguère, on en comptait à peine deux ou trois; aujourd'hui, non compris celles qui se trouvent chez les amateurs possesseurs de petits jardinets et dans les enclos de quelques établissements publics, hospices ou couvents, qui ne vendent pas au dehors, il en existe 46, dont plusieurs, il est vrai, dépendent de deux grandes pépinières qui font ensemble pour plus de 50,000 fr. d'affaires; sept ou huit, en outre, sont consacrées à des cultures forcées pour primeurs en légumes et raisins. Les principales plantes maraîchères cultivées sont, les salades diverses, dont il s'exporte une grande quantité pour les petites villes du nord de la province, les choux pommés et, depuis quelque temps, ceux de Bruxelles, les pommes de terre hâtives, les asperges, les tomates, qui donnent également lieu à un commerce étendu, les oignons, l'ail, le salsifis, les scorsonnères, les haricots à confire, les artichauts, et surtout les petits pois dont il se vend d'immenses chargements pour la conserve à Périgueux et qui vont jusqu'à Bordeaux lorsque les chaleurs aux environs de cette ville ne permettent plus d'y en avoir de tendres et délicats. Les courges et concombres, les aubergines se rencontrent partout, mais moins que les melons excellents et appartenant, presque sans exception, à la race perfectionnée des cantalous.

En fait de fruits, après le raisin chasselas qui fait l'objet d'un débit considérable et est parfois produit comme primeur très estimée sur une vaste échelle, on s'occupe spécialement des abricots, cerises précoces et tardives, bigarreaux surtout pour l'Angleterre, coings, pêches, poires, pommes et prunes. Les poires sont généralement de belle grosseur et de qualité choisie, les pommes de même, à l'exception de quelques espèces d'hiver, particulièrement recherchées pour servir, pendant la mauvaise saison, par l'apparat, à la décoration des tables riches. Les prunes appartenant presque exclusivement aux diverses variétés de la Reine-Claude et de la Mirabelle, sont demandées pour la confiserie. L'on en voit aussi d'Agen, et, çà et là, de provenances nouvelles mises à l'essai. Des néfliers, grenadiers, figuiers, amandiers, complètent l'assortiment. Les fraises, framboises, groseilles, se rencontrent en quantité le long des bordures et donnent de bons revenus. En un mot, nos horticulteurs tirent un bon parti du sol, bien que celui-ci ne réponde pas de lui-même, sur tous les points, au début, à leurs désirs. Ils finissent par le dompter, l'assouplir, et quatre cents personnes au moins vivent à l'aise et s'enrichissent sur cent hectares au plus.

L'agriculture proprement dite, s'exerce encore sur divers lambeaux dans la plaine ; elle y possède toujours des prairies, mais elle y perd sans cesse du terrain et se trouve dès maintenant presque réduite à se concentrer sur les collines qui s'élèvent au nord et à l'ouest. Des 70 propriétaires qui s'y adonnent, et parmi lesquels se trouvent les deux pépiniéristes dont je viens de parler tout à l'heure, et plusieurs même dont l'avoir consiste presqu'entièrement en un petit enclos, deux seuls possèdent chacun plus de 50 hectares. Ce sont : M. le baron de Malet, qui en compte, dans la plaine du Petit-Change, 55; qui s'émiettent chaque jour, par des ventes à des horticulteurs, et M. Laforest, à Sallegourde, qui en détient 58 à l'autre extrémité de la commune, également dans la vallée, mais à suffisante distance pour n'être pas trop atteints encore par le morcellement. Il y a trois autres domaines entre 36 et 25 hectares, six de 20 à 13; beaucoup n'en comptent pas plus de 4 ou 5; il en est qui n'en renferment qu'un seul. Partout où il est possible de le faire, on se sert d'instruments améliorés; l'on a de bonnes charrues, l'on bat à la machine à manége ou à vapeur. Vers le Petit-Change, où se font les expériences des faucheuses et des moissonneuses mécaniques, M. le baron de Malet a commencé à se servir de ces utiles engins qu'on trouve régulièrement employés à Sallegourde, et qu'ailleurs on loue lorsque l'on en a besoin. L'on soigne parfaitement le bétail. Celui-ci consiste en grande partie en vaches gâtinaises, bonnes laitières, et qui travaillent à souhait les sols légers; mais l'on a aussi des bœufs pour les travaux plus forts et pour vendre aux bouchers et aux marchands étrangers. On élève et engraisse des porcs, des moutons, de la volaille. On accroît la sole des fourrages artificiels, luzernes, sainfoins et trèfles surtout; l'on fume abondamment, et l'on arrive à de bons résultats, bien que partout l'assolement ne soit pas parfaitement dirigé. Grâce aux soins prodigués, la moyenne du rendement général est suffisante. Elle s'élève pour le froment à 1,700 hectolitres, à 740 pour le maïs, à 185 pour l'avoine, à 1,600 pour les pommes de terre; à 13,000 quintaux pour les fourrages.

Le tabac n'occupe que 3 hectares 55 environ, et donne à peu près 1,300 fr. à l'hectare. Les deux propriétaires qui en retirent le plus de produits proportionnellement sur cette surface, sont MM. Delsol, au Toulon, qui en obtient pour 1,500 francs, et Buisson, aux Comeymies, haute-plaine Saint-Georges, qui en recueille pour 1,700 à 1,800 francs. La vigne ne couvre que 36 hectares, fournissant en moyenne chacun 16, soit en tout 576 hectolitres de vin de qualités diverses et qui, dans plusieurs enclos, n'est pas sans mérite. M. Dartou, dont le vignoble tout nouveau se trouve sur le coteau de Beaupuy, qu'il a mis intelligemment en culture, est celui qui en a le plus. Ses sept hectares soumis à la taille du Médoc, lui ont valu jusqu'à 225 hectolitres, soit 32 passés à l'hectare. On remarque aussi, quoique moins considérables, les cultures de M. Bartou, 30 hectolitres, de M. Bordas, 40 hectolitres, de Mme veuve Isambert, dont le mari trop tôt enlevé par la mort, avait fait de son petit domaine une véritable ferme modèle, 28 hectolitres ; de M. Massoulier, à la Grenadière, 44 hectolitres. M. Bordas taille à la mode de Bergerac, les autres selon l'usage du pays, qu'il y aurait peut-être lieu de modifier. Les récoltes de ces vignobles sont faibles ; cela provient du peu d'élévation au-dessus d'une vallée humide et de l'exposition sud qui stimule la pousse précoce, favorisant d'autant l'action nuisible des gelées printanières. Dans ces diverses exploitations la culture des fleurs, des fruits et des légumes, n'est pas sans importance. Elle s'accroît même continuellement, et dès maintenant arrive à des rendements qui ne peuvent être évalués à moins de 30,000 francs. Outre ce que l'on fait naître et croître dans les jardins qui s'étendent auprès de chaque habitation, l'on produit en plein champ beaucoup de légumes, notamment des asperges et des petits pois pour les conserves alimentaires, dont la fabrication totale en ville dépasse en valeur 2,500,000 francs. Les arbres fruitiers sont à haute tige pour la plupart ; diverses espèces cependant, tels que les poiriers, sont dressées en quenouille, ou bien en pyramide. Il y a peu d'espaliers, même pour les pêchers, ces derniers, dans le pays, l'expérience l'a prouvé, ne s'accommodant guère de ce mode de traitement ; les abricotiers le supportent mieux, mais leurs fruits sont alors bien inférieurs à ceux des sujets de variétés identiques croissant librement, soumis toutefois à des soins éclairés. On trouve en outre, dans des terres et sur le bord des chemins, des noyers et des mûriers blancs. La feuille de ceux-ci donne lieu parfois, lorsque l'éducation des vers-à-soie, que pratiquent plusieurs personnes, réussit bien, à des bénéfices relativement considérables. J'ai déjà cité les pépinières de MM. Dabzac et Richard. La vente du lait des vaches ne produit pas moins de 40,000 francs annuellement, et celle du bétail gras, des veaux de lait, de la volaille et des œufs, se chiffre par 25,000 francs au minimum, en sorte que les 508 hectares en grande culture, non compris ce que l'on retire de la vente des bois, objet qui, du reste, n'a pas grande valeur, les taillis étant rares, rapportent plus de 200,000 francs, année moyenne, c'est-à-dire approximativement 400 francs l'un ; le bénéfice net peut être admis comme représentant la moitié de cette somme.

On doit donc, tout calculé, jardinage et grande culture, évaluer en bloc à 640 francs la rente que nos laborieux praticiens savent extraire chaque année de l'hectare de sol rural de la commune, fécondé par leur intelligente activité. C'est un fait honorable et avantageux, et presque tous ont droit pour leurs efforts, leurs recherches et leurs succès, à des éloges sincères. L'horticulture peut notamment s'enorgueillir des Nadal, des Batailler, des Chérifel, des Mazy (Baptiste), des Richard, des Dabzac, des O. Périer, parmi les fleuristes, dont quelques-uns ont porté les rendements de leur gracieuse industrie à des taux représentant 6, 8, 9 et jusqu'à dix mille francs et plus par hectare. MM. Dabzac et Richard ne sont pas moins recommandables comme pépiniéristes. Les noms de : M. Mazy aîné, qui tire un si bon parti des eaux de la fontaine chaude, qui a créé de si remarquables aspergeries et des cressonnières si dignes d'intérêt, de MM. Deschamps et Desvaux, méritent aussi d'être signalés entre tous.

Parmi les propriétaires, qui ne connaît à Périgueux M. le docteur Parot, dont les constructions agricoles sont si remarquables, dont les métayers ont obtenu de nobles récompenses? Mme Isambert que je citais tout à l'heure et qui est au nombre des bonnes éducatrices de vers-à-soie? M. de Cremoux, dont les colons n'ont pas oublié les traditions heureuses qu'ils recueillirent de son père? M. Barthou, M. Bordas, M. Dartou, M. Lafforest, M. le baron de Malet, aux domaines florissants, M. Bonnet, au faubourg Saint-Georges; son voisin M. Buisson, qui sut si bien transformer, en peu de temps, un petit enclos médiocre, qu'au bout de quelques années, il a élevé ses revenus de 600 francs à peine, à 3,000 francs, résultat qui aurait dû lui valoir une haute récompense que l'on s'étonna de voir lui échapper lors d'un concours régional? Chez eux croissent d'opulents fourrages, là où l'herbe venait à peine autrefois; les blés donnent jusqu'à 35 et 40 hectolitres, et le tabac, 1,700 à 1,800 francs à l'hectare; le bétail est beau, les arbres plient sous le faix de fruits excellents, le lait coule à flots des mamelles intarissables de leurs vaches parfaitement choisies et entretenues.

Tout cela, néanmoins, ne dure qu'un temps; c'est un changement de décors perpétuel. Aujourd'hui, vous voyez un florissant jardin et vous l'admirez; le lendemain, il est détruit, une ligne d'édifices le remplace; ce matin vous parcourez une exploitation magnifique de céréales et de prairies, ce soir elle est bouleversée, l'horticulteur dépossédé plus hauts'y installe et bientôt y laissera le sol à une suite de rues. La ville grandit, sa vieille nourrice disparaît à l'horizon : c'est la loi de la nature, et il faut la subir sans se décourager. Au citadin les plaines et la vie facile, au cultivateur la hauteur, l'étroite vallée, la terre dure à féconder à la sueur de son front. A chacun son lot, à chacun sa tâche, à chacun son contingent à fournir pour le bien-être de l'humanité. Mais que l'ouvrier urbain, que l'oisif des villes ne méprisent pas l'homme des champs. Parce qu'ils sont moins que lui courbés vers le sol, que valent-ils davantage aux yeux de Dieu? aux yeux de celui qui réfléchit un peu? Le mépris pour ceux qu'on appelle dédaigneusement les paysans, est injuste et sans motifs Qu'on y songe! A la rigueur, en ouvrant dans ses bourgades quelques simples ateliers, la campagne peut se passer de la ville, mais la ville ne saurait se passer de la campagne et de ses produits.

L'influence du chef-lieu préfectoral et de son continuel accroissement se fait sentir, non-seulement dans sa banlieue rurale proprement dite, mais encore sur les communes dépendant de son canton et sur plusieurs autres, qui, bien que ne faisant pas partie de sa circonscription de justice de paix, l'avoisinent, et dont deux pénétrant dans ses faubourgs en possèdent des fragments.

Trélissac, au nord-est de Périgueux, touche presque Tourny, venant jusqu'au milieu de l'Arceau, dont la plus grande partie appartient à son territoire. Celui-ci, borné à l'est par la rivière, au nord, par les dépendances d'Antonne, et à l'ouest par celles de Champcevinel, se divise en plaine et en coteaux. La plaine est coupée en deux par un contrefort du chaînon formant la limite occidentale du ressort; ce bras est parallèle à deux autres qui viennent affleurer l'Isle, chacun à une des extrémités septentrionale et méridionale de la commune, ce qui rend la partie montagneuse de celle-ci semblable à un E entre les dents duquel le vide est représenté par le creux formé par les tronçons de la vallée, tout le long de laquelle court la nouvelle route de Paris, en contournant le promontoire qui sépare ses portions l'une de l'autre, tandis que l'ancienne grande route, aujourd'hui simple chemin d'intérêt commun, suit l'arête tailladée qui serpente à l'occident et sur la crête de laquelle la circonscription municipale vient finir.

Dès que l'on a franchi l'étranglement que produit la pointe rocheuse venant aboutir à l'Arceau, on entre dans une sorte de cirque au sol argilo-sableux, où la route s'allonge comme un ruban bordé d'arbres, mûriers d'abord, peupliers ensuite, et où, tout le long de la rivière, se déroulent des prairies un peu sèches parfois à cause de la nature poreuse du terrain, mais dont les foins, pour peu que les soins nécessaires leur soient donnés, sont de très-bonne qualité sans manquer d'abondance, surtout au printemps. Le sol arable y était livré presque entièrement à la charrue, il y a vingt ans, mais aujourd'hui le jardinage l'a envahi et ne laisse plus, jusqu'à près de deux kilomètres de la ville, que bien peu de place à la grande culture, qu'il en aura bientôt entièrement éliminée. On y compte maintenant vingt-sept enclos exclusivement consacrés à l'horticulture, et dans toutes les métairies, très petites d'ailleurs, qui subsistent encore, il y a souvent 20, 30, 40 ares, parfois un hectare, consacrés à l'exploitation maraîchère. Les arbres fruitiers s'y montrent partout. Sur les 96 hectares dont se compose cette section, on obtient, moyennement chaque année, pour 35,800 francs de fruits et légumes, et 16,850 fr. de lait, outre 388 hectolitres de froment, 80 de maïs, 120 de pommes de terre et 2,660 quintaux de fourrage, le tout valant plus de 80,000 fr., sans compter le revenu du bétail et de la volaille. Beaucoup de jardiniers ont des serres et les denrées qu'ils s'attachent à cultiver de préférence sont les mêmes que dans la banlieue de Périgueux. Dans les métairies, on engraisse des porcs et des bœufs. Les vaches que l'on rencontre en grand nombre appartiennent pour la majeure partie à la variété gâtinaise, les autres à la race bretonne. Les colons récoltent beaucoup de petits pois. Le tabac n'est pas aussi fréquemment planté qu'il devrait l'être; on ne lui consacre que 58 à 60 ares, sur lesquels il donne environ 880 à 930 fr. de recette brute. Des pompes aspirent dans chaque jardin, pour la répandre à flots, l'eau de la nappe souterraine qui se trouve à peu de profondeur, la nature sableuse du sol exigeant des arrosements fréquents. Elle nécessite aussi des fumures énergiques et souvent renouvelées dont on est bien récompensé du reste. Les fruits sont très bons. Malheureusement le vent du nord qui souffle en plein y cause souvent des gelées funestes,

Gâtant jusqu'aux boutons, douce et frêle espérance !

Le noyer se rencontre rarement dans cette partie de la commune. Les coteaux qui la bordent immédiatement, criblés de carrières nombreuses, offrent peu de trace de travail agricole, sauf une dizaine d'hectares de vignes, en général bien conduites et bien encépagées, fournissant de bon vin ; mais dont le rendement ne dépasse pas en moyenne 10 à 11 hectolitres par hectare. Ces pentes, de plus, sont peu boisées; elles sont, depuis l'Arceau, rouge-clair, argilo calcaires ou siliceuses et courent parallèlement à la vallée. Plus haut, à l'ouest du demi-cercle, elles s'infléchissent à l'extrémité et vont rejoindre la chaîne principale, d'où ne tarde pas à se détacher en cimes grisâtres la tranche qui vient fermer l'horizon. Entre ces deux lignes de hauteurs secondaires, marchant en sens inverse au nord de la plaine, se dessine alors un étroit vallon dans lequel coule un ruisseau formé par des sources nombreuses qui sourdent au dessous de Sept-Fonds, et qui va se jeter dans l'Isle. C'est au sud de l'espace borné par ce double rang de collines, dans la première portion du plat pays, en tirant sur la ville, qu'exploitait M. Mandral, lauréat du concours régional de 1872, où il obtint pour ses belles cultures maraîchères une médaille d'argent sur le rapport de l'honorable M. de La Massardière. Le jury nommé par le ministère avait été, avec toute raison, frappé du résultat de ses travaux, qui, sur une superficie de six hectares, enrichis, grâce à ses efforts intelligents et à ses dépenses bien rémunératrices, l'avaient fait arriver rapidement à tripler son cheptel d'animaux, à vendre annuellement pour 1,400 de lait, à créer un jardin qui, sur 80 ares seulement, lui procurait de brillantes recettes en fruits, en légumes et surtout en asperges, de la bonne culture desquelles il a été le grand initiateur dans les alentours, sans compter que ses vignes de chasselas, bien tenues sur fil de fer, produisaient, dans ce petit enclos horticole, 1,500 kilogrammes de raisin, plus neuf barriques de vin. De sorte que ses rentrées brutes s'élevaient à plus de 5,000 fr. Beau revenu que lui avaient valu ses labeurs et à peine 4,700 fr. de mise dehors. Son succès allait croissant lorsque malheureusement la mort est venue brusquement interrompre son œuvre. On ne saurait trop le regretter.

C'est d'ailleurs à M. de Siorac, en très-grande partie, qu'est dû le changement presque complet de la culture dans ce rayon. La propriété qu'il y possède, et dont l'étendue totale est de 20 hectares, lui rapportait peu. Il en a converti la plus grande part en jardins, dont il a fait établir neuf, et a gardé pour le reste, de moindre valeur comme sol, un colon. Cette superficie produit maintenant pour 16,400 fr. de fruits et légumes, 3,800 fr. de lait, 280 quintaux de fourrages, 45 hectolitres de froment, 20 hectolitres de maïs, 15 hectolitres de pommes de terre. Les trois hectares de vigne rendent, en moyenne, 35 hectolitres de vin.

Mme Véchembre, veuve d'un ancien vice-président du tribunal de Périgueux, qui fut un des membres les plus distingués de notre Société et qui s'est appliqué particulièrement à établir un vignoble peuplé d'excellents cépages et bien dirigé, a suivi l'exemple de M. de Siorac sur ses 35 hectares partout où il lui a été possible de le faire, et rivalise avec lui pour la réussite. Elle a deux métayers et huit jardiniers. Ses rentrées annuelles sont d'environ 130 hectolitres de froment, 1,200 quintaux de fourrage ; ses six hectares de vigne rapportent 60 hectolitres de vin très-bon. Elle cultive le tabac sur 18 ares et en retire de 270 à 280 fr. On vend de plus sur son domaine pour 11,700 fr. de fruits et légumes et pour 6,350 fr. de lait.

Les cultures de MM. Dauriac et Margat, remarquablement conduites, sont dignes aussi d'être mentionnées particulièrement.

Lorsqu'on a longé les roches calcaires qui d'abord séparées de l'Isle par d'étroites prairies viennent enfin baigner leurs pieds dans ses eaux sous le chemin ouvert le long de leurs flancs, on aboutit à la seconde partie de la plaine que cet obstacle sépare de la première. On se trouve alors en présence d'une vaste enceinte, fermée de murs et de fossés, qui semble barrer le passage ; et, sur le frontispice de la grande grille formant sa porte d'entrée, on lit en lettres dorées, avec les initiales du propriétaire, le mot : Trélissac. C'est au milieu de cette oasis, dont la clôture cache fâcheusement l'ensemble presque entier aux voyageurs, que s'élève le nouveau château bâti par M. Magne, ancien ministre des finances, et appartenant maintenant à son fils, receveur-général dans un département du Nord. L'édifice, dans la composition duquel on remarque plusieurs styles, a de très-belles parties et son aspect est, en somme, imposant. On voit surtout qu'il a dû coûter pas mal d'argent. Il y a là du caprice et de l'art, de l'imagination et du positif. Ce n'est pas féodal, ce n'est pas moderne ; c'est plutôt un bijou de fantaisie, mais avec de grandes conceptions çà et là. Je regrette, quant à moi, que ce castel, à tout prendre original et non sans mérite, montre trop de murailles en brique ou la jouant, ce qui ne paraît pas rationnel dans un pays où la pierre de taille, bien plus à sa place dans un monument pareil, abonde et forme des collines entières à quelques mètres de distance. Je ne puis, non plus, m'empêcher d'en trouver les tourelles et le donjon trop grêles, ce qui lui ôte toute apparence de forteresse, qu'il semble pourtant qu'on ait voulu lui donner. On le dit à l'intérieur très-riche, très-vaste et très-bien distribué.

Il est entouré de grands jardins, et de jolies promenades dont fait partie une île charmante souriant au milieu de la rivière et reliée aux autres dépendances par un pont. Plusieurs maisons destinées aux ouvriers et employés sont disposées dans l'enclos. Elles sont bien bâties, fort commodes et même un peu trop élégantes, pour pouvoir être offertes aux agriculteurs comme modèles à suivre pour les constructions qu'ils veulent édifier afin de les affecter aux logements des travailleurs qu'ils emploient. Tout l'ancien village de Trélissac, église et presbytère compris, est enclavé dans ce parc, et y forme comme la garde d'honneur du château. Ce changement de destination s'est opéré par la vertu de la baguette d'or de M. Magne fils, qui a mis ainsi tout un bourg à ses ordres, avec l'ancien et modeste manoir dont se contentaient les anciens seigneurs du lieu. Du même coup la route a été déplacée et portée plus à l'ouest afin de permettre d'agrandir de quelques hectares la réserve du maître. En revanche celui-ci, fort heureusement plus qu'à son aise, a dû suppléer au chemin détruit par un chemin neuf d'égale largeur, continuant la voie publique, et un nouveau Trélissac est sorti de terre tout près pour remplacer le centre devenu propriété particulière. Quatre ou cinq maisons, c'est-à-dire la cure, l'école communale, un bureau de tabac, une auberge, un bâtiment pour colon, je crois, entourent une vaste place plantée d'arbres et au fond de laquelle se montre une très-élégante église avec beaux vitraux et beaux autels, construite sur les dessins de M. Dubot, architecte départemental. Son clocher est élancé, gracieux et élevé. L'effet qu'il produit dans le paysage est pittoresque. Regrettons seulement que sa flèche, au lieu de jaillir de la tour, s'y joigne par un rebord évasé, sorte de caniveau qui de près nuit à son aspect et lui donne un peu de lourdeur. De loin ce défaut s'atténue sensiblement, et finit même par échapper totalement à la vue.

Près de ce jeune et gracieux fils de la Fortune, un large chemin vient d'être ouvert qui conduit directement à Boulazac, en franchissant l'Isle sur un pont à trois arches en pierre, orné d'une balustrade en fonte de bon goût. Entre chaque ouverture, une couronne sculptée renferme les initiales du bienfaiteur de la contrée. A peu de distance au nord du bourg qui va grandir et du château qui l'a vu naître, une garenne de chênes s'étend. On dirait un rideau tiré pour forcer l'œil à contempler plus longtemps ces édifices avec leurs toits rouges ou bleus et leurs blanches murailles, émergeant du milieu de la verdure entre la rivière qui fuit et les mornes sombres qui les dominent de leurs têtes chauves, auxquelles on essaie de rendre la chevelure qu'ils ont perdue, mais qu'il sera peut-être impossible de faire revivre, la couche qui devrait l'alimenter, ayant, par suite d'un défrichement intempestif, été presque toute entraînée par les eaux pluviales. Franchissons le bois naguère redouté, maintenant sans asile sûr pour les malfaiteurs, où l'ombrage des vieux et maigres arbres ne cache plus de mystère effrayant, et où des débuts d'embellissement, de symétrie, chaque jour plus marqués, dénotent l'envahissement du progrès. Nous retrouvons au bout de quelques pas avec plaisir la plaine ouverte et spacieuse, fertile aussi.

On la voyait, il y a peu de temps encore, sans parure, couverte en partie de plantes sauvages, à peine grattée par de tristes araires, donnant de plus tristes récoltes, mouillée, et d'apparence misérable ; en un mot, ne décelant sa richesse cachée que par le nombre et la beauté des noyers qui y croissaient en foule et au hasard. A présent, son sol argilo-calcaire, fécondé par des soins judicieux et une meilleure entente de l'agriculture, produit en abondance, et avec bénéfice pour ses possesseurs, le froment, le tabac, les pommes de terre, les betteraves, la luzerne, le sainfoin et le trèfle. Cet heureux changement est surtout grand et facilement appréciable dans la partie ouest, où racines et céréales sont presque toujours d'une luxuriante beauté. C'est que là se trouve, avec une partie des possessions de M. Magne fils, la propriété de M. R. Bonnet qui, comme son riche voisin et Mme Véchembre, dont je parlais tout à l'heure, a pour principe de faire succéder les céréales aux plantes sarclées et fourragères en supprimant la jachère d'une manière complète, ce qui procurant l'avantage de recueillir plus de foin, plus de racines, permet, en outre, d'entretenir plus de bétail, de placer des cultures améliorantes et nettoyantes à la suite du froment, d'éviter le retour trop rapide des mêmes récoltes sur le même sol, enfin d'améliorer ce dernier en augmentant son rendement. L'exploitation de Libournais bien tenue, pourvue de bons chemins, est remarquable aussi par son beau jardin et ses excellents bâtiments ruraux construits avec beaucoup d'entente et qui ont valu dernièrement au concours départemental, à M. Bonnet, le prix réservé pour les améliorations de cette nature. Ses nombreux et bons bestiaux ont été plusieurs fois primés aux concours d'animaux gras de notre Société. On doit encore noter tout proche la propriété de M. Jaubert. Dans cette portion de la vallée, l'horticulture commence à pénétrer, les instruments perfectionnés trouvent un emploi rationnel. Elle devient le théâtre d'une véritable prospérité qui l'enrichira bientôt tout entière. Autour d'elle les collines revenant du bord de la rivière, pour y retourner plus loin, forment un croissant, d'abord gris et maussade, puis permettant à la culture d'arriver à mi-côte, où se trouvent la maison de campagne du Grand-Séminaire, avec de beaux ombrages, et plusieurs maisons de plaisance, au village de Cavillac, au-dessus duquel le sol se montre à peu près rebelle aux efforts de l'homme, quoique ayant certaines parties en rapport. Enfin, les hauteurs deviennent moins âpres, offrent un terrain de meilleure nature et se couvrent de végétation auprès de Malayol, résidence de M. Debrégeas, à peu de distance de la demeure duquel une descente rapide conduit de la plaine de Trélissac aux riches fermes et prairies des basses terres d'Antonne et Trigonant.

M Debrégeas voit dans les dépendances de ses domaines bois et vignes s'étendre sur la partie haute de la commune. La Montagne, entre les trois branches principales qui, s'en détachant, parviennent jusqu'à l'Isle en fractionnant le pays plat, comprend une foule de petits contreforts aux tertres d'altitude et de nature diverses, entre lesquels circulent de petits vallons plus ou moins secs, plus ou moins fertiles et formant des gorges parfois riches à leur jonction, avec la chaîne qu'elles consolident. Dans ces dépressions se cachent des exploitations souvent dignes d'intérêt, sources de richesses d'où des cultivateurs intelligents font descendre la lumière dans les plis de ce manteau et sur la brillante robe qui l'accompagne, puis la font remonter au sommet des pics aigus eux-mêmes. C'est en effet au penchant de ces anfractuosités que l'on découvre Caussade, berceau de l'épouse de Bertrand de Born, jadis apanage de seigneurs longtemps ennemis de Périgueux, dépendant naguère de la terre de Lammary, commune d'Antonne, et appartenant maintenant à M. Pécout; la Jaubertie, puis la Jarthe à Mme veuve Jarjavay, qui se plaît à y continuer, en les tenant à la hauteur de la science actuelle, les traditions de M. Devaux, qui avait fait de ses appartenances une véritable ferme-modèle, célèbre par le nombre et le mérite des bêtes à cornes qu'elle fournissait à nos abattoirs et à la consommation parisienne. Sur le plateau lui-même, inégal et dont les paliers, les exhaussements subits et les dépressions inattendues représentent assez bien un serpent gigantesque en marche et se dressant à demi pour s'élancer, le joli château moderne de Sept-Fonds occupe un des points les plus élevés du département et d'où la vue s'étend au loin. Dans les ravins, à ses pieds sourdent des fontaines nombreuses qui lui ont valu son nom. Ses environs tourmentés ont, ainsi que lui, successivement, en bien peu de temps, appartenu à beaucoup de maîtres. On en a compté plus encore que de gouvernements en France depuis moins d'un siècle. Chacun apportant des vues différentes, des méthodes diverses dans sa manière de régir, il en est résulté du désordre et de fâcheux retours en arrière. Toutefois, la culture a gagné et le produit s'est sensiblement augmenté tout autour de lui, notamment grâce aux prairies artificielles et aux vignes. Plus au nord, Mme veuve de Castillon, qui s'est fréquemment distinguée dans nos expositions par le mérite de ses bestiaux engraissés, de ses moutons surtout, a créé récemment sur un sol argilo siliceux, de nature ardente, et avant elle couvert de bruyère dure et maigre, un vignoble de huit hectares qui lui donne déjà 400 hectolitres de vin primé au concours. En descendant vers le sud on arrive au Pouyaud, qui est passé des mains de M. Sudrie dans celles de M. Guichard et où l'horticulture et les arbres fruitiers s'unissent à des vignes nombreuses et à des produits justement réputés. A ses pieds est Chantecor, qui doit à M. Reydy de s'être élevé d'un état médiocre à une prospérité réelle. Jardins, vergers, prairies et vignes y couvrent une conque sagement utilisée, et les abords de la maison située sur le bord de la route. A partir de ce point, le faîte, sur le côté qui fait partie de la commune de Trélissac, est de bonne nature, et les récoltes y ont une réussite satisfaisante. Les constructions s'y multiplient, l'assolement s'y perfectionne, le jardinage se développe, la production du lait pour Périgueux, que l'on atteint bientôt au milieu des possessions de M. Parot, qui s'étendent sur les deux territoires municipaux, va s'accroissant. En un mot, Trélissac, généralement bien doté par la nature, est en bonne voie et s'enrichit chaque jour par l'étude et la pratique des meilleurs moyens de tirer parti des ressources diverses du sol et de la position où se trouvent ses agriculteurs.

La charrue Dombasle, la herse, le rouleau, l'extirpateur, le buttoir y sont dans toutes les fermes; la machine à battre les grains est partout employée; grand nombre d'autres instruments perfectionnés sont admis peu à peu et deviennent d'un usage constant. On laboure mieux, on soigne mieux les vignes et les autres végétaux; l'arboriculture forestière et fruitière est mieux comprise, ainsi que l'horticulture. Le bétail s'accroît et s'améliore. On compte déjà dans son territoire plus de 350 bœufs, 50 vaches au moins donnant par an pour près de 20,000 fr. de lait, 760 moutons ou brebis, 250 porcs adultes, 120 chevaux, ânes ou mulets; et, en outre, de nombreuses volailles. L'engraissement des animaux s'y exerce avec intelligence et profit. C'est un des petits fermiers du pays, M. Sudrie, des Mourilloux, qui a conquis à notre dernière grande exposition de bêtes grasses la coupe d'honneur en exhibant deux splendides bêtes à cornes limousines, vendues séance tenante pour l'Angleterre, et qui excitèrent l'admiration générale des connaisseurs. Les étables sont peuplées, sauf les porcheries, presque exclusivement par les races indigènes. Un essai d'acclimatation de moutons mérinos avait été fait au château de M. Magne et paraissait y réussir, mais on a renoncé à le poursuivre.

L'industrie n'y est pas non plus sans importance. Elle y consiste principalement dans le tissage, la taillanderie, la menuiserie et surtout dans l'exploitation des belles carrières de l'Arsault et dans la meunerie, favorisée par la rivière qui met en mouvement quatre grandes usines qui sont, du nord au sud : le moulin de Charrières, celui si pittoresque de Rodat situé à l'extrémité du rocher qui partage en deux la vallée de l'Isle, celui du Mounard et l'importante minoterie de Barnabé, l'une des premières du Midi de la France. Dans ses bâtiments, élevés par son père sur l'emplacement d'une scierie de marbre qui avait elle-même succédé à un modeste moulin de campagne, M. Aubier peut traiter, avec ses neuf puissantes paires de meules, mues par une chute susceptible d'être portée à la force de cent chevaux-vapeur, plus de cent balles de froment par jour. Cet habile industriel fait des envois de ses beaux produits jusqu'en Angleterre ; il a l'intention de compléter son installation, déjà si remarquable et si renommée, par l'adjonction d'une huilerie sur une vaste échelle. C'est une annexe qui se trouve dans les moulins des Mounards et de Rodat, qui livrent annuellement au commerce environ 12,000 kilogrammes d'huile de noix, dont à Rodat la fabrication est améliorée par un système de mécanisme commandé par l'eau faisant mouvoir dans la maie la vis en fer qui d'habitude obéit à un cabestan dirigé à bras. Enfin un établissement considérable pour la confection des conserves alimentaires a été dernièrement fondé, dans la partie du faubourg de l'Arsault qui dépend de la commune, par M. Rouchard fils.

Champcevinel, à l'ouest de Trélissac, en est séparé par l'ancienne route de Paris. Sur la gauche de cette dernière, en venant de Périgueux, sont d'abord des versants rapides où cependant les cultures, presque absentes sur la montagne qui leur fait face, ne manquent pas le long du chemin, en un sol passable ; plus haut, lorsque l'on a passé Chantecor et laissé derrière soi la longue ligne de mûriers plantés sur un des accotements de la voie publique, le plateau s'élargit un peu, la terre devient plus fertile, et bientôt on voit se dérouler la jolie propriété des Jarrijoux, appartenant à M. Lassagne, qui l'améliore par de bons amendements, et qui, fin connaisseur en bestiaux, a plusieurs fois conquis des primes légitimement obtenues aux concours départementaux d'animaux gras pour les hôtes parfaitement choisis et préparés de ses porcheries. Un peu plus loin, tout près de Sept-Fonds, est le village de Lagrange, aux habitations pittoresques dispersées dans les cultures. J'ai dernièrement eu le plaisir d'y visiter la retraite que s'y est ménagée M. Rousseau, ancien industriel de Périgueux, qui, tout autour de son cottage, a fait naître de beaux ombrages, un joli jardin et, sur le sommet du tertre, étonné de cette réussite, a trouvé le moyen de créer, sous le nom modeste de mare, un véritable étang aux eaux limpides et profondes, même en été, peuplé de beaux et excellents poissons, parfaitement encaissé, encadré par un chemin de ronde gazonné, muni de siéges élégants, bordé de beaux arbres. Un vrai lac de Suisse en miniature. De son asile, coupant à travers un plateau creux et inégal, où se montrent des produits variés et très-passables pour l'année, j'ai passé, sous une éminence, non loin du bourg chef-lieu, aux maisons assez nombreuses mais peu remarquables et au milieu desquelles s'élève l'église paroissiale que l'on restaure, disons mieux, que l'on reconstruit. Le chevet et l'entrée principale sont terminés, le centre de l'édifice reste à bâtir encore. Loin de suivre le précepte de Boileau voulant

Que le début, la fin, répondent au milieu,

abandonnant pour l'instant celui-ci, on a commencé par les extrémités, dans la pensée, qui n'est pas illogique, qu'on n'oserait pas se contenter de l'œuvre inachevée en voyant le vide malheureux causé par la pénurie des ressources réalisées, vide qu'on ne peut décemment laisser ainsi subsister. Le clocher est entièrement fini ; il domine au loin le pays et sert de point de repère à ceux qui s'approchent de Périgueux et qu s'orientent d'après lui. L'effet qu'il produit, vu de plusieurs kilomètres, se détachant sur le ciel bleu, est des plus favorables. A distance moindre, sa base parait un peu lourde ; de très-près il redevient satisfaisant à l'œil. Le sol, autour du centre qu'il rehausse, est d'un calcaire poreux qui ne retient pas l'eau. En conséquence elle est rare et il faut l'aller chercher. pendant les trois quarts de l'année à la Fontroubade, dont le bassin s'ouvre à cinq ou six cents mètres de là. Quelques puits ou citernes dans le village ou à sa porte, ont peine à suffire aux besoins des ménages de leurs possesseurs. Champcevinel dépassé, nous sommes parvenus à une déclivité rapide qui nous a conduits dans un étroit vallon, près d'une métairie nouvelle environnée de maigres cultures. La terre n'y a pas encore pris l'habitude d'obéir à l'homme. Mais quand celui-ci l'aura bien nourrie et bien traitée pendant plusieurs années, elle se soumettra entièrement à son empire et s'empressera de satisfaire à ses désirs. De ce point, il faut monter beaucoup, et par une route bien rapide, pour gagner La Roussie, mais on est très-dédommagé de sa fatigue quand on y est arrivé, par le spectacle qui s'offre aux regards et les captive. Les travaux de M. Ventelou sont dignes en effet d'une étude détaillée comme celle que nous avons eu le plaisir d'en faire. Colon et régisseur à la fois, cet homme énergique, et à l'intuition vive et saine, s'est soumis corps et âme à une lutte dont il est sorti vainqueur ; dans la métairie qu'il habite et travaille, le terrain est naturellement ingrat, et en vain y a-t-on creusé sous des ombrages épais un vaste réservoir ; l'eau s'en échappe comme d'un vrai tonneau des Danaïdes. Par bonheur une fontaine abondante se trouve située peu loin et pas trop bas. De belles plantations de vignes, de bons blés, des luzernes remarquables et la quantité de foin recueillie d'un pré de coteau, dans une année si sèche, démontraient l'intelligence, les efforts et les succès du cultivateur. Peut-être pourtant déboise-t-il un peu trop ; il faut se défier du défrichement dans les pentes raides et dans un sol pareil. Une belle bande de porcs anglais de race pure, nés chez lui, de magnifiques bœufs limousins parfaitement soignés prouvaient également son savoir faire, comme aussi la tenue de toute la propriété, confiée entièrement à sa direction. Il a bien mérité la médaille de vermeil qui lui a été décernée par notre Compagnie, à titre spécial. Nous avons regagné de chez lui le vallon qui s'améliore et s'embellit en se rapprochant de Périgueux. Nous y avons longé la belle et grande tuilerie de M. E. Durand, munie de deux fours et occupant en moyenne une quinzaine d'ouvriers. Elle produit de la chaux grasse supérieure, des briques de toutes formes et des tuiles de tous modèles. Elle possède une machine à tirer les tuiles tubulaires. C'est de beaucoup le principal établissement industriel de la commune.

Tout à côté nous avons remarqué les admirables luzernes et la bonne tenue de la métairie dirigée par le colon Marty-Dupré, qui la cultive depuis 16 ans, et dont la famille est restée, au même titre que lui, dans un domaine voisin pendant plus de deux cents ans. L'exploitation où il se trouve fait partie de la terre de Vignéras, dont le château nous dominait; cette terre est l'objet de soins attentifs; plus haut, en remontant la vallée, est celle de Borie-Bru, dont le sol est médiocre, ce qui n'empêche pas son régisseur, M. Marvier, de s'y livrer fructueusement à l'engraissement du bétail. Vis-à-vis nous se montrait Borie-Petit. Nous saluâmes avec respect ces tours où résida pendant si longues années notre regretté président, M. le vicomte de Cremoux, qui fit tant de bien à la contrée, dont il fut pendant plus d'un quart de siècle l'administrateur dévoué, prêchant par le conseil et l'exemple, entouré d'une famille digne de lui. Vaillant soldat, écrivain distingué, maire de sa commune, directeur de nos deux Sociétés départementales d'agriculture et d'horticulture, il n'obtint que bien tard pourtant cette croix d'honneur que parfois l'on prodigue avec une si déplorable facilité. Ses titres à cette distinction étaient grands et hautement proclamés par tous, il fallut livrer de véritables assauts pour la lui faire obtenir. On comprenait sans doute que pour lui ce ruban ne deviendrait pas un lien au moyen duquel tout Pouvoir, quel qu'il fût, le conduirait à son gré.

Champcevinel, dit M. Durand, son premier magistrat actuel, dont j'ai les notes sous les yeux, possède en général un sol de bonne nature, bien que très varié dans sa composition. Calcaire près du bourg, comme nous l'avons vu, siliceux ailleurs, en d'autres points argileux et changeant souvent, presque toujours brusquement, de nature, il laisse, sur la majeure partie de son étendue, passer comme dans un crible l'eau, qui ne se rencontre alors qu'à une certaine profondeur. C'est à peine s'il existe quatre ou cinq fontaines d'eau vive ; et de plus aucune d'elles ne donne naissance à un ruisseau, si ce n'est celle de Vigneras, dont le trop plein se creusant un lit de peu de largeur, presque à la limite de la commune, va rejoindre le cours du Toulon sur les dépendances de Périgueux. Celle de Foncroze, dont l'orifice est situé à quatre ou cinq mètres au-dessous du niveau du terrain qui l'entoure, a été pendant la grande sécheresse de 1866-1867 l'unique ressource de près de la moitié de la population, et cela sans avoir baissé, ce qui prouve qu'elle reçoit en cachette un contingent considérable. Tout le pays est montagneux, coupé de petites gorges étroites qui s'entre-croisent, avec quelques rares vallées plus considérables; il n'a que deux routes, la vieille de Paris qui le borne à l'est, et celle d'Agonac qui le traverse du sud au nord, presque à son extrémité occidentale. Le tracé de cette dernière rappelle celui des voies de nos pères, lignes qui allaient droit au but, comme leurs auteurs, sans se préoccuper des montées et des descentes. C'est un *fac-simile* de l'antique fort appréciable, peut-être, au point de vue de la science archéologique, mais passablement gênant pour la circulation. A ces deux artères principales se rattachent de nombreux chemins vicinaux bien entretenus, du reste, par un cantonnier municipal, mais néanmoins forcément un peu raides de pente parfois.

Cette disposition topographique empêche la construction d'usines et de vastes entrepôts de commerce, auxquels d'ailleurs il n'est pas besoin d'avoir recours à cause du voisinage de la ville, avec laquelle les relations sont incessantes. Aussi sauf la tuilerie de M. Durand, n'existe t-il sur la surface de la commune qu'un seul établissement digne d'être cité; c'est un four à chaux hydraulique récemment édifié dans le vallon des Mazades. On compte en outre deux carrières de pierre dure en activité.

L'agriculture donc est la grande industrie de Champcevinel, et elle y réussit. Cependant les prairies naturelles y sont rares par suite de la perméabilité du terrain et de la sécheresse des bas-fonds qui en résulte. En outre le foin que retirent les propriétaires des prés qu'ils possèdent sur les territoires de Périgueux et de Château-l'Évêque n'est pas suffisant pour remplir leurs greniers. En conséquence, on propage de plus en plus les plantes fourragères, notamment la luzerne, le sainfoin, le trèfle et le farouch, sans être encore parvenu pourtant à pouvoir entretenir partout un nombre de têtes de bétail assez considérable. Ainsi, en fait de vaches on n'en voit dans les étables que sept à huit dont le lait est porté chaque jour en ville où il est vendu vingt centimes le litre. Le revenu qu'on en retire ne dépasse pas trois mille francs par an. Par contre, de petits fermiers possèdent de belles ânesses dont le lait est payé fort cher par les malades, étant très-prisé, vu les qualités aromatiques que lui procurent les herbes des côteaux. On engraisse peu de bœufs, se bornant d'ordinaire à trafiquer sur les attelages; les bêtes à laine donnent lieu à un commerce important et lucratif; on exporte beaucoup de porcs gras, presque tous issus de croisements avec les races anglaises et quelques-uns de l'espèce périgourdine pure, qui a valu de beaux succès, entre autres à MM. Lassagne et Marvier. La poule du Périgord est élevée par troupes nombreuses; on a, de plus, grande quantité d'oies et de canards, dont on tire très-bon parti.

Les champs froids sont presque inconnus; les jachères le sont absolument. L'assolement est biennal, blé sur maïs, betteraves, haricots et carottes. Après la moisson, on sème souvent des raves et même du petit maïs dans les meilleures terres, ailleurs du seigle, du farouch et de la jarosse pour fourrage; puis reviennent haricots, maïs, etc., qui feront encore place au blé. Malgré ce mode défectueux de culture on arrive à d'assez favorables résultats. La moyenne du froment obtenu par hectare est de 13 à 15 hectolitres environ. La sole consacrée à cette céréale augmente; celle du maïs diminue. On préfère à cette dernière plante les pommes de terre dont la production s'est beaucoup accrue dans ces derniers temps. Les petits pois gagnent aussi sensiblement de terrain. La raison en est la facilité que l'on trouve à les débiter à Périgueux, où les ménages et les fabricants de conserves les paient 15 centimes le 1/2 kilogramme, non écossés. Le tabac vient de faire son apparition autorisée dans les guérets et promet de répondre aux vœux des habitants. Les jardins ne sont pas nombreux, mais tendent à le devenir davantage.

Les arbres fruitiers commencent à prendre une certaine importance, plusieurs plateaux et versants leur étant favorables. Parmi eux le figuier mérite une mention spéciale, réussissant particulièrement sur quelques parties de la commune. Au commencement de ce siècle, un propriétaire intelligent, M. Laurelie, l'ayant remarqué, en fit une plantation d'une certaine étendue. Pendant longues années, le rendement fut élevé, mais en 1870 la température rigoureuse gela tous les sujets jusqu'aux racines. Depuis ils ont repoussé vigoureusement. Ils sont aujourd'hui très-beaux et la vente de leurs fruits a produit, en une seule saison, plus de trois cents francs à M. Beau-Verdeney, petit-fils de l'arboriculteur auquel on les doit. La figue de Champcevinel, de qualité supérieure, est fort estimée et de vente facile. Les noyers sont assez rares; leur fruit est excellent. Les châtaigniers abondent; ils viennent sans culture; ne reçoivent à peu près aucun soin et n'en fournissent pas moins des récoltes fort recherchées à cause de la nature de la châtaigne, qui est de longue garde et résiste bien aux causes d'altération. Au nord et à l'est de la commune sont de vastes surfaces boisées, la plupart couvertes de châtaigniers à fruits, ou bien utilisées en taillis. Le prix du bois de chêne sur place est de 22 fr. l'ancienne brasse, soit les deux stères $\frac{21}{27}$.

La vigne prend de jour en jour plus d'extension. Presque toutes les anciennes friches sont maintenant couvertes de beaux vignobles travaillés avec grand soin. La qualité du vin est bonne, plutôt au-dessus de l'ordinaire qu'au-dessous. Celui de plusieurs crûs ne manque pas de distinction. L'on ne peut donc prendre au sérieux la réponse d'un convive à son Amphytrion, antiquaire et cultivateur zélé, fier de son vin et de l'origine du nom de son pays, nom qu'il affirmait provenir de *Campus-Venetum* ou de *Campus-Vendorum*, Camp des Vénètes ou des Vendes, auxiliaires des Romains assiégeant Vésone. A cette assertion, l'interlocuteur souriant repartit que l'étymologie véritable devait être à coup sûr *Campus vinicelli*, le *Champ du petit vin !* ce qui ne flatta nullement l'amour-propre de l'érudit patriote et viticulteur, dont la cave, au surplus, démontrait victorieusement le mal fondé de l'attaque qui lui était faite. Le sournois contradicteur fut du reste, après la troisième rasade, obligé de convenir de son erreur. Peut-être, et c'est à croire, cherchait-il simplement à se faire prouver, le verre en main, qu'il avait tort ; il y parvint ; on exhiba, pour le lui démontrer, le vin de la Comète, le vin de Champcevinel de derrière les fagots, et il le dégusta savamment, longuement, consciencieusement, à petits coups. Heureux gourmet !

Ainsi, les principaux produits de cette circonscription sont le bois, le blé, le vin, auxquels les fruits apportent un appoint qui n'est pas à dédaigner ; le jardinage ne tardera pas non plus à sérieusement y entrer en ligne de compte. Le bétail et la volaille ajoutent aux ressources du cultivateur ; celui-ci, de plus, profitant de la proximité de Périgueux, l'utilise avec intelligence en augmentant ses aspergeries, ses lots de petits pois en plein champ; et dans beaucoup de parcelles, lorsque le terrain est favorable, on le voit souvent semer à la volée dans le froment du salsifis qu'il recueille après la céréale et dont il a de cette manière toujours à vendre, ce qui lui rapporte beaucoup Aussi, bien que moins favorisé que ses voisins du canton, par la nature de son sol très-mouvementé, par le manque de grandes plaines et d'eau, le paysan de Champcevinel est-il généralement dans l'aisance, parce qu'il est laborieux, patient et sagace.

De toutes parts, l'amélioration se manifeste et l'entraîne. Les engrais sont plus abondants, les prairies artificielles s'accroissent et gagnent en valeur; il y a plus d'animaux domestiques et ils sont mieux nourris; l'emploi des instruments aratoires perfectionnés se propage sans cesse. On voit dans les fermes de meilleures charrues, des herses articulées et autres; on y constate à chaque pas, pendant la saison, l'emploi des machines à battre mues par l'homme, les bœufs ou la vapeur, celui des vannoirs, des égrenoirs de maïs, d'une foule d'autres engins. (1)

Nous avons pris l'ancienne route d'Angoulême, qui gravit le coteau derrière Vigneras et y rend encore d'éminents services qui devraient lui valoir un entretien régulier. Sur son parcours, nous avons remarqué, non sans plaisir, un magnifique taillis pour cercles ou piquets, vigoureux, fourré, splendide. Voilà comment il faut traiter les bois suivant les usa-

---

(1) Cette relation remonte à quelque temps déjà. Depuis, il y a eu de sensibles progrès, des établissements nouveaux. Parmi ces derniers, on doit citer, entre autres, celui de la maison de campagne du Grand-Séminaire à Cablanc, commune de Champcevinel, en remplacement de celle que le diocèse possédait naguère, comme on l'a vu plus haut, à Cavillac, commune de Trélissac.

ges spéciaux auxquels on les destine. Nous nous sommes arrêtés devant la petite propriété de M. Chapon toute couverte de superbes arbres fruitiers, de vignes admirables, de récoltes luxuriantes où naguère n'apparaissaient que la misère et l'aridité. Que ne fait-on pas avec de l'intelligence et de l'énergie !

C'est en formulant tout haut cette réflexion que nous sommes entrés dans la commune de Château-l'Evêque qui, dans ces parages, offre aux premiers pas que l'on fait chez elle la preuve que, devant le bon vouloir, la fermeté, la saine compréhension des choses, il n'est pas de terre stérile qui ne puisse devenir largement féconde. Sur notre droite, en effet, au sommet du plateau, l'on trouve un exemple frappant de ce que j'avance ici. Qu'en venant de Périgueux, au lieu de tourner à Vigneras, on suive encore pendant un ou deux kilomètres la route d'Agonac et qu'après avoir laissé derrière soi des mûriers blancs plantés en ligne le long du chemin et salué le village de Sourbarie, jusqu'où l'on ne va pas, l'on prenne un sentier qui se dirige vers l'occident, sur la crête du tertre. L'on traverse d'abord quelques petits héritages plus ou moins heureusement travaillés et bientôt on arrive à des bâtiments encore inachevés, à une cour qui n'est pas terminée, mais l'agencement du tout annonce une main de maître. M. Eyssalet a rudement secoué la terre de la Fouillarge ; c'était, lorsqu'il l'acquit, il y a six ans, une friche, une lande, un mauvais pâtis accompagné de pauvres cultures et de tristes bois. Du haut de ceux-ci qui dominent le vallon de la Beauronne, au-dessus de Preyssac-d'Agonac, cette seconde et importante partie de la commune de Château-l'Evêque, le nouveau possesseur, contemplant la plaine, se dit : « Je transporterai les richesses d'en bas en haut ; je veux que ce désert soit plus opulent que sa riante voisine qui semble le narguer. » Et tout aussitôt, il défricha, fuma largement, employa de bonnes machines, fit un plan bien conçu, puis, les premiers produits obtenus, doubla, tripla son cheptel en animaux de choix. Aujourd'hui, dix hectares de vignes bien plantées, bien labourées, bien échalassées, réjouissent l'œil et le cœur ; des blés luxuriants couvrent dix-huit hectares, la petite prairie naturelle drainée voit son herbe pousser à force et verser tant elle est haute; des luzernes, nettes et drues, donnent des coupes abondantes ; les arbres fruitiers se développent en longues rangées ; de belles et nombreuses charrues Dombasle sont remisées sous les toitures et font un service régulier ; un bétail bien entretenu, d'un choix excellent anime le tout. Certes, l'entreprise a coûté. De pareils changements ne s'opèrent pas pour rien ; mais tout a été dépensé prudemment, proportionnellement aux ressources du propriétaire, et il n'y a pas eu d'argent perdu. Ici, point de sacrifice à la fantaisie, rien que d'utile, et d'une utilité prouvée, pour le pays. Tous ceux qui sont placés dans les mêmes conditions que M. Eyssalet peuvent opérer comme lui progressivement, suivant l'importance de leurs revenus. Ils sont sûrs d'aller au succès. Revenons maintenant à travers bois, pour couper court, afin de rejoindre plustôt la place où nous étions parvenus en arrivant de Champcevinel. A peine avons-nous parcouru quelques cent mètres sur la route, après y avoir repris notre voyage, que nous nous trouvons au-dessous d'un vignoble bien travaillé qui dépend d'une exploitation digne également d'être citée.

Coularèdo appartient à M. le docteur Guilbert, dont le beau-père, M. Noirit, eût grand pitié de l'état d'abandon dans lequel avait été laissé, par ses prédécesseurs, ce bien qu'il venait d'acheter. L'un des plus anciens membres de notre Société, des plus zélés et des plus capables, il entreprit de suite la rénovation agricole de ces terrains perdus, argilo-siliceux, peu riches par eux-mêmes et qu'on avait épuisés en leur prenant toujours, en leur donnant fort peu. Dans ce but, il ne négligea rien, n'étant pas homme à reculer devant une tâche pareille et qui paraissait bien difficile à remplir. Il avait déjà beaucoup fait quand il fut enlevé jeune encore à l'agriculture périgourdine. Son gendre a continué ses travaux ; et maintenant blés, prairies artificielles, tabacs, vignes, arbres fruitiers prospèrent à souhait dans ce sol réputé si mauvais autrefois, et considéré comme réfractaire à toute amélioration par les partisans de la routine et de la paresse. M. Guilbert a commencé par faire valoir ; il a réparé les bâtiments, en a créé de nouveaux, a peuplé ses étables de bon bétail, bœufs, moutons et porcs ; il a même obtenu pour eux des récompenses méritées aux concours soit comme animaux reproducteurs, soit comme bêtes grasses. Ses volailles ont été souvent, elles aussi, justement appréciées et récompensées. Plus tard, ses autres occupations, et sa santé, ne lui permettant pas d'être toujours à diriger et à surveiller les travaux, et le principal du mouvement à opérer étant accompli d'une manière satisfaisante, il a placé des colons partiaires dans son domaine, dont il a gardé du reste la haute direction. Il y vient souvent, il y réside parfois, et à chaque tournée, sous l'œil du maître, s'accomplissent de nouveaux progrès. Il a trouvé le secret d'avoir de bons prés naturels dans des clairières jugées auparavant stériles ; ses fourrages sont remarquables, ses céréales et tabacs également, et l'on recueille dans ces champs fertilisés des pêches, des amandes, des cerises, des pommes, des poires et surtout beaucoup de prunes d'Agen qu'y produisent des arbres d'une complète réussite. Les vignes sont en partie formées de cépages du pays soumis à la taille habituelle plus ou moins courte, suivant le plus ou moins de vigueur du sol, en partie de cépages fins, côte rouge et pinot de Bourgogne, qui y prospèrent et qui sont dirigés d'après le système Guyot avec longue branche à fruit, accompagnée d'un courson de retour à deux yeux.

Coularèdo et la Fouillarge occupent physiquement une très

haute position. On peut les voir de loin. Leur situation n'est pas moins élevée au point de vue du bon exemple. Ceux qui les aperçoivent de chez eux et qui s'attardent encore feront bien d'aller y chercher des leçons et des modèles. Le désir de considérer de près ces deux créations intéressantes doit les tourmenter souvent. Qu'ils y cèdent et en profitent.

Le chemin tourne au sud en descendant. Les habitations avec des champs en bon état autour d'elles deviennent plus fréquentes ; nous rejoignons la nouvelle route au pied du cimetière et entrons au bourg au grand trot de nos chevaux, qui comprennent qu'ils vont avoir de la pâture et du repos. Nous aussi sommes charmés de pouvoir nous réconforter un instant et M. Brachet s'empresse de mettre à notre disposition un excellent déjeuner auquel nous faisons fête et qu'il ne nous fait pas payer trop cher. M. Brachet, nous reviendrons !

Nous voilà repartis allégrement. Nous nous sommes engagés dans une longue et étroite vallée qu'arrose un ruisseau que je soupçonne fort de ne pas couler toute l'année ; nous le remontons et allons passer à deux pas de chez M. Siméon Lapeyrière, un de nos collègues, un de nos engraisseurs éminents. Frapper à sa porte hospitalière, contempler ses belles cultures, admirer ses animaux, c'était bien tentant, mais nous savions qu'il devait nous attendre plus haut et nous avions à visiter Daillo, où il y avait beaucoup à voir. Nous nous rendîmes donc directement chez M. Gaillard. Nous y parvînmes en longeant toujours le vallon, intéressant et bon à contempler, mais où les collines qui le bordent offrent trop souvent la démonstration qu'un défrichement inconsidéré fait beaucoup de mal au lieu de donner des revenus. Daille est à mi-côte sur la gauche du chemin que nous suivions, et pour y arriver, nous avons traversé sur un pont momentanément inutile, par suite des ardeurs de l'été, le déversoir par lequel s'écoulent les eaux des fontaines placées à la tête de la petite vallée. On fauchait les prairies environnantes où l'herbe abondait, et les travailleurs, au moment de notre passage, faisaient la sieste à l'ombre des hauts peupliers, après avoir vaillamment abattu pendant toute la matinée l'herbe odorante chargée de rosée et qui séchait maintenant sous les rayons du soleil ardent de midi. A notre approche, ils se levèrent et nous saluèrent poliment. Le régisseur, M. Joussain, vint à nous et nous conduisit à la maison d'habitation où il fit dételer et dont il nous montra les environs. Les bâtiments paraissent commodes et soignés. En avant, sur la façade de l'est qui domine le pays, est une belle terrasse avec une allée d'arbres verdoyants dont l'ombrage se mire dans une longue et charmante pièce d'eau, limpide, peuplée de poissons et animée par des oiseaux aquatiques. C'est frais, commode et gai. Cette petite promenade est une délicieuse décoration. A côté s'ouvre un jardin potager fort bien rempli, paraissant très bien dirigé. Nous félicitons M. Gaillard de la retraite qu'il s'est créée à la campagne. Nous le félicitons plus encore de la manière dont son exploitation est conduite. Son suppléant ordinaire, homme de nature communicative, nous a mis au courant de la situation, nous a fait voir ses beaux moutons croisés, ses bœufs remarquables, et nous avons pu nous convaincre de la valeur de cet agent, mais nous croyons que M. Gaillard est pour beaucoup par ses conseils et son habile direction dans les résultats obtenus. M. Joussain va de l'avant de tout cœur et irait peut-être trop loin dans sa guerre aux arbres si on ne l'arrêtait parfois. Quel est l'homme qui n'a pas ses défauts ! Les métayers dont nous avons inspecté les terres et les étables sont méritants aussi ; leurs récoltes étaient jolies et leurs vignes en bon état. Il est fâcheux que le sol ne se prête pas mieux à l'emploi d'outils perfectionnés. Nous avons quitté Daille en traversant de magnifiques vignes, taillées, peut-être, un peu court, et garnies de belles lignes de pruniers plantés de distance en distance, complément heureux, qui commence du reste à être généralisé au grand avantage de notre contrée. De ce point, on nous a montré La Chabrerie, propriété de M. le comte de Cossé-Brissac, et le bois où s'est passé le drame terrible dont j'ai fait le récit déjà, drame dont le héros a si longtemps attendu la dérisoire récompense qu'on s'est enfin décidé à lui accorder.

Un peu plus loin on s'aperçoit bien vite que l'on n'est plus chez le même praticien. Quelle différence dans la tenue et la conduite des cultures, lorsque culture il y a! Nous ne tardons pas à nous engager sur le sommet extrême des collines, au milieu de bois sombres et négligés, sur le tracé de la plus vieille des routes qui conduisaient autrefois de Périgueux à La Rochelle par Angoulême. Je me souviens que dans mon extrême jeunesse ce chemin était raboteux, plein de trous et d'aspérités. Je ne crois pas qu'on l'ait restauré depuis. On peut juger de sa physionomie actuelle. Notre voiture nous a menés de soubresauts en soubresauts jusqu'à l'entrée d'une métairie que nous voulions visiter, M. Lapeyrière nous l'ayant signalée comme digne d'attention par les travaux qu'un de ses colons y avait exécutés. Nous espérions l'y rencontrer lui-même, mais nous nous étions beaucoup attardés à Daille et il venait de partir quand nous avons mis pied à terre, tout étonnés de n'être pas brisés et que notre véhicule fut intact. Nous avons vu de remarquables plantations de vignes fort bien entendues, fort bien soignées et nous avons été très heureux d'applaudir aux succès de Jean Grel, qui avait fait beaucoup avec peu, sans doute aidé des avis de son maître capable et zélé. De cette hauteur, le regard embrasse un vaste horizon et nous avons pu, suivant de l'œil notre itinéraire de la journée, nous rendre le témoignage que nous n'avions pas perdu notre temps pendant celle-ci. Sur sa cime environnée de friches et de châtaigniers, Grel est bien seul, mais il n'avait pas trop à redouter les voleurs. En effet, chaque soir, nous dit-il, un loup énorme venait se mettre en sentinelle au bout de son avenue. La présence de cet écornifleur empêchait le

bétail d'avoir la fantaisie de s'échapper et les larrons ne se
souciaient guère d'affronter les mâchoires puissantes du
garde-nuit, qui n'était pas d'humeur à leur céder la place et
le butin espéré.

Nous sommes repartis parcourant des sentiers qui montaient
et descendaient à tort et à travers, nous conduisant tantôt à
des champs d'assez bonne apparence, tantôt dans de mauvais
taillis, des clairières et des cailloutis. Enfin, nous avons fini
par trouver une descende rapide, grâce à laquelle nous sommes, en passant le long d'une terre portant une maigre récolte de froment, arrivés à la route d'Angoulême, que nous
avons revue avec un vrai plaisir. Un instant après, nous passions devant Mesplier, dont le possesseur nous engageait amicalement à venir nous asseoir à son foyer, ce
que nous regrettions de ne pouvoir faire et nous ne tardions
pas à atteindre Château-l'Evêque, où pendant que les chevaux soufflaient un instant, M. Brachet nous apportait un
verre de bière écumante que nous faisions disparaître avec
enthousiasme sans descendre de notre voiture, pressés que nous
étions de rentrer à Périgueux, que nous touchions enfin vers
sept heures du soir.

Peu de jours après, le bourg me revoyait. Je venais
y chercher des renseignements promis et j'allais frapper
à la porte de celui qui pouvait me les mieux fournir.
Le soleil commençait à s'élever dans le ciel sans nuages avec
tout son éclat, la cigale faisait entendre les premiers accents
de son cri rustique et je montais paisiblement la rampe qui
de la plaine conduit à Puy-de-Fourche, au milieu de ce bruit
mystérieux et saisissant qu'on entend dans le silence de la
campagne et qui est peut-être produit par la marche rythmée
des astres et de notre terre, traversant dans leur vol rapide,
et en harmonieux accord, les plaines immenses de l'espace.
Un chant joyeux retentit tout à coup sur le coteau voisin et
fut suivi d'un autre qui lui répondit de la hauteur située

vis-à-vis. Deux troupes de moissonneurs armés de faucilles travaillaient ainsi vaillamment, en s'encourageant par ces naïfs accents qui, répercutés par les échos, ne sont pas sans charme. Voici quelques-uns de ces couplets que l'on a bien voulu me transmettre et qui tirent tout leur mérite de l'effet qu'ils produisent en se répétant de vallées en vallées, de cime en cime, entonnés par des voix souvent justes, pendant que manœuvrent en cadence les bras des robustes enfants des campagnes :

LA PITO JEANNO.	LA PETITE JEANNE.
Qu'ey la pito Jeanno doou Rey, Boun mati sey levado. Oh ! (chœur ter.)	C'est la petite Jeanne du Roi, De bon matin elle s'est levée. Oh !
Ma ello o prey soun bujou d'or; O la foun sen ey nado. Oh ! (chœur ter.)	Puis elle a pris sa cruche d'or Et est allée à la fontaine. Oh !
Né fugué pas o meyta chomi, Lo se tra regardavo. Oh ! (chœur ter.)	Elle n'est pas à moitié chemin, Qu'en regardant autour d'elle Oh !
Ello n'en vei veni tant de gens De l'armado, qu'ello sey creide. Oh ! (chœur)	Elle voit venir foule de gens Comme une armée ; et s'écrie : Oh !
A Diou doou Seou ! sei Fillo abandounado ! Oh ! (chœur ter.)	O Dieu du ciel ! Je suis Une fille perdue ! Oh !
Ne sirei, bello, ne sirei, Vous sirei maridado. Oh ! (chœur ter.)	Vous ne le serez pas, belle, vous ne Vous serez mariée. Oh !
You vous lou disé, et quey segur, En lou pus béou de moussoudards. Oh ! (chœur ter.)	Je vous le dis parce que c'est sûr, Avec le plus beau de mes soldats ! Oh !
Per dé soudard, n'en voli pas, Voli lou copitani. Oh ! (chœur ter.)	Pour un soldat, je n'en veux pas, Je veux le capitaine ! Oh !
Lou copitani né vous voou pas, Sey pas prou deumeysello. Oh ! (chœur ter.)	Le capitaine ne vous veut pas; Vous n'êtes pas assez demoiselle. Oh !
Sey bé filio doou Rey, Porté rubons et dentellos. Oh ! (chœur ter.)	Je suis bien la fille du Roi, Je porte rubans et dentelles. Oh !

Cette princesse qui se lève de bonne heure pour aller puiser à la source voisine l'eau nécessaire aux besoins du ménage ne fait-elle pas songer à celles de l'Odyssée et aux filles des patriarches bibliques se rendant au puits banal? Otez les rubans et les dentelles, qui, très-évidemment, remplacent quelques parures aujourd'hui disparues, dont nos campagnards n'ont plus l'idée, et l'on se trouve en présence d'une idylle des anciens jours traduite probablement en langue romane du Celte, provenant peut-être même de l'Ibère : un vrai petit poëme *préhistorique !* Antiquaires, réjouissez-vous !

Il y a plusieurs autres de ces romances qui se transmettent aussi de génération en génération. On les répétait il y a cent, deux cents ans pendant la moisson; on les y répétera peut-être pendant plusieurs siècles encore et elles ne s'entendent guère qu'à cette occasion. La poésie n'en est pas grande, la trame en est très légère, la mesure prosodique y est souvent mise en oubli. Ce sont des bluettes sans prétention et de la simplicité la plus extrême. Eh bien ! je ne saurais dire combien leur air entraînant, le milieu dans lequel on se trouve, le cœur avec lequel les travailleurs se renvoient chaque refrain en coupant leurs blés avec ardeur, émotionnent et avec quel plaisir on les accueille J'allais écoutant ainsi, regardant ces intrépides jeunes gens et jeunes filles qui s'animaient au bruit de leurs chansons, faisant à qui mieux mieux de nombreuses javelles sans se préoccuper du poids du jour, si bien que je me trouvai, sans m'être aperçu de la longueur de la route, à la porte de l'habitation que je cherchais. Je heurtai. Pas de bruit humain. Seulement, à mon coup de marteau, la voix grondeuse, et cependant calme à la fois, d'un chien fidèle répondit. Je fis le tour du logis et fus frapper ailleurs; le vigilant gardien suivit toutes mes évolutions dans la cour, répétant ses aboiements semi-amicaux, semi-colères à chacune de mes tentatives pour me faire ouvrir. Evidemment la maison était vide et, en considérant d'un œil distrait le petit lac en miniature où s'ébattaient les palmipèdes de la ferme, dans l'eau limpide du ruisseau de Vessat, ou de Mesplier, retenu par la digue du moulin, j'attendis en conséquence l'arrivée d'un brave paysan que je voyais venir vers moi conduisant sa charrette chargée de bois. J'appris par lui que son maître était à Paris depuis deux jours et je repris immédiatement le chemin de Château-l'Évêque. J'avais à peine fait cent pas que je fus rejoint par un cavalier quit mit pied à terre en m'apercevant et, conduisant son cheval par la bride, m'accompagna jusqu'à l'entrée de la rue principale. Il venait de Brantôme et me donna sur les progrès de la culture de ce canton les plus intéressants détails. La chaleur devenait accablante, je regardais mon excursion comme manquée totalement, du moins en ce qui concernait son but primitif, et je me rendis à la station pour retourner en ville par le premier train. Heureusement

Le ciel me fit trouver à la gare un ami.

M. le docteur Guilbert, que j'y rencontrai voulait me mener déjeuner à Coularède, et j'y consentis, charmé d'aller étudier et apprendre à bonne école. Mais, hélas ! les jambes d'un vieillard ne peuvent plus faire le même service que celles d'un jeune homme. La température embrasée m'avait du reste étourdi. Dès les premiers pas, je compris que je ne pouvais songer à gravir le chemin qui s'ouvrait devant nous ou que si j'y parvenais, il faudrait me reposer là haut et redescendre sans avoir rien visité, courant en outre la chance de manquer le train. Mieux valait rester à Château-l'Évêque, ce à quoi nous nous décidâmes. Un instant après, nous étions attablés dans un hôtel voisin et je faisais honneur au bon repas qui nous était servi. Tout à coup le docteur tire sa montre. « Vous êtes venu, me dit-il, pour voir la nouvelle église, le nouveau monastère et quelques petites exploitations. Il vous reste cinq minutes pour accomplir tout cela ! Le convoi va partir ; nous n'avons pas le temps d'aller chercher nos billets. Donc, vous restez, vous faites votre tournée, je vous accompagne et me constitue votre *Cicerone*. » Comment n'aurai-je pas accepté ? Je le fis et de grand cœur. Grâce à mon séducteur, j'ai pu voir dans tous ses détails le joli temple que l'on construit. Il est parfaitement situé, produira l'effet le plus satisfaisant, est élégant, possède un bel autel et de beaux vitraux. L'ancienne et très modeste église paroissiale en fait partie, formant une aile qui malheureusement n'a pas de pendant. C'est dans sa petite enceinte que saint Vincent-de-Paul a été ordonné prêtre et une inscription placée dans cette chapelle apprend ce fait à tous. Nous espérons qu'elle sera sans tarder gravée en lettres d'or sur une table de marbre, et non plus simplement sur toile, comme aujourd'hui. Nous avons ensuite visité le couvent des Filles du grand saint, placé tout à côté. Sa façade principale, qui donne sur la rue et qui au-dessus de la porte d'entrée est décorée de la statue de l'Apôtre de la charité, n'est séparée de la voie publique que par une terrasse trop étroite et trop longue ; mais l'intérieur de l'édifice est remarquable ; les appartements sont vastes et bien distribués. L'oratoire, où l'on entre de plein-pied, est d'une exquise propreté, bien meublé et inspire le recueillement. Du côté faisant face à l'arrivée, ce lieu de prières est au premier étage, ayant au-dessous de lui plusieurs logements spacieux et commodes. L'établissement, très étendu, renferme une école de filles, une salle d'asile, des provisions pour les pauvres, de nombreuses cellules, des locaux d'exercice et de conférences pour les religieuses. Celles-ci paraissent avoir pour cette maison une affection particulière. Elles y tiennent des réunions de leur ordre, y envoient leurs malades et viennent s'y reposer à côté de leurs sœurs. Cette préférence, qui pourra valoir à la résidence une plus grande importance avant peu, est du reste parfaitement justifiée par le beau site et le climat heureux dont on jouit en cet endroit. Pendant les vacances et les heures de récréation coupant les exercices, on

voit les cornettes blanches de la congrégation vénérée se
répandre dans toutes les directions, à travers les vignes, les
terres, les bois; elles sont l'insigne de la charité, de la bienfaisance allant de porte en porte distribuer dans chaque
chaumière secours et conseils salutaires, aussi sont-elles à
bon droit chéries dans la contrée. Pour rendre le monastère
encore plus remarquable et tout-à-fait commode, il faudrait
agrandir son petit jardin et y joindre la prairie située vis-
à-vis, de l'autre côté de la Beauronne. Au-dessus du couvent
est le château d'où l'on découvre une grande partie de la
commune et d'où l'on peut se faire une idée très-approxima-
tivement exacte de sa topographie.

Trois vallées la partagent entre des collines aux tons
variés. L'une d'elles, la plus considérable, vient du nord
et reçoit les deux autres. En la descendant du côté du
canton de Thiviers, on rencontre, bien avant d'arriver
au chef-lieu actuel, le village de Pressacq-d'Agonac qui
fut autrefois le centre officiel de la mairie; en perdant ce
titre, que lui a ravi Château-l'Evêque, il a conservé celui de
paroisse spéciale et doit être desservi par un prêtre succursaliste, mais il en est privé depuis quelque temps. Espérons
que son presbytère sera bientôt occupé de nouveau. Des ruisseaux courent dans chacun des trois vallons. Celui de Vessat,
autrement dit le Mesplier, fait mouvoir un moulin; la Beauronne en fait marcher trois autres. Aucune de ces usines
n'est considérable. Les prairies avoisinant les cours d'eau
sont étendues et quelques-unes sont bien soignées, mais il
faut reconnaître que la plupart sont mal tenues, et pourtant
si on leur consacrait un peu de travail et d'engrais, elles
pourraient fournir grande quantité de foin, et de mérite supérieur. Les terres sont de bonne nature dans le plat pays; il
en est aussi de fécondes sur les pentes; celles des plateaux
peuvent, j'en ai donné deux preuves, être très fructueusement améliorées. Les bois renferment beaucoup de châtai-

guiers, dont le fruit est abondant et entre pour une grande part dans l'alimentation des ménages pendant plusieurs mois de l'année. La vigne prospère et lorsqu'elle est bien conduite donne, comme je l'ai déjà dit, des revenus importants. Corsés et moëlleux, agréables, vieillissant vite, ses vins se vendent facilement de 55 à 60 et 70 fr. les 225 litres. Ceux de MM. Eyssalet, Guilbert et Masplier sont très honorablement connus. Le blé, le maïs, forment avec elle le fond des revenus. On cultive trop peu de tabac, de nature remarquable d'ailleurs. Partout on trouve des noyers. Ces arbres sont plantés le long des chemins et aussi quelque peu dans les terres. Entés et bien dirigés, ils sont susceptibles de fournir de grosses recettes. Les défrichements se poursuivent, mais pas toujours avec prudence. Plus d'une croupe est déjà totalement dégradée, parce qu'on a eu la fâcheuse idée de la déboiser. Quelques-unes présentent à nu le rocher plein que l'on pourra probablement exploiter en carrières et l'on en tirera profit ; mais d'autres sont dans un état de stérilité que ne peut compenser aucun avantage. Les fruits ne sont pas très communs ; cependant il en existe assez pour la consommation et de nouvelles plantations sont projetées, ou s'exécutent même déjà. Le jardinage est encore trop peu répandu, quand il devrait être une des principales ressources des cultivateurs, de la plaine surtout. Les petits pois se sèment en assez grande quantité pour l'approvisionnement de Périgueux. L'industrie n'est guère représentée que par le travail des moulins pour la production de la farine, le charronnage, la taillanderie et la réparation de quelques instruments agricoles.

En revenant du château, nous avons vu presque tous ses ateliers, dont quelques-uns visent du reste à prendre un certain développement. Sous le rapport de la viabilité, le territoire est assez favorisé. Déjà desservi par un chemin de fer, il va voir en arriver un autre à sa jolie station. Il est de plus traversé par une grande route et de nombreuses voies aux-

quelles vont s'ajouter un chemin se dirigeant sur La Tour-
Blanche, un second allant à Agonac, un troisième se rendant
à Biras, un quatrième montant à Sensenac. Tout cela ne
pourra manquer de donner beaucoup d'impulsion à son commerce, qui consiste surtout en bois, vins, céréales, volailles et bestiaux. Parmi ceux-ci, les animaux gras, porcs
et bœufs jouent un certain rôle déjà, grâce à MM. Eyssalet,
Gaillard, Guilbert, Mesplier et Siméon Lapeyrière, qu'il faut
toujours nommer quand on veut citer ce qui est bien fait en
agriculture de ces côtés. Les vaches laitières sont peu nombreuses; je le regrette, car leurs mamelles sont une source
qui remplit l'escarcelle de ceux qui savent bien les soigner.
Pourtant quelques personnes en ont et tirent fort bon parti du
lait, qui se vend vingt centimes le litre sur place. On devrait
accroître la quantité des fourrages artificiels dont il n'y a pas
encore assez. Hélas! pourquoi faut-il que le vent des passions
politiques ait éteint le flambeau du comice communal qui
jetait un si salutaire éclat?

En quittant le bourg, nous avons trouvé sur l'avenue,
près de la gare, une bande de jeunes gens qui accompagnait
des charrettes chargées de gerbes et chantait à gorge déployée
des couplets de circonstance. Pourtant les récoltes sont loin
d'être belles cette année, mais après avoir bien rempli son
devoir en travaillant avec zèle, le paysan prend toujours
avec reconnaissance ce que Dieu lui donne et se remet ensuite
à l'œuvre avec plus de cœur. La franche gaieté, le conten-
tement en face de peu de gain, ne se retrouvent plus chez le
savetier. Il y a longtemps que ces deux qualités ont quitté
l'échoppe et sont allées se réfugier à la campagne, où l'air
pur, le spectacle de la nature et l'exercice salutaire les maintiennent en bonne santé. Je désire fort qu'elles y restent.
Cependant il n'y aurait pas de mal à ce qu'elles fussent de
temps à autre faire une petite excursion dans les villes où
elles manquent décidément par trop.

La charmante chose que cette route de Château-l'Evêque à Périgueux, courant, en faisant des coudes arrondis le long de la vallée, vis-à-vis le chemin de fer qui suit l'autre bord, toute ombragée de hauts et robustes peupliers, accompagnée de prairies et de champs aux cultures diverses ! Elle nous montre à chaque instant de florissants villages et des exploitations intéressantes. Elle touche, entre autres, l'enclos qui renferme le château de Rivière et son magnifique jardin maraîcher et fruitier. Dans ce terrain hardiment remanié de fond en comble, vigoureusement travaillé, le nouveau propriétaire a pratiqué la culture vraiment intensive. On remarque surtout son importante aspergerie, dont les beaux produits, achetés par un fabricant de conserves de Périgueux, ont été payés deux mille francs pour une seule saison ; de savoureux légumes, puis des cerisiers, des abricotiers, des pêchers, des vignes bien dirigés, fertiles et fournissant des fruits nombreux et délicats. M. Vial d'Aram avait étendu ses améliorations à ses terres et y avait introduit des innovations heureuses dans l'assolement; il y avait rassemblé des plantes trop peu répandues encore autour de ses domaines et employé de nombreux instruments abréviateurs. Malheureusement les revenus n'ayant pas assez vite répondu à ses espérances, il semble s'être un peu désaffectionné de son œuvre. Mais il comprendra qu'avec la terre il faut agir prudemment, sans se décourager, et que lorsqu'on est dans la bonne voie, si de suite elle ne vous récompense pas comme on le voudrait, elle finit toujours par payer honorablement ses dettes. Les débouchés s'ouvrent petit à petit; c'est affaire de temps et de patience. Nous sommes à une époque de transformation où grâce aux voies rapides, aux demandes de l'extérieur, on ne peut manquer, lorsque l'on sait agir avec réflexion, suivant ses forces et suivant la nature du sol que l'on possède, de retirer de ses travaux un légitime bénéfice.

A peu de distance au-delà, sur le bord opposé du val,

plusieurs maisons autour d'une autre de dimensions plus considérables et de style plus distingué, forment le village du Cros. Des sources y sortent de terre et vont rejoindre la Beauronne; quelques-unes s'étendent comme des viviers naturels et l'on serait tout disposé, par suite, à profiter d'elles pour se livrer à la pisciculture. Mais il n'y faut pas songer. Ces réservoirs attrayants sont infestés de brochets qui détruisent tout poisson, petit ou gros. On croit en avoir fait justice, il en renait des myriades ; les efforts pour arriver à leur extermination n'aboutissent à rien. Les œufs de cette engeance, sont sans doute apportés de plus loin par les palmipèdes, inconsciemment semblables à des colporteurs répandant des œuvres empoisonnées. Ces œufs se collent aux pattes et aux plumes des oiseaux et viennent éclore, sinistres embryons, dans ces eaux, dont la température est favorable à leur évolution. Au surplus, brochets, loups, pillards et voleurs de toute espèce sont, paraît-il, destinés à pulluler et prospérer dans ce monde.

Si les habitants du Cros ne peuvent pas élever truites, brèmes et carpes, s'ils sont obligés de renoncer à la propagation de l'*asset* et même du goujon, ils voient cet inconvénient sans trouble, même sans trop d'ennui, car il disparaît devant une entreprise qui semble avoir complètement réussi. Dès 1869, M. Feyteau, maintenant juge de paix à Thiviers, venant d'Alsace où sa fille était mariée, planta quelques ares de houblon qui prospéra. Lorsqu'en 1871, M. Eymery, gendre du propriétaire, quitta le service pour venir s'installer chez son beau-père avec sa famille, il trouva ces pieds superbes, chargés de cônes dorés et, dans la patriotique pensée de conserver, de répandre en France un produit qui avait enrichi l'Alsace, que nous avons perdue si malheureusement, il s'empressa de tenter un essai nouveau sur une échelle un peu moins restreinte. Le résultat répondit à ses vœux. A la suite de cette expérience, il a fait défricher une vieille luzernière d'une superficie de 20 ares, et sur cet espace, il a recueilli, de 500 plants, 112 kilogrammes que M. Meyer, brasseur à Périgueux, lui a payés 6 fr. 30 l'un, ce qui par hectare représente une recette brute de 3,527 francs. Les circonstances étaient exceptionnelles, il est vrai, le houblon ayant, cette année-là, manqué presque partout, ce qui le mettait hors de prix. L'année suivante, il ne valait plus que 2 fr. le kilogramme et la récolte souffrit en outre d'une inondation et du manque de taille faite en temps opportun. Mais loin de se décourager, M. Eymery vient d'augmenter sa culture; il compte avoir désormais 2,500 pieds de houblon et être en état, en 1879, de fournir des boutures aux personnes qui voudront lui en demander. Il estime que chaque pied bien conduit doit rendre près d'une livre de cônes et que ceux-ci, vendus seulement 2 fr. le kilogramme, ne peuvent donner guère moins de 2,000 fr. à l'hectare. Sans doute il y a des dépenses à faire, mais la houblonnière, une fois créée, doit durer de 25 à 30 ans. Elle n'entre en production qu'au bout de deux ans, mais les plants étant espacés à deux mètres en tous sens, on peut entre eux cultiver soit des pommes de terre, soit des carottes, soit des choux, en un mot toute espèce de plante potagère. Le plus grand déboursé provient de l'achat des perches qui doivent avoir de quatre à cinq mètres de long et être assez fortes dans le haut pour ne pas plier sous le poids de la végétation. Reste la question des débouchés; M. Eymery croit que si les propriétaires voulaient bien s'en occuper sérieusement, il leur serait facile de trouver à Bordeaux des acheteurs qui traiteraient avec des maisons de la Grande-Bretagne pour des ventes en Angleterre, dont les brasseries, à court de provisions, sont obligées de faire venir de loin, d'Amérique même, des houblons qui leur parviennent souvent détériorés. Dans notre pays, dont le sol lui convient parfaitement, cette plante mûrit quinze jours plustôt qu'en Alsace, ce qui est un grand avantage. Elle ne craint pas les gelées

printanières, plus heureuse en cela que la vigne, et procure
de l'ouvrage rémunérateur, même aux infirmes, aux femmes
et aux enfants. Nous avons vu qu'à Puychenil, canton de
Mareuil, M. le vicomte de Fontenay se félicite également de
l'introduction de la culture du houblon dans sa propriété.
Du reste, il n'y a rien d'étonnant à voir cette sarmenteuse
prospérer en Périgord, puisqu'elle y vient à l'état sauvage.
On sait effectivement qu'on en rencontre fréquemment dans
nos haies une variété qui y est indigène. Les moyens de lui
assurer d'une manière régulière le corps et le parfum nécessaires pour la fabrication de la bière de bonne qualité ne
doivent pas être difficiles à trouver. MM. Eymery et de
Fontenay ont droit à des remerciements pour le nouveau jalon
par eux posé sur la voie du bien-être dans la Dordogne.

Nous arrivons sur les dépendances de Chancelade, et ce
que nous y voyons d'abord, après avoir regagné la grand'route,
ce sont, sur les flancs de la colline boisée que nous touchons,
les nombreuses excavations pratiquées pour en extraire la
pierre dure, sous forme de moellons, destinés à servir au
pavage, et de pièces de plus fort échantillon pour bordures
de trottoirs, marches d'escaliers, appuis ou montants de portes
et de fenêtres. On les exploite à la mine et à ciel ouvert. La
demande étant considérable, les fouilles tendent à se rejoindre et bientôt la montagne n'offrira plus que l'aspect d'une
muraille bordant une fosse béante empiétant chaque jour sur
elle. Tout autre est la physionomie des carrières de pierre
tendre situées sur le même côté que le Cros et environ à un
kilomètre du chef-lieu de la commune. De la route, on aperçoit de nombreuses ouvertures dans le roc. C'est par là qu'on
entre dans les chantiers qui sont souterrains; des allées les
parcourent et sont séparées les unes des autres par des piliers
soutenant les voûtes qui supportent le poids des terrains situés
au-dessus. Le long de ces piliers, de profondes tranchées reçoivent les eaux qui suintent de toutes parts et les conduisent

au-dehors. Les passages sont humides et glissants, défoncés souvent par les roues des véhicules qui sans cesse y circulent. Le percement s'étend au loin et l'extraction des blocs se fait à la clarté des lampes qui jettent autour d'elles un jour douteux. Le bruit des scies et des marteaux, la vue de ces ouvriers travaillant plongés à demi dans les ténèbres, leurs chants répercutés par les parois, produisent un effet puissant et étrange. On est intéressé vivement et cependant il tarde à chacun de quitter ce labyrinthe où il semble qu'on étouffe sous le poids du tertre qui vous recouvre. Ah ! comme on revoit avec plaisir la lumière du ciel, la lumière d'en haut ! Elle est pure, elle est saine, elle est reconfortante, elle est féconde celle-là ! L'autre, celle que l'on vient de laisser dans ces caves obscures, est auprès d'elle comme l'est notre trouble, faible et vacillante raison, dont nous sommes si fiers, en présence de l'éclatante clarté qui vient de Dieu.

Le sentiment de délivrance qu'on ressent au sortir de ces chambres, séjour de la nuit, dilate l'esprit et le cœur ; mais cet effet une fois produit, on rend justice à la beauté des matériaux obtenus et à l'importance de l'exploitation. Chaque année plus de 8,000 mètres cubes d'une pierre d'éclatante blancheur, facile à débiter à la scie, durcissant à l'air, ne craignant pas la gelée, sont livrés au commerce qui les transporte au loin pour servir à des constructions, souvent grandioses, sur tous les points de la France. Le service est très-bien organisé, notamment par M. Chaigneau, principal entrepreneur, dont la complaisance égale la compétence et qui s'est fait à l'entrée de ce dédale une petite retraite où il introduit chaque jour plus de grâce et de confort. Un personnel nombreux est sans cesse occupé dans ces ateliers gigantesques, et la Compagnie du chemin de fer d'Orléans vient d'établir à côté d'eux, spécialement pour le chargement des blocs à expédier, une gare, dont l'accès, sans doute, ne tardera pas à être ouvert aux autres marchandises et aux voyageurs, ce qui sera une bonne mesure à tous égards. Une grosse tuilerie et quatre moulins à blé, dont un pourvu d'un pressoir à huile, complètent la série des établissements industriels de Chancelade.

Le bourg est à mi-côte, assez important et dans une situation riante. On y voit sur la place une belle fontaine d'eau vive qui jaillit du sol et débite une onde claire, salubre et très-abondante. Au nord-est se déploie majestueusement une vieille abbaye fondée vers l'an 1120, restaurée par le bienheureux Solminhac au XVIIe siècle, et où s'était établie une corporation savante et célèbre de religieux. Au XIVe siècle, les Anglais s'en étaient emparés et en avaient fait une forteresse que Du Guesclin vint attaquer en personne. Il somma la garnison de se rendre, le commandant répondit fièrement; mais dès qu'il sut quel était l'adversaire campant en face de ses remparts, il se hâta de capituler. Pendant les guerres de religion, cet asile de la prière eut encore beaucoup à souffrir ; mais depuis, jusqu'en 1789, il ne cessa pas de jouir d'une paix profonde. A la Révolution, il fut vendu nationalement. Le beau parc qui le joint a été malencontreusement mutilé pour ouvrir un passage au chemin de fer, ce qu'on aurait pu, sans doute, éviter. L'ancienne église conventuelle est maintenant paroissiale ; elle est vaste et renferme d'intéressants vestiges du passé. Dans sa sacristie, l'on conserve de précieuses reliques de St-Front. Le porche est maintenant, par suite de remblais nombreux, en contrebas du terrain voisin. A peu de distance, on voit sur la place l'église dite chapelle St-Jean, qui fut paroissiale avant la sécularisation de l'abbaye. C'est un véritable bijou roman qu'il serait très à désirer de voir restaurer ; mais ses propriétaires, qui en font leur habitation, en demandent des prix tellement exagérés que l'on a renoncé pour le moment à l'acquérir. Il paraît, de plus, que certaines parties de cet édifice ont subi des dégradations telles qu'il est presque impossible de songer à les réparer. Chancelade compte plusieurs jolies maisons dont quelques-unes sont pourvues de jardins agréables qui paraissent florissants. A son extrémité méridionale, sur le bord du chemin de grande communication n° 1, qui traverse une portion de l'aglomération, uni avec le chemin n° 2 qui ne s'en sépare qu'à quelque distance, M. Lagrange, notaire à Périgueux, fait construire un charmant petit château, genre moyen-âge, au milieu de pelouses verdoyantes et de gracieuses allées. Outre les monuments que je viens d'énumérer, la commune renfermait autrefois deux églises importantes. L'une, à Beauronne, était dédiée à St-Saturnin ; la seconde dépendant d'une commanderie, se trouvait à Andrivaux. Elles sont détruites l'une et l'autre. Sur les confins du territoire, mais appartenant à celui de Lachapelle-Gonaguet, est l'église de Merlande ; c'est un temple très-curieux, très-apprécié par les archéologues, construit par les Templiers et qui fut fortifié. Son abside est extrêmement remarquable. Ne pourrait-on pas l'utiliser ?

La superficie de la commune embrasse un peu plus de 1,622 hectares, dont environ 580 de terres labourables, 10 de jardins, 50 de bruyères, 126 de prés naturels, 230 de vignes en plein ou en joelles (ce qui est le petit nombre), 360 de châtaigneraies à fruit, et le reste en bois taillis ou futaies d'essences diverses, à l'exception d'une quarantaine qui sont en friches. C'est la distribution qui fut constatée en 1828, sauf pour une soixantaine d'hectares qui, pris sur les bois ou la lande, ont été, depuis cette époque, convertis en terres arables. On voit que la surface affectée à la culture proprement dite embrasse 950 hectares, c'est-à-dire n'atteint pas tout-à-fait les 5|8 de l'ensemble. On comprend dès-lors que le sol doit être montagneux. Il l'est en effet pour la plus forte partie, constituant un massif coupé, comme celui de Château-l'Évêque, par trois vallons : celui de Sept-Chevaux qui est à son extrémité vers le couchant, celui d'Andrivaux vers le milieu, celui de la Beauronne, de beaucoup le plus large et le plus important, à l'est. Devant ce noyau de hauteurs ainsi divisé par de profondes rainures, et qui forme approximativement les deux tiers du territoire, la haute plaine de l'Isle s'étend en nappe au midi, de l'est à l'ouest. La nature du sol en général est calcaire ou sablonneuse, avec quelques parties argileuses. Les principales productions dans la montagne sont : les bois chênes et châtaigniers et les vignes. Dans les vallées et dans la plaine croissent le froment, le maïs, la pomme de terre, le tabac, les fourrages naturels et artificiels.

L'assolement est biennal : première année froment, seconde année maïs, pommes de terre, etc. Les vignes sont cultivées en plein, c'est-à-dire suivant l'ancien système avec taille courte. Quelques nouvelles plantations sont néanmoins disposées de manière à pouvoir être labourées. Malgré cet état de choses trop stationnaire, les produits attestent la bonté de la couche dans laquelle ils poussent. La moyenne des rendements est, en effet, à l'hectare : pour le froment, de 20 hectolitres et pour le vin de 17 barriques, soit de 38 1/4 à 39 hectolitres 10. Ainsi, la céréale donne brut 440 fr., et le vin, calculé, trop bas, à 55 fr. la barrique, 935 fr. Avec de meilleurs procédés, à quels résultats n'arriverait-on pas ! Le tabac couvre seulement trois hectares, sur chacun desquels on en obtient chaque année pour 2,000 fr. environ Pourquoi donc n'y en a-t-il pas davantage? Les prairies naturelles se trouvent presque toutes dans les vallées; il y en a fort peu sur les coteaux. Elles sont, quoiqu'elles pussent être mieux soignées, de bonne qualité. Leur produit moyen est de 60 quintaux métriques. Leur superficie ne s'accroît guère. Les esprits sont tournés de préférence vers l'extension des fourrages artificiels, consistant principalement en luzerne et trèfle, la première fournissant 75 et le second 60, quintaux métriques. On sème aussi passablement de trèfle incarnat (farouch); enfin les raves et betteraves forment un contingent important pour l'alimentation des animaux, comme d'habitude avec le maïs et les pommes de terre, dont on recueille environ 100 hectolitres, toujours à l'hectare. Le topinambour n'est pas assez répandu. Les instruments perfectionnés commencent à jouer un rôle chaque jour plus grand dans les exploitations du pays. Les charrues Dombasle, les herses traînantes et roulantes, les machines à battre, les pressoirs de nouveau modèle y ont décidément acquis droit de bourgeoisie ; mais on n'emploie pas encore, malheureusement, les faucheuses et les moissonneuses. Cela, du reste, ne saurait tarder dans un pays où les herbes et les blés abondent.

Les bois qui, en dehors des châtaigneraies, s'étendent sur plus du septième du territoire, sont négligés, aussi leur rendement est-il faible. Ils forment une portion considérable de la forêt dite de Chancelade, qui se prolonge sur les dépendances de plusieurs municipalités voisines. Ils sont, par suite d'un manque d'entretien rationnel, assez clairsemés. Pourtant on a commencé depuis plusieurs années, et l'on continue, à remplir les espaces par trop dépeuplés avec des semis de pin qui réussissent passablement. Vu le peu de soins dont ces taillis sont l'objet, il est à croire que, même en tenant compte de la bruyère qu'on en retire, ils ne produisent pas beaucoup plus de 30 à 35 fr. par hectare annuellement. Mais on y trouve autre chose que des fagots, des bûches, des soliveaux, des poutres et de la litière pour le bétail ; cette autre chose, dont on se passerait volontiers, ce sont des loups qui y croissent et multiplient en paix et dévorent gibier et moutons : heureux encore quand ils ne se livrent pas à des actes de férocité comme il est arrivé l'année dernière, ainsi que je l'ai précédemment raconté! Les châtaigniers à fruit ajoutent, la statistique que l'on vient de lire le prouve, un appoint notable à la forêt. Par le temps qui court et avec le prix de la châtaigne, qui va toujours croissant, ils devraient être l'objet d'attentions toutes particulières. Mais loin de là. Le plus grand nombre d'entre eux tombe de vétusté, les arbres manquant ne sont pas remplacés, et trop souvent on arrache ceux qui se portent bien pour introduire à leur place des plantes qui réussissent médiocrement ou même mal. Dans ces conditions, j'estime qu'un hectare de châtaigniers ne peut guère fournir au-delà de 60 à 65 fr. par an, tandis qu'il devrait en donner pour le moins 100, si ce n'est 120.

Même ingratitude envers les noyers. Leur nombre diminue quand il devrait sensiblement s'accroître. Sans doute les vieux noyers francs sont sujets à la gelée qui les prive souvent de fruits, et sont fréquemment mal placés au milieu des pièces de terre, mais il y aurait tout avantage à en établir en bordures le long des chemins, en les greffant de manière à obtenir des variétés de noix craignant moins les froids printanniers et recherchées par le commerce. Il est à présumer qu'on prendra ce sage parti avant longtemps de ces côtés, comme on le fait déjà dans plusieurs localités avec bénéfice. Les Chanceladais n'ont pas non plus assez d'arbres fruitiers. Il en existe bien une certaine quantité, mais beaucoup trop faible pour ce que devrait en posséder un pareil lieu. Pendant quelques années on en a vu, tout autour d'une gracieuse maison de plaisance, au village de la Beauronne, une assez belle collection formant une pépinière dont les meilleurs résultats étaient attendus. Cette entreprise n'a pas eu de succès. On est cependant en droit de supposer que la vente lucrative des fruits à Périgueux, où des commissionnaires viennent les acquérir pour les transporter au loin, finira par donner sous ce rapport l'élan désirable aux intéressés.

Ainsi, dans la pratique, bien que des pas importants aient été faits, il reste encore beaucoup à réaliser pour toucher complètement au but dans la culture chanceladaise. Toutefois le progrès y marche à petit bruit; il y creuse paisiblement sa galerie; on le verra bientôt éclater brillamment de toutes parts. La propriété est, dans ce rayon, très-morcelée; le travail du possesseur est incessant et, les prairies artificielles aidant, le sol étant favorable, le ciel clément, il arrive que les produits récompensent le labeur constant de l'ouvrier qui détient la terre et ne lui permet guère de se reposer. Nous voyons en effet qu'on y recueille sur 260 hectares, au moins 5,200 hectolitres de froment qui, à 22 fr. l'un, donnent un total de 114,400 fr., et sur 230 hectares de vignes, 3,910 barriques de vin, à 55 fr. la pièce, soit pour 215,050 fr. Ces deux objets seuls élèvent donc le revenu brut annuel à 329,450 fr. Joignons-y les pommes de terre, le maïs, les fruits, les légumes secs, le tabac fournissant ensemble, sur 240 hect. environ, à coup sûr 36,000 fr. passés, et nous aurons près de 366,000 fr. sur 730 hect., c'est-à-dire au-delà de 501 fr. pour chacun d'eux ! Ajoutons maintenant le revenu de 270 hectares de taillis, à 30 fr. l'un, = 8,100 fr. et celui de 360 hectares de châtaigneraies à fruit à 65 fr.; = 23,400 fr., nous aurons sur une superficie totale de 1,360 hectares environ 397,500 fr., soit encore à peu près 290 fr. à l'hectare. Supposons que 140 fr. soient absorbés par les frais, il reste toujours 150 fr. de produit net, même en y comprenant les parties les plus pauvres et les plus arriérées de la commune, en ne laissant de côté que les friches et bruyères, tandis qu'il est de 361 fr. au moins pour les espaces seuls vraiment cultivés, et cela sans supputer ce que rapportent les fourrages naturels et artificiels sur 172 hect. au minimum. Dès que l'amélioration imminente aujourd'hui se sera rendue maîtresse de ce pays, on y verra régner la richesse, et pour cela l'on peut compter beaucoup sur l'intelligence de plusieurs de ses propriétaires petits et même grands, car l'esprit d'initiative n'est pas éteint chez ces derniers quoiqu'on en ait dit. Je n'en veux pour preuve que ce que l'on peut constater chez M. Lagrange, notaire, dont la méthode et les tendances sont connues et qui ne s'en tient pas, comme chacun sait, à la spéculation contemplative. Cependant je ne vois pas que son nom soit mentionné sur les notes que l'on m'a fournies. Pourquoi ? Je pourrais le dire, mais je préfère laisser à chacun le soin de le deviner. On le fera facilement.

Les productions de Chancelade sont excellentes. Ses froments sont très-réputés, ses vins qui sont, comme on en a pu juger, plus abondants que l'aspect de certains vignobles ne pourrait le donner à penser au premier coup-d'œil, sont légers, de bon goût et jouissent d'un vrai renom à Périgueux. Par malheur, ils sont difficiles à conserver, ce qui tient probablement à un vice de fabrication.

On élève beaucoup de volailles, et de porcs; on entretient une quantité notable de bêtes à cornes, dont le nombre a beaucoup augmenté depuis plusieurs années, mais la spéculation sur le lait, qui devrait être fructueuse ici, laisse beaucoup à désirer. On n'y compte pas, en effet, dans les étables, plus de 10 à 12 vaches, toutes de race gâtinaise, et elles ne procureront pas plus de 4,000 fr. de profit. En vérité c'est trop peu. L'engraissement est bien conduit et bien fait. De nombreux propriétaires ont obtenu des récompenses aux concours d'animaux de boucherie fondés par notre Société. Les bœufs présentés et vendus par MM. Decous-Lapeyrière ont plusieurs fois brillé avec éclat dans les promenades spéciales organisées pour les plus belles bêtes à cornes, aux jours du carnaval, et ont fourni chaque fois de la viande de choix en proportion notable. Aussi ne peut-on être surpris qu'avec son industrie productive des carrières (1) et sa culture rémunératrice déjà, qui le sera

---

(1) D'après une note que M. l'ingénieur en chef des mines à Périgueux, l'honorable M. Bère, a bien voulu me communiquer, la valeur des pierres tendres extraites s'élèverait annuellement à 120,000 fr., moëllons non compris. Leur exploitation occuperait une centaine d'ouvriers. Aux carrières de pierre dure trente hommes seraient employés et livreraient, par campagne, approximativement 100,000 parés à 13 fr. 50 le cent, 1,250 mètres linéaires de bordures de trottoirs à 3 fr. 50 le mètre, 1,250 marches d'escalier à 8 fr., soit pour 27,875 fr. en tout. Le produit de la pierre tendre et dure serait donc à Chancelade, en y comprenant les moëllons pour 7,125 seulement, de 155,000 fr. par exercice, en chiffre rond.

bien plus encore avant longtemps, Chancelade souffre peu de la dépopulation qui afflige trop de campagnes, surtout près des villes. La commune compte, en effet, 1,227 habitants, ou 76 environ par kilomètre carré, bois compris. C'est dire qu'elle est très-peuplée dans la partie réellement exploitée d'une manière sérieuse et suivie, où de riches villages se succèdent à chaque pas.

Sur ce tableau pourtant il faut blâmer encore une ombre. C'est le manque de jardins. On en trouve certainement, et de très-bien agencés et dirigés, je l'ai dit, autour de diverses habitations, mais qu'est-ce que cela, lorsque l'on songe que Chancelade n'est qu'à cinq kilomètres de Périgueux, qu'il est desservi par une grande route, une route départementale, deux chemins de grande communication et une foule de voies vicinales qui y rendent la circulation facile ? lorsque l'on se dit que son territoire a le bonheur d'être abondamment pourvu d'eaux qui rendent partout les irrigations, ou du moins les arrosements, aisément praticables ? En effet, chaque groupe de maisons est à portée d'une source suffisante pour son alimentation ; outre celle de la place du bourg, il y a de très-belles fontaines, très-abondantes, à Andrivaux, aux Matteaux, à Beauronne et à Péricaut. Voilà de grands éléments de succès pour la culture maraîchère, qui trouverait de plus à s'exercer avec tout avantage près de l'Isle et de la Beauronne, celle-ci pouvant être utilisée dans ce but sans nuire à la marche des trois moulins qu'elle met en mouvement. Le ruisseau d'Andrivaux aurait également une grande valeur sous ce rapport, quoique plus faible que les deux autres cours d'eau ; mais s'il pèche un peu en ne donnant pas au jardinage tout l'essor qu'il devrait, si l'usine qu'il alimente n'est pas très-considérable, ce ruisselet n'en a pas moins droit à être mentionné de la manière la plus honorable, et passer sous silence ses droits à la renommée serait un acte de lèse-gastronomie, crime impardonnable en Périgord !

C'est, en effet, près de son petit lit, non loin de son petit moulin, que se trouve le célèbre établissement du *Pas de l'Anglais*, dirigé par M. Robert, lequel excelle, non-seulement dans la préparation d'une sauce, comme fit son immortel homonyme, mais dans celle de toutes les sauces, de tous les rôtis, de tous les hors-d'œuvre, de tous les mets ! C'est chez lui qu'on doit aller quand on veut bien déjeuner, bien faire collation, bien dîner, bien souper. Que de volailles, que de crustacés, que de poissons sont là sacrifiés tous les jours, du matin au soir, pour sustenter délicieusement notre vie en s'assimilant à nos muscles et à notre être sous les formes les plus savoureuses, les plus distinguées ! C'est là qu'on apprend à aimer l'existence, qui semble ailleurs si morne, si triste, si peu désirable. M. Robert nous la fait apparaître couleur de rose, dans un nuage d'arômes exquis. Entre ses mains, un goujon est un trésor, réconfortant, stomachique, exhilarant, infaillible quand il est frit à point, pour chasser le spleen le plus invétéré. Ne me parlez donc pas de la douce Revalescière et de ses vertus ! Le moindre carpillon frétin, du *Pas de l'Anglais*, en a mille fois plus qu'elle. Pourtant, je l'avoue, je ne puis, sans une pitié profonde, songer à ces pauvres petits martyrs que l'on jette vivants dans la poêle et qui meurent sur le feu dans d'indicibles tourments, le tout parce qu'on s'imagine, à tort sans doute, qu'ils deviennent ainsi meilleurs au goût.

Ne pourrait-on pas leur épargner ces horribles tortures ? Mais l'homme est sans pitié lorsqu'il s'agit des animaux. Chaque jour vous voyez la femme elle-même, la plus frêle, la plus nerveuse, la plus sensible, se livrer envers eux dans sa cuisine à de véritables cruautés. Que dire de ceux qui dévorent vivante une malheureuse écrevisse dont ils brisent tour à tour et sucent chaque membre en la reprenant de minute en minute sur la table où elle s'agite pantelante et cherche à s'échapper ; de ceux qui rient en voyant une anguille écorchée vive se traîner sanglante à terre ! C'est de la barbarie, c'est de l'atrocité. Notre espèce, si elle était simplement une tribu d'êtres destructeurs semblable, par sa nature et par ses destinées, à celles qui infestent les forêts, serait cent fois pire que les tigres les plus féroces ; et l'Univers entier ferait bien de se liguer contre elle pour l'exterminer. Mais il n'en est pas ainsi. Nous sommes les usufruitiers de la création ; Dieu qui versa dans nos esprits et dans nos cœurs, avec son souffle, une parcelle de son essence nous a soumis la terre et l'a mise à notre disposition. Usons, n'abusons pas de ce magnifique privilège ; prélevons modérément sur les êtres infimes qui nous entourent un tribut légitime et nécessaire ; sachons exercer nos droits sans être d'indignes bourreaux. Ceci dit pour l'acquit de ma conscience, et parce que je le pense, je reviens à M. Robert et je proclame que sa gloire remplit Périgueux et resplendit au loin. Honneur à M. Robert du *Pas de l'Anglais* !

Salve magna parens frugum !

Ceci s'adresse à Marsac qui est une petite commune, c'est vrai. Je l'appelle grande néanmoins en songeant aux mérites de ses produits. Les céréales dorées, les fourrages, les légumes délicats, les fruits parfumés, la soie brillante, le bétail admirable, le coursier rapide, voilà ce que l'on y rencontre. Nous y pénétrons par la plaine et touchons d'abord à Salegourde. M. Lafforest, possesseur de cette terre n'a pas voulu qu'on oubliât les excellentes leçons qu'y ont prodiguées MM. de Lentilhac, alors qu'elle était le siége de la ferme-école du département ; il a tenu à cequ'elle restât une exploitation digne de l'honneur dont elle a joui longtemps. Aussi s'en occupe-t-il avec un soin pieux, on peut le dire. L'étendue de ce domaine dépasse 400 hectares, mais les bois et la plupart des vignes sont détachés du corps de bien et font partie des dépendances de Chancelade. Nous n'avons donc ici à mentionner que le bloc de 200 hectares, situé dans la vallée de l'Isle et s'y développant sans solution de continuité. Le sol en est argilo-siliceux ou argilo-calcaire. Les prairies y occupent un espace considérable, et bien qu'elles ne puissent être facilement irriguées, parce que la pente du terrain du côté de la Beauronne est trop faible, et parce que la rivière est en contre-bas, sans qu'on puisse élever ses eaux, le service de la navigation s'opposant à ce que l'on construise des barrages à cet effet, elles n'en donnent pas moins 45 quintaux métriques à l'hectare, regain compris. Leur production est renforcée par celle des prairies artificielles, répandues sur le quart des terres arables et consistant principalement en luzernes dont le rendement est de 80 quintaux métriques à l'hectare environ. Sur les portions en cultures annuelles, les céréales alternent avec les plantes sarclées. Le froment forme la base des récoltes. On en obtient dans les métairies de 18 à 20 hectolitres, et dans la réserve de 24 à 28 hectolitres à l'hectare. Il y a peu de maïs cultivé pour grains, mais beaucoup pour fourrages. On sème grande quantité de raves, navets, choux-vaches, et surtout de betteraves. Le tabac se voit sur huit hectares. Une très-belle plantation de mûriers s'étend sur six hectares et compte 1,200 arbres. On a longtemps affermé ceux-ci 1,000 fr. par an, non compris les produits obtenus entre leurs lignes ; mais, depuis le découragement momentané qui s'est emparé des éducateurs de vers à soie, la feuille de ce quinconce sert à l'alimentation des bestiaux qui, tous, en sont très-friands. Quelques vignes sont intercalées dans la plaine ; elles ont fort souffert des gelées ; on s'efforce de les remettre en état ; mais il est très-difficile, on le conçoit, d'arriver à retirer d'elles un revenu régulier en pareil endroit.

M. Lafforest a partagé 180 hectares de cette partie de sa terre entre onze colons, dont plusieurs sont très méritants.

Cette année, l'un d'eux, Antoine Soulié, a été récompensé par notre Société pour ses longs services, l'assainissement des abords de sa demeure, son beau bétail, la restauration intelligente d'un petit vignoble et la création d'un second. Une réserve, servant de modèle aux métayers, a 20 hectares de superficie. Elle renferme un jardin mesurant 1 hectare 20; travaillé par un maraîcher à moitié fruits, qui y nourrit deux vaches laitières. On retire de cet enclos tous les légumes nécessaires pour la consommation des domestiques, au nombre de 15, et l'on vend en outre pour 500 fr. de ses produits par an. Ce jardin est entouré par un canal d'eau vive, ayant 10 mètres de largeur, trois de profondeur et où l'on entretient beaucoup de poisson. Le reste de la réserve est consacré aux prairies et à la grande culture. Les instruments abréviateurs, tels que herses roulantes et traînantes, rouleau Croskill, faucheuses, faneuses, rateau à cheval, batteuses à la mécanique y sont d'un usage régulier. On y voit, en outre, une belle jumenterie, dans laquelle on compte 15 poulinières anglo-normandes, plus un étalon anglo-arabe. Y compris les jeunes, elle renferme souvent de 30 à 40 têtes. Presque tous les élèves sortis de ce haras sont achetés pour la remonte de l'armée. Enfin l'on se livre dans ce *Faire-valoir* à l'engraissement de 15 à 16 porcs par an et l'on y nourrit deux truies et un verrat anglo-limousin. Chacun des colons du reste de la plaine a dans ses étables 15 moutons et de 4 à 5 porcs à l'engrais. Le nombre des bêtes à cornes reparties sur la propriété consiste en 70 à 100 bœufs, dont 10 dans la réserve et de 60 à 90 dans les métairies. Les bestiaux gras provenant de chez M. Lafforest ont été souvent primés à la suite de nos concours. La population animale de Salegourde serait donc de 342 têtes en moyenne, savoir : 85 bœufs, 2 vaches, 30 juments, poulains ou chevaux, 60 porcs et 165 moutons. En admettant comme équivalent d'un bœuf soit 5 porcs, soit 10 moutons, soit 2 poulains, ce total représenterait 139 grosses têtes, au moins, dans l'état normal; une trentaine de plus, parfois.

Les principales améliorations apportées dans les bâtiments depuis l'entrée en jouissance du propriétaire, consistent en construction, ou meilleur aménagement, des logements des colons, d'étables, de greniers à fourrages. Trois métairies neuves ont été, de plus, élevées, ainsi que des hangars et des boxes pour les chevaux.

Une partie des 200 hectares que commande immédiatement la résidence du maître appartient à la commune de Périgueux; le reste dépend de Marsac. C'est dans la première section, qui embrasse 58 hectares, que se trouvent, vis-à-vis le rocher de Salegourde, situé de l'autre côté de l'eau, le moulin de ce nom, muni de trois paires de meules tournantes et d'une blutterie, ainsi qu'une belle scierie mécanique récemment édifiée, louée à MM. Foigne et C°, de Périgueux. Cet établissement, qui pourra parvenir à occuper cent ouvriers, possède un mécanisme à travailler les planches, un second débitant des bois de placage, de menuiserie, de charpente, des panneaux de carrosserie et autres; enfin plusieurs scies circulaires façonnant des bois en grume, des lattés à plafond, des articles divers, le tout mis en activité par une roue hydraulique mue par le barrage desservant le moulin.

Sur la rive gauche de l'Isle, la plaine est étroite d'abord, traversée par la route de Bordeaux et le chemin de fer, et ne renfermant guère que des prairies, dans l'une desquelles on remarque la fameuse et considérable fontaine intermittente, l'une des curiosités du département. Elle s'accroît en descendant vers le sud, surtout à partir de la rencontre d'un petit vallon qui, venant de l'est, se réunit à elle près du chef-lieu de la commune, centre relativement important, en partie groupé, près de la route nationale, autour d'une église qui n'a rien de curieux, en partie s'étageant sur le coteau voisin. Cette aglomération n'offre de remarquable qu'un très abondant bassin d'eau vive jaillissant près de la place, dans le jardin de M. Laurière. Au-delà, la vallée continue son développement et atteint des proportions assez étendues. Elle est très soigneusement cultivée et très productive. Autour de la bourgade sont plusieurs jolies villas entourées de belles exploitations. En allant plus loin, suivant le cours de la rivière, on ne tarde pas à parvenir au village du Chambon, à la porte duquel sont les propriétés de M. Marc Montagut et de Mme Lafaye, sa sœur, qui dirige son exploitation d'après les procédés agricoles de son frère, et fait bien, car M. Montagut, ancien élève de Roville, aborde tous les problèmes de la culture et en résout beaucoup avantageusement. Il accorde une large part, sur ses terres, aux fourrages artificiels particulièrement représentés par la luzerne, les trèfles de Hollande et incarnat et le sainfoin. Il admet aussi le lupin et en a semé jusqu'à quatre hectares. Les rutabagas et les carottes des Vosges sont en honneur dans ses champs. Ses principales récoltes sont le froment et le tabac. Il emploie divers engrais commerciaux, notamment le guano du Pérou, dont se loue grandement son chef de culture, M. Bouyx, et qui se répand à la dose de 300 kilogrammes à l'hectare, le phosphate d'ammoniaque, mélangé de superphosphate, de 300 à 400 kil., et l'engrais Jaille, d'Agen, concentré, dont il faut 300 kilogrammes. Le superphosphate, lorsqu'il est seul, convient aux sols légers, qui en reçoivent 600 kilogrammes à l'hectare. Les instruments perfectionnés consistent en : batteuses systèmes de Lotz et de Pinet, charrues Dombasle, herses Valcourt, rouleau squelette, semoir à brouette, rayonneur, scarificateur, extirpateur, houe à cheval, pompes foulante et aspirante. Cette collection est complétée par une roue hydraulique puisant dans l'Isle pour les arrosages des jardins et des couches de tabac. On pourrait au besoin s'en servir pour irriguer les champs consacrés à cette dernière plante. Cette machine fournit aussi l'eau nécessaire aux animaux et la conduit dans les étables au moyen de tuyaux souterrains.

Le bétail, voilà surtout la spécialité par laquelle brille M. Montagut, dont le talent, comme engraisseur, est reconnu chez les praticiens de la France entière. Ecclectique en fait de bêtes à cornes, il en prépare de toutes les races pour la boucherie, et comme il est connaisseur de premier ordre en fait d'aptitude des sujets et qu'il les dirige à merveille vers le but, toutes lui valent d'honorables et lucratifs lauriers. Les animaux, une fois achetés et installés, sont soumis à un régime régulier et raisonné ; les heures des repas sont strictement réglées, les bœufs sont pansés matin et soir, la litière leur est abondamment fournie, chacun d'eux reçoit autant que possible la nourriture qui lui convient le mieux; les fumiers sont enlevés chaque semaine ; l'obscurité règne toute la journée dans les écuries, où l'on ne laisse pénétrer la lumière diurne que si cela devient nécessaire. Le silence est absolu. Au moindre bruit qui se fait entendre dans le troupeau, un ouvrier, dont l'atelier se trouve exprès à portée, accourt pour parer aussitôt au désordre et ramener la tranquillité. C'est à ce régime, et à son coup d'œil sûr en zootechnie, que M. Montagut doit ses triomphes répétés sur tous les champs de bataille des concours.

Dans la plaine de Marsac, les propriétaires s'adonnent surtout à la culture du froment et du tabac. Le rendement moyen du premier est de 20 hectolitres et celui du second de 15 quintaux métriques à l'hectare. Le maïs en grain, peu répandu, donne sur cette même superficie de 18 à 20 hectolitres, les pommes de terre jusqu'à 200, les betteraves (globe-jaune, jaune d'Allemagne et des Barres), 300 quintaux métriques, les carottes fourragères, en majeure partie de la race dite des Vosges, 250 quintaux métriques. Les prés naturels ne sont pas irrigués ou du moins le sont fort peu; leur rendement n'est guère que de 38 à 40 quintaux métriques à l'hectare, mais leur foin est de qualité supérieure. En plein champ on récolte pois précoces, salsifis et asperges. De plus, chaque maison d'habitation a pour annexe un certain espace de terrain où la culture maraîchère produit les mêmes plantes et en outre des carottes, des artichauts, des choux, des fraises, etc. On arrive ainsi à des bénéfices considérables. Il ne faut donc pas s'étonner si les terrains arables de cette section de la commune ont une grande valeur vénale. M. Bouyx l'évalue de 6 à 7,000 fr. par hectare, chiffre qu'il élève à 10,000 fr. pour les prés naturels.

A l'est, une ligne de collines borde cette féconde vallée. Ses dépressions sont presque toutes en culture et ses talus sont en partie couverts de plantes annuelles et de vignobles parmi lesquels il en est de bien dirigés; sur le reste s'étendent de vastes châtaigneraies qui se prolongent envahissant de divers côtés les plateaux, où le laboureur trouve et exploite, en outre, souvent de bonnes terres. C'est surtout dans ces coteaux que la production fruitière, pour laquelle Marsac est si bien doué, donne de forts revenus. En effet, les gelées n'y sont pas à craindre autant que dans la plaine. Cette industrie a rendu florissants des villages entiers parmi lesquels il faut citer ceux de Payenchet et de la Boussonie, ce dernier surtout, qui doit aux conseils judicieux d'un voisin intelligent, M. le comte de Scoraille, de s'être livré en grand à cette spéculation, qui a fait sa fortune. J'y ai vu souvent les arbres casser sous le poids des récoltes quand presque partout ailleurs les fruits faisaient absolument défaut. Le noyer, le cerisier (guinier précoce et bigareautier à gros fruits), les pommiers reinette du Canada et doux d'Angers, les pruniers Reine-Claude et Ste-Catherine, les pêchers Madeleine, Galande et Bellegarde, qu'on élève en plein vent ou qu'on dresse en espalier, sont, avec les poiriers Madeleine, Duchesse d'Angoulême et Sucrévert, les espèces d'arbres à fruit les plus répandues. En outre, Marsac offre de son crû aux amateurs non-seulement *une poire pour la soif*, mais deux poires indigènes sorties humblement de ses haies pour faire les délices de l'homme de goût; l'une dont le nom m'échappe en ce moment, et la Payenché. On voit par tout ce qui précède que mon épigraphe de tout-à-l'heure n'a pas été placée mal à propos. La nature du sol de la commune est variable, les expositions et le climat le sont aussi notablement. Ainsi, tandis qu'autour du chef-lieu, de même que dans les environs du village des Bernardoux, le terrain, de consistance moyenne, permet aux plantes de braver les chaleurs de l'été sans que leur croissance ait à en souffrir, à la Prunerie une couche superficielle sablonneuse et un sous-sol très sec font vite développer les récoltes, qui souffrent ensuite de l'ardeur estivale et les gelées du printemps sont fort à redouter. A la Cave, il en est à peu près de même. Au moulin de l'Evêque, ces fléaux sont bien moins à craindre; la maturité ne s'y manifeste que quinze jours plus tard que dans les deux derniers villages. A la Boussonie, où l'on rencontre l'argilo-siliceux, les fourrages réussissent bien et l'on engraisse du bétail avec succès. A Payenchet règne l'argilo-calcaire et la vigne y vient à souhait. Il y a dans les environs de ce hameau foule de châtaigniers; on y possède beaucoup de moutons ou brebis. Du reste, partout la culture est en progrès, partout on a multiplié les prairies artificielles, par suite le nombre des bestiaux, par suite encore le fumier, et l'on a vu, conséquence naturelle, la quantité des produits s'accroître. Les bois sont estimés valoir 1,200 fr. l'hectare.

Il n'y a pas que les agriculteurs nommés jusqu'à présent qui se distinguent par leur zèle et leur aptitude. Beaucoup d'autres rivalisent avec eux et les colons habiles ne manquent pas. On vient de voir que l'un de ceux de M. Lafforest a été récompensé; plusieurs autres l'ont été dans la même séance par notre Société. Jean Bussière, colon de M. Chabanas, ouvrant la marche, primé pour ses belles récoltes, son bétail et ses aptitudes spéciales comme vigneron, Jean Mauvigné, métayer de M. Lambert, Jean Guichard, colon de M. Ligeois, par exemple, et pour me borner à ceux-ci, sont également hommes d'ordre et de progrès.

On compte dans la commune, avec la partie de Salegourde qui lui appartient, c'est-à-dire sur le territoire entier, environ 200 bœufs, presque tous de race limousine, 43 chevaux, 30 ânes ou ânesses, 6 mulets, environ 110 porcs de race croisée, 350 moutons ou brebis, 4 béliers de race anglaise bien conformés et une grande quantité de volailles qui donnent lieu à des ventes lucratives. Il y existe un taureau durham et une quinzaine de vaches laitières, durham, bretonnes et autres dont le lait se débite chaque matin à Périgueux. Une d'elles, appartenant à la terre du Chambon, a, dans l'espace de cinq semaines, élevé un veau qui est arrivé à peser 88 kilogrammes et a été acheté 1 fr. 10 le kilogramme et de plus a fourni pour 35 fr. 20 de lait que le veau ne pouvait absorber; de sorte qu'en ce laps de temps, elle a laissé à son maître un profit de 132 fr., soit 3 fr. 77 par jour.

Bien que la vallée soit coupée par l'Isle qui la traverse du nord-est au sud-ouest, que le ruisseau de la Beauronne baigne une partie de la plaine sur la droite de la rivière et que les belles sources ne soient pas rares, il est souvent indispensable d'avoir recours à des pompes pour amener l'eau nécessaire. Mme Lafaye en possède une qui rend l'Isle tributaire au moyen d'un manège et alimente le jardin et la maison. Quelques groupes d'habitations manquent de puits et son obligés d'envoyer aux fontaines des charrettes ramener des barriques remplies pour leur usage. Dans plusieurs autres, on a pris le parti de construire des citernes en pierres maçonnées à la chaux hydraulique et cimentées dans le fond. Ces citernes sont remplies par les eaux pluviales descendant des toitures au moyen de tuyaux. C'est une très bonne et très avantageuse opération.

En fait de matériel agricole, outre ce que j'ai cité déjà, Marsac possède une bascule pouvant peser vingt quintaux métriques de toutes sortes d'objets et le bétail, des pressoirs à vendange, des volants et faulx à râteau pour la moisson.

En fait d'industrie, on y constate l'exploitation de quelques carrières de pierre dure, l'exercice de quelques professions de maréchal, tailleur, maçon, charpentier, en un mot de ce qui constitue ce qu'on appelle les métiers d'état ruraux. Mais la minoterie domine et prime le tout. Elle y est importante, bien qu'inférieure à ce qu'elle se montre à Périgueux et à Trélissac. Elle y a pour théâtre deux grands moulins, l'un celui du Chambon, l'autre celui de l'Evêque. Tous deux sont outillés de manière à pouvoir accomplir un travail considérable. Le second vient d'être l'objet d'augmentations et de réparations qui ajouteront beaucoup à sa valeur. Le fermier qui l'exploite, M. Rey, n'est pas seulement un meunier, il est encore un engraisseur de porcs en grand, et fort habile. Nous avons vu chez lui jusqu'à trente animaux de cette espèce en parfait état, et il a reçu, pour leurs bandes, des prix d'un ordre élevé, à nos concours d'animaux gras. De son côté, Mme Rey se livre avec une intelligente application à l'engraissement des volailles. Elle a foi dans ses canards et ses oies qui s'ébattent, en attendant l'heure suprême de la mise en cellule, au milieu du bassin que remplit de son eau pure une magnifique source égayant la cour. Comme Mme Rey ne manque ni de coup d'œil, ni d'expérience, ni d'activité, comme elle connaît tous les secrets de son art, ses espérances ne la trompent jamais, et elle a noblement gagné, pour ses palmipèdes, un prix d'honneur qui lui était bien dû. Femme et mari n'ont point à se plaindre de leur propriétaire, M. Galy fils. Ils s'en louent beaucoup au contraire, et ils ont raison. L'échange des denrées est facilité par d'assez bonnes voies vicinales, par les deux grandes routes d'Angoulême qui passe au nord, de

Bordeaux qui longe l'Isle, et par le chemin de fer qui lui est parallèle. Ce dernier n'a pas, il est vrai, de station dans la commune, mais celles de Périgueux et de Razac en sont à peu de distance. Cependant il ne pourrait qu'y avoir avantage à en créer une. Peut-être la jonction du chemin de fer de Montmoreau à Périgueux avec celui de Périgueux à Coutras, jonction qui doit s'effectuer près de la Cave, permettrat-elle de le faire. Puisse-t-on, en même temps, ménager pour les piétons et voitures un passage sur le pont qu'il va falloir établir à cette occasion sur l'Isle.

Coulounieix, au levant, est tout boursouflé, tout ridé, tout sillonné de petits vallons, ou ravins, fort étroits, tout hérissé d'élévations de formes diverses, dont plusieurs se réunissent à leurs sommets pour former des plateaux irréguliers. Au nord-ouest pourtant, la colline, qui d'abord descendait austère et raide, se décide, vers le tiers de sa hauteur, à élargir sa base et à la prolonger moins rudement vers la rivière, près de laquelle elle vient rejoindre les prairies qui parent ainsi d'une frange vert émeraude la bordure de sa robe, serrée plus haut par le ruban d'or de la route de Bordeaux. C'est là que se trouve Chamiers, auquel j'ai déjà consacré quelques lignes et qui, désert autrefois, puis arrivé par les soins de M. J. de Beauroyre à un état florissant, a vu convertir il y a peu d'années une bonne partie de ses terres en un champ de manœuvre pour les troupes, et de courses pour les chevaux. Le froment y rend à peu près 16 hectolitres à l'hectare, ses prés naturels donnent de bon foin et il y existe un beau jardin, auquel il est question d'en joindre un second, entreprise utile et rationnelle à la porte d'une cité populeuse et avec les ressources que présentent pour l'irrigation les eaux abondantes de sa grande fontaine. On y voit une jolie pépinière appartenant à un horticulteur de la rue du Port, M. Richard. Cette propriété, parait-il, est maintenant en vente. Un peu plus près de Périgueux, sur un ressaut de terrain, se dressent les

Isards, d'où l'on découvre la plaine du Toulon, les ateliers de la gare et une bonne partie de la ville. On remarque dans leurs dépendances une belle métairie neuve, agencée de manière à faciliter le service. Elle contient des constructions fort bien entendues. Dans un des domaines, la moyenne du froment recueilli par hectare, qui n'est auprès de la maison d'habitation et de plaisance, que de 14 hectolitres, arrive à 20. Les Isards, comme Chamiers, fournissent une grande quantité de tabac de bonne qualité. Au-dessus de ces deux exploitations, l'on voit Lagrange, appartenant à M. Sellier, de l'hiviers. C'est là que travaille, comme colon partiaire, le métayer Cuminal, qui vient de remporter cette année le grand prix d'honneur destiné par notre association aux exploitants de sa classe. J'ai dernièrement eu l'occasion de visiter sa demeure et les champs sur lesquels il exerce son industrie, et ce que j'y ai vu m'a prouvé toute la valeur agricole de ce cultivateur hors ligne. En moins de cinq ans, il a, d'un terrain abandonné, fait une exploitation prospère, fumant et arrosant ses prés, doublant son cheptel et ses récoltes en céréales, augmentant la sole fourragère, portant la production du tabac à un point où elle atteint et dépasse la proportion de 2,000 fr. par hectare, soignant les bois, reconstituant les vieilles vignes, en établissant de nouvelles, plantant de nombreux arbres fruitiers. Déjà, dans un autre colonage, à Pagot, tout à côté de Lagrange, il avait trouvé la misère en entrant et à sa sortie avait laissé la richesse. Il y avait à peu près triplé le rendement du blé, créé celui du tabac et des fruits, presque sextuplé la valeur du cheptel et porté le produit des vendanges à trente fois au-delà de ce qu'il était auparavant. Le tout sans être aidé par le possesseur du sol. Les résultats obtenus lui avaient valu, dès 1872, une médaille d'argent pour cultures au concours régional, sur le rapport de l'honorable M. de la Massardière, et *quarante diplômes* témoignaient de ses succès dans divers concours départementaux et même d'ordre supérieur, comme exposant. La haute récompense qui est venue couronner ses efforts a donc été parfaitement placée.

Après les Isards, la route court en corniche le long de la pente devenue rapide vers l'Isle et au pied de carrières de pierre dure longtemps riches en bons matériaux, maintenant presque épuisées. Elle arrive, en descendant, près du nouveau pont de la Cité de Périgueux entre une ligne de maisons neuves qui constitue peut-être l'aglomération d'habitations la plus considérable de la commune. De ce point de son trajet, part la vieille route de Bergerac, qui s'élève le long des flancs du coteau jusqu'à la pointe de la colline et va desservir la plaine haute qui s'étend vers Gardonne, aux vins réputés, en laissant à gauche, à son origine, la vaste et gracieuse construction connue sous le nom de Castel-Fadèze, aux points de vue charmants sur le vieux port, la forge de M. Durand, les quartiers neufs, le Puy-St-Front et la vieille ville, fille de celle des empereurs romains. Cet édifice, autour duquel il s'est formé un groupe de satellites, est situé sur la base d'une seconde hauteur, dont la cime va joindre l'autre tertre et se relie à un troisième qui, se séparant d'elle presque aussitôt, se dresse ensuite perpendiculairement au-dessus du lit de la rivière, aux bords de laquelle, en la cotoyant pendant un assez long espace, il envoie ses bois taillis peu faciles à parcourir, encore moins à aménager, à cause de la forte déclivité du sol et des fissures nombreuses qu'on y rencontre et qui se prolongent jusqu'à l'abîme. L'arête, dominant ainsi l'eau noire et menaçante, vient se terminer vis-à-vis une dernière élévation également rapide et boisée du côté de l'Isle. Ces deux sommets, dont le second a sa base rongée et formant arcade au-dessus d'un chemin, semblent contempler Périgueux d'un air sombre et le considérer avec un mécontentement mêlé de protection, du haut de leur grandeur; sentiment bien naturel de leur part. En effet, entre eux ils enserrent le frais vallon de Campniac qu'arrose un limpide et gai ruisseau, le seul de la commune.

C'est dans cet étroit défilé qu'est née Vésono, à l'ombre des deux montagnes qui la protégaient et qui pour elle vivifiaient de claires fontaines, trésor si rare sur le territoire de Coulounieix : c'est là que la ville a grandi jusqu'à ce qu'un jour, sentant sa force, lasse de son berceau, s'y trouvant à l'étroit, elle s'est élancée au-delà de l'onde qui lui servait d'abord de boulevard en fournissant des poissons exquis à ses pêcheurs, pour aller s'installer dans la plaine où l'attendaient la gloire et les revers, l'opulence et la misère, sous les regards de ses deux protectrices d'autrefois.

La première de ces hauteurs se nomme la Boissière, la seconde l'Ecorne-Bœuf. L'une, après avoir probablement fait office de rempart pour les populations contre les attaques de leurs voisines et plus tard des Latins, devint poste avancé des conquérants qui y établirent des fortifications de campagne subsistant encore. Ce camp retranché, qui porte le nom de César, lequel probablement ne l'a jamais vu, s'étend au sud sur le plateau et couvre un espace de 17 hectares et demi. Ses dispositions sont celles adoptées pour toutes les stations de ce genre occupées par les armées du peuple-roi. L'emplacement de plusieurs de ses portes est toujours reconnaissable et l'épaisseur du rempart en terre n'est pas moindre de 5 mètres, le relief du parapet étant de 4 à 6 mètres. On a trouvé dans son enceinte de nombreuses médailles, des amas de cendres, une grande quantité de fragments d'armes et des meules à moudre le blé. Tout porte à croire que ce camp fut permanent et fortement gardé. Les vainqueurs surveillèrent d'abord les vaincus, puis, quand le pays, se pliant à leurs mœurs, eut adopté presque leur langage et fut devenu simple province soumise à leur empire, ils le protégèrent du haut de ces talus, objet, dans ces derniers temps, d'études suivies de plusieurs érudits, tels que MM. le marquis de Taillefer, de Mourcin, Audierne et autres.

Ecorne-Bœuf, lui, resta franchement Gaulois. Sur son faîte

trapézoïde les premiers possesseurs connus de la contrée avaient érigé tout un système de défense et avaient isolé la montagne de celle qui s'y rattache au sud, en ouvrant dans ce col une profonde tranchée derrière laquelle ils avaient dressé une butte pour en empêcher l'approche. Depuis, ils y construisirent une citadelle qui brava les conquérants, pendant quelque temps du moins, et ce fut alors entre les deux boulevards, romain et gaulois, une lutte acharnée dont les traces sont venues jusqu'à nous. Tout le sol est couvert de débris de haches, de traits, d'instruments en silex taillés. Naguère on y voyait encore les restes d'un poulven. M. Hardy, lors du Congrès scientifique qui vient de finir à Périgueux, a décrit les vestiges vénérables laissés par les anciens habitants *préhistoriques* dont il a déterminé l'époque d'existence d'une manière rationnelle et logique. On rencontre aussi sur ce plateau, de même que sur ses versants, de la poterie, des médailles, des armes et des parures de bronze. Deux civilisations se sont heurtées rudement dans ces lieux sauvages et l'une et l'autre ont fini par se fusionner. De cette alliance est née la nation romane, qui subsiste toujours après mille vicissitudes; peuple patient, énergique, sobre, un peu lent peut-être, comme les bœufs avec lesquels il travaille ses guérets, mais opiniâtre, avançant peu à peu, sûrement et ne voulant plus reculer, quoique s'attardant peut-être par trop sous certains rapports, surtout à notre époque où tout prend des allures si rapides. Attaché fermement au sol, difficile à séduire, plus encore à vaincre, il a longtemps tenu la domination franque en échec, puis devenu français de cœur et d'âme, il a constamment repoussé l'étranger, a, pendant des siècles, bravé la puissance anglaise, a fini par s'en délivrer, et vient par des exploits, que les autres lui envient, de se signaler de nouveau pendant la désastreuse guerre de 1870, où ses fils ont si vaillamment combattu, qu'ils ont conquis sans contestation possible le premier rang parmi les braves. Redoutable dans les combats sans chercher la guerre, il a de plus brillé dans les lettres par l'éclat et la pensée ; il a fourni d'illustres représentants au barreau, des prélats célèbres à l'Église, des héros de la charité. C'est de lui que sont issus, après les Waiffre, ces derniers défenseurs de l'indépendance du Midi des Gaules, d'intrépides partisans, puis de fiers compagnons de Du Guesclin, plus tard les Biron, les La Force, de valeureux chefs en nos derniers jours de gloire, et enfin les héros de Coulmiers. C'est à lui que l'on doit cent troubadours, célèbres précurseurs de la renaissance des lettres, par lesquelles se sont illustrés Fénelon et une foule de littérateurs célèbres, ses fils ; c'est dans ses campagnes que sont nés les Montaigne, les Maine de Biran, les Maleville et aussi les Belzunce, tant d'autres encore dont les noms universellement connus sont vénérés du monde entier. Profondément religieux, sincèrement et foncièrement patriote sans jactance, vif et spirituel, hospitalier et bon, puisse-t-il à jamais demeurer fidèle à ses sentiments traditionnels d'honneur et de loyauté.

Quand le bruit des batailles eût cessé, quand la paix fut revenue s'asseoir sur les sommets jadis alliés, puis un instant rivaux, les remparts qui les hérissaient tombèrent ne laissant après eux que des vestiges suffisants pour guider l'histoire. Le laboureur remplaça le légionnaire à la Boissière et l'emplacement qu'occupait sur l'Écorne-Bœuf le fort celtique devint un lieu d'expiation publique. C'est dans cette enceinte que dame Justice vint établir ses fourches patibulaires, afin qu'on pût voir de loin le châtiment du criminel. Si la faute avait été grande, la vengeance qu'en tirait la société ne pouvait échapper aux regards. En effet, d'aussi loin que l'œil puisse saisir un objet, on apercevait le supplicié servant d'exemple et rassurant le pays par sa fin terrible. Peut-être, hélas ! a-t-on vu dans ce lieu périr plus d'un innocent, plus d'une victime de la calomnie, de la vengeance et de la cupidité. Maintenant le *Champ des Pendus* a de nouveau changé de rôle : il est occupé par une vigne dont les produits me semblent éminemment propres à moraliser ceux qui s'en abreuvent. Sa sève étant puisée dans une terre humectée du sang des coupables, doit détourner le consommateur de la voie funeste qui a coûté si cher à ceux qui l'ont suivie. A moins qu'elle n'opère justement à l'inverse, en faisant bouillonner le venin du crime dans ses veines. Entre ces deux opinions, j'hésite, et pour tout concilier me voilà tout prêt à admettre que ce vin n'a pas plus de vertu qu'un autre pour pousser au mal ou pour en corriger. Mais on assure qu'il en a une parfaite, comme boisson salutaire à la santé, pris à petite dose ; je le crois volontiers.

Les penchants nord des deux montagnes sont presque perpendiculaires et inaccessibles. Ceux de l'est et de l'ouest à l'Ecorne-Bœuf, celui de l'est à La Boissière, sont fort rapides, mais néanmoins cultivés, les premiers à la charrue (et c'est merveille de voir les attelages y travailler, ce qu'ils font, du reste, avec succès, comme le prouvent les récoltes obtenues), portion du dernier en beaux vignobles, très bien disposés dépendant du domaine du Roc, situé presque au bas de la pente et qu'environnent bonne terre et joli jardin. Le vallon de Campniac, dans lequel coule le ruisseau de Vésone sorti d'une belle fontaine, présente quelques restes intéressants de substructions d'une haute antiquité. Sa grande source passe pour avoir été considérée dans les temps reculés comme étant l'entrée du palais de la Divinité tutélaire de la première ville des Pétrocoriens. En remontant cette gorge par le chemin qui la parcourt, on arrive à une bifurcation dont l'une ou l'autre branche ne tarde pas à vous mettre en présence du chef-lieu de la commune, situé sur une élévation. Ce centre n'a rien d'imposant ; il compte deux ou trois maisons à peine, y compris le presbytère, avoisinant l'église peu digne elle-même d'intérêt. Le savant pasteur de la paroisse, M. l'abbé Brugière, peut se livrer en paix dans cet endroit presque solitaire à ses méditations sur l'archéologie, aidé dans ses recherches par celles du ministre de l'Instruction publique du lieu, comme l'un de ses confrères aimait à nommer l'instituteur municipal de sa résidence. Coulounieix n'est qu'un hameau, mais n'a pas sujet d'en être trop humilié; dans ses dépendances, en effet, il n'existe aucune aglomération de quelque importance; ce que l'on y nomme village n'y est le plus souvent composé que de deux ou trois maisonnettes. Il est, du reste, beaucoup de petits groupes de ce genre sur son territoire où les habitations isolées sont nombreuses aussi.

Vis-à-vis Coulounieix, sur une autre éminence qu'un faible intervalle en sépare, se trouve Plancheix, le nœud agricole de la commune, si l'on peut parler ainsi. L'histoire de cette propriété montre bien ce que peut faire une direction plus ou moins intelligente; et les vicissitudes éprouvées par cette terre méritent d'être consignées rapidement ici. Fief appartenant à un rameau des Chillaud, auxquels Périgueux doit tant, celui de Larigaudie, elle partagea pendant des siècles le sort de toutes les terres de la contrée, s'en distinguant peut-être par un peu plus de soin quelquefois. A la mort du dernier représentant mâle de cette maison, homme intègre qui fut longues années député du département de la Dordogne à la chambre, tombée en quenouille, elle fut complètement négligée, puis dut être en partie démembrée lors de l'extinction de la souche patriarcale qui l'avait conservée de génération en génération. Le château fut alors acquis, avec la plus grande partie de ses dépendances, par un magistrat originaire de l'Ile Bourbon, inexpérimenté, ne connaissant ni notre sol, ni notre climat, ni nos conditions de culture et de production, mais riche, confiant en son étoile et d'un caractère entreprenant. Son inexpérience s'appuya sur le savoir théorique d'un jeune aide frais émoulu de l'école, plein de grandes idées et d'enthousiasme. Les choses marchèrent rondement; les friches disparurent, les monts se couvrirent de vignes, les fourrages envahirent les plis de terrain et les pentes douces; les machines abondèrent dans les hangars. Les bulletins de Plancheix remplissaient les journaux agricoles de Paris; toute découverte à la mode était aussitôt appliquée en grand sur le domaine; les recettes croissaient et l'acquéreur heureux allait répétant partout que les revenus atteindraient bientôt près de la moitié, peut-être plus, du prix de l'acquisition. Il oubliait de compter les dépenses. Bientôt la découverte de gisements de pierre à chaux hydraulique vint augmenter son assurance et son imprudence. Des constructions s'élevèrent, ainsi que des entrepôts pour le produit de ses fours, les mise-dehors augmentaient toujours, mais on comptait sur de si belles recettes ! Hourrah ! les morts vont vite ! Peu à peu les réserves s'épuisèrent, les placements des récoltes devinrent difficiles, les fléaux firent brèche dans les rendements espérés, de la chaux meilleure détrona celle qu'on obtenait à chers deniers. Le vent de l'adversité souffla tout-à-coup et éteignit le feu follet dont la lueur jetait sur l'avenir de si brillants reflets. Les demandes de paiement se multiplièrent, pressées et menaçantes; la caisse était à sec. Toutes les illusions s'évanouirent; la ruine était inévitable, le gouffre était béant, il engloutit sa proie. Opulent la veille, du moins en idée, le novateur trop hardi fut contraint d'aliéner sa possession, et dans son malheur se trouva fort heureux d'obtenir à Paris quelques faibles ressources, grâce à une position modeste et laborieuse. Ce fut un coup de foudre pour lui; et ses nombreux amis qui l'estimaient virent avec un profond regret sa chute cruelle.

Plancheix fut encore vendu. Cette fois l'acquéreur, terrifié par l'exemple de son prédécesseur, ne fit rien. Pas d'amélioration, pas d'entretien; les broussailles reprirent leurs droits, et comme le rendement était devenu nul, il fallut liquider et détailler de rechef ! Par bonheur, le lot principal, à la suite de l'achat, est devenu le partage d'un homme jeune, mais qui, versé dans les affaires commerciales, sait qu'il faut progresser, mais bien se garder de s'aventurer à la légère. Il a pris pour second une personne du pays et peu à peu répare les ruines, ferme les brèches, améliore et met en bon état. Actuellement la terre se compose d'une réserve et de quatre métairies. L'une de ces dernières, assez éloignée du centre, est pour le moment négligée ; les trois autres ont vu leurs champs froids soumis à la charrue et leur rendement s'augmenter. Les grandes améliorations ont été consacrées, en attendant, à la réserve, où de nombreuses plantations de vignes, d'espèces choisies, ont eu lieu sur deux coteaux voisins. Ces vignes sont plantées en lignes espacées, taillées à long bois et bien entretenues au moyen de transports de terres, de terreaux et de débris de fabrication de drap. Un vieux vignoble qui se trouvait comme perdu sous les ronces a été rétabli. En 1873, M. Reynal avait quatre barriques de vin seulement ; la moyenne est de 34 aujourd'hui. De grandes plantations de pruniers et d'autres arbres fruitiers, tels que cognassiers, néfliers et pommiers, ont été faites. Entre les rangs des ceps poussent betteraves, choux-fourragers, choux-raves, navets, raves et pommes de terre, en quantité notable. Les pelouses du parc donnent de bon foin et l'on entretient ainsi quatre bœufs, deux vaches, des chèvres et de nombreux petits animaux. Ce début promet. Chaque année apporte son contingent de progrès, et pour être moins rapide, la marche n'en est que plus sûre. On passera bientôt du faire-valoir aux colonages et avant peu Plancheix sera prospère réellement et réparera brillamment les désastres qu'il a subis dans ces derniers temps. Aller en avant est bon ; c'est même indispensable, mais il faut le faire avec tact, en consultant ses forces, et ne rien laisser au hasard. Le bon agriculteur ne doit être ni téméraire, ni pusillanime ; l'étude, l'observation, la science et le capital sont des appuis qu'il doit toujours avoir à sa disposition, de même que la prudence.

En allant plus loin, l'excursionniste rencontre de nouveaux sujets dignes de ses visites. Les montées et les descentes l'éprouvent sans doute, car l'ascension des coteaux y est souvent pénible et pour en atteindre le bas il faut ensuite parfois des précautions. Je me rappelle encore l'ahurissement, sur ces collines, d'un étranger qui les avait traitées de taupinées, prétendant avoir affronté les Andes, qu'il n'avait, peut-être, jamais gravies qu'en idée en les regardant de sa fenêtre, ou qu'il n'avait traversées que dans leurs passages les plus faciles et à dos de mulet, lorsque, pour essayer la force de ses jarrets, je lui fis escalader la Boissière d'abord et l'Écorne-Bœuf ensuite. Il demanda grâce et jura qu'il n'y reviendrait plus. Sans doute on peut prendre de bons chemins; il n'en manque pas dans la commune où le cantonnier municipal les entretient à merveille, mais ils ne mènent pas à tout ce que l'on voudrait visiter et il y a beaucoup d'endroits écartés où le touriste peut faire une ample moisson d'utiles découvertes. Les peintres, à chaque pas, rencontrent des paysages pittoresques, l'archéologue visitera auprès du Saut-du-Chevalier les fondations de la chapelle de Saint-Augustin où l'on apportait naguère les petits enfants malades pour obtenir leur guérison; il ira de là voir la Rolphie, cette jolie maison de plaisance du xv⁰ siècle, si curieuse par son architecture et ses ornements, ancien patrimoine des marquis d'Aloigny, ensuite des Mérédieu, et qui maintenant appartient au sympathique, si modeste et si docte M. Alfred de Froidefond. Il voudra contempler et détailler les transformations du château de Beaufort, s'arrêter devant le petit manoir de Montgaillard et reviendra sur les bords de l'Isle passer quelques instants à explorer l'extérieur et l'intérieur de la Maladrerie, avant de rentrer à Périgueux, riche de découvertes et d'indications recueillies depuis Campniac, sur les hauteurs et dans les vallées. L'agriculteur sera plus satisfait encore : lui aussi consacrera quelques moments à la Rolphie et à Montgaillard; il sera charmé de voir aux Andrieux sur le bord de la vallée que la Providence a créée pour le Cern, qui n'en abuse pas, se cachant toute l'année sous terre, sauf pendant les grandes pluies longtemps répétées, le beau vignoble que M. Lassagne a créé sur un coteau de cinq hectares où il recueille déjà de 180 à 200 hectolitres de vin, les vignobles étendus de M. Eymerie sur le penchant de l'arrête qui joint l'Ecorne-Bœuf au plateau de la Rampinsole et bien des exploitations grandes ou petites répandues dans toutes les directions, fermes où le travail intelligent est en honneur et paie largement celui qui s'y livre.

C'est qu'en effet au point de vue de la culture, la commune renferme non pas seulement une ou deux pépites, mais en outre de nombreuses paillettes d'or éparses et qui font la richesse de ce pays d'apparence si rude. L'irrigation n'y est pas possible hors du côté de Chamier; il n'existe ailleurs qu'un seul ruisseau profondément encaissé entre deux éminences abruptes; et cependant le jardinage y est en honneur beaucoup plus que l'on ne pourrait le croire. On exporte des petits pois, des artichauts et des asperges en quantités considérables. Les fruits sont très-cultivés et rendent beaucoup. La pomme de terre couvre quarante hectares et donne en moyenne cent hectolitres sur chacun d'eux; on commence à introduire le topinambour, le froment, semence déduite, bien entendu, rapporte 16 hectolitres et les tabacs que cultivent quarante planteurs plus de 1,500 fr. à l'hectare. La vigne occupe 180 à 200 hectares, chacun desquels fournit environ 22 hect. 50 de vin. Ce dernier est bon, surtout dans certains crus; le meilleur provient de Gardonne, à M. Fargis, et de Plague, propriété de M. de Laubat, l'un des agriculteurs les plus compétents de nos contrées. Le sol étant sec, en général, par suite du manque de fontaines, dont il n'existe qu'un très-petit nombre situé sur la lisière du territoire, les prés naturels sont rares et peu productifs; mais on y supplée par la multiplication des prairies artificielles et des racines fourragères et l'on parvient à entretenir de nombreux bestiaux. On compte dans les domaines plusieurs centaines de bœufs et au moins 50 à 55 vaches, dont le lait procure de 24 à 25,000 francs de revenu par an, mais on n'engraisse guères de bêtes à cornes régulièrement, si ce n'est à Lagrange dans la métairie qu'exploite Cuminal et peut-être à la Rolphie.

On a beaucoup de porcs, de moutons et de volailles, et si l'on s'obstine presque partout à conserver l'assolement biennal, on n'en a pas moins introduit de meilleures façons dans la préparation des terres, mieux labourées, mieux fumées; l'on se sert d'instruments abréviateurs et de machines perfectionnées telles que charrues de bon modèle, herses et battouses. En un mot, toute l'industrie de Coulounieix a le sol pour objet. Cette commune est une mère qui pense toujours à son enfant; et Périgueux, qu'elle a porté dans son sein, fait l'objet de toutes ses préoccupations quoiqu'il ait fui du giron qui l'abrita pendant son jeune âge. Les étourdis ne sont ils pas d'habitude et de préférence les Benjamins de leurs parents? C'est donc pour lui qu'elle sème; pour lui qu'elle travaille; pour lui qu'elle récolte. Pour lui la pêche veloutée, l'abricot parfumé, la cerise au teint de corail, la reinette délicate, préférable à la pomme d'or d'Afrique, des Baléares et du Portugal, le marron recherché; pour lui la crême et le beurre à la robe couleur de safran et à l'arôme prisé; pour lui le vin généreux; pour lui le pur froment si réputé; pour lui la dinde aux flancs rebondis, la poularde rivale de celle du Mans; pour lui le veau gras! Chaque jour vers ce fils prodigue qui dort épanoui dans les délices de sa belle vallée, descendent par le pont de la route de Bordeaux, par le bateau de Campniac, par la route de Bergerac des légions de femmes et de jeunes filles lui portant d'opimes prémices qu'il apprécie, qu'il savoure et en échange desquels il envole à celle chez laquelle il ne veut plus rentrer, de riches tributs en argent. Une bonne action ne demeure jamais sans récompense ! Celle que reçoivent ainsi les travailleurs de la contrée les encourage ; ils s'empressent d'accumuler ces dons et d'en profiter pour agrandir leurs héritage. Les paysans ne trouvent jamais avoir assez de bien. Qu'ils y prennent garde pourtant ; il ne faut se charger de terre qu'en proportion de ce que l'on peut en travailler et les bras manquent un peu, quoique la contrée soit relativement assez peuplée. Ils doivent aussi se garder de trop défricher. La châtaigneraie leur vaut de bons revenus et, en mettant en labour les pentes qu'elle recouvre, il arrive souvent qu'on se place sur le penchant de la misère, penchant sur lequel on ne s'arrête plus. Coulounieix n'a que cent hectares de bois ; ce n'est pas trop, ce n'est peut-être pas assez dans un pays montueux, où les sources sont déjà bien rares.

A sa limite orientale finit officiellement le canton de Périgueux, mais plusieurs autres circonscriptions municipales devraient être rattachées à ce ressort et y seraient à leur place même mieux que Marsac et surtout que Château-l'Evêque. Examinons-les maintenant.

Notre-Dame-de-Sanilhac, *alias* Notre-Dame-des-Vertus, est une très grande commune du canton de Saint-Pierre-de-Chignac, dont elle est passablement éloignée, tandis qu'en s'allongeant beaucoup au nord, elle fait plus que Coulounieix, sa voisine, qui se contente de regarder Périgueux. En effet, grâce à l'adjonction, dont on l'a dotée, de la petite paroisse supprimée de St-Pierre-ès-Liens, elle passe résolument au-dessus du versant de la chaîne qui limite la vallée de l'Isle, suit ses contreforts septentrionaux et parvient ainsi jusqu'en ville, où elle s'empare bravement d'une bonne partie du faubourg St-Georges, qui devrait appartenir, de même que ses alentours, tout entier au chef-lieu du département, avec lequel il fait corps.

Elle a, de cette manière, conquis plus du quart de sa superficie totale, qui est de 2,606 hectares environ. C'est dans la section envahie par elle que, naturellement, sa population est le plus compacte, que sont ses meilleurs terrains, ses cultures les plus remarquables, et entre autres passablement de jardins dont le revenu ne s'élève pas à moins de 2,000 fr. par hectare. On y voit de charmantes villas, Fenétreau, Puyrateau, Pronceau, noms en *eau* qui ne prouvent pas la présence de celle-ci, car elle y manque comme sur tout le reste du territoire et il faut l'aller chercher souvent à la Fontaine des-Malades et à la rivière, qui n'en sont pas loin d'ailleurs. C'est aussi dans ce fragment, séparé par un vrai rempart naturel du reste de la commune, que se trouvent de belles et nombreuses carrières de pierre dure qui donnent du travail à beaucoup d'ouvriers. La terre de Pronceau peut passer pour le chef-lieu agricole de cette partie si distincte de l'autre et qui, sous le rapport religieux, en est définitivement détachée; étant réunie maintenant à la cure de St-Georges-des-Barris. Le château s'élève dans une position pittoresque dominant le cours de l'Isle et Périgueux que, de la terrasse, l'œil embrasse presque entièrement. L'habitation a été récemment reconstruite et entourée d'un beau parc et de remarquables jardins. De bonnes constructions rurales ont été élevées, une grande citerne a été creusée, le vignoble, de 16 hect., a été porté à 24 par la plantation de coteaux presque incultes et ravinés, mis en bon état; l'augmentation des fourrages a été grande, de même que celle du cheptel vivant, qui compte actuellement plus de quarante têtes. On y cultive avec avantage le froment, qui donne dans la réserve jusqu'à 40 hectolitres et chez les colons 24 hectolitres à l'hectare, le tabac qui y rapporte jusqu'à 2,400 fr. à l'hectare, les racines fourragères, des fruits et des légumes. La production du vin augmente ; on compte sur la propriété 18 vaches gâtinaises, et la vente de leur lait fournit plus de 6,000 fr. annuellement. M. Dupont a reçu deux prix, l'un pour amélioration des bâtiments ruraux, l'autre pour comptabilité, lors du concours départemental de 1868. Cette année, M. Emile Mazeau, son fermier, vient de remporter celui destiné aux exploitants de sa classe dans l'arrondissement.

Derrière Pronceau se déroule la portion vraiment *campagnarde* de Notre-Dame. Point d'eaux courantes, très peu de fontaines, quelques-unes seulement de faible importance et qui n'ont pas de débit extérieur ; à peine un petit nombre de puits, clair-semés dans les vallons et n'offrant que de minces ressources. Çà et là des mares plus ou moins considérables, dont les plus étendues sont celles de la Gauderie, chez M. de Mèredieu, de M. Lafaye, à Champ, du Pic, et enfin la plus grande de toutes, celle de M. Gibiat, sur le plateau de Pouzolando. Tout le pays est accidenté, coupé de gorges sèches multipliées formant un vrai labyrinthe. Sur les sommets, le sous-sol est argileux et permet d'établir des réservoirs ; il n'en est pas de même dans les vallées ; aussi les habitations se rencontrent-elles, comme en beaucoup d'autres contrées montueuses, sur les sommets et les versants, et par exception seulement à la base des hauteurs. Les coteaux sont recouverts d'une couche épaisse, rouge et argilo-calcaire, les bas-fonds de terre meuble mélangée de beaucoup de cailloux roulés. Il y a quelques endroits sablonneux et pierreux, notamment le plateau de Sudrat, où l'on remarque plusieurs excavations qu'il serait peut-être intéressant d'étudier.

La description qu'on vient de lire donne l'idée d'un terroir misérable. Eh bien ! l'on se tromperait beaucoup en classant ainsi ce pays tourmenté. D'après un tableau que M. Château, l'instituteur de la commune, a bien voulu me communiquer, le rendement moyen par hectare y serait : en froment de 15, en haricots de 15, en fèves de 18, en pois de 15, en seigle de 14, en vin de 40 hectolitres. Il y a peu de prés, dont l'herbe est du reste excellente, mais on y supplée par de nombreuses prairies artificielles. On plante aussi beaucoup de racines. Les betteraves et carottes donnent 220 quintaux, les topinambours 225 quintaux, et les pommes de terre 150 hectolitres à l'hectare. Le tabac, d'après M. Mazeau, produit pour 1,500 fr. par an, également à l'hectare. L'ensemble de la commune embrasse 1,100 hectares de terres arables, dont 495 consacrées au froment, 220 au maïs mélangé de haricots, sur chacun desquels on recueille avec 13 hectolitres du premier, 5 des seconds, 220 aux racines fourragères, 25 à des légumes seuls, fèves, haricots ou pois, 5 au tabac et 110 aux prairies artificielles. La vigne en couvre 150, les jardins 15, les prés naturels 88, les châtaigneraies qui rendent 100 fr. par hectare, 707 ; les taillis, 207 ; les futaies, 20 ; le reste est en bruyères, friches et broussailles, sauf deux ou trois hectares de pins. Les bois sont passablement fournis. On suppute que la superficie non bâtie, qui n'occupe pas moins de 2,594 hectares, rapporte net aux propriétaires approximativement 292,000 fr., soit plus de 112 fr. à l'hectare. En achetant celui-ci au prix moyen de 2,000 fr., on ferait donc une bonne affaire. Ce revenu pourrait être beaucoup augmenté, car certaines exploitations exceptées, l'on n'apporte pas encore assez de soins à la culture de ce sol mouvementé, mais naturellement fertile, et les instruments abréviateurs sont loin d'y être suffisamment en usage, quoiqu'ils commencent à s'y montrer sérieusement en plusieurs endroits.

Le jardinage est en progrès et l'on s'adonne à la production des pois succédant aux blés chaque jour un peu plus. Les plantations d'arbres fruitiers se développent ; ceux auxquels on paraît s'attacher de préférence sont les cerisiers, les poiriers et les pommiers. Il y a peu de noyers. Les vignobles s'accroissent sans cesse ; ils sont complantés pour la plupart en *Périgord* et *folle-blanche*, avec quelques cépages d'espèces plus distinguées répandus sans ordre au milieu d'eux. Le vin est de qualité très passable et se vend 25 fr. l'hectolitre. Le châtaignier, qui vient très bien, donne environ par arbre, à l'âge adulte, un demi hectolitre, soit de 3 à 4 fr. Comme je l'ai dit plus haut, c'est la partie la plus rapprochée de Périgueux qui est le mieux tenue et la plus productive, mais le reste de la commune est loin d'être sans valeur. On ne peut guère lui reprocher que son irrégularité, étant tout couvert de collines, et le manque d'eau qui, entre autres inconvénients, paralyse l'extension des prairies, mais on remédie à ce dernier désavantage par les fourrages artificiels, et Notre-Dame ne compte pas moins de 450 bœufs, 50 vaches de travail, 40 vaches laitières dont le produit est de 15 à 16,000 fr. au moins, 38 chevaux, 5 mulets, 30 ânes, 500 brebis ou moutons, 400 porcs, 6 chèvres, 2,280 têtes de volailles et lapins. Il s'y trouve en outre 230 ruches à miel.

Son chef-lieu se cache à 8 kil. de Périgueux, dans une étroite coupure que traverse la route de Vergt, dont les voitures publiques le desservent chaque jour. Aussi est-il en relations continuelles et commodes avec ces deux villes. Il n'a pas d'importance comme centre de population ; c'est simplement un village ; pourtant, il n'en est pas moins l'objet de visites fréquentes de la part de nombreux voyageurs qui viennent, souvent de loin même, y passer des journées de fêtes. C'est qu'il doit son origine au célèbre Bodin, le libérateur de la capitale du Périgord, qui, après avoir expulsé de cette place les soldats étrangers que le prince de Condé, rebelle alors, y avait introduits pendant la Fronde, établit à Notre-Dame un pèlerinage qui, long-temps célèbre dans la province, puis tombé en désuétude, a repris depuis plusieurs années une importance réelle et y amène à plusieurs époques de l'année des flots de visiteurs. Son église, but de ces rendez-vous religieux, est bien modeste. On songe à la restaurer, si ce n'est à en construire une plus digne du vœu qu'elle rappelle et de l'affluence qui s'y rend. Tout près d'elle on a récemment bâti, sur les dessins de M. Lambert, architecte à Périgueux, un bel établissement dirigé par les sœurs de Ste-Marie de Torfou et dans lequel se trouvent tout à la fois un pensionnat, l'école de filles et une sorte d'hospice-asile, où l'on reçoit les dames qui font partie des pieuses caravanes. L'école des garçons est située plus haut que le bourg ; elle n'a rien de notable, si ce n'est la difficulté que l'on éprouve pour y accéder par des chemins peu praticables. M. Château, l'instituteur placé à sa tête, est plein de dévouement pour les progrès agricoles ; et le beau lot de produits qu'il a présentés à notre concours départemental de 1874 lui a valu très légitimement une médaille premier prix à cette exposition si riche en objets de ce genre.

La distance à laquelle le village se trouve de Périgueux et de Vergt, sa situation dans une vallée par où passe une route fréquentée, au milieu de pays riches en blés, bétail, fruits, vins, bois, pierres à bâtir, minerais de fer, son importance comme lieu de pélerinage, l'indiquent naturellement pour être doté d'une station du chemin de fer, projeté de Périgueux à Bergerac, par Vergt et la vallée du Caudou. Rien de plus naturel et de plus facile que d'y conduire cette ligne en la faisant partir du plateau de St-Georges et la dirigeant par la gorge d'Atur, d'où l'on peut, avec très peu de travaux et de dépenses, la faire arriver à la porte de la halte en question. Espérons qu'on n'attendra pas longtemps une décision favorable à cette utile voie vivement réclamée, et que l'exécution de la ligne marchera rapidement ensuite.

A peu de distance de Notre-Dame est le joli château moderne de la Gauderie, construit tout récemment à la place d'un antique manoir. C'est le centre d'une belle propriété appartenant à M. de Mèredieu, maire de la commune, qui est un des agriculteurs les plus zélés de la contrée. Il s'adonne particulièrement à l'extension des vignes et à la multiplication du bétail, et le fait avec succès. Il avait hérité de son père, sériciculteur passionné, de magnifiques plantations de mûriers et une magnanerie qui, des premières de la Dordogne, montra par sa réussite et la beauté des soies qu'on en retirait, que le Périgord est essentiellement propre à cette industrie. Les cocons et les écheveaux en provenant furent récompensés dans les expositions générales à Paris, et leur possesseur marchait sur les traces paternelles, mais la maladie des vers à soie l'a découragé ; bon nombre d'arbres ont été sacrifiés et l'élève de la chenille sérigène n'existe plus à la Gauderie. J'espère pourtant que cette branche de l'agriculture reparaîtra glorieusement sur ce théâtre de ses victoires passées où elle est si bien à sa place et où elle est sûre de toujours prospérer dès que l'épidémie aura disparu, comme nous l'ont bien prouvé les beaux spécimens que M. Château, l'instituteur dont je parlais tout à l'heure, et auquel je dois tant pour cette relation, nous a montrés en 1874. En attendant, M. de Mèredieu développe d'autres ressources sur sa terre et réussit entre autres dans le choix de ses animaux, qui lui ont mérité à plusieurs reprises des récompenses noblement conquises. Son voisin, M. Lafaye, à Champ, est également homme de progrès agricole ; plusieurs autres les imitent, et non-seulement les possesseurs de biens grands ou petits, dont les derniers sont beaucoup plus nombreux que les premiers, mais encore les métayers, parmi lesquels on me cite particulièrement les colons Boissière, à Champ, comme vigneron émérite, et Granger, à Peyrinat, comme soignant avec un talent particulier son bétail et ses fourrages.

Notre-Dame est peu riche en monuments antiques. Cependant on y trouve un ou deux tumulus qui, peut-être, sont des tombeaux d'anciens guerriers gaulois ou autres, et M. Audierne note en outre un *peulven*, ou obélisque brut, qui se verrait sur une éminence. L'industrie n'existe pour ainsi dire pas dans la partie rurale. Autrefois plusieurs moulins à vent se dressaient près de la Gauderie, pour dédommager la population de l'absence d'usines hydrauliques, mais maintenant les routes de Vergt et de Paris à Barèges ouvrant un facile accès vers Périgueux, les intéressés vont faire moudre leurs grains dans les minoteries établies sur la rivière, et ces pittoresques constructions, avec leurs grands bras mobiles qui formaient point de vue et de repère sur leur colline, où j'aimais tant à les voir dans mon enfance, en me représentant la scène de la fameuse charge de Don-Quichotte contre leurs confrères, ne sont guère plus, comme moi, qu'une ruine. Au faubourg St-Georges, on compte de nombreux marchands, différentes fabriques et toute une tribu de carriers. C'est là naturellement que s'est porté l'activité du négoce et des ateliers de la commune. Celle-ci, sur 26 kilomètres carrés, compte actuellement 1,386 habitants. C'est un peu plus de 53 par kilomètre, mais on peut porter ce chiffre à 70 pour la partie appartenant à la banlieue de Périgueux et à 46 environ pour celle qui forme la vraie section rurale. Je crois que cette proportion est à peu près exacte. Les bois et bruyères défalqués, la population spécifique de la campagne réelle s'élèverait même à 69 personnes par kilomètre carré, ce qui, pour un terrain montueux et privé d'eau, n'est véritablement pas un total à mépriser. Il prouve même la richesse foncière du sol.

Atur est tout aussi couvert de gibbosités et tout aussi dépourvu d'eau que Notre-Dame, sa voisine, à l'orient de laquelle il est situé. Ses vallées ne sont pas plus larges et régulières que les siennes; en un mot il lui ressemble fort quant au relief, mais il ne peut s'approcher aussi près de Périgueux, Notre-Dame et Boulazac lui en interdisent les abords en interposant une partie de leurs dépendances entre la ville et lui. Du moins veut il avoir comme un effluve de l'espace libre sans montée ni descente, et, dans ce but, il a perché tout à la cime d'une montagne son chef-lieu qui, de ce sommet, domine une grande étendue de pays et, de loin, hume la brise de la plaine désirée, qu'il ne peut atteindre. Il ne forme, à proprement parler, qu'un poste avancé, ne consistant qu'en trois ou quatre maisons et l'église. Sur cette cime élevée, battue par tous les vents, l'air, souvent renouvelé, doit être fort sain, mais on y souffre du supplice de Tantale, avec cette différence que la boisson, qui montait jusqu'à la ceinture de ce malheureux et qui fuyait dès qu'il voulait y toucher, en est totalement absente, ou du moins y est fort rare, n'existant que dans quelques mares ou citernes, où elle n'a pas hâte de remplir l'espace libre ménagé pour elle avec empressement.

On a voulu que ce hameau occupât l'emplacement d'un ancien camp d'où l'on surveillait Vésone, et on a cherché la preuve de ce fait dans l'étymologie de son nom, qu'on a fait dériver de *Campus Asturiorum* (camp des Asturiens), dont on aurait fait, avec le temps, Atur, par contraction. Mon patriotisme serait flatté que cela fût, mais je confesse que j'ai peine à croire que la vieille cité gauloise nécessitât tant de précautions militaires contre elle, et j'avoue que rien dans l'histoire ne prouve qu'elle ait tellement préoccupé les Romains. De tous les camps que l'imagination a groupés autour du berceau de notre ville antique, un a réellement existé, celui dit de César, à la Boissière ; pour les autres, ils n'ont probablement été dressés que dans les songes de savants désireux de trouver partout des témoignages de la grandeur passée de nos ancêtres. Cette mosaïque de peuples envoyés par les fils de Romulus sur un seul point sans une absolue nécessité, dont il n'est question nulle part, me semble des plus étranges, et y avoir fait figurer des Asturiens, les pères des montagnards qui ont sauvé l'Espagne de la servitude mahométane, les frères de ce peuple dont Horace a dit :

Cantaber indoctus juga ferre nostra,

me paraîtrait une singulière erreur de la part des maîtres du monde. À moins que ces intrépides défenseurs de leurs libertés propres ne fussent disposés à combattre celles des autres en faveur du conquérant qu'ils ne pouvaient souffrir chez eux. Chose possible après tout, car, comme l'a dit La Fontaine en parlant d'un autre travers :

Le monde est plein de gens qui ne sont pas plus sages.

Toujours est-il que, n'importe d'où vienne le nom qu'il porte, Atur est une sentinelle. Il constate de son observatoire les améliorations qui se produisent au loin et fait peau neuve sur ses coteaux. Son terrain argilo-calcaire est propice à la culture du froment ; on en retire aussi du maïs, du tabac de bonne qualité, mais occupant de faibles surfaces seulement. Les petits pois sont produits en grand ; il y a de nombreux vignobles dont la quantité s'accroit beaucoup depuis dix ans, des arbres fruitiers, surtout des pommiers et des pruniers d'Agen et de Reine-Claude. Les châtaigniers abondants donnent des fruits recherchés pour l'exportation ; les noyers aussi, mais ces derniers ne forment pas un total imposant. Les prés naturels, assez rares, sont presque tous concentrés autour des bâtiments d'exploitation. Le trèfle, le sainfoin et la luzerne comblent le déficit de ces herbages. On a suffisamment de bœufs et quelques vaches laitières, presque toutes bretonnes et parthenaises. On engraisse peu de bêtes à cornes et pour elles on se contente en général du bénéfice fait sur les ventes et reventes d'animaux de trait. On élève et prépare pour la boucherie des porcs et des moutons. Les volailles n'y font point défaut. Le bois de chauffage, nature de chêne, s'y rencontre suffisamment. Le sol est très morcelé déjà ; chaque jour il se divise davantage, ce qui n'empêche pas qu'il y ait de bons et très recommandables domaines, surtout en allant vers Périgueux, sur la jolie route qui y conduit à travers un vallon agreste, mais riant et bien en rapport qu'elle gagne au-dessous du bourg en venant de St-Alvère, de Cendrieux et de Marsaneix, cette commune dont on a tourné le nom en ridicule et accusé les habitants d'être entêtés comme des ânes rouges, le tout parce que, lorsque les chemins carrossables manquaient, ils tiraient parti de leurs excellents bois en les transportant à Périgueux à dos de baudet. Leur esprit de ressource leur a été ainsi imputé à faute et leur a valu une réputation grotesque et imméritée. Le sarcasme n'a point atteint ceux d'Atur. Chacun rend justice à leurs travaux et à leur initiative qui s'exerce en bien des circonstances; c'est ainsi que plusieurs d'entre eux tirent avantageusement parti des machines à battre qu'ils louent dans la saison à de nombreux clients. Néanmoins, l'industrie proprement dite n'habite point chez eux; elle préfère rester en ville, où elle se trouve plus à son aise.

Bien qu'on y ait quelquefois la *pépie*, faute de sources, ce groupe montagneux a été habité depuis un temps immémorial, le sol n'y étant point ingrat et le climat y étant salubre. On y trouve des vestiges laissés par les anciens, Celtes et Gaulois, tels que hâches et outils en silex, et le Moyen-Age y avait élevé dans le vieux cimetière un témoignage de sa piété filiale pour ceux que la main de Dieu enlevait à la terre. C'est une *Lanterne des Morts* encore existante, classée au nombre des monuments historiques et entretenue aux frais de l'Etat. Cette pyramide, où le soir on allumait des feux, était à la fois un fanal écartant de la demeure de ceux qui reposaient autour d'elle les bêtes fauves chassées par sa lueur et un phare qui, vu de loin, à cause de la hauteur où il était placé, maintenait le voyageur égaré dans la voie, qu'il aurait perdue sans lui, ou l'y ramenait s'il s'était égaré au milieu de la forêt sombre. Ainsi, ceux dont l'exemple devait guider leurs descendants en leur faisant éviter le mal moral, les éclaireraient matériellement pour les préserver des périls de la nuit physique par la lumière provenant du milieu de leurs tombeaux. Touchant symbole, salutaire pensée !

Boulazac qui, comme Atur et Notre-Dame, appartient au canton de St-Pierre, se rapproche si bien de Périgueux, qu'il n'est séparé de son territoire que par la largeur d'une route et, à l'extrémité nord-est de la banlieue urbaine, par celle d'un chemin. Cette commune présente, dans sa configuration géologique, les contrastes les plus frappants. Au sud, s'étend un amas de hauteurs formant plateaux à leurs sommets, couvertes de chênes et de châtaigniers qui se développent au milieu des bruyères sur un revêtement siliceux, où l'on trouve quelques oasis cultivés, et dont les pentes, vers les ravins et vallées qu'elles dominent, laissent apercevoir leur charpente calcaire qui se mêle à l'argile et aux cailloux enveloppant la roche pour constituer des sols souvent favorables aux récoltes, à la vigne surtout. Au centre s'ouvre une vaste et longue déchirure dans laquelle, au milieu de terrains tantôt humides, tantôt riches, et de vastes prairies, court rapidement le gros ruisseau le Manoire qu'alimentent de nombreux tributaires sortis d'une foule de fontaines et qui va se réunir à l'Isle dans la basse plaine, sableuse, un peu froide et que longent de grands et bons prés naturels sur les bords de la rivière. Enfin, au-dessus de ces grandes dépressions, à l'orient et vis-à-vis le premier groupe de tertres, s'élèvent des coteaux boisés du côté du couchant et en partie au nord, mais sans arbres en regard du Manoire, argilo-calcaires, cultivés sur leurs cimes aplaties, quelquefois sur leurs versants, où l'on voit encore trop de friches, mais où la vigne gagne rapidement et tend à ne laisser aucun espace inoccupé.

Sur cette surface variée, l'intelligence de l'homme s'exerce sans relâche et peu de circonscriptions municipales ont, en peu de temps, éprouvé plus de changements favorables que celle-ci. Ses points de vue pittoresques, la fécondité de plusieurs de ses parties, la proximité de la ville, la facilité de circulation offerts par les chemins publics et la grande route de Lyon qui ouvrent un accès facile presque sur tous les points, y attirent de nombreux citadins qui s'y créent des exploitations auxquelles ils consacrent des soins constants dont le prix leur est, en général, amplement payé par les revenus qu'ils en obtiennent sans trop de retard. Le jardinage s'y développe, la production des légumes en plein champ y devient familière, de longues lignes d'arbres fruitiers, cerisiers, pêchers, poiriers, pommiers, pruniers de Reine-Claude et d'Agen se montrent de tous côtés; les mouillères s'assèchent, les marais disparaissent, les herbages naturels s'améliorent, les instruments perfectionnés s'emploient, gagnant de proche en proche; les constructions rurales sont mieux entendues, plus saines, plus commodes et plus riantes, une foule de jolis édifices sortent de terre.

On recueille dans la commune beaucoup de noix excellentes, des châtaignes et des marrons de qualité supérieure, des blés estimés, du maïs, des racines fourragères, parmi lesquelles le topinambour commence à jouer un rôle important, des vins qui sont d'un mérite réel en bien des enclos, du tabac, un peu de chanvre, énormément de fourrages artificiels ou naturels. La production du lait que fournissent plus de cinquante vaches bien choisies et largement nourries atteint et dépasse même, je le crois, celle de Trélissac. Elle ne peut pas être évaluée au-dessous de 20, peut-être de 22,000 francs. Une remarque doit être faite à ce sujet; c'est qu'en supputant tout le lait qu'apportent en ville les nourrisseurs de la banlieue et des territoires voisins, Trélissac, Champcevinel, Chancelade, Marsac, Coulounieix, Notre-Dame, Atur et Boulazac, on arrive à plus de 130,000 fr., tandis que j'ai calculé, lorsque j'ai parlé de Périgueux, qu'on y en absorbait pour cent mille francs. Et il faut ajouter au chiffre que je viens d'énoncer maintenant que le contingent reçu d'autres localités grossit ce dernier de quelques milliers de francs et le fait monter à 135,000 pour le moins. Ceci s'explique tout naturellement. Dans la statistique précédente, j'ai eu soin, en effet, de mentionner qu'il ne s'agissait à cet article que du lait consommé *en nature* par la population. Or, il existe à Périgueux, et dans ses environs, d'importantes fromageries où l'on achète le lait pour le convertir en aliments solides. Les directeurs de ces établissements extraient deux ou trois fromages mous d'un litre du liquide qu'ils achètent et les vendent chaque matin 5 centimes pièce ; 10 litres avant d'être ainsi privés de caséine leur ont déjà fourni de plus à peu près un demi-kilogramme de beurre qu'ils débitent au prix de 1 fr. 50 à 1 fr. 60. Ainsi, les dix litres leur produisent moyennement 2 fr. 80. Le petit-lait est ensuite rendu au cultivateur qui l'emporte pour son bétail, principalement pour ses porcs, qui s'en trouvent fort bien. On lui a d'abord payé 15 centimes par litre qu'il a livré. Le petit-lait valant bien 5 centimes, il en résulte qu'il a par le fait retiré de cette mesure près de 20 c., tandis que l'industriel a par dizaine de litres obtenu 1 fr. 30 de plus-value par rapport au prix de l'achat ; mais il faut sur ce profit qu'il paie sa manipulation, ses frais de location, de patentes et autres. Il ne lui en reste pas moins un bénéfice très appréciable sans que son fournisseur ait lieu de se plaindre le moins du monde. Souvent même le dernier a tout avantage à adopter ce mode de placement de sa marchandise.

Avec ce que je viens d'énumérer, Boulazac fournit beaucoup de volailles et engraisse une quantité notable de bêtes à cornes, de porcs et de moutons qu'il écoule dans les nombreuses foires et les marchés importants des environs où ses envois sont recherchés des connaisseurs. Il possède aussi quelques industries relativement fructueuses et renferme plusieurs restes du passé dignes d'être mentionnés. Le meilleur moyen d'étudier en bloc ces divers points, c'est, à mon avis, de suivre la grande route de Lyon qui nous mettra presque toujours à portée de ce qu'il offre de plus remarquable, tandis que nous effectuerons en nous promenant le trajet de Périgueux à St-Pierre-de-Chignac et au-delà. Commençons sans tarder cette petite et intéressante excursion.

Partons du Pont-Neuf, suivons la grande chaussée toute ombragée de platanes et, après avoir jeté rapidement un regard sur les rues nouvelles issues des Barris sur notre gauche, où la prairie se change journellement, au milieu d'elles, en jardins maraîchers, arrivons au faubourg St-Georges. Sa partie nord, comme je l'ai déjà dit, appartient complètement à la ville. Au sud, au contraire, il s'étend presque partout au sein des dépendances de Notre-Dame, au midi de la route de Lyon et à l'est de la route de Bergerac. Là, bordant ces deux lignes, les maisons qui sont du ressort de la commune rurale s'enchevêtrent avec celles qui, moins nombreuses, sont comprises dans celui de la circonscription urbaine. De ce côté, sur notre droite et à l'arrière plan se déploient Pronceau, Puyrateau, Fenêtreau, les carrières du faubourg, le village neuf qui s'étale à leurs pieds, tandis que de larges voies animées et actives s'ouvrent en face et près de nous. Chacun se demande avec surprise comment il se fait que cet appendice, éloigné du centre municipal, auquel il est attaché, n'ayant avec lui que peu de rapports, séparé du reste de son territoire par une limite naturelle, ne soit pas déjà depuis longues années réuni à Périgueux, dont il est si proche et vers lequel l'attirent toutes ses affinités. Cette séparation d'avec le chef-lieu du département ne peut s'expliquer que par deux causes. D'abord, par l'intérêt qu'ont les habitants de ce quartier à repousser une annexion qui aurait pour résultat de les amener à payer les droits d'octroi, de même que les autres taxes dont les citadins sont chargés, tandis que maintenant ils jouissent du voisinage et des avantages de la cité sans participer en rien aux charges que celle-ci s'impose pour en faire profiter sa population, ensuite par le bénéfice que la contrebande procure à quelques spéculateurs. Mais ils ont beau faire ; le rameau trop distant du tronc qui le supporte en ce moment, et surchargé de fruits mûrs, se séparera de l'arbre auquel on l'a greffé malencontreusement et, semblable aux jets flottants du palétuvier, ira prendre, en lui portant son tribut avant peu, racine dans la terre, vers laquelle il penche, se nourrissant déjà des sucs généreux qu'elle exhale et que le soleil fait monter vers lui.

Nous prenons la route de Lyon qui descend à notre avance, et, à mi-côte, nous nous arrêtons un instant pour visiter l'établissement de M. Lusseau père, sur le bord du chemin. Nous trouvons chez cet ancien professeur d'horticulture à la ferme-école d'abord, à l'école normale ensuite, une pépinière bien fournie de bons arbres et des productions maraîchères remarquables. Les carrés sont environnés de lignes de chasselas parfaitement dirigées et qui ne fournissent pas moins de 1,000 à 1,500 kilogrammes de grappes aux grains dorés et exquis par saison ; mais l'attention de l'amateur doit se fixer particulièrement sur une serre consacrée à ce cépage, qu'on y cultive pour ainsi dire en orangerie, c'est-à-dire sans chauffer. Les pieds sont disposés le long des murs et forment une tonnelle de 20 mètres de long sur 4 de large, au-dessous de laquelle sont placées des collections de fleurs sur tablettes. Ce petit espace donne, à partir de juin, chaque année, de 150 à 160 kilogrammes de raisins de première qualité, se vendant au prix moyen de 5 fr. l'un, ce qui représente un rendement de 750 à 800 fr. dans un bâti qui a coûté 1,000 fr. à construire et qui renferme en même temps pour une somme assez importante de plantes ornementales. Voilà 80 mètres bien employés et utilisés !

Quelques pas plus loin, nous traversons le chemin de fer sur un pont, et, en touchant la plaine haute, nous nous sentons subitement enveloppés d'un souffle froid qui fait grelotter, même en été. Le voyageur surpris tourne la tête et voit qu'il est au débouché du vallon d'Atur qui renvoie vers lui le vent du nord, repoussé par les coteaux à la base desquels il prend naissance. Ce courant d'air glacial fait sentir son influence sur la partie du plateau de Saint-Georges située dans son axe et où les cultures, ainsi que les arbres fruitiers, en sont éprouvées sensiblement. Ce n'est pas tout : le même vallon reçoit, à son origine, les eaux descendues des hauteurs, y joint celles que versent dans sa direction les collines qui le longent et, lors des grandes pluies, jette, en conséquence, sur la plaine un véritable torrent pour le passage duquel il a fallu ouvrir un ponceau dans la route et dont l'excédant se précipite vers la basse vallée par la tranchée du chemin de fer. C'est bien mal à lui d'agir de la sorte, et l'on pourrait croire que ce grand coupable est d'un aspect effrayant. Mais il n'en est point ainsi ; et comme il ne fait de mal que de temps en temps, que du reste la faute ne saurait en être imputée à sa malice, mais vient uniquement de son entourage, il a la contenance paisible et satisfaite que donne en général une bonne conscience. Il sert de conduit à l'air et à l'eau sans trop se ressentir des méfaits de ces deux éléments. On y voit même des exploitations productives. A son point de départ sont des domaines où la vigne et les arbres fruitiers se disputent la place et l'occupent honorablement ; à l'endroit où ses deux rameaux constituants s'unissent pour le former définitivement, s'élève sur un mamelon le petit castel de M. Moreau, dont le père, à force de travaux et de soins, a fertilisé autour de sa résidence un sol avant lui presque aride et sans valeur. Aujourd'hui le froment y donne de 15 à 16 hectolitres à l'hectare ; l'étable, peuplée de huit à dix bêtes à cornes, parmi lesquelles sont six vaches laitières, procure 2,300 fr. de revenu brut ; les luzernes et les sainfoins sont superbes, et l'on recueille 25 barriques de bon vin. Tout à côté de cette propriété, située en partie dans la commune d'Atur, en partie dans celle de Boulazac, se trouve, sur le territoire de la première, le domaine des Petites-Terres, appartenant à M. Eyssalet, qui en neuf ans, dès 1868, en avait triplé le revenu net, grâce surtout à l'emploi judicieux d'amendements, et avait obtenu pour ce fait une brillante récompense. Cette année, de nouveaux progrès ont valu à son métayer Simon une médaille de bronze pour défrichements intelligents, nombreux et remarquable bétail et très belles jeunes vignes, pendant que lui-même en recevait une de vermeil pour les importantes améliorations opérées dans sa possession de la Fouillarge, commune de Château-l'Evêque. Aux Petites-Terres, on a des instruments perfectionnés et l'on détient une machine à battre à vapeur, que l'on cède en location. Au-dessous, vers la ville, après un enclos passablement cultivé, de bonne tournure, et qui, sur la pente d'un coteau, entoure une blanche villa, le *Val d'Atur*, formant deux métairies à M. Decous-Lapoyrière, ancien avocat-général, s'étend sur les versants et le fond de la gerçure. De grands remaniements y ont eu lieu depuis quelques années. La quantité du bétail a été considérablement accrue, de même que celle des légumes et des arbres fruitiers; l'étendue des vignes a gagné comme aussi leur tenue et elles fournissent actuellement de 28 à 29 hectolitres à l'hectare. Le froment en rapporte de 16 à 17. On vend pour à peu près 1,100 francs de lait, pour environ 500 fr. de légumes et fruits obtenus en grande culture. En outre, on élève une assez grande quantité de volailles, dont le débit est facile. Le rendement en tabac est satisfaisant. Enfin, auprès de la maison de maître est un joli jardin très bien dirigé, avec de beaux arbres fruitiers soumis à une taille intelligente. Chez M. Corneilhan, un peu plus au nord et à l'ouest, s'ouvre une belle carrière de pierres dures dont les magnifiques matériaux sont employés dans les travaux de reconstruction de Saint-Front. Telle est la physionomie du vallon d'Atur, qui, ne *souffrant pas le chaud et le froid*, mais le dernier seulement, est de beaucoup meilleure nature que l'on ne pourrait le croire d'après la première impression que l'on éprouve en recevant les bouffées peu chaleureuses dont il vous gratifie. C'est le long des rampes qui l'enserrent, en se maintenant au-dessus du niveau que les eaux y atteignent lors des orages, que le chemin de fer allant de Périgueux vers Bergerac et le Midi, devrait se diriger; la nature et le bon sens l'indiquent, et l'on ne peut qu'être surpris des plans fantastiques et impraticables que l'on avait mis dans le temps en avant comme seuls capables de réaliser directement la jonction des deux principales cités de la Dordogne par une voie rapide. En les parcourant et en lisant leur exposé, l'on reste persuadé que le dessein de leur auteur était de détourner l'attention au profit d'un projet moins avantageux, mais dont l'exécution était poursuivie par des motifs particuliers. Aujourd'hui l'on songe à réparer, dans la mesure du possible, l'erreur commise alors et ce vallon reprend, dans ce but, toute son importance.

A l'endroit où, s'élargissant, il touche la plaine et s'unit amoureusement à elle, à l'orient du faubourg Saint-Georges, vis-à-vis la hauteur renfermant le gite calcaire où l'on vient puiser les présents de celui-ci pour la ville, un autre coteau couronné de pins d'Italie au large parasol, s'abaisse au nord, déroule des vignobles, des bosquets, des cultures et s'épanouit en terrasse portant une maison de campagne entourée de sites ravissants. Tout le monde à Périgueux connaît Montplaisir, tout le monde a conservé de lui de frais souvenirs, mais qui le connaît et l'aime autant que moi ? C'est là que, né par hasard à Périgueux, pendant un court séjour que ma famille y fit sous un toit emprunté, je fus apporté tout enfant sur les bras de ma mère ; c'est là que j'ai grandi recevant de tendres et sages leçons, au milieu de mes frères et de mes sœurs qui m'aimaient; sous l'œil d'un père qui nous idolâtrait. Oh ! les doux, les heureux instants à jamais évanouis ! Comme ils s'écoulaient vite nos jours, au sein du bonheur, des bons préceptes et des bons exemples ! Je nous vois tous, en idée, entourés de vieux serviteurs et de vieux colons, les uns nés dans le domaine, d'autres qui y étaient arrivés jeunes et qui, parvenus au déclin de l'âge, s'y considéraient comme les amis des maîtres qui n'avaient pour eux que des bontés. Il me semble entendre toujours leurs chants naïfs qui nous charmaient, le récit des campagnes de ceux d'entre eux qui avaient servi leur pays, et qui, mutilés à la guerre, les cheveux blanchis, les pas chancelants, étaient revenus passer leurs derniers jours et attendre en paix la mort auprès des fils de ceux qui les avaient vus grandir, puis s'éloigner, fils qui les recevaient comme un héritage, et qui leur vouaient, tout en conservant leur rang, une si patriarcale, presque si respectueuse considération. Je revois cet homme intègre qui gérait les affaires de la famille avec tant de rigide ponctualité, qui nous chérissait comme ses enfants, que nous entourions si gaiement, qui nous souriait toujours, pardonnant ses espiègleries à la grappe joyeuse qui se suspendait follement à ses bras et à son antique *catogan* et qui l'affectionnait profondément. Il aurait pu s'enrichir, car il avait la confiance absolue de nos parents et gouvernait presque sans contrôle les quelques biens qui nous étaient restés, débris d'une antique opulence. Il mourut pauvre, laissant à chacun de nous par son testament, un modeste souvenir, nous partageant ainsi tout ce qu'il possédait, après avoir chaque jour distribué ses minces économies aux indigents. Je me retrouve auprès de ma vieille tante, sœur de ma grand-mère paternelle que j'ai peu connue ; sainte et excellente fille, dernier rejeton d'une branche de l'ancienne souche des Dejean ou mieux de Jehan, par laquelle les liens du sang m'unissent à tant de personnes en Périgord, m'amenant dans cette vaste chambre où elle préparait avec tant de soins, un peu jaloux, des sucreries dont elle avait apporté la recette de son couvent, dévasté pendant la première révolution, sucreries, dont moi son Benjamin, quoique je fusse l'aîné de notre turbulente tribu, j'étais toujours appelé à faire l'essai le premier, en indiquant d'après mon avis, sérieusement écouté, leur plus ou moins de succès ; ne les proclamant jamais parfaites qu'après des dégustations aussi consciencieuses que répétées.

Que de mérites et que de vertus dans cette humble et noble créature ! Elle avait bien souffert pendant la tourmente. Elle ne se rappelait rien de ce qu'on lui avait fait de mal, pas même les noms de ceux qui l'avaient persécutée. Elle ne nous en a jamais indiqué un seul. Mais comme elle se souvenait de ceux qui l'avaient encouragée et soutenue, ne fût-ce que par une parole, un geste, un simple sourire ! elle ne tarissait pas sur leur éloge ; elle en parlait sans cesse avec un profond sentiment de reconnaissance. Ses journées se passaient dans la prière, dans le travail, et à répandre autour d'elle des bienfaits, à rassembler et instruire les enfants du voisinage qui chaque jour venaient par troupes nombreuses recevoir d'elle de solides notions de bonne conduite et d'utiles connaissances. Mon père, son neveu, nourri des mêmes idées salutaires et fortifiantes, imbu des mêmes préceptes, bon et charitable aussi, haïssant le mal, affable à tous, était le digne représentant d'une de ces vieilles races périgourdines dans lesquelles vit l'honneur de leur pays. C'était un gentilhomme des anciens jours, mettant avant tout la France et son Dieu. Séparé presque du monde par une cruelle infirmité, la perte de l'ouïe, suite d'une longue maladie contractée dans son jeune âge, il concentrait pour ainsi dire en nous son existence entière ; il nous apprenait à pardonner l'injure, à profondément chérir notre religion et notre patrie ; il nous élevait à braver les fatigues, et à préférer le travail à la dégradante oisiveté. Agriculteur d'instinct et par inclination, il allait au-devant de tous les progrès : et c'est à lui que l'on doit, dans la contrée, l'introduction de plus d'une méthode, de plus d'une plante utile, qu'il cultivait lui-même avec ardeur au milieu de ses ouvriers, prêchant à la fois par le conseil et l'exemple. Et ma mère, ma bonne mère ! Née de parents bien en cour, ayant l'accès près du trône, elle avait vu la Fortune sourire auprès de son berceau. Enfant elle avait pu tout espérer ; et en un jour elle avait tout perdu ; ses pieds s'étaient meurtris sur la terre étrangère, pendant que l'ingratitude et la cupidité s'enrichissaient en France des dépouilles des siens et s'emparaient de ce qui lui appartenait. Eh bien ! jamais une plainte ; jamais elle ne nous a révélé quels furent ceux dont l'injustice et la calomnie avaient amené sa ruine. Si nous avons eu, sous ce rapport, quelques vagues indices, c'est à son insu, par des étrangers et par hasard. Elle était secourable à l'indigence, ferme en ses principes, tolérante pour les défauts d'autrui, sévère pour elle-même, affable envers les autres, aimable, spirituelle, instruite, distinguée par le ton, les manières et l'éducation ; en même temps modeste, gracieuse, supérieure et ne croyant pas l'être ; de sorte que nul auprès d'elle n'éprouvait de défiance de soi-même, tout en se sentant entraîné par son exemple vers le bon ton et la causerie familièrement brillante et respectueuse à la fois. Femme de tête et de cœur, dont la vie entièrement consacrée à ses devoirs fut sans crainte et sans reproche. Autour d'elle on devenait meilleur. Son auréole éclairait ceux qui l'approchaient. Comme nous étions fiers d'elle lorsque nous passions l'escortant, ainsi que notre père, dans ce faubourg des Barris où ils avaient fait tant de bien ! En les apercevant chacun se levait avec empressement ; on les saluait, on venait leur exposer ses affaires, leur raconter ses joies et ses inquiétudes, demander des conseils ; et l'on s'en retournait réconforté, consolé, congratulé, la satisfaction peinte sur le visage. Comme ils étaient aimés ! L'affection qu'on leur portait a rejailli sur nous jusqu'en ces derniers temps ; elle leur a survécu parmi ce qui reste encore de la vieille population ; et ceux qui les ont connus, à quelque opinion qu'ils appartiennent, lorsque la conversation vient à se rapporter à eux, n'en parlent que les larmes aux yeux, presque tous en se proclamant leurs obligés.

Voilà les lieux où se sont écoulés les temps heureux de notre jeunesse ; voilà ce que leur aspect me rappelle. Et maintenant je suis un étranger pour eux ! Leur entrée m'est interdite, je ne puis plus fouler ces gazons renouvelés par nous, parcourir ces charmilles où tout parle de nos jours passés ; m'asseoir sous la voûte des marronniers géants au pied desquels nous nous réunissions le soir en famille et prolongions si longtemps de douces causeries. Je n'ai plus le droit de m'approcher de ces pins parasols que l'un de mes frères et moi semâmes pour remplacer les vieux témoins d'un autre siècle ; de ces arbres que mon père m'apprit à greffer, de ces vignes réparées par nos soins, de ces jardins que nous avons agrandis, de cette cour, où, le jour de la saint Jean, un arbre entouré de rameaux épais et couronné de fleurs apprenait aux passants que nous fêtions un bon père, le chef de famille, qui, pendant plus d'une semaine, avait eu soin de ne pas s'apercevoir de nos préparatifs secrets. Ces chambres, berceaux de plusieurs d'entre nous, ces appartements où se sont déroulés les épisodes les plus marquants de notre existence, où mourut celui de mes frères avec lequel j'ai vécu le plus longtemps, où ma sainte mère, en nous montrant le Ciel, a rendu son âme à Dieu, où tout est plein d'eux, où tout m'attire, me sont fermés !

> Salut champs que j'aimais, et vous douce verdure,
> Et vous frais ombrages des bois !
> Demeure hospitalière où sourit la nature,
> Où je fus heureux autrefois !

Salut, mais non pas, je l'espère, pour la dernière fois, car peut-être dans quelque temps, l'un de nous, qui jette en ce moment un vif éclat par ses écrits sur notre vieux nom que ses enfants perpétueront avec bonheur, comme aussi fera le fils de celui qui vous posséda le dernier de nous, pourra, je l'espère, rentrer au prix du fruit de son noble travail, dans votre enceinte chérie. Trois fois béni le jour où j'y pourrai de nouveau pénétrer à sa suite !

Les maîtres actuels de ces quelques hectares n'ont aucune prétention à être classés au rang des agriculteurs ; ils laissent la direction de cet enclos sous le rapport de la culture à ceux qui le travaillent et voici pourtant les résultats moyens obtenus, par exercice, depuis dix ans en récoltes et revenus sur moins de six hectares, le reste étant en parcs, allées, cours et autres agréments. Produit des fruits et légumes, vendus après prélèvement de tout ce qui en est nécessaire pour l'alimentation des propriétaires, 236 fr.; du bétail, 900 fr.; du vin, 200 fr.; du lait 900 fr.; du froment, 835 fr.; en objets divers, 100 fr. Total 3,171 fr., ou par hectare près de 529 francs. Et encore faut-il ajouter que les vignes en partie très-vieilles, en partie très-jeunes, sont loin, par conséquent, de rendre ce qu'elles devraient donner ; que la volaille n'est pas comptée, et répéter que, avant de porter au marché fruits et légumes, on en consomme dans le ménage à volonté. Le sol fournit en outre les fourrages et racines nécessaires à l'alimentation du bétail qui consiste en cinq bêtes à cornes, dont deux bœufs et trois vaches laitières, plus une truie avec ses porcelets. Pendant ces dix ans la moyenne du froment obtenu par hectare a été de 30 hectolitres. En 1874, elle a dépassé 60 hectolitres. Ce qui du reste n'a rien d'étonnant dans le rayon, un tout petit domaine situé vis-à-vis donnant régulièrement de 30 à 36 hectolitres à l'hectare et ayant également dépassé le chiffre de 60 il y a quelques années. Ce sont là pourtant les sols que dénigrent certains observateurs, qui, sous l'impression du premier coup d'œil, ou sur la foi de faiseurs de statistique mal renseignés, proclament que les environs de Périgueux ne valent rien, tandis qu'ils sont susceptibles de porter, à superficie égale, au moins autant de blés que les terres de la Beauce, dans plusieurs de leurs parties, et de qualité très-supérieure. Les vins de Montplaisir dont la quantité est loin de répondre à l'espace que couvre le vignoble, puisqu'elle n'est guère par hectare que de 8 hectolitres, sont d'un mérite incontestable lorsqu'ils sont bien faits, et très-estimés en conséquence.

Tout le côté droit de la route, en continuant à se diriger vers Saint-Pierre, appartient également à Boulazao. Il présente une pente de collines adoucie, mais assez forte néanmoins, où l'on voit des terres bien travaillées, notamment celles de M. Leclère et de M. Monmarson, dont le fermier Clairac, dit Boulazou, réussit particulièrement dans la culture du tabac, presque toujours magnifique chez lui. Entre ces deux exploitations est un pli, le long duquel l'ancien chemin de Sarlat, aujourd'hui vicinal, monte vigoureusement pour atteindre le plateau, maigre, humide, mêlé d'argile et de silice, mais auquel, lorsque le soin ne manque pas, on fait encore porter des récoltes passables sur sa partie arable, vers le milieu de laquelle se trouve un petit étang naturel sans écoulement visible. Au-delà s'étendent de grandes châtaigneraies et quelques taillis de chêne. A faible distance à l'est de la propriété de M. Monmarson, dans la plaine, sortant de la grande route actuelle, apparaît sur la gauche de la voie publique un chemin qui gagne la ville par la vallée de l'Isle et dont le point d'attache sert de limite au territoire urbain. A partir de cet endroit, nous sommes en pays administrativement rural dans toutes les directions. Ce changement s'annonce d'une manière favorable, car la première chose que nous voyons après la borne séparatrice des deux communes, c'est l'enclos du Petit-Change, petit bloc charmant de 17 hectares, renfermant bois, prairies, champs fertiles, jardin, parc et château, dont la terrasse, limitant l'est de la plaine haute, domine au nord la grande vallée basse dans laquelle coule à pleins bords la rivière se courbant en demi-cercle au milieu d'un paysage enchanteur.

Si tous les royaumes que le Malin-Esprit montra dans une

apparition célèbre au Sauveur du Monde avaient présenté un aussi magnifique coup d'œil que ce que l'on aperçoit de cette demeure placée d'une manière si séductrice entre de verdoyantes campagnes, un gai ravin et surplombant des eaux claires et profondes qui coulent paisibles et si gracieusement encadrées à ses pieds en venant de l'horizon lointain, un saint lui-même aurait succombé! Mais le Christ était Dieu, ce qui le rendait invulnérable à l'offre de biens qu'il avait créés lui-même et qu'il pouvait, par le simple effet de sa volonté, rendre mille fois plus attrayants encore. Les possesseurs du Petit-Change, au contraire, faibles mortels, n'ont pu, pour la plupart, résister à la tentation d'embellir encore leur demeure et ses alentours. Cédant au désir que faisait naître en eux l'aspect de tant de beautés naturelles, au milieu desquelles ils voulaient se créer une résidence digne de son entourage, ils ont successivement, fait dans ce dessein des dépenses considérables dépassant leurs forces, et il leur a fallu, la désillusion venue, se résoudre à se séparer de ces lieux où s'engouffraient leurs capitaux, toujours insuffisants pour atteindre le but rêvé. Longtemps chef-lieu d'une vaste terre aujourd'hui morcelée, le Petit-Change ne constitue plus qu'un apanage restreint, mais formant une délicieuse retraite pour un homme désireux de jouir en paix du fruit de ses épargnes, tout en consacrant ses loisirs à d'utiles travaux. C'est ce qu'a compris M. Dubois, ancien négociant de Paris, qui, s'étant rendu depuis quelques années acquéreur de cette attrayante parcelle, et plus sage que ses devanciers, dont toutes les améliorations pourtant n'ont pas été faites en pure perte, exerce heureusement l'activité de son esprit sur la petite scène agricole au sein de laquelle il s'est confiné.

Des 17 hectares qui la composent, 12 seulement sont consacrés à la grande culture. Le froment, sur trois hectares, produit une moyenne de plus de 33 hectolitres pour chacun d'eux; un hectare d'avoine donne des récoltes dans la même proportion. Le tabac sur soixante ares fournit une recette de 1,000 à 1,100 francs, à laquelle il convient d'ajouter 125 à 150 fr. prix de jeune plant vendu. Le surplus des terres est occupé par des pommes de terre et des plantes fourragères ou légumineuses. Deux hectares de prairies artificielles et 1 hectare 50 de prairie naturelle, fumée tous les deux ans, remplissent les greniers des étables par leur foin abondant et de très bonne qualité. Les ressources du domaine permettent d'y entretenir régulièrement deux bœufs, quatre vaches laitières dont les veaux à 6 semaines sont vendus de 75 à 90 francs pièce et dont le lait se place en ville avec facilité ; deux ou trois chevaux, deux porcs, de 20 à 25 moutons à l'engrais, une quarantaine de lapins et environ 50 têtes de volaille. M. Dubois a fait établir deux potagers qui suffisent à approvisionner de légumes tout le personnel de la maison, composé de dix maîtres ou serviteurs, et d'en débiter encore assez pour couvrir, en outre, à peu près les gages du jardinier. Les fruits abondent : dans les bonnes années, il y en a dix fois, au moins, plus que n'en réclament les besoins du ménage, et souvent sur des tables riches de Paris on rend hommage à leur mérite et à leur remarquable beauté. La vigne ne joue qu'un rôle peu considérable au milieu des autres plantes, y étant exposée à la gelée. On a, pour elle, pratiqué, et on pratique encore, le système Dumas un peu modifié, mais sans beaucoup de succès. Enfin le propriétaire se délasse au milieu des fleurs. En quittant ses ombrages touffus et les bords tranquilles de L'Isle, il vient soigner ses parterres où grâce à lui tout est souriant et où les châtelaines se promènent charmées au milieu d'une des plus belles collections de roses des environs et du département entier.

A l'est et à très faible distance de l'avenue du Petit-Change, dans un petit vallon, se dessine Sainte-Hélène, endroit de plaisance où l'on vient de Périgueux aux jours de fête; et au-dessus, sur le revers du coteau, se montre le village des Biarnais, à deux pas duquel un chemin à la pente rapide vient prendre le voyageur qui veut visiter au loin de bonnes cultures et particulièrement un peu plus haut le domaine de Siaugé, propriété de M. Bontemps, ancien pharmacien et maire de Boulazac, pour y voir en un sol argilo-siliceux, médiocre et caillouteux, une belle plantation de vignes fort bien entretenue et dirigée, sauf en ce qui concerne l'espacement des lignes de ceps, qui est trop faible. Cette création remarquable a valu cette année un premier prix à son auteur, auquel on doit également en cet endroit de jolies prairies nouvelles et l'amélioration des anciennes, de bonnes citernes vénitiennes, l'établissement de bâtiments ruraux sur un plan rationnel, et qui a triplé sur cette possession le nombre de têtes de bétail qu'on y entretenait autrefois. Le même chemin met aussi l'explorateur à portée de la Filolie, où M. Eymery, agriculteur expert, a des vignes très dignes d'intérêt, des terres bien travaillées et se distingue par les soins judicieux qu'il prodigue à ses châtaigneraies, dont il tire un revenu de cent francs par hectare. Il conseille de bêcher auprès des souches, de dégager celles-ci de la bruyère qui les serre de trop près et d'enlever le bois sec et surabondant qui surcharge les arbres. Il n'est pas d'avis de labourer le sol et croit que cette opération a pour résultat d'étioler la châtaigne et de la rendre impropre à la vente. D'après lui, l'on devrait obtenir en moyenne, avec les précautions qu'il indique, trente sacs, non triés, par hectare superficiel.

Après avoir donné naissance à la voie qui permet d'arriver facilement à la porte de ces deux praticiens et qui gagne ensuite le plateau, la route, flanquant le petit sillon dans lequel est blottie Sainte-Hélène et qui s'incline vers la rivière, court vers le nord, contourne le Petit-Change, dont il semble qu'elle ne puisse se séparer qu'à regret, et parvient à un promontoire sur le bord duquel est situé l'ancien colombier du château, maintenant habitation particulière, et qu'elle effleure en reprenant brusquement à sa porte la direction de l'orient. C'est en cet endroit que devrait finir la commune de Périgueux, dont l'étranglement formé par le coteau qui vient heurter l'Isle marque le terme naturel. Les bornes du territoire de la banlieue de la ville sont du reste exactement tracées par une ligne de démarcation naturelle, qui, partant de ce point, suit le faîte des hauteurs jusque derrière Pronceau, descend par la route de Bergerac vers la Maladrerie, y passe l'eau, cotoie la rive jusqu'au pied du tertre de Beaupuy, abandonnant à Chancelade et à Marsac le prolongement lointain que possède la commune jusque sur les terres de Salegourde, puis, se dirigeant à l'ouest de Barbadeau, au nord de Cablanc et des ponts-acqueducs, par les cimes de la petite chaîne de hauteurs, vient aboutir au rétrécissement de la plaine, à côté du moulin du Mounard, en vue du pigeonnier du Petit-Change. C'est là le véritable domaine urbain, et en adoptant pour lui ce périmètre, on éviterait toute confusion de dépendances, on n'aurait plus à redouter ses conséquences et à demander à chaque instant des annexions indispensables à la banlieue légale de la ville, trop restreinte en ce moment.

Une ligne de rochers qui se dresse à l'est barrait le passage. On a frayé la voie en l'ouvrant le long de la rivière. Le travail a été pénible; souvent les blocs résistaient; pour les vaincre, il a fallu recourir à la mine et multiplier les explosions. Un jour que plusieurs fourneaux étaient chargés on vint en foule voir leur effet et assister au triomphe de l'art sur la nature. Le chef d'une des principales administrations de Périgueux se trouvait au milieu des assistants : il voulait juger de près et s'approchait avec imprudence. On l'avertit, il n'y prit pas garde; on lui cria de reculer, peine inutile. Soudain la terre trembla, la muraille naturelle soulevée s'ébranla volant en débris, un énorme fragment de pierre l'atteignit en pleine poitrine et il tomba mort. Le souvenir de ce funeste événement s'est perpétué jusqu'à présent et l'on montre encore l'endroit fatal où le drame s'est accompli. La brèche forme un défilé qui se prolonge pendant plusieurs centaines de mètres entre les flancs pierreux de la montagne et l'Isle qui serpente à une assez grande profondeur au-dessous, passage pittoresque, mais humide, où, vu son exposition septentrionale, le soleil est impuissant, même au cœur de l'été, à sécher le terrain détrempé par les pluies, et à le réchauffer l'hiver quand la gelée vient à le durcir. Enfin, la colline s'écarte un peu, pas beaucoup, du chemin, et descend moins rapidement vers lui ne le dominant plus en talus menaçant et perpendiculaire. La plaine s'élargit à nos côtés, la rivière venant du nord ne cotoie plus le pied des hauteurs situées désormais à distance de ses bords vers l'orient. Un gai village profite de cet heureux changement et vient à gauche s'épanouir en s'égrenant le long de la route dans cet angle où il occupe une situation riante. C'est Lesparat, dont les blanches maisons ou bien s'éparpillent au sud vers les tertres couverts de cultures, au milieu desquelles les arbres fruitiers, les pêchers surtout aux fleurs roses et aux fruits savoureux, se mêlent aux vignes et aux produits maraîchers, ou bien se rangent vis-à-vis, près du Manoire, aux vertes rives, accompagnées de jardins productifs. Ses pêcheries, de goujons notamment, jouissent d'une réputation véritable et l'estime que fait le public de leurs produits et de la manière dont ils y sont préparés va presque de pair avec celle dont le *Pas de l'Anglais* est environné. Les dimanches et les jours de fêtes les deux auberges du lieu ne désemplissent point et l'excellent poisson du ruisseau est glorieusement, par malheur pour lui, largement de la partie. Outre cet avantage, Lesparat possède celui d'être le théâtre d'une industrie réellement active. On y exploite de belles carrières de pierre de taille dure, qui ont vu leur valeur constatée par d'honorables récompenses aux expositions, et qui ferment avec honneur le cercle de celles du même genre entourant la ville préfectorale de riches dépôts dont on extrait chaque année pour au-delà de cent mille francs de matériaux admirables. De plus, on y compte deux forges de maréchaux-ferrants qui peuvent à peine suffire aux commandes, on y voit un atelier très considérable de charronerie et enfin, sur le bras principal du Manoire qui coule au nord, s'élève un important moulin à farine et à foulon muni de pressoir et fourneaux à huile de noix, bien outillé, travaillant sans relâche. L'eau, la terre et le ciel sont propices à cette jolie localité, la plus importante de beaucoup de la commune et contribuent à l'enrichir. Cependant malgré tout ce qu'elle possède, ce qu'elle peut espérer encore, elle n'a pas droit d'aspirer à devenir chef-lieu du territoire municipal, étant trop peu centrale. Mais de nombreux priviléges compensent pour elle ce petit mécompte, et d'autres à coup sûr lui sont réservés.

A son extrémité, vers l'orient, le chemin de grande communication conduisant à Cubjac se détache de la grande route, franchit le Manoire sur un pont, puis sillonne la plaine en laissant les différentes branches secondaires du cours d'eau s'écouler sous lui par des acqueducs plus ou moins importants. Il traverse des prés qui s'améliorent, des terres passablement cultivées et, remontant la vallée de l'Isle au sol un peu froid, sablonneux et humide dans cette direction, nous conduit en peu de temps en vue de Landry, la propriété bien connue de M. Octave Saintmartin, qui, l'ayant prise dans un état d'abandon presque complet, l'a très heureusement tranformée de manière à lui donner un juste renom et à retirer d'elle pour prix de ses travaux des résultats importants et rémunérateurs. Elle se développe en entier dans la plaine, ayant à l'ouest la rivière bordée de prairies, à l'est le chemin qui vient de nous y amener. Celui de Trélissac à Boulazac, nouvellement construit, passe vers le nord. Lorsque M. Saintmartin fit l'acquisition de ce bien, les quarante hectares environ qui le composent ne donnaient que 2,400 francs, prix du fermage.

On comptait dans les étables huit bœufs, 13 brebis et une truie. Le seigle, le froment et le maïs se partageaient les terres avec quelques fourrages artificiels et un peu de racines fourragères. Plusieurs parties du sol étaient inégales et, dans les endroits bas, en proie à l'humidité. Tout a changé de face, maintenant. Au lieu de deux métairies, on en compte trois outre une petite réserve. Les bâtiments sont en bon état, bien disposés et ont valu le premier prix pour constructions rurales à celui qui les a fait soit élever à neuf, soit réparer. Les prairies naturelles ont vu leur superficie s'accroître par suite de l'assèchement d'un petit marais, les artificielles ont été quintuplées d'étendue et les racines couvrent presque cinq fois plus de surface qu'auparavant. Les chemins ont été redressés ; des nivellements, des fossés de décharge remplis de pierre assurent l'écoulement des eaux, des apports de terres de démolition ont comblé, tout au moins réchauffé les dépressions où s'étendaient des mouillères et ont permis de substituer partout le froment au seigle. Le nombre des animaux accru considérablement, atteint, en bœufs, chevaux, moutons et porcs, que l'on vend gras, un chiffre représentant l'équivalent de 38 têtes de gros bétail. Le petit vignoble de 1 hectare 93 a été refait ; beaucoup d'arbres fruitiers ont été plantés, le tabac a été introduit avec plein succès. Les herses, houes, charrues Dombasle ont remplacé l'outillage primitif. On bat les grains à la machine à vapeur. Deux hangars pour abriter le fumier, un fournil, quatre chaudières pour cuire les aliments destinés aux bestiaux ont été installés. Pour tout cela, 27,500 francs ont été dépensés. Par suite de ces utiles travaux, conduits avec prudence, le revenu net dépasse 7,000 fr., représentant une rente à 7 %. Souvent médaillé à la suite de diverses expositions pour ses animaux gras et d'attelage, pour ses produits aussi, M. Saintmartin a, de plus, reçu de la Société d'agriculture une médaille d'argent en 1868, et une autre de vermeil en 1876 comme prix culturaux. Lors du concours régional de 1872, une médaille d'or lui a été solennellement remise pour les mêmes faits, sur le rapport de l'honorable M. de la Massardière. Ses métayers le secondent activement et avec intelligence. Les trois Raspaud, l'aîné, François et Jean, ont obtenu des prix aux concours de colonage dans l'arrondissement. La médaille d'argent de MM. les députés de la Dordogne vient d'être remportée par Vaunac, leur collègue, pour le zèle qu'il déploie et le succès qu'il obtient dans une exploitation de 13 hectares, où il entretient huit bœufs, 16 moutons, cinq porcs, le tout en parfait état, où il effectue des transports de terre importants, obtient de forts rendements en céréales et de magnifiques récoltes de diverses natures. M. Saintmartin change son blé de semence, qui est de la variété bleue, ou de Nérac, tous les trois ans. Il en recueille environ 25 hectolitres à l'hectare. Le tabac à superficie égale lui donne plus de 1,600 fr. et la vigne 12 hectolitres, à peu près, celle-ci dans un endroit peu favorable à sa production, les gelées tardives y étant redoutables. Le bétail a procuré, de 1864 à 1870 inclus, en moyenne, 4,674 fr. chaque année. Le mode d'exploitation de M. Saintmartin étant le colonage, les diverses recettes se divisent entre les métayers et lui. Sa part seule représente, comme il vient d'être dit, 7,000 francs par exercice.

Non loin de là, sur le penchant des coteaux qui clôturent la vallée vers l'est, en un terrain un peu rude et sec par nature, M. Joseph Dufour, carrossier à Périgueux, augmentant ses fourrages, cultivant mieux avec de meilleurs instruments que son prédécesseur, est arrivé dans sa propriété de Rebières à des résultats distingués. Il a réparé ses bâtiments, creusé de beaux réservoirs pour emmagasiner les eaux pluviales. Son bétail est remarquable et lui a valu plusieurs prix. Ses blés lui donnent 21 hectolitres à l'hectare; il obtient de bon tabac et d'autres produits très appréciables. Ses plantations de pruniers sont dignes d'être visitées, ses fourages sont relativement considérables, son vignoble, dont il a grandement augmenté l'étendue, bien dirigé, très bien entretenu lui fournit environ 20 hectolitres de vin à l'hectare. Une médaille a récompensé ses efforts, et son colon Doursenne, auquel il attribue modestement la plupart des améliorations dont il est l'âme, a reçu pour son travail et ses bons soins un premier prix cantonal au concours départemental qui vient de finir.

Un peu plus haut, tout-à-fait sur le plateau, d'où l'on jouit d'une très jolie vue, en descendant du côté de Périgueux, M. Macheny, négociant, possède un petit domaine qu'on voit avec plaisir, à Jaunour. La viabilité y a été l'objet de réparations utiles, les plantes sarclées et fourragères n'ont pas été dédaignées, non plus que le bétail. Le revenu s'est accru et l'emploi judicieux des engrais a notablement aidé à cette heureuse transformation, qui sera bientôt complète. Mais revenons à la route dont nous voilà passablement loin et de laquelle nous feraient dévier tant d'autres choses, que nous pourrions signaler encore. Nous la regagnons au plus vite, en passant à portée des métairies que fertilise l'initiative de M. Bergeron, et ne tardons pas à la rejoindre à Lesparat, au-dessus des toits des maisons duquel nous voyons passer à grand bruit un convoi rapide, ceignant d'un nuage flottant de fumée noire les sommets qui dominent le village, tandis que les voyageurs, se pressant aux portières, abaissent leurs regards vers ses habitations ensoleillées et contemplent avec joie le beau paysage.

Sur notre droite sont des carrières, des hauteurs cultivées d'abord, puis bientôt couvertes de taillis verdoyants qui viennent jusqu'à nous et qui sont pleins de chants d'oiseaux; à gauche, passe rapide le Manoire, à l'onde vive et claire, aimée du brochet et de l'écrevisse que chérissent le gourmet et qu'une foule de pêcheurs de tout âge poursuivent sans cesse. L'eau pure, ombragée de beaux arbres, ne peut se résoudre à rester dans un canal unique ; à chaque instant, elle en remplit de nouveaux sans que le premier cesse d'être abondamment alimenté, et de toutes parts des bras nombreux parcourent et arrosent en tous sens les prairies placées en contre-bas de la branche principale. Cette situation les rendait naguère marécageuses et leur foin était généralement décrié. Des tranchées ouvertes à propos, de fortes fumures, des transports de terre sur divers points ont heureusement modifié cet état de choses, et maintenant les fourrages de cette partie du vallon sont acceptés généralement et n'ont point trop mauvaise renommée. Ajoutons à cela que leur quantité s'est notablement accrue, de sorte que leurs propriétaires n'ont qu'à se louer des dépenses qu'ils ont faites dans un but de profit et dont ils se trouvent largement indemnisés. Nous traversons sous un pont en tôle le chemin de fer qui jusque là nous avait suivis en nous dominant et qui gagne maintenant l'autre bord de la petite plaine en coupant en deux celle-ci, qu'il parcourt en chaussée, sous laquelle on a ménagé deux issues pour le ruisseau, mais cet indépendant se moque des lits qu'on lui a préparés : il laisse le plus large à peu près vide pour se porter presque tout vers le plus étroit, à l'issue duquel il se jette de nouveau à travers champs, se creusant à sa guise toutes sortes d'issues et de caniveaux, se promenant à son aise, comme le Nil dans son Delta, avant d'aller se perdre dans l'Isle qui pour lui fait office de la mer. Le détour que décrit la route en sortant du passage sous la voie ferrée, nous mène droit au pied du coteau boisé d'où se repliant un peu sur la gauche, elle nous met en présence d'un endroit trop peu connu et qui devrait être célèbre dans l'histoire. C'est là, dans ces prés, entre les deux bras du Manoire, que s'est livré dans le moyen-âge un combat héroïque entre trente-neuf Périgourdins champions de la ville et autant d'Anglais venus des forteresses voisines, combat acharné dont nos compatriotes sortirent vainqueurs. Cette joute presque ignorée même dans nos contrées, et non moins glorieuse que la fameue journée des trente, en Bretagne, devrait voir son souvenir perpétué par un monument érigé sur place et qui dirait à tous la gloire et les hauts faits de nos pères. Peut-être avait-on eu cette pensée jadis et avait-on élevé dans ce but le tertre de gazon que j'ai, dans ma jeunesse, escaladé souvent au milieu de la vallée et qui maintenant a disparu, rasé sans doute pour combler avec ses déblais des creux humides. Peut-être pourtant ce petit exhaussement n'était-il qu'un fortin destiné à barrer le passage aux partisans ennemis. Quoi qu'il en soit, il m'a toujours semblé qu'il serait bon qu'une colonne avec inscription fut dressée dans ce champ clos; elle rappellerait un noble souvenir; elle serait un stimulant pour l'avenir. Sa vue porterait aux grandes choses et inviterait nos fils à ne pas dégénérer en un temps où la patrie mutilée aspire à se relever et a droit de compter sur nos braves populations. La dépense serait minime, Périgueux, le canton de St-Pierre, le département tout entier devraient y contribuer.

Nous ne voyons plus Lesparat, mais Boulazac nous apparaît avec un attrait d'un autre genre et qui a bien son prix. Cette petite bourgade, ou plutôt ce hameau, car l'on n'y compte pas plus de quatre ou cinq feux, même en y rattachant la maison de Mme Michelet, située tout près, se montre à travers les peupliers, à peine à quelques centaines de mètres de nous, au bout d'une avenue qui s'y dirige en ligne droite en allant du sud au nord. Elle a complètement changé de face depuis une quarantaine d'années sous l'influence heureuse de la Religion, de la bienfaisance et de l'agriculture. Avant 1840, tristement assise au pied de la montagne, au milieu des marécages, toujours cachée par un brouillard épais, accessible seulement par des chemins fangeux, elle offrait le plus misérable aspect. La vieille demeure seigneuriale, ouverte en plus d'un endroit, s'écroulait abandonnée au bord de ses fossés à demi remplis d'une boue noire et fétide. Auprès d'un cimetière désolé, dont les ronces et les mousses aquatiques rongeaient les tombes, se montrait une humble chapelle, qu'on aurait tout aussi bien pu prendre pour une grange, sans le campanile délabré, au milieu duquel était suspendu, sur un montant rustique, une cloche fêlée dont le son mélancolique annonçait trois fois par jour qu'il existait quelqu'un en cet endroit, et appelait les dimanches, les jours de fête, lors des baptêmes et des enterrements, les fidèles dans l'enceinte de l'auguste sanctuaire qui restait désert dès que les offices étaient achevés. Le prêtre lui-même ne s'y montrait que pour remplir son ministère, car la paroisse alors sans pasteur était desservie par celui d'une succursale voisine. Quelques améliorations se produisaient, il est vrai. M. Michelet père colmatait ses prés et y faisait apporter des terres pour en élever le niveau, des réparations s'exécutaient par les soins d'une noble famille, que ses bienfaits avaient rendue populaire dans le pays ; mais l'effet de ces remèdes était faible et Boulazac se mourrait, s'éteignant dans la consomption, lorsque Mgr Georges parut sur le siége de Périgueux.

Ce prélat dont le Périgord, auquel l'ingratitude est inconnue, ne perdra jamais la mémoire, était un homme de sens, d'initiative et d'un grand cœur, doué de la foi la plus ardente, d'un zèle que rien n'arrêtait, d'une persévérance qui ne se lassait jamais, ne redoutant pas l'obstacle. Il était imprégné, si l'on peut ainsi parler, de la plus immense charité ; il courait d'attrait vers le pauvre et ses largesses pour lui étaient sans bornes. Riche il ignorait l'aisance ; son traitement, ses revenus propres allaient aux malheureux ; il donnait largement, sans compter ; il avait vendu voiture et chevaux, n'avait qu'un serviteur, portait avec dignité des vêtements usés, vivait comme un anachorète dans son palais, consacrant tout aux bonnes œuvres. Puis quand un projet utile se présentait, qu'il avait épuisé ses dernières ressources, il montait en chaire, il exprimait sa détresse paternelle, les besoins des délaissés, des institutions et des asiles ouverts ou à créer pour l'indigent, des paroisses ruinées, et à sa voix les bourses se déliaient, l'or affluait et le bon évêque heureux faisait d'autres dettes qu'il soldait de la même manière. La Providence souriait à ses entreprises et ses diocésains étaient empressés de lui venir en aide. Aussi que ne lui doit-on pas d'une extrémité du diocèse à l'autre! Il ne put voir sans en être profondément touché le triste état dans lequel était plongée une circonscription religieuse si près de sa ville épiscopale et dès les premiers jours de son administration il résolut de réparer le mal.

Il s'entendit tout d'abord avec l'honorable chef de la municipalité, le regretté marquis de Sanzillon qui avait recueilli l'écharpe de maire pour ainsi dire comme une part de son héritage, la population l'ayant toujours regardée comme un apanage de sa famille justement vénérée. L'accord fut facile entre eux pour le bien, que l'un et l'autre désiraient, et bientôt au milieu d'un terrain desséché, mis en bon état de culture et devenu riant, s'éleva simple et commode une maison à la tête de laquelle furent placées de bonnes sœurs capables et dévouées. En même temps tombait la trop modeste façade du petit temple ; elle était remplacée par une autre simple et gracieuse qu'ornait un clocher exigu mais élancé et d'un charmant effet, qui donnait à l'édifice un caractère à la fois élégant et religieux ; le cimetière était assaini et mis dans un état convenable. Pendant que ces travaux s'accomplissaient, l'évêque, avec les deniers de la caisse diocésaine, achetait plusieurs hectares à demi submergés près et autour du vieil édifice féodal, renversait celui-ci, comblait ses fossés, édifiait sur son emplacement une demeure vaste et bien distribuée, entourée d'un jardin spacieux arrosé par le Manoire, contenu dans un large et joli chenal et alimentant des pièces d'eau vive, au lieu de se livrer à un vagabondage nuisible. Il plantait un bosquet ombreux, puis il rendait les prairies saines au moyen de rigoles sagement dirigées, en les réchauffant de plus par de bonnes fumures. Enfin, il remettait aux directeurs de son grand séminaire cette résidence et ses environs, dès lors campagne de l'établissement qu'ils dirigeaient. Quelques années après, ces terrains noyés naguère produisaient d'abondants légumes, fournissaient pour 1,200 fr. d'excellent poisson et pour 3,000 fr. de foin acheté par l'administration militaire. Boulazac était sauvé; de l'indigence il passait à la richesse.

On ne s'en est pas tenu là. Un presbytère manquait. On en a construit un coquet, original, laissant à désirer peut-être pour la distribution, mais qui produit à l'extérieur un bel effet, et l'on projeta d'élever avant longtemps une école de garçons. La population croissait, la petite église devenait insuffisante. M. Saintmartin, qui venait d'acheter le domaine de Caran presque à la porte du bourg, sur la hauteur, la fit démolir. Par ses soins, et à ses frais, un nouveau temple l'a remplacée. C'est un édifice de bon style comprenant une nef avec bas côtés séparés d'elle par une balustrade. La pierre de taille provient des carrières de calcaire tendre de Chancelade; il y a bien du moëllon, et la brique joue dans l'ensemble un certain rôle, mais tout est harmonieux au dedans où l'on voit de beaux autels et de jolis vitraux que l'on eut, peut-être, pu se procurer à Périgueux aussi satisfaisants et à meilleur marché. Au dehors le vaisseau manque un peu de longueur, néanmoins, sans trop blesser l'œil. Ses autres proportions sont bien combinées. Sans doute ce n'est pas un monument, dans l'acception ambitieuse de ce mot, mais il est peu d'églises de campagne mieux comprises, plus attrayantes et l'on ne saurait sérieusement lui reprocher que la flèche de son clocher qui est par trop courte. Au-devant est une grande et jolie place. La propriété remarquable créée par M₅ʳ Georges n'a plus la destination que lui avait donnée ce pontife. Elle a été acquise par l'hospice de Périgueux qui la possède actuellement et y a établi ses lavoirs, de sorte que le poisson en a fui, mais à part ce détail elle est toujours florissante. L'étendue totale du domaine est de onze hectares, sur lesquels 8 hectares 25 en prés et 1 hectare 50 en jardin. Ce dernier est productif, un peu froid pourtant. D'après une note qu'à bien voulu me fournir le receveur de l'établissement, on entretient d'habitude 7 vaches qui, largement nourries, donnent en moyenne 10 litres de lait par jour chacune, et le poids du foin et du regain rentrés ne serait pas moindre de 600 quintaux métriques. L'entreprise habilement conduite de Monseigneur Georges n'a pas été sans résultat utile; on le voit.

Au nord-ouest de cette exploitation, véritable conquête sur la misère qui la dévorait auparavant, est celle de Mme veuve Michelet dont les métayers se distinguent, surtout l'un d'eux nommé Desmartin, par leurs succès dans la culture du tabac et l'engraissement du bétail. Auprès de la maison d'habitation on voit une belle source formant nappe et qui va grossir le Manoire, auquel tant d'eau provient de tous côtés des nombreuses fontaines qui sourdent au bas des collines qu'il en est surchargé malgré ses exutoires et court comme un fou la porter à la rivière, non sans en laisser sur son passage perdre une certaine quantité qui stagne au milieu des herbes et des terres en les gâtant. Ne pourrait-on pas lui creuser un canal suffisant et régulier dans lequel on emmagasinerait en hiver toutes ses richesses et qui, bordé de vannes de distance en distance, servirait très utilement aux irrigations quand le besoin en serait manifeste ? Voilà longtemps que je rumine et que j'expose cette idée. Est-elle donc impraticable ? Vis-à-vis la propriété de Mme Michelet, sur un contrefort du même chainon, séparé seulement d'elle par un chemin, est celle de Caran, appartenant à M. Saintmartin, et qui a contribué à lui faire attribuer les récompenses dont j'ai parlé en décrivant Landry. Achetée 14,000 francs en 1866, elle occupe la croupe d'un côteau dominant Boulazac et son étendue est de 22 hectares. Au moment de l'acquisition, elle ne renfermait pas de bétail et se trouvait aux trois quarts couverte de bois qui régnaient sur 17 hect. environ, tandis que les terres arables n'en avaient que quatre. La vigne occupait seulement 50 ares, les prairies pas davantage. Les bâtiments ont été réparés et considérablement augmentés, les terres ont reçu des prairies artificielles envers lesquelles elles se sont montrées hospitalières; la vigne s'est accrue de six hectares pris sur le taillis; de nombreux instruments perfectionnés ont été introduits, de même qu'une pompe à vin débitant 120 litres à la minute et pouvant à l'occasion servir contre l'incendie ou pour les irrigations. Le vignoble est bien encépagé, soigneusement tenu, desservi par de bons chemins le long desquels il a été planté de nombreux abricotiers et pruniers Reine-Claude; son rendement est de 60 barriques, soit de 21 hectolitres 30 à l'hectare, en vin estimé, plusieurs fois médaillé dans nos concours. Le froment produit, semence déduite, 29 hectolitres, soit 22 à l'hectare. On compte dans les étables 6 bœufs, 12 moutons et 4 porcs à l'engrais. Les recettes qui n'étaient que de 440 fr. au début atteignent 2,700 fr.; il a été fait pour 13,500 fr. de dépenses; le Caran revient en conséquence à 27,500 fr. dont on retire annuellement 9 1/2 0/0. Ainsi relevé, restauré, grandement enrichi par l'incessante énergie de trois ou quatre personnes secondant dignement un vénéré pontife et complétant son œuvre, Boulazac est aujourd'hui non-seulement le centre administratif, mais encore le centre intellectuel et agricole de sa commune. Les champs qui l'environnent sont couverts de luxuriantes récoltes, ses édifices sont dignes d'une circonscription prospère marchant vers un brillant avenir, et le chemin de fer qui le contourne de près à l'est, au nord et à l'ouest, sans que ses trains s'y arrêtent malheureusement, fait regretter à plus d'un connaisseur de ne pouvoir y passer au moins quelques instants.

La route continue à se diriger vers l'orient et à raser la base des mamelons du sud, toujours boisés sur la plus grande partie de leur étendue, montrant çà et là néanmoins quelques cultures dont les plus plus intéressantes sont celles de M. Seillac établies sur de larges terrasses soutenues par des murailles pour parer à une déclivité trop grande, mère de la ravine. La voie publique se déroule au milieu de noyers qui la bordent régulièrement et qui sont presque tous jeunes, de cruelles gelées, ayant il y a peu d'années, détruit la plus grande partie de leurs prédécesseurs. Il est à croire que ces suppléants auront été choisis dans des variétés qui poussent moins vite au printemps et qu'on aura eu la précaution de les greffer d'espèces demandées par le commerce. Sur notre gauche le Manoire indiscipliné roule empressé, couvrant parfois à peine les galets, nourrissant ailleurs dans des retraites profondes voilées par des plantes aquatiques, d'énormes brochets à la chair savoureuse, devant lesquels fuient prompts comme la flèche des bandes de goujons qui tombent dans les filets de l'homme en cherchant à éviter le monstre qui fond sur eux la gueule béante, ou l'anguille qui les hape sournoisement au passage. Des terres cultivées se montrent plus fréquemment sur le bord du vallon, nous offrant jardins, légumes, surtout petits pois, racines, blés splendides, tabacs magnifiques, tandis que le reste de la plaine est tapissé de prairies, et que les hauteurs faisant face à celles que nous suivons, sans parure et sèches jusqu'à ces derniers temps, se drapent de vignes dont le produit est apprécié.

Aux pieds d'un morne crayeux, que l'on cherche à voiler par des essences arbustives et que nous contournons, le voyageur se voit à deux pas de châlets, situés dans la vallée à la place où se montrait naguère un ancien moulin de campagne dont la retenue perdait les prés voisins, qui maintenant sont en bon état. Ces élégantes constructions sont affectées à la demeurée du régisseur de la terre du Lieu-Dieu dont le château les joint par un jardin anglais de récente création, au milieu duquel on trouve une belle pièce d'eau qu'alimente une source abondante. C'est dans cette vieille forteresse entourée de larges douves que le Manoire remplit de ses eaux limpides, que les catholiques transportèrent le Saint-Sacrement après la surprise de Périgueux par les protestants au mois d'août 1575. Il changea de nom en mémoire de ce fait historique. On l'appelait auparavant la Bocanio. Depuis longtemps, au milieu des guerres et des orages des révolutions, il avait perdu sa physionomie première. Madame la marquise de Sanzillon usufruitière des biens de son mari trop vite enlevé par la mort, a entrepris de la lui restituer, et déjà, sur les plans de M. Vauthier, après le décès duquel les travaux sont dirigés par M. Lambert, architecte, d'importantes réparations ont eu lieu; la façade principale est restaurée et les tourelles sont maintenant l'objet de remaniements qui leur rendront une ancienne splendeur que le donjon a déjà recouvrée. Une jolie terrasse domine les fossés à l'ouest; de belles promenades précèdent le pont-levis qui donne accès dans la cour; un grand jardin, au milieu duquel apparaît une serre avec orangerie considérable, plein d'arbres fruitiers et de produits remarquables, borde la route. On voit que si la châtelaine, femme de goût, est éprise de l'archéologie, elle ne néglige pas pour cela les choses agréables et utiles. Sous son habile direction la vaste terre du Lieu-Dieu, qui ne compte pas moins de 385 hectares s'étendant sur la vallée du Manoire et débordant au loin des deux côtés, prend une place de jour en jour plus éminente parmi les mieux administrées du département. Ses revenus, proportionnellement faibles au début, vont croissant sans cesse. Il y a dans les pentes et sur les plateaux, au sud surtout, beaucoup de bois dont une partie se regarnit; sur les hauteurs du nord les vignes sont multipliées; dans le vallon les prairies sont successivement assainies. Le sol arable y est soigneusement cultivé, de même que les plis secondaires qui règnent entre les tertres, par douze métayers que surveille et stimule l'homme d'affaires M. Bordas. La luzerne, le trèfle, la pomme de terre, les navets, les betteraves, les topinambours y donnent, de même que le froment et le tabac, de riches produits. On recueille des fruits et des légumes et l'on obtient de 200 à 240 barriques de vin à partager avec les colons. De belles vaches, au nombre de sept, fournissent du lait en abondance. Tout n'est pas encore terminé, car l'entreprise est de longue haleine, mais tout se poursuit sagement, sans relâche, sans hésitation. Le but final ne peut manquer d'être certainement atteint. Déjà chaque année de 70 à 80 têtes de gros bétail sortent grasses des étables et vont alimenter de viandes de choix la boucherie parisienne; des troupeaux de porcs et de moutons excellents les accompagnent. Dire combien de prix ont déjà remporté les lots présentés par Mme de Sanzillon à nos divers concours ne serait pas chose facile. Ses bandes, entre autres, sont toujours victorieuses et dès que le dernier perfectionnement aura pu être donné, sous certains rapports, aux bêtes à cornes, celles de cette propriété ne craindront plus de rivaux. Dès aujourd'hui les agriculteurs ne prononcent plus qu'avec respect et reconnaissance le nom de celle qui fait si bien et avec tant de dévouement, dont le régisseur et les auxiliaires exécutent avec succès les ordres habilement donnés, au point que plusieurs fois de simples métayers de cette terre ont remporté des palmes brillantes, notamment l'intrépide Laborie qui a su conquérir le prix d'honneur réservé au colon engraisseur le plus distingué. L'assainissement des prairies mouillées, objet à juste titre des préoccupations de celle qui travaille avec un zèle assidu pour l'avenir, est, dans certains endroits au-dessus du château, difficile et coûteux, à cause de la nature du terrain et du peu de pente du sol. On en a la preuve vers le ruisseau du Chien, ainsi nommé, parce que, dit-on, jamais animal de cette espèce n'a passé à côté de lui sans s'y désaltérer, qui sort d'une fontaine au-dessous des taillis, arrose d'abord une terre inclinée où les topinambours l'ombragent hauts et robustes et après avoir passé sous la route va rejoindre le Manoire à quelque distance. Là, sur une certaine étendue, le marais qui régnait jadis au loin noir et profond dans cette direction, se montre et résiste encore, mais chaque jour il perd du terrain et bientôt il sera définitivement dompté et détruit. La zône cultivée bordant la voie publique dans la vallée devient de plus en plus large et se montre amplement féconde. Enfin nous arrivons à la frontière orientale de la commune de Boulazac dont nous avons, par le milieu, traversé l'intérieur d'un point extrême à l'autre, commune riche et en voie de progrès continu, ayant encore bien des pas à faire pour arriver au point de prospérité qu'elle ambitionne d'atteindre, mais qui fait des pas de géant dans cette intention et réussira pour peu qu'elle persévère. Ses céréales sont réputées, ses tabacs aussi. Beaucoup de ses vignobles produisent des vins très bien classés, ceux de Montplaisir, de Caran, du Lieu-Dieu, de Siauger, de la Fillolie entre autres. Ses plantes racines et maraîchères, ses fruits, ses légumes sont recherchés. Le froment y donne en moyenne de 16 à 20 hectolitres à l'hectare; et c'est peut-être de toutes celles du département, celle qui, proportion gardée, fournit le plus de bœufs gras à l'exportation et à la boucherie locale, qui s'en procurent dans ses domaines au moins 120 à 150 têtes par an. Elle vend aussi beaucoup de porcs, de moutons et de volaille de bonne qualité. Le lait n'y manque pas, on en a eu la preuve. L'industrie s'y exerce avec une certaine importance à Lesparrat, et outre le moulin de ce village, on en trouve un second à Dague. Commencées près de Périgueux, ses dépendances se terminent à sept kilomètres plus loin. Elles viennent finir à la belle fontaine de l'Amouret, plus connue sous le nom de la Grand-Font, dont les eaux fraîches et pures abreuvaient les habitants de la vieille Vésone au temps de la splendeur antique de cette cité, à laquelle les conduisait un aqueduc encore existant le long des hauteurs, mais qu'on dégrade chaque jour, qu'on démolit même à plaisir, pour utiliser ses matériaux dans des constructions nouvelles. On ne peut comprendre comment il se fait que cet acte de vandalisme ne soit pas réprimé.

C'est une noble et belle source que celle de l'Amouret. Autrefois elle sortait de terre à mi-côte en remplissant un bassin que l'on voit encore, large et bordé de beaux arbres qui, se penchant vers lui, semblent attendre que l'onde y reparaisse enfin. A présent elle s'est mise plus à la portée du passant en jaillissant au bas de la colline dans un enfoncement en demi-cercle où de toutes parts accourent les blanchisseuses du pays. Les bavardages de ces commères semblent l'impatienter car elle fuit au plus vite en murmurant, traverse la route au moyen d'un aqueduc, et formant un gros ruisseau, se hâte d'aller joindre le Manoire en fécondant des prés qu'elle arrose et enrichit par ses dérivations, tandis que ses bords offrent à de pauvres femmes courbées par l'âge, de belles récoltes de cresson dont ses protégées ne manquent pas de profiter en remplissant leurs corbeilles, dont elles vendent le contenu sur les marchés. Nous la laissons derrière nous et découvrons presque aussitôt un château, puis une église et enfin de nombreuses habitations qui nous paraissent être tout proche, mais dont nous sommes encore passablement éloignés à cause du long coude que, pour y parvenir, décrit la route. Sur celle-ci du reste, la compagnie ne nous manque pas car, malgré le voisinage du chemin de fer où, jour et nuit, passent auprès d'elle à grand bruit, des trains rapides, elle est très fréquentée. Piétons, voitures de toute espèce s'y succèdent continuellement ; bétail chevaux et ânes s'y montrent sans cesse. On ne saurait dire combien on rencontre d'ânes sur cette route, ânes à quatre pieds bien entendu ! Ils y traînent gaillardement de petits véhicules dans lesquels des femmes, ou des enfants même, conduisent leurs volailles, œufs, jardinage en ville et rapportent des vivres et des approvisionnements pour les bourgs voisins. Une diligence circule une ou deux fois par semaine sur cette chaussée sans se hâter, avec un flegme imperturbable, au milieu des charrettes chargées de bois et de fourrage, en face des wagons qui glissent à toute vapeur sur les rails, ce dont elle ne s'émeut aucunement et ce qui ne la détermine pas à marcher plus vite dans ses parcours réguliers entre Périgueux et Thenon. Les voyageurs prétendent que ses chevaux sont philosophes. Le cocher à coup sûr doit être un admirateur des beautés de la nature qu'il aime évidemment à contempler avec calme et en détail.

Il a raison de se complaire à la voir ici, car elle y est réellement pleine d'attraits. Des deux côtés de l'avenue de noyers ombrageant la route, les récoltes se présentent opulentes en un sol fertile, tandis que la prairie se développe large et diaprée sous les collines de gauche, aux penchants couverts de vignes, aux cimes chargées de villages entourés de verdure et de champs de céréales, avec quelques petits points encore en friche, mais qui vont se rétrécissant d'un jour à l'autre, ou des bois se repeuplent lorsqu'ils ne reculent pas devant le vignoble. Sur la droite, le coteau fuit parfois légèrement vers le sud, parfois se rapproche, formant dentelure animée à sa riche base où croissent à l'envi tous les produits, et qui détache comme des fils soyeux et ondulés, pénétrant dans la rangée des collines, entre lesquelles ils s'étendent en étroites lignes que l'œil aime à suivre à travers la feuillage. Sur le bord d'un de ces défilés tentacules du plat pays, un grand mur blanc clôt un carré long où l'homme de la campagne vient à la fin de sa carrière se remettre de ses longues fatigues, sous un tertre gazonné que surmonte la croix, l'arbre de vie veillant sur sa couche, en attendant et annonçant son réveil. Ce cimetière est encore tout nouveau, mais avant peu la fleur y couvrira le lit funèbre de ses habitants, les arbustes et les grands cyprès l'abriteront de leur ombre. Oh! que ces champs de repos ont de poésie calme et douce loin des villes, au milieu de cette nature souriante qui les entoure ! Là, point de faste; un aspect paisible, des sentiers rustiques foulés par les pieds d'une mère, d'un chef de famille qui vient prier pour sa compagne, de jeunes gens qui rendent, avant d'aller au travail, visite à ceux qu'ils pleurent, de vieillards qui s'agenouillent sur la tombe de ceux qu'ils vont bientôt rejoindre. Pas d'édifices luxueux, pas de vains bruits aux environs, partout le recueillement et la paix.

Je me souviens qu'un jour j'avais, dans l'enceinte de l'un d'eux, accompagné à sa dernière demeure un ami bien cher qui m'avait été presque subitement enlevé, comme tant d'autres, hélas ! Les chants sacrés avaient cessé depuis longtemps, la foule s'était retirée et j'errais en méditant à travers les petits monticules palais de la mort, quand tout-à-coup du sein d'une touffe de rosiers aux corolles chargées des pleurs du crépuscule, une harmonie pure s'éleva. Je m'approchai, j'écartai les rameaux inclinés, et sous une couche de mousse verte, je lus : « X... mort à 18 mois. » Je pensais au petit être si vite parti de ce monde, à la douleur de celle qui l'avait perdu, à son bonheur à lui. Je m'absorbais dans cette rêverie, lorsqu'une branche froissée vint effleurer ma tête et j'entendis comme un faible gémissement ; le rameau supportait un nid dans lequel reposait un charmant oiseau qui sous ses ailes échauffait cinq œufs couleur de nacre, son cher trésor. La jeune couveuse jetait un regard suppliant vers moi ; en me considérant elle reconnut sans doute un ami, car elle se laissa de nouveau bercer tranquillement par la brise, tantôt s'éloignant, et tantôt se rapprochant de moi, et permit même, sans crainte, à ma main de caresser son doux plumage, tandis que le mâle, un peu au-dessus de ma tête, lui faisait oublier le temps par sa suave et pénétrante mélodie. Je compris qu'ils étaient comme les gardiens fidèles de celui qui dormait au-dessous d'eux et dont la mère venait chaque jour apporter quelque nourriture à l'innocente créature qui avait, elle aussi, le sentiment maternel et qui oubliait tout pour ses enfants futurs, à côté du lit parfumé, couche du fils pleuré. Je plaçai sur la pierre ma petite offrande aux gracieux satellites du tombeau, un peu de biscuit délayé, un peu d'eau pure puisée à la source voisine, apportée dans le creux de ma main et versée dans la rainure formée par l'une des lettres de l'épitaphe, et me retirai silencieux ; il me sembla que les chants s'élevaient derrière moi plus éclatants et plus vifs, montant vers le ciel étoilé. C'était le soir : on eût dit qu'à cette heure solennelle, à la voix du rossignol, se joignaient les accents d'une âme reconnaissante, remerciant Dieu de l'avoir enlevée à cette terre, avant que ses blanches ailes eussent senti l'atteinte de la fange dans laquelle chaque jour se plonge et se souille la triste humanité.

A quelques centaines de mètres du Saint-Laurent des morts, celui des vivants s'étend nonchalamment dans la vallée, la tête appuyée sur la route, à l'ombre des tertres qui le garantissent des ardeurs du soleil, les pieds sur le Manoire qui rafraîchit l'air respiré par ce sybarite, à droite duquel la montagne se dresse pour empêcher, le plus longtemps possible, les feux de l'été de l'atteindre en laissant toutefois, vers son chevet, passage à la plaine d'où souffle l'air printanier, mais d'où parfois, trop souvent même, accourt aussi l'orage amenant la désolation à sa suite dans les environs de ce bourg si bien placé, aux maisons éparses dans les cultures, retraites attrayantes de vaillants travailleurs. Un château, naguère apanage de la famille des Bertin, et une maison de plaisance annoncent ce groupe aux voyageurs, l'un à l'occident, l'autre à l'orient, et entre ces deux sentinelles vigilantes se dispersent les habitations rustiques, au milieu desquelles s'ouvrent quelques boutiques, quelques ateliers, une ou deux hôtelleries fréquentées, le transit étant actif en cet endroit. On y trouve, de plus, sur le Manoire, un moulin à farine et à tan. L'église est remarquable ; elle a deux nefs, l'une en style roman, l'autre en style de la Renaissance ; mais on peut lui reprocher de no pas être assez longue. Son clocher se compose d'une tour carrée peu haute, recouverte par une charpente, et percée d'ouvertures à plein cintre, comme on en trouve beaucoup en Périgord où elles semblent former un système offrant un cachet non dépourvu d'élégance parfois, s'harmonisant avec l'ensemble de l'édifice et que l'on a tort de vouloir souvent remplacer par une flèche, ou soi disant flèche, lourde, disgracieuse et qui ne cadre nullement avec le temple qu'elle enlaidit au lieu de l'orner. Je loue la fabrique et la municipalité de n'être point tombées dans cette faute. La restauration du petit temple, parfaitement comprise par M. Vauthier d'abord, par M. Lagrange ensuite, a été très-bien exécutée. En avant, ou plutôt sur le côté, se trouve une vaste place plantée d'arbres qui sera très jolie quand on aura pris le parti de la niveler et de la rendre propre, améliorations qui seraient également très désirables pour celles de Trélissac, Boulazac et autres endroits.

Au-dessous du bourg sont des prairies qui vont toucher au nord le pied des coteaux, et qui sont riches en sources s'épanchant vers le ruisseau. L'une de ces fontaines, surtout, est considérable et son débit est abondant. J'aime à la revoir, et lorsque par hasard je puis aller m'asseoir à présent sur ses bords, les vers célèbres de Malherbe se représentent à ma mémoire et, en les modifiant un peu, je me laisse aller à répéter :

> Vois-tu, passant, couler cette onde
> Et s'écouler incessamment ?
> Ainsi fait *l'espoir* en ce monde
> Et rien que Dieu n'est permanent !

Que de vains projets, en effet, j'ai vu former ici ! combien j'ai vu désespérer d'hommes énergiques! combien ne sont plus de tous ceux que j'ai rencontrés là, lorsque, par un héritage, j'y devins propriétaire d'un modeste domaine ! Il en reste quelques-uns à peine ; dans quelque temps il ne s'en trouvera plus un seul ! Il est dur de survivre à ceux avec lesquels on cheminait, à ceux qui, dans l'ordre apparent de la nature, devaient vous fermer les yeux ; il est dur de voir le champ paternel que l'on cultivait, que l'on embellissait avec amour, vous échapper et passer en des mains étrangères ! Que de labeurs entrepris dans ces champs en vue d'un avenir sur lequel on comptait et qui s'est évanoui !

Sic vos non vobis nidificatis, aves !

Ce n'est pas pour lui, ce n'est pas pour les siens qu'il a travaillé, cet excellent et actif baron de Royère, auquel les liens les plus étroits m'unissaient par suite de l'entrée d'une de ses sœurs dans ma famille, où elle est devenue la compagne d'un de mes frère, hélas ! enlevé lui aussi depuis. Aujourd'hui, ces terres, le vieux manoir des Bertin qu'il avait restauré, ont passé à de nouveaux acquéreurs. Ce n'est pas pour moi, ce n'est pas pour mon successeur naturel, que j'ai, pendant vingt ans et plus, prodigué mon temps, mes peines et mes épargnes à ce bien du Colombier que voici près de moi, vieil apanage de ma famille, que j'espérais lui conserver et pour lequel je n'ai rien épargné. La mort a déchiré dans mes bras la trame précieuse de la vie de celui pour lequel j'aurais donné la mienne, et lorsque reprenant courage, bien que brisé par l'épreuve, j'ai eu continué, presque terminé ma tâche ardue, non sans me tromper et faiblir plus d'une fois, pour laisser mon œuvre, imparfaite sans doute dans plusieurs détails, mais achevée, à l'enfant qui me reste, ma fille a quitté la contrée s'appuyant, il est vrai, j'en bénis Dieu, sur le bras d'un noble et digne époux, et il m'a fallu déchiqueter pour quelques écus, difficiles à rassembler, le lot que j'avais eu tant de peine à former, où j'avais si longtemps marché sur les épines, pour que d'autres vinssent y jouir des fruits dont je n'ai eu que la vague promesse longuement achetée au prix de mille sacrifices. Puissent ceux qui me remplacent sur ce sol qui m'était sacré, pour ainsi dire, être plus heureux que moi !

Au-delà de Saint-Laurent, la plaine semble, aux yeux de l'arrivant de Périgueux, formée par un coteau qui s'étend à l'est, prolongement du pli bordant un petit vallon qui vient se réunir à elle et dans lequel court le chemin de Bassillac. On la croirait terminée par le bassin gracieux où gît le chef-lieu de la commune et qu'encadrent des hauteurs boisées au sud, découvertes au nord, parfois avec quelque imprudence. Mais cette coupe riante que tapissent les moissons et les prairies, sur les bords inférieurs de laquelle la vigne et les taillis se suspendent en festons, tandis que le haut de la muraille qui l'enclot, disparaît sous les bois, et les cultures variées, ne l'enferme pas dans sa courbe harmonieuse. Plus haut, vis-à-vis l'échancrure formant une perspective lointaine vers le nord, elle s'est frayé une issue et se développe de nouveau triomphante au sud-est, presque en forme d'éventail ouvert à demi. La route, au sortir du village, descend avec rapidité pour l'atteindre dans cette nouvelle direction et y parvient bientôt, puis y décrit mollement un demi-cercle qu'indiquent au loin des noyers touffus qui se sont hâtés de la rejoindre. Ici la charrue règne en maitresse au midi, depuis le pied des coteaux, qui se sont éloignés relativement, jusqu'à la chaussée du chemin de fer, et les produits sont aussi divers que beaux ; les collines elles-mêmes sont cultivées ; tandis qu'au nord le val, plus bas et plus mouilleux, est presque tout entier occupé par des prairies naturelles dont plusieurs devraient être assainies, amélioration déjà d'ailleurs tentée sur quelques-unes avec plein succès Au-dessus de lui, le limitant, se dresse une ligne de tertres rapides bien boisés au centre de manière à réjouir l'œil. Par malheur, à l'orient et à l'occident de malencontreuses entreprises ont eu pour résultat de dénuder fâcheusement leurs extrémités. En construisant la voie ferrée, on a déplacé vers leur base, le cours du Manoire, mais, en lui creusant un nouveau lit, on a négligé de combler l'ancien et ses dérivations dans lesquelles, lors des crues, il envoie ses eaux; en outre de nombreuses fontaines y entretiennent l'humidité par des suintements sans fin. Cet état de choses devrait appeler un prompt et énergique remède. C'est sur les flancs de ce chaînon, au levant, que l'on aperçoit l'orifice de la grotte dont il est question dans plusieurs ouvrages parlant du Périgord. Cette caverne n'a d'autre mérite que sa profondeur qui la fait pénétrer au loin sous la masse calcaire. Elle n'offre rien de remarquable au point de vue de l'ornementation naturelle. Elle consiste en une suite de longues chambres éminemment propres à servir de réceptacle aux animaux sauvages, couleuvres, blaireaux, renards, fouines et loups qui peuvent y dormir dans les ténèbres pendant le jour et en sortir pendant la nuit, comme le délire et les mauvaises pensées d'un cerveau malade.

Presque vis-à-vis, et sur le bord septentrional de la route, est la station du chemin de fer, la première après celle de Périgueux, dont elle est beaucoup trop éloignée, s'en trouvant à plus de onze kilomètres, et où les deux lignes d'Agen et de Brive se séparent, l'une pour prendre la direction du sud, l'autre pour continuer à se prolonger vers l'orient. Hors de portée de Saint-Laurent, qui en est à plus de demi lieue, loin même du hameau de Niversac, dont elle a pris le nom, cette halte est on ne peut plus mal placée. Tellement mal que pour y parvenir, en venant de St-Pierre ou des Versannes, les convois sont obligés de décrire une courbe si raide et si courte qu'on ne peut les apercevoir que lorsqu'ils ne sont plus qu'à une centaine de mètres du point d'arrêt. La gare est vaste et on y a récemment créé des plantations et un jardin anglais avec corbeilles de fleurs, compensation bien due au chef de poste, qui sans ce voisinage s'étiolerait d'ennui dans cette solitude où il trouve plus facile d'envoyer ses enfants à Saint-Pierre, à l'école, qu'au chef-lieu de la commune qu'en sépare, par voie de terre, une course trop longue. Ajoutons qu'il ne peut guère sortir un instant à cause des trente-deux trains qu'il est obligé de surveiller chaque jour, circonstance heureuse, du reste, puisque, l'occupant, elle lui donne une distraction salutaire. D'ailleurs, la manière dont on a tracé le chemin de fer dans ces parages a quelque chose d'étonnant et qu'on a peine à comprendre. Lorsqu'on contemple la ligne du haut des talus qui l'avoisinent, on ne peut s'empêcher d'être profondément surpris de la voir, sans motifs apparents, au lieu d'aller droit, ou à peu près, décrire des courbes et des angles, dont quelques-uns passablement aigus, dans la vallée où elle gêne l'écoulement des eaux par ce va-et-vient intempestif. On cherche la cause de ces inflexions singulières, et il n'est guère possible de la deviner. J'imagine que l'ingénieur les lui a imposées en mémoire de quelques difficultés géométriques des plus embarrassantes, dont il s'est tiré à son honneur, et dont il a voulu perpétuer le souvenir en les dessinant approximativement sur le terrain. Ce doit être là l'explication du problème, la clef de cette direction hiéroglyphique, ou il n'y en a point. Quant à n'avoir pas rapproché la station du bourg, où sa place paraissait marquée, on ne peut admettre que cette mesure soit justifiée par la jonction des deux voies, qui aurait parfaitement pu se faire, et même plus avantageusement au point de vue de la sécurité, à une distance moindre de ce centre. Peut-être trouverons-nous ailleurs, et avant longtemps, la cause du choix de l'emplacement auquel on s'est arrêté.

Après avoir passé devant la porte de l'ermitage, où vit le fonctionnaire de la Compagnie héritière de celle du Grand-Central, et au pied de deux ou trois maisonnettes élevées récemment en face et dont l'une se décore du titre d'hôtel, on continue paisiblement à suivre le ruban fauve du grand chemin toujours bordé de noyers, et l'on arrive enfin à Niversac, petite agglomération de feux où la ligne d'Agen coupe la route nationale par un passage à niveau. Là s'ouvre le vallon de St-Geyrac qui donne accès vers Le Bugue et amène au Manoire un ruisseau qui vient le grossir à contre-cœur. On le dirait du moins, car, après avoir fait marcher un ou deux moulins près de sa source, il se dérobe plusieurs fois sous terre pour s'échapper et ne se décide à reparaître que tout-à-fait au dernier moment, pour se jeter brusquement, comme quelqu'un qui prend un parti désespéré, dans les bras de son frère qui, de son côté, n'a pas témoigné plus d'empressement à venir à son avance, ce qui ne les empêche pas de faire bon ménage et bonne figure ensemble, grâce sans doute aux conseils salutaires des fontaines qui viennent en gazouillant leur tenir compagnie. Niversac, se trouvant ainsi dans un angle bien arrosé, ne manque pas d'eau ; parfois même il en regorge et ses prés le prouvent, étant fort humides. On y avait jadis créé, vu cette circonstance, un marais à sangsues, mais maintenant des hommes intelligents ont remédié au mal en grande partie, notamment les héritiers Deschamps ; et chez M. Brachet l'un d'eux, chez ses beaux frères aussi, l'on peut voir d'excellents résultats d'entreprises bien entendues, auprès du chemin de fer sur les accotements duquel des centaines de wagons en repos dorment auprès des rails, tant au sud qu'à l'ouest, en attendant qu'ils soient appelés à circuler à leur tour. Ces nombreuses voitures se prolongeant sur plus de trois kilomètres, souvent sans interruption, donnent à Niversac et à sa gare un aspect singulier. Ces réservistes du mouvement ressemblent à d'immenses bras d'araignées s'étendant au loin. Ce sont les navettes du commerce, toutes prêtes à lui tisser une trame d'or.

La famille des héritiers Deschamps ne forme pas le seul groupe d'agriculteurs habiles de la commune. Plusieurs praticiens se distinguent dans celle-ci par leurs efforts personnels et heureux pour la recherche et la mise en œuvre du perfectionnement de la culture. M. Prévost, banquier à Périgueux, acquéreur du château et de la plus grande partie de la terre de M. de Royère, s'adonne avec succès à la propagation des plantes fourragères, des vignes, et accroît le nombre de ses bestiaux bien choisis ; M. Saintespès-Lescot remanie de fond en comble l'héritage de son beau-père M. Pressacq. Il a créé de nouveaux domaines, reconstruit une foule de bâtiments qui tombaient, repeuplé les étables, ouvert des chemins, défriché sur de vastes proportions; planté des vignobles considérables, donné beaucoup d'entrain à la culture des arbres fruitiers, des racines fourragères et des prairies artificielles. Agriculteur zélé, venu d'un pays où la production du miel est en honneur, il avait tenté de l'acclimater dans la contrée, en établissant au milieu de ses bois, sur un plateau, une véritable ville de ruches dont les essaims auraient pu profiter, pour leur ambroisie parfumée, des fleurs roses de la bruyère tapissant les châtaigneraies, de celles du sainfoin, des luzernes et des plantes odoriférantes de la plaine et des côteaux. Malheureusement les circonstances n'ont pas permis à cette cité, véritablement ouvrière, de se former et de prospérer. J'aurais voulu donner sur les travaux accomplis par ce propriétaire actif, quelques détails qui auraient offert un vif attrait ; mais sa modestie ne l'a pas permis, et, sous prétexte d'occupations professionnelles absorbantes, il s'est refusé à l'envoi des communications que je sollicitais. Je le regrette pour les lecteurs de cette relation, privés ainsi de quelques pages intéressantes. Les noms de MM. Sudret et Mondy ne doivent pas être passés sous silence, non plus que celui de M. Duvert, un commerçant de Périgueux, auquel on doit la création d'un très beau vignoble au village des Marcheix, et que la mort frappa brusquement, au moment même où il allait, par le rendement de son enclos, être récompensé de ses longues et laborieuses entreprises. M. de Marqueyssac est également tombé. Ses belles vignes, ses lignes d'arbres fruitiers, de pruniers d'Agen surtout, qui réussissaient à merveille sous sa direction, l'ont pleuré, et se sont successivement affaissées comme entraînées par les malheurs qui ont si tristement fondu sur sa famille, dont les membres ont été presque tous brisés après lui ; mais maintenant, sous la main ferme de M. le marquis de Royère, son beau-frère, tuteur des deux enfants qui survivent orphelins, et d'un régisseur intelligent, nul doute que les domaines où il fit fleurir pendant longues années l'agriculture, ne retrouvent bientôt l'éclat qu'ils ont momentanément perdu.

La commune de Saint-Laurent est petite, mais riche. Sa population s'accroît et se trouve dans l'aisance. La grande route, la route départementale n° 11, le chemin de Bassillac, diverses autres voies de communication, le chemin de fer, y rendent la circulation facile et active. Le territoire est, dans la plaine, en général de bonne nature, et productif également sur beaucoup de versants et divers plateaux. On y récolte d'excellents blés, du tabac, des fourrages en abondance. Plusieurs parties de la vallée fournissent, de plus, en quantité du maïs et des haricots de qualité supérieure. Les arbres fruitiers, notamment le pommier et les pruniers d'Agen et de Reine-Claude, s'y multiplient, au grand bénéfice des cultivateurs. On recueille des noix et des marrons. La vigne est assez répandue et donne des vins estimés, notamment au Bouc, au Marcheix, au Colombier et autour du village de Laurent. Plusieurs de ces vins s'exportent et sont vendus d'avance à des consommateurs de Paris et d'ailleurs qui ont passé des traités avec les producteurs pour leur approvisionnement. Ceux de M. de Marqueyssac étaient fort prisés dans la Corrèze, avant les morts qui ont frappé à la porte de sa maison. Le bois ne manque pas ; les racines fourragères non plus, bien qu'il y ait trop peu de topinambours. On élève beaucoup de volaille, et l'engraissement du bétail donne de bons bénéfices. M. le baron de Royère avait imprimé l'élan pour celui des bêtes à cornes qui s'est solidement implanté depuis ; celui des porcs est habilement pratiqué. Plusieurs fois les possesseurs de cette espèce d'animaux ont vu couronner leurs lots aux concours de bestiaux gras, et l'un d'eux a obtenu le prix d'honneur pour un porc de la race pure périgourdine, qu'on y voit encore dans quelques exploitations, et qui reprend faveur comme elle le mérite. Le battage du froment à la mécanique s'y est implanté depuis longtemps. Le commerce de transit n'y est pas sans importance, comme je l'ai déjà dit. Quant à l'industrie, elle est presqu'entièrement représentée par la meunerie.

C'est au bruit du tic-tac des moulins établis au confluent du Manoire et du ruisseau de Saint-Gérac, en submergeant un peu les prés, que nous la quittons, en lui souhaitant de nouveaux progrès, une nouvelle ardeur vers le bien. Le vallon s'est resserré, ce qui semble à la ligne de coteaux qui le bordent donner plus de hauteur. Nous cotoyons toujours le chemin de fer, en laissant sur notre droite des éminences au milieu desquelles se trouve la propriété du Taboury, réparée par M. Laurière père, qui y a planté beaucoup de vignes et de pommiers. Nous arrivons promptement à un groupe de maisons entourant une petite place, de concert avec une vieille église du XIe siècle, restaurée vers le XVIe, et qui aurait grand besoin de l'être de nouveau.

L'une de ses portes appartient à la construction primitive, nous dit M. Audierne, ainsi que les arcades dont les claveaux offrent, particularité qui mérite d'être signalée, des marques de tâcherons. Ce petit ensemble constitue le chef-lieu de la commune de Sainte-Marie, à laquelle appartiennent trois moulins qui naturellement occasionnent une foule d'escapades de la part du Manoire qui, bien qu'il ne soit pas gros ici, n'en est pas moins toujours prêt à courir de côté et d'autre, obstruant son lit de gravier et de terre qu'il y jette pendant les fortes pluies, et gâtant les prairies en conséquence. A peu de distance du village, et sur une hauteur au nord, apparaît la maison de campagne de M. le président Saintespès-Lescot dont les possessions s'étendent au loin et qui rajeunit agréablement sa demeure, dont les environs portent la marque de son activité par les nombreux changements agricoles qu'il y opère et les plantations de vignes qu'il y établit. Sur mon passage, j'aperçois de jolis bois taillis, de belles fontaines, des cultures variées qui s'élèvent haut et sur des déclivités très-grandes. Il en est une où je vois un laboureur fort occupé de son ouvrage qui n'est pas facile à exécuter, car le versant est tellement raide que, lorsque le colon travaille en montant, son attelage paraît être presque perpendiculaire au-dessus de sa tête. Les petits propriétaires de ces parages ont la passion du défrichement poussé jusqu'à l'extrême. Au lieu de profiter de leurs châtaigneraies, qui retiennent le sol et leur donnent presque sans travail des bruyères et des fruits, ils les arrachent, y plantent de la vigne ou même y sèment des céréales quelle que soit l'inclinaison du champ et croient avoir fait merveille. Or, dans les bonnes années ils retirent le plus souvent à la sueur de leur front de cet espace un revenu à peine égal à celui que leur fournissait sans peine la garenne qu'ils ont détruite, et quand il survient un orage, la ravine leur laisse parfois pour tout bien le rocher nu. De plus d'un on peut dire, à coup sûr, après chaque ouragan un peu violent, que désolé, se promenant où furent les froments qu'il entassait en espérance, il n'a plus trouvé que la couche qui supportait la terre partie pour la vallée, où il cherche son bien du regard :

Quæsivit *ralli messem* ingemuitque repertam !

Eh bien ! cette leçon ne lui servira que rarement, et dès qu'il aura pu se reconstituer un petit pécule, il y a cent à parier contre un qu'il recommencera. Vraiment on se demande à quoi sert l'expérience? Il est certain qu'elle corrige bien lentement et que l'on n'en profite guère, mais elle finira bien, sans doute, un jour par triompher de la routine et du parti pris. Dans notre pays accidenté, couvert de minerais de fer, aux pentes rapides, aux gorges fréquentes, ramifiées et étranglées entre des cimes souvent abruptes, les tourmentes sont fréquentes et parfois terribles. L'habitant du nord habitué à ses larges et longues plaines, à ses pluies doucement prolongées, à la régularité de son climat, ne peut se faire une idée de ces trombes qui brisent des chênes colossaux, enlèvent des toitures et, en un clin d'œil, versent sur les penchants des tertres des torrents furieux qui entraînent sur leur passage les terres meubles et les précipitent dans les bas fonds changés subitement en fleuves jaunes et furieux dont les flots labourent profondément le sol. Je me rappelle l'incrédulité d'un ingénieur auquel je montrais un vallon secondaire en lui racontant qu'en moins d'une demi journée il avait été bouleversé par les eaux descendant des mille plis voisins, qui y avaient ouvert une tranchée de plus de 100 mètres de longueur sur 1 mètre 50 de profondeur, fossé qui n'avait pu être comblé qu'au prix de longs efforts et d'une dépense considérable. Il souriait et disait : Quelle exagération ! Heureusement il y avait des témoins du fait qui corroborèrent mon assertion, et un ancien colon de l'île Bourbon, M. de Mahy, devenu propriétaire dans nos contrées, lui déclara qu'il avait d'abord, au sujet de la violence des orages dans la Dordogne, partagé son incrédulité, mais qu'une dure expérience lui avait prouvé que les descriptions qu'on lui en avait faites n'avaient rien d'outré. L'on ne saurait donc être trop prudent et trop se garder de déboiser sans réflexion, ou d'établir sans nécessité des chaussées barrant la plaine. Lorsqu'on se voit contraint d'y en élever, il faut toujours au moins ménager au-dessous d'elles de nombreuses et larges ouvertures.

La commune de Ste-Marie, plus grande et un peu moins peuplée que celle de Saint-Laurent, donne à peu près les mêmes produits, mais en plus faible proportion, à superficie de sol égale. Les récoltes y sont en retard, le long du Manoire, à cause de l'humidité plus sensible et d'une plus forte altitude du terrain. On y trouve de belles carrières dont les matériaux sont estimés.

Voici Saint-Pierre. Un tout petit chef-lieu de canton, dans une toute petite vallée, sur un tout petit ruisseau, car le Manoire n'y a guère que la largeur d'un grand fossé. Cette *capitale* de justice de paix est située entre des coteaux, blancs pour la plupart, et qu'il ne fait pas bon regarder en été, vers midi, dans les endroits en jachère, où le sol poudroie. Quand on construisit la route, elle la bouda d'abord, puis, se familiarisant avec elle peu à peu, finit par envoyer sur ses bords quelques habitations, ce qui lui constitue, chose dont elle ne s'enorgueillit pas médiocrement, un faubourg à trente pas de l'agglomération principale. C'est tout au plus si l'on compte en tout, dans son enceinte et ses alentours, une dizaine de maisons de plus qu'à Saint-Laurent. La plupart d'entre elles sont peu remarquables ; les unes entourent une vaste place, les autres longent les voies de communications qui se croisent en cet endroit. C'est bien ici qu'il ne faut pas se baser sur l'apparence et que l'on a la preuve qu'elle est souvent trompeuse. Saint-Pierre-de-Chignac est (qui le croirait en le jugeant d'après sa taille!) un des points les plus commerçants du Périgord, sous le rapport agricole. Il faut voir chaque samedi ses marchés, plus suivis et plus fréquentés que certaines foires réputées de chefs-lieux de canton bien autrement considérables, et où l'on vient en foule de trente kilomètres de distance et plus ; ses grandes foires d'été, d'automne et d'hiver qui y amènent des flots d'étrangers accourus de départements éloignés ! Il s'y opère d'énormes transactions en bêtes à cornes de travail, de porcs d'élève, et depuis quelque temps le bétail gras y joue un rôle qui tend à s'accroître. Le vaste foirail est trop petit et les routes voisines sont envahies par les animaux, les vendeurs et les acheteurs pendant ces importantes réunions.

Les artisans n'y manquent pas; il y a plusieurs auberges, et presque chaque rez-de-chaussée est un café. Les représentants de l'administration y sont nombreux : on y compte, en effet, un receveur de l'enregistrement, un receveur des postes, un percepteur, un juge de paix, un huissier. On y trouve deux médecins et un notaire. St-Pierre est la résidence d'un curé doyen, et possède deux écoles primaires considérables, l'une pour les garçons et l'autre pour les filles. A cette dernière est annexé un pensionnat très-renommé, tenu par les sœurs de la Doctrine chrétienne. Une brigade de gendarmerie y est établie. On y rencontre des boucheries, des boulangeries et des magasins d'épicerie. Enfin il n'y a pas d'habitation qui n'offre l'utile ou l'agréable. Les édifices publics ne sont pas nombreux. Le pensionnat a des dehors modestes ; l'école primaire de garçons, toute neuve, présente une façade conçue dans le style admis d'habitude pour ces établissements. La halle, récemment refaite à neuf, est élégante, mais trop petite; il est fâcheux qu'on ait élevé ces deux dernières constructions sur la place du marché, insuffisante déjà, malgré ses proportions notables, et dont, loin de diminuer l'étendue, il fallait agrandir la superficie.

L'église paroissiale vieille et peu belle, assez spacieuse et commode à l'intérieur, conservait quelques restes du xie siècle, mais sans grande valeur, et était affligée d'un clocher hétéroclite, sorte de mur prolongé que soutenait au dehors un enchevêtrement bizarre et laid de poutres à peine dégrossies. Depuis bien des années on songeait à reconstruire ce vaisseau, mais les ressources manquaient, et M. l'abbé Labrande, lui-même, n'avait pu faire encore entreprendre cette œuvre de réparation, lorsque de Saint-Pierre il fut transféré à Brantôme. Son successeur, M. l'abbé Laville, plus heureux, a vu commencer les travaux. Par suite du plan adopté, la pauvre église, pivotant sur son axe, a été tout-à-fait désorientée du coup, et pour le moment en a perdu la tête. En la voyant, il est difficile de se rendre compte de ce qu'elle sera plus tard. Elle n'a qu'une aile et manque de chevet. Elle s'ouvre maintenant sur l'avenue principale du bourg il est vrai, mais il eût mieux valu laisser sa grande entrée placée régulièrement à l'ouest comme elle était auparavant. Ce qui est achevé, du reste, est propre et offre de jolis vitraux. Espérons qu'elle ne tardera pas à être prolongée vers le presbytère par une abside régulière, et complétée du côté du nord, ce qui lui donnera la grâce et la majesté qui lui manquent encore. Son portail nouveau vient d'être surmonté d'une tour en pierre terminée par une flèche couverte en ardoise, d'une hauteur disproportionnée avec ce qui existe aujourd'hui, mais qui cadrera très-bien avec le monument une fois achevé. J'aime ces aiguilles aériennes s'élançant vers les cieux. Dans les temps orageux où nous vivons, elles seront, peut-être, le paratonnerre qui nous sauvera de la foudre qui menace de tout bouleverser.

Le chemin de fer passe au bas du joli jardin de la cure et à côté de l'église ; il a, près du pont du Manoire, sur l'esplanade, ambitieusement nommée la Promenade, parce qu'on y découvre trois ou quatre arbres assez maigres, une station dont l'histoire est curieuse. Il avait d'abord été parfaitement admis qu'on en construirait une à Saint-Pierre. Le bon sens indiquait qu'il ne pouvait pas en être autrement, puisque non-seulement la ligne passait près de ce chef-lieu de canton, mais le traversait, touchant presque son champ de foire. Or le constructeur de la voie, l'on ne sait pour quelle raison, décida dans sa sagesse qu'il n'en serait pas ainsi. Pour arriver à réaliser cette idée singulière, qu'imagina-t-il ? Une chose bien simple en vérité ! De reculer de deux kilomètres de Périgueux la première halte, qui naturellement devait être à Saint-Laurent, et de la porter à l'est de cette bourgade, dans la direction de Niversac; puis d'en créer une seconde non à Saint Antoine, comme tout le monde le pensait, mais sensiblement plus près de la première. Par suite de cette combinaison, Saint-Pierre se trouverait tellement rapproché de l'une et de l'autre, qu'on ne songerait point à en réclamer une pour lui. Un projet dans ce sens fut rédigé, soumis à l'examen de qui de droit et approuvé. L'exécution suivit de près, et voilà notre homme enchanté; point de gare à Saint-Antoine, point de gare à Saint-Laurent, point de gare à Saint-Pierre; c'était charmant.

Par malheur le pays prit mal la chose, éleva la voix avec énergie. Des personnes puissantes intervinrent, et bon gré, mal gré, la Société concessionnaire se vit obligée de créer une station à Saint-Pierre. Elle ne l'a fait qu'en rechignant et avec toute l'économie possible, n'y établissant ni quai d'embarquement ni rien de ce qui peut faciliter le chargement des marchandises et des animaux. Le local est incommode et exigu. L'on dirait qu'on a pris à tâche de le faire déserter. Il y a plus; un train venant de Périgueux passe dans le bourg vers midi, c'est-à-dire à l'heure où ceux qui s'y rendent aux marchés et aux foires y arrivent d'ordinaire en grand nombre, mais ne s'y arrête pas! Il résulte de toutes ces précautions que la station de Saint-Pierre est celle, peut-être, du département qui rapporte le moins à la Compagnie, qui se venge à ses propres dépens! Ce n'est pas lucratif, mais c'est beau! Les hôteliers ne s'en affligent point. Ces mesures tracassières leur profitent même très-fort, à en juger par la quantité des voitures qui viennent se ranger à leurs portes et par celle des chevaux que leurs écuries ne peuvent contenir souvent. Que de quintaux d'avoine la mauvaise humeur de l'autocratique association leur fait débiter! que de foin elle leur fait vendre! et combien elle leur en fait mettre dans leurs bottes, qui sans cela ne s'y logerait pas! L'indignation sans motif est mauvaise conseillère; les hommes de fer feront bien de ployer dans leur intérêt. Qu'ils donnent à la station de Saint-Pierre ce qui lui manque et qu'ils y attirent les voyageurs à l'heure propice; leur colère tombera et leur bourse gonflera.

A peu de distance du bourg, sur une éminence à l'est, s'élève le château de Lardimalie, qui fut l'apanage d'une branche de la famille de Foucauld, rameau dont le dernier représentant fut député de la noblesse du Périgord aux Etats-généraux. C'est là que résidait, il y a peu d'années, M. le commandant du génie Coignet, à l'esprit vif et à l'imagination ardente, dont tout le monde a lu les spirituels rapports présentés à notre Compagnie sur divers sujets, particulièrement sur les exploitations concourant pour l'obtention des prix de culture départementaux. Enthousiaste partisan de M. le docteur Guyot, il avait, avec lui, projeté d'arriver à la création par l'État, ou par une association libre, d'une école de viticulture sur les dépendances de cette terre. Un semblable établissement eût été, ce me semble, un véritable bienfait pour la contrée dont les vins sont, par nature, très bons et ne sont gâtés que par les mauvais cépages dont les vignobles sont garnis et par le peu de soin que l'on apporte, en général, à la vinification. Dans ces terrains maigres, sur ces pentes où des gelées printanières sont à redouter et exercent fréquemment une funeste influence, c'est à mon avis, une grande faute que de planter des espèces à bois mou, poussant vite et à gros rendement. Celles qui se taillent à long bois, à ferme tissu, moins empressées de se développer aux premiers rayons du soleil, ont, dans de semblables expositions, plus de chances d'échapper aux froids tardifs d'avril et mai. Celles à vins fins, moins exigeantes que les communes à fortes et nombreuses grappes, sur la richesse du sol, y vivent plus longtemps et y sont mieux à leur place. Il en est des plantes comme de l'homme: il faut largement nourrir celles qui travaillent et produisent beaucoup, sans quoi, leurs forces s'épuisent; elles fournissent mauvais et peu. Je crois que dans un terrain sec et sans profondeur, planter un vignoble d'espèce d'abondance est un contre-sens. Du reste, les cépages distingués ne sont pas réfractaires à notre climat, car il est peu de nos enclos où l'on n'en trouve ; et, dans les expositions chaudes et les fonds graveleux, ils n'y sont ni les plus faibles, ni les moins avantageux, eu égard à la quantité de raisins qu'ils donnent, lorsqu'ils sont bien conduits. Lardimalie maintenant est la propriété de M. Secrestat, riche négociant de Bordeaux, qui s'occupe d'améliorer cette possession considérable, d'y donner aux constructions rurales l'aisance en même temps que la grâce, comme on peut le voir par celles qu'il a fait élever aux portes de Saint-Pierre, et d'y multiplier les plantations de vignes. Il a dans ce but fait commencer de grands travaux, mais ils restent en suspens aujourd'hui, par suite de la crainte qu'inspire le phylloxera. Le phylloxera, toujours le phylloxera ! mon Dieu, la vilaine bête ! Au diable le phylloxera !

Presque en face de Lardimalie, Fayard appartient à notre honorable président M. Daussel, sénateur, qui en a confié la direction à son gendre, M. Elie de Montardy, lauréat de notre association pour sa belle propriété de Valaye, près Neuvic. C'est dire que Fayard est en bonnes mains et que, sous tous les rapports, on y trouve exemple à suivre. Dans le voisinage il y a tout un corps d'élite de l'armée de l'agriculture ; de vrais chefs : MM. Lagrange, juge de paix, Lamothe-Pradelle, Loubignac et autres. Aussi ne faut-il point s'étonner que des améliorations constantes se produisent et que les revenus s'accroissent. La vigilance de ces amis du travail intelligent s'étend à tout, et, reconnaissant l'importance majeure de l'entretien d'un bon et nombreux bétail, ils stimulent l'accroissement des plantes fourragères ainsi que l'amélioration de la prairie naturelle. Par leurs soins le lit du Manoire a été nettoyé, approfondi, régularisé, et le ruisseau charmé s'y est installé fièrement entre deux belles franges vertes, formées par les prés qu'il rendait naguère humides et tourbeux, fatigué d'avoir une couche désagréable, qu'il s'empressait d'abandonner. Maintenant il se contente d'entretenir par infiltration la fraîcheur auprès des racines des plantes qui, vivifiées par ce bain de pieds d'eau pure, poussent vigoureusement au soleil.

Il en est de même à Saint-Crépin où de nombreuses sources viennent fortifier le cours d'eau, sorti d'une cachette dans laquelle il s'était blotti pendant plusieurs kilomètres avant d'entrer dans cette commune, dont les prés donnent de 30 à 100 quintaux métriques à l'hectare. St-Crépin, au sol montueux et accidenté, qui n'est pas en général de première qualité, doit aux herbages de sa vallée et à ses prairies artificielles, fournissant en moyenne 70 quintaux métriques par hectare superficiel lorsqu'elles sont établies en des endroits propices, un nombreux cheptel vif, dont le travail et le fumier fécondent ses champs et le dédommagent ainsi de la perte des ressources qu'il trouvait, pour l'amélioration de ses terres, dans l'établissement du grand relais de poste qu'il possédait avant la mise en activité du chemin de fer. Sa population est assez clair-semée. On fabrique sur son territoire des tuiles et des briques comme à Saint-Pierre; c'est, je crois sa seule industrie. Un souffle régénérateur s'y fait du reste sentir, et ses effets y sont très-apparents déjà.

La vallée devient sillon entre des hauteurs dont la physionomie ne change guère et fait pourtant pressentir l'approche du pays boisé. Le terrain est peut-être ici meilleur que celui de Saint-Crépin. Mais pas d'eau courante; seulement des fontaines assez nombreuses dans le bas-fond principal, auquel viennent aboutir mille défilés. Où donc est le Manoire ? Avant de pénétrer sur les dépendances de Milhac-d'Auberoche, il a fait mouvoir trois moulins, et puis il a disparu. Sans doute, qu'il est las d'être utile et qu'il se repose, en attendant de revenir au jour à Saint-Crépin, où nous venons de le voir se montrant bien affaibli. Cependant, tout terré qu'il soit ici comme un renard, il s'est ménagé au dehors un lit qu'il occupe lorsqu'il pleut très-fort, et qu'on lui tient propre et net, pour l'empêcher de se mettre alors en colère et de faire du mal. Mais que fait-il dans sa retraite mystérieuse où il coule inaperçu, d'où il sort singulièrement maigre et fatigué, coulant à peine? On l'accuse de s'y livrer à toutes sortes de méfaits au préjudice du sol et de faire naître en tapinois une foule de joncs dans les prés. Les absents ont toujours tort aux yeux des foules, et il n'échappe pas au sort commun, tandis qu'au contraire il vaque peut-être à des œuvres pies des plus méritoires. Il va, disent ses amis, et tout paraît le prouver, porter secours à des vallons qui seraient sans lui déshérités et lui doivent leur fortune. Les communes de Born et d'Eyliac le voient inopinément s'élancer du fond des abîmes du Gourd et du Chaubier et répandre au milieu d'elles, sans s'en attribuer la gloire, la fraîcheur et la richesse; puis il revient à sa direction première pour y continuer sa carrière, épuisé par ses bienfaits, et l'on pourrait dire, si ce n'était pas un ruisseau, abreuvé de calomnies! Voilà la reconnaissance humaine! Soyez bon, miséricordieux et modeste, on vous jette la pierre; on réserve les éloges pour des vaniteux qui laissent à peine échapper de leur vaste réservoir une goutte d'eau pour l'indigent, mais qui la font valoir à grand bruit! Quoi qu'il en soit, le voyageur qui suit la route est attristé de ne plus voir cette onde claire qui lui tenait agréablement compagnie et dont l'absence assombrit pour lui le paysage.

La gorge que l'on suit depuis Saint-Crépin est bordée de cimes agrestes, mais non sans valeur, séparées par de nombreux bas-fonds aboutissant à la fente principale. Le froment, le maïs, la pomme de terre y réussissent bien quand on sait mettre ces plantes où il le faut et les soigner convenablement. Le tabac, trop peu répandu, fournit jusqu'à 1,800 fr. par hectare. Sur la même étendue la vigne rend environ 20 hectolitres de vin agréable, presque tout consommé sur place. Elle n'occupe guère que 150 hectares. Le châtaignier, le noyer et le chêne noir s'accommodent de la nature du sol. L'araire en bois s'éclipse, chassé par la petite charrue de fer ou de tôle très-convenable pour travailler les pentes. Les prairies naturelles sont malheureusement peu nombreuses et peu soignées. On élève des veaux, ce qui procure un bénéfice considérable, et des porcs qu'on exporte dans le Sarladais. Les exploitations sont souvent trop étendues pour des familles qui veulent, à tort, les cultiver en entier et feraient plus sagement de se borner à en travailler une partie. Milhac offre aux propriétaires un certain débouché, de même que des approvisionnements, par ses foires, appelées à devenir importantes, surtout pour le commerce du petit bétail. Ce bourg est situé sur a droite de la route, en venant de Périgueux, à mi-côte et à quelque distance de la voie de laquelle l'on ne l'aperçoit pas, autant que je puisse m'en souvenir. Il n'offre rien de remarquable ; il est de construction relativement moderne, mais des tombeaux en pierre que l'on a découverts tout près, il y a peu d'années, semblent indiquer qu'il a remplacé une localité plus importante. La commune a, divers contrats le prouvent, appartenu, du moins en partie, à Henri IV. Un champ voisin porte même le nom de Château du Roi, sans que pourtant aucun vestige de bâtiment s'y rencontre.

Je ne vais pas jusqu'à Milhac, mais je m'arrête au pied du château de la Besse appartenant à M. Laroche, un des meilleurs agriculteurs du canton et maire de la commune, auquel je dois beaucoup de renseignements précieux pour cette notice. A l'exemple des convois qui laissent ou prennent à cette station voyageurs et denrées, je pénètre dans une petite fissure verte, ou, délaissant le domaine direct du Manoire, je m'engage dans un joli sentier qui court entre les bois et quelques lambeaux de prés, bordés de coteaux, sur le flanc et le sommet desquels on aperçoit de temps à autre des maisons et cultures. Me voilà cheminant à l'ombre pendant que le train gronde et fuit près de moi, allant, un peu plus vite que je ne le fais, dans la même direction. Il y a longtemps qu'on l'a perdu de vue à Saint-Antoine-d'Auberoche où il passe à grand bruit, furieux de ne point y prendre haleine, ce qu'on aurait dû lui permettre dans l'intérêt du commerce et du pays, lorsque je fais mon entrée solennelle dans la bourgade, sans que personne y fasse attention. Je reconnais la source encadrée formant un grand bassin ; le vaste lavoir, la modeste et ancienne église dominant d'humbles maisons et, après avoir payé ma dette de bienvenue à un édifice tout neuf, assez élégant et qui naturellement est l'école, puis souhaité que de ce lieu d'études, uni au petit temple voisin, au lieu d'en être séparé par de fâcheuses dissidences, se répande dans les environs la vraie lumière, je commence l'ascension d'un chemin rapide et rocailleux à la cime duquel se déploie un antique château dont la masse est imposante. Il est sans prétention architecturale aucune; irrégulier, lézardé, sans luxe; et avec cela sentant le suzerain d'une lieue. C'est le vieillard robuste et simplement vêtu que tout le monde reconnaît comme le chef aîné de la famille qui se presse autour de lui. L'hôte vénérable de cette respectable demeure, M. le comte de Royère, porte sans faiblir le poids de plus de 80 ans qui n'ont pu le courber encore, et administre le territoire depuis près d'un demi-siècle ; il représente aussi dans le conseil d'arrondissement le canton de Saint-Pierre, qui depuis longues années lui a donné cette marque de confiance et la lui conserve fidèlement, malgré son grand âge. La durée de ses services aurait dû lui faire accorder, il y a déjà longtemps, une distinction méritée; mais, sans doute, comme il ne songe pas à la demander, on l'oublie, et de temps à autre il a le plaisir de lire dans un journal que M. tel vient d'être décoré comme étant le doyen des maires du département. Ah ! dit-il : X est notre doyen ? Je ne le croyais pas, je pensais que ce titre appartenait à un autre ! Il sourit, plie le document et n'en parle plus. Il vit entouré de vieux serviteurs, de vieux amis, qui tous ont, comme lui, le cœur jeune pour ce qui est vraiment juste et bon ; il garde avec soin les anciens principes, qui ne sont pas les plus mauvais, regrettant celle qui fut longtemps sa compagne dévouée et dont l'esprit, les aperçus piquants, l'art de raconter, original et vif, avaient tant de charmes ; tout date de loin chez lui, ainsi que le vouloir et l'habitude de bien faire ; tout, excepté sa jeune famille, escorte dont il se plaît à s'entourer, qui l'aime et dont il est aimé, comme de tous ceux qui le connaissent.

En ce moment il a pour gardes du corps l'une de ses filles, qui devint ma sœur, en un jour fortuné, par son mariage avec un de mes frères qu'elle et moi avons eu le malheur de perdre, et ses enfants, mes neveux, qui m'attendent au bout de l'allée. Nous voilà réunis ; nous allons, nous venons ; le temps s'écoule vite. On me fait passer en revue les dépendances que je connais et revois avec plaisir ; les domestiques qui me serrent la main ; le village, le presbytère et la maison d'école dont on est tout fier. Nous faisons une sortie dans la campagne : elle est ondulée, d'aspect varié. Pas beaucoup de vignes, peu de prairies naturelles, mais de bonnes prairies artificielles et nombre de plantations de racines fourragères, ce qui fait que l'on engraisse avec succès, dans de bonnes exploitations comme celle de La Cave, de MM. de Lamberterie et autres, des bêtes à cornes, avantageusement vendues à Thenon, à Saint-Pierre et à Périgueux. Les fermes paraissent grandes et bien bâties en général. Le sol, sans être d'une haute fertilité, n'est pas rebelle aux soins, et le froment produit de 13 à 14 hectolitres à l'hectare. Les bois du reste, qui y viennent à merveille, en occupent la plus grande partie et donnent lieu à des transports assez considérables vers la ville. Autrefois quand les forges marchaient, leur valeur était grande ; mais le Libre Échange, en ruinant les usines, a bien diminué le profit qu'on en retirait. Il y a beaucoup de porcs et très-bons. Comment pourrait-il en être autrement à Saint-Antoine ? Ce serait un contre-sens ! Ils y sont en assez grande estime par ce qu'ils laissent de bons profits après eux, et l'on conserve avec soin, aux environs, dans sa pureté première, leur belle race périgourdine, trop longtemps méconnue, qu'on se repent amèrement ailleurs d'avoir inconsidérément abandonnée, ou même détruite. Nous nous asseyons en rentrant autour d'une table hospitalière qu'environnent souvent de nombreux parents et amis qui viennent y prendre place sans façon et y sont reçus avec plaisir. Le repas se prolonge gaiement. Il y a quelques hôtes et on leur fait fête cordialement. Mais voilà que le soleil baisse, comme chaque chose en ce monde, et malgré tout ce qu'on tente pour me retenir, il faut que je reparte, obligé que je suis de rentrer ce soir à Périgueux, d'où je dois m'éloigner demain matin dans une autre direction. On m'accompagne jusqu'aux premières maisons, où ma belle-sœur nous quitte, pour aller, suivant son habitude, faire du bien sans le dire. La bande joyeuse des enfants grimpe au contraire dans la voiture, la prend d'assaut et me suit jusqu'à la station de Milhac, ou mieux de la Besse, d'où elle s'en retourne à La Cave en chantant, ravie de la journée, qui ne m'a pas semblé trop désagréable non plus.

J'ai, pour revenir, pris le chemin de fer, qui traverse la vallée du Manoire presque toujours parallèlement à la route, mais en longeant, d'habitude, le côté nord d'où la perspective, offre moins de points pittoresques. Il faisait presque nuit d'ailleurs, et en me sentant rapidement entraîné par la vapeur, je me suis mis à songer, rêvant à l'époque où l'on croyait aller bien vite quand on faisait de deux à trois lieues à l'heure. C'était le temps où régnait la lourde diligence attelée de ses six chevaux, qui passait pour un chef-d'œuvre de légèreté, lorsqu'elle descendait une pente au grand trot. On mettait pied à terre pour gravir la hauteur qui succédait à la dégringolade, on causait un brin avec les voyageurs des autres compartiments et de l'impériale, en écoutant le commis en mousseline, ou en vin de champagne, qui, payé à 5 fr. par jour, même moins, frais de route en sus, était très-satisfait de son sort, bénissait la fortune quand il plaçait quelques marchandises dans la ville voisine, n'avait rien appris, savait tout, bavardait comme une pie et tâchait gravement, entre deux chansons folles, de faire croire à ses auditeurs qu'il connaissait particulièrement l'empereur de Russie, le Pape et n'était point indifférent à la reine Victoria. Quant au duc de Nemours, il était avec lui à tu et à toi, et il avait l'habitude, lorsqu'il était à Paris, de dîner avec le duc d'Orléans. Voilà pourquoi il était si exigeant à table d'hôte! On remontait en voiture, on se casait dans son coin, qui devenait une chambre pour vous, une véritable propriété à laquelle on était si bien habitué qu'on avait toutes les peines du monde à s'en séparer lorsque l'on arrivait enfin. On traversait un pays avec une telle majesté d'allures, qu'on avait le temps d'en étudier tous les sites, d'en apprendre l'histoire des indigènes, et de devenir puriste en parlant sa langue. C'était fort avantageux ; par malheur, l'attention qu'on prêtait à celui qui lui succédait et le soin qu'on prenait à s'en bien inculquer l'idiome et les particularités le faisaient oublier. Et dire que j'ai parcouru de cette manière la moitié de l'Europe !

Il y avait alors, entre Brive et Périgueux, une berline qui faisait le trajet à pas comptés, en transportant d'une de ces villes à l'autre les gens paisibles qui voulaient les visiter. Quel véhicule! Il y avait place pour cinq personnes : on y en logeait dix. La bâche était remplie de melons de la Corrèze, ou d'autres denrées, et je me souviens que le jus des premiers, suintant à travers l'étoffe de l'intérieur, arrosait les entassés qui s'y trouvaient, rafraîchissement utile en été et qui se prolongeait pendant les vingt-quatre heures que durait le voyage! Le conducteur s'arrêtait à chaque auberge, interpellait chaque passant et était pour les marchands de vin un client fidèle qui ne manquait jamais de célébrer les mérites de leur petit blanc ou de leur rouge incomparable. On prenait son parti de tout cela, et parfois on ne s'ennuyait pas trop dans cette boîte jaune, où l'on causait et riait volontiers. Quand un personnage grotesque apparaissait, c'était un bonheur. Mais de temps à autre, il arrivait que les mauvais plaisants se trompaient d'adresse et étaient penauds en fin de compte; petit incident qui égayait les gens sérieux. Un beau matin monte dans le charriot antédiluvien aux chevaux boiteux, un vieillard coiffé d'une casquette en peau de loutre surmontant un bonnet de soie noire, chaussé de gros souliers, couvert d'un ample manteau dans lequel se perdait sa personne toute voûtée, dont on n'apercevait à peine qu'une partie du visage ridé, orné d'un nez puissant surmonté de gigantesques lunettes bleues. Il tousse, s'installe près d'une portière et paraît s'endormir. A côté de lui, deux jouvenceaux qui ne semblaient pas professer pour la vieillesse le respect que ceux de leur âge lui vouaient à Lacédémone, se le montrent mutuellement et commencent à se divertir à ses dépens. « Vois la momie d'Egypte, dit l'un. — Non! reprend l'autre, c'est le frère de Nabuchodonosor qui s'est enrhumé. — C'est un automate. — C'est une enseigne pour un opticien! » Le vieillard se taisait. Nos jeunes gens entament une dissertation politique. « Moi je n'ai pas d'opinion — Moi j'ai celle-ci, mais, ma foi! si le gouvernement me paie bien, je ferai tout ce qu'il voudra. » Le tout accompagné d'un feu d'artifice de calembours. « Si nous interrogions le sphinx que voilà sur ce que nous avons à faire ? — Soit, mais il faut qu'il parle en style d'oracle; il ne le saura pas, et puis il est muet! » La houppelande s'agite, se retourne et une voix grave formule cette sentence : « Jeunes gens, voulez-vous être à louer, ne soyez jamais à vendre ! » Nos deux étourneaux se regardent embarrassés, et l'un dit à mi-voix à l'autre : « Le jeu de mots n'est pas mauvais. Il n'est pas bête, le vieux ! Nous nous sommes trompés. » On arrivait au bureau, la forme empaquetée, descend laissant

voir à la boutonnière de son paletot une rosette d'officier de la
Légion-d'Honneur. Le gendarme de planton s'approche, salue
militairement : Mon général, dit-il, voici ce que M. le préfet
m'a chargé de vous remettre, et il lui tendait une lettre officielle. Chacun de se découvrir et de chercher du regard les
rieurs de tout-à-l'heure; ils n'étaient plus là. Le lendemain,
à une grande revue, je vis aux côtés de l'inspecteur notre
compagnon de route de la veille, mais débarrassé de son manteau, de sa casquette et de son bonnet de soie. C'était la même
chaussure large et commode, la même redingote-par-dessus,
les mêmes lunettes bleues ; seulement un chapeau servait de
coiffure cette fois et un large cordon rouge en sautoir se déta-
chait sur un gilet blanc. La démarche était lente, mais la figure
était mâle, expressive et énergique. Les soldats contemplaient
avec une émotion contenue ce vieux *bourgeois*, et au défilé
les officiers supérieurs le saluaient avec respect de l'épée,
non moins que l'inspecteur devant lequel ils passaient. C'était,
disait un vieux bourru de sergent, qui veillait à tenir le
public à la distance voulue, le lieutenant-général comte
d'A..., venu pour visiter son ancien camarade le lieutenant-général duc de...., inspecteur des troupes dépendant de
la division dont la brigade de Périgueux faisait partie. « Un
comte et un duc ! fait en grognant un ouvrier derrière moi. Fameux généraux de carton ! ils le sont devenus par faveur ! Encore s'ils avaient mangé de la vache enragée en Afrique comme
moi ; mais bah ! ils ont gagné leurs épaulettes dans les anti-
chambres. — Vous croyez ? lui répondis-je. Eh bien, vous
vous trompez ! L'un et l'autre sont de vieux soldats de *la
Vieille*; tous deux se sont distingués dans les grandes guerres
dont les bulletins ont souvent mentionné leurs actions d'éclat;
ils étaient, je crois, tous les deux à la campagne de Russie, et
celui que vous appelez dédaigneusement le duc, qui l'est en
effet, qui appartient à l'une des premières familles de France,
s'est, si je ne me trompe, illustré dans cette expédition à ja-

mais fameuse. Lors de la conquête d'Alger, il commandait le corps de réserve qui devait soutenir l'armée de débarquement. Le général d'A... est de la Corrèze, presque notre compatriote, et son fils, un de nos meilleurs officiers supérieurs, est en voie de gagner noblement, comme lui, le même grade et les mêmes décorations. — « Pardon, excusez, dit l'ouvrier, bon cœur comme presque tous ceux de sa classe, malheureusement souvent trop faciles à se laisser momentanément aveugler par des chimères ou des contes absurdes indignes de leur honnêteté naturelle, et honteux de s'être mépris. J'ai eu tort, et puisqu'il en est ainsi, je le répare. Et d'une voix de stentor : « Vivent les généraux d'A... et de F...! » Ceux-ci se retournèrent et, en souriant, portèrent la main à leurs chapeaux, ce dont le brave homme fut ravi.

— Préparez vos billets ! crie dans mes oreilles une voix qui m'arrache brusquement à mes méditations rétrospectives. En même temps la portière s'ouvre, une lumière vient nous éblouir. Je remets silencieusement à l'homme noir ma carte rose ; le train, qui avait un instant ralenti sa marche, la reprend en soufflant comme un asthmatique et nous dépose sous la grande nef vitrée. Je saute à terre, et dix minutes après, je retrouve ma chambre et m'empresse de me réfugier dans mon lit, en attendant le lendemain.

J'ai bien dormi, j'ai beaucoup couru depuis ; midi vient de sonner ! Vite à la gare ! Nous y voilà deux ou trois cents. Ce matin il en est parti tout autant, il en partira dans vingt-quatre heures davantage et dans quarante-huit encore plus. Où va tout ce monde ? Au concours départemental agricole que Périgueux devait avoir et n'a pas su garder. Une toute petite ville le lui a enlevé, grâce à son intelligente municipalité ; c'est vers elle que se dirigent les convois remplis de curieux, de praticiens et d'exposants. Les employés voient cette affluence avec satisfaction et les représentants de la Compagnie supputent avec joie combien de billets de banque vont grossir le trésor de celle-ci, qui, peut-être, augmentera leurs appointements. Le ciel m'envoie pour compagnons de voyage le secrétaire-général de notre Société départementale; M. Gaillard, professeur d'agriculture et président du comice de Brantôme; M. le baron d'Arlot de Saint-Saud, le promoteur infatigable du progrès dans la Double; et deux ou trois autres de nos meilleurs agronomes. Naturellement on parle de culture et de récoltes dans ce compartiment fortuné, pendant que la vapeur nous emporte à travers les champs de luzerne, les prairies, les grandes lignes de maïs et de racines fourragères, les plantations de tabac que nous admirons, en même temps que les riches promesses des châtaigniers et les verts méandres des peupliers et des saules qui bordent l'Isle. Nous avons dépassé le Moulineau, l'abime aux eaux d'azur; Razac n'a pu nous arrêter, Montanceix non plus; nous arrivons à la halte de Saint-Astier, où nous débarquons au milieu d'un formidable encombrement de champignons allant à Bordeaux. Des voitures nous attendent et nous conduisent à la porte de l'enceinte réservée pour l'exposition.

Cet emplacement est des plus heureusement choisis. Sur une vaste prairie close de tous côtés, des lignes de boxes, bien construites, solides et élégantes, s'étendent à droite et à gauche, destinées à abriter les animaux, bêtes à cornes, bêtes à laine, verrats et truies; puis viennent des cages pour la volaille et les animaux de basse-cour, des tentes pour les produits, des étables pour l'espèce chevaline, la tribune pour la distribution des récompenses, la salle du banquet. Vis-vis-vis, près de l'entrée, se dressent des salons pour le bureau, les ordonnateurs et MM. les jurés. Ce quadrilatère de jolies constructions provisoires, dont l'aspect réjouit l'œil, ne laisserait rien à désirer si l'espace d'une ligne de stalles à l'autre n'était, peut-être, un peu trop grand et si la tribune n'était un peu trop basse, défaut qui ne permet pas de saisir aisément l'ensemble d'un seul regard et n'arrête pas suffisamment la vue vers le fond, auquel de vertes collines, couvertes de nombreuses habitations, servent pittoresquement de repoussoir. Les instruments et machines seront à l'aise au milieu de cet espace et pourront se développer en files imposantes. Il en est arrivé déjà beaucoup que l'on monte avec bruit et activité. Quelques animaux ont pris également possession de leur gîte. Nous les y laissons et allons jouir de l'hospitalité que nous offrent les habitants. Elle est large et complète. A Puyferrat, chez M. Maréchal, maire de la commune et l'organisateur intrépide de cette solennité; à la Batut, chez M. de Valbrune; à Crognac, chez M. Gadaud; à la Serve, chez M. le capitaine Parade; à la Grange, chez M. Deauriac; partout enfin, dans les plus humbles maisons particulières, comme dans les plus riches et les châteaux des environs, elle s'exerce avec grâce et une urbanité parfaite. C'est à qui vous ouvrira sa demeure, vous tendra sa main amie. On se sent dans un pays riche, civilisé, généreux et agricole; on est vraiment comme en famille et l'on cause longtemps du tournoi qui se prépare, et auquel tous s'intéressent vivement, avant d'aller prendre quelques instants de repos; et pendant

que d'étrangers buvant les cabarets sont pleins,

le reste de la nuit est bientôt passé; le jour commence à poindre. Quittons nos lits rendus pour nous, par des soins attentifs, plus doux que des hermines. L'heure solennelle approche. En attendant qu'elle ait sonné, pendant que les concurrents s'acheminent encore en désordre vers le théâtre de la lutte, arène dont les portes ne tarderont pas à s'ouvrir devant eux, visitons la ville et voyons ce qu'elle offre de remarquable. Elle est bientôt parcourue, étant loin d'être grande; mais elle est intéressante et passablement bâtie. Ce qu'elle promet de loin elle le tient de près, et l'on ne pourrait appliquer à son propos la fable des Batons-Flottants. Elle possède plusieurs places, dont la plus grande, qui sert de champ de foire, est vaste mais irrégulière, et en pente trop prononcée, la colline sur laquelle s'étage la majeure partie de Saint-Astier offrant une déclivité rapide. Absence à peu près complète de monuments, la mairie n'étant qu'une modeste maison particulière et la halle basse et obscure représentant assez bien une grange sur l'un des côtés de laquelle on aurait pratiqué deux larges ouvertures, auxquelles on accède par des perrons en pierre en mauvais état; mais l'église fait oublier ces imperfections; elle est grande, majestueuse, d'un style remarquable et fort ancienne. La belle tour qui lui sert de clocher, bien que restée inachevée, domine au loin le pays. La rivière, qui passe aux pieds de la cité, se met à l'aise pour la voir; elle s'y est fait un large lit, où elle dort et qu'elle a bien de la peine à remplir en amincissant son volume pour gagner en surface. Au dessus de cette orgueilleuse, sans profondeur, parce qu'elle a trop de vanité, se déroule, avec une foule d'arches, un pont bien étroit pour sa longueur, mais néanmoins fort utile. Un peu plus loin on en rencontre un autre à une seule ouverture composé d'un tablier plat posé sur deux culées en pierre et qui, m'a-t-on dit, a coûté 16,000 francs. C'est un peu cher, quand on pense que le premier, vingt fois plus important et plus difficile à établir, n'en a guère exigé que 40,000. Mais les temps sont changés et les prix de la main-d'œuvre et des matériaux ont singulièrement augmenté dans l'intervalle qui s'est écoulé de la construction d'un passage à l'autre, quoique le moins coûteux, relativement à ses proportions et aux travaux à exécuter, ne date que d'une époque assez récente. Le petit sert de passage à un canal de dérivation qui permet aux bateaux de commerce d'éviter les maigres de la rivière devant la ville et d'aller la rejoindre à un endroit où plus modeste, elle est, comme une jeune personne, tout à la fois plus jolie et prisée davantage. Tout près est le pont à cinq arches du chemin de fer qui conduit en vingt minutes à Périgueux. Malgré le voisinage du chef-lieu du département et la possibilité d'y aller cinq ou six fois par jour s'approvisionner à peu de frais, St-Astier est assez commerçant et possède plusieurs fabriques; dans la banlieue se trouvent de très importants fours à chaux, hydraulique surtout, dont les produits jouissent d'une réputation méritée. Ses maisons sont, en général, satisfaisantes; son site est fort agréable; ses environs parsemés de châteaux dont j'ai dit un mot ailleurs en passant, de jolis villas, de hameaux prospères, sont tenus comme un vrai jardin et peuplés d'agriculteurs habiles. MM. Parade, Deauriac (Abel), Maréchal, de Valbrune, et autres, sont connus de tous; ses coteaux fournissent d'excellents vins. En voilà mille fois plus qu'il n'en faudrait pour captiver et retenir pendant des journées entières, mais il ne faut pas oublier la fête agricole. Courons-y.

Presque tout est arrivé déjà; bien qu'à chaque instant des camions entrent et déchargent de nouveaux colis ou des animaux que le chemin de fer n'a pu transporter plus tôt, par suite d'encombrement. La ruche bourdonne remplie d'abeilles diligentes qui finissent d'en garnir les rayons. Enfin le silence se fait et MM. les jurés commencent graves et attentifs leurs examens, accompagnés de MM. les commissaires-généraux et de section qui leur expliquent les passages obscurs du livre de la Loi, c'est-à-dire du programme qu'ils tiennent à la main. Les juges ont fort à faire, car l'exposition est nombreuse et des plus honorables pour notre département; on parle d'environ 140 concurrents, dont quelques-uns, quoique non inscrits au catalogue, par suite de circonstances imprévues qui ont fait omettre leurs noms, n'en ont pas moins été légitimement admis à disputer des récompenses, tandis que d'autres, trop lents à manifester leur intention de combattre, n'auront droit qu'à montrer, sans pouvoir le faire classer, ce qu'ils ont négligé de déclarer à temps. L'ensemble est très-bon; les détails, en général, le sont aussi. Les instruments et machines qui se présentent tout d'abord occupent un espace considérable, rangés sur quatre longues lignes. Un seul exposant, et qui ne concourt pas, a quelques échantillons assez menus venant du Bordelais ; aucun autre étranger à la Dordogne ne s'est mis sur les rangs pour disputer les prix offerts, quoique, pour cette catégorie, la lice, réservée dans ses autres parties à nos seuls concitoyens, fut ouverte à tous. Cependant il avait été dit que des constructeurs-mécaniciens devaient expédier de nombreux engins de Paris, de Bordeaux, d'Agen et de Toulouse ; leur abstention est inexplicable. La modicité des primes proposées les a-t-elle fait changer d'avis ? C'est possible. La publicité donnée aux conditions de la fête aura-t-elle été, pour eux, insuffisante et n'auront-ils point reçu d'invitation officielle ? J'inclinerais à le croire ; et ce qui me porterait à admettre cette dernière raison comme déterminante, c'est ce fait remarquable qu'aucun journal agricole un peu répandu n'a, du moins à ma connaissance, donné de détails sur le règlement projeté de cette exposition et n'a fait le moindre appel aux fabricants pour les pousser à y prendre part. Telle est donc probablement la cause réelle de l'absence de présentation par nos chefs de grandes usines, hors du Périgord d'appareils sortant en droiture de leurs ateliers. Quoi qu'il en soit, nous n'avons pas en vérité beaucoup à nous plaindre de cette abstention fâcheuse ; nos exposants du pays nous en ont en grande partie dédommagés. MM. Reignier fils aîné, de Périgueux ; Dudreuil, de Mussidan ; Rey, de St-Astier ; Papin, d'Excideuil, ont comme pressenti la lacune et ont pourvu à la combler. Le premier n'a pas amené moins de soixante machines de toutes sortes à lui seul, et les autres en proportion ; là se trouvent des échantillons de tout genre, de quoi contenter le praticien le plus exigeant ; à côté, des spécialistes nous offrent pressoirs et vaisseaux vinaires, charriots, norias, fourneaux, vingt objets encore bien construits ; non loin, MM. Deauriac et De Bousquet montrent les collections intéressantes des outils et des instruments divers dont ils se servent journellement dans leurs exploitations, et qui portent les marques d'un usage assidu. Le second surtout, exhibe un véritable musée aux regards des spectateurs charmés; il y a là depuis le plus modeste robinet jusqu'au chemin de fer portatif. En tout, nous comptons au-delà de deux cents numéros dans cette série où les médiocrités sont rares et les bonnes machines nombreuses.

L'espèce bovine peuple deux rangées de boxes et déborde jusque dans le pavillon destiné d'abord aux chevaux qui ne paraîtront que demain. Plus de 170 têtes, nombre rare en semblable occasion, forment son contingent ; les taureaux sont très-beaux, mais en petit nombre ; la Dordogne, sauf l'arrondissement de Nontron qui, chose regrettable, n'a fait en ce genre aucun envoi, n'élevant guère. Ces animaux sont tous jeunes; aucun ne dépasse deux ans. Je suis loin de m'en plaindre ; et d'autre part, la Société a pris garde que des sujets d'âge trop faible, reproducteurs imparfaits et bientôt ruinés, ne soient pas admis dans ses concours dont elle ne permet l'accès à des mâles de cette série qu'à l'âge d'un an accompli. Pour les femelles, c'est l'inverse ; les vaches de plus de deux ans sont beaucoup plus nombreuses que celles d'un an à deux, et c'est encore logique. La race limousine est évidemment, dans l'ensemble que nous avons sous les yeux, supérieure à toutes les autres par la qualité non moins que par la quantité ; ses femelles surtout sont d'une rare finesse; les étables réputées des environs d'Hautefort, bien qu'éloignées du lieu de l'épreuve, nous ont expédié de charmants spécimens de leur population. Que n'étaient-ils au dernier concours régional à Bordeaux ? Saint-Astier, Mussidan et le ressort de Brantôme prouvent, en luttant avec ce canton lointain que dans leurs exploitations aussi l'on sait bien choisir son bétail. La race garonnaise, à côté de la limousine, pèche par le nombre, et ce qu'elle met sur les rangs n'est pas entièrement irréprochable ; ses mâles sont supérieurs à ses vaches méritantes pourtant, mais auxquelles le voisinage de la première tribu fait tort évidemment. Les autres races de travail françaises sont remplacées dans les loges par trois vaches seulement, durham-limousines à divers degrés de croisement. Les races de boucherie ont trois taureaux, dont un de plus de deux ans, et deux femelles ; ce groupe est faible en nombre, et de plus, il renferme un animal croisé durham-limousin. Son propriétaire l'utilise pour obtenir des veaux que l'on livre à la boucherie dans sa contrée, un peu plus tôt que les autres, et se garde bien de se servir de cet étalon, le plus beau des cinq figurant dans cette classe, pour faire souche, ce qui, dans notre pays surtout, n'a pas de raison d'être. Un second taureau qui touche presque celui-ci lui est inférieur, mais il a l'avantage d'être pur. Une des vaches est remarquable ; les deux autres laissent à désirer, quoique ne manquant pas de qualité. Nous arrivons à la légion des races laitières partagées en deux sections, les grandes et les petites. D'abord trois jolis taureaux hollandais, dont un presque irréprochable ; puis des femelles hollandaises et parthenaises en masse; une normande et une normande-parthenaise. Deux limousines se sont, par suite d'une erreur de copiste, fourvoyées dans leur compagnie, mais l'inadvertance a été déclarée et sera réparée, de même que celle qui a fait inscrire à tort une vache d'autre famille parmi les limousines. Ici les parthenaises dominent, chose peu surprenante quand l'on songe que les bêtes de cette variété, qui appartiennent à la famille la plus lactifère de leur tribu, la gâtinaise, sont employées à des travaux légers autour des villes et dans les terres faciles à labourer, en même temps qu'à fournir du lait et des veaux estimés pour la consommation des populations urbaines. Plusieurs d'entre elles, arrivant des environs de Périgueux, appartenant à la même propriété, venues de chez des colons différents ou de la réserve, sont tout-à-fait distinguées. Trois vaches bretonnes, puis une pure d'Ayr, et une Ayr-bretonne composent le détachement des petites races laitières ; c'est charmant d'aspect, gracieux et délicat, comme leur lait au fin arôme, produisant un beurre exquis, à la couleur dorée. Nous arrivons aux bœufs d'attelage, un bataillon d'élite ; pour le travail sous notre climat et avec notre sol cela vaut mieux que des chevaux, trop nerveux et trop irritables. Et comme c'est fait ! Tête légère, attaches robustes et fines, ossature ferme sans développement excessif, corps bien roulé, jambes courtes et solidement plantées ; air calme et fort avec une peau souple, une large poitrine, la côte ronde, le dos droit, l'arrière main bien développée, l'œil vif, le cornage léger; telles sont les qualités du plus grand nombre de ces limousins et même, à un degré moindre, il est vrai, de ces métis limousins-garonnais, chez lesquels les défauts primitifs des tribus auxquelles ils appartiennent s'atténuent de plus en plus. En les contemplant on comprend qu'on est en face de sujets qui répondront à l'abattoir aux exigences mêmes des raffinés. Leurs gras voisins du reste le démontrent amplement. Hier encore, soumis au joug, ils ouvraient péniblement un oursillon, maintenant ils sont prêts à fournir des aliments de choix en abondance. Cependant, beaucoup d'entre eux sont à peine arrivés au terme de leur croissance, et l'on pourrait en citer telle paire, qui n'a pas trois ans d'âge, qui a senti l'aiguillon et qui, pour la beauté des formes égale, dépasse même les durhams exposés et les battrait certainement sous le rapport de l'excellence de la chair. Ici de nouveau le bœuf limousin triomphe ; aussi, le choix de nos agriculteurs se fixe-t-il de jour en jour davantage sur lui et domine-t-il, dans cette section où nous ne voyons figurer avec lui que deux ou trois garonnais, cinq ou six garonnais-limousins et un obèse bazadais qui, malgré son poids, est loin d'être le plus beau de la bande. Regrettons que les vaches soient absentes de cette catégorie comme de la précédente, où elles ont naturellement leur place marquée.

Vis-à-vis les bêtes à cornes, au-delà des instruments, sont les étables destinées aux espèces ovine et porcine, ainsi que les volières des animaux de basse-cour. Les brebis et béliers sont en nombre et ne manquent pas de mérite ; cependant plusieurs des lots en ce genre sur lesquels on comptait le plus font défaut ; on ne sait pourquoi. Les souches anglaises et leurs dérivés ont bonne apparence ; la laine fine du mérinos pur ou croisé recouvre des reins et des gigots prouvant que les tribus espagnoles peuvent fort bien s'améliorer au point de vue de la boucherie ; les petits périgourdins ont de nombreux délégués, mais qui n'ont pas tous été choisis dans ce que cette race a de mieux ; peu de moutons gras et rien de notable sous ce rapport. Pourquoi MM. tels et tels sont-ils restés sourds aux demandes d'exposer qui leur ont été personnellement adressées ? Les verrats et les truies indigènes n'occupent que peu de stalles ; c'est une faute de la part de leurs possesseurs. Je connais des agriculteurs qui en ont de très-remarquables et qui se sont abstenus de les montrer ; ils ont eu grand tort. Les races d'outre-Manche sont arrivées en plus grand nombre ; au milieu d'elles, il est plus d'un sujet de choix. Quant aux croisés anglo-périgourdins, il n'y en a que deux, mâles l'un et l'autre. Ce n'est point à déplorer. Au contraire, cela prouve qu'on commence à comprendre, l'expérience aidant, qu'avec des reproducteurs métis on arrive sûrement et vite à l'abâtardissement des portées. De porcs gras, il n'en est guère ; je m'en étonne à bon droit, sachant qu'ils ne manquent nullement. Un seul usinier devait en conduire pour sa part vingt-trois. Comment se fait-il qu'ils soient restés chez lui ? La faible valeur de nos prix l'a peut-être détourné de faire cette exhibition, qui eût à coup sûr obtenu le plus grand succès. A deux pas de là, nous sommes en face des volatiles chéris des ménagères, et du menu fretin des quadrupèdes qui leur disputent le cœur des directrices de la ferme et de plus d'une grande dame elle-même. Que de coqs et de poules variés de classe et de plumage, mais au milieu desquels notre espèce noire du pays garde toujours sa prééminence ! Les pigeons de toutes couleurs et de toutes familles abondent aussi ; les faisans et les pintades n'ont eu garde de s'abstenir en semblable fête ; les canards sont par bandes, les oies par troupes, les dindes par compagnies. Ce ne sont que gloussements, chants aigus, piaulements, roucoulements, cris stridents. Les lapins, les lièvres, les léporides, plus ou moins authentiques, se pressent et gambadent en foule. Les cages sont pleines, et au-devant d'elles en paniers, en caisses grillées, en liberté même, sous l'œil vigilant de leurs propriétaires, s'entassent d'autres légions arrivées trop tard et auxquelles, sans leur permettre de concourir, on a concédé le droit de figurer à l'exposition pour que l'on puisse les y vendre s'il se présente des acquéreurs. Les reclus considèrent cette troupe, exilée des compartiments affectés aux candidats aux récompenses, d'un air protecteur et narquois. On dirait des *logistes* s'apprêtant à disputer le grand prix de Rome et méprisant leurs rivaux malheureux qu'ils aperçoivent à travers les fentes de leurs glorieuses cellules, prisons temporaires enviées. On compterait sur ce point dans les deux camps, des vaniteux et des humiliés, près de cinq cents têtes. Le tapage donne la migraine, mais le spectacle réjouit l'œil, et l'estomac a des tendresses infinies pour ces porteurs de blancs de volaille, de sot-l'y-laisse, de râbles qui feraient de si bonnes gibelottes ! Que de fourrures aussi dont il serait facile de fabriquer de jolis manchons et de séduisantes garnitures ! Et ces plumes qui flotteraient si bien au vent sur de gracieux chapeaux, et ces chairs profondes, si parfaitement aptes à la confection des galantines ! ces poitrails et ces flancs dodus qui seraient un réceptacle si digne de la truffe ! L'on ne peut qu'avec peine s'arracher à de si douces pensées.

Mais ce sacrifice coûteux accompli l'on en est récompensé

par la vue d'un incomparable amoncellement de trésors d'un autre genre et non moins attrayants. Deux grandes tentes sont entièrement remplies de merveilles. Les étagères disparaissent, les plats bancs sont couverts, les piliers sont cachés et servent de centre à de luxuriants faisceaux. Une véritable avalanche de produits remplit tout l'espace et charme tous les regards. L'année est désastreuse pourtant. S'en douterait-on à voir ces splendides apports ? C'est un entassement de richesses comme nulle part ailleurs je n'en ai vu dans aucun concours. Echourgnac et Nontron eux-mêmes, qui brillèrent tant sous ce rapport, sont dépassés. Quant aux tournois régionaux, aucun d'eux n'a jamais montré rien de pareil. Pourtant les envois de trois comices, annoncés et impatiemment attendus, ne sont pas arrivés. S'ils étaient venus, pas de place pour eux, mais on leur eût promptement ouvert un asile spécial, car ils eussent ajouté certainement un beau fleuron encore à notre couronne, et l'on sait ce que peuvent réaliser des associations comme celles de Mussidan, de la Double et de Saint-Astier. Notre diadème agricole jette partout un vif éclat dans cette division plus encore que dans les précédentes. L'initiative individuelle y fait resplendir cent faisceaux lumineux. Quelles complètes et splendides collections que celles de MM. Laronde, A. Deauriac, de Valbrune, Loubignac, Champarnaud, de Presle et autres! On y voit dans le plus bel ordre la gamme entière de ce que tirent du sol périgourdin, le laboureur des sillons, le cultivateur intelligent des arbres fruitiers de verger, le spéculateur habile des plantes industrielles. Il n'y manque guère que le chou moëllier encore trop confiné dans quelques exploitations du Nontronnais. Rien de médiocre, d'assez beau seulement; l'ensemble et les détails sont presque parfaits. Les spécialités, sauf la soie faiblement représentée, rivalisent de mérite. Humblement reléguées dans un coin et mis hors concours par leurs propriétaires, les choux de la vallée du Blâme, blancs, fermes et monstrueux, sont constamment environnés d'amateurs qui savent deviner leur excellence à la seule vue de leurs pommes et de leur feuillage onctueux; les betteraves en nombre, surprennent par leur volume et leur poids; les pommes de terre rendent rêveur; les pruneaux d'Agen, récoltés et préparés par nos propriétaires, valent ceux si justement réputés de Villeneuve ; et l'habitant du Lot-et-Garonne qui les contemple, et les déguste en passant en tapinois, ressent devant eux quelque jalousie. Saluons ces minots de M. Sicaud qui excitent l'enthousiasme des connaisseurs ; ces tabacs superbes, ces huiles de noix limpides qu'on nous assure avoir perdu leur goût un peu fort et être dignes de palais délicats, ce que je souhaite; ces maïs, ces blés, ces fèves, rivalisant avec leurs analogues de la Limagne ; ces osiers longs et flexibles, devant lesquels s'arrêtent les tonneliers enthousiasmés ; ces bois de pin plaidant victorieusement la cause du sylviculteur auxquels ils sont dus, et ces confitures attrayantes que M. A. Deauriac a mises en ligne à l'abri d'un cristal transparent qu'escaladent des légions de fourmis attirées par des parfums trahissant mille qualités. Fourmis, prenez garde! il ne fait pas bon ici pour vous. Voyez plutôt ce cadre curieux dans lequel, avec tant d'art, M. Jauvinaud, de Léguillac-de-Lauche, a cloué au pilori, par le moyen de longues épingles, une foule d'insectes; ne vous montrez pas trop, de peur qu'il ne vous pique et ne vous étale sur un carton à côté d'eux, vous exposant, comme des gourmandes incorrigibles, aussi déplorablement friandes que ces petites filles et ces petits garçons qui se sont faufilés jusqu'à ce casier, je ne sais comment, et qui vous regardent ces conserves avec des yeux..... qui font l'éloge de leur goût.

Au bout de la dernière travée que de flacons ! Je suis saisi de respect en voyant leurs étiquettes portant des noms glorieux, mais je n'envie pas le sort de ceux qui sont appelés à classer ces liquides généreux. L'échelle de proportion à établir sera difficile ; que serait-ce donc si l'exposition des vins était complète comme elle devrait l'être? Heureusement pour les experts, malheureusement pour notre renom qui serait rendu plus éclatant encore, tous les lots inscrits ne sont pas présents; peut-être même s'est-il glissé dans le placement des divers échantillons quelque désordre qui ne permet pas d'en retrouver un ou deux. C'est regrettable à tous égards. J'entends que l'on discute vivement sur le rang à donner à certains numéros. Je m'esquive pour ne pas être indiscret, et en passant, je frôle un juré qui hoche la tête avec satisfaction en savourant, *pour la bonne bouche*, l'Elixir des Vosges de MM. Fourgeaud et Lacoste, de Périgueux. Il est tard; les jugements sont arrêtés dans les diverses divisions. Les arbitres se retirent dans leurs bureaux pour rédiger les termes de leurs arrêts et dresser les listes des récompenses. Demain ils se rassembleront pour attribuer les prix d'honneur, après la revue des chevaux, qui viendront passer l'examen à huit heures. Je me retire enchanté de ma visite et vais à la table hospitalière de la Batut, chez M. le docteur de Valbrune, qui a donné l'ordre formel de m'enlever, deviser, au milieu d'une assemblée nombreuse et fière de cette intéressante exposition, de ce que je viens de voir avec joie.

Aux premiers tintements des belles cloches de Saint-Astier sonnant l'*Angelus*, population et visiteurs sont sur pied. Les routes sont couvertes de monde, le chemin de fer amène des flots sans cesse croissants de curieux. Toutes les maisons sont pavoisées, l'on s'entretient avec animation de la lutte d'hier, si flatteuse pour le Périgord, et chacun cherche à deviner quelles seront les sentences rendues. Bientôt les portes de l'arène sont ouvertes de nouveau. Plus que dans la soirée d'hier encore, le public s'y précipite et envahit l'enceinte où l'espèce chevaline est inspectée dans ce moment même et où de nombreux employés sont occupés à poser les plaques indiquant les animaux ou les objets primés. On examine avec une curiosité fiévreuse la marche de cette opération; tel ami, tel parent sera-t-il couronné, l'est-on soi-même? Ah! voilà l'écriteau, constatant le triomphe, on applaudit ; non, l'on s'était trompé, c'est le voisin qui l'emporte ; il ne le méritait pas !.... Et ceci qu'on passe, et ceci qu'on récompense ! C'est parfait, dit l'un ; c'est absurde repart l'autre. Chacun approuve vivement ou critique avec amertume. Rien à objecter !

C'est un droit qu'à la porte on achète en entrant.

Enfin, l'opération est terminée et les esprits se calment un peu. Pendant qu'on va regarder trotter les étalons et les juments, qui viennent d'être appréciés par des hommes compétents, en attendant que deux ou trois chevaux encore en retard soient arrivés, je suis les affiches qui rendent tant de personnes heureuses et font le désespoir de tant d'autres. J'ai la satisfaction, et je m'en énorgueillis avec raison, de constater que, sur la plupart des points, mes appréciations de la veille se sont rencontrées avec celles des différents jurys. Pourtant il me semble que l'on a été bien sévère pour les femelles de la race bovine garonnaise ; un seul prix leur est accordé, et je ne sais si je me trompe, il est la part d'un animal qui ne me semble pas offrir un type très exact de cette variété. J'aurais en outre voulu quelque chose pour une des deux génisses auxquelles on n'a rien accordé. Les tribus limousines et laitières obtiennent une foule de récompenses supplémentaires, de même que les bœufs de harnais et gras ; c'était immanquable. Le petit bétail est traité plus parcimonieusement, ne valant pas le gros ; c'est équitable ; mais pourquoi a-t-on frappé d'anathème tous les béliers et toutes les brebis de race indigène ? C'est peut-être aller trop loin ; les sujets exposés dans cette série n'avaient pas le mérite des autres, il est vrai ; cependant les priver même d'une mention, me paraît grave ; il en était plusieurs, en effet, qui ne manquaient pas d'une certaine distinction, et il serait bon d'encourager ces éleveurs, par des marques d'intérêt pour ceux qui entrent dans la voie du progrès, à se maintenir dans le bon chemin, d'autant plus que l'avenir de la plupart de nos troupeaux est dans cette série. Les volailles n'ont point à se plaindre, bien que j'eusse désiré que les pigeons autres que ceux de luxe eussent part au gâteau. Quant aux lapins, on les a mis, je crois, un peu trop de côté. Ces rongeurs ont bien des qualités diverses et offrent une grande ressource aux cultivateurs. Je m'incline devant les affiches suspendues aux machines ; je suis loin d'être mécanicien, et je ne me sens pas la moindre velléité de déclarer fondées, ou bien de censurer les décisions d'ingénieurs habiles. En ce qui concerne les produits, j'aurais souhaité quelque chose de plus pour la soie à titre de bienveillance compatissante pour les souffrances actuelles de la sériciculture, et j'avoue que je n'aurais pas hésité, pour lui montrer mon bon vouloir, à déposer une médaille sur une vitrine dont les jolis écheveaux et les beaux cocons n'ont rien reçu, par cette seule raison qu'ils ne provenaient pas, a-t-on dit, d'une éducation faite cette année. Sur le reste de la division, les récompenses ont plu ; sept ou huit au moins ont été données, sans compter les mentions, en surplus de ce que promettait le programme. A coup sûr personne ne s'élèvera contre cette prodigalité commandée par la magnificence de cette section, ensemble et détails. Les vins, les eaux-de-vie, les liqueurs, ont eu leurs prix nombreux. Deux omissions m'ont frappé ; j'étais surpris de ne pas voir au nombre des vins distingués par les dégustateurs à ce commis, ceux provenant de deux crus, dont l'un surtout était connu par de précédents succès. Pendant que je réfléchissais à ce qui avait pu leur valoir cette défaite, on est venu me parler à l'oreille et j'ai eu l'explication du fait qui m'étonnait. Un des lots était resté sans numéro d'ordre, par suite d'inadvertance, ce qui l'avait fait négliger, les jurés ne sachant pas s'il était admis ou non à concourir ; pour l'autre, c'était mieux encore ; il était toujours enfoui dans la caisse où l'avait emballé soigneusement son propriétaire, caisse déposée sans mot dire sous le bureau de la tribune de distribution. Je me suis hâté de faire chercher MM. les jurés de la catégorie, mais aucun d'eux n'était présent dans l'enceinte et n'a pu être découvert à temps ; le tribunal, aussitôt la sentence rendue, s'était dispersé.

Cependant les cloches sonnaient à toute volée ; la fanfare, précédant un long cortége, se dirigeait vers l'antique église en exécutant les airs les plus brillants de son répertoire et bientôt la vieille basilique a vu remplir sa vaste enceinte, trop petite cette fois. Aux premiers rangs, près du maître-autel, ont pris place les dignitaires de la Société d'agriculture et du comice, avec le maire de la ville ; au milieu d'un profond recueillement, une messe solennelle a été célébrée, pendant laquelle un discours sur la loi du travail a été prononcé par un prédicateur de talent, le R. P. Delatre, et plusieurs chœurs ont alterné avec les instrumentistes remplissant la grande nef d'une suave harmonie. A l'issue de l'office, chacun s'est précipité vers les hôtels, les restaurants et les cafés qui sont encombrés et n'ont jamais été certainement à pareille fête. A peine une escouade a-t-elle à la hâte terminé son modeste repas qu'une autre lui succède, talonnée par une troisième. Les garçons sont en nage ; les chefs ne savent auquel entendre ; les directeurs des établissements où l'on mange suent sang et eau pendant que l'or s'engouffre dans leurs poches gonflées par lui. L'on sort, on interroge le ciel qui parait se disposer à copieusement arroser la fête et l'on se dit que nous allons avoir le mauvais temps qu'a semblé nous annoncer la veille une courte mais forte pluie tombée pendant qu'on essayait les charrues et les moissonneuses et qui a mis les spectateurs en fuite. Quelques personnes cependant se hasardent à retourner à l'exposition voulant l'étudier encore avant que les barrières s'abaissent devant tous après la disparition des receveurs qui perçoivent à son entrée un droit modique au profit de la ville. Le gros du public reste dans les rues entièrement pleines et autour des manéges, où non-seulement des enfants, mais des jeunes filles et des jeunes gens, voire même des hommes et des femmes mariés, de tout âge, se donnent le plaisir de se faire voiturer circulairement dans des chars attelés de chevaux de bois, au son d'un orgue de Barbarie édenté et d'un tambour, ce qui doit être extrêmement amusant, car je vois des demoiselles et des dames qui grillent de se procurer cette distraction en concurrence avec les grisettes et les ouvrières endimanchées. L'une s'approche, recule, revient ; enfin, elle est définitivement installée, d'autres l'imitent, et voilà ces gentils minois qui font tourner les têtes, tournant à toute vitesse.

Au loin cependant la vapeur gronde et siffle ; les convois de la Compagnie du chemin de fer se multiplient, déposant sur la voie qui conduit à la ville et le long de laquelle celle-fait élever une nouvelle maison d'école, des myriades de voyageurs tandis que des milliers d'autres, à pied, à cheval, en voiture, débouchent de chaque avenue. L'enceinte du concours est assiégée par des légions croissantes; la plupart s'arrêtent attendant à la porte ; mais du milieu de leurs rangs des curieux plus hâtés paient leur passage aux préposés et vont assister à la fin de l'examen de l'espèce chevaline, admirer les diverses richesses étalées dans les différentes exhibitions. Bientôt à St-Astier la foule s'ébranle ; le torrent se régularise et s'écoule dans une seule direction. Suivons-le. Nous arrivons bousculé, les pieds meurtris, la coiffure en désordre et le chapeau légèrement frippé, devant les bureaux redoutables, mais à l'aspect d'une certaine rosette dont ma boutonnière est décorée pour la circonstance, les employés saluent et je pénètre gratuitement dans la prairie, objet des aspirations générales et encore fermée à qui ne peut déposer 50 centimes pour la parcourir. En me voyant ainsi privilégié, chacun s'incline, un flatteur murmure m'accompagne ; très-certainement aux yeux de beaucoup je passe pour un homme éminent. J'en suis fier ; il me semble que j'ai grandi de 15 centimètres au moins. Mais en me retrouvant avec ceux qui ont joui du même avantage, je m'aperçois bien vite que ma taille est restée la même, et que je suis, quant aux connaissances, le plus humble d'entre eux.

Trois heures ! tout est préparé, point de pluie ; les nuées restent suspendues, mais ne menacent plus ; elles s'étendent au-dessus de nous comme un voile protecteur contre les rayons ardents d'un soleil d'été. Le clairon retentit ; la fanfare débouche précédant un imposant aréopage derrière lequel roulent des vagues humaines que rien n'arrête plus sur le seuil, car à partir de ce moment le péage est supprimé. La musique vient se placer vis-à-vis la tribune, à droite et à gauche de laquelle des essaims gracieux de dames trouvent siéges et abri sous la vaste tente couverte protégeant l'estrade qui s'élève au milieu, dominant les spectateurs. Au bureau prennent place le président de la Société d'agriculture ; M. Maréchal, maire de la ville ; M. Montagut, député ; M. le général de brigade commandant le département ; M. le président du comice local ; le trésorier et les personnes chargées de suivre la marche de la distribution des récompenses pour éviter, autant que possible, toute erreur. On remarque avec une certaine surprise l'absence inusitée de tout délégué de l'administration préfectorale ; en 1874 même, au concours improvisé qui eut lieu à Périgueux, et où la séance de clôture fut bien modeste, pareil fait ne s'était pas produit. On s'étonne aussi de ne pas y compter plus de représentants de la Dordogne au Sénat et à la seconde chambre. Sur 16 membres envoyés par nous aux assemblées législatives actuelles, deux seuls sont présents ; et le public en est d'autant plus frappé que nos sénateurs et députés ont mis à la disposition de la Société départementale, à l'occasion de la cérémonie qui va commencer, des prix d'honneur que l'on croyait naturellement qu'ils seraient venus voir décerner. Il y a pour la grande fête agricole du Périgord moins de représentation officielle qu'il n'y en a eu, il y a six jours à peine, à la cérémonie de clôture de la maigre exhibition de la Société d'horticulture. D'où vient cela ? Les commentaires vont leur train et l'on se livre aux suppositions les plus étranges, toutes aussi mal fondées, à coup sûr, les unes que les autres. Il n'est pas douteux, en effet, que la plus grande partie, tout au moins, de ceux qu'on attendait et qui ne sont pas venus, n'ait été retenue loin du théâtre du concours par de puissants motifs ; et nous savons que plusieurs d'entre eux ont justifié des causes majeures qui les éloignent en ce moment d'ici. Mais il n'en est pas moins fâcheux qu'il y ait tant de bonnes raisons pour qu'il se manifeste, en apparence, si peu d'empressement à venir à notre réunion solennelle, de la part de personnages haut placés, alors surtout que nous avons eu tant de difficultés à vaincre pour réussir, et l'avons fait si complétement, ce que, peut-être, on n'osait point espérer. Près des chefs occupant le premier rang, nous saluons avec plaisir M. le docteur de Valbrune qui, pendant 38 ans, fut l'âme de l'association agricole du canton. En arrière, les membres du commissariat, les jurés et les principaux membres du comice occupent des siéges réservés.

M. Daussel se lève et prononce un discours remarquable couvert d'applaudissements; M. Maréchal lui succède et parle avec non moins de bonheur. A ces deux harangues répond une symphonie musicale, après quoi M. le baron d'Arlot de St-Saud lit le rapport de la commission des visites des domaines et proclame les lauréats auxquels sont attribués des prix de culture. Parmi eux, à la suite de M. le capitaine Parade, de la Serve, près St-Astier, dont la glorieuse victoire au dernier concours de ce genre est honorablement rappelée, preuve qu'il ne faiblit pas et reste toujours au premier rang, notons MM. Latronche, de St-Germain-des-Prés, canton d'Excideuil, auquel est dévolue la statue de bronze offerte par MM. les sénateurs de la Dordogne ; M. de Presle, qui reçoit la médaille d'or du ministère pour son exploitation de St-Martial-Laborie, canton d'Hautefort ; M. A. Deauriac, qui obtient la médaille d'or de la Société, premier prix pour les propriétés au-dessous de 50 hectares ; MM. Saint-Martin, au Caran et à Landry, commune de Boulazac, canton de St-Pierre, près Périgueux, et M. Lagorce, ancien consul, à Cherveix, auxquels sont octroyées des médailles de vermeil pour l'ensemble de leurs travaux. Aux applaudissements de tous le syndicat de la vallée du Blâme, en la personne de son intrépide président M. Brachet, enlève la médaille d'or mise à la disposition des experts par la ville de St-Astier, pour ses remarquables desséchements et assainissements qui ont métamorphosé en champs fertiles un vaste marais d'où s'exhalaient des miasmes délétères. MM. Loubignac et Emile Mazeau conquièrent, le premier la prime offerte aux régisseurs, le second celle destinée aux fermiers. Les vainqueurs sont acclamés, et il en est de même lorsqu'après l'audition du rapport que j'étais chargé de présenter par la commission centrale, formée des représentants de celles des cantons, sous la direction du vice-président placé à la tête de l'arrondissement, et avec l'assistance de notre savant secrétaire-général, M. de Lentilhac, on appelle les vainqueurs du concours de métayage. On rend hommage, en eux, à l'énergie, à la probité, au travail et à l'intelligence. On accueille par de longs bravos Cuminal, colon à Coulounieix, auquel échoit le bahut d'honneur accordé par MM. nos députés, pour avoir rendus fertiles deux colonages improductifs. Déjà plus de 40 diplômes constatent ses brillants triomphes dans les concours départementaux et régionaux. On est heureux de voir couronner ses dignes rivaux, Louis Michel, de St-Paul-de-Serre; Jean Vaunac, de Boulazac ; Louis Lachaud, d'Hautefort ;

Moulinard, de Périgueux, qui, se distinguant par un travail raisonné, sont arrivés à de très-importants résultats, et avec eux, M. Ventelou, qui simple métayer est en même temps régisseur consciencieux et habile, ce qui lui vaut, à ce double titre, la médaille de vermeil due à la générosité de M. Thirion-Montauban, l'un de nos députés. Tant que dure ce défilé de laborieux colons, les manifestations sympathiques ne cessent pas, et leur liste est nombreuse, car les mérites ont été trouvés grands chez presque tous ceux qu'on avait signalés aux juges. Félicitons-nous-en.

Les exposants ont leur tour et leurs noms ne sont pas moins favorablement accueillis. Citons entre autres ceux de : M. de Presle, qui reçoit encore un prix d'honneur, celui pour la division des animaux, mérité par le groupe des beaux sujets sortis de ses étables ; M. de Bousquet, propriétaire à Montanceix, qui recueille la médaille d'or, lot de la plus belle collection d'instruments, sans doute parce que MM. les jurés ont voulu par cette récompense éclatante montrer l'importance qu'ils attachent à l'emploi régulier d'un outillage complet composé de machines appropriées au climat et au sol dans la culture des terres, chose à laquelle il importe de donner l'élan, en un moment surtout où les bras manquent de plus en plus ; M. Laronde, de Bassillac, canton de Saint-Pierre, dont l'admirable collection de produits a été classée en tête de toutes les autres ; M. E. Deauriac, de St-Vivien, canton de Vélines, triomphateur pour les vins ; M. Bicho, de Saint-Félix-de-Mareuil, dont les eaux-de-vie l'emportent sur celles de ses compétiteurs. Enfin un triple hourra retentit en l'honneur de M. Champarnaud, vainqueur dans diverses sections, distingué dans plusieurs autres, et auquel est solennellement remise par M. le président la médaille d'or de M. le maréchal de Mac-Mahon, récompense de celui dont l'exhibition a été déclarée la plus méritante de toutes.

L'instruction agricole, les meilleurs élèves de notre ferme-école de Lavalade, la statistique cantonale, les serviteurs ruraux ne sont point oubliés; notre Société a tressé pour eux également des couronnes et les leur distribue généreusement, n'éprouvant qu'un regret, c'est que ses faibles ressources ne lui permettent pas de hausser la valeur de ses primes, comme elle voudrait le faire et comme cela serait à désirer; mais elle n'est pas riche, et l'offrande du pauvre n'est pas moins méritoire et encourageante que celle de l'opulent. Un devoir lui reste à remplir, elle n'y faillira pas. Son honorable chef prend la parole, et, après avoir exprimé en quelques mots partis du cœur le sentiment de reconnaissance qui nous anime tous, offre à M. Maréchal, qui a tant fait pour l'organisation de ce magnifique concours, une médaille d'or en témoignage de notre profonde gratitude. La fanfare de Saint-Astier et l'entrepreneur qui a si bien conduit les travaux reçoivent de la part de la Compagnie des médailles d'argent.

Le rôle de notre corporation départementale est terminé; celui du comice commence. Son zélé président M. I. de Valbrune adresse au public un discours chaleureux et les palmes sont réparties entre ceux de cette vaillante association que leurs examinateurs en ont trouvé dignes et qui viennent les recevoir au milieu des félicitations du public.

Ainsi se clôt ce tournoi mémorable, un des plus importants et des mieux installés qui aient eu lieu dans la Dordogne. Il semblait impossible à réaliser heureusement; on a répondu aux craintes généralement ressenties par une victoire complète. Plus de 140 exposants sont venus de 22 cantons appartenant à tous les arrondissements de la Dordogne et, la plus grande partie de ce qu'ils nous ont montré, très-certainement aurait fait honneur à de grands concours régionaux. En ce qui concerne d'un autre côté le choix du terrain, l'agencement, la symétrie, je ne crois pas que nulle part on ait encore trouvé mieux et obtenu plus de succès. C'est ce que proclament, sans exception, tous les assistants, parmi lesquels il en est beaucoup de familiarisés avec les fêtes les plus solennelles de ce genre. Mais nous ne sommes pas au bout, l'administration municipale nous ménage d'autres surprises. Pendant que dans la prairie même, témoin de la joûte qui s'achève, une vaste salle réunit près de 80 invités, hauts fonctionnaires, dignitaires de notre corporation, jurés, commissaires, principaux lauréats, autour d'une table splendidement couverte de mets exquis et que dans un hôtel de la ville, à peu près autant d'invités s'asséient au banquet du comice, de grands préparatifs se font. Et lorsqu'après des toasts portés par MM. Daussel, Maréchal, Montagut et I. de Valbrune, les convives du festin présidé par le maire se lèvent, ils se trouvent en présence d'un féérique spectacle. Toutes les avenues resplendissent au loin de lumières, et sur l'une d'elles, conduisant au château de Puyferrat, un beau feu d'artifice éclate au milieu d'une foule innombrable. La dernière pièce s'allume, tonne, se divise en gerbes de feu du milieu desquelles partent des milliers d'étoiles et des volcans enflammés éclairant un tableau de circonstance. Devant nous tout s'éteint alors. On se retourne ; subitement s'élèvent cent jets de flamme; St-Astier est comme embrasé. Au sein de cet incendie factice jaillissent des feux de Bengale qui jettent une vive lueur et teignent de nuances variées la haute tour de la basilique paroissiale qui se détache successivement en or, en pourpre, en rose, en blanc sur le fond noir des nuages et doit s'apercevoir à de grandes distances dans la vallée et du sommet des coteaux. Toutes les rues sont enguirlandées de cordons étincelants; toutes les places sont couvertes de chaines de lampions s'entrecroisant et formant au-dessus d'elles des dessins variés; toutes les fenêtres sont changées en foyers magiques. Plus de la moitié des visiteurs est repartie emportée par des trains spéciaux, et pourtant c'est à peine si l'on peut s'ouvrir un passage au milieu de l'affluence qui remplit la ville. Il me faut longtemps pour regagner mon gîte que je trouve flamboyant et je m'endors au bruit des instruments comme jadis le grand Assuérus. Je rêve à ce que j'ai, pendant deux jours, admiré; je me propose de revoir le lieu témoin de la lutte agricole; je suis en route pour aller visiter la grotte du bienheureux Astier. Quelle est cette lueur qui vient interrompre mes idées ? — C'est le soleil qui me dit : « Debout ! il est temps de partir. » Et l'horloge sonne en même temps six heures ! Levons-nous, il faut s'habiller à la hâte, remercier mes hôtes et m'éloigner. Le docteur Veyssière, matinal comme l'aurore, frappe à ma porte. Je dois l'accompagner chez lui.

Tout repose encore et déjà nous sommes au bout du pont, devisant de la manifestation d'hier; louant les uns, regrettant que de vieux combattants n'aient pas fait acte de présence et que de jeunes athlètes qui pouvaient prétendre à recueillir des lauriers honorables soient restés chez eux, arrêtés sans doute par une modestie exagérée et se disant :

> Nous entrerons dans la carrière,
> Quand nos aînés n'y seront plus.

Non ! ils auraient dû ne pas attendre; se mettre en ligne résolûment, à côté des vieilles bandes de nos agriculteurs; ils auraient ainsi pu juger avec fruit de leurs forces réelles. C'est par la comparaison que l'on s'instruit.

Nous causons de l'utile et essentiellement agricole institution du *Prêt d'honneur* que nous félicitons St-Astier d'avoir emprunté, grâce à la générosité de M. Dupont, qui a fourni le premier capital de roulement, à Hautefort, où le respectable baron de Damas l'a solidement implanté pour le plus grand bien des populations rurales.

Un conseil, formé du fondateur, du juge de paix, du maire, du curé doyen et de douze habitants notables, est chargé de surveiller et de diriger la marche de cette création, qui a pour but principalement d'aider le petit propriétaire et de lui faciliter les moyens de réparer une perte ou de prévenir un malheur. A ce conseil peuvent être adjoints, comme membres titulaires, ceux qui, par un don important, auront augmenté le capital de la caisse. Tous les habitants majeurs de la commune sont admis à participer au bénéfice du prêt. Les demandes relatives à celui-ci sont examinées par le conseil.

L'emprunt peut être remboursé par annuités, qui ne doivent pas cependant se prolonger au-delà de cinq. L'intérêt annuel est fixé seulement à deux pour cent. On ne peut emprunter plus de cent francs. L'emprunteur admis se présente avec quatre témoins domiciliés dans la commune et agréés par le conseil. La présence des témoins, jointe à celle de l'emprunteur, fait la force de l'engagement, qui est purement verbal et gratuit. Les remboursements ont lieu le lendemain de Noël. Toutefois le créancier qui serait sur le point de quitter St-Astier peut se libérer le jour que cela lui paraît convenable. Le conseil a la faculté d'accorder des délais pour les paiements de la dette.

Dans le cas où des poursuites devant la Justice seraient nécessaires, les témoins sont tenus de paraître sans frais devant le juge de paix. A leur défaut, les membres du conseil doivent déposer du prêt auquel ils ont assisté. Sont exceptés néanmoins de cette dernière disposition le fondateur, les souscripteurs, le juge de paix et le curé. Moitié des recouvrements obtenus par voie de la Justice est versée dans la caisse de la Société de secours mutuels, l'autre moitié l'est dans celle du bureau de bienfaisance de la commune.

Tels sont les principaux articles du règlement de cette philanthropique création.

Voici vingt-trois ans déjà qu'elle existe, voici vingt-trois ans que le bien qui en résulte est constaté par l'expérience et que le succès le plus éclatant couronne cette œuvre d'une incontestable et grande utilité. Cet heureux résultat est dû tant à l'honnêteté de la population agricole à laquelle les prêts s'adressent, qu'au dévouement et à la prudence du conseil d'administration.

Le chiffre des emprunts effectués s'élève à près de 20,000 francs, quoique aucun d'eux ne dépasse cent francs. Ce maximum, fixé par les statuts, paraît maintenant un peu faible, eu égard aux circonstances, et le conseil étudie la question de savoir s'il n'y aurait pas lieu de le porter à 150 ou 200 francs. Les remboursements se font avec la plus grande régularité. Les pertes subies ne dépassent pas, en tout, 200 francs et elles sont dues, l'une à la mort du débiteur, les autres à un peu trop de facilité à accorder des emprunts.

Pourquoi d'autres communes n'imiteraient-elles pas en cela Hautefort et St-Astier? il serait fort à souhaiter qu'une semblable institution se répandît largement dans nos campagnes que dévore l'usure. Le bien qu'en retireraient nos cultivateurs serait inappréciable.

En dissertant sur ce sujet, nous sommes arrivés à une hôtellerie modeste qui, partageant la chance de ses sœurs, a été la veille envahie par la foule étrangère, et à tel point que lorsque le bon docteur y est venu le soir chercher un asile il n'en a plus trouvé. Malgré le départ de milliers de visiteurs, tout était tellement plein encore, que force lui a, comme à d'autres, été d'aller s'abriter dans une métairie à certaine distance. Mais il avait laissé sa voiture et son cheval à l'aubergiste, qui les a gardés. Allons en route ! — A d'autres ! nous ne bougerons pas de sitôt. Celui qui s'est chargé de nourrir le coursier ne lui a point encore donné sa ration matinale. Il se dresse avec lenteur et va chercher la provende au grenier. Il a peine à redescendre chargé de son faix et de quatre-vingts ans passés. C'est le Temps qui a laissé quelque part, où il ne peut plus les retrouver, ses ailes et sa faux, et comme il est déshabitué de la marche et ne sait plus se servir de ses mains que pour manier son arme terrible, il va trébuchant et agit avec peine. La tortue le laisserait facilement derrière elle sans se préoccuper de partir avant lui. J'ai donc le loisir, assis sur un banc à la porte, d'écouter la rumeur de la ville qui se réveille, de voir défiler sous mes yeux de nombreux voyageurs et des paysans qui chassent devant eux sans ménagement des bandes de palmipèdes qu'ils comblaient d'attention hier, en leur qualité de concurrents.

Que de moments perdus de cette manière, et combien je me serais hâté de les mettre à profit, à une heure plus avancée de la journée! Je n'aurais pu sans doute aller visiter la terre de Montanceix, où M. Loubignac, régisseur, aidé par les conseils et les subsides d'un propriétaire actif, infatigable et riche, le zélé M. de Bousquet, capte habilement les sources et dirige leur débit à volonté, redresse des ruisseaux, fait, au moyen de l'un d'eux, mouvoir une usine à broyer et malaxer les pailles et les côtes de tabac, à forer les métaux, dans le bâtiment où déjà marche une scierie; il m'eût été impossible d'y étudier les cressonnières, l'établissement de pisciculture, les étuves à préparer la prune, produite en grand dans les domaines, la boulangerie, la distillerie, la forge, le séchoir à tabac, la pompe, élevant jusqu'au château l'eau partie de la grande minoterie; les pelouses, les jardins, les vignobles, les belles cultures. Tout cela m'aurait, en effet, pris au moins une journée. Je n'aurais pu pousser non plus mes pérégrinations jusqu'à Jéva, ce paisible lieu de retraite, cette belle exploitation que M. Choury comble de soins attentifs et judicieux; dont il entoure les charmes de discrétion et dont j'ai conservé le souvenir fleuri. Gracieux et attrayant asile qu'enserre une ceinture fraîche et délicate de jolies plates-bandes chargées de souriantes corolles, et où l'eau pure coule à volonté, à flots limpides et rafraîchissants, des combles jusqu'au seuil, pour le service de l'habitation, centre d'une terre féconde en gerbes d'or. Mais je serais un instant allé revoir

La Serve, où M. Parado fait le bien et fait si bien. J'aurais aimé à parcourir de nouveau ses champs fertiles, ses longues allées d'arbres fruitiers, ses étables remplies de bétail magnifique ; à m'asseoir un moment aux bords de la vaste pièce d'eau qu'ombragent de grands arbres, et à contempler les créations nombreuses dues à celui qui, après une vie honorable dans l'armée militaire, est un chef honoré dans l'armée des praticiens capables et dévoués, dont l'action féconde le sol et y fait naître la richesse. J'aurais erré tout heureux dans les dépendances de La Batut et, avec empressement, admiré les remarquables vaches laitières de cette propriété de M. de Valbrune, cet homme docte et si profondément ami de son pays. J'aurais été faire connaissance avec Lagrange, où M. A. Deauriac cultive avec entente et succès et a de si bons instruments, de si remarquables animaux, des récoltes si plantureuses. Je ne puis, hélas ! songer à rien de pareil. Inabordables aussi pour moi, par le même motif, La Lande aux étangs artificiels, où le cygne vogue en paix, étonné de pouvoir le faire à pareille hauteur ; aux bosquets riants, aux sources opulentes, aux plantations nombreuses ; Siorac aux jardins si bien tenus ; Puyferrat aux vins renommés ; les domaines de Mme de Gosselin qu'anime le souffle vivifiant de M. Champarnaud ; tant de métairies, de fermes, de réserves, en un mot, chargées de couronnes et de médailles moins éclatantes que les mérites de ceux qui y propagent le progrès. Il me faut attendre avec impatience et regrets, mais en me laissant aller, en même temps, aux agréables souvenirs des jours précédents et à l'espoir, qui ne sera pas déçu, d'une course fructueuse sous la direction d'un guide complaisant, sûr et plein de savoir.

Enfin tout a un terme en ce monde. Le cheval a fini son repas, il est attelé ; nous sommes définitivement partis. Nous laissons à gauche la propriété couronnée de M. A. Deauriac et atteignons la grande route. Pauvre voie ! elle est bien délaissée, bien humiliée. Elle a l'air tout-à-fait reconnaissante envers ceux qui l'ont fréquentée ces jours derniers, lui rendant pour un instant son importance ancienne. Je me figure qu'elle est enchantée de voir notre voiture et qu'elle nous remercie de la parcourir. Nous passons devant le village de la Massoulie, qui me semble des plus déserts, lui que j'ai vu si bruyant alors qu'il possédait un relais où venaient, plusieurs fois par jour, les lourdes voitures publiques, couvertes de poussière et allant bon train, laisser leurs attelages fatigués, en les échangeant pour d'autres plus frais, pendant que les conducteurs entraient joyeux à la buvette et se livraient à de gais propos avant de remonter sur leurs siéges élevés ; alors que le rapide *briska*, presque aussi vite qu'un convoi de chemin de fer, y prenait un nouvel équipage de quatre chevaux blancs que je vois encore en idée. Maintenant tout est calme, et si l'on n'entendait le bruit de la chute qui fait mouvoir les roues d'une importante minoterie, le silence régnerait presque toujours dans ce hameau solitaire et riant. Les coteaux que nous longeons sont pittoresques, un peu nus parfois ; le chemin monte et descend, sans trop s'élever ou s'abaisser, et domine la vallée de l'Isle verdoyante, couverte de récoltes et d'habitations, bordée de l'autre côté de la rivière, à une certaine distance de celle-ci, de collines où les villages se succèdent blancs et, de loin, pleins de séduction. Derrière nous Saint-Astier s'efface, Puyferrat ne tarde pas à s'éclipser. La plaine de Saint-Léon, chère aux lentilles et aux haricots, se développe, entourant le chef-lieu de cette commune, et nous passons au pied de la hauteur chauve qui la domine surmontée par une gigantesque croix de bois. Le château de Neuvic se laisse entrevoir à travers les feuillages des peupliers et se déploie, fier et gracieux en même temps; au-dessus d'un frais détour de l'Isle que borde un chemin de hallage dont l'aspect ajoute au charme du tableau. Celui-ci n'inspire que des pensées de calme et de paix, et pourtant que de luttes autour de cet imposant édifice, que de sombres légendes à son sujet à côté de poétiques idylles ! C'est là qu'un époux outragé tira du séducteur une si terrible vengeance, en le faisant jeter vif dans un four brûlant, comme un pain à cuire. De ce meurtre affreux quelles furent les suites ? l'histoire ne le dit pas. Il est à croire pourtant que la femme coupable ne se vit point forcée de se nourrir des cendres de son complice, comme Arthémise le fit par amour de celles de Mausole. Le bourg est tout près du château ; l'on répare son église ; nous voyons une escouade d'ouvriers occupés à ce travail. Les champs de tabac sont nombreux et offrent de beaux produits. On sait que les environs de Neuvic jouissent d'une réputation méritée pour leurs récoltes en ce genre.

Nous descendons vers Cinq-Ponts, mais sans l'atteindre, et tournons sur la gauche à Tiorac pour remonter le Vern qui coule au bas de la pente, gagnant la rivière.

La vallée de ce ruisseau se montre d'abord large et attrayante, mais ne tarde pas à se rétrécir un peu. Le chemin que nous suivons se déroule sur le penchant des hauteurs qui, de ce côté, présentent un aspect maussade, tandis que celles qui courent vis-à-vis sont plus boisées et paraissent assez fertiles. Au-dessus de nos têtes donc les pelouses arides se succèdent et quelques cultures qu'on y hasarde n'ont pas brillante apparence, surtout à mesure que le coteau s'élève. Il faudrait, au lieu de les soumettre à la charrue, tâcher de couvrir d'arbres et de gazons au moins la moitié la plus haute de ces versants et ne pas s'obstiner à faire croître du maïs depuis la limite de leur zône supérieure jusqu'à la route. Au-dessous de nous le sol semble bon et devenir meilleur à mesure qu'il gagne le fond ; on y voit beaucoup de vignes en joelles, assez bien travaillées, mais qui doivent souvent, à cause de leur position à peu de distance d'un cours d'eau baignant des terres humides, être stérilisées par la gelée. Entre leurs rangs on récolte différents produits. Les groupes de maisons se rencontrent fréquemment, ma plus tôt de l'autre côté du vallon que de celui-ci. Pourquoi donc a-t-on tracé la ligne carrossable où nous sommes? Peut-être l'auteur du plan était-il de l'avis d'Horace et disait-il comme lui, mais à un autre point de vue : « *Odi profanum vulgus et arceo.* » « Je hais le profane vulgaire et l'éloigne. » Ne pouvant repousser les hommes, il s'en est tenu le plus possible à l'écart. Je suis enchanté de mon explication et d'en avoir eu l'idée, qui me fournit une si belle occasion de montrer que je n'ai pas tout-à-fait oublié les poésies d'un auteur que je savais par cœur autrefois et que je ne comprends plus, hélas! Les ans en sont la cause! J'ai bien essayé dernièrement de relier connaissance avec lui par l'intermédiaire d'une traduction que l'on m'avait beaucoup vantée, mais en vain ai-je lu la lettre par laquelle un savant ami de Jules Janin déclare en tête du volume qu'on dira désormais, en parlant d'une réimpression de son travail :

Jules Janin, seconde édition d'Horace.

Je n'ai plus retrouvé dans cette interprétation littérale la grâce, l'entrain, le mot propre, le tour heureux du poète latin, qui m'a paru, grâce à elle, terne et ennuyeux! Et cependant le célèbre critique aime Horace, le comprend, le cite à propos, et parfois hors de propos, mais il n'en sait pas faire ressortir la physionomie alerte et particulière; il m'exhibe au lieu d'un personnage vivant un portrait sec et dur. On n'est jamais trahi que par les siens!

Me voilà sur le Parnasse, qui ne ressemblait guère à coup sûr à la croupe crayeuse que j'ai là devant moi, pas plus que le Vern ne ressemble à la fontaine des Muses. Ce n'est pas qu'il soit incapable d'inspirer un homme de talent; il a prouvé le contraire. Il coule toujours à notre droite, caché pour nous par la déclivité du terrain qui semble, en plaine, perdre ici quelque peu de sa nature riche, et devenir médiocre en certains endroits; mais bientôt il reprend sa sève première, la voit même accroître, et reparait plantureux. Nous entrons sur le territoire de Grignols, que nous ne tardons pas à découvrir, à l'entrée d'une gorge secondaire, au pied de son vieux château. Deux déshérités de la Fortune qui se touchent! Le fort est tombé le premier et probablement le bourg s'en est réjoui; maintenant il est malheureux à son tour. Il était fier de son titre de chef-lieu de canton : il l'a perdu, supplanté par St-Astier. Devenu simple commune rurale, il a même vu la route de Neuvic passer à quelque distance de son enceinte au milieu de son annexe, de Bruck qui en est orgueilleux. Il en est, lui, tout triste et il y a de quoi. L'on prétend que pour se venger il s'est mis à la tête des communes du canton situées à la gauche de l'Isle et a déclaré la guerre à Saint-Astier qui est sur la droite. Espérons, si le fait est exact, ce que je suis loin d'affirmer n'en ayant pas vérifié l'authenticité, que l'on ne peut pas appliquer aux deux partis l'épigramme lancée contre une des Chambres des Députés pendant la Restauration :

> **Le côté droit est toujours gauche**
> **Et le gauche n'est jamais droit.**

Ce qui du reste était parfaitement exagéré. A Grignols réside un percepteur. Il s'y tient de très-belles foires où l'on trouve d'excellent bétail.

Les coteaux qui bordent la voie ne sont plus ni si raides ni si sombres, tandis que la chaîne parallèle nous montre en revanche, à son tour, çà et là quelques flancs un peu trop dépouillés. La plaine est toujours féconde et bien travaillée. Quoi d'étonnant à cela? Nous sommes tout proches de La Couture, cette propriété dont M. Ludovic de Cremoux, si brusquement enlevé par une attaque foudroyante dans toute la force de l'âge et l'activité de son esprit, avait fait véritablement une ferme modèle où chacun venait sur place prendre d'utiles leçons dont le pays a profité. Le hameau de la Galmerie, à deux pas de là, est comme un avant-poste de la gentille bourgade de Manzac, arrosée par un clair ruisseau qui vient se joindre au Vern. Au-dessus, à l'est, sur cette colline couverte de vignes, apparait Leyzarnie, retraite chère à M. de Leybardie qui y met en vigueur de saines pratiques agricoles, et qui a près de lui, pour l'aider dans la direction de ses sages travaux, le fils ainé de M. de Cremoux, devenu son gendre. A l'orient de Leyzarnie s'ouvre un frais vallon par où descend le ruisseau de Saint-Paul-de-Serre qui va se jeter dans le Vern, sorti tout exprès de son mystérieux asile pour le recevoir et marcher ostensiblement désormais au grand jour avec lui et ses autres affluents jusqu'à son embouchure. En effet, au-dessus de cet endroit, ce bizarre collecteur qui règne sur une ligne étendue, commandant à toutes les sources du voisinage, dont il fait ses tributaires, s'imagine, au beau milieu de son cours, de disparaître pendant près de dix kilomètres, depuis le chef-lieu du canton où il nait, jusqu'au seuil de celui de Saint-Astier. Il a bien un lit extérieur, tracé d'une manière assez régulière, mais il fait comme les enfants ; il se cache dessous, ne manifestant son existence au dehors, quelquefois pendant des années, par manière d'espiéglerie, qu'au moyen de petites flaques d'eau claire permanentes, situées à grande distance l'une de l'autre, et quelques dégagements temporaires s'échappant, lors des pluies, d'entonnoirs que, pour cette raison, l'on dénomme dans le pays des *Boulidours*, c'est-à-dire des puits bouillonnants. Tout près du lieu où il revient à la lumière, nous voyons, sur le bord opposé à celui que nous longeons, Les Granges, domaine appartenant à M. L. du Mas, qui l'a beaucoup amélioré et qui y résidait avant d'aller s'établir en Agenais, appelé dans cette province par un riche héritage. Sur le mamelon qui regarde ce bien, à l'est, et sur la même rive, se trouve la jolie terre de Dives, dont le sol est de très-bonne nature et qui possède une maison de maître parfaitement située avec terrasse et bosquets, d'où l'on jouit d'une belle vue. Je la considère avec un sentiment de plaisir mêlé de tristesse, en songeant avec quelle grâce charmante j'y fus accueilli, de même qu'aux Granges, patrimoine de Mme du Mas, fille des possesseurs de Dives. Depuis, quelles afflictions sur cette famille dont les chefs ne sont plus et dont le fils aîné, brave soldat au cœur d'or, a été ravi si jeune aux siens dont il était devenu le guide et l'appui ! De tous ceux qui m'y reçurent si bien, aucun n'y séjourne aujourd'hui ; les survivants sont dispersés. Seulement une veuve attristée vient de temps à autre passer quelques heures sous ce toit délaissé, pour y régler des affaires, et quand elle y paraît elle semble l'envoyée de la Providence. Nous touchons à la halte ; mon guide m'indique sa demeure, Chaventou, située sur une petite éminence, et que nous atteignons en quelques minutes.

Nous entrons dans une vaste cour que bordent d'importants bâtiments de servitude, restes et preuves d'une splendeur antique ; au milieu se trouve un *Sully*, c'est-à-dire un de ces arbres commémoratifs que le grand ministre de Henri IV fit planter dans la plupart des communes de France, à l'occasion de la naissance de Louis XIII ; ses dimensions sont énormes, sa taille est droite sans gerçure et son feuillage d'un vert sombre atteste sa brillante santé. M. de Dives, botaniste distingué, a dû l'admirer souvent ; ses puissantes racines traçantes se prolongeant au loin allaient percer la muraille de la maison et ébranler celle-ci. Pour arrêter leur invasion il a été creusé une profonde tranchée entre l'habitation et lui. Le logis, qui remplace un ancien manoir seigneurial couvrant une vaste superficie, est modeste et simple ; mais du côté du jardin il présente un aspect plus en rapport avec les servitudes qui en dépendent. Cela tient à ce que dans la cour l'exhaussement du sol change en rez-de-chaussée ce qui vers le vallon est réellement un premier étage ; ainsi l'édifice est, par le fait, presque deux fois plus grand qu'il ne le paraît d'abord à celui qui descend devant sa porte d'entrée. Son architecture n'a rien d'imposant ; cependant elle n'est pas sans quelque élégance ; et si deux pavillons le flanquaient ce serait un vrai castel de bonne mine. Ce perfectionnement était dans les projets du propriétaire, mais la mort d'un fils unique, richement doté de cœur, d'intelligence et de sens agricole, comme ont pu le prouver à nos sociétaires les articles qu'il a publiés souvent dans nos *Annales*, a fait renoncer à son exécution. Brisé par la douleur, cruellement déçu dans ses plus douces espérances, le respectable docteur Veyssière, après s'être incliné sous la main de Dieu, s'est relevé pour faire le bien ; ce qu'il avait commencé d'améliorations foncières dans des vues d'amour paternel, il l'a continué dans l'intérêt de ses neveux et de la contrée. Il est seul ; et son temps passe rapide cependant. La température est-elle froide, humide, et l'empêche-t-elle de s'éloigner, assis près de sa bibliothèque en grande partie composée d'ouvrages de médecine, dus aux maîtres de la science et qui, la plupart, sont des prix remportés par lui dans les divers concours de la Faculté, de traités de géologie et d'agronomie, il relit, médite et note, sachant bien qu'on s'instruit à tout âge. Fait-il beau ? de suite le voilà dehors, le sarcloir à la main, faisant impitoyablement disparaître toutes les mauvaises plantes qu'il rencontre, traçant des plans et veillant à leur exécution ; se levant tôt, se couchant tard, animant tout ce qui l'entoure par son intrépide activité. Nous avons fait honneur à un confortable déjeûner en compagnie du capitaine Malafayo, un ami commun, et nous sommes sortis aussitôt après dans la campagne. Nous avons d'abord visité les carrières de marne dont il se trouve peu loin de la demeure du docteur un ou deux gîtes d'une grande pureté. Ce précieux amendement est d'une extrême utilité pour corriger les défauts des terrains acides du voisinage ; on l'emploie même avec succès dans les vignes du coteau qui gagnent, par son énergie, beaucoup en vigueur, sans doute à cause de la potasse que renferment ces dépôts. Dans la plaine l'effet est immanquable et grand. Aussi, l'infatigable agriculteur ne cesse-t-il de recommander l'usage de la marne dans les sols où manque l'élément calcaire. C'est à son initiative qu'est due la fondation, par la Société départementale, du prix de marnage dont il solde la moitié de ses deniers, prix malheureusement trop peu disputé par les praticiens. M. Veyssière est un fervent et fort instruit géologue ; il nous montre les traînées des divers *diluviums* rouges et gris et nous fait observer leurs effets sur la production et la végétation des différentes plantes, sur leur trajet qui va toujours du nord-est au sud-ouest, ce qui se distingue facilement le long des pentes des hauteurs. Il nous explique la disparition momentanée du ruisseau par les masses d'alluvions perméables qui se sont répandues dans la vallée et ont tout recouvert, en forçant les eaux à rester au-dessous d'elles, ce qui a conduit le Vern à serpenter enseveli par cette terre apport des cataclysmes. Lorsque les pluies continuelles le font gonfler de manière à ce que descendant à ciel ouvert de la haute plaine, il vienne remplir ici son lit apparent, il décrit, entre les berges de ce canal, des courbes multipliées. M. Veyssière lui a frayé une autre issue en ligne droite, fermée par un petit barrage ; le courant s'y précipite et, refluant des deux côtés, en présence de l'obstacle, couvre les terres environnantes, y déposant un limon des plus favorables à la végétation, sur une grande étendue à droite et à gauche. Par ce moyen le rendement de la partie de la propriété qui se trouve arrosée de temps à autre artificiellement, a beaucoup augmenté. Presque immédiatement au-dessus de la digue nous avons parcouru un joli bosquet d'acacias créé par le docteur, en un sol pauvre et qui donne, outre de la fraîcheur et de l'agrément, des bois de chauffage et autres, de manière à payer avantageusement l'intérêt de la valeur de l'espace occupé par ce gracieux massif qui doit, au printemps, répandre au loin d'agréables parfums. De belles luzernières fournissent d'abondantes récoltes, grâce à une direction intelligente ; les racines fourragères sont remarquables ; le tabac, que l'on rentrait, également ; et cette métairie de Chante-Alouette, située sur le bord de la route, dans la vallée, jadis réputée comme détestable, et où l'on recueillait à peine quelques hectolitres de méteil, produit aujourd'hui, année moyenne, plus de 120 sacs de bon froment ; on y fait aussi beaucoup de profit sur le bétail. Les labours y sont exécutés profondément avec un araire adapté au sol, de l'invention du propriétaire, et dont le métayer, Louis Michel, le même dont j'ai parlé plus haut, comme venant d'être primé au concours de Saint-Astier, se sert très-habilement, ainsi que nous avons pu le constater. L'heure avancée nous a fait remettre au lendemain la suite de cette intéressante excursion, et nous sommes rentrés à Chaventou par une allée de pommiers vigoureux plantés par le docteur, qui sera bientôt payé des peines qu'il a prises pour eux, par l'abondance de leurs produits.

Un véritable banquet nous attendait, et notre petit cercle s'est augmenté autour de la table hospitalière de notre doyen par l'arrivée de M. O. Pradier, conseiller d'arrondissement et président du Comice agricole de Vergt, dignité dont il a été revêtu après la démission du docteur qui a rendu la vie à cette association ; opérant en cette occasion une de ses meilleures cures, lui auquel on en doit tant de bonnes, et la plus importante à coup sûr, puisqu'elle profite à tout un pays. Avec de pareils convives, j'étais certain de trouver plaisir et instruction ; aussi comme le temps a passé vite ! Nous nous sommes séparés tard, et c'est avec un véritable regret que j'ai vu les deux invités s'éloigner à la clarté de la lune, qui semblait me railler, en les éclairant dans l'avenue. On avait préparé pour moi la plus belle chambre, et je me suis promptement endormi sous l'influence de doux songes, après une journée si bien remplie.

Le lendemain, comme je venais d'ouvrir mes fenêtres et contemplais le paysage, en arrêtant ma vue sur deux monticules placés droit devant moi, le docteur est entré pour s'informer, avec bienveillance, de ce qui pouvait m'être utile, et, suivant mes regards, a appelé mon attention sur la base de ces hauteurs, base que d'imprudentes cultures ont rendue sèche et rude. Il m'a montré un carré que l'on y défonce encore, ce qui ne peut manquer d'avoir pour résultat la descente dans le vallon de ce qui reste de terre en cet endroit. Après avoir blâmé l'imprudent, examiné les couches mises à nu, fait une promenade dans le jardin, nous nous sommes dirigés de nouveau vers la campagne ; à l'ouest cette fois. A l'entrée de la cour et à l'extérieur, M. Veyssière fait construire une grange et une distillerie, afin de pouvoir, au besoin, convertir ses vins en eaux-de-vie. Nous avons pris ensuite une magnifique allée d'arbres fruitiers tout jeunes, allée dont le fond doit être garni de noyers qui seront greffés de l'espèce dite *couduras*, si recherchée par le commerce. Des deux côtés, s'étendaient des champs de maïs, de betteraves et de tabac de belle apparence. En bas, est un pré très-long mais peu large, qui peut avoir une superficie totale de deux hectares environ. Un petit ruisselet qui sort d'une source située en amont, l'arrose en murmurant. Au moyen de nivellements rationnels, une partie considérable de ses eaux a été amenée dans un canal qui domine l'herbage, et des rigoles, dessinées de distance en distance, assurent l'irrigation de celui-ci, puis vont déverser leur trop plein dans le lit inférieur. De copieuses fumures complètent l'œuvre et la récolte en foins est des plus abondantes, en même temps que la qualité du fourrage est parfaite. Là ne s'arrête pas l'utilité de la dérivation. La métairie de Chante-Alouette manque d'eau potable ; pour obvier à cet inconvénient, il aurait fallu pousser jusqu'à elle la rigole mère, mais il eût été nécessaire pour cela de traverser un héritage voisin, ce qui pouvait amener des difficultés à chaque instant, même après l'accord intervenu pour le passage de l'aqueduc. Qu'a fait le docteur ? Il a continué la tranchée jusqu'à l'extrême limite de son domaine, puis l'a comblée, à partir de ce point, de pierrailles concassées, en lui faisant décrire une courbe qui va rejoindre le chemin. L'eau filtre, se rafraîchit à couvert et vient sortir limpide dans un petit bassin situé sur le bord de la voie publique, où elle produit l'effet d'une claire fontaine, dont l'excédant regagne le ruisseau qui passe à quelques mètres au-dessous, et va se perdre dans les sables pour ne pas faire tomber le Vern en confusion, en arrivant ostensiblement jusqu'auprès de lui, qu'on ne voit pas. C'est dans ce réservoir que les métayers viennent puiser une boisson pure et salutaire. Ce procédé devrait trouver beaucoup d'imitateurs. Nous sommes rentrés à Chaventou à travers les cultures en étudiant, comme la veille, le changement de nature des terrains et leur influence sous le rapport du rendement de chaque espèce de plante qui se développe dans ces différentes formations. Esprit sagace, observateur, doué d'une forte persistance de volonté, prudent et calculateur, M. Veyssière a conduit et dirigé sa propriété d'une main ferme et sûre. Chez lui, comme cela doit être, le vernis compte pour peu de chose et le fond pour beaucoup. L'agriculture, il le comprend et le dit, est un négoce qui doit nourrir et enrichir celui qui l'entreprend. En conséquence, point ou bien peu de luxe ; du bénéfice avant tout. Tel est le but à atteindre et auquel il parvient. Sans fortes dépenses, Chaventou se change, entre ses mains, en mine d'or ; ses produits ont déjà triplé grâce au marnage, au défoncement et aux fumures dues à un cheptel bien supérieur à l'ancien en nombre et en qualité ; son possesseur en voit encore, chaque jour, grossir régulièrement les revenus conquis sans dettes ni faux pas.

Ce n'est pas que l'intelligent agriculteur n'ait point éprouvé de difficulté pour en venir là. Rien ne s'obtient sans peine et la tâche a été souvent rude. Il a fallu grouper, faire des échanges, combiner des assolements, défricher, introduire des innovations, acheter, et mettre en rapport parfois les parcelles acquises. Une grande partie de ce que nous avons exploré ce matin était un véritable champ froid. L'ancien propriétaire, désespérant sans doute d'en retirer profit, avait pris le parti de laisser son bien en chaume, afin de ne pas payer à l'Etat d'impôts basés sur des revenus fictifs. On comprend l'avantage que cette détermination lui valut et l'on peut se représenter quel spectacle offrait son patrimoine lorsque M. Veyssière lui succéda. Naturellement c'était un fouillis de broussailles sur un fond gris sillonné par les ravines et couvert de tas de cailloux. Aujourd'hui, tout y est en ordre, tout y est travaillé, tout rapporte.

On prétend que l'appétit vient en mangeant ; il est encore plus certain que l'exercice le fait accourir à tire-d'ailes. Aussi l'annonce du déjeuner a-t-elle été parfaitement accueillie. Nous nous sommes assis en tête-à-tête et tout en faisant l'éloge des bons morceaux et du bon vin, par la manière dont nous les absorbions, nous nous sommes livrés à une causerie de circonstance qui nous a prouvé, de nouveau, que sur bien des points nous sommes d'accord. Mon indulgent amphytrion aurait voulu me retenir une journée de plus, et j'étais bien désireux de me laisser aller à me rendre au désir qu'il avait l'indulgence de me témoigner instamment ; mais mes heures étaient comptées, et avant de rentrer à Périgueux j'avais encore à faire des excursions pour lesquelles j'étais attendu. Force m'a donc été de m'éloigner, mais le docteur a tenu à m'accompagner une partie de la route et a fait atteler son *buveur d'air*, dont il avait la délicatesse de modérer la course, de manière à ne pas arriver trop vite au point où nous devions nous dire adieu. Nous n'avons pas tardé néanmoins à franchir, sans rien observer de particulier, l'espace qui nous séparait de la grande route de Paris à Barèges que nous avons suivie pendant quelques instants en courant au sud et traversant un pont jeté sur le lit où le Vern se montre parfois et dont le fond est en ce moment tapissé d'herbes. Nous arrivons bientôt en vue de Bordas, gros village qui se blottit dans un ravin entre la route et la colline. C'est la résidence d'un receveur des postes, d'une institutrice et une dépendance de la commune de Grun, dont le chef-lieu se cache au sein d'une gorge étroite et retirée, position peu rare en Périgord. Nous tournons à gauche et reprenons sur le bord opposé de la vallée le chemin qui longe les rives du torrent invisible, mais qui continue à laisser des preuves de son existence en alimentant çà et là des mares d'eau vive dont nous visitons une qui ne se maintient visiblement que par le contingent qu'il lui envoie comme un bourru bienfaisant. Les habitants du voisinage en profitent. L'aspect de la contrée est moins agréable que plus haut. Des pointes de friches arides sur lesquelles se détachent des genevriers descendent dans la plaine et sont parfois coupées par la route. Il faudrait la baguette de Moïse pour transformer ce coin de terre, mais elle n'aurait pas à s'y exercer sur le roc. Celui-ci même serait salutaire s'il régnait à quelque distance de la surface du sol, car alors il retiendrait au grand jour les eaux courantes. Un peu plus loin, le coup d'œil est plus satisfaisant. Nous voyons de jolies récoltes, et bientôt arrive à nos oreilles le bruit d'un ruisseau venant du Sud. Nous le franchissons à Pont-Roumieux, mais il ne tarde pas à s'épuiser et à se perdre à son tour à travers les sables perméables. Nous mettons pied à terre et nous nous dirigeons vers l'endroit que l'on désigne comme étant le point où le Vern accourant de l'est, disparaît en grande partie dans un gouffre qui est l'orifice du souterrain par lequel il nous échappe ensuite jusqu'auprès de Manzac, ce que le docteur attribue à l'action du *diluvium* rouge qui jadis a rempli la vallée et dont l'acide carbonique a, joint à celui de l'eau, dissout le calcaire en creusant des fondrières qui vont chaque jour gagnant en profondeur et dans lesquelles plonge le ruisseau qui s'enfonce de plus en plus sous terre, comme le prouvent ses apparitions au dehors, fréquentes autrefois, et chaque année plus rares. Mon guide me promet à ce sujet un travail intéressant dont il s'occupe et dont la publication jettera sur cette question une vive lumière. On nous montre au bout d'un fossé peu large une ouverture que l'on a comblée avec des pierres au milieu desquelles, après les pluies, le courant sombre effectivement avec remous et bruit, mais jusqu'auquel il ne parvient pas en été. Dans cette saison tout au moins il a déjà cessé d'être visible à partir d'un moulin et d'une tannerie aux portes de la ville située tout près. Pour gagner celle-ci nous remontons en voiture. Malgré ma corpulence, j'y suis installé avant mon savant conducteur, qui s'est attardé plus que moi dans la contemplation d'un fragment de calcaire entamé par l'action des eaux. Il croit devoir s'excuser et me fait compliment sur ce qu'il appelle ma légèreté. — « Vous êtes encore leste, dit-il : pour moi, je suis lourd ! » — « Comme le bon grain, docteur ! » — Nous fendons l'air et quelques minutes après nous arrivons.

Nous descendons chez M. le capitaine Malafaye, qui nous reçoit cordialement et, sur notre demande, nous montre son clapier remarquable, dans lequel les nombreux lapins qu'il élève sont classés et logés avec ordre et symétrie. Leur encabanement est fort simple ; il se compose uniquement de vieilles caisses à savon dans chacune desquelles est un certain nombre de ses pensionnaires, partagés en mâles pour la reproduction, femelles avec leurs petits, femelles prêtes à mettre bas, jeunes élèves et sujets soumis à l'engraissement. Cet établissement rustique, simple, mais parfaitement approprié à sa destination, rapporte année moyenne plus de six cents francs, mais son propriétaire, désireux avant tout d'être utile, n'en tire absolument aucun profit. Il y trouve le moyen de faire du bien en donnant de l'occupation et du salaire à des indigents hors d'état de travailler, prête ses mâles pour la monte sans rétribution, et échange purement et simplement ses meilleurs sujets contre le rebut de ceux des campagnards, qui ne manquent pas de lui apporter pour ce troc avantageux tout ce qu'ils ont de pire. Le pays bénéficie de cette générosité; le brave capitaine est heureux de lui venir en aide ainsi. Ses leçons et ses cadeaux permettent à plus d'une famille de réaliser des épargnes qui ne sont point à dédaigner, tout en livrant à la consommation une quantité toujours croissante de bonne viande, et qu'on appelle avec raison la viande du pauvre, revenant net à 1 fr. 10 c. le kilogramme à l'acheteur. Les léporides ont une place marquée dans cette installation, mais jusqu'à présent l'on ne peut avoir de données bien positives à leur égard (1). M. Malafaye

(1) Depuis mon passage à Vergt, M. Malafaye a bien voulu m'adresser une communication très intéressante sur la manière dont il élève les lapins et sur le profit qu'on peut tirer de ces animaux. Je suis heureux de pouvoir la transcrire ici pour nos lecteurs :

« Vient maintenant le tour de mes modestes lapins. Combien ces pauvres animaux seraient flattés s'ils pouvaient savoir que vous vous intéressez à eux ! Mais leur race est si discréditée qu'ils ne supposeront jamais que vous les ayez honorés de votre attention bienveillante. Ils doivent supposer, ce me semble, que je suis seul à les aimer. Je vais tâcher d'oublier qu'ils sont à moi, pour vous dire toute la vérité sur leur compte.

« Mes lapins sont trop heureux ! Je tiens trop à leur bien-être, pour qu'ils puissent me donner du bénéfice. Il y a une autre raison. Toutes les femelles du pays, qui ne réussissent pas à élever des petits, me sont portées, pour être échangées, poids pour poids, avec les plus fécondes de mon clapier. Je ne vise pas du tout à la spéculation ; je ne songe qu'à propager cette petite bête si méprisée, si sobre et si utile. Ce plaisir me coûte bien, je l'avoue, une centaine de francs par an. Mais après ce petit sacrifice je fais manger aux malheureux plus de vingt quintaux de viande à bon marest également un très habile cultivateur de tabac. Il dirige les plantations de son frère et leur a fait souvent produire jusqu'à 30 francs par are, c'est-à-dire sur le pied de 3,000 francs à l'hectare. Plein d'amour pour les siens et sa contrée, il leur sacrifie sans hésiter tout son temps, et je pourrais citer de cet intrépide militaire qui, jusqu'à l'heure de sa retraite, s'est signalé dans maintes campagnes, en Afrique et en Crimée, des traits prouvant une délicatesse de sentiments bien rare, si je ne craignais de blesser sa modestie en racontant ici des faits, connus du reste de tous ses compatriotes. Aussi l'estime et l'affection générales lui sont-elles acquises; jamais elles n'ont été mieux méritées.

Avec lui, nous nous sommes rendus au presbytère, où le respectable doyen, M. l'abbé Masson, nous a fait le plus sympathique accueil, et où j'ai eu le regret de me séparer de l'excellent docteur Veyssière, dont je n'oublierai jamais les bontés pour moi.

Vergt est un chef-lieu de canton assez populeux, étendu

---

ché, à 0 fr. 70 le kil. poids vif, à 1 fr. 10 le kil. poids net. De plus, des vieillards, des femmes, des enfants, me vendent des herbes de sarclage, qu'aucune autre bête ne voudrait consommer, au prix d'un franc le quintal.

» Ce que je viens de vous dire de mes lapins ne m'empêche pas de vous renseigner sur le bénéfice qu'il y a à en tirer dans d'autres conditions. Commençons par vous dire que le lapin est un être insociable. Les adultes ne peuvent vivre en paix qu'avec leurs petits. Vouloir les loger en commun, c'est renoncer d'avance à tout succès. Les reproducteurs de l'un et l'autre sexe doivent être seuls aussitôt après la fécondation. Une boîte à savon est un logement parfait pour une mère et ses petits, jusqu'à ce que ces derniers soient âgés de 40 jours. Il convient alors de retirer la mère, de la remettre au mâle et de lui donner une nouvelle cellule. Les petits peuvent rester ensemble jusqu'à l'âge de trois mois ; il faut placer alors les femelles dans un autre logement pour ne pas déranger les mâles qui sont vendus ou mangés les premiers. A cinq mois ces animaux sont aptes à la reproduction. Ceux qui n'ont pas été vendus à cet âge doivent être logés de tout son long dans la vallée, sur le côté droit du ruisseau qui le traverse, avant de s'éclipser, et au pied d'une montagne dont la pente rapide est toute couverte de vignes peu faciles, je le crois, à travailler avec une si rude inclinaison. M. Malafaye me propose de faire une inspection urbaine avec lui et je m'empresse d'acquiescer à cette gracieuse invitation. Nous parcourons la ville, qui se compose de plusieurs longues rues parallèles et d'une ou deux transversales. Elle est bien bâtie, gaie et a bonne apparence. On n'y compte pas moins de six places presque toutes dans l'axe de la voie principale. Sur l'une, où se trouve un réservoir, est l'église paroissiale; la seconde, un peu plus loin, est celle du marché-couvert; la troisième est plantée d'arbres et formera bientôt une agréable promenade; la quatrième, située à l'entrée de l'ancienne commune de Sainte-Marie, qui fait corps aujourd'hui avec

un à un. Les laisser ensemble, c'est les exposer à se faire des blessures toujours graves et cruelles, quelquefois mortelles.

» Une lapine de cinq mois vaut rarement deux francs. Une boîte à savon coûte, au plus, un franc. Quand les petits auront 40 jours, il faudra une autre boîte du même prix. Voilà un capital de 4 francs au plus. Une lapine peut parfaitement donner, par an, quatre portées de cinq petits à 1 franc chacun. Les bonnes en donnent 30 à 1 fr. 50 l'un; mais comme les habitants de la campagne soignent ces pauvres bêtes aussi mal que possible, je suppose qu'une mère ne produira que vingt petits à 1 franc. Vingt francs sont un bel intérêt pour un capital de 4 francs, qui n'a pas besoin d'être renouvelé; car mon matériel dure depuis treize ans que je suis en retraite. La nourriture ne coûte absolument rien. Je connais trois éleveurs qui ne dépensent pas un centime et qui réussissent à merveille. Si les pauvres qui ne peuvent plus travailler voulaient se livrer à cette industrie, la mendicité serait éteinte. Remarquez que je ne vous ai pas parlé de l'avantage d'avoir des lapins pour obtenir d'excellent fumier et pour tenir propres les récoltes, les blés surtout, qui sont, si souvent, envahis par les herbes. Je vous prierai de songer aussi qu'un ménage qui nourrirait deux lapines mères pourrait consommer par semaine au moins deux kilogrammes d'excellente viande qui ne lui coûterait absolument rien. »

celle de Saint-Jean, devenue sa supérieure, est réservée à la vente des porcs. Celle du marché aux bœufs se déploie sous de beaux ombrages, entre la montagne et la première ligne d'habitations; elle est d'une étendue considérable. La place Marty se développe à l'est et au sud, au milieu du vallon, devant la mairie. Les édifices publics à Vergt, sans être nombreux, ne manquent pas. L'église paroissiale est toute neuve, voûtée en berceau, suffisante pour la population. Ses fenêtres sont garnies de stores peints qui doivent produire un effet agréable quand le soleil les éclaire. On y voit un tableau remarquable de Ducornet, le peintre sans bras. Cette toile, qui a du mérite, représente le Christ adoré dans son tombeau par des anges et sur le point de revenir à la vie qui commence à se manifester de nouveau sur son divin visage. Le clocher a son histoire; il a été construit, en partie du moins, au moyen des ressources fournies par les pérégrinations du poète agenais Jasmin, qui allait de ville en ville accompagné du pasteur de la paroisse, quêtant pour *le prêtre sans église* et donnant des séances où il récitait les pièces les plus remarquables de son gracieux répertoire en *Langue d'Oc*. Un archevêque, quatre évêques, plusieurs personnages hauts placés et une foule de notabilités assistèrent à l'inauguration de cette petite flèche, qui, de loin, annonce au voyageur qu'il s'approche du but de son excursion, et à la consécration de l'édifice religieux. Cet événement est rappelé par une inscription gravée sur une plaque de marbre placée dans le baptistère. En voici le texte :

« Cette église a été construite par les soins de M. E. Masson, curé de Vergt, chanoine honoraire de Reims (1), au moyen des secours de la commune, de l'Etat, des Princes,

---

(1) M. l'abbé Masson est actuellement aussi chanoine honoraire de la cathédrale de Périgueux. Il est, en outre, chevalier de la Légion-d'Honneur.

des libéralités des paroissiens et d'autres fidèles, et du produit des séances littéraires données généreusement par le POÈTE JASMIN, dans plus de 40 villes.

» Elle a été consacrée le 25 juillet 1843, sous le vocable de St-Jean-Baptiste et de Sainte-Marie, par Mgr Gousset, archevêque de Reims, assisté de Mgrs George, évêque de Périgueux; Berthaud, évêque de Tulle; Regnier, évêque d'Angoulême; Guitton, évêque de Poitiers, en présence de 200 prêtres et d'un immense concours de fidèles. »

Le jour où cette cérémonie s'effectua fut bien doux pour M. l'abbé Masson, qui voyait couronner ainsi d'une manière éclatante une œuvre qui lui était chère et qu'il peut contempler chaque jour de son logis curial situé près du temple, au milieu d'un jardin arrosé par le Vern, ce qui le rend fort agréable pendant les chaleurs, mais sujet aux inondations quand l'indiscipliné ruisseau sort de la couche noire où il dort paisible en été. Tout près du jardin est un monticule couvert, lors de mon voyage, d'une magnifique plantation de tabac, et qu'à première vue l'on serait tenté de prendre pour un *tumulus*. C'est là tout ce qui reste de l'ancien fort des Talleyrand. Ce vieux donjon transformé en tertre portant des feuilles destinées à être converties en cigares ! N'est-ce pas le cas de s'écrier :

Tout est fumée, aussi bien que la gloire !

Pourtant la comparaison ne serait pas juste ; la gloire n'est pas une vaine fumée : elle reste, elle rayonne, elle a son utilité, quand elle est légitime et vraie. La fausse gloire seule n'est qu'une vapeur souvent trop persistante et empestée. La halle est bien bâtie, mais un peu petite. L'hôtel-de-ville est spacieux et élégant, élevé sur les plans de M. Bouillon fils, architecte de talent, que la mort ne laissa pas arriver à la réputation qui l'attendait. Il a été construit sous l'administration féconde de M. de Marsaguet. En arrière, les deux écoles communales de garçons et de filles sont accolées à sa façade, l'une à droite, l'autre à gauche du pavillon central, sans nuire à sa régularité. Le rond-point gazonné qui se développe du côté du nord est planté d'arbres, dont la verdure pourra peut-être bien cacher un peu trop, avant longtemps, vers la rue, cette jolie maison commune. Vis-à-vis, sur la croupe du coteau, se montre un couvent-école de belle apparence, fort heureusement situé, fondé par le digne abbé Masson, et qui est bien ce qu'il y a de mieux comme position et comme effet dans un rayon étendu. Le vieux château, maintenant démantelé, n'est plus qu'une grosse maison bourgeoise au milieu des prés. S'il ne conservait encore quelques créneaux personne assurément ne reconnaîtrait en lui l'ancien dominateur de la vallée. Il appartient aujourd'hui, m'a-t-on dit, à un banquier de Paris.

Vergt vu, revu, considéré sous tous ses aspects, et il n'y perd pas, la fantaisie me prend d'aller visiter Veyrines à six kilomètres de là. J'ai à peine exprimé ce vœu que, grâce à mon obligeant cicerone, cheval et voiture sont prêts. Nous voilà, le capitaine Malafayo et moi, le premier pilotant l'autre, en route au grand étonnement de plusieurs bons bourgeois qui, tranquillement assis sur des chaises devant leurs portes, s'étonnent de voir un gros vieillard, assez pesant de tournure, conduit par un cocher décoré que tous vénèrent. Certainement je passe à leurs yeux tout au moins pour un sénateur qui va dans le voisinage acquérir un fief important pour en faire un majorat. Avant qu'ils soient revenus de leur surprise, nous avons atteint les coteaux et commençons à gravir une pente qui n'en finit plus. Aux cultures succèdent les bois, aux bois quelques clairières, puis d'autres bois, et nous montons toujours! Une seule pensée nous console, c'est que nous descendrons en revenant. Nous arrivons sur le plateau couvert de maïs, de racines fourragères, de tabacs et de champs que labourent de grands bœufs. Mon guide me montre au loin sur notre gauche un clocher émergeant des arbres et assez semblable à l'un d'eux, aperçu de cette distance. C'est, dit-il, celui de Veyrines. Effectivement, quelques minutes après nous tournons brusquement et nous nous trouvons en face de vignobles en joelles et d'autres, en moins grand nombre, travaillés en plein. C'est l'avant-garde de ceux de Veyrines, qui donnent les meilleurs vins du canton. Nous apercevons aussi des tabacs que cette commune produit en abondance et de qualité supérieure. Malheureusement, me dit-on, leur culture commence à y être délaissée, l'administration ne l'encourageant pas suffisamment par des prix rémunérateurs. L'administration est bien maladroite! Au bas de ces tertres s'ouvre un vallon étroit, couvert de prairies marécageuses environnent deux étangs situés près l'un de l'autre, alimentés par une source qui sort de terre à quelque distance, et qui font mouvoir des moulins, après quoi le cours d'eau va grossir le Vern un peu plus loin. Ce paysage ne me dit rien qui vaille et j'exprime à l'intrépide capitaine l'idée que la fièvre doit avoir élu domicile à perpétuité dans cet endroit. Je n'en doute pas et je tremble de confiance, croyant en ressentir les atteintes. Mais mon interlocuteur me rassure; la santé publique est parfaite dans le pays; et en effet, les enfants que nous trouvons revenant de l'école, et les grandes personnes qui nous croisent, ont l'air de se très bien porter; ce qui provient sans doute de ce que les eaux sont toujours courantes dans cette gorge à cause de la déclivité du sol (1). Ce qui malheureusement est malade, ce sont les vignes dans

---

(1) Il n'en a pas été toujours ainsi. L'étang du Petit-Moulin a longtemps causé des maladies graves et nombreuses qui, par bonheur, ont disparu maintenant. Cette pièce d'eau se comble peu à peu. La nature a fait ce que les autorités auraient dû faire depuis longtemps et d'un seul coup.

les racines desquelles le phylloxera, ce terrible ennemi de nos cépages, vient d'élire son domicile sans passeport et sans déclaration préalable. Dieu veuille avoir pitié des viticulteurs !

Veyrines, situé sur un petit mamelon, de l'autre côté du ravin, n'est pas un bourg important. Il compte quelques maisons à peine, disséminées autour d'une vaste place déserte. Son clocher, élégant, qui produit un effet pittoresque dans le paysage, et dont la construction est due à l'initiative de son ancien maire, M. Linarès, surmonte une église peu remarquable et à laquelle il manque un bras pour former une croix latine. La chaire est assez belle. Ce temple a succédé à un autre fort ancien, dont il reste à peine quelques vestiges dans une dépression voisine. Le presbytère est grand et avantageusement placé entre cour et jardin. Ce dernier, vaste, et orné de quelques jolies fleurs, est bien garni de légumes et de fruits ; mais il brille, entre tous, par son incomparable aspergerie. Dire qu'elle est belle, très-belle, n'est pas assez. Elle est admirable. La superficie qu'elle occupe est de 20 ares, 25 au plus, en y comprenant un coin dont le produit est annihilé par un malheureux pommier dont l'ombre et les racines stérilisent un large espace autour de lui. Si M. le desservant de Veyrines (qui très-probablement ne lira pas cette relation), veut m'en croire, il fera de cet arbre un bon stère de bois de chauffage, pour lui apprendre ce que vaut la gourmandise. Partout ailleurs les pieds d'asperges se touchent ; on dirait un taillis touffu. Je m'incline devant ces tiges dont la plus petite a bien 15 centimètres de haut de plus que moi, qui suis pourtant d'une taille moyenne, et dont quelques sujets ont deux mètres cinquante de longueur, avec des supports gros en proportion. Notez que ce fouillis magnifique provient d'une plantation relativement récente, qui n'en est qu'à sa seconde année de cueillette et a déjà donné 600 francs de revenu pour cette saison, soit de 2,400 à 3,000 fr. à l'hectare. Que sera-ce en 1877 et 1878 ? En ma qualité de vieil horticulteur, je reste émerveillé. Que ne ferait-on pas, si tous ceux qui pratiquent si bien, voulaient enseigner l'art du jardinage, et surtout si l'on voulait les écouter! Après cela, suivant l'expression triviale, mais énergique, il faut tirer l'échelle. Nous quittons cet enclos enthousiasmés et jetons, en sortant, un coup d'œil sur le panorama. Il est attrayant. Veyrines, assis sur un sol rocheux, mais fécond, au milieu de nombreux étangs, dont l'un est alimenté par le Caudou, qui, sorti d'une source près de Cendrieux, court de là vers Bergerac, est comme le roi des lagunes et jouit d'un air très-pur au sommet du point de partage des bassins de l'Isle et de la Dordogne, entre ses trois ruisseaux et les retenues qui les transforment en lacs couverts de joncs utiles aux chaisiers, et dans lesquels les habitants de Vergt viennent se baigner durant l'été. Sur son riche territoire se trouve une grotte druidique, un *dolmen* et l'orifice d'une vaste forge gauloise, entrée servant aujourd'hui d'égout principal au bourg. On m'assure qu'on vient de découvrir des carrières de kaolin aux environs.

Nous revenons au grand trot, car il s'agit de ne pas nous faire attendre. Bientôt nous atteignons la descente et pendant que nous rendons hommage à la grâce avec laquelle Vergt se présente de ce côté, nous y rentrons. Le couvert est mis dans la salle à manger du recteur, et avec lui, j'ai le plaisir de voir s'asseoir auprès de moi le capitaine Malafaye, le vicaire de la paroisse, à l'agréable et instructive causerie, et M. Linarès, docteur-médecin, un des plus zélés promoteurs de l'idée d'un chemin de fer de Périgueux à Bergerac, par Notre-Dame, Vergt et la vallée du Caudou, idée dont la mise à exécution serait si favorable au département de la Dordogne, à ses deux villes principales en particulier, et enrichirait plusieurs cantons, jusqu'à présent trop délaissés, qui ont tant droit à cette création d'ailleurs profitable à tous les points de vue. Nous discutons ce projet et ses chances de réussite, cela va sans dire. Nous exprimons nos vœux pour le progrès et l'avenir heureux de la contrée. Nous supputons les chances plus ou moins favorables qu'a la tenue de la fête du comice, qui doit avoir lieu dimanche, et qui, nous le craignons, pourra être contrariée par le mauvais temps dont nous sommes menacés. On me donne des renseignements sur le commerce de Vergt, qui possède des marchés hebdomadaires et des foires où il se traite beaucoup d'affaires; sur son industrie représentée particulièrement par la tannerie de M. Bardonneau, et à laquelle ajoutait un apoint considérable, une carderie récemment brûlée. Nous nous entretenons de son histoire, qui offre un véritable intérêt, car elle occupe dans les fastes de la France une place importante. C'est, en effet, au milieu des bois voisins, que se livra, dans les premiers siècles de la monarchie, la bataille décisive entre Pépin le Bref et le chef aquitain Waiffre, dont la défaite entraîna la domination franque dans nos contrées. C'est près de ses murs aussi, qu'au temps des guerres de Religion, Montluc remporta la célèbre victoire si funeste aux protestants du Sud-Ouest, qui laissèrent dans la plaine de Pont-Roumieux 4,000 des leurs étendus morts (1), et qui virent, à la suite de cette sanglante rencontre, le reste de leur armée presque anéanti par les populations rurales les harcelant de toutes parts sans trêve ni merci. Nous nous oublions tant et si bien à causer ainsi que la nuit s'avance, et que, tout honteux de mon indiscrétion, je me sauve au *Cheval-Blanc*, l'un des bons hôtels de la ville, et me précipite dans mon lit avec l'intention de dormir comme un loir en attendant le coup de

---

(1) C'est le chiffre admis dans le pays. D'autres chroniques disent 2,000 seulement. Peut-être en portant le total des morts à 4,000 y comprend-on ceux qui périrent après le combat sous les coups des campagnards. Dans cette journée meurtrière toute l'artillerie des religionnaires fut prise par les catholiques, qui s'emparèrent en outre de 19 drapeaux et de 5 étendards.

six heures qui doit m'avertir de me lever et de me tenir prêt au départ. Mais le sommeil ne vient pas, et au lieu d'être réveillé par les gens de la maison, c'est moi qui leur donne, en faisant du bruit dans ma chambre et dans la salle d'attente, le signal de reprendre la tâche quotidienne.

Je suis à peine dans la rue, regardant si la voiture et les chevaux arrivent, que je me vois abordé par MM. Linarès et Malafaye qui viennent amicalement prendre congé de moi, ce qui ne me donne pas un mince relief auprès de mon aubergiste. Je m'installe dans le coupé pensant m'y trouver seul, mais deux autres voyageurs se présentent; une dame que je ne connais pas et un membre de notre Société, M. Bardet, qui est propriétaire aux environs, et que je prie de me tenir au courant de ce que nous allons voir, ce à quoi il veut bien consentir. Nous entrons dans un pli de terrain qui monte entre deux petites chaînes formées par des sommets de faible élévation. Pendant un moment les cultures persistent, puis les bois se montrent et envahissent le paysage que nous pouvons embrasser de notre boîte roulante où les portières, à l'avant du moins, sont tellement basses, qu'il faut se plier en deux pour voir le pays. On me montre des prairies bien irriguées au moyen de rigoles qui répandent, sur toute leur surface, les eaux des pluies chargées des principes fertilisants des fumiers. Elles appartiennent à Mlle de Taillefer, dont le grand'père possédait le vieux château que je découvre là-bas, là-bas au milieu d'une mer de feuillage, du côté de Breuilh, et qui a été vendu par une de ses sœurs, Mme de Calvimont. Comme celui de Vergt, il n'offre plus que l'apparence d'une grande maison de campagne. Nous nous trouvons ici à l'endroit même, dit-on, où la déroute des Huguenots, vaincus par Montluc à Pont-Roumieux, s'acheva sous les coups des paysans armés qui dispersèrent et accablèrent les fuyards. On se souvient qu'il y a quelques cent ans l'on découvrit dans le tronc creux d'un vieil arbre, qu'on abattait, le squelette d'un chevalier encore revêtu de son armure, et que l'on supposa être celui d'un des combattants calvinistes défaits dans cette mémorable rencontre. Un vieux soldat octogénaire, M. le comte du Cluzel, lieutenant-général et cordon rouge, fit, à ce sujet, vers 1820, une romance long-temps populaire et citée dans diverses brochures. D'autres l'attribuent à M. Jouhannet. Vienne d'où vienne, elle est charmante. Au surplus la voici :

LE CHEVALIER ROGER.

Pour son Dieu, son prince et sa dame,
Heureux qui brave le trépas !
Tout guerrier que la gloire enflamme,
N'a rien à craindre des combats.

La mort évite qui l'affronte, (1)
Mais elle frappe qui la fuit ;
Et le trait vengeur de la honte
   Partout le suit !

Tel fut jadis le chant de guerre
Des compagnons du preux Bayard ;
Roger comme eux, d'une voix fière,
Chantait sous le même étendard : (2)
   La mort, etc.

Un jour la victoire infidèle,
Trahit ces soldats généreux ;
Mais remplis d'une ardeur nouvelle,
Ils semblaient se redire entre eux :
   La mort, etc.

Roger eut-il même courage ?
Non ! Il fut lâche au dernier jour ;
Il fuit en vain loin du carnage,
Bientôt lui-même aura son tour.
   La mort, etc.

Creusé par les ans un vieux chêne,
S'offre au chevalier déloyal ;
Il monte et s'y glisse avec peine.
Vaine prudence, arbre fatal !
   La mort, etc.

Pâle et tremblant, de sa retraite,
Il entend les chants du vainqueur ;
Et de l'honneur, la voix secrète,
Lui crie alors au fond du cœur :
   La mort, etc.

La nuit arrive. De l'écorce,
Il croit s'affranchir sans danger ;
Mais ni l'adresse, ni la force,

(1) Licence poétique ; cet axiome on le sait, est, malheureusement, loin d'être toujours justifié.

(2) Le drapeau de Bayard n'était pas à coup sûr *le même* que celui des adversaires protestants de Montluc. De plus, le nom de Bayard, qui fut tué par une arquebusade, n'est pas très-heureusement choisi dans une romance dont le refrain dit que la mort évite qui l'affronte.

Ne doivent plus servir Roger !
  La mort, etc.

Cet arbre, hélas ! sera sa tombe :
Vingt fois il s'élance et gravit,
Vingt fois le malheureux retombe ;
Et le remords tout bas lui dit :
  La mort, etc.

Le fer dut protéger sa vie,
Le fer le tient emprisonné ;
Son armure est son ennemie,
Et sous elle il reste enchaîné.
  La mort, etc.

Supplice affreux ! Roger expire,
Et croit, à ses derniers moments,
Entendre encor dans son délire,

Ces mots apportés par les vents :
  La mort, etc.

Cent ans après sur la verdure,
Le chêne abattu par l'autan,
Montra le squelette et l'armure
Et chacun dit en frémissant :
  La mort, etc.

Un nom se lisait sur la lance,
C'était le nom du chevalier. (1)
J'en ai gardé la souvenance,
Et je répète à tout guerrier :
La mort évite qui l'affronte,
Mais elle frappe qui la fuit ;
Et le trait vengeur de la honte,
  Partout le suit !

C'est aussi sur ces hauteurs que Waïffre, le dernier duc d'Aquitaine, fut vaincu par Pépin-le-Bref, roi des Francs, et contraint, à la suite de ce désastre, de prendre la fuite vers la Double, où il devait périr.

Les arbres tiennent toujours une grande place dans ces campagnes et il vaudrait mieux qu'ils en occupassent même plus, car sur les coins de terre qu'on leur a dérobés, à quelques exceptions près, on n'obtient pas de grosses récoltes en dépensant beaucoup relativement. Vergt, du reste, est comme une oasis dans sa vallée, qui, faute de soins, laisse beaucoup à désirer à peu de distance de ses murs et pourrait être si plantureuse. Nous en avons eu la preuve en y arrivant ; on la trouve encore après le château. Du côté de la route de Bergerac on traverse d'abord la forêt de Beauregard, avant d'atteindre Fouleix, aux riches cultures. Le canton, en un mot, offre de magnifiques produits et d'autres

---

(1) Bien entendu qu'il n'y avait rien de pareil et que Roger, ici, n'est qu'un surnom de fantaisie.

médiocres ; c'est un des plus variés de la Dordogne sous le rapport du sol et des aptitudes.

Nous touchons au plateau sur lequel Eglise-Neuve se dessine à l'horizon. Nous atteignons rapidement cette bourgade qui me paraît avoir rajeuni depuis mon dernier passage. Ce qui lui donne cet air allègre et vainqueur, c'est la flèche neuve de son temple paroissial, dont la façade me semble, en outre, avoir été très-avangeusement réparée. Mais il serait à désirer que l'on pût niveler le terrain qui l'entoure. La maison de M. Villotte qui, me dit-on, est l'un des bienfaiteurs de la contrée, s'aperçoit à deux pas et son jardin a l'air remarquable. Autour du village et avant d'y arriver, comme à sa sortie, nous voyons des vignes en joëlles à double rang, bien tenues, mais qu'il faudrait réduire à rangs simples, comme celle de M. Négrier, que l'on me montre un peu plus loin, qui est disposée rationnellement pour être travaillée à la charrue et nous paraît conduite avec beaucoup de discernement. Les brebis abondent dans les garennes d'alentour et jusques aux environs de Vergt. Quand donc renoncera-t-on à ce mode de dépaissance des bêtes à laine, condamnable à tous égards ? Le Comice devrait porter ses efforts sur ce point. Il a déjà, du reste, réalisé de très-importantes améliorations, et, grâce à lui, le pays n'est plus reconnaissable, en bien des communes, pour ceux qui l'ont vu il y a vingt ans. Remercions-en MM. le docteur Veyssière et O. Pradier. Nous marchons à souhait ; allant droit au but, notre conducteur, qui pense sans doute qu'il n'en tirerait pas profit ce matin, dédaignant de s'arrêter pour acheter les tas de champignons et d'oronges qu'on lui offre en vente. Pendant que je considère, en les plaignant, les paysans qui s'en retournent désillusionnés avec leurs chargements, M. Bardet me frappe sur l'épaule ; je me tourne et, suivant la direction que m'indique son doigt, je vois à quelques kilomètres de nous, sur la droite et à la cime d'un coteau, se développer une opulente résidence, dont la physionomie radieuse, contraste avec l'humiliation des vieux châteaux de Breuilh et de Vergt. C'est Pouzelande, bâti récemment par M. Gibiat, et qui semble le seigneur de la contrée. Une vaste terre en dépend et déjà l'agriculture y a fait beaucoup de progrès. Seulement il me semble qu'on a parfois trop abattu d'arbres, du moins à en juger par ce qui avoisine la route, où nous voyons souvent des terrains dénudés, ou n'offrant que de maigres récoltes, tandis que ceux laissés en taillis présentent un aspect magnifique et doivent donner d'amples revenus. Il est probable, du reste, que plusieurs de ces transformations malencontreuses n'ont pas eu lieu dans les propriétés de M. Gibiat, mais sont le fait de personnes qui auront voulu l'imiter sans tenir compte des circonstances et auront gâté ce qu'elles croyaient perfectionner.

Nous voici dans le canton de St-Pierre, laissant celui de Vergt derrière nous. Mais avant d'abandonner ce dernier, je m'empresse de placer ici l'esquisse fidèle que M. O. Pradier, président de son comice, en a tracé de main de maître. Ce sera un dédommagement de ma prose incolore et filandreuse. Voici donc ce que mon savant correspondant m'écrit à ce sujet :

« Le canton de Vergt se compose de 16 communes. Quatre sont très-boisées, six se trouvent en pays découvert, les six autres semblent être un trait-d'union entre les précédentes, et, tenant de la nature des unes et des autres, elles représentent l'ensemble de leurs productions. La contrée boisée trouve dans la vente des bois, feuillards, écorces, carrassonnes, etc., sa principale ressource. Elle est le centre d'une importante fabrication de paniers dont elle fait une exportation considérable et pour lesquels elle trouve un débouché facile sur les principaux marchés de la Dordogne et de la Gironde. Les communes en pays découvert se livrent à la culture des céréales, du tabac, de la vigne, des plantes fourragères, et à l'élève du bétail. Ce sont celles qui fournissent à l'exportation les produits les plus variés. Dans ces terrains, quoique en général accidentés, le rendement des céréales s'élève à des moyennes de 10 pour 1 (1), et les tabacs y couvrent des étendues considérables. Quant aux vins, ils revêtent, selon leur origine, des caractères essentiellement distincts. Les communes situées au sud du canton, et notamment celles de Saint-Michel, Veyrines, Fouleix, Saint-Amand, produisent d'excellents vins rouges. Les vignes en effet y couvrent de vastes plateaux de nature calcaire ; le Côt-rouge s'est créé une place importante dans ces terrains qu'il affectionne ; et allié aux autres cépages du pays, Fer, Enrageat, Périgord, il devient la base d'un vin corsé, généreux, brillant, propre à la garde et à l'exportation, recherché du commerce et fort apprécié des consommateurs. Les communes au contraire situées au nord et notamment Saint-Paul-de-Serre, Chalagnac et Creyssensac, situées en terrains siliceux ou calcaires, mais tous à base fortement argileuse, produisent avec le Blanc-Sémillon, la Muscade, ou Muscat-Fou, le Jurançon et l'Enrageat, des vins blancs fort agréables.

» Dans son ensemble la production du canton de Vergt est des plus importantes et des plus variées : elle comprend à peu près toutes les branches de l'industrie agricole ; aussi le chef-lieu du canton est-il devenu un centre de marchés très-suivis où se traite chaque semaine un chiffre considérable d'affaires en bois, céréales, noix, châtaignes, bétail, volailles.

» Le bétail y afflue en quantité et donne lieu, suivant les saisons, à des transactions de nature différente. En hiver les les porcs gras y sont achetés pour l'approvisionnement de

---

(1) C'est l'équivalent de 17 h. 50 à 20 hectolitres, en moyenne, à l'hectare.

la vallée de la Dordogne, mais la consommation locale est elle-même fort importante et les engraisseurs des environs en savent tirer parti. Tous les marchés d'hiver sont largement approvisionnés de magnifiques porcs gras qui sont apportés morts, exposés sur les bancs de la halle et détaillés par les propriétaires eux-mêmes. Le nombre des animaux ainsi débités est considérable et il n'est pas rare qu'aux approches du carnaval il atteigne à chaque marché le chiffre de 50 à 60. En été les marchés de chaque semaine ressemblent à de véritables foires, et les espèces bovine, ovine et porcine y sont largement représentées. Les bœufs, et notamment les attelages, y sont recherchés des éleveurs de tout le Périgord et de la Saintonge. Mais le marché le plus curieux, le plus suivi, le commerce dans sa spécialité le plus important est assurément celui de la volaille. Périgueux est là à quelques pas, c'est un débouché sûr; les fournisseurs de la ville accourent en nombre, aussi est-ce par quantités énormes que sont transportés chaque vendredi au chef-lieu du département les œufs, les volailles de toute sorte, et en hiver le gibier et les foies gras.

» Au chef-lieu de canton toutes les industries sont à peu près représentées et trouvent au milieu de la population active, laborieuse, agricole des éléments assurés de prospérité. La tannerie de M. Bardonneau, entr'autres, reçut, en 1864, au concours régional de Périgueux, dans la section des produits industriels, une médaille d'or pour la remarquable préparation de ses cuirs.

» La ville de Vergt renferme encore plusieurs monuments de construction récente qui ne sont pas indignes d'attirer l'attention du visiteur; notamment son église dont la construction est due, en grande partie, à la courageuse initiative et au zèle infatigable de M. l'abbé Masson, vénérable doyen du canton, chevalier de la Légion-d'Honneur, et du poëte Jasmin; un hôtel-de-ville fort vaste et de fort belle apparence;

enfin, une maison d'éducation de jeunes filles, bâtie au flanc du coteau qui domine la ville, et du plus gracieux effet.

» Quant à la viabilité du canton elle ne laisse guère rien à désirer. Les trois catégories de chemins vicinaux ont étendu leur réseau sur toute la surface de son territoire ; si bien qu'aujourd'hui il n'est pas une commune qui, par un ou plusieurs chemins, ne soit en communication non-seulement avec le chef-lieu, mais encore avec toutes les communes du canton. »

Je vous dis que la voiture ne pourra jamais contenir tous ceux que le conducteur accepte d'y caser. Nous allons rester en route pour cause de surcharge. Cependant nous arrivons à Notre-Dame, où, Dieu merci ! plusieurs de ceux qui siégeaient en nombre sur l'impériale mettent pied à terre, ce qui nous permet de jeter un coup d'œil sur le village qui ne s'est pas sensiblement accru ; sur le splendide couvent-hospice, qui date de quelques années seulement, et sur l'église, qu'il serait à propos de reconstruire, tant elle est peu digne d'un endroit aussi fréquenté par les fidèles-pèlerins. Son clocher est désagréable à voir. Mais son ampleur déplorable a du moins cet avantage, qu'elle a permis d'y ménager une chambre que l'on met à la disposition des visiteurs du sanctuaire, lorsque le temps est mauvais. La petite vallée de Notre-Dame n'a jusque-là rien de séduisant pour l'agriculteur qui y pénètre en venant de l'est ; le sol maigre et peu productif n'est pas fait pour charmer ; mais quelques instants après s'opère un changement heureux, et l'œil, satisfait de la vue du château de la Gauderie, qu'habite M. de Mèredieu, n'est pas, avec raison, mécontent des récoltes qu'il aperçoit. Nous débouchons sur la grand'route de Paris à Baréges, au pont du Cern, ruisseau plus sauvage encore que le Vern, cessant de couler pour les simples mortels presque au sortir de sa source et de se montrer dans le sillon qu'il a creusé, pour ne reparaître, si ce n'est pendant la saison pluvieuse, qu'à l'abîme du Moulineau, près de Razac, abîme que l'on croit son exutoire, bien qu'il ne soit pas dans l'axe du lit dans lequel le cours d'eau se montre quand son canal souterrain ne suffit plus à le contenir. Ce lit, en effet, va toucher l'Isle un peu plus bas que la fontaine-étang qui passe pour le déversoir ordinaire du torrent caché. Ne serait-il pas possible de tirer parti du misanthrope, qui ne se révèle que pour faire du mal, et d'utiliser une partie des eaux qu'il nous dérobe d'habitude ? Peut-être, en perçant de distance en distance, sur son parcours, des puits que l'on accompagnerait de conduits qui, par le moyen de manéges, amèneraient leur contenu sur les prés et les terrains avoisinants, arriverait-on à irriguer, avec succès, une étendue relativement considérable. Si par hasard le plan d'eau se trouvait plus bas, recouvert par des amoncellements de gravier, il serait sans doute facile de créer des sources artésiennes qui donneraient de bons résultats. De même pour le Vern et autres ruisseaux, ou petites rivières qui, comme de mauvais soldats, se permettent de prendre la fuite et de disparaître avant d'avoir rempli leur devoir.

Un escarpement se présente auprès de la propriété de la Couture, que M. Beau, de Périgueux, soigne, agrandit et fertilise depuis qu'il en a fait l'acquisition, et où se révèlent déjà de nombreux progrès. Nous entreprenons vaillamment l'escalade de ce pain de sucre, montée puis descente, nous séparant du but ; image de la vie qui croît d'abord, puis s'affaisse et nous conduit, après une rude traversée et un déclin rapide, au port où nous attend la justice de Dieu. Les premiers pas se font dans d'assez jolies cultures ; ensuite, le sol devient plus sévère, moins productif et oppose à notre ascension une difficulté plus grande. Cependant nous voyons des champs où la récolte est loin d'offrir mauvaise apparence ; un vaste espace sur notre droite est même couvert de maïs magnifique et bien entretenu, chose surprenante en pareil endroit ; il nous semble que cette réussite doit être attribuée, très probablement, à de copieuses fumures et à l'assiette de la plante exigeante sur un défriché de trèfle ou de sainfoin. Ce qui nous confirme dans cette idée, c'est l'aspect d'un autre semis du même genre qui présente un assez triste aspect, tel qu'on peut l'attendre, cette année surtout, de la couche arable qui le supporte et des influences de la température qui règne cet été. Sur le plateau se présente à nos regards la Rampin-sole qui, depuis un certain nombre d'années, a changé de maître aussi souvent que la plus capricieuse des femmes, visée par le proverbe célèbre de François I*er*, a changé d'idée ; ce qui n'a pas empêché le bien d'y prendre pied. Tout autour on travaille mieux aussi que par le passé ; plusieurs des petites exploitations qui se montrent sur le sommet, ou se laissent entrevoir dans les dépressions, portent la trace évidente d'une direction mieux comprise et plus fructueuse que naguère.

Quel plongeon ! la voiture oscille en suivant au grand trot la route se tordant le long de l'abîme dont elle effleure sans garde-fou les lèvres béantes qui s'entr'ouvrent prêtes à nous engloutir au moindre faux pas, et dont elle atteint la sole, au milieu d'un paysage sombre, par une déchirure étroite à la déclivité brusque et accidentée. C'est au fond de cette gorge que se trouve la butte en terre élevée par les soins du génie militaire pour les exercices à tir de la garnison. On comprend que depuis longtemps on projette d'améliorer cette descente dangereuse, où je me souviens encore en frissonnant d'avoir vu, par un temps de verglas, au plus fort de l'hiver, la malle-poste gagnant la vallée, passer comme l'éclair, emportée par ses quatre chevaux fumants, dont les grelots retentissaient seuls au loin dans cette solitude, avec le bruit de leurs fers sonores et des exhortations du cocher qui les dirigeait d'une main sûre à travers le tourbillon neigeux sur la terre glacée. On eût dit un fantôme évanoui presque aussitôt qu'entrevu, un noir boulet (Ah !

quand viendra celui qui brisera l'Allemagne!) sillonnant rapide la brume, au milieu de laquelle les étincelles des roues jaillissaient au loin. J'avais à peine senti le souffle de son vol ardent, et déjà je l'entendais bien au-dessous de moi courir, sans péril désormais, entre les cimes de Tout-Vent et le mystérieux Ecorne-Bœuf plein d'arcanes pour les archéologues, et dont les flancs, aussi fertiles en produits qu'en vieux débris du passé, javelots, haches et frondes, couchés dans la poussière, se revêtent tous les ans de riches moissons et de pampres luxuriants. Le ravin devient ici vallon ; la vigne s'empare des anciennes friches, la main de l'homme amène l'abondance ; l'on sent qu'on est tout proche des cultures de Pronceau ; des plantations, des habitations, de petits enclos bien soignés s'alignent. Quelque nouveau spectacle se prépare.

Le voici ! De tous côtés les jardins s'étagent avec les vignobles et s'étendent vers la plaine, qui s'ouvre toute grande vis-à-vis de nous, couverte de vergers et de vertes prairies, au milieu desquelles coule en demi-cercle, tranquille et à pleins bords, l'Isle, ombragée de vieux peupliers, cotoyée par un canal de navigation ; court le chemin de fer, s'allongent les routes, s'élancent les ponts hardis et pittoresques franchissant la calme et limpide rivière, sur l'un des côtés de laquelle se déploie le faubourg St-Georges, avec sa gracieuse église, tandis que de l'autre, Périgueux descend de l'amphithéâtre des hauteurs brunes qui se dressent à l'horizon, chargées de maisons de plaisance, et vient, tout environné de bosquets, d'allées verdoyantes, faire réfléchir, par les eaux profondes, l'Arceau aux roches escarpées, son quai, son quartier si curieux du moyen-âge et son imposante cathédrale de Saint-Front aux dômes brillants de blancheur et à la tour altière et majestueuse ; pendant que vers l'occident et le sud la ville neuve et la ville romaine épanouies, offrent aux regards surpris et charmés leurs antiques monuments enlacés de lierre et leurs splendeurs nouvelles. Ce coup d'œil étrange et saisissant est un des plus attrayants que je connaisse, et jamais je n'ai rencontré de voyageur, apercevant, pour la première fois, cette apparition inattendue, soudaine, au sortir d'un défilé sauvage, qui ne l'ai saluée spontanément avec une admiration irrésistible. Pour moi, je ne puis me lasser de la contempler, et nous sommes déjà sous la grande allée de platanes de la chaussée du Pont-Neuf, où se joignent les deux lignes de terre de Paris aux Pyrénées et de Lyon à Bordeaux, que je la considère encore, pendant que mes compagnons de voyage en font autant que moi. L'hôtel de Toulouse est heureux de nous recueillir; mais à peine y ai-je fait déballer mes bagages que je me dirige en toute hâte vers ma demeure. Le déjeuner m'appelle, je ne dois pas faire attendre mon cordon bleu.

IV

De Périgueux à Limoges en chemin de fer. — De Limoges à Saint-Yrieix. — Rentrée en Périgord par le canton de La Nouaille. Coup d'œil sur ce canton, exploitations de Plagne, Jurénie, La Durantie. — Excursion à Jumilhac-le-Grand. — Départ de Sarlande. — Thiviers. — De Thiviers à Nontron par St-Jean de-Côle et St-Pardoux-la-Rivière. — Nontron. — Visite au Chatenet, chez M. Justin Valade. — Notes sur le pénitencier de Jommelières. — De Nontron aux environs de Mareuil.

Une chose que je ne conseillerai jamais à personne, c'est, lorsqu'on peut faire autrement, d'entreprendre un voyage par un temps de pluie, surtout en chemin de fer, si l'on tient à voir quelque chose, ce que ce mode de locomotion, même dans les circonstances les plus favorables, ne permet que difficilement et imparfaitement. On est entassé, secoué, ballotté dans son compartiment au milieu de dormeurs ou de lecteurs effrénés. Le ciel gris ne vous laisse à peu près rien saisir au passage, de la physionomie du pays que vous traversez; sa teinte uniforme et déplaisante estompant tout de la manière la plus morne et la plus désagréable; et les glaces, que vous ne pouvez songer à ouvrir, l'averse qui vous pénètrerait en un clin d'œil vous le défendant, étant, malgré tous vos soins pour les tenir nettes, au moins à l'intérieur, continuellement fardées par le brouillard.

Je n'avais pas malheureusement le choix du jour, lorsque, au milieu de septembre de cette année 1876, il me fallut me rendre pour affaires dans la Haute-Vienne. Le déplacement par lui-même ne me plaisait guère en ce moment et les cataractes du ciel n'ajoutaient rien au charme qu'il me causait. De plus, comme j'étais, par ces motifs, d'humeur massacrante, je portais envie aux harengs-saurs bien moins serrés que nous dans leur caque. Par bonheur, je m'étais blotti vite en un coin et je regardais persévéramment la campagne, réussissant parfois, à force de patience, à en saisir quelque détail.

C'est dans cette heureuse disposition d'esprit que je vis défiler successivement devant moi Chancelado d'abord, Château-l'Evêque ensuite, dont la vallée, couverte d'un linceul sombre de vapeurs, me montrait, à chaque petite éclaircie, les maïs baissant leur tige alourdie par le poids de l'eau, les regains pourrissant soit en tas, soit étendus sur les prés, et les derniers tabacs jonchant le sol de leurs feuilles destinées à être, par les experts de la régie, rejetées avec mépris parmi les rebuts, elles si fières naguère de leur beauté. Plantes infortunées ! dont l'histoire rappelait celle de bien du monde. A Pressacq-d'Agonac, ce chef tombé, devenu le vassal de son ancien inférieur, je trouvai que ce voile de deuil allait bien. Il convenait à cette bourgade déclassée, à cette succursale dont le presbytère reste depuis plusieurs années fermé. Ses environs et elle semblaient pleurer leur gloire évanouie et je les en estimai davantage. Je me laissai même aller à pronostiquer en leur faveur un retour de fortune. Je vis en idée Château-l'Evêque élevé à la dignité de chef-lieu de canton, satisfait de cette suprématie, rendant avant peu l'indépendance communale à Pressacq, son supérieur naguère. Je fus tout aise de cette réparation, qui me semble inévitable et à laquelle la contrée se prépare en faisant chaque jour de nouveaux progrès agricoles sous l'impulsion heureuse de l'exemple de M. Barbut l'aîné, l'un des principaux lauréats, pour le gros bétail, dans nos concours d'animaux gras et qui fait valoir avec sagesse et prudence la ferme importante de la Beylie, qui, déjà fort améliorée par la direction habile de son oncle et prédécesseur M. Pugnet, a vu sous sa gestion tripler ses revenus en peu de temps, et fournit à l'exportation, ou bien à la boucherie de Périgueux, une proportion considérable de bestiaux, dont le nombre va toujours croissant.

En récompense de ma sympathie et de mes souhaits pour Pressacq, le ciel m'a ménagé un petit coin bleu qui m'a permis d'apercevoir Agonac de sa gare, assez loin de lui. C'est, vu de ce point, un bourg assez attrayant et considérable. Sous le rapport de la population totale, il occupe la troisième place dans le canton de Brantôme, auquel il appartient, venant immédiatement après le chef-lieu et Bourdeilles. Il est agréablement situé sur les bords de la Beauronne, dans un territoire passablement fertile, possède une cure, une recette de postes, un notaire, des foires. On voit que ce n'est pas le premier-venu. De plus, il est ancien ; on y trouve des vestiges du séjour des Romains, et son vieux château, souvent remanié depuis, a été fondé en 980 par un évêque de Périgueux pour arrêter les invasions des Normands. Il appartient aujourd'hui à M. de Lanemas, gendre de M. de La Bardonnie, dont je regrette de n'avoir pas encore pu visiter les remarquables plantations de vignes au Bos-Chevalier. Plusieurs routes se croisent en cet endroit et le commerce y est actif. Dans les concours d'animaux gras, Agonac s'est fait une place glorieuse par la beauté de ses porcs, et depuis quelque temps ses bœufs aussi sont très-prisés sur ce champ d'honneur agricole, grâce à l'habileté de M. Barbut et de M. Monmarson, qui possède dans le voisinage une importante propriété. Plus loin, le pays que nous traversons est couvert de rides nombreuses, à l'entrée de l'une desquelles un fort du Moyen-Age, avec tours et machicoulis, au-devant d'une maison moderne, se dresse menaçant pour l'envahisseur et rassurant pour la contrée. Au sein d'un de ces vallons secondaires est situé Saint-Front-d'Alemps avec le château de Brochard, patrimoine de la noble et bienfaisante famille du Reclus, dont la dernière représentante, veuve du regretté M. de Vétat, y vit calme et honorée auprès d'un père et d'une tante modèles de vertus (1). Au Repaire, tout à côté de Brochard, M. Hautefort, notre collègue, nouveau possesseur de ce domaine, a découvert un gisement de sable réfractaire, connu sous le nom de *terre à gazette*, d'une blancheur et d'une pureté parfaites. Cette matière sert à former les moules dans lesquels on place la porcelaine sur les étagères des fours où l'on en opère la cuisson. Celle que l'on retire du Repaire est tellement appréciée par les fabricants de Limoges, qu'il s'en expédie chaque mois de 15 à 20 wagons complets pour cette ville. En continuant à remonter la gorge principale d'où sort la Beauronne, l'on arrive bientôt à Négrondes, qui possède des dépôts de marnes bien précieux pour le plateau granitique et froid du Limousin et de l'extrême nord de la Dordogne. Le bourg paraît riche et gai. C'est l'entrepôt des vins de Sorges qui, de sa station, descendent vers le sud et surtout remontent au nord vers la Haute-Vienne, où ils sont grandement prisés. On assure que le nom de Négrondes porté par le village lui vient d'une fontaine abondante, dont les eaux remplissent un bassin tellement profond qu'elles en paraissent noires. Je donne l'étymologie pour ce qu'elle vaut. La grande route de Paris à Barèges passe à Négrondes et traverse, à partir de là, de vastes vignobles jusqu'auprès de Sarliac. Vers le chemin de fer, le pays semble moins favorisé; l'on commence à s'apercevoir qu'un changement de terrain est proche et les bois de pin sont assez nombreux. A mesure qu'on avance vers Thiviers, les symptômes d'une modification prochaine deviennent de plus en plus marqués. Enfin, après avoir traversé rapidement un court tunnel, succédant à des pentes accentuées, on fait son entrée dans la gare de la petite ville placée comme à cheval sur le

---

(1) Depuis que ces lignes ont été écrites, Mᵐᵉ de Vétat, à la suite d'une longue maladie, est, malheureusement, décédée, regrettée de tous.

tranchant de la lame d'un couteau, ayant à l'est une forte déclivité du côté de la vallée de l'Isle et à l'ouest des versants sur lesquels s'étendent de grands prés, accompagnant encore vignes et bois.

Nous séjournons quelques minutes dans l'enceinte des convois et des magasins, assez étendue et où les transports ne manquent pas plus pour le nord que pour le midi ; puis, après y avoir déposé quelques voyageurs et des marchandises et en avoir pris d'autres, nous repartons aussi vite que l'on peut le faire en montant presque toujours. Un nouveau tunnel est dépassé. Notre pauvre machine s'époumone et sue vapeur et fumée, en soufflant comme un taureau d'airain et tirant très-fort pour atteindre la halte suivante qui est très-loin. Ce n'est pas ici que l'on regrette l'ancienne manière d'aller, car rien n'attire le regard et ne donne sur ce parcours envie de flâner. Certainement le sol que nous traversons a des charmes pour le géologue. On y découvre en effet les serpentines, l'arkose quartzeuse, le granit, tout ce qui dénote l'approche du corps de la formation primitive, mais ces espaces nus ne sauraient avoir de séduction pour le commun des mortels, et quant à moi je ne suis nullement reconnaissant à la Compagnie d'avoir fait passer son chemin dans ce désert qui donne au touriste une si triste idée du département où il vient d'entrer en arrivant du nord. Je fais des vœux pour que les voyageurs ne regardent pas par la portière qui donne sur les landes de Coly, dépendances, si je ne me trompe, des communes de Chalais et de St-Jory-de-Chalais, dont elles ne sont pas, à coup sûr, le plus bel ornement. Nous entamons ici le manteau limousin, mais nous n'y taillons pas encore en plein drap. Nous en sommes simplement à la lisière qui l'entoure et est loin de le valoir. Sur notre gauche, le spectacle est un peu moins désagréable, mais n'a, non plus, rien de merveilleux. Pourtant nous constatons peu à peu des améliorations sensibles dans le paysage à mesure que nous avançons et nous commençons à être moins moroses en arrivant à La Coquille.

Ce centre n'était, il y a peu d'années, qu'un simple hameau possédant pour tout bien un relais de chevaux pour les voitures publiques ou de poste parcourant la grand'route de Paris à Barèges sur laquelle il est assis. Le chemin de fer a changé ses destinées et lui vaut la prospérité. Sa gare est spacieuse et sert de point d'expédition aux bois du pays allant vers le Bordelais, ce qui lui donne une activité relativement considérable. La Coquille possède un bureau de recette aux lettres ; ses foires ne sont pas sans valeur et enfin le chef-lieu de la commune y a été transféré. Mais il y manque encore des hôtelleries convenables et l'apparence y fait défaut, ses constructions étant loin d'être remarquables. On y voit pourtant une belle église toute neuve, où la messe est célébrée chaque dimanche, car Ste-Marie-de-Frugie, dépossédée de son titre de capitale de la municipalité, a du moins conservé le presbytère et la juridiction ecclésiastique. Plusieurs voies de communications favorisent le transit. Ici le sol n'est pas mauvais; les terres sont chaulées, le froment remplace le seigle jadis seul cultivé ; les prairies sont phosphatées ; et les fourrages qui ne peuvent être consommés sur place sont transportés au loin. On trouve dans le village un notaire qui est en ce moment l'honorable M. Labrousse, conseiller général pour le canton de Jumilhac-le-Grand dont dépend cette petite agglomération où la résidence n'est point encore pleine d'appas pour un étranger, mais qui s'accroît; et qui sait ce qui sortira quelque jour de La Coquille ? Cependant, jusqu'ici l'industrie n'a pu s'y développer ; elle y avait monté des fours à chaux sur lesquels on avait fondé de grandes espérances ; mais ils n'ont pu soutenir la concurrence de ceux d'Argenton et de Thiviers.

Chaque jour, un modeste char-à-banc découvert, dans lequel trois ou quatre personnes peuvent prendre place, fait le service de courrier entre le bourg et Jumilhac. La route descend d'abord assez rapidement, puis coupe plusieurs contreforts, entre lesquels roulent des ruisseaux tributaires directs ou indirects de l'Isle. Là, gisent les ruines de plusieurs forges naguère florissantes et que le bienheureux Libre-Échange a frappées de mort. La solitude s'assied sur leurs murs crevassés et croulants. En compensation, l'agriculteur constate une meilleure direction des travaux des champs et voit avec plaisir que les récoltes pendantes ont un air de vigueur et de prospérité prouvant des soins bien compris. Au bout de quelques kilomètres, après avoir dépassé St-Priest-les-Fougères, on atteint et suit, pour ne plus s'en écarter, un frais vallon courant de l'est à l'ouest, couvert de prairies, longeant le cours d'eau limpide. Sur sa droite, on aperçoit des hauteurs souvent gazonnées jusqu'à leur cime ; sur la gauche, au contraire, le taillis épais, robuste et dru longe le chemin et vient le toucher en descendant sans interruption des sommets. Jamais endroit ne fut plus propice à MM. les voleurs qui peuvent à leur aise y détrousser le passant à chaque détour. J'ai fait le trajet à pied, et ma seule rencontre a été celle de deux gendarmes. C'est dans cette petite plaine qu'est située la belle forge des Fénières. Elle marchait encore, mais péniblement lors de mon passage ; on sentait l'agonie s'approcher et peu de temps après elle s'arrêtait sous le coup d'une catastrophe commerciale. Reprise depuis par MM. Monribot et Coulaud, elle vient de voir rallumer ses fourneaux. Puissent-ils ne plus s'éteindre ! Un assez gros village se dessine peu après sur une hauteur avec une vieille église qu'on laisse malheureusement tomber ; presque vis-à-vis est La Faye, une ancienne commanderie de Templiers, je crois ; aujourd'hui propriété particulière. Bientôt on est aux bords de l'Isle qui se montre modeste mais toujours gracieuse. Je me suis arrêté pendant un grand moment au milieu de son pont à deux arches et j'ai contemplé ma rivière avec amour. J'ai confié à ses flots purs un vert rameau fraîchement cueilli, symbole de souvenir et d'espérance, que j'ai longtemps regardé descendre vers les lieux où sont mes souvenirs et mes joies, mon berceau, la tombe des miens, où j'espère reposer avant longtemps au milieu d'eux, et lorsque je l'ai eu perdu de vue à un détour, après lui avoir adressé un dernier adieu, j'ai gravi plus lestement les lacets nombreux que forme la route montant à Jumilhac-le-Grand.

Sur la gauche, à six kilomètres de La Coquille, est l'importante commune de Mialet, dépendant du canton de St-Pardoux, et sur laquelle, comme M. Labrousse pour la sienne, M. Millet-Lacombe, son maire, a bien voulu me donner par écrit de nombreux détails que je suis heureux de résumer. Son intéressante communication explique de la manière la plus honorable pour la population la prospérité dont jouit un territoire réputé pour ses succès.

Environné de localités dénuées de négoce et manquant de moyens d'échange, Miallet s'est constitué leur milieu commercial, se souvenant de l'époque encore récente où il possédait le titre de ville, une garnison, un hôpital et une juridiction considérable. A la place de ces avantages qui ne sont plus, il a voulu se procurer une supériorité d'un autre genre et y a réussi, par suite de ses intelligents sacrifices. C'est ainsi qu'ont été créés un chemin de grande communication de Nontron à Saint-Yrieix, aboutissant à la station de La Coquille, un chemin d'intérêt commun allant aux Trois-Cerisiers et trois chemins vicinaux. On y parvient donc facilement de tous côtés, et le petit bourg, qui ne renferme dans son enceinte guère plus de 650 âmes, est maintenant la résidence d'un percepteur et d'une brigade de gendarmerie, à cause de sa position centrale, et ne compte pas moins de 15 à 16 hôtels, auberges ou cafés, trois magasins de fer et de poterie, autant de draperie. On y trouve des dépôts de plâtre, chaux et phosphates ; huit grosses foires y attirent des foules nombreuses d'acheteurs et de vendeurs. Il y a de plus, tous les lundis, de grands marchés, où Limoges fait des provisions de volailles, gibier, lapins, etc.; où les approvisionneurs de porcs du Sarladais et du Lot effectuent de nombreux achats; où se vendent des quantités considérables de veaux aux bouchers de Thiviers, Villars et Saint-Pardoux; où les propriétaires des pays vignobles limitrophes (car la vigne a disparu depuis le changement de nature du sol de calcaire en granitique) trouvent acheteurs pour leurs vins. Chaque fois des marchands forains, amenant toutes sortes d'objets, y dressent des étalages en payant un droit minime qui rapporte environ 1,100 francs annuellement à la commune. Enfin l'agriculture est en honneur sur ses dépendances; les labours y sont mieux faits et plus profonds, le chaulage est pratiqué, l'on défriche de vieilles châtaigneraies, chose rationnelle quand l'exposition et la nature du terrain le permettent et qu'il n'y pas d'excès en ce genre. Et maintenant, alors qu'il y a 25 ans on produisait à peine 100 hectolitres de froment sur toutes les appartenances du chef-lieu, l'on consomme dans l'endroit autant de cette céréale que de seigle, et l'on en exporte environ 2,000 hectolitres par an. Ce résultat a été atteint par suite de la création d'un comice local, pour lequel chaque année le conseil municipal vote 150 fr. La cotisation de dix francs par membre et des dons généreux permettent d'arriver à une recette régulière de 400 fr.; de plus des souscriptions sont recueillies tous les ans et produisent 200 fr. environ. L'on peut organiser ainsi un petit concours, où les jurés sont choisis parmi des personnes compétentes habitant hors du ressort de la mairie. On y fait une exposition de produits, de jardinage, de fruits, de fleurs, d'animaux reproducteurs mâles. Les prix pour le labourage absorbent à eux seuls plus de 150 fr. Au début, deux concurrents seulement présentèrent des charrues Dombasle; il n'en est plus admis aujourd'hui d'autres, et le nombre des candidats aux primes dans cette catégorie monte à 40, parfois même à 50. L'outillage agricole a progressé tellement, grâce à cette petite fête de septembre, que maintenant on compte à Mialet deux marchands et trois fabricants de machines et instruments, qui font des affaires sérieuses.

A Firbeix et à Saint-Saud les produits sont à peu près les mêmes qu'à Mialet; ils consistent principalement en seigle, froment, sarrazin, pommes de terre; malheureusement les plantes fourragères ne sont pas assez répandues, ce qui tient à la grande quantité de prairies naturelles que renferme la contrée, et dont, il faut l'avouer, l'entretien laisse encore à désirer. Avec un peu plus de soins elles pourraient fournir le double de leur rendement actuel; trop peu de colons, jusqu'à présent, ont paru comprendre que là pourtant est la principale source de leur fortune. Les constructions rurales sont loin également d'être parfaites, la plupart mal exposées, insuffisantes, manquant d'air, sont entourées de fumiers délétères, de chemins où se perdent, en exhalant de fâcheux miasmes, des purins qui seraient si utiles dans les prés. Triste tableau ! Pour triompher rapidement de ce funeste état de choses, il faudrait que l'administration supérieure ne permit pas, dit M. Millet-Lacombe, d'élever de bâtiments ruraux sans l'approbation du comité d'hygiène ; avec cette mesure tout changerait bientôt de face. En terminant sa lettre pleine de faits, mon correspondant paie un juste tribut d'éloges au régisseur de M. le duc de la Roche-Foucault et à ses intelligents fermiers de la terre de Firbeix, ainsi qu'à M. Valade, directeur des cultures de la propriété de M. de Châtaigner, à Saint-Saud, et à M. Lafforest, à Romain. D'eux est venu vivement un faisceau de lumière et le pays s'en est heureusement ressenti.

Un peu au nord et à l'est de La Coquille, on rencontre la belle terre de Vieillecourt, dépendant de la commune de Saint-Pierre-de-Frugie. Cette propriété, d'une étendue de 450 hectares, appartient, par sa femme, à M. Doriac, dont le beau-père, M. Fonreau, y avait entrepris de vastes travaux d'irrigations, qui promettaient les plus heureux résultats, et lui ont mérité d'obtenir une mention honorable lors du concours régional dernier. M⁽ᵐᵉ⁾ Doriac a continué l'œuvre paternelle et a consacré les soins les plus intelligents à sa réserve. Il faut surtout citer la construction d'une grange-modèle pouvant recevoir 50 têtes de gros bétail et dont le grenier à fourrage, qui s'élève au-dessus, est suffisant pour loger 1,500 quintaux métriques de foin. Les bêtes à cornes sont rangées sur deux lignes se faisant face, séparées par un large passage en ciment comprimé avec mangeoires en bois, régnant sur toute sa longueur et surmontées d'une cloison de même matière pour le passage de la tête des animaux. Ceux-ci reposent sur un parquet en ciment comprimé, peut-être un peu trop bombé, muni de rigoles pour l'écoulement des purins, qui sont recueillis dans une fosse placée au milieu de l'aire à fumier qui est en contre-bas de l'étable, couverte en tuiles et divisée en deux parties. A l'autre extrémité du bâtiment principal, est un grand hangar servant à abriter les charrettes et les instruments, puis une autre vaste grange où l'on dépose les céréales après la récolte. Viennent enfin les habitations de l'homme d'affaires et du colon. Elles sont bien aérées, bien disposées, bien soignées; leur tenue à l'intérieur n'est pas moins remarquable. Tout y respire l'aisance; tout y est propre et en bon ordre. C'est ce que, en 1873, a constaté la commission de notre Société. Depuis, j'ai reçu de M. Doriac une note où il m'annonce qu'il a réduit le nombre de ses métairies de 8 à 2 et concentré dans l'étable que je viens de décrire, d'après le rapport de M. Gouguet, tout le bétail des exploitations supprimées, c'est-à-dire 48 têtes de bêtes à cornes. Un valet de ferme est chargé de les nourrir et panser; un régisseur et des domestiques cultivent les terres et s'occupent des prairies. Mais M. Doriac se plaint (et il n'est pas le seul), de la difficulté que l'on éprouve pour rencontrer un bon directeur, des travailleurs à gages ne demandant pas des prix exagérés, n'affichant pas des exigences outrées, sans compter que les bras, même mauvais, sont rares. Nous ne le savons que trop ! Il a pris le parti de semer, le plus possible, en bois les terres éloignées du noyau du domaine ; de sorte que de 180 hectares la superficie forestière de Vieillecourt sera portée sous peu de temps à 300 ou 350 en taillis. Il est persuadé qu'il est sage d'agir ainsi. Je crois bien, en effet, qu'il vaut mieux, surtout en Limousin, avoir de bons prés et de bons bois que d'étendre indéfiniment des cultures pour lesquelles on ne peut se procurer un nombre voulu d'ouvriers capables, et que l'on n'a pas la possibilité de soutenir par des engrais suffisants pour ces champs naturellement arides et froids. La grande propriété ne peut guère, la plupart du temps, songer à procéder autrement. La petite aurait plus de chances de retirer du sol un produit supérieur en le morcelant, mais il ne faut pas songer à un émiettement sans fin qui, pour dernier résultat, arriverait à un effritement complet. Dans un ensemble bien organisé, les deux modes d'exploitation doivent se pondérer harmonieusement et non se détruire. Sans ces deux plateaux, la balance de la richesse publique ne saurait exister.

Nous laissons la grande route gagner Firbeix, que nous regrettons de voir mis de côté par le chemin de fer, et dont j'ai conservé d'anciens et, ce me semble, agréables souvenirs. Nous allons plus à l'est gagner Bussière-Galant, où la Haute-Vienne nous reçoit, courtoisement parée à cette occasion, comme on le voit, d'un titre chevaleresque. Nous apercevons de la voiture une belle route qui va trouver un centre qui a bonne apparence auprès d'un vaste étang, et regrettons de ne pas entrevoir Châlus, petite ville célèbre dans les fastes militaires par la blessure que Richard Cœur-de-Lion, roi d'Angleterre, y reçut, dit-on, d'un archer périgourdin et aux suites de laquelle il succomba. Chef-lieu florissant d'un canton, gîte d'étapes de première classe, commerçant et réputé pour ses foires, Châlus méritait plus d'égards de la part de la voie rapide. Le pays qui nous environne est boisé, herbeux, riche en prairies irriguées mais avec bien des landes. On se sent sur le plateau qui s'étend entre les bassins de la Garonne et de la Loire, région propre au bétail et à l'industrie forestière. Lafarge présente quelques instants après, sous le rapport du terrain et du climat, le même aspect, un peu moins varié, peut-être, que Bussière; avec toujours encore trop de bruyères. Nous ne faisons que toucher à ce petit groupe de maisons indiqué d'abord par la loi comme devant être le point de raccordement de la ligne de Saint-Yrieix avec celle que nous parcourons, privilège que les efforts de personnes puissantes, appuyées par Limoges, lui ont fait perdre, à tort, pour en doter Nexon, dont l'ample gare nous met en présence d'un vaste panorama de collines ondulées, chargées de taillis ou couvertes, ainsi que les bas fonds, de prairies dans lesquelles paissent de grands troupeaux de belles vaches limousines. Le pays est très-couvert; moins pourtant qu'il ne paraît l'être au premier aperçu, ce qui provient de ses nombreuses allées qui lui donnent l'air touffu quand souvent il ne l'est pas. Le bourg est à demi-lieue de là. Nous touchons Beynac situé sur une hauteur sauvage dont nous descendons rapidement pour passer sur un pont la Briance, charmante petite rivière qui va sous nos yeux déboucher dans la Vienne, et qui servira de trait d'union entre l'Isle et le puissant cours d'eau qui la reçoit, lorsqu'enfin on exécutera le canal si souvent proposé, si nécessaire qui doit ouvrir à la navigation intérieure un accès de Bordeaux à la Loire, en parcourant le Périgord, le Limousin, la Marche, une partie du Bourbonnais et le Berry. La vallée très-étroite et verdoyante est animée par de nombreuses usines que la Vienne met en mouvement. Limoges se montre à l'horizon, grandit, puis disparaît tout-à-coup. C'est que nous le traversons en grande partie souterrainement. Soudain, revenant au jour, le long d'une galerie sans cesse encombrée de curieux, nous le voyons s'étendre à nos côtés.

C'est une grande, mais ce n'est pas une belle ville. Il y a peu de monuments à noter, sauf la cathédrale, qui fait une magnifique exception. Par malheur, cet édifice est loin d'être achevé. Le chœur seul et l'abside sont terminés ; la tour imposante qui lui sert de clocher en est séparée par une cour que devait occuper la nef, et a perdu son faîte après mille et mille vicissitudes. Mgr Duquesnay, l'évêque actuel, a entrepris de compléter ce temple de granit, dont les parties existantes sont vraiment hors ligne. Le zèle du prélat a réveillé celui de son troupeau, les dons sont arrivés nombreux et considérables; on en reçoit encore chaque jour et le gouvernement n'a pas fait la sourde oreille à une juste requête. Les ressources obtenues ainsi ont permis d'effectuer déjà quelques beaux travaux et d'exécuter d'importantes restaurations Mais l'œuvre est loin d'être arrivée à son terme, et le jour n'est pas proche, je le crains, où Limoges pourra s'enorgueillir avec raison de ce temple majestueux se développant glorieusement sur sa plus haute colline et envoyant dans les nuées sa flèche radieuse faisant dominer au loin, sur les plaines, les vallées et les monts, son étincelante croix d'or. Des deux autres églises principales, Saint-Pierre, à la pyramide assez élégante entre ses quatre clochetons, est lourd, carré, mal pavé. L'on y voit de beaux vitraux. On y a transporté la célèbre horloge de l'église détruite de Saint-Martial. C'est dans la tribune de l'orgue que l'on a déposé cette œuvre d'art, où la Mort assise sur un panier de fleurs, duquel s'élance un serpent, annonce les heures en frappant avec sa faux sur un globe d'airain. St-Michel, encadré presque partout de bâtiments sans valeur, n'offre pour façade que son clocher que surmonte une boule énorme posée sur sa pointe, ce qui lui donne l'air d'un immense bilboquet. A l'entrée sont trois lions de granit fruste qui l'ont fait surnommer St-Michel-des-Lions et qui sont des débris historiques. L'orgue fait face au grand portail par une disposition singulière. Les piliers ont plus de légèreté que ceux de St-Pierre, mais surplombent et sont mal alignés ; l'intérieur est divisé en trois nefs avec voûtes à nervure. Derrière le maître-autel s'ouvre, au grand étonnement du visiteur, un long et large fossé bordant le mur du fond. Cette tranchée bizarre n'a pas de destination ; j'y ai vu simplement quelques objets déposés là provisoirement. Le palais épiscopal est un édifice très ordinaire, vu de la place St-Etienne; mais sur la façade opposée, il emprunte un certain air de grandeur à sa position dominant la vallée et a de beaux jardins en terrasses où sont disposées des plantations de vignes chasselas, dont le raisin, qui mûrit assez bien dans les années chaudes, passe pour exquis dans la ville et la banlieue, attendu sa qualité de produit local. Le palais de justice est grand, rappelle, avec plus de hauteur et un escalier extérieur plus élevé, celui de Périgueux, mais est adossé à une promenade qui le domine et doit le rendre bien humide sous un climat qui l'est déjà de reste. La préfecture est insignifiante ; c'est une ancienne construction à laquelle, dans le temps, on donnait le nom de palais. J'avais supposé d'abord qu'au Moyen-Age, alors qu'elle portait ce titre imposant et recevait les plus hauts personnages, elle était plus belle et plus étendue. Il paraît que non. Maintenant elle a tout au plus l'apparence d'une honnête maison bourgeoise appartenant à un marchand à son aise. La salle du conseil général en est séparée par une ruelle et se trouve faire partie d'un bâtiment qui, je le crois, n'appartient pas au département. Le lycée aurait bonne prestance s'il n'était pas trop en ville, trop entouré d'autres constructions. L'hôtel-de-ville est tout-à-fait indigne d'une grande cité. On parle d'en élever un autre et il ne sera pas fâcheux de voir remplacer cette bicoque par une mairie convenable. L'hôtel du commandant militaire est simple ; on aurait pu mieux trouver. Il est d'ailleurs pourvu d'un beau jardin et bien

37

placé. Le théâtre est sans caractère au-dehors, étant masqué par des dépendances parasites. Le grand hôpital était vaste et bien entretenu, mais mal disposé, mal aéré; il péchait en outre par un extérieur fâcheux; ses murs noirs semblaient distiller le froid et la fièvre. On l'a refait. Aujourd'hui le coup d'œil est satisfaisant. Inutile d'ajouter que le service y est parfaitement organisé. Les autres bâtiments officiels servent aux usages qu'indiquent les inscriptions surmontant leurs entrées; mais ne valent guère l'honneur d'une visite.

Préfecture, évêché, siège d'une cour d'appel, résidence du général commandant en chef le 12e corps d'armée, pourvu des directions de plusieurs administrations importantes, Limoges fait, depuis quelque temps, son possible pour se parer comme il convient à son rang, mais n'y parvient qu'à peine et bien incomplètement. Ses hôtels destinés aux voyageurs s'embellissent et se multiplient. Plusieurs sont considérables et pourvus de belles dépendances, mais on assure que le *confort* y laisse à désirer et que, notamment, le service culinaire est loin d'y être irréprochable, en ce qui touche la qualité des mets. Les cafés sont nombreux, dorés, étincelants; beaucoup ont des jardins et même de jolies pelouses; il ne leur manque que de l'animation et une clientèle plus nombreuse. Le champ de foire destiné à la vente du bétail est irrégulier et triste. Les promenades sont peu nombreuses et peu fréquentées. Le Champ-de-Juillet, très étendu, renferme une enceinte consacrée, m'a-t-on dit, aux exercices militaires, dans laquelle le public ne met pas les pieds et où l'herbe croît à souhait sans qu'on porte obstacle à son développement. Tout au bout, du côté de la gare, on y a ménagé un square microscopique, qui fait un singulier effet à l'extrémité de ce grand espace déserté par la population. Quelques places sont régulières et assez belles, notamment la place Royale et la place Dauphine, mais en général elles sont mal entretenues, et lors des grandes pluies, par suite de la forte inclinaison du terrain, elles sont sensiblement ravinées. Celle des Bancs, assez de niveau, consacrée à la vente des produits du jardinage, est, chaque jour, abondamment pourvue de légumes et de fruits de choix que le Midi envoie largement aux habitants du Limousin où les primeurs locales commencent à paraître quand les départements du Sud-Ouest ont épuisé leurs récoltes en ce genre. Sur celle dite de la Motte est le marché couvert, nommé Marché-Dupuytren, et qui est attribué aux débitants de poissons. Il est svelte, léger, construit en pierre, en bois et en fer et d'un aspect tellement aérien que le soleil, le vent et la pluie doivent y régner à peu près comme dehors, tant on leur a laissé d'espace libre, et tant la charpente est insuffisante. Il a de beaux viviers dans lesquels le poisson se conserve frais et dispos en attendant la poêle et qui sont alimentés par la fontaine d'Aigoulène, une de ces sources nombreuses que Limoges possède, même à mi-côte, la plus célèbre de toutes et qui, avec ses compagnes, devrait entièrement nettoyer les rues qui sont mal pavées avec des tranches de granit schisteux hostiles aux chaussures, chères aux bottiers, et généralement passablement sales. On paraît se préoccuper de cette amélioration nécessaire et l'on a commencé des travaux dans ce but, ce qui pour le moment transforme les voies publiques en véritables cloaques, ce dont jubile le décrotteur. Lorsque le système d'irrigation sera complet, on y joindra deux ou trois bassins agrémentés de jets d'eau, dont l'un même est presque achevé déjà. Au point de vue de l'ornementation et de la salubrité publique, ce sera fort avantageux et ce sera une précieuse ressource dans une ville où la plupart des maisons étant très vieilles et en bois dissimulé sous une couche de plâtre, le feu, lorsqu'il éclate, dévore souvent des îlots entiers. Parmi les quartiers qui ont le plus à redouter les incendies, celui de la *Rue-Torte* prime tous les autres. C'est en outre un des plus curieux restes des temps du Moyen-Age qui soit au monde, en France du moins. Que l'on se représente un passage noir, fétide, infect, bordé d'habitations décrépites, crevassées, hideuses, tout le long duquel règnent sans discontinuité des étalages sanglants et graisseux, des lignes de crocs auxquels pendent des animaux morts, entiers ou détaillés, et que surmontent des perches sur lesquelles sèchent des linges, des hardes et des peaux plus ou moins fraîches, des étages vermoulus s'embrassant en l'air de manière à obscurcir le jour, et derrière les auvents, les bancs, les étagères, de robustes gaillards à l'air peu pacifique, des femmes assez mal vêtues, roses et blanches, mais généralement sans charme, car à Limoges le beau sexe ne l'est guère, sauf de nombreuses exceptions, bien entendu, l'on aura l'idée de l'étrange spectacle que présente le quartier des bouchers, qui sont à peu près tous réunis là, vivant entre eux, s'alliant entre eux et formant dans la commune un véritable clan qui a ses usages et tient à ce qu'il a conservé de priviléges honorifiques en certaines occasions, telles que les processions annuelles, les entrées des Princes, etc. Ils ont leur cocarde et leur drapeau. C'est entre les mains du chef de leur corporation que sont déposées les clefs de la ville. Lorsqu'on pénètre dans leur domaine réservé, la vue, l'odorat et l'imagination sont à la fois frappés et désagréablement frappés. L'œil du gourmet connaisseur n'a même pas la jouissance de contempler ces belles viandes de choix qui ont un charme irrésistible pour lui dans certaines villes. Ici presque tout est noir, mesquin, et il n'y a d'attrait pour la véritable ménagère que vers les endroits où sont empilés les délicieux petits gigots et les minuscules mais exquises cotelettes du mouton limousin. Quant au bœuf, en général, on détaille ici sous ce nom la vache adulte, ou le veau, déjà d'âge respectable sans avoir atteint sa croissance entière. On comprend de suite à l'inspection de ce bazar d'un genre spécial pourquoi la cuisine du pays n'est pas bonne en général. Les habitants de ces lieux peu flatteurs par l'aspect sont tous, ou presque tous, cousins, et leurs noms se répètent d'un bout de la ligne d'établis à l'autre, comme preuve de consanguinéité. Ces noms, toujours retentissant de foire en foire, doivent, je l'imagine, être la terreur des bestiaux à plus de vingt lieues au-delà de la ville. Les haridelles de ces commerçants sont dignes de leurs demeures et représentent assez bien autant de rossinantes. A voir un boucher de la rue Torte allant aux achats, on croirait voir un pauvre hère. Saluez, MM. les juges hâtés de prononcer une sentence ! Ces besogneux sont des Crésus, et dans leurs vieux bahuts pourris, l'or étincelle en beaux louis et à profusion. Vienne le moment de marier sa fille ou de faire honneur à la Compagnie, et vous verrez les billets de banque sortir en foule de chaque coin des meubles et des grossières tirelires du moindre d'entre eux. Leur rue forme deux branches, au point de jonction desquelles est un groupe représentant la Vierge des Douleurs ayant son fils sur ses genoux et surmontant une fontaine on ne peut mieux placée en cet endroit. Tout à côté est la chapelle Saint-Aurélien, que les bouchers ont depuis longtemps prise sous leur protection et qu'ils ont défendue contre les méfaits du vandalisme en des temps néfastes. On parle d'élargir, rectifier et assainir cette étonnante voie déjà moins affreuse, qui le croirait ! aujourd'hui qu'il y a trente ans. Au point de vue archéologique, ce sera un mal, mais un bien au point de vue sanitaire. Le pittoresque y perdra, la sécurité de la ville y gagnera. C'est un coûteux sacrifice auquel il faudra se résigner dans l'intérêt général. Cela n'empêchera pas, du reste, les membres de la corporation de se concentrer et d'habiter ensemble le long de cette ligne, rendue désormais plus saine, plus propre, plus aérée, dotée de logis moins choquants, et moins exposés à disparaître au premier souffle de vent y poussant une étincelle. Hors de la rue Torte, il existe deux ou trois boucheries en ville, mais elles ne m'ont paru briller ni par leur importance, ni par une meilleure tenue que celles de l'agglomération professionnelle, dont elles sont comme des éclats isolés et sans importance.

En sortant de cet étau de membres saignants, de bêtes écorchées aux yeux glauques et éteints, qui vous saisit et vous suffoque, on éprouve un indicible besoin d'aller respirer l'air pur sur les bords de la Vienne. Je les ai regagnés en passant à peu de distance de St-Etienne par une rue rapide et tournante, près de laquelle est une fontaine dont le bassin a été remanié depuis peu de temps. Cette source portait autrefois le nom de Fontaine-de-la-Cave, parce qu'il fallait descendre plusieurs marches pour y pouvoir puiser, et l'on m'affirme que la tradition veut que ce soit sur ses bords que sainte Valérie ait été décapitée. Son sang, ajoute la légende, aurait si bien pénétré l'une des pierres encadrant la nappe de l'eau, et que l'on montrait naguère encore, que jamais on n'en aurait pu faire disparaître la trace. Une sculpture représentant la martyre portant sa tête entre ses mains et se montrant en cet état à saint Martial, premier évêque de Limoges, figurait dans l'une des églises de la ville. L'apôtre aurait dit à la sainte en la voyant ainsi : « *Voleyrio, qui to entaou doubado? You vourio qué lou fé do Céou l'ayé foudroya.* » — « Valérie, qui t'a traitée comme cela? Je voudrais que le feu du ciel l'eût foudroyé. » La vieille dalle populaire existe-t-elle toujours, occupe-t-elle la même place qu'auparavant? Il ne m'a pas été possible de m'en assurer.

L'animation n'est pas grande dans les rues ni sur les places de Limoges. On n'y constate un peu de mouvement qu'aux heures où les militaires sont libres et où les ouvriers des deux sexes vont à leur travail ou regagnent leur domicile. Elles sont alors remplies de soldats et de travailleurs. — L'eau et le feu ! — C'est sans doute la nombreuse population de ses ateliers, houleuse, impressionnable, sujette à bouillonner parfois comme toutes celles de ce genre, qui a valu à cette place sans importance, au point de vue stratégique, et qui jusqu'à ces derniers temps n'avait été la résidence que d'un général de brigade et de peu de force militaire, l'honneur de devenir la résidence d'un commandant de corps d'armée et de regorger de troupes d'infanterie et de cavalerie, pour lesquelles de nombreuses casernes poussent de tous côtés comme des champignons, outre celles situées dans d'anciens édifices appropriés à cet usage. On voit partout sabres et schakos, tuniques et baïonnettes frôlant la blouse qui couvre des bataillons laborieux, parfois trop inflammables sans motif, et dont les œuvres pacifiques font l'honneur de la patrie. C'est par l'industrie surtout que brille en effet l'antique capitale du vieux Limousin. Elle fut jadis célèbre par ses orfèvres et émailleurs, dont les beaux travaux, supérieurs à tout ce qu'on connaît en ce genre, sont aujourd'hui si vivement recherchés et n'ont pu être encore imités avec plein succès par les modernes. Même sur le théâtre de son antique gloire, cet art s'est éteint; mais on cherche à l'y faire revivre, et quelques tentatives sérieuses donnent l'espoir qu'on y pourra réussir. Les fabriques diverses sont nombreuses. Celles de porcelaine, entre autres, connues du monde entier, occupent un personnel important et donnent lieu à un mouvement de capitaux considérable. Nul n'ignore non plus le rang honorable que tiennent les imprimeries du chef-lieu de la Haute-Vienne, d'où sortent chaque année tant d'ouvrages, de brochures et de feuilles volantes à bon marché. Le commerce d'entrepôt et de transit atteint également des proportions fort élevées, de même que celui du détail. Limoges est en un mot le nœud marchand de tout l'Ouest Central de la France. Son négoce est actif avec Paris, Lyon, l'Auvergne, le Poitou, les Charentes, le Périgord et Bordeaux. Chacune de ses maisons renferme des boutiques souvent noires et enfumées, mais qui toutes regorgent de denrées. Casanier et calculateur, occupé de son Doit et Avoir, sans cesse l'esprit en activité pour diminuer le premier et augmenter le second, le trafiquant ou l'industriel de Limoges songe surtout à ses affaires et ne s'adonne ni au bruit ni à l'éclat. Tout au contraire de son confrère le brillant Bordelais, habile, mais hâbleur et un peu trop prodigue, lui n'est peut-être pas assez soucieux de ce qui se passe hors de son magasin et de son comptoir, ni de la tenue des environs de sa demeure. De mauvaises langues prétendent que si les rues de la ville ne sont pas mieux nettoyées, par exemple, c'est que, en bon spéculateur, il estime qu'il vaut mieux vendre les balais que les user. Mais cette innocente épigramme ne saurait nuire, même dans l'esprit de ceux qui se la permettent, à son incontestable et très légitime réputation de savoir-faire et de loyauté. Cependant le son de l'or n'est pas le seul auquel soient sensibles les habitants de Limoges. Ici en effet l'on trouve, avec une société nombreuse et polie, des associations savantes et littéraires, une belle et riche bibliothèque, une école de médecine, un jardin botanique, un musée, des cercles, des institutions importantes ; tout ce qui peut agréablement distraire et instruire, chose logique au sein d'une cité qui, d'après un tableau publié chez Michel Ardant en 1865, dans un ouvrage intitulé : « *la Haute-Vienne, Limoges et le Limousin*, » ne compterait pas moins de cent et quelques hommes illustres parmi ses enfants. Il est vrai que dans ce nombre plusieurs appartiennent à l'usine, et que d'autres me paraissent avoir été compris dans cette liste par une complaisance assez élastique. Ainsi, je suis étonné, je l'avoue, d'y voir figurer Bertrand de Born, et parmi les célébrités les plus récentes, le maréchal Bugeaud, né, je le reconnais, à Limoges, mais appartenant par sa famille au Périgord et qui n'a vu le jour sur les bords de la Vienne que fortuitement. Aussi ne s'explique-t-on pas trop d'une manière satisfaisante que des avenues et des rues portent ici le nom du vieux guerrier. Les riches sont moins que tous autres excusables de prendre ce qui ne leur appartient pas. De tous les personnages dont la mémoire honore la commune, le maréchal Jourdan est, jusqu'à ce jour, le seul qui y ait une statue. Cette effigie, coulée en bronze, surmonte un piédestal dont les faces portent inscrits les noms des principales actions dans lesquelles le vaillant capitaine s'est particulièrement signalé. On lit cette nomenclature avec orgueil, mais on ne peut s'empêcher de songer que cette façon d'enseigner l'histoire au peuple est bien fausse et offre de grands inconvénients. Il en résulte que beaucoup de personnes peu instruites croient fermement que la France fut toujours invincible, et cette idée conduit à une confiance funeste, à une admiration de sa nation vis-à-vis les autres qui, nous ne l'avons vu que trop, engendre les désastres. Jourdan fut heureux parfois, il est vrai ; il a remporté d'importantes victoires, mais aussi que de graves échecs n'a-t-il pas éprouvés ? Pourquoi les taire ? Il n'en resterait pas moins un grand homme de guerre, et du moins les générations ne seraient pas induites en erreur par une demi-vérité, tout aussi funeste qu'une demi-science, fléau malheureusement trop répandu. Ce que je dis au sujet de son monument, je l'applique du reste à ceux de tous les personnages marquants dont les statues décorent nos promenades et nos avenues.

La position de Limoges est agréable. La ville s'étage au flanc de collines du haut desquelles on découvre la vallée de la Vienne avec de nombreuses fabriques et trois ponts : celui de Saint-Étienne, vieux, avec huit arches en ogives, long et étroit ; le Pont-Neuf, en granit, composé de trois grandes arches et de deux plus petites, une à chaque extrémité. C'est un beau travail. Enfin, le pont de St-Martial, qui ressemble à celui de Saint-Étienne, mais qui est en plus mauvais état. La rivière, au-delà de laquelle s'étendent deux faubourgs, semble, vue des sommets près du palais épiscopal, un canal creusé pour embellir le paysage, et il paraît qu'un célèbre voyageur anglais l'a prise pour un ouvrage d'art de cette nature. Il y existe un petit port de flottage où l'on rassemble le bois venant du haut pays par ce moyen. Cet entrepôt fluvial porte le nom ambitieux de *Naveix*, dérivé du latin *Navis* :

Navire. On voit que depuis longtemps Limoges attend la présence dans son enceinte d'embarcations de commerce. Qu'on se rende vite à ce vœu. C'est l'intérêt de la France entière, du nord au midi. Les prairies sont nombreuses le long de la Vienne et les montagnes sont toutes vertes. C'est charmant pendant six mois de l'année. Quel dommage que la pierre extraite de ces hauteurs ne soit qu'un mauvais schiste granitique et micacé de couleur de rouille, se levant par feuilles, fort laid, et que les pampres riants ne couvrent pas les coteaux ! Autrefois, il n'en était pas ainsi. Ces pentes, disent les chroniques et l'histoire, servaient de supports à de nombreux vignobles, et, couvents, corporations, ou simples particuliers y avaient caves et pressoirs en foule ! On buvait le vin en provenant et, le patriotisme aidant, on ne le trouvait pas mauvais. D'ailleurs les transports étaient difficiles et il n'était pas aisé, sinon aux richards, d'en avoir d'autre. Aujourd'hui que Brantôme, Sorges, Saint-Pantaly-d'Ans Gouts-Rossignol, Bergerac, le Quercy, le Bordelais et le Languedoc, peuvent faire arriver sur place des milliers et des milliers de barriques, la vigne à vin a disparu des environs de Limoges, où elle est remplacée par des bois, des terres et des jardins, dont plusieurs sont grands, bien dirigés et parfaitement pourvus. Cela vaut mieux. Malgré les *crûs* des environs de la petite ville d'Aixe, où les propriétaires, au penchant des coteaux, ont religieusement conservé la viticulture, consolation des anciens qui regrettaient de la voir disparaître des environs du chef-lieu départemental, *vu le mérite de ses produits*, je suis persuadé que mon opinion à cet égard est entièrement celle de la Société départementale, qui s'occupe avec tant de soin des progrès de l'art de l'exploitation des champs dans la Haute-Vienne. Cette Compagnie, qui a rendu de notables services au département, vient d'établir à Limoges des concours importants d'animaux gras, où les engraisseurs de la Charente et de la Dordogne, parmi ces derniers M. Champarnaud, des environs de Saint-Astier, notamment, ont recueilli de grands prix d'honneur. La corporation savante, en ouvrant largement cette lice à tous, a sagement agi. L'agriculteur de la contrée, très habile éleveur, n'est pas, en effet, dans l'habitude de préparer du bétail pour la boucherie. De là vient qu'on ne trouve guère sur ses marchés que des animaux maigres et hors d'âge, ou trop jeunes, les vaches étant conservées le plus longtemps possible et les veaux mâles vendus pour l'étal à trois ou quatre mois, ou bien, ce qui a lieu pour le plus grand nombre, étant exportés avant dressage dans les provinces voisines, d'où la médiocrité de la viande fournie sur place à la consommation. En voyant les succès de leurs voisins, en constatant à quel haut degré de perfection parvient, sous le rapport de la bonté de la chair, leur excellente race bovine, les praticiens du pays se piqueront d'honneur et, dans la limite d'une juste spéculation, sauront fournir aussi des bêtes de choix à l'alimentation, lorsque leurs ressources fourragères leur permettront de le faire sans nuire à l'élevage, la principale industrie pour eux et qui doit toujours conserver ce rang vu la nature de leur sol et le climat local. Il y a dans la ville d'importantes fabriques de machines agricoles, celle de M. Trischler, entre autres, et je savais que l'usage des instruments abréviateurs commence à se répandre avec ampleur aux environs. Comme nous nous trouvions au moment de la coupe des regains, je me hasardai dans la campagne, espérant assister à cette opération faite en grand par des faucheuses, engins qui sont d'un usage assez habituel sur plusieurs exploitations du voisinage. Mais mon attente fut déçue; tous les fourrages naturels étaient en meules et on procédait à leur rentrée, ce qui me fit aller plus loin, comptant y être plus heureux. Je ne le fus pas davantage, et après m'être largement mouillé les pieds pendant plusieurs heures, en traversant des prés humides, force me fut de revenir sur mes pas. Seulement je tenais à pousser l'expérience jusqu'au bout et, sorti de la ville d'un côté, je voulais y rentrer par la même porte, après en avoir fait entièrement le tour. Je demandai donc si certaine route que j'avais devant moi n'aurait pas un aboutissant qui me permettrait d'arriver à mes fins. « Oui, Monsieur, me fut-il répondu, prenez à gauche, suivez jusqu'à deux ou trois maisons que vous trouverez sur le bord d'une pêcherie, là vous rencontrerez un sentier qui vous conduira directement où vous voulez aller. » Muni de ce renseignement, je me mis en chemin et au bout d'un quart d'heure j'avais atteint un petit hameau tout à côté d'une jolie fontaine. Point d'autres habitations en vue hors des faubourgs, pas le moindre petit étang. Je ne savais que penser, lorsque j'aperçus un brave homme qui cheminait paisiblement, conduisant deux jolies vaches de cette charmante race limousine, la meilleure de France, peut-être. Je le priai de m'indiquer la fameuse pêcherie. « Elle est là, me dit-il, vous la touchez. » Je regardai presque à mes pieds et je vis le bassin de la source; une mare grande comme la main, mais d'eau très pure. Une bien petite chose pour un bien beau nom. Je remerciai en souriant et je rentrai, rapportant de ma course au moins, avec un grand appétit, le plaisir de savoir que l'on appelle là-bas pêcherie un trou dans lequel s'épanchent les eaux d'un suintement avant d'aller arroser les prairies, et où trois carpes de taille ordinaire se trouveraient, avec raison, fort à l'étroit. Le nom est juste, du reste, car rien n'est plus facile que d'y pêcher le poisson lorsqu'il y en a. C'est absolument le cas de dire qu'il n'y a qu'à se baisser pour en prendre. Après cette excursion peu profitable et un rapide déjeuner, je me mis en devoir d'aller visiter un des principaux dignitaires de la Société d'agriculture, son secrétaire général, auprès duquel je désirais prendre des renseignements sur les travaux de quelques-uns de ses distingués collègues, MM. Le Play, Muret de Born, Teisserenc, de Nexon, de Veyrinas et autres; mais j'eus le regret d'apprendre qu'il était absent. Depuis, nous avons correspondu par lettres, mais je n'ai pu recevoir de lui les détails désirés. Il exige aimablement que j'aille un jour le tourmenter dans sa maison des champs, d'où nous ferons ensemble mille promenades intéressantes. J'avoue que cette invitation me sourit fort et qu'il pourra bien arriver qu'un beau matin je sois assez indiscret pour en profiter, en mettant sa complaisance à la plus cruelle épreuve.

Rien ne me retenant plus à Limoges, où j'avais tâché de placer quelques coupes de bois, je pris congé de cette ville, écrin encore à peu près rustique renfermant de précieux joyaux, mais qui ne tardera pas à voir son enveloppe plus digne des trésors qu'il contient. Elle aura tout alors pour elle, tout, excepté l'attrait du climat et la perméabilité du sol; ce double inconvénient est, du reste, compensé par des avantages que j'apprécie, mais qui, pour moi, ne pourraient le faire oublier. Je suis en effet ami du soleil et grand ennemi de la boue, ce qui ne m'empêche pas d'apprécier les bois profonds, les gracieuses pelouses, la belle verdure, et de rendre justice aux mérites d'une métropole et d'un pays qui en ont beaucoup. Muni de mon petit bagage, je me suis hâté de courir à la gare, où l'on sifflait! l'on sifflait! l'on sifflait! comme au théâtre lorsqu'y joue un mauvais acteur, ce qui voulait dire qu'on allait se mettre en route. Cinq minutes après, le convoi traversait la Vienne et en suivait un instant les bords, auprès d'un de ces magnifiques taillis fourrés et vigoureux comme on n'en trouve qu'en Limousin. Après Beynac, le long de la tranchée, l'on voit quantité d'ajoncs que séparent un moment quelques intervalles agréables.

Nous n'avions pas besoin, vraiment, d'aller si vite pour nous arrêter si longtemps dans la gare de Nexon, qui de là ne donne pas l'idée d'un chef-lieu de canton bien considérable. La station en est loin et fort solitaire. On construit tout près d'elle un hôtel qui n'aspire pas à être un des principaux de

France et de Navarre. Enfin, nous repartons et passons en vue du bourg, dont le château semble pour ainsi dire, aperçu du chemin de fer, ne faire qu'un avec l'église. M. le baron de Nexon est un des principaux agriculteurs de la Haute-Vienne. Il a mérité la prime d'honneur culturale à l'un des derniers concours régionaux. C'est, du reste, un grand éleveur de chevaux, et il envoie les sujets les plus distingués de ses écuries sur tous les hippodromes du Midi, où ils font ample moisson de prix. Reste à savoir s'il gagne beaucoup d'argent à ce jeu-là. Les uns disent oui, d'autres disent non. Je ne parie ni pour les uns, ni pour les autres. Nous cotoyons foule de bois et de prés avec viviers et ruisseaux arrosant partout les pelouses ; les blés noirs ne sont pas merveilleux et il y a, relativement, peu de racines fourragères. Cependant un vaste champ de pommes de terre bien travaillé réjouit l'œil par sa luxuriante végétation. Il appartient probablement à M. de Nexon. A la Meyze, le spectacle agricole reste à peu près le même que celui que nous venons de voir. La station de cette petite localité nous paraît assez animée. Les tranchées du chemin de fer sont, depuis avant Nexon, souvent coupées horizontalement par des rangs de fascines formant parfois plusieurs étages. Je me demande ce qu'ils font en pareil endroit; ils soutiennent les terres et empêchent les éboulements. Une muraille vaudrait mieux, mais ici les pierres sont rares, le bois est commun, et l'on se sert de ce que l'on a de moins coûteux et de plus facile à se procurer. On en est quitte pour relever un peu plus souvent les talus. Cela donne de l'ouvrage aux cantonniers. A Champsiaux, nous restons en repos une minute pour regarder une gare où l'on ne trouve ni voyageurs, ni marchandises le plus souvent. On prétend que plus tard il y en aura. Pour le moment nous n'y voyons rien de pareil et fuyons avec rapidité, traversant en biais, et souvent sur des arches élevées, d'étroites vallées que bordent de petits mamelons boisés ou gazonnés, formant les limites latérales des bassins de l'Isle, qui prend sa source tout proche, et de la Loue, sa tributaire, qui naît à peu de distance d'elle. Au-dessus de la dernière de ces dépressions règne un long et magnifique viaduc sur lequel nous passons comme la foudre, laissant à droite et à gauche, dans le bas-fond, deux vastes étangs, fils de la seconde rivière qui s'en échappe à peu de distance, et sur les bords desquels nous apercevons deux bâtiments en ruines, anciennes forges que les traités de commerce si judicieux ont fait tomber — ! Halte ! Notre vol est suspendu. Nous entrons en gare de Saint-Yrieix, que nous n'apercevons guère, la ville plongeant au fond d'un ravin dont la sole est devenue l'une de ses artères principales, et voulant se laisser deviner par le voyageur, auquel elle ne montre à peu près que son clocher, lequel ne brille pas précisément par la hauteur.

Deux omnibus attendent des clients. L'un se trouve en un clin-d'œil rempli par une foule empressée. Je m'installe dans l'autre, où je suis seul et qui, cinq minutes après, me dépose, non sans orgueil, à la porte de l'Hôtel du Faisan, où je suis reçu par les maîtres du logis avec tous les égards dus à mon rang, c'est-à-dire à un personnage qui représente ce jour-là toute la population étrangère du logis hospitalier. J'ai le choix des appartements, ce qui est fort agréable, et je ne suis nullement gêné dans la salle à manger, très spacieuse, où je puis circuler sans déranger âme qui vive. On m'entoure de prévenances, et me voilà tout-à-fait l'ami de M. et de Mme Boyer, dont je plains le triste sort comme aubergistes. Mais il ne faut pas aller trop loin dans la commisération sous ce rapport, parce que si les voyageurs leur font aujourd'hui défaut, ils ont de nombreux pensionnaires et leur table d'hôte est très fréquentée. Ceux qui ont le bon esprit de descendre chez eux ne s'en repentent nullement ; je le dis et je le proclame. O vous que le sort conduit à Saint-Yrieix, allez chez M. et Mme Boyer, vous me remercierez de l'avis amical que je vous donne. Par exemple, je ne promets pas à ceux qui recherchent les jolis endroits et les distractions une somme folle de plaisirs dans l'endroit où nous voici. Rien ne paraît moins gai que Saint-Yrieix. On l'a surnommé la Perche, parce qu'il est fort long, se composant de deux lignes perpendiculaires l'une à l'autre, dont l'une, où se trouve la modeste sous-préfecture, une place déserte et un collége communal d'assez piètre figure, descend du midi vers le nord dans le défilé qui forme la grande rue transversale. On l'appelle la ville haute. L'autre monte du fond vers la gare. C'est la ville basse. Elle renferme l'église paroissiale, beau vaisseau, que ronge l'humidité, ancien, étendu, dont on a commencé la restauration indispensable, mais que l'on a gâté en construisant un grand mur blanc dans l'enfoncement d'une de ses chapelles dont on a, par économie, fermé le bout pour le convertir en sacristie. Les voûtes sont magnifiques. Plusieurs cathédrales sont loin d'être aussi remarquables que ce temple perdu dans un petit coin de la Haute-Vienne. A peu de distance est un noir donjon, ébréché mais encore fier, reste du vieux fort. La halle joint le château, sur le bord de la ligne maîtresse qui suit la gorge ; elle est chétive, peu grande et disgracieuse. La joignant est le quartier le plus commerçant, auprès de jardins que traverse un petit ruisseau qui coule dans la coupure en allant rejoindre la Loue tout proche des dernières maisons vers l'ouest. Je me suis un instant attardé à considérer quelques magasins et suis entré me faire raser chez un coiffeur pour être présentable à l'heure du dîner. Je me suis trouvé mettre le pied dans un véritable musée ! M. Boileau est un artiste et un savant ; il rassemble passionnément minéraux, plantes, minerais, vieux meubles, tableaux, antiquités de toutes sortes. Son salon professionnel en est rempli, ses escaliers en sont rétrécis. Ses appartements en regorgent, dit-on. Il correspond avec les doctes en la partie, lesquels ont de l'estime pour son zèle et sa science ; il a visité cent dépôts fameux ; il est plein d'amour pour son pays, dont il aligne chez lui la faune, la flore, les fossiles et les souvenirs. Sa collection, si j'en crois ce que l'on m'a dit, car le temps m'a manqué pour la visiter tout entière, est un trésor pour St-Yrieix. Elle a dû lui coûter fort cher, et je suis persuadé qu'elle vaut beaucoup. Je suis sorti de chez lui, le félicitant de son goût pour l'étude qui charme et rend utiles ses loisirs dans cet heureux asile, propre au recueillement et aux investigations, où rien n'absorbe et ne paralyse les recherches, même chez ceux qui exercent une profession ; retraite

Où l'on a du repos, de l'ombre et du silence,

biens qu'on ne trouve pas dans les grandes agglomérations, mais qui ne font pas défaut aux habitants de ce lieu paisible. Cela m'a fait voir un peu tout couleur de rose et j'ai été jusqu'au point de ne pas trouver trop humble la pauvre petite chapelle qui sert de succursale à la grande église dans la ville haute, non loin de la sous-préfecture. Les rues sont humides et mal pavées, l'ensemble est triste et morne. La nuit, le gaz éclaire cette solitude. Pourtant le commerce se relève un peu. Il y a de bonnes foires, deux fabriques de porcelaine, des moulins pour broyer les cailloux à émail, une manufacture de draps et d'excellente bière. Point de troupe, quoique l'importance de la population et le rang administratif du lieu semblent de nature à lui valoir le bénéfice d'une garnison. Mais on prétend que la municipalité n'en a pas voulu. C'est fâcheux pour les ressources de son budget. On y publie chaque semaine un journal, et outre le collège communal, à l'extérieur délabré, dont je viens de parler, il y existe des écoles de filles et de garçons. L'une de ces dernières est tenue par les Frères de la Doctrine Chrétienne qui, bien que relégués dans un bâtiment sombre, et ne recevant aucun subside de la commune, vivent de dons généreux et comptent beaucoup d'élèves. Saint-Yrieix est riche en institutions charitables, dont plusieurs sont dues aux largesses de Mme veuve Fleurat, qui y a consacré toute sa fortune, et le produit des quêtes nombreuses auxquelles cette femme au cœur généreux s'est vouée dans l'intérêt de la morale et du malheur.

Le territoire est célèbre par la découverte fortuite qui y fut faite, à la fin du siècle dernier, de carrières considérables de kaolin, grâce auxquelles la confection de la porcelaine a pu marcher à grands pas et s'est si fortement implantée en France. Cette révélation produisit, comme bien l'on pense, un immense changement dans l'économie de la contrée. Chacun se mit à fouiller ses champs ; des parcelles qui rapportaient peu se vendirent au poids de l'or et il se réalisa d'énormes bénéfices. Aujourd'hui presque toutes les carrières de grande valeur sont entre les mains des manufacturiers de Limoges, qui en tirent les matériaux nécessaires à leur belle industrie. Les propriétaires du pays n'en ont que peu leur appartenant, en exploitation, et deux fabriques seulement sont installées dans la banlieue de la ville. J'ai visité l'une d'elles, la plus petite. Elle est modestement blottie dans une grange transformée en ateliers. L'organisation des fours et des magasins est des plus simples, de même que son outillage. Elle ne livre que des produits communs, mais en nombre et de bonne qualité. Je n'ai pu, faute de temps, aller voir la seconde, qui marche avec un peu plus de solennité. En outre des fosses où s'opère l'extraction, il existe des dépôts, paraît-il, assez importants, qui n'ont pas encore été fouillés, faute par les possesseurs du sol d'avoir des ressources pécuniaires suffisantes, mais qui seront probablement bientôt entamés, la consommation des manufactures marchant grand train et dépassant actuellement cent mille quintaux métriques par an. Pour ces gîtes précieux, l'agriculture a été longtemps négligée. Qu'importaient le fourrage et le froment aux maîtres de terrains qui, dans leurs entrailles, renfermaient de quoi leur assurer une large aisance, la richesse même au prix du sacrifice de quelques quintaux d'herbe ou de blé ! Maintenant la part des porcelainiers étant à peu près faite, on s'est remis à la culture avec plus de zèle et de science. La chaux qu'apporte le chemin de fer est employée comme amendement, les instruments sont meilleurs, le bétail est mieux choisi, les revenus plus élevés proportionnellement. Ici nous retrouvons encore l'action bienfaisante de Mme Fleurat qui, non contente d'avoir fondé une école de jeunes filles en ville, et d'avoir en partie doté l'hôpital, a largement contribué à l'établissement, sur son ancienne propriété de Lafaye, de l'orphelinat agricole de Saint-Joseph. Cette colonie, à quatre kilomètres des faubourgs, n'en appartient pas moins à la commune. Le sol en est granito-schisteux et humide. D'après une note que le Frère supérieur a eu l'obligeance de me fournir, l'étendue totale du domaine est de 102 hectares, dont 15 en prairies naturelles, 24 en terres arables, 22 en vieux bois perdus, landes et marécages, 41 en taillis essences chêne et châtaignier. Naturellement il n'y mûrirait que du seigle ; de l'avoine et du sarrazin, mais au moyen de la chaux on y obtient du froment et l'on peut faire pousser quelques plantes fourragères de nature légumineuse, le trèfle surtout qui, dans ces conditions, y réussit assez bien. On y recueille aussi, au moyen du même amendement, passablement de sainfoin, mais la luzerne ne saurait s'y développer. La colonie n'existe que depuis huit ans, et déjà l'on est parvenu à mettre en culture 14 hectares pris sur les friches et les mauvais bois, et à convertir trois hectares de marécages en prairie naturelle. Les orphelins sont destinés à devenir des garçons de ferme, en attendant qu'ils puissent, par leur intelligence et leur travail, parvenir à être fermiers à leur tour. Ils reçoivent deux fois par semaine l'instruction religieuse ; chaque jour ils ont deux heures et demie de classe pour l'instruction primaire ; tout le reste du temps, sauf celui des récréations, est consacré à l'étude de l'agriculture, étude embrassant le jardinage (qui prospère et est fort remarquable dans cet orphelinat, m'a-t-on assuré), le soin des bestiaux, les labours, les défrichements, les drainages et assainissements (choses d'une si grande importance en Limousin), etc. Former des contremaîtres ne serait pas facile, le temps d'apprentissage étant trop court et le niveau d'intelligence des enfants étant, en général, peu élevé. Deux Frères sont chargés de l'enseignement primaire, six de celui de l'agriculture. Ces religieux appartiennent à la Congrégation de Sainte-Croix. L'établissement n'a pas d'autres ressources que les revenus de la ferme joints à la pension de 200 francs par an payée par les enfants au-dessous de 15 ans. Des orphelins qu'il élève, 17 doivent être, à perpétuité, aux termes de l'acte de vente de la propriété, nourris, entretenus et instruits gratuitement. Les bâtiments ont été reconstruits en très grande partie, d'autres y ont été ajoutés, de sorte que presque tout est neuf. Le corps de logis occupé par les maîtres et les élèves présente une façade de 57 mètres au levant, avec deux avant-corps de 14 mètres chacun ; il a deux étages dans toute son étendue, et peut contenir facilement cent apprentis, mais n'en a pas reçu jusqu'à présent à la fois plus de 66, dont 17 gratuits, 15 qui ont atteint leur 15e année et le reste payants. Pendant les jours de pluie et une partie de l'hiver ils fabriquent sur commande, avec de la paille, des enveloppes de bouteilles et des paillassons ; c'est un faible appoint de profits qui permet de subvenir aux besoins les plus pressants. Des écuries, des granges, des hangars, une boulangerie, une forge, un atelier de menuiserie se développent à droite et à gauche de la maison d'habitation. La population animale de l'exploitation, au moment où l'on me transmettait ces détails, se composait de six bœufs, 14 vaches ou génisses, 34 porcs, un cheval. Il y avait de plus 57 têtes de volaille.

En descendant au midi de Saint-Yrieix, sur la route de

Périgueux, le terrain, toujours de nature limousine, paraît assez favorable et passablement travaillé. L'on remarque de nobles avenues de chênes, ainsi que des bordures et allées de châtaigniers couverts de fruits; les prés sont bons et bien arrosés. Au Pont La Bance, je rencontre une large et haute borne; elle limite les deux départements de la Haute-Vienne et de la Dordogne. Je suis de nouveau dans le second et j'en suis tout réjoui. L'aspect du pays ne change pas, du reste, en face de l'inscription officielle. L'entêté! Les blés noirs semblent beaux cette année; j'aperçois un peu de maïs; on l'a semé non pour grain, il ne mûrirait pas, mais pour être consommé par le bétail à l'état vert. L'ancien domaine de M. du Garreau offre de belles garennes de chênes plantés en quinconces; malheureusement elles ont été mutilées en partie. Sur notre gauche, est le château de Rouffiac, appartenant naguère à M. E. Cavaillon, notre collègue, qui s'y livrait à l'engraissement de nombreuses bêtes à cornes, et qui maintenant est l'un des principaux agents à Paris du commerce de livraison pour les marchés de bestiaux à La Villette. Nous arrivons à un hameau sur la route; il porte un nom peu rassurant l'Hôpital (on prononce dans le pays l'Hépital), et forme comme le faubourg du chef-lieu de la commune d'Angoisse; encore une appellation dénuée de charmes et qui doit sans doute son origine à d'anciens souvenirs de catastrophes. Pour le moment, Angoisse est une petite bourgade tranquille, avec une large place qu'ombrage un *Sully*, une église que surmonte un haut clocher, une maison d'école en construction, où filles et garçons seront instruits dans le même logis, mais occuperont des locaux séparés. De vastes champs de pommes de terre font bien augurer de la fertilité du sol, qui est effectivement très passable. Nous prenons une longue route qui descend rapidement en tournant mainte et mainte-fois à travers d'épais halliers. Elle devrait conduire à Coupe-Gorge; cela compléterait la série des noms dramatiques, commencée là haut. Nullement! elle nous mène sur les bords de La Loue, qui formait là naguère un petit étang à la digue à présent rompue, au fond d'un défilé, près des murs croulants, et en partie tombés, d'une ancienne forge appelée Beausoleil, sans doute par antithèse, parce qu'on n'y voyait pas souvent l'astre du jour, ou plutôt parce que la rareté de son apparition l'y faisait encore trouver plus beau qu'ailleurs. Usine infortunée! Elle a fait longtemps la richesse du rayon et elle s'en va pierre à pierre en lambeaux ; ses charpentes, une partie de son outillage, gisent à terre et les bois qui l'alimentaient ont perdu la moitié de leur valeur. C'est une bien belle chose que les traités de commerce ! leurs fruits le prouvent à chaque pas ! Une forte montée, puis nous entrons dans des terres à moi connues de longue date, et en les voyant je ne m'extasie pas sur la beauté de mes moissons, d'abord parce quelles sont rentrées, ensuite parce que fussent-elles debout je n'aurais pas raison de le faire. Les récoltes encore pendantes n'ont point un aspect luxuriant. Cependant ces campagnes ne sont pas dépourvues de ressources, et si les prés y étaient bien arrosés et le travail fait avec plus d'intelligence, les revenus qu'on en retire grandiraient bien vite. Il y a de très-bons taillis qui rendraient beaucoup si la gelée ne sévissait parfois. Les pommes de terre sont abondantes et les châtaigneraies sont riches en promesses qui vont être réalisées. De grands pâtis communaux ont été rattachés à la propriété; leur sol, qui pourrait être convenablement aménagé sans peine, est presque tout composé de terres très-propres à la confection de la poterie. Je vais, je viens sur cette terre que je veux aliéner, vu son trop grand éloignement de ma résidence habituelle. Avec un peu de soin, les acquéreurs pourront en tirer un parti avantageux. J'admire les sombres fourrés qui, tous les neuf ans, deviennent sous la hâche du bucheron, de longues files de stères, dont le nombre étonne les étrangers habitués au faible rendement forestier du Périgord central, et au milieu desquels, pendant la croissance des tiges, pullulent loups et sangliers. J'accorde audience sous les grands châtaigniers aux colons et au régisseur avec lesquels je discute la marche à suivre pour la culture.

Mais pendant que nous dissertons, un exprès arrive ; il me faut me rendre au chef-lieu de canton. Mon homme d'affaires et moi remontons donc en voiture, et reprenant, à contre-pied, notre premier parcours, revoyons d'abord Beausoleil, puis Angoisse que précède une chapelle isolée dite de Saint-Roch et à laquelle on vient tous les ans, m'assure-t-on, en pélerinage, le jour de la fête de ce bienheureux. Le long de la route, à partir du bourg, les productions sont d'abord les mêmes que depuis le Pont de la Bance jusque-là ; ensuite le sol faiblit un peu pour reprendre en se rapprochant de La Nouaille où nous arrivons bientôt. Rien ne frappe moins les regards que ce paisible centre qui se présente à nous sous l'apparence d'un gros village que l'on n'aperçoit guère, au nord, qu'en y entrant, et que l'on ne voit pas davantage de loin en y abordant du côté de Périgueux. Il y a nombre d'hôtels et de cafés, et je déclare que dans les premiers, les amis de la bonne chère n'ont point trop à se plaindre, surtout en fait de volailles et de légumes. Plusieurs routes et chemins, se croisant, y font naître un transit assez actif. Il s'y tient chaque mardi des marchés peu fréquentés ; par contre, ses foires sont importantes. La halle sert de support à l'hôtel-de-ville et à la justice de paix. Ediles et magistrats n'auraient pas chaud l'hiver dans leurs salles et prétoires, si l'on n'avait eu soin d'écarter la glace des administrateurs et des plaideurs par de bons calorifères. Mais quand bien même le froid parviendrait, en se glissant par quelques fentes inaperçues, malgré toutes les précautions prises, à rendre plus courts les débats, la sagesse et l'équité des sentences rendues n'en souffriraient nullement, à coup sûr. Pour en être certain, il suffit de rappeler que le chef judiciaire du ressort est l'honorable M. Morand. La commune avait l'ambition de posséder un hospice et, soutenue par les dons de la famille Bugeaud, en avait commencé la construction ; mais le but n'a pu être atteint. Le bâtiment inachevé sert, en attendant, d'école de filles, à laquelle une salle d'asile est annexée. L'église paroissiale, qu'on voyait au milieu de la petite ville, il y a quelques années, était un véritable taudis, un affreux nid à rats. M. l'abbé Ginestet, curé de la paroisse, a persévéramment travaillé pour remédier à cet état de choses, et elle a été démolie. Sur l'emplacement qu'elle occupait et sur une parcelle qu'on y a ajoutée, on a commencé à édifier un nouveau temple, dont déjà le chevet et le haut de la nef sont terminés et enrichis de beaux vitraux. On vient d'entreprendre le reste de la croix jusqu'au grand portail. Le plan de ce monument, qui promet d'être remarquable, fut l'œuvre de M. Vautier, premier adjoint de M. Abadie pour les travaux de la cathédrale de Saint-Front, et mort déjà depuis plusieurs années. M. Nalet, de Périgueux, poursuit très-habilement les projets primitifs, quoique les dessins de son prédécesseur soient malheureusement perdus.

La Nouaille compte plusieurs habiles fabricants de batteuses, charrues et vannoirs. L'ouvrier qui s'occupe particulièrement de la confection de ces derniers, en construit maintenant un qui fonctionne bien mieux que ceux sortis précédemment de ses ateliers et fait beaucoup plus de travail sans nécessiter plus de bras. Le canton est un des favoris du progrès agricole, que le maréchal Bugeaud y avait introduit à grands frais, peut-être sans compter assez, mais qui s'y est puissamment établi. M. Morand, dont je parlais tout à l'heure, est un de ses disciples fervents. M. le baron de Lansade, oncle, le fût de même et, en 1864, mérita par ses intelligents travaux une mention honorable au concours régional. Son successeur et neveu, venu du département de l'Hérault, où le climat et les conditions culturales sont pourtant tout autres,

poursuit les améliorations avec intelligence. Il défriche
prudemment, a créé une nouvelle métairie, chaule ses terres,
emploie des instruments abréviateurs, a de bon bétail, élève
des constructions rurales bien comprises, borde ses champs
d'arbres fruitiers tels que châtaigniers, noyers, pommiers à
cidre et poiriers. Il a, par ses succès, conquis il y a trois ans
une médaille d'argent de notre Société. Maintenant il porte
principalement ses vues vers l'élevage. Il veut faire naître,
dresser, employer au travail, puis engraisser, des bœufs
au lieu d'en acheter pour remplacer les vendus. Il espère
arriver à ce résultat par l'extension des prairies artificielles,
notamment de la luzerne, en employant le phosphate, la
chaux, et en fumant largement ses prés. Il opère peu à peu,
sagement, au fur et à mesure de ses ressources fourragères.
Il arrivera, n'en doutons point, à réaliser d'une manière
rémunératrice les projets qu'il a conçus.

Une belle route, qui débouche à l'ouest de La Nouaille,
conduit à Payzac, la commune la plus importante du canton,
en passant devant les forges de Miremont, appartenant à
M. Andraud, conseiller général, et aussi notre collègue.
A Payzac, qui se présente fièrement sur un coteau peu loin du
cours supérieur de l'Auvezère, qui est la résidence d'un
percepteur, d'un receveur des postes, qui possède une cure, et
affecte l'allure d'une riche localité, on comprend qu'on se trouve
dans un milieu réellement agricole; ses foires sont bonnes, et
l'on nous cite aux environs plusieurs propriétés bien dirigées,
celles de MM. Bon et de Lavareille, entre autres. Les
métayers du premier ont obtenu des récompenses à nos
concours, et la femme de l'un deux, outre ses mérites comme
cultivatrice, a été de plus signalée pour son esprit charitable,
qui lui a fait accomplir de véritables traits de vertu, dignes
d'être connus par les distributeurs des prix Monthyon.
M. Bon est le successeur de M. Bardoneau qui, l'un des
premiers en Périgord, présenta des bœufs aux grands

concours d'animaux gras à Paris et y recueillit de brillantes couronnes. Prenons maintenant au nord ; suivons ce chemin neuf qui court vers Saint-Yrieix et, à quelques kilomètres de distance, nous allons rencontrer une terre bien digne d'être citée et qui est le théâtre de travaux qui l'ont heureusement transformée sous l'énergique impulsion de l'un des agriculteurs qui font le plus honneur à notre pays. M. Raymond Bugeaud est couvert de nobles lauriers gagnés à peu près dans toutes les expositions auxquelles il a pris part, pour ses produits, pour ses animaux gras ou reproducteurs. Nombre de médailles d'or témoignent de ses succès en ce genre, succès soutenus à Poissy même et à la Villette ; et une coupe de porcelaine de grande valeur, enlevée vaillamment à Limoges, où il obtint ce grand prix d'honneur, orne la table de son salon. Mais c'est surtout comme habile exploitant qu'il est connu depuis longtemps; et à cet égard, sa réputation est faite et légitimement répandue. Lorsque notre Commission d'expertise visita, dans le courant de 1866, son exploitation, déjà renommée, elle ne put que s'incliner devant la voix publique et reconnaître, cette fois, en elle, comme le dit le proverbe, la voix de Dieu. M. Bugeaud était dès lors convaincu de la nécessité, pour les agriculteurs du pays, d'accroître leurs prés et leurs bois, en diminuant l'étendue de leurs terres en labour, ce qui, permettant d'entretenir un nombre d'animaux plus considérable, et de porter sur une surface donnée une plus grande quantité de fumier, augmente considérablement la fertilité du sol cultivé, qui, mieux entretenu, produit davantage sur un espace restreint. Il conformait sa conduite à ce précepte et s'en trouvait très-bien. Aussi le rapport présenté par l'honorable M. Coignet constata-t-il que, dans la réserve soumise à l'examen du jury, le cheptel vif équivalait à quarante-deux têtes de gros bétail pour autant d'hectares de terre en culture, et que sept hectares étant en outre en choux, betteraves, carrottes et pommes de terre, il restait encore le fumier d'une dizaine de forts animaux pour les prés, évalués, par les jurés, être d'une contenance de quarante hectares, et dont l'irrigation se faisait au moyen d'étangs créés pour faciliter et rendre régulière cette opération. L'engrais était transporté sur place immédiatement au sortir de l'étable. La chaux, dont l'effet dure pendant une dizaine d'années, était, au besoin, employée à la dose de 120 hectolitres par hectare. Plusieurs parties du sol, trop humide, avaient été drainées au moyen de l'empierrement. La rotation suivante était adoptée : 1° plantes sarclées ; 2° blé ; 3° trèfle ; 4° avoine, et pour éviter le retour trop fréquent du trèfle, cette légumineuse était remplacée, une fois entre autres, par une autre, telle que jarosse ou farouch, suivie de sarrasin. Avec cette méthode et des soins judicieux, M. Bugeaud, sur 16 hectares environ en céréales, récoltait 600 hectolitres de grains, soit 37 1/2 à l'hectare.

Sylviculteur éminent, M. Bugeaud est, sous ce rapport, tout-à-fait hors ligne. On lui doit d'admirables et immenses taillis chênes et châtaigniers sur des terres fatiguées et sur défrichements suivis d'un écobuage et de deux années de production en seigle et avoine, après lesquelles arrive le semis forestier nécessitant 8 hectolitres de châtaignes à l'hectare. On ne peut, dit M. Coignet, se faire une idée de ces taillis. C'est un fourré impénétrable. Les récoltes de grains pendant les deux premières années dédommagent des frais et, dans tous les cas, des ouvriers se chargent du semis sur défrichement, à la seule condition qu'on leur abandonne le grain, la paille restant au possesseur du terrain. L'opération s'est étendue sur 112 hectares, et ce qui parlait bien haut en sa faveur, c'est le fait suivant : un taillis de trois hectares environ avait été vendu pour carassonne à l'âge de 17 ans, 8,700 fr., tout le fagottage demeurant de plus au propriétaire. Celui-ci comptait avoir 53 hectares à couper deux ans après et leur rendement probable alors était estimé déjà devoir atteindre 60,000 francs. Pour accélérer la croissance des arbres isolés, car on ne peut songer à appliquer cette méthode à des groupes considérables, M. Bugeaud conseille le lessivage de la tige à l'eau de chaux, ou de cendres neuves, au moyen d'un linge placé au bout d'une perche et trempé dans une forte lessive de vingt litres d'eau par kilogramme de chaux ou de cendres. Le résultat est admirable, comme le prouvent un ormeau et des tilleuls placés dans la cour.

Enfin, M. Bugeaud a fait exécuter de nombreux chemins d'exploitation, et la route de Payzac à St-Yrieix a été ouverte à ses frais sur 1,600 mètres de parcours, c'est-à-dire dans toute sa longueur à travers les dépendances de Juvénie. La Société décerna, sur la proposition du rapporteur, une médaille de vermeil, second prix d'honneur, à l'habile praticien, à la suite de cet exposé.

Six ans après, en 1872, le jury de la prime régionale visita la même exploitation. Il fut frappé des grands résultats obtenus; mais, par suite de diverses circonstances, M. Bugeaud, auquel, à l'occasion de semblable concours, la commission gouvernementale avait, en 1864, déjà décerné une médaille d'or grand module, désira ne pas être mentionné en cette nouvelle occurrence, et son désintéressement priva le public agricole d'utiles renseignements et d'excellents exemples. En 1873, notre association voulut rendre un juste hommage à l'agriculteur si distingué, qui ne se présentait pas pour disputer la prime destinée, par elle, à celui qui aurait le mieux conduit son domaine dans le Nontronnais, et décida qu'une visite hors concours serait faite à sa réserve. Plusieurs membres de sa Commission furent désignés pour ce voyage et voulurent bien m'inviter à me joindre à eux. On peut croire que je m'empressai d'accepter. Bien loin de décliner cette proposition, si je l'avais osé, je l'aurais provoquée, d'autant plus que M. Bugeaud m'avait, à plusieurs reprises, fait l'honneur de m'engager à entreprendre cette agréable et utile excursion.

Nous eûmes le regret de ne pas le rencontrer. Le matin même de notre venue, une dépêche télégraphique l'avait appelé à plusieurs lieues de là pour affaires de famille; mais il avait chargé de le suppléer l'aînée de ses filles, qui nous reçut avec une grâce et une affabilité toutes charmantes, et qui, après un *confortable* déjeuner, voulut bien nous guider dans une partie de notre exploration ; puis nous faire accompagner par un homme compétent pour le reste. Nous avons admiré les grands bois touffus et beaux comme je n'en avais pas encore aperçu depuis ceux que j'ai vus dans les magnifiques réserves de la Bavière, en 1840; les prairies artificielles bien tenues, les prés naturels irrigués avec art et du milieu desquels l'œil peut embrasser les travaux de drainage et les conduites d'eau, avec les réservoirs superposés alimentés par des sources ou les pluies, et qui sont les points de départ de mille rigoles, portant dans les herbages la fraîcheur et la fertilité. Nous avons parcouru les constructions rurales, que notre collègue M. Gouguet, rapporteur de la Commission, nous peint ainsi : « Porcherie avec son petit parc ombragé, boulangerie, vastes granges, greniers, dortoirs et réfectoires pour les ouvriers; caves pour les racines; enfin, une vaste étable, véritable modèle de logement pour les animaux.

» Cette étable a la forme d'un parallélogramme. Au centre se trouve un long corridor, élevé de un mètre au-dessus du niveau du sol. Il est entouré de crèches et éclairé au nord par une porte. Sur chacun des deux côtés sont deux ouvertures charretières et quatre fenêtres, munies de rideaux métalliques à l'intérieur. De larges trottoirs permettent aux voitures d'entrer et de sortir pour apporter les aliments et enlever les fumiers. Au midi, faisant face au corridor, se trouve la partie du bâtiment destinée aux veaux et aux génisses, puis la chambre destinée aux bestiaux malades et celle de ceux qui viennent de naître. Enfin, au-dessous de cette dernière partie, une cave pour les racines diverses. Des greniers à fourrage règnent sur toute l'étendue de l'étable. Un bâtiment où se trouvent les pailles y est contigu. Une pompe fournit toute l'eau nécessaire pour abreuver les animaux. L'aération des locaux est parfaite. Tout est donc complet. »

Nous avons également, avec un vif intérêt, parcouru le jardin où des plantes luxuriantes, de splendides légumes attestaient le savoir-faire du maître et de celles qui l'aident si bien, dignes filles d'un tel père. La Société, charmée du récit qui lui a été adressé par sa sous-commission, a été mille fois heureuse de déposer respectueusement, à titre de sympathique reconnaissance, une médaille d'or de plus dans le riche écrin de l'intrépide et intelligent pionnier de Juvénie. J'ai depuis eu le plaisir de recevoir deux lettres de lui. D'après ce qu'il m'a dernièrement écrit, vu les exigences des ouvriers et la rareté de la main-d'œuvre, il vient de se décider à mettre encore en bois une partie de ses terres qui lui produiront ainsi, pense-t-il, plus de revenu, sans autant de dépenses relativement. Il avait vendu récemment pour 44,000 fr. de bois de coupe et avait lieu d'être plus satisfait de cette opération qu'il n'aurait pu l'être du produit des grains. Son cheptel vif était toujours au complet. Il comptait l'augmenter beaucoup, ses prairies devant être mieux fumées par suite de la moindre quantité de sol arable. Il restait fidèle à la race bovine du Limousin et à la race porcine indigène, qui, sauf quelques nuances dues au climat, est la même que celle du Périgord et qu'il estime être la meilleure pour le pays.

A l'ouest de La Nouaille se trouvent les anciennes propriétés du maréchal Bugeaud. Nous avons traversé les terres de Plaisance, qui m'ont paru bien travaillées et où j'ai remarqué de belles allées d'arbres fruitiers. La Durantie n'en est pas loin. Cette terre, que le vieux guerrier avait restaurée soigneusement et avec amour, est maintenant possédée par

M. Wallon, ancien négociant de Paris, qui l'avait achetée voulant en faire un rendez-vous de chasse, uniquement dans le dessein d'y venir se distraire ainsi de temps à autre. Mais il n'a pas tardé à changer d'avis et s'est mis sérieusement à l'œuvre pour la convertir en un bien de rendement, et ayant une grande fortune, il n'a rien négligé pour réaliser ce louable projet. En 1868, sa nouvelle acquisition renfermait pour 25,000 fr. de cheptels morts ou vifs, et donnait 15,000 fr. de rente. Elle était, depuis la mort du maréchal, dans un état complet d'abandon. M. Wallon introduisit un matériel complet et puissant de labourage, fonda sans hésiter une fabrique de chaux, tuyaux de drainage et tuiles, montée d'après les procédés les plus perfectionnés et munie de puissants appareils mis en mouvement par une locomobile à vapeur. Trente hectares furent drainés, labourés profondément au moyen de fortes charrues et de fouilleuses; les rouleaux brise-mottes, les herses Valcourt, roulantes et autres, furent employés; le chaulage fut pratiqué à raison de 100 quintaux métriques à l'hectare, renouvelables tous les 7 à 8 ans, le prix de la chaux revenant à 2 fr. les 100 kilogrammes; les faucheuses, faneuses, moissonneuses, hache-paille, laveurs de racines; dépulpeurs, concasseurs de tourteaux et de grains, furent appelés à prendre part à la rénovation entreprise. Enfin, une puissante machine à battre à vapeur système Gérard, avec trieur, un atelier de forge, charpenterie, menuiserie, bourrellerie, achevèrent l'installation.

Cinq ans après, le cheptel vivant comptait 110 têtes de la race bovine du Limousin, 7 chevaux de labour, 150 moutons, 40 porcs, tous bien nourris et lités. C'est avec cet outillage et cette belle population de ses étables que la commission trouva la Durantie en 1873, et M. Wallon était loin de considérer son œuvre comme achevée. Il méditait alors de constituer une vacherie de 60 têtes au moins, destinées à la reproduction, et d'engraisser du bétail toute l'année. A cet effet, il venait de faire construire un immense silo couvert ayant 40 mètres de longueur sur 4^{m}50 de largeur et 3^{m}50 de profondeur, pouvant, par conséquent, contenir 630 mètres cubes de betteraves qui, au fur et à mesure de leur entrée, après avoir été préalablement lavées, devaient être soumises au dépulpeur, puis entassées dans le silo pour empêcher la fermentation végétative. Il se proposait de donner la préférence à la betterave à sucre, dont les pulpes, mélangées à la balle de blé, à des tourteaux, ou bien à de la paille et du foin hâchés, lui paraissaient devoir fournir une nourriture supérieure. Toutes les terres ensemencées l'étaient à l'aide du semoir, qui donne plus de régularité, en même temps qu'il économise du grain. Leur rapport, par hectare, était en hect. de 30 à 32 pour le froment, de 46 à 48 pour l'avoine. On récoltait 1,800 hectolitres de tout grain, au lieu de 600 précédemment, et le revenu brut était monté de 15,000 fr. à 55,000. Les fourrages verts, jarosse avec avoine, farouch et maïs occupaient une large sole en se succédant. Les fumiers étaient conduits sur les terres immédiatement au sortir de l'étable et enfouis de suite par un labour. Les prairies recevaient des phosphates fossiles à raison de 5 à 600 kil. à l'hectare. Quant aux betteraves qui donnaient, la globe-jaune jusqu'à 85,000 et celle à sucre 55,000 kilogrammes à l'hectare, elles recevaient sur cette surface de terrain 900 kil. de fumure composée, par égales parties, de guano du Pérou, phospho-guano et tourteaux d'arachides. M. Wallon gérait par lui-même, ayant pour veiller à l'exécution de ses ordres un homme intelligent et dévoué, le nommé Bernard Château, dont il était fort satisfait. L'entreprise était donc en bonne voie; néanmoins, elle n'avait encore pu, par suite des déboursés nécessaires pour la conduire où elle était parvenue, produire de bénéfices bien appréciables, que tout faisait espérer, du reste, dans un prochain avenir. Mais cependant les résultats acquis étaient de telle nature qu'une médaille d'or hors classe fut votée par la Société, sur le rapport de M. Gouguet, au défricheur, au restaurateur convaincu, dont les actes répandaient déjà l'émulation autour de lui.

Tout dernièrement, M. Wallon a bien voulu m'adresser une courte note d'où il résulte que depuis la visite de notre commission, il n'a pas changé de manière de procéder. Il fait de la culture intensive, à l'instar de celle des grands cultivateurs du Nord et des environs de Paris, et emploie tous les instruments susceptibles de parer à la disette de bras, ce qui est sa grande préoccupation. Faisant valoir toute sa propriété par domestiques et sans régisseur, il s'est vu dans la nécessité de supprimer presque entièrement les travaux exigeant de la main-d'œuvre. Ainsi, par exemple, il a diminué très-sensiblement la surface occupée par les plantes sarclées, à cause de la pénurie d'ouvriers et surtout parce que les journaliers du pays ne veulent pas prendre ces sortes de travaux à la tâche. Aussi n'engraisse-t-il presque plus de bœufs, spéculation qu'il remplace par l'élevage, qu'il estime être d'ailleurs plus lucratif, surtout lorsque l'on se trouve avoir affaire à une race fixée. Les animaux des races locales lui semblent, en général, préférables à cause de leur rusticité, exigeant beaucoup moins de soins et de bonne nourriture que les étrangers, souvent difficiles, particulièrement les brebis, à acclimater sur le sol de la contrée. Toutefois, il n'en apprécie pas moins les durhams, charolais et southdowns, mais il pense que pour ces tribus, il est nécessaire d'améliorer les prairies naturelles et artificielles et de nourrir exclusivement à la crèche.

Je me trouvais passer à la porte de la Durantie; je fus y frapper, mais M. Wallon était absent et je dus me résigner à poursuivre ma route sans avoir vu la véritable manufacture agricole qu'il a fondée et l'avoir parcourue sous sa direction, ce que je regrette fort. Je me mis en route pour la Gérodie, résidence de M. Morand dont je comptais bien admirer les jolies cultures, en même temps que profiter de mon excursion dans le pays pour jouir du charme des réceptions, toujours si aimables, qui vous attendent de sa part et de celle de Mme Morand. Heureux de cette pensée, je cheminais au milieu de beaux taillis et de terres dont la nature paraît assez bonne, lorsque je rencontrai celui que j'allais visiter et qui rentrait en voiture à La Nouaille avec toute sa famille. Je mis pied à terre et, après un moment de conversation amicale, je continuai ma pérégrination pour regagner ma demeure. Le terrain est accidenté, les descentes sont rapides souvent et la Loue se trouve, par moments, tellement encaissée, que c'est à peine s'il existe, dans le bas fond, la place nécessaire pour son passage. On m'a parlé d'un ancien moulin de la Durantie situé tout proche et qui est si bien dominé par le coteau, qu'une voiture ayant versé dans la descente, le cheval, dont les traits s'étaient brisés, vint tomber sur le toit et pénétrer dans le grenier, où il y avait du foin déposé, grande consolation pour lui dans sa chute et qui lui rendit sa blessure légère. Les taillis continuent à se montrer épais et vigoureux, les champs à faire bonne contenance jusqu'à la Gérodie et auprès de Lenty son voisin, ancien domaine du maréchal Bugeaud, puis de sa fille Mme Feray, et en vente aujourd'hui, je crois. La Gérodie dépassée, la physionomie du pays s'assombrit, les bois reculent, et bientôt apparaissent d'immenses landes rases, communaux en pâtis, dont une surface de quatre-vingts hectares a été dernièrement vendue 10,000 francs, soit 125 francs l'hectare ! Où sommes-nous, grand Dieu ? Dans un vrai désert, tout proche d'une fondrière qui porte le nom significatif de *Golia* (le bourbier), où bêtes et gens se perdent dans la fange mobile, espèce de tourbière sans fond, lorsque l'on n'a pas soin de suivre attentivement le chemin battu. Des personnes du pays y ont laissé leurs chevaux embourbés jusqu'aux oreilles, en plein mois d'août, après une longue sécheresse. Ce vrai marécage est un pourvoyeur pour le loup qui, fréquemment attiré par les cris et les efforts des animaux engagés dans la vase, accourt les y attaquer, puis s'en retourne se léchant les lèvres, après avoir fait un bon repas.

Parcourir seul cette solitude la nuit, est, même pour les habitants de la contrée, chose peu sûre, s'exposer à une foule de dangers et à des aventures de toutes sortes à chaque pas. Il en est arrivé parfois des plus singulières. En voici une que l'un des anciens du pays m'a racontée et dont le fond, paraît-il, est très-exact, si divers détails, quoique le contraire m'ait par lui été affirmé, sont peut-être, légèrement embellis. Certain soir d'automne, un jeune militaire cheminait gaiement sur cette plaine grisâtre, où nul autre être humain ne se montrait en ce moment. Il marchait avec rapidité, tâchant de gagner au plus tôt son village où il allait passer au milieu des siens, qui l'attendaient impatiemment, un congé de quelques jours. Le soleil était couché, l'ombre croissait, et déjà le voyageur avait, à deux ou trois reprises, failli s'enfoncer dans l'abîme trompeur; aussi résolut-il, au lieu de continuer à se tenir au milieu des sentiers perfides, ou sur leurs bords plus dangereux encore, de suivre les hauts talus qui les accompagnent et d'où sa vue plongerait plus au loin, en même temps que ses pas seraient plus assurés. Pendant un moment tout fut bien et il se croyait près du but, lorsque sous ses pieds le sol vint à manquer; et avec grand bruit, accompagné d'une avalanche de gazons et de branchages brisés, il fut précipité au fond d'un souterrain sinistre. Immobile sous le coup de la violence de la chute, aveuglé par les décombres, il reste un instant sans pouvoir se rendre compte de l'endroit où il se trouve. Enfin ses yeux se rouvrent et, spectacle terrifiant! il se voit étendu près d'un feu sombre et entouré de trois fantômes noirs à la voix rauque et rude. Point de doute: ses esprits troublés le lui disent, il est au pouvoir des esprits infernaux; ce sont les grands princes des ténèbres qui l'inter-

rogent. « Qui es-tu? demande l'un d'eux d'un ton sépulcral.
— N... qui se rendait chez ses parents. — N I... C'est un
espion ! Bonne prise ! Du reste nous allons voir; emmenons-le ! »
Et le chef du redoutable trio soulevant l'infortuné le remet
debout, le place entre ses deux subordonnés, puis, allumant
une lampe fumeuse, prend la tête du fantastique cortége.
Lucifer remplissait son rôle, escorté d'Astaroth et de Belzébut.

On part: la nuit est profonde, épaisse et menaçante ; la
pâle lumière du fanal éclaire à peine un cercle restreint,
autour duquel l'obscurité paraît redoubler malgré la lune qui,
froide et triste, voilée de temps à autre par des nuages
courant tumultueux dans le ciel, comme des sorcières allant
au Sabat, semble considérer avec effroi la caravane
étrange. Sur la lande décharnée le vent rugit ; au loin les
arbres de la forêt se courbent en gémissant sous les efforts de
la tempête ; le hurlement des bêtes fauves retentit en se
rapprochant ; le hibou plaintif lui répond, tandis que l'oiseau
funèbre rase de son aile silencieuse la troupe perdue dans
l'immensité désolée, et froisse en passant le visage du prisonnier
saisi de terreur et baigné d'une sueur froide. Combien
sont longues les minutes ! Mais voici qu'un nouveau spectre
vient se joindre aux autres ! Il prononce quelques paroles à
leurs oreilles, paroles dont le vent ne permet pas à leur
proie de saisir le sens. Soudain on s'arrête ; une porte s'ouvre,
une grande clameur retentit auprès d'un vaste brasier, commencement
sans doute de ceux de l'Enfer et autour duquel
apparaissent vingt démons qui se précipitent avec impétuosité
sur leur victime, qui tombe haletante et épuisée.

Elle est entre des mains qui se la disputent et ne semble
plus être qu'un cadavre insensible dont l'âme a déjà fui
depuis longtemps. Peu à peu, nouveau drame ! la chaleur la
ranime, elle sent des tiraillements nombreux dans tous ses
membres. Sans doute c'est le commencement de la seconde

existence et on la dépèce vivante pour la plonger, nouvel Éson, destiné à un tourment inouï, dans cette immense chaudière qu'elle a tout à l'heure aperçue et où elle rajeunira sans cesse, pour périr de la même manière sans cesse aussi. Pourtant ses yeux s'ouvrent et ils tombent sur ses trois gardiens et leur compagnon, qui n'ont point l'air absolument féroces. Les premiers, autour d'une table, où fume une vaste soupière, fêtent un solide repas, tout en jetant vers lui des regards qui ne sont pas trop menaçants. Le dernier, vêtu de noir, il est vrai, n'a pas le visage de la couleur de ses habits; il est d'aspect vénérable; de longs cheveux blancs couvrent sa noble tête : il tient le patient par la main, le considère avec douceur et dit à ceux qui se pressent autour de lui : Ne craignez rien, il est sauvé maintenant. En même temps des voix caressantes retentissent, de petits bras enlacent l'arrivant; une apparition bien aimée se baisse vers lui joyeuse et l'embrasse; un vieillard robuste le place sur son séant, et il reconnaît son père, sa mère, ses frères, ses sœurs avec le saint recteur de la paroisse! Il est chez lui, où l'ont conduit avec empressement et dévouement, trois charbonniers dont il a défoncé la hutte de feuillage en tombant; et complétement remis des suites de son accident, il s'empresse de faire fête à ces *bons diables*, avant qu'ils ne s'en retournent dans leur chaumière, bénis par la famille, et emportant comme témoignage de sa reconnaissance, avec des vivres en abondance, un ample approvisionnement de ramée pour recouvrir, à l'angle d'un fossé, dont les parois forment deux de ses murailles, leur habitation à la toiture ébréchée. Tous ceux qui s'égarent ici ne sont pas si heureux; plus d'un y a péri misérablement, victime de rodeurs cherchant aventure. Et si divers des crimes commis ont été révélés et punis, il n'en est que trop dont ces champs ont gardé l'insondable secret.

On vient d'ouvrir plusieurs routes qui traversant ce lac de

boue liquide, dissimulée sous le sable, y permettront une circulation facile en tout temps. Quelques instants après l'avoir franchi, nous étions de retour à Mas-de-Champs, et dans la soirée je faisais ma visite de cérémonie au chef-lieu de ma commune, Sarlande, faible noyau d'un vaste cercle. Divers chemins sont commencés pour y donner accès, et l'un d'eux doit conduire vers Saint-Yrieix par une ligne plus courte que celle de La Nouaille à cette dernière ville. Tous ne toucheront pas le village, mais des embranchements les relieront à lui. On travaille à ces voies de communication avec une sage lenteur.

Hâtez-vous lentement quelqu'ordre qui vous presse,

a dit Despréaux. Nos indigènes mettent volontiers cet axiome en pratique. Jugez de ce qu'ils font quand aucun ordre ne les pousse, et c'est ici le cas fréquemment. L'église paroissiale ne manque pas d'un certain style, mais est bien pauvre et bien nue. Sa partie haute, qui voudrait s'effondrer, est, à l'intérieur, retenue par des barres de fer qui la maintiennent en position, en attendant le jour où l'on pourra la consolider et lui donner ce qui lui manque pour remplir convenablement son office. La maison d'école est toute neuve et croule déjà. L'on prétend qu'elle fait partie d'une série d'édifices disséminés çà et là et qui ont la spécialité de ne pas durer. Ainsi font les roses ! Le presbytère vient d'être reconstruit à neuf ; il est grand et commode. Le vieux château ruiné de Beausoleil est à peu de distance. Au moment de mon arrivée, les habitations se repeuplaient, car la nuit approchait. Pendant le jour, elles avaient été presque délaissées, à cause de la garde des troupeaux, du fauchage des prés, de la récolte des pommes de terre et de celle des châtaignes qui est abondante cette année. Aussi fallait-il voir avec quel soin on réparait les *cleydiers*, sorte de petit édifice, en forme de tour ronde en pierre, avec un orifice tout en haut, ou bien simplement bâtisse ordinaire à l'extérieur, que l'on rencontre partout dans les cours des métairies ou des formes du canton et des cantons voisins, tant du Périgord que du Limousin. Là, sur des *claies*, comme le nom l'indique, à une certaine hauteur sont déposées les châtaignes que l'on veut conserver pour l'hiver. Au dessous on allume et entretient un feu continu sans flamme, qui dégage une grande quantité de vapeur, laquelle passant à travers les fruits, que l'on remue méthodiquement, les désseche ; après quoi on les met en réserve pour les besoins futurs. Pendant l'opération, les paysans, assis en rond, font tranquillement griller des marrons et s'en régalent, sans paraître se soucier le moins du monde d'une fumée épaisse à la couper et capable d'asphyxier tout autre qu'eux ; ce qui prouve qu'ils ne participent ni de la nature du renard, ni de celle du blaireau. A présent que les châtaignes vertes trouvent un écoulement facile au dehors, à bon prix, il est probable qu'on en préparera moins de cette manière ; il est à croire aussi que l'on comprendra que pour tirer le parti le plus avantageux possible de la situation nouvelle, il faut, aux mauvaises espèces, substituer de bonnes variétés, chose facile à faire dans un pays où le châtaignier est dans son élément pour ainsi dire, et pousse de toutes parts vigoureusement presque sans soins. Compliments reçus et rendus, poignées de main vigoureusement échangées, nous reprenons le chemin de notre asile, et constatons, en passant, que sur les accotements de la route on trouve quelques indices de gisements de kaolin. Dieu réellement a bien fait de répandre les éléments constitutifs de la faïence et de la porcelaine dans les champs du Limousin, cette terre classique des longs et plantureux repas.

De Sarlande à Jumilhac, le paysage est triste, le sol de médiocre qualité. Les landes abondent, jusqu'au moulin de la Bonne-Foucie, maisonnette avec outillage primitif, placée sur un ruisselet presque imperceptible dans une coupure où les eaux, en descendant du plateau, entraînent mille débris. En approchant du but de notre course, nous voyons cependant les bois devenir plus fréquents; la terre semble meilleure; on trouve de grands prés où paissent de nombreuses vaches limousines. La route vient se souder à celle de Jumilhac à Thiviers, fait un énorme détour et gagne enfin la ville en enjambant un profond ravin.

En mettant pied à terre, on descend sur une place étendue mais mal nivelée où se tiennent les marchés et les foires, qui sont régulièrement fréquentés. Au-dessus est une grande et belle promenade, à l'ouest de laquelle se déploient la plus grande partie des habitations. Il y a deux hôtels dont l'un au moins, dit-on, est commode et bien approvisionné. Mais qui croirait que la commune est restée des années sans médecin ! Elle a fait, pour en posséder, mille avances, et les docteurs ont longtemps fait la sourde oreille. Pourquoi cela? Serait-ce parce que les habitants ont pris la salutaire habitude d'être rarement malades? S'il en était ainsi, ce fait suffirait à l'éloge de Jumilhac et l'on aurait droit d'être surpris que ce chef-lieu ne soit pas plus peuplé qu'il ne l'est. Il doit y avoir une autre raison. Laquelle? Devinez. Vous jetez votre langue au chat? J'en fais de même ; c'est plus facile que de débrouiller ce mystère. A la fin, un disciple d'Esculape est venu. L'on meurt donc à présent à Jumilhac, sans peine aucune, suivant toutes les règles. C'est ainsi qu'il est rentré dans le concert de l'humanité ! Une pharmacie est à portée pour fournir les médicaments nécessaires, et un notaire se tient prêt à minuter les actes, donations entre-vifs, partages et testaments. Tout va bien ! Ajoutez qu'une brigade de gendarmerie est la terreur des voleurs à cinq lieues à l'entour. Vous voyez que rien n'y manque plus à la félicité publique. La ville possède un bureau de recettes des postes, un autre de l'enregistrement; en sorte que sans quitter son enceinte on peut y accomplir tous ses devoirs de citoyen. Nous avons dit que pour le commerce du bétail elle est dotée d'une grande place; pour celui de détail elle a une halle qu'elle fait très-bien de cacher, car elle est réellement hideuse. A la porte de ce *monument* est un salon de coiffure où l'on a l'avantage d'être rasé par une dame! Dame! ce n'est pas une houri; elle donnerait trop de distractions. Elle est d'âge respectable et connaît son métier, ayant rafraîchi le visage de deux générations pour le moins. On ne se plaint jamais de ses services, la courtoisie ne permettant pas de dire qu'elle vous écorche. Je dois déclarer, du reste, qu'elle m'a pleinement satisfait par son habileté. D'ailleurs il paraît que dans ce coin du Nontronnais la *barbière* est un type commun. A La Nouaille en effet, on est parfois de même rajeuni par la beauté. D'après ce que m'a raconté, pendant un autre voyage, un de mes compagnons de route, ce fait n'est pas rare non plus en d'autres endroits, et il m'a certifié qu'en un bourg du Limousin ou de la Creuse dont j'ai perdu le nom, il avait vu mainte fois une fort jolie femme *bichonnant*, rasant et frisant un forgeron contrefait qui clignait de l'œil en la regardant. Vénus coiffant Vulcain !

La position de Jumilhac, sur un promontoire formé par la colline entre deux vallons, est pittoresque, et son vieux château l'annonce au loin d'une manière imposante au voyageur qui remonte le long du cours de l'Isle. C'est un prestigieux bâtiment, énorme assemblage de tourelles, de pavillons, de renflures de toutes sortes, hérissant des toits aigus; situé au fond d'une vaste cour ouvrant sur la place, et que flanquent à droite et à gauche deux longues ailes en retour d'équerre, percées de larges croisées, terminées du côté du bourg par des pavillons à machicoulis et reliées entre elles par une terrasse à balustres. C'est dans l'aile de droite en arrivant que sont aujourd'hui les appartements principaux et l'on y jouit, sur la vallée de la rivière, d'une vue délicieuse. Une partie de l'intérieur de l'ancien château est en ruines, ayant été détruite par la foudre, et l'on ne saurait la parcourir sans danger. Dans le reste du même corps de logis, on trouve plusieurs salles remarquables avec jolis ornements et une petite chambre sur le battant intérieur de la porte de laquelle est peinte une jeune femme en costume des siècles passés ; ce cabinet porte le nom de *Chambre de la fileuse*. On débite à son sujet une légende très-probablement apocryphe. Le parc est digne d'être vu et constitue pour la ville une seconde et charmante promenade. Dans les jardins est située la célèbre orangerie dont les arbres sont de grosseur et de hauteur énormes et dont il faudrait, pour que plusieurs d'eux pussent y rester à l'aise désormais, accroître sensiblement l'élévation. On prétend qu'on l'a comptée pour 80,000 fr. à l'un des derniers propriétaires dans sa part d'héritage et que l'on a donné même valeur à la bibliothèque qu'on lui laissait aussi. J'avais lu quelque part que Jumilhac rappelle Chenonceaux. On peut juger de ma stupéfaction lorsque, lors de mon premier voyage dans le pays, voyage qui m'a laissé les meilleurs souvenirs, à cause de l'accueil gracieux que je reçus de M. de Lassalle, directeur de l'enregistrement, de Mme de Lassalle et de sa mère, je me trouvai en présence du féodal édifice que, grâce à l'assertion de l'auteur de la comparaison, je m'imaginais être entouré d'eau vive. Au lieu d'un somptueux palais baigné par l'Isle, et même peut-être la traversant, bâti sur un pont, comme Chenonceaux sur le Cher, je voyais une forteresse au sommet d'un pic. L'aigle noir menaçant dans son aire, au lieu du cygne paisible voguant avec grâce sur l'onde, en ouvrant à demi ses blanches ailes, que la brise gonfle comme des voiles d'argent. Du château dépendent d'immenses terres, riches en bois, et de nature essentiellement limousine. Le tout, après avoir été acquis par le général comte de Rochechouart, a été vendu par ses enfants à M. Étienne, opulent raffineur de Nantes et appartient toujours à sa famille (1). L'église touche le grandiose manoir, que l'on contourne, pour y entrer, par une terrasse très-étroite et dont sa flèche a l'air de former une des tourelles. Elle est bien pauvre et d'un accès incommode. De l'intérieur du château on y pénètre par une tribune. Jumilhac compte près de 3,000 âmes, mais en grande partie disséminées sur un très-vaste territoire, qui constitue l'une des communes les plus étendues du département. La ville a la prétention d'avoir été jadis le siège d'un évêché, ce qui n'est rien moins que prouvé. Si on l'en croyait, on y aurait aussi battu monnaie dans le Moyen-Age, mais cette assertion paraît dénuée de tout fondement à des archéologues érudits. Pour le moment elle se contente d'être la résidence d'un juge de paix. Ce qui est plus certain que ses orgueilleuses traditions, c'est qu'elle a joué, lors des grandes guerres entre les Français et les Anglais, un certain rôle et qu'elle a été reprise aux derniers par Du Guesclin en personne. Dans le voisinage existe un *tumulus* qui donne à penser aux scrutateurs des temps *préhistoriques*. Elle possède donc le prestige de l'ancienneté. De nombreuses routes y conduisent, mais elle est très-loin du chemin de fer et voudrait beaucoup que le projet de jonction de l'Isle à la Vienne par un canal s'effectuât promptement. Nous nous joignons à elle pour le demander, ce travail étant d'un intérêt et d'une

---

(1) Ce château, dont il est question dès 1505, considérablement agrandi remanié à des époques différentes, érigé en marquisat en 1650, fut presque triplé sous Louis XIV. L'un de ses possesseurs, Antoine Chapelle, sieur de Jumilhac, maître de forges, fut anobli par Henri IV, auquel il avait prêté beaucoup d'argent. Ses descendants l'ont gardé jusqu'au commencement de la Restauration. Sa famille, successivement alliée à plusieurs des principales de France, a été, par suite du mariage d'un des siens avec l'héritière de la maison de Wignerot, substituée aux noms, titres et armes des Richelieu, qui se sont fondus ainsi depuis plusieurs générations dans la souche des Chapelle de Jumilhac, qui seuls les représentent aujourd'hui.

utilité tout-à-fait incontestables. L'industrie s'y trouve représentée par quelques fabriques et la forge des Fenières. Celle-ci, qui est située dans sa circonscription municipale, je crois, a eu de beaux jours, puis des revers qui l'ont fait abandonner; dernièrement elle a été, comme je l'ai dit plus haut, remise en activité, malgré les temps peu favorables à la fabrication du fer dans nos contrées; et aujourd'hui celui qui vient, en arrivant de la Coquille, de voir ses pareilles tombées et craint qu'elle ne soit morte définitivement, est joyeux de constater en s'en approchant que :

Pourtant du toit aigu sort un peu de fumée.

Souhaitons que sa prospérité passée reparaisse bien vite et dure. C'est un vœu que tous doivent former. Les environs de la ville renferment des gisements de kaolin. L'un d'eux était naguère exploité, peut-être l'est-il encore, par un négociant de Limoges. Il y a dix ans environ, il était question d'entreprendre sur une assez grande échelle la mise en rapport des autres, mais il paraît que ce projet n'a pas eu de suites. Jumilhac est le centre d'un vaste canton embrassant sept communes, dont plusieurs importantes, et où l'industrie métallurgique, longtemps florissante, se maintient encore sur quelques points, grâce au mérite de ses produits. C'est un pays montagneux, boisé, desservi, du reste, par un réseau complet de chemins bien entretenus, avec une station de chemin de fer à la Coquille. L'agriculture n'est pas restée stationnaire dans ce ressort; elle y fait journellement des pas en avant. On cite plusieurs de ses adeptes comme allant résolument vers le but. Parmi eux, M. Crozetière, propriétaire, et régisseur de la vaste terre de M. de Saint-Paul à Saint-Paul-Laroche, a mérité l'octroi d'une médaille d'argent spéciale, lors du Concours départemental de 1873, pour l'excellente tenue de toutes les métairies, soit lui appartenant, soit faisant partie de l'exploitation qu'il dirige pour le possesseur absent.

N'ayant pu rencontrer à Jumilhac la personne qui devait s'y trouver pour conclure un marché, j'ai pris le parti de rentrer à Sarlande, d'où le surlendemain, après l'expédition de quelques affaires, j'ai repris ma route, non pour Périgueux par Excideuil, mais pour Nontron, et de là vers les environs de Mareuil, où je devais retrouver la plus grande partie des miens. Tout le long de la route s'étendent d'abord à perte de vue des landes, des bruyères, des pâtis et de mauvais taillis, surtout à notre gauche, jusqu'au moment où l'on fait la rencontre d'un second chemin public allant vers Dussac. Je parlerai probablement une autre fois de cette jolie bourgade d'où l'on descend, à quelque distance, si rapidement sur Excideuil, et aussi de son élégant manoir. On gagne de ce point La Nouaille par une voie pittoresque, que j'ai suivie il y a quelques années et que M. le baron J. de Verneilh, décrit en ces termes qui en font le tableau le plus exact et le plus vivant : « Les rives de La Loue bordées de coteaux abruptes couverts de taillis et de rochers, le pont qui franchit la rivière à une hauteur inusitée dans nos routes départementales, les grands arbres qui baignent leurs racines dans ses eaux rapides, les moulins logés, on ne sait comment, dans son étroite vallée, les lacets de la route soutenus par des murailles élevées, tout cela constitue un spectacle assez sévère en hiver, mais charmant dans la belle saison. » Je n'ai pas l'intention d'aller pour le moment revoir la petite ville qu'entourent tant de belles propriétés si bien dirigées et où je retournerai du reste avant peu. Je prends à droite à travers un pays varié, passablement fertile où courent de belles allées de grands châtaigniers chargés de fruit. Nous passons à côté de Vaux, ancien fief dépendant de la terre de Dussac et qui dans le temps a fait beaucoup parler de lui dans le monde agricole. Vendu par M. de Foucauld à M. de Courtilhe venu de l'Allier, il fut l'objet d'un remaniement complet; on changea brusquement les modes de culture, on introduisit du bétail étranger; on fit essais sur essais, améliorations sur améliorations, du moins on croyait en faire. Par malheur, il advint ce qui presque toujours arrive quand on se presse tant et qu'on agit sans s'être bien rendu compte du milieu dans lequel on se trouve; les recettes s'effectuèrent moins vite qu'on ne le supposait, tandis que les dépenses furent grand train. Enfin un désastreux incendie survint et il fallut renoncer à l'entreprise. Aujourd'hui Vaux est retourné au petit-fils de son antique possesseur. Nous voyons aussi les dépendances du vieux Brody, qui ne saurait dedemeurer dans l'état de stagnation où il s'est trouvé par suite de circonstances exceptionnelles, et qui possède de bons terrains. Les prairies paraissent être de ce côté de nature satisfaisante. Nous coupons un vallon à la jonction de deux ruisseaux, le Lavaud, et un autre qui vient des bois de Bellesise et de Masdechamps. Le premier est le plus fort et s'approprie l'autre; il est encore ému de la lutte et tout noir en passant sous le pont qui le traverse. On le dit peuplé de poissons très-appréciés et de belles écrevisses. Nous montons au milieu de jolis prés une longue côte tout en haut de laquelle est situé le village de Sarrazac, qui jouit au loin d'un grand renom parce qu'on y trouve des maréchaux-ferrants, des charrons et autres ouvriers, dits d'état, que l'on ne rencontre pas dans la plupart des autres chefs-lieux de communes rurales des cantons de Jumilhac et de La Nouaille. Il y a de nombreux marchands de bois, et ce bourg paraît très-prospère. A peine l'avons-nous dépassé que le paysage change d'aspect de nouveau; le sol est maigre; ce ne sont plus que tristes bois, bruyères et terres légères. Une montagne s'élève, la route la ceint en corniche à une grande hauteur, et au-dessous de nous, qui la dominons à pic, se dessine une étroite vallée dans laquelle décrit un long coude une jolie petite rivière. C'est l'Isle bien faible encore et qui aspire à des destinées moins rustiques pour lesquelles sans se presser, elle se dirige vers le sud, non sans remonter parfois par de légères inflexions vers son berceau; mais sa destinée la maîtrise et elle reprend son chemin après ces courtes velléités de retour. Sa pente l'entraîne, comme nous la nôtre. Nous allons donc la côtoyant et la surplombant jusqu'au prochain tournant. Là, prenant notre parti, nous descendons vers elle avec rapidité dans la gorge, devenue sauvage pour un instant, et la franchissons sur un pont tout neuf, formé d'une seule arche. Le vallon ici, rude, âpre et mélancolique, est presque tout rempli par le cours d'eau sur les bords duquel se dresse un moulin situé tellement près de la montagne que ses toits la touchent et que les volailles qui s'ébattent à sa porte, dans une sorte de petit pré, picorent plus haut que sa charpente. Je me demande comment on pouvait y parvenir de l'autre côté de la rivière avant l'établissement de la route. Il fallait pour cela que le gué fût praticable et, même alors, le courant y est violent. Sur l'autre bord, à l'endroit où l'usine est construite, il n'était pas aisé de l'atteindre non plus. Je suppose que le meunier et sa famille passaient seuls de très-longues et tristes journées, et que le soir leur seule distraction était, chose peu divertissante, d'entendre les hurlements des loups sur les escarpements voisins. Le chemin remonte par un véritable défilé bordé de bois qui couvrent de rudes pentes; un semblant de ruisseau l'accompagne en faisant le plus de bruit qu'il peut. Enfin les hauteurs s'éloignent, les prairies reparaissent souriantes, le sol devient moins sévère, nous atteignons le plateau couvert de belles cultures. Thiviers apparaît, nous convie, et, empressés de répondre à son appel, nous hâtons, pour l'atteindre, la course de notre modeste équipage.

Nous allons d'autant plus joyeusement vers lui que le déjeuner nous attend et que je compte bien profiter de la voiture qui va passer pour me rendre à Nontron, d'où je me propose de rentrer ce soir à mon gîte. Nous arrivons : un garçon de l'hôtel Lambert accourt et nous aide à dételer ; une alerte servante se montre sur le seuil et nous a bientôt débarrassés de nos valises et des petits paquets que je tiens à la main. Rien de surprenant dans cet aimable accueil. Pour celui qui l'héberge moyennant finance,

> Du *voyageur arrivant*,
> C'est *la bourse* qu'on salue !

Si l'on savait comme la mienne est plate!.... Mais on ne le sait pas ! et l'on nous introduit avec toutes sortes d'égards et de prévenances dans la plus belle salle du logis.

> *Là, sur la nappe éclatante*,
> Le couvert se trouva mis.

Le maître de l'établissement vint en personne et nous apprit avec un sourire qu'il y avait pour nous place à table, mais point pour moi dans la voiture où le moindre pouce de banc était retenu depuis l'avant-veille et qui allait partir chargée de trois fois plus de monde qu'elle n'en devait réglementairement porter. Cette dernière partie du discours ne me parut pas des plus réjouissantes ; il me fallut bien, néanmoins, en brave, en prendre mon parti. Je me résignai donc, non sans avoir essayé de m'échapper en louant un véhicule quelconque, mais il n'en restait plus un seul disponible dans toute la ville et j'étais prisonnier jusqu'au lendemain. J'avais ainsi du temps de reste ; je l'employai d'abord à aller voir MM. les officiers de la remonte qui, ce jour-là, de passage soi-disant pour acquérir des chevaux, les examinaient avec l'intention très-évidente, d'après le public et mu!, de n'en acheter aucun. Il y avait de très-jolis animaux de toute taille et de tout poil, au milieu de médiocres et de mauvais. Les meilleurs n'eurent pas cette fois plus heureuse fortune que les pires. C'était chose amusante à constater que tout ce que l'on imaginait pour refuser sans cesse. Cette séance me parut n'avoir qu'un but, celui de se renseigner, à peu près, sur ce que l'on pourrait trouver à prendre à la première occasion. Le dernier cheval vu, revu et rejeté, je fus faire une tournée dans la ville que je connaissais déjà, mais qui gagne tous les jours en importance. On y voit des habitations remarquables dont la plus belle est le château de M. de Gaillard de Vaucocourt, nouvellement restauré, très-intéressant et parfaitement situé. La maison Theulier, près la gare, sur la grande route de Paris, est digne aussi d'attention, et plus grande qu'elle ne paraît au premier coup d'œil, étant placée en contre-bas de la voie publique, sur laquelle son premier étage joue le rez-de-chaussée. Elle est entourée de jolis, gracieux et très-vastes jardins. Les rues, sauf celle du milieu, qui, par comparaison, peut passer pour être de plein-pied, vont toutes montant et descendant d'une manière pittoresque, mais fatigante pour qui n'a pas l'habitude de l'escarpement continu. Celles de l'ouest conduisent, en s'élevant d'abord, en s'abaissant ensuite, à une vaste place où se tiennent chaque semaine des marchés réputés et, régulièrement, de nombreuses foires très-importantes, car Thiviers, au centre de l'arrondissement auquel il appartient, situé presque au point de jonction des formations de terrain qui constituent, d'un côté le sol du Limousin, de l'autre celui du Périgord, est un lieu d'échange extrêmement fréquenté. Au-dessus du foirail, est une jolie promenade plantée, très en pente elle aussi, qui peut passer pour en être l'annexe. La halle aux grains, tout proche, est une ancienne chapelle. Non loin, sur une hauteur, est un collège que l'on dit très-bien dirigé. A quelque distance, au sommet d'une colline, presque vis-à-vis, est un couvent-école tenu par des religieuses. L'aspect de ce monument, fruit de dons généreux d'une personne opulente, est remarquable. Le corps-de-logis est terminé par deux pavillons dont un sert d'oratoire ouvert à tous. Celui-ci, fort joli, affecte la forme d'une croix latine; on y voit de beaux vitraux et une tribune qui s'étend des deux côtés. Sa nef très-simple s'appuie directement sur les murs d'enceinte. L'église paroissiale, sise au milieu de l'agglomération urbaine, est près et au-dessus du château de Vaucocourt. Sa nef, ogivale, avec quelques pleins cintres, est sans bas-côtés, accompagnée de deux chapelles latérales qui ne sont pas exactement semblables l'une à l'autre. Elle renferme un Chemin-de-Croix en tableaux en forme de crucifix, portant chacun au centre une plaque sur émail, où le sujet de la station est représenté. La chaire est assez belle sans être horsligne. En somme, l'édifice est louable; mais le clocher insuffisant est à reconstruire et l'entrée du portail est en mauvais état, la plupart de ses marches étant absolument usées. Tout autour de la basilique règne une étroite esplanade dont la moitié, à gauche et à droite, la plus proche de la rue, est occupée par un marché aux légumes et aux fruits assez mal approvisionné. Le commerce de détail est d'ailleurs très actif à Thiviers; on y voit sans cesse affluer volaille, gibier, truffes et vins, dont il se fait une grande exportation. Les fromages qu'on y fabrique ont une certaine renommée et s'expédient dans un rayon étendu. L'on y compte plusieurs ateliers de machines agricoles, deux manufactures de poterie et deux fours à chaux pour fourrages et bâtisses. L'essor de l'agriculture est favorisé par un comice ancien, qui a suscité de grandes améliorations et a valu à la ville l'honneur d'être une fois le théâtre du concours départemental à la place de Nontron qui ne l'avait pas sollicité, qui le vit réussir et auquel ce succès de son émule servit de leçon. Rien n'est plus varié que les environs.

Ecoutons à ce sujet M. Baroiller, ancien maire de la commune et ancien député :

« Le sol, entre Thiviers et Négrondes, est généralement silico-argileux, en partie sablonneux, en partie calcaire. Point de prairies irriguées de ce côté. Pendant l'été, les habitants souffrent cruellement du manque d'eau. Force leur est d'en aller chercher très-loin. Depuis quelques années tous les habitants aisés font construire des citernes. On ne fait pas dans cette direction d'élèves de bêtes à cornes; on achète les bœufs assez jeunes aux marchés de la ville. Il y a très-peu de prés naturels, mais beaucoup de prairies artificielles, en trèfle, luzerne, et surtout en sainfoin. On cultive quantité de plantes fourragères. Il y a des truffières et l'on a planté nombre de vignes qui sont bien soignées.

» Contrée absolument différente entre Thiviers et la Coquille. C'est du Limousin et du mauvais Limousin. Le sol est argileux, mêlé de sable, et imperméable. Des eaux croupissantes rendent le pays fiévreux; les prés sont de mauvaise nature, les taillis chênes fournissent un bois peu estimé; on trouve foule de châtaigniers. Les landes ne manquent pas. Là les vaches abondent; il y a, par suite, grande production de veaux, point de bœufs. On récolte du seigle et du blé noir.

» De Thiviers à Saint-Jean-de-Côle, l'aspect du pays est beaucoup plus riant. C'est presque le Périgord. On trouve une jolie vallée bien arrosée, des prairies bien irriguées, des vignes et des taillis chêne, sur les coteaux.

» La vallée de l'Isle, à l'est, très-étroite d'abord, et où la rivière se trouvait très-encaissée, s'élargit aux abords de Corgnac. Elle y prend les proportions d'une plaine; le sol en est fertile; les coteaux fournissent de bons vins, des truffes et des bois estimés. »

On comprend qu'avec une semblable diversité de sols et de produits, les méthodes employées par les cultivateurs doivent différer suivant l'orientation et la nature de la couche arable. Aussi trouve-t-on foule de systèmes mis en pratique; mais en général l'amélioration se fait sentir partout. Nous en avons eu la preuve dans les dernières expositions et les concours de notre Société départementale, où furent primés des praticiens méritants de ces parages pour divers échantillons et bons travaux. Citons entre autres les métayers de M. E. de Bellussière, cet homme si plein d'initiative et de zèle, que l'on retrouve partout où il y a du bien à faire; M. Couvrat, propriétaire à la Borde, commune de Vaunac, qui s'est surtout distingué par la création d'importants vignobles établis par lui sur des emplacements décriés auparavant, comme étant sans valeur, et qu'il est parvenu, par son intelligence et sa persévérance, à rendre riches. Il a dompté le sable rebelle, en le forçant d'abord à porter des pins maritimes, qui, arrachés quinze ans plus tard, ont produit de bons bénéfices. Sont ensuite venus plusieurs labours énergiques, après lesquels M. Couvrat a fait planter des ceps sur rigoles au fond desquelles avaient été préalablement enfouies des aiguilles de pin mélangées de terre, compost préparé d'avance et qui, sur ce terrain, donne d'excellents résultats. La Commission qui visita cette exploitation en 1873 admira surtout un enclos de 12 hectares partagé en quatre carrés par de larges allées de 500 mètres de longueur chacune. La vigne y est établie sur deux rangs espacés de 1^{m}75 entre les lignes et de 0^{m}80 dans le rang. La taille était à deux yeux, mais trop courte. L'orientation adoptée va de l'est à l'ouest. Les façons étaient exécutées à l'aide de la charrue et d'un scarificateur tiré par un bœuf seul. La production par hectare pouvait s'élever à 16 ou 17 hectolitres. Elle serait, avec une taille longue bien conduite, probablement beaucoup plus forte. Les lisières des allées, dans les vignes, et le pourtour des pièces de terre ont été bordés de nombreux arbres fruitiers, notamment de pruniers d'Agen, qui y réussissent très-bien. M. Couvrat, en outre, a considérablement boisé, marné, drainé par larges fossés, dans lesquels il a fait enfouir les pierres qui couvraient le sol en grande quantité. Le produit des céréales, semées sur une moindre étendue que précédemment, s'est accru sensiblement. Le nombre des bestiaux a été augmenté. Tous ces perfectionnements ont fait accorder à leur auteur, lors du dernier concours départemental à Nontron, un premier prix, médaille d'argent, pour ses vignobles, et une médaille de bronze, pour ses semis de pins.

C'est ici le lieu de mentionner les travaux de M. Boyer, à la Coudercherie, commune de Lempzours, travaux couronnés en 1866, au concours départemental, par un premier prix. Les vignes créées par cet entreprenant propriétaire étaient établies sur des sols divers, calcaire, argilo-siliceux et silico-argileux. Elles couvraient 50 hectares dont 40 en rapport. Leur culture était confiée à cinq colons et à 40 familles de vignerons, qui partageaient le produit avec M. Boyer. Plantées à l'équerre, en tous sens, elles recevaient quatre façons : fossoyage en mars, taille presque en même temps, bêchage en mai, puis épamprage et binage en juin. On y portait des amendements pour entretenir la fertilité, savoir : de la marne sur les terres non calcaires, de l'argile sur le sable, et réciproquement. On faisait également usage du fumier. Le rendement moyen était de 900 hectolitres, ce qui, déduisant les 10 hectares non encore en production, représentait 22 hectolitres 50 à l'hectare. La moyenne du prix de vente était de 20 francs et quelques centimes par hectolitre, soit environ 460 francs brut, ou 230 francs net de vin en cave du maître. M. Coignet estimait qu'avec la taille longue, ce revenu pouvait doubler. La cuverie très-bien entendue était garnie de sept cuves, dont deux de 13 barriques et les autres progressivement de 20, 30, 50 et 55. Les bâtiments de récente construction étaient bien compris, et dans le cellier un réservoir cimenté était entretenu par des eaux souterraines. Depuis, M. Boyer, à la suite de différents désastres commerciaux dont les suites l'atteignirent, vendit son bien. Mais la Coudercherie, par bonheur, tomba en bonnes mains et trois ans plus tard, ses vins blancs, remportaient brillamment une des premières palmes au concours départemental à Périgueux. Espérons donc qu'elle sera, quoi qu'il arrive, une étoile fixe au firmament de l'agriculture périgourdine, au lieu de se voir reléguer dans la catégorie des étoiles filantes.

A Laxion, commune de Corgnac, le haras de M. le baron Curial est un établissement qui ne manque pas d'importance. On y entretient environ vingt-cinq juments de différentes races, bien choisies, avec prédominance de l'anglaise. Les étalons sont de sang arabe et les produits sont presque tous destinés à la remonte de la cavalerie.

Du haut de sa colline, Thiviers exerce une attraction constante sur un périmètre considérable. A chaque instant on y rencontre des habitants du nord, depuis Bussière-Galand, du sud, depuis Sorges, de l'est, depuis Excideuil, de l'ouest depuis Saint-Pardoux-la-Rivière, venant vendre ou bien acheter. Dans ce cercle, son tributaire, l'on compte plusieurs usines importantes. En pays Limousin, à Mavaleix, habitation de M. Grenouillet, est une grande forge, malheureusement éteinte, auprès de laquelle sont de vastes étangs poissonneux. A Corgnac, une autre forge très-bien agencée est en chômage aussi. Partout, les marques néfastes de ces absurdes traités de commerce qui trouvent encore pourtant des défenseurs!

Célébrons à jamais,
Ce beau système et ses bienfaits !

Aux Mouroux, sur l'Isle, est une belle papeterie qui fabrique spécialement des cartes à jouer. On en trouve une autre à Nanthiat, sur la même rivière, aux Castillons, qui livre une grande quantité de papier de paille pour le commerce. A Eyzerat sont des minerais de fer. A Saint-Martin-de-Fressengeas et sur les dépendances même de Thiviers on rencontre des gîtes de manganèse, mais la concurrence étrangère en a fait abandonner l'exploitation. Autour de St-Jean-de-Côle s'exploitent de grandes carrières d'où l'on extrait la *terre à gazette* qui s'expédie à Limoges pour les besoins de la porcelainerie.

Enfin, comme monuments dans le voisinage immédiat de la ville, on remarque le beau château de Laxion, ancien marquisat de la famille de Chapt, et un peu plus loin celui de Nanthiat, connu surtout pour avoir été la résidence de la fille de la célèbre Mlle Ayssé, Mlle d'Aydie, mariée à un seigneur du lieu.

Thiviers est ancien. Pris par le vicomte de Limoges en 1211, il fut enlevé d'assaut par les calvinistes en 1575. Il est la patrie du célèbre Raynaud, évêque de Périgueux, l'un des nstigateurs de la première croisade et tué par les Sarasins devant Antioche. M. l'amiral Fourichon, plusieurs fois ministre de la marine dans ces derniers temps, et maintenant sénateur, lui appartient aussi par sa naissance. C'est aujourd'hui une ville ouverte, active et où pour les nombreux visiteurs, les hôtels, parmi lesquels il faut citer en première ligne celui de M. Villotte, rival de celui de M. Lambert, ne sont pas sans mérite.

J'ai dit adieu à mon complaisant automédon, qui m'a conduit depuis Sarlande et s'en retourne chez lui. Pour moi je rentre dans mon asile temporaire et après un dîner modeste je gagne mon lit; mais impossible de fermer l'œil.

Est-ce donc pour veiller qu'on se couche à Thiviers ?

Le fait est que le bruit continuel des voitures arrivant

dans la cour, ou bien en partant, et les coups de sifflets répétés de la gare ne permettent guère de dormir. Les allées et venues du commerce ici sont incessantes, et Nontron fera bien de ne pas tarder à avoir aussi son chemin de fer, s'il veut garder la première place dans son arrondissement. En outre du tapage, il est d'ailleurs un motif qui m'empêche de me livrer au sommeil. Je veux être prêt de bonne heure pour ne pas manquer la voiture et pour cela je dois voir lever l'aurore, ni plus ni moins qu'un homme vertueux, d'après la romance connue.

On attelle. Me voici ! J'escalade l'intérieur et je m'y case. Bien m'en a pris d'arriver vite. Dieu que de voyageurs ! Nous sommes 10, nous sommes 15, nous sommes 20, nous sommes 30 ! Rien que dans notre compartiment, 2 hommes, 5 femmes, 3 jeunes écoliers en congé, 2 enfants sur les genoux, lesquels enfants nous arrosent de toute façon ! Le coupé craque, l'impériale semble un forum, la diligence se balance d'une manière menaçante. Allons-nous partir ! Attendez ! Encore un voyageur, puis deux, puis quatre. Le monde entier tiendra dans cette boîte ! Nous nous fâchons, les dames gémissent, les enfants crient, le conducteur jure, le postillon peste et les chevaux enfin se mettent au trot ! La route que nous suivons, en descendant, marque la limite entre le sol du Limousin et celui du Périgord, en partageant une bande intermédiaire qui la borde à la profondeur d'environ un kilomètre de chaque côté. Nous montons, après avoir passé les fours à chaux de Saint-Clément qui trouvent leur calcaire sur les lieux et dans les talus de la route. Nous voici de nouveau gagnant le fond d'une vallée qui s'ouvre verdoyante et fertile devant nous, arrosée par un gros ruisseau, la Côle, qui la traverse rapide et bouillonnant, avec un grand air d'amour-propre satisfait, et qui ne demanderait pas mieux que de devenir une rivière, ce qu'il ferait promptement à coup sûr, si quelques lieues plus bas, il n'était saisi et emporté par la

Drône. Saint-Jean-de-Côle est un petit bourg fort agréablement situé sur le cours d'eau. Nous y voyons plusieurs maisons entourées de riants jardinets. Il s'y tient des foires importantes. Saint-Jean offre aux archéologues une véritable bonne fortune. Il s'y trouve une église byzantine à coupole apparente, construite par Raynaud de Thiviers au XIe siècle et qui n'a jamais été terminée probablement ; un cloître de la Renaissance, des bâtiments conventuels du XVIIIe siècle et un château du XVe, doublé vers le temps de Louis XIV ou de la Régence. L'église a des sculptures remarquables ; des peintures genre Lesueur sont encadrées dans le sanctuaire. Le château du XVe siècle, digne d'attention, est habité ; son voisin, plus moderne et qu'on avait converti en manufacture de porcelaine, est plus délabré. Ce double édifice, qui porte le nom de la Marthonie, appartient actuellement à une branche de la famille de Beaumont. Non loin de là se dressent sur une colline rocheuse fort escarpée, les imposantes ruines du château de Bruzac : à quelque distance dans la direction opposée, au sein d'une vallée retirée, l'on aperçoit au confluent de deux ruisseaux les restes de l'abbaye de Peyrouse. Nous avançons majestueusement, avec une pompeuse lenteur, et commençons à gravir au milieu des vignobles que je revois avec plaisir le long de ma route, car les bois et les prés, tout poétiques qu'ils soient, fatiguent à la longue. On est en pleine vendange, et cependant, si l'on en juge par quelques échantillons qu'on nous apporte, le raisin n'est pas encore mûr. J'en fais la remarque, mais on me répond qu'on veut profiter de la prochaine frairie de Saint-Pardoux, jour auquel les amateurs comptent boire du vin nouveau. Je plains les amateurs ! Nous revoici sur des terrains secs, des landes, et nous retrouvons nombreuses châtaigneraies. Nous serrons de plus près le Limousin jusqu'au village de la Bierge, après lequel les plantations de vigne deviennent plus fréquentes et le sol se montre plus généreux. C'est entre Saint-Jean et la Bierge, m'écrit M. de Laugardière, dans une lettre où il veut bien m'expliquer les mystères de cette route, que l'on aperçoit, auprès du hameau de Croze, et sur le bord du chemin, les dépôts importants de terre à gazette que l'on exploite dans le pays et dont les produits vont à Limoges. De la Bierge on gagne le vallon dans lequel se cache modestement Milhac-de-Nontron où se tiennent trois foires par an. Le bourg sur le bord d'un ruisseau affluent du Trincou que nous venons de dépasser, nous montre un édifice tout flambant neuf. C'est une école; cela va s'en dire. Autrefois il y avait dans les environs une fabrique de poterie qui n'existe plus. Un honorable enfant de la contrée, M. Delanoue, chimiste distingué, mort naguère, a laissé par son testament une certaine somme pour la création d'une salle d'asile et d'un établissement primaire tenu par des religieuses. Voulez-vous de l'aridité ? Voulez-vous des pierres ? En voilà ! C'est un océan de sécheresse et de cailloux. Nous progressons péniblement, surchargée qu'est la voiture, à travers des champs rudes, calcaires à gauche, granitiques à droite. Dans cette dernière direction, au delà d'un ravin, sont les landes osseuses et désolées de Couderfery. Je n'éprouve nullement le désir d'aller les explorer. Un antiquaire y courrait à ma place, au contraire, car on y voit cinq *tumuli !* Puis il se laisserait entraîner à visiter à quelque distance les vestiges d'un camp romain et irait certainement dans les bruyères voisines inspecter le grand tumulus gallo-romain d'où l'on a retiré tant de choses dignes de son attention. A quelle heure déjeunerait-il, le malheureux ! Nous nous gardons bien de faire semblable pérégrination. Nous laissons cette nature morne s'éloigner peu à peu; nous sommes satisfaits qu'elle fasse place à plus de grâce et de fraîcheur. Bientôt s'ouvre une vaste et fertile plaine où nos yeux ne tardent pas à découvrir avec joie Saint-Pardoux-la-Rivière, assis sur les bords de la Drône que l'on y traverse sur un pont élégant et qui, encore peu loin de sa source, y est déjà pleine d'attraits. Saint-Pardoux paraît avenant. L'on y voit les ruines de l'ancien monastère royal des religieuses de Saint-Dominique, fondé par Marguerite, fille du duc de Bourgogne, en 1291. Aujourd'hui c'est un riche chef-lieu de canton, possédant treize foires, de fortes tanneries et faisant gros commerce en vin et bétail. L'agriculture, grâce à l'impulsion donnée par le comice de Nontron, qui n'existe plus malheureusement, a fait de très-grands progrès dans ce territoire et l'élan donné s'y maintiendra longtemps, selon toute probabilité.

La voiture s'arrête pour relayer. Quelques-uns d'entre nous, dont l'estomac crie famine, vont à la première auberge venue se livrer, avant un déjeuner qu'ils prévoient devoir se faire longtemps attendre, à un petit repas préparatoire avec un peu de pain et un doigt de vin. Mais le gros de la troupe tient conseil. Il délibère gravement et décide que notre situation dans la diligence est intolérable; qu'il faut en conséquence se procurer, aux frais de l'entrepreneur, un second véhicule; et une députation va porter l'expression de nos justes doléances au bureau des messageries. Ces réclamations sont trop justes pour ne pas être accueillies. Un tilbury boiteux est mis à notre disposition; on le nettoie, on graisse ses roues, on le fournit de bancs tant bien que mal, et ces préparatifs somptueux, qui n'ont pas duré moins de demi-heure, étant terminés, nous nous y installons, deux commis voyageurs, un jeune et un vieux, un ecclésiastique et moi, promettant un bon pourboire au gamin chargé de ramener le cheval et le char, s'il parvient non-seulement à joindre, mais à dépasser la diligence qui est partie longtemps avant nous. La perspective du gain produit des merveilles et notre coursier fourbu reçoit une telle volée de coups de fouet qu'il va bon train. L'aspect de la plaine et des coteaux, par la variété des cultures, rappelle le Périgord et je me sens tout heureux d'être *réellement* revenu dans ma province. A peu de distance de la ville, la montagne reprend ses droits. Nous la gravissons rencontrant d'abord des taillis verts et épais, ombrageant un ruisseau qui descend par cascades, ou plutôt par rapides, pour aller rejoindre la belle rivière, et montons toujours à l'ombrage des fourrés qui constituent les restes de l'ancienne forêt des Dames, ainsi dénommée parce qu'elle appartenait avant 1793 aux religieuses de Saint-Pardoux. Notre attelage se conduit bien et nous atteignons le village du Puy, tout au sommet des escarpements, en même temps que la voiture publique dont l'équipage paraît harassé. A cette hauteur, une partie des bois et des bruyères a été défrichée et convertie en terres arables par ses propriétaires, M. Devars et Mmes Mazerat et Granger. Autant que je puis me le rappeler, c'est là dans ce périmètre, dont les abords sont encore ingrats, que j'ai eu le plaisir de contempler de belles racines fourragères, betteraves et autres, et un magnifique champ de topinambours dont la vue m'a charmé. Le poteau placé à l'embranchement de la route de Châlus marque le point le plus élevé du chaînon qui court parallèlement à la Drône et limite son bassin à l'ouest. Le conducteur de l'édifice roulant dont nous nous sommes échappés, n'a-t-il pas mis dans sa tête d'arriver à Nontron avant nous ? Oui ! le brave homme vient de pousser ses chevaux à tenter le galop ! Ah ! la plaisante idée ! Une lourde buse qui suppose pouvoir dépasser une hirondelle au vol ! Nous passons devant lui comme un éclair et le pesant chariot est bientôt en arrière hors de vue. La route s'incline au flanc des rampes, en traversant les anciennes landes du village de Bord, mises en culture, en partie, par les soins de MM. de La Garde et Dusolier, dont le second a fait construire sur place une tuilerie qui livre ses produits à l'agriculture et au commerce. Le Bandiat coule au fond de la gorge, limpide et entouré de verdure. Nous le dominons à pic en suivant les taillis sur un chemin creusé dans le roc et soutenu du côté de l'abîme par de vrais remparts en pierre. Le coteau s'éloigne un peu vis-à-vis nous sur la droite et, à la cime d'un escarpement couvert de jardins et de vignes, coupé de murs qui semblent être des contreforts d'anciennes fortifications, se montre, formant un demi cercle autour d'une église dont le modeste clocher offre, vu de cet endroit, des proportions harmonieuses, une ligne de maisons, dont plusieurs importantes. Le tableau produit un effet charmant. Nontron ne pouvait se présenter avec plus de goût et d'à-propos. Nos deux commis-voyageurs eux-mêmes l'ont applaudi. Allons et au grand trot ! vers cette ville aimable où nous attend un bon repas ! Notre Bucéphale a des ailes ; nous apercevons au loin une grande minoterie ; nous la touchons ; elle n'est plus qu'un souvenir. Nous traversons le Bandiat sur un joli pont, puis, par un second viaduc, laissant avec pitié un embranchement de la route serpenter en dessous, nous nous engageons dans une longue rue ; bientôt nous sommes à la porte de l'hôtel. Le premier de la ville, s'il vous plaît ! Il y en a d'autres en nombre, et méritants, mais M. Morelon, par sa réputation, par sa gloire, met ses collègues à vingt lieues à la ronde, à *la sauce au pauvre homme*. Ceci comparativement toutefois, car plusieurs d'entre eux ont une belle clientèle ; du talent et des écus bien gagnés. Mais qui pourrait se comparer à lui, à lui le grand, l'illustre qui médite toujours et dont chaque pensée nous vaut un chef-d'œuvre culinaire inédit ? à lui qui mérita qu'un jour, à la suite d'une explication, décrivant un mets savamment combiné qu'il avait servi lors d'un dîner officiel des plus distingués, un fin gourmet, un adepte émérite dans le discernement des secrets de l'art de Comus, s'écria plein d'un enthousiasme et d'une anxiété caractéristiques : Bravo ! bravo ! trois fois bravo ! Mais...., avez-vous été compris ? — L'interlocuteur, digne d'une semblable confidence, craignait que des profanes n'eussent pas saisi le sublime de la conception et en tremblait de douleur. M. Morelon le rassura. J'ai été compris, dit-il, avec une fierté calme et assurée ! — Compris, M. Morelon l'est toujours ! D'auprès de son logis part un escalier qui monte à la sous-préfecture, située tout en haut du tertre voisin. Symétrie bien entendue ! Au sommet le cerveau, plus bas l'estomac ! De la tête descend la lumière ; de l'estomac monte la vie. Souvent après les veilles d'une nuit laborieuse, un repas plein d'émanations mystérieuses s'élève, au matin, vers le palais où repose exténué le chef de l'arrondissement brisé par la méditation ; et le lendemain les arrêtés administratifs sont pleins d'initiative, de concision et de clarté ! Que vous dirai-je ! M. Morelon lui-même était là ! Ses yeux perçants, après nous avoir considérés attentivement en bloc, s'arrêtèrent sur mon paletot froissé qui, foulé par les enfants dans la diligence, pouvait servir à une étude géologique de tous les endroits où ils étaient descendus pendant le voyage, et portait en même temps, sur la longueur du buste, la trace palpable de chacune des choses dont ils avaient mangé. C'est cet endroit que l'habile hôtelier inspecta le plus attentivement, et une heure après, quand la voiture parut enfin, un excellent déjeuner, dans lequel ne figurait aucun des aliments dont avait été calmée par leurs parents, la faim des jeunes turbulents, nous fut servi et nous retint longtemps. Pourtant quelles que fussent les délices de ce repas du matin, pris à deux heures de l'après-midi, nous fûmes obligés de nous séparer du dessert plutôt que nous n'aurions voulu. Chacun effectivement avait des affaires ; pour ma part, outre quelques petites courses que je devais exécuter en ville, je voulais, avant la nuit, visiter une propriété voisine, puis partir. Par bonheur Nontron n'est pas immense.

Qu'on s'imagine un caniveau s'inclinant du nord où s'unissent les hauteurs, qui l'enserrent comme les branches d'un compas entr'ouvert, et descendant de ce point jusqu'à la vallée. Une ligne d'habitations remonte cette gouttière de la plaine à son point de départ, et constitue la ville basse. Sur la première ligne des collines, celle de gauche en arrivant, la sous-préfecture, le tribunal, la gendarmerie, la maison d'arrêt et quelques demeures forment la ville administrative et judiciaire. Sur le versant vis-à-vis, des routes en zig-zag, des jardins et des maisons qui semblent avoir roulé sur la pente et s'y retenir avec effort, sur le plateau des places, une ou deux belles voies publiques, d'autres moins régulières, étroites et un peu sombres, composent l'agglomération principale. On y voit, au sud-est, la belle résidence de M. Mazerat, nommée le Château, sans doute parce qu'elle occupe l'emplacement d'un fort. A l'ouest, cette section de la cité s'unit à celle située sur la hauteur opposée par une belle route-promenade. Le champ de foire est au point de jonction des trois quartiers sur le faîte où se touchent les deux coteaux. On jouit en cet endroit, au nord, d'une perspective agréable sur des cultures variées. Nontron fut autrefois une place murée, et une tradition veut que ce soit en l'assiégeant que Richard-Cœur-de-Lion ait été blessé et non à Châlus. La guerre y a souvent exercé ses ravages. Aujourd'hui des vieilles et redoutables fortifications, il ne reste plus que de rares soubassements. Les monuments ne sont pas nombreux. Cependant on doit citer la mairie sur la place de la Cahue. Cet édifice, du reste, fait partie d'une construction comprenant également la justice de paix et la salle de spectacle. Le rez-de-chaussée est une grande salle carrée supportée par des piliers en pierre et qui sert de halle; le tout est loin de produire un mauvais effet. On trouve à Nontron un hospice, une école secondaire libre, connue sous le nom de Prytanée, et où les études sont bonnes; plusieurs institutions pour les demoiselles et des écoles primaires florissantes pour filles et garçons. On y comptait autrefois deux et même trois paroisses; il n'y en a plus qu'une aujourd'hui, presque toutes les églises ayant été détruites. La seule qui subsiste encore n'était, il y a peu de temps, qu'une très-humble chapelle, mal tenue, mal meublée, très-petite, insuffisante à tous égards. On avait projeté d'en construire une ailleurs, mais on s'est arrêté à l'idée de la bâtir au même endroit sur de plus vastes proportions. C'était, du reste, obéir à une pieuse pensée et agir, on peut le dire, conformément aux traditions et aux événements du passé. Ce petit oratoire devait en effet son origine à une légende religieusement transmise de génération en génération depuis trois siècles bientôt et qui le rendait cher à la population entière. Vers 1600, nous apprend M. de Laugardière, dont les renseignements ont été pour moi, depuis Thiviers, le fil d'Ariane, des enfants qui jouaient aux quilles hors de l'enceinte, alors close de remparts, découvrirent par hasard, près d'une fontaine, une statue en pierre de la Vierge et furent l'annoncer en ville. Grand émoi. Le clergé, suivi d'une foule immense, se transporta sur les lieux et après avoir fait placer la statue sur un brancard richement décoré, fut la déposer sur le maître-autel de la principale église de la ville. Le lendemain, elle avait disparu : on la retrouva près de la source. Tout le monde accourt de nouveau ; la joie générale est au comble et cette fois on porte en triomphe l'effigie dans un autre sanctuaire où des âmes pieuses la veillent, tandis qu'au dehors on fait le guet. Personne ne la voit remuer ; tout est tranquille aux environs. Les portes de la forteresse sont bien fermées et cependant au lever du soleil, la statue avait repris sa place près du petit bassin de la fontaine rustique ! L'enthousiasme, alors, ne connut plus de bornes et la chapelle que nous avons vue fut commencée en 1627. On l'avait agrandie depuis, mais elle était encore beaucoup trop étroite, et voilà pourquoi en ce moment elle est remplacée par une vaste église de belles proportions, qui malheureusement n'est pas toute en pierre de taille, celle-ci étant rare et d'un prix trop considérable dans le pays. Mais elle est spacieuse et ne manque ni de grâce ni de majesté. Sa forme est celle d'une croix, sous l'un des bras de laquelle, entre deux autels, s'ouvre une crypte renfermant la source autrefois murée, maintenant apparente; dans ce souterrain est déposée la vénérable statue de pierre que l'on possède toujours. Sa hauteur est d'un mètre; elle manque de bras, état dans lequel elle se trouvait lors de la découverte, et peut peser de 70 à 80 kilog. La Providence semble d'ailleurs avoir veillé d'une manière particulière sur le sanctuaire aujourd'hui reconstruit. Seul des sept que possédait Nontron, il a échappé à la ruine et dans les jours les plus orageux de la grande tourmente de 1793, l'image placée dans sa niche n'a pas cessé d'être respectée. La paroisse possède une autre statue d'argent qui sert aux processions; elle est de même forme, de même taille, de même poids et de même style que celle, d'argent aussi, qui fut saisie et remise aux commissaires du gouvernement lors de la première révolution. Tout porte à croire que c'est la même, sauvée de la destruction par un acquéreur empressé de la conserver en attendant des temps meilleurs. Elle a été donnée par Mme Laroche. L'intérieur de la nouvelle basilique est à peu près terminé, mais le clocher reste à reconstruire et il faut espérer qu'on ne tardera beaucoup à voir s'élancer une flèche aérienne et digne de la cité sous-préfectorale, au-dessus de l'entrée de l'édifice sacré.

Nontron était, il y a peu de temps, le centre d'une industrie fort importante. De nombreuses forges où se fabriquaient, avec les minerais du pays voisin, un fer aciéreux de première qualité l'environnaient entièrement. Mais les conventions commerciales de 1860 ont arrêté cette activité; presque toutes les usines se sont fermées tour à tour, et en voyant apparaître le Souverain d'alors, le décret du soi-disant Libre-Echange à la main, les métallurgistes de la contrée ont pu justement s'écrier comme autrefois les gladiateurs que l'on forçait à combattre sous les yeux du chef de l'Empire romain :

Ave, Cesar ! morituri te salutant !

« César, ceux qui vont mourir te saluent ! ». Je ne pense pas que le système si prudemment inauguré, mis en pratique avec tant d'intelligence, soit fort prisé des forestiers et des usiniers du Nontronnais, auxquels il coûte cher. La tannerie qui florissait dans la banlieue a disparu elle aussi. Pourtant la contrée est loin d'être privée d'établissements industriels. On y trouve des minoteries, une manufacture de droguets et d'étoffes communes dirigée par M. Ladurantie, et la coutellerie, un instant ébranlée, est plus florissante que jamais. On fabrique ailleurs qu'à Nontron des couteaux de contrebande avec la marque de cette ville, mais qu'ils sont loin d'avoir le cachet, la lame forte, flexible et tranchante, la monture originale de ceux de bon aloi ! Rien qu'au manche et à la virole, on reconnaîtrait ces derniers dans un tas de leurs maladroites imitations. Il y en a de toutes les tailles et pour tous les âges, depuis ceux qu'on enferme par douzaines dans une coquille de noix, jusqu'aux *tranche-lards* les plus aigus et les plus formidables. MM. Bouchaud, Mériguet, Petit, Bernard et Laribière, sont, en ce genre, des artistes incomparables.

L'agriculture aussi fournit son contingent, et un contingent considérable, aux travaux des ouvriers urbains. En effet, non-seulement elle attire en ville, pour leurs échanges et leurs approvisionnements, une foule de campagnards qui y viennent régulièrement chaque semaine au marché, non-seulement elle y fait accourir de loin grande quantité d'étrangers qui, venus à ses foires renommées, ne s'en retournent jamais les mains vides, mais elle y a fait ouvrir et y entretient de très importants ateliers où s'élaborent machines et instruments dont profite la culture; et les noms des Desport, des Imbert et des Mercier, connus de tous, acclamés souvent dans les joûtes les plus redoutables, n'ont pas besoin d'éloge. Il sort annuellement de chez eux une grande quantité d'engins réputés, surtout de charrues perfectionnées, dans la confection desquelles ils excellent. Les acheteurs, je le répète, abondent chez eux. Comment pourraient-ils ne pas le faire, quand on songe aux triomphes éclatants que M. Desport, notamment, a remportés dans des épreuves solennelles, non-seulement départementales, mais régionales et même nationales! Nous sommes ici dans une oasis que l'art de la culture et de l'horticulture féconde et embellit de plus en plus. Nommer tous les praticiens experts et sans cesse attentifs à ne rien négliger pour l'amélioration du sol et l'accroissement de ses produits ne serait pas possible. Je me contente donc, à mon grand regret, de citer ceux qui, dans leurs terrains situés à peu de distance de la ville, ont été particulièrement remarqués aux deux concours départementaux tenus à Nontron en 1866 et 1873, M. de Laugardière qui, pour ses drainages intelligents, sa création et aménagement de prairies, a obtenu, en 1866 deux médailles d'argent et, en 1873, un prix pour les constructions rurales de ses domaines d'Ajat, dans lesquels il a substitué le froment au seigle, introduit la culture des plantes fourragères sur une échelle relativement vaste, opéré des défrichements rationnels ; M. Martin, ancien maire, couronné pour son irrigation bien dirigée; M. Larret-Lagrèze, banquier, récompensé pour même opération et son beau vignoble ; M. Valabrègue, qui a mérité d'être distingué pour établissement de vignes ; M. le vicomte de Cornulier, qui a reçu pour ses constructions rurales une médaille d'argent ; Mme Lagorce, née Mazerat, qui a remporté le premier prix pour les constructions rurales et l'ouverture de chemins ; M. Ardillier, médaillé pour sa conduite d'eau ; M. Laurençon-Durand, en 1873, classé pour le troisième prix d'honneur d'ensemble ; M. Devars, qui, après avoir obtenu deux médailles d'argent, en 1866 pour son drainage et ses irrigations, a conquis en 1873 le second prix d'honneur de culture, pour ses amendements énergiques, ses cultures de vignes qui, bien que non irréprochables, sont supérieures à la plupart de celles du pays et dont il obtient près de 30 hectolitres à l'hectare, sa sylviculture bien comprise, et pour avoir élevé les revenus moyens de sa terre de 3,403 fr. à 9,300 francs; M. le marquis de la Garde, qui déjà recueillait en 1866 une médaille d'argent pour ses beaux et immenses boisements, distinction rappelée en 1873; M. J. Valade, qui, lors du même concours, est arrivé au premier rang comme fermier, ayant, en huit ans, quintuplé le revenu de la propriété de Mme veuve Chevalier. Puis pour ses animaux gras, M. Albert de Saint-Martin, attentif à toutes les améliorations; M. le docteur Colson, fervent adepte des instruments améliorés. Il faut aussi citer particulièrement Devaux, colon de M. Picaud, qui a reçu lors du concours régional de 1872, pour ses remarquables améliorations de toute nature, une médaille d'or du jury du gouvernement; les métayers de MM. Valade, Couturier et Méry-Lanterne, dont le premier, qu'on a pu nommer l'instituteur agricole de ses égaux dans le pays, a noblement gagné pour les services rendus et ses travaux bien compris, le second grand prix d'honneur en 1864 lors du grand concours régional de Périgueux, où tous les colons partiaires du département luttèrent ensemble. Il faut surtout nommer MM. Valade eux-mêmes, qui ont si glorieusement remporté la médaille d'or prix d'honneur d'ensemble au concours départemental de 1866, et le rappel de cette haute récompense en 1873. Ces agriculteurs émérites, auxquels le jury de la prime régionale s'est empressé de décerner une médaille d'or en 1872, ont transformé leurs propriétés du Chatenet et du Bourdeix par une culture considérable de fourrages. Ainsi, au Châtenet, contre un peu plus de 9 hectares en céréales, on comptait 7 hectares 46 ares de racines et choux, 4 hectares de luzerne et de maïs en vert, 6 hectares 12 de prairies nouvelles et 10 hectares de prairies anciennes. On conçoit quelle masse énorme de fumier doivent produire ces plantes consommées par un bétail nombreux et choisi. MM. Valade ont abandonné le trèfle, qui ne réussit plus dans leur sol ; ls lui ont substitué les choux, dont ils ont obtenu par croisement une variété précieuse, et les topinambours, qui viennent chez eux admirablement. Non contents des beaux résultats constatés chez eux, ces Messieurs ont pris, en outre, en régie, 46 métairies appartenant à divers propriétaires, cultivées par près de 400 personnes, et ont si bien fait que le revenu de cette foule de domaines s'est sensiblement accru, pendant que la valeur du cheptel qui s'y trouvait à l'origine a doublé ! Que d'activité, que d'intelligence et d'énergie ! Combien le pays ne doit-il pas leur être reconnaissant !

— M. Ranvaud, l'un des deux imprimeurs qui se trouvent à Nontron, et directeur de l'un des deux journaux qui s'y publient, a bien voulu m'accompagner au Châtenet, où je désirais faire un court pèlerinage agricole. Nous avons eu la bonne fortune d'y trouver M. Justin Valade et j'ai pu voir avec plaisir la vaste étable dans laquelle l'on comptait en ce moment une vingtaine de belles vaches limousines bien choisies et un taureau de même race. Elle est bien agencée et tout à côté l'on voit une grande fosse à purin, munie d'une pompe. Dans une cour voisine vaguaient une quinzaine de porcs demi-gras d'une bonne venue, de sang anglo-périgourdin. M. Valade m'a dit qu'il en sortait jusqu'à 30 par an de ce domaine. De nombreux chemins ont été créés, des réservoirs pour le bétail et les irrigations ont été creusés de distance en distance ; l'un d'eux est une ancienne fosse à manganèse qui, depuis l'abandon de la recherche de ce minéral, est utilisée comme abreuvoir. Les récoltes encore pendantes étaient en bon état et au milieu d'elles se distinguaient de beaux choux couvrant un vaste espace. M. Valade se préparait à améliorer une grande prairie en utilisant pour l'irriguer les eaux d'une source abondante. Il faisait aussi préparer le terrain de deux hectares pour y planter de la vigne, bravant ainsi le phylloxera, qui peut-être..... Mais souhaitons qu'il n'en soit pas ainsi. Je suis revenu charmé de ma petite visite, heureux que MM. Valade ne se découragent pas, bien peiné toutefois que le comice qui s'était formé sous la direction éclairée de M. le marquis de Malet de Puycharnaud, à Nontron, et qui pendant sa trop brève existence a produit tant de bien, ait disparu. C'est une grande perte pour la contrée ! Puisse-t-il de Pluviers, où il s'est retiré sous les auspices du même chef, si plein de zèle, d'amour du pays, d'expérience et de capacité, reparaître et répandre encore l'émulation. Il trouvera non loin de la ville un puissant auxiliaire de plus.

Une colonie agricole de jeunes détenus vient de se former en effet à Jommellières, commune de Javerlhac, chez M. Masse, auquel l'idée de cette utile création a été, comme il me l'a déclaré lui-même dans une lettre que je viens de recevoir, inspirée par la diminution progressive et constante de la main-d'œuvre dans les campagnes, où manque presque totalement, en beaucoup d'endroits, le travail indispensable des femmes et des enfants, qui trouve une application si nécessaire pour la culture des plantes sarclées, les moissons, les vendanges et autres opérations réclamant, non une grande force musculaire, mais d'être vite et bien faites. M. Masse a donc sollicité l'envoi d'enfants condamnés à être enfermés jusqu'à 18 ou 20 ans, et déjà, lorsqu'il m'écrivait, un premier contingent lui était arrivé. L'effectif au complet a été fixé, pour le moment, à trente réclusionnaires, mais il pourra s'élever à plus de cent. Tous les services intérieurs, lingerie, cuisine, vestiaire, infirmerie, sont confiés à des sœurs. L'instruction de la religion est faite par le curé de la paroisse, l'instituteur de la commune est chargé de l'enseignement scolaire. Actuellement on compte en culture 180 hectares de terre labourable, 20 hectares de prés naturels, et 31 hectares de vignes. Les enfants, suivant leurs aptitudes ou leurs goûts, pourront en outre faire leur apprentissage des métiers de maréchal-ferrant, forgeron, charron, charpentier ou boulanger, ces diverses professions étant constamment exercées par les ouvriers de ces corps d'état dans la propriété. M. Masse a entrepris, on le voit, une œuvre excellente, colonisatrice et moralisatrice au premier chef. Les vœux de tous ceux qui s'intéressent à ce qui est bien sont avec lui (1).

En rentrant de chez M. Valade, j'ai retrouvé mes deux commis-voyageurs. Ils étaient dans l'extase. Quatre choses les avaient ravis; la première, un bon placement d'échantillons qui leur donnait la certitude d'écouler pas mal de marchandise; la seconde la beauté des femmes de Nontron, qui, sous ce rapport et celui de la grâce, ont une réputation méritée. Ah ! s'écriait le plus âgé, que je voudrais être plus jeune ! Je me fixerais ici et si Dieu voulait me reprendre ma femme chaque semaine, la semaine d'après j'en épouserais une autre, et cela jusqu'à ce qu'il n'y en eût plus, tant est grand l'embarras du choix ! Le second opinait qu'il serait désirable qu'il fût le Grand-Turc et que Nontron devînt sa capitale. Il aurait là un harem tout prêt de charmantes houris ! Le barreau les avait aussi gagnés. En qualité de Normands, passant près du tribunal, ils y étaient entrés et avaient été remués jusqu'au fond du cœur par les plaidoiries qu'ils avaient entendues. On ne parle pas mieux à Caen, disaient-ils avec conviction. Enfin ils étaient pénétrés de respect pour le mérite d'un pâté Morelon qu'ils dégustaient en connaisseurs, en attendant l'heure du départ. Rien ne manque ici, répétaient-ils, rien que le cidre de Normandie, qui est incomparable, qu'aucun vin ne vaut ! On apporta certaine bouteille d'âge respectable

---

(1) Maintenant ce pénitencier est en pleine activité. Je raconterai plus tard ce que j'y ai vu dans une visite que je viens d'y faire au commencement de 1879.

et d'un crû respecté. Alors il ne manqua plus rien au pays dans leur esprit. Je serrai la main de bon cœur à ces deux gais compagnons de route qui avaient bien parfois le mot pour rire peut-être un peu vif, mais qui du moins avaient su ne pas manquer aux convenances et ne faire rougir personne en se livrant à ces plaisanteries si déplacées, même dans la bouche d'un écervelé de 25 ans, et qui révoltent dans celle d'un vieillard qui s'imagine être aimable en se livrant à des intempérances de langage devant lesquelles on se tait et l'on baisse les yeux plein de dégoût et de pitié. Je les accompagnai jusqu'à la diligence, qui reprenait un chargement humain invraisemblable, et je pensai qu'il n'était pas étonnant que l'Anglais, dont on a tant ri, eût pu supposer qu'on le ferait entrer dans une bouteille d'un litre, s'il avait auparavant vu l'infinie quantité de monde que peut contenir une voiture de faible capacité.

Pour moi je me hâtai de prendre place dans un cabriolet retenu d'avance et de gagner les dehors au plus vite, le soleil baissant à l'horizon. Ce fut alors que je m'aperçus d'une grande perte que je venais de faire. J'avais un parapluie, quel parapluie ! Un vrai chef-d'œuvre ! Aussi comme je le gardais précieusement depuis des années ! Que de voyages nous avions faits ensemble ! et partout on l'admirait ! On ne l'avait admiré que trop cette fois, et on l'avait remplacé près de ma valise par un riflard rustique et délabré, un vrai chiffon, une ruine sans mérite et sans valeur. A l'hôtel on me fit espérer que l'auteur de l'échange aurait des remords et renverrait dans quelques jours mon brillant protecteur contre l'orage, mais le cœur de ce pêcheur était trop endurci, mon parapluie était trop joli; et j'ai fait cadeau de l'horrible guenille, dont la vue ravivait mon chagrin, à un décrotteur qui l'a vendue un franc trente centimes ! Le premier moment de douleur passé, je me mis, pour me distraire, à considérer le pays que je traversais. Tout d'abord je vis l'emplacement choisi pour la gare du chemin de fer d'Angoulême à Nontron qui doit de là gagner Périgueux; puis Saint-Martial-de-Vallette, riche bourgade sur le bord du Bandiat, qui y prend la direction de l'ouest allant vers l'Angoumois perdre ses eaux sous terre, d'où il ressort du fond des cavernes après s'être joint dans leurs galeries à la Tardoire et revient ensuite au jour sous le nom de la Touvre, pour mettre en mouvement le grand établissement de Ruelle, plusieurs minoteries et tomber enfin dans la Charente, fière d'un tel auxiliaire. Saint-Martial-de-Valette, qui est comme un faubourg de Nontron, possède des fours à chaux considérables, où l'agriculture puise des amendements dont elle profite avec un grand bénéfice. Leur production devient de plus en plus forte sous l'influence d'une demande croissante. Nous coupons la petite vallée et nous montons la route qui gravit la muraille des hauteurs fermant le bassin du petit fleuve de nos voisins et empêchant le Bandiat de pénétrer dans celui de la Gironde. Je me retourne plus d'une fois pour revoir encore la ville hospitalière qui a toujours si bien reçu notre Société, qui a donné de si belles fêtes agricoles, dont une surtout, celle de 1873, a été remarquable, et où tant de progrès ont été rapidement accomplis, où tant d'éléments de richesse abondent en minéraux, produits et bétail dont ses foirails montrent sans cesse des spécimens de mieux en mieux réussis. Le sommet est atteint; il n'est pas gai depuis le village de Rapevache; ce sont des bois et des landes, des landes et des bois. La solitude règne au loin, particulièrement vers le pont de Mariotte jeté sur un bas-fond humide et maigre, cher aux loups et aux voleurs. Quelques instants après cependant, le pays devient moins désert et moins sombre. Nous nous félicitons mon guide et moi de cet heureux changement, et pendant que nous nous en réjouissons et que je promets à mon compagnon de route le vivre et le couvert pour cette nuit, ce qui le dispensera, ce dont il me remercie, de repasser au milieu des ténèbres dans ces parages dangereux, un bruit étrange et strident s'élève sur notre droite du côté des bois qui s'étendent entre la route et les pentes de Connezac. Notre cheval se cabre et peu s'en faut que nous n'allions rouler dans un fossé. Je reconnais le son d'un vieux cor de chasse tout faussé qu'une cultivatrice dont la demeure est environnée de halliers, acheta naguère à Mareuil pour effrayer par le son de cette trompe les loups qui viennent attaquer ses troupeaux. Elle garde dans les champs ses bêtes à laine, munie de cet instrument fêlé, faisant de temps à autre retentir des accords peu harmonieux répercutés au loin par les échos, surtout lorsqu'elle ramène ses animaux au bercail après le coucher du soleil. En entendant ces accents rauques et sauvages, les équipages qui passent à peu de distance s'effraient, et plus d'une voiture aura peut-être besoin de réparation le lendemain, et il peut arriver que plus d'une côte doive être remise en place par les soins d'un médecin habile. Les pirates à quatre pattes tremblent et n'osent approcher il est vrai, mais parfois un mouton épouvanté par cette explosion bruyante et désordonnée, s'échappe et, pour éviter un péril imaginaire, va se jeter au plus épais du fort dans la gueule du loup. Que d'hommes sont moutons en ceci ! Je quitte la route à la Croix-des-Places pour prendre le chemin de Beaussac en passant devant Bellussière et à la nuit je frappe à la porte d'Aucors où je vais résider momentanément pour en repartir bientôt. Quelques semaines après, en effet, je retenais pour Périgueux ma place à Mareuil, où je constatais deux choses : la première que je ne croyais pas possible, c'est que le clocher que l'on vient de terminer dans cette ville est encore plus laid que celui du Vieux-Mareuil. Dans cette lutte contre le bon goût, le chef-lieu de canton a fait amplement acte de supériorité sur son rival déchu. Ce n'était pas nécessaire pour sa gloire. La seconde, c'est que les fossés du château des Talleyrand ne sont pas, comme j'avais cru le comprendre, d'après des affirmations erronées, pleins d'eau vive, mais tout au contraire comblés en très-grande partie et ne conservent plus qu'une certaine humidité vers la Belle, qui les alimentait autrefois, soin qu'elle ne laissait pas au petit ruisseau de Saint-Pardoux. Maintenant elle passe à côté d'eux sans y pénétrer directement. Il en est des courants inanimés comme des hommes; ils vont à ce qui est fort et puissant et désertent l'infortune. Mais il faut reconnaître que le plus souvent ils ne le font pas d'eux-mêmes et que cette ingratitude, plus apparente que réelle, leur est commandée presque toujours par nous, tandis qu'en délaissant le malheur et courtisant la Fortune, quelle que soit son origine, l'humanité obéit à son triste penchant naturel.

Décembre 1876.

www.ingramcontent.com/pod-product-compliance
Lightning Source LLC
Chambersburg PA
CBHW060403230426
43663CB00008B/1369